做一个理想的法律人
To be a Volljurist

法律人进阶译丛【案例研习】
李 昊 / 译丛主编

德国债法案例研习 I 合同之债

（第6版）

Fälle zum Schuldrecht I
Vertragliche Schuldverhältnisse
6.Auflage

〔德〕尤科·弗里茨舍 / 著
（Jörg Fritzsche）

赵文杰 / 译

著作权合同登记号　图字：01-2015-4535
图书在版编目(CIP)数据

德国债法案例研习：第6版.I,合同之债/(德)尤科·弗里茨舍著；赵文杰译. —北京：北京大学出版社，2023.4
（法律人进阶译丛）
ISBN 978-7-301-33821-6

Ⅰ．①德… Ⅱ．①尤…②赵… Ⅲ．①债权法—案例—德国—教材 Ⅳ．①D951.633

中国国家版本馆CIP数据核字(2023)第041863号

Fälle zum Schuldrecht I: Vertragliche Schuldverhältnisse, 6th rev. and add. Ed. by Fritzsche
© Verlag C. H. Beck oHG, München 2014
本书原版由C.H.贝克出版社于2014年出版。本书简体中文版由原版权方授权翻译出版。

书　　名	德国债法案例研习I：合同之债（第6版）
	DEGUO ZHAIFA ANLI YANXI I: HETONG ZHIZHAI
	（DI-LIU BAN）
著作责任者	〔德〕尤科·弗里茨舍（Jörg Fritzsche）　著
	赵文杰　译
丛书策划	陆建华
责任编辑	陆建华　费悦
标准书号	ISBN 978-7-301-33821-6
出版发行	北京大学出版社
地　　址	北京市海淀区成府路205号　100871
网　　址	http://www.pup.cn　http://www.yandayuanzhao.com
电子信箱	yandayuanzhao@163.com
新浪微博	@北京大学出版社　@北大出版社燕大元照法律图书
电　　话	邮购部010-62752015　发行部010-62750672
	编辑部010-62117788
印　刷　者	三河市北燕印装有限公司
经　销　者	新华书店
	880毫米×1230毫米　A5　20.375印张　540千字
	2023年4月第1版　2023年4月第1次印刷
定　　价	88.00元

未经许可，不得以任何方式复制或抄袭本书之部分或全部内容。
版权所有，侵权必究
举报电话：010-62752024　电子信箱：fd@pup.pku.edu.cn
图书如有印装质量问题，请与出版部联系，电话：010-62756370

"法律人进阶译丛"编委会

主　编

李　昊

编委会

（按姓氏音序排列）

班天可	陈大创	季红明	蒋　毅	李　俊
李世刚	刘　颖	陆建华	马强伟	申柳华
孙新宽	唐波涛	唐志威	吴逸越	夏昊晗
徐文海	叶周侠	查云飞	翟远见	张焕然
	张　静	张　挺	章　程	

做一个理想的法律人(代译丛序)

近代中国的法学启蒙受自日本,而源于欧陆。无论是法律术语的移植、法典编纂的体例,还是法学教科书的撰写,都烙上了西方法学的深刻印记。即使是中华人民共和国成立后兴盛过一段时期的苏俄法学,从概念到体系仍无法脱离西方法学的根基。20世纪70年代末以来,借助于我国台湾地区法律书籍的影印及后续的引入,以及诸多西方法学著作的大规模译介,我国重启的法制进程进一步受到西方法学的深刻影响。当代中国的法律体系可谓奠基于西方法学的概念和体系之上。

自20世纪90年代开始的大规模的法律译介,无论是江平先生挂帅的"外国法律文库""美国法律文库",抑或舒国滢先生等领衔的"西方法哲学文库",以及北京大学出版社的"世界法学译丛"、上海人民出版社的"世界法学名著译丛",诸多种种,均注重于西方法哲学思想尤其英美法学的引入,自有启蒙之功效。不过,或许囿于当时西欧小语种法律人才的稀缺,这些译丛相对忽略了以法律概念和体系建构见长的欧陆法学。弥补这一缺憾的重要转变,应当说始自米健教授主持的"当代德国法学名著"丛书和吴越教授主持的"德国法学教科书译丛"。以梅迪库斯教授的《德国民法总论》为开篇,德国法学擅长的体系建构之术和鞭辟入里的教义分析方法进入中国法学的视野,辅以崇尚德国法学的我国台湾地区法学教科书和专著的引入,德国法学在中国当前的法学教育和法学研究中日益受到尊崇。然而,"当代德国法学名著"丛书虽然遴选了德国当代法学著述中的上乘之作，但囿于撷取名著的局限及外国专家的视角，丛书采用了学科分类的标准，而未区分注重体系层次的基础教科书与偏重思辨分析的学术专著，与戛然而止的"德国法学教科书译丛"一样，在基础教科书书目的选择上尚未能充分体现当代德国法学教育的整体面貌，是为缺憾。

职是之故，自2009年始，我在中国人民大学出版社策划了现今的"外国法学教科书精品译丛"，自2012年出版的德国畅销的布洛克斯和瓦尔克的《德国民法总论（第33版）》始，相继推出了韦斯特曼的《德国民法基本概念（第16版）（增订版）》、罗歇尔德斯的《德国债法总论（第7版）》、多伊奇和阿伦斯的《德国侵权法（第5版）》、慕斯拉克和豪的《德国民法概论（第14版）》，并将继续推出一系列德国主流的教科书，涵盖了德国民商法的大部分领域。该译丛最初计划完整选取德国、法国、意大利、日本诸国的民商法基础教科书，以反映当今世界大陆法系主要国家的民商法教学的全貌，可惜译者人才梯队不足，目前仅纳入"日本侵权行为法"和"日本民法的争点"两个选题。

系统译介民商法之外的体系教科书的愿望在结识季红明、查云飞、蒋毅、陈大创、葛平亮、夏昊晗等诸多留德小友后得以实现，而凝聚之力源自对"法律人共同体"的共同推崇，以及对案例教学的热爱。德国法学教育最值得我国法学教育借鉴之处，当首推其"完全法律人"的培养理念，以及建立在法教义学基础上的以案例研习为主要内容的教学模式。这种法学教育模式将所学用于实践，在民法、公法和刑法三大领域通过模拟的案例分析培养学生体系化的法律思维方式，并体现在德国第一次国家司法考试中，进而借助第二次国家司法考试之前的法律实训，使学生能够贯通理论和实践，形成稳定的"法律人共同体"。德国国际合作机构（GIZ）和中国国家法官学院合作的《法律适用方法》（涉及刑法、合同法、物权法、侵权法、劳动合同法、公司法、知识产权法等领域，由中国法制出版社出版）即是德国案例分析方法中国化的一种尝试。

基于共同创业的驱动,我们相继组建了中德法教义学QQ群,推出了"中德法教义学苑"微信公众号,并在《北航法律评论》2015年第1辑策划了"法教义学与法学教育"专题,发表了我们共同的行动纲领:《实践指向的法律人教育与案例分析——比较、反思、行动》(季红明、蒋毅、查云飞执笔)。2015年暑期,在谢立斌院长的积极推动下,中国政法大学中德法学院与德国国际合作机构法律咨询项目合作,邀请民法、公法和刑法三个领域的德国教授授课,成功地举办了第一届"德国法案例分析暑期班"并延续至今。2016年暑期,季红明和夏昊晗也积极策划并参与了由西南政法大学黄家镇副教授牵头、民商法学院举办的"请求权基础案例分析法课程暑期培训班"。2017年暑期,加盟中南财经政法大学法学院的"中德法教义学苑"团队,成功举办了"案例分析暑期培训班",系统地在民法、公法和刑法三个领域以德国的鉴定式模式开展了案例分析教学。

中国法治的昌明端赖高素质法律人才的培养。如中国诸多深耕法学教育的启蒙者所认识的那样,理想的法学教育应当能够实现法科生法律知识的体系化,培养其运用法律技能解决实践问题的能力。基于对德国奠基于法教义学基础上的法学教育模式的赞同,本译丛期望通过德国基础法学教程尤其是案例研习方法的系统引入,循序渐进地从大学阶段培养法科学生的法律思维,训练其法律适用的技能,因此取名"法律人进阶译丛"。

本译丛从法律人培养的阶段划分入手,细分为五个子系列:

——法学启蒙。本子系列主要引介关于法律学习方法的工具书,旨在引导学生有效地进行法学入门学习,成为一名合格的法科生,并对未来的法律职场有一个初步的认识。

——法学基础。本子系列对应于德国法学教育的基础阶段,注重民法、刑法、公法三大部门法基础教程的引入,让学生在三大部门法领域中能够建立起系统的知识体系,同时也注重扩大学生在法理学、法律史和法学方法等基础学科上的知识储备。

——法学拓展。本子系列对应于德国法学教育的重点阶段,旨在让学生能够在三大部门法的基础上对法学的交叉领域和前沿领域,诸如诉讼法、公司法、劳动法、医疗法、网络法、工程法、金融法、欧盟法、比较法等有进一步的知识拓展。

——案例研习。本子系列与法学基础和法学拓展子系列相配套,通过引入德国的鉴定式案例分析方法,引导学生运用基础的法学知识,解决模拟案例,由此养成良好的法律思维模式,为步入法律职场奠定基础。

——经典阅读。本子系列着重遴选法学领域的经典著作和大型教科书(Grosse Lehrbücher),旨在培养学生深入思考法学基本问题及辨法析理之能力。

我们希望本译丛能够为中国未来法学教育的转型提供一种可行的思路,期冀更多法律人共同参与,培养具有严谨法律思维和较强法律适用能力的新一代法律人,建构法律人共同体。

虽然本译丛先期以德国法学教程和著述的择取为代表,但是并不以德国法独尊,而是注重以全球化的视角,实现对主要法治国家法律基础教科书和经典著作的系统引入,包括日本法、意大利法、法国法、荷兰法、英美法等,使之能够在同一舞台上进行自我展示和竞争。这也是引介本译丛的另一个初衷:通过不同法系的比较,取法各家,吸其所长。也希望借助本译丛的出版,展示近二十年来中国留学海外的法学人才梯队的更新,并借助新生力量,在既有译丛积累的丰富经验基础上,逐步实现对外国法专有术语译法的相对统一。

本译丛的开启和推动离不开诸多青年法律人的共同努力,在这个翻译难以纳入学术评价体系的时代,没有诸多富有热情的年轻译者的加入和投入,译丛自然无法顺利完成。在此,要特别感谢积极参与本译丛策划的诸位年轻学友和才俊,他们是:留德的季红明、查云飞、蒋毅、陈大创、黄河、葛平亮、杜如益、王剑一、申柳华、薛启明、曾见、姜龙、朱军、汤葆青、刘志阳、杜志浩、金健、胡强芝、孙文、唐志威,留日的王冷然、张挺、班天可、章程、徐文海、王融擎,留意的翟远见、李俊、肖俊、张晓勇,留法的李世刚、金伏海、刘骏,留荷的张静,等等。还要特别感谢德国奥格斯堡大学法学院的托马斯·M. J. 默勒斯(Thomas M. J. Möllers)教授慨然应允并资助其著作的出版。

  本译丛的出版还要感谢北京大学出版社副总编辑蒋浩先生和策划编辑陆建华先生,没有他们的大力支持和努力,本译丛众多选题的通过和版权的取得将无法达成。同时,本译丛部分图书得到中南财经政法大学法学院徐涤宇院长大力资助。

  回顾日本的法治发展路径,在系统引介西方法律的法典化进程之后,将是一个立足于本土化、将理论与实务相结合的新时代。在这个时代中,中国法律人不仅需要怀抱法治理想,还需要具备专业化的法律实践能力,能够直面本土问题,发挥专业素养,推动中国的法治实践。这也是中国未来的"法律人共同体"面临的历史重任。本译丛能预此大流,当幸甚焉。

李 昊
2018 年 12 月

让完全法律人的梦想照进现实
（代"案例研习"译者序）

（一）

改革开放之后，伴随着法制（治）的重建，我国法学开始复兴。传统的缘故，这种重建和复兴更多是通过借鉴与继受大陆法系国家的法典和法学理论来完成的。然进入 21 世纪，我国的法学仍被指幼稚，2006 年"中国法学向何处去"成为法（理）学热门讨论主题。（玄思倾向严重的）法理学与（脱离实践的）部门法学、部门法学与部门法学之间区隔严重，不但沟通严重不足，而且缺乏相对一致的思维方式，实在难谓存在"法律人共同体"。大学没有（也无力）提供实践指向的法律适用系统训练，而实习也无实质能力训练，其对法律人之能力要求、培养路径亦未真正明悉；法科毕业生多有无一技傍身之空虚感。

在法律体系与法律知识体系尚不健全的法制重建与恢复期，由于缺乏完备的法律基础，如此状况尚可理解，但随着我国法律体系渐次完善，法学缺乏实践品格、法学教育脱离现实需求之问题愈发凸显，亟待我们解决。有鉴于此，部分部门法学者逐渐确立反思法学的实践指向，更多讨论法教义学（释义学）及其应用，法律适用更受重视。此外，法学教育不能满足实践之需的问题，更为学界与实务界所重视。关于国外法学教育模式的文章日益增多，认知亦趋深入，中外法学教育的交流也更深入。以中德法学教育交流为例，米健教授创立了中国政法大学中德法学院,提供了系统的中德法律比较教育,研二即由德国老师提供原汁原味的训练(部门法理论课+鉴定式案例研习),研三资助通过德福(TestDaF)者到德国高校攻读法律硕士学位(LL. M.),接受德国法学教育系统训练。不少人后续留德攻读博士学位,有机会更深入地体验德国法学教育的整体面貌。国家留学基金委提供了许多资助留学攻读博士学位的名额,留德攻读博士学位、联合培养在各高校法学研习者之间蔚然成风,在德攻读博士学位期间攻读法律硕士学位更为普遍。由中德比较的视角以观,德国的完全法律人培养模式,是解决中国法学、法律人教育诸多问题的一剂良方。由此,法学可以是具有实践品格的学问,法律人教育能够融合科学与实践,法律人应当具有相对统一的思维方式。

德国完全法律人教育的目标,就是通过双阶法律教育培养实务人才,以法官能力培养为核心,兼及律师业务能力的培养。第一阶段是通常学制为4年半的大学法律学习(相当于我国的本科加硕士),以通过第一次国家考试为结业条件(实际通过多需要5年至6年的时间);第二阶段为实务见习期,为期2年,第二次国家考试通过者,为完全法律人,有资格从事各种法律职业,任法官、检察官、律师、公证人等职。

第一阶段的教育是科学教育;第二阶段则是(在法院、检察院、律所)见习期教育,是成为真正法律人的实务历练阶段。与见习期教育以实体法与诉讼法知识的综合运用解决实际案件的模式不同,第一阶段法学教育更多是分学科、渐进地融合法律知识、训练运用能力,虽是科学教育,但同样以实践为导向。大学的课程形式主要有讲授课(Vorlesung)、案例研习(Arbeitsgemeinschaft/Übung)、专题研讨(Seminar)和国考备考课程。讲授课重在阐明法律规范、制度以及不同的规范与制度之间的关联等,使学习者理解与掌握相关的法律规定以及学说与判例对这些法律规定的解释;而核心课程必备的案例研习课程则重在通过与讲授课相对一致的进度,以案例演练检查、巩固学习者对于法律的理解,同时培养和训练学习者的法律思维方法,使其通过相对一致的思维方式掌握抽象的法规范与具体案例之间的沟通,循序渐进地掌握法律适用的方法。加上笔试(Klausur)的考查,这种一体设计使得习法者的法律适用能力能够得到良好提升,实现预期效果。由于包括第一次国家考试在内的绝大部分考试均以案例研习的形式出现,案例研习课程在德国法学训练中的重要地位不言自明,而其中所贯穿的是自始就予以讲解、操练的法律人核心装备——鉴定式案例研习方法。

通过第一次国家考试,即视为充分掌握了所考查的基本部门法的理论知识及其法律适用,此后方可进入第二阶段。在第二阶段,则侧重程序法的训练、培养实务能力,见习为期24个月,在法院、检察院、行政机关、律所以及自选实习地点经历相应的训练,到见习期结束时,见习文官将有能力适应并逐步熟悉法律工作。实务训练阶段着重练习法庭报告技术(Relationstechnik),即依据案卷材料,运用证据法、实体法的知识,认定案件事实并在此基础上作出鉴定与起草法律文件(裁判文书)。

凡通过两次国家考试者,都经过艰苦的锤炼(十几门大学必修课程各以一道案例解析题进行考查)和惨烈的淘汰,成为完全法律人,具有比较一致的法律思维模式,纵使其职业角色各异,亦能在共同的思维平台上进行沟通、讨论,形成良性互动与高效合作。

基于我国法与德国法的历史与现实的深刻关联,集德国完全法律人模式之优点、德国法人才基础和普及趋势为一体,取法于德国以改进我国法律人教育实为一条有效路径。

德国法案例研习教程属于我们拟订的中国法律人教育改善计划的第一篇章。该计划旨在以德国法为镜鉴,以推动中国法学的科学化为目标,以法学教育的改善为着眼点,通过建立法律人共同体,明确法学研究的实践定位,提升中国法学研究的质量,最终落实于司法技术的改进以实现对社会生活的合理调整。通过研习德国案例,我们可以透视德国法,统观立法、司法、法学、完全法律人培养的互动协作运转的体系,发现并掌握其运行规律。研习德国案例,旨在掌握其核心方法,将其活用于中国法的土壤,以更新的观念,培养新人——中国的完全法律人。

实际上,完全法律人的培养模式早已扎根于我国的土壤,成为我们法律人培养的现实。中国国家法官学院与德国国际合作机构已合作二十余年,以鉴定式和法庭报告技术解答中国法问题,培训法官。接受培训的众多法官中,就有受此启发写成名作《要件审判九步法》的邹碧华法官。国家法官学院教师刘汉富翻译的《德国民事诉讼法律与实务》2000年由法律出版社出版,作为国家法官学院高级法官培训指定教材,而该教材实际是德国完全法律人培养第二阶段用书(Dieter Knöringer, Die Assessorklausur im Zivilprozeβ, 7. Aufl. 1998.)。该书在我国湮没无闻的命运,多因我们的大学教育尚未开展鉴定式案例研习,请求权基础训练仅属耳闻,遑论法庭报告技术。如今,中国法的鉴定式案例分析在诸多高校展开,完全法律人观念也得到推广。新型法律人正在出现,贯通民法、民诉的学者(如中国人民大学法学院的金印老师)已成为我们身边可见的榜样。深刻的变革正在发生。

(二)

翻译德国案例研习教程以改进我国法律人教育之设想,正是基于丛书策划者们与德国法邂逅的切身体悟。我们在大学教育和实习经历中与德国法相识,在我国台湾地区法学著作(尤其是王泽鉴教授的法学教科书)、德国法学著作中真切感受到德式法学方法论的魅力。与时代的急剧转型相应,我们也必须深入地思考中国法学的实践转向、法学方法论与部门法的结合问题。

进入中国政法大学中德法学院学习,与本科就读于中国政法大学、西南政法大学等不同院校的同学交流,对于我们共同观念的形成和认识的提升至为重要。我2008级的同学中,有中国政法大学毕业的夏昊晗(曾从事法务工作多年)、林佳业、蒋毅,有来自西南政法大学的查云飞。我是自北京化工大学毕业,在法院工作两年后重新回到校园的;李浩然毕业于西南政法大学,是我在中德法学院的2009级同门。在中德法学院学习初期,我们的法学思维并没有表现出大的不同。在分析德国法的禁止双方代理案件时,我们还更多依从感觉(价值)判断,对法律概念的解释、扩张或续造并无清晰的意识。真正的变化开始于研二期间中德法学院提供的德国法系统训练,法律思维能力在随后攻读德国法律硕士期间也有了显著提升。德国高校法律硕士的选课也特别注重基础学科,注重对不同部门学科的总体了解。这就为我们从不同学科的视角看待学科发展提供了宝贵的知识基础。

我们时常交流学术想法,对教义学的观念、方法存有共识,对中德交流的形式、对学术与实务的沟通也常有思考,对未来抱有很多设想,读法律硕士时就讨论过以后组建民法、刑法、公法的团队教学等。及至在德国攻读博士学位之后,我们仍以不同的方式加深了对德国法教育的认识。除了攻读法律硕士期间所选修的科目——法律史、法理学、法学方法论、民事诉讼法、强制执行法,我们后续又选修德国宪法史、罗马法史、罗马私法史,听过欧洲近代法律史等课程。2013年上半年,林佳业、蒋毅和我对中德司法考试进行了初步的比较研究。同时,对教义学、方法论文献的系统研读和利益法学的翻译也加深了我们对学术与实践关系的认识,推进我们对于中国问题的反思,形成更清晰的系统解决方案。

基于此,我于2013年下半年提出翻译德国案例研习教程以改进我国法律人教育之设想,当即获得在弗莱堡大学攻读博士学位的蒋毅(刑法方向)和李浩然(公法方向)的支持,我们并就具体书目达成初步共识。但是,困难在于需要获得国内出版社的支持。2014年年初,幸得华中科技大学张定军老师的关心,就联系国内出版社之事宜,指点我们求教于李昊老师。这才给最初的设想打开了实现的大门!不仅我们的想法立获认可,李昊老师还以自己策划出版的丰富经验解答了我们关于费用的问题。2014年3月中旬我与蒋毅、李浩然在弗莱堡起草具体策划案,刑法由蒋毅负责,公法由李浩然负责,民法由我负责。因案例书需配合简明的教科书,策划选题时对此也需加以考虑,并由查云飞补充公法方面的设想,我们共同就未来推动的事项予以体系化整理,如新媒体时代中德交流平台的建立、中国法课程的系统改造和组建民法、刑法、公法的教学团队等。

2014年还不是一个可以清楚地看到案例研习教程前景的年份,策划案由李昊老师接手后一度未获出版社立项。之后我补充策划了3个预期会很畅销的德国法选题(《如何高效学习法律》《如何解答法律题》和《法律职业成长:训练机构、机遇与申请》),与4本民法案例研习教程一起再次申请立项,经北京大学出版社蒋浩副总编辑、陆建华编辑和李昊老师大力举荐才得以通过。

之后,因为商法书目的拓展,邀请陈大创(时于科隆大学攻读信托法方向博士学位)加入策划团队。基于我们的共识和彼此信赖,邀其推进商法方面的教程。至此,形成6人的策划团队。

策划过程中,我们决定把民法书目定为硕士期间所用过的教材,夏昊晗、林佳业提供了宝贵的借鉴意见。特别关键的是华东政法大学张传奇老师,不但对民法书目进行了认真的核查,而且主动提出承担近350页的《德国民法总则案例研习》的翻译,很快就为《德国债法案例研习Ⅰ:合同之债》《德国债法案例研习Ⅱ:法定之债》《德国物权法案例研习》三本书找到了可以信赖的译者,分别为赵文杰老师(现任教于华东政法大学)、薛启明老师(现任教于山东师范大学)和吴香香老师(现任教于中国政法大学)。在策划选题之初,出版前景尚不明朗,张传奇老师却如此热切地承担此项费时费力的翻译工作,在此特别感谢他为案例研习教程所做的巨大贡献,若没有他的参与,这些书或许就难觅合适的译者。当然,非常感谢香香师姐,文杰、启明师兄,也感谢曾影响他们与德国法结缘的老师。

在首批选题通过后,我们又扩展了翻译计划,《德国劳动法案例研习》由中国政法大学中德法学院的博士丁皖婧(现任教于中国劳动关系学院)承担翻译,沈建峰师兄(现任教于中央财经大学法学院)承担校对;《德国商法案例研习》由科隆大学博士李金镂(现任教于中南财经政法大学法学院)翻译。江西理工大学的马龙老师(武汉大学民事诉讼法博士)主动提出承担《德国民事诉讼法案例研习》的翻译,解决了一直困扰我们的难题。在此谨致谢意!

刑法的选题,因为 Beulke 教授刑法案例教科书的授权问题,蒋毅翻译好的近百页文字只能沉寂于其电脑中。否则,刑法选题可以更早出版,发挥其对刑法学习的积极影响。后经北京大学法学院江溯老师引荐,幸得希尔根多夫教授的《德国大学刑法案例辅导》三卷本弥补了这一缺憾。

2014 年,葛云松、田士永两位老师关于法学教育、案例教学的雄文面世(葛文《法学教育的理想》,田文《"民法学案例研习"的教学目的》),推动了国人对此的深入认知。2014 年,我们组建了团队,创建并运营"中德法教义学苑"公众号和相关 QQ、微信群,也致力于深化国内对德国法和鉴定式案例研习的认知。我们所推动的其他翻译书目,也在各出版社立项通过,陆续出版。2015 年,中国政法大学中德法学院的鉴定式案例研习暑期班开创了德国教授面对本科生亲授鉴定式案例研习方法的先河。在 2016 年和 2019 年西南政法大学民商法学院举办的"请求权基础案例分析法暑期培训班"中,还有 2017 年至 2019 年的中南财经政法大学法学院"案例分析暑期班"、广东财经大学法学院"案例研习班"、2018 年浙江理工大学法政学院"案例研习班"……我们都以不同的形式参与其中。中南财经政法大学 2016 级的法学实验班是参考德国法科教育经验优化的培养方案开设的,现今第一届学生即将毕业。在他们身上,镌刻的是不同于以往的教育模式,不管他们知或不知,其中已留下了我们的印迹。走过的这些年月,我们和德国法难舍难分,受师友激励前行,与更年轻的同行相遇,分享他乡所学,也目送年轻一代去往他乡。梦想当初似乎遥不可及,今日却已渐次照进现实。

观念为行动的先导,而行动塑造着现实。我们所做的,仅仅是一场探险之旅的邀请。真诚邀请我们见过或素未谋面的学友,与我们一起探索未知,描绘通向未来的地图。或许这些书才是我们能够提供给大家的与德国法更好相会的最好的辅助,通过它们可以更好地接近德国法(教科书、专著、评注……)和完全法律人的教育理念以及路径。或许它们也是引领我们通向更好的中国法的一些路标,也许它们能够锻炼我们传授识图、绘图、铺就未来道路的能力。

人们因为德国法而相遇,真是奇妙的缘分!所有的一切,缘起于情谊,成长于共识。通过分享我们所学所见的美好,我们结识了更多同行学友,得到师长、同学和朋友们热心无私的支持。尤为难忘的是时为中德法学院德方负责人的汉马可(Marco Haase)教授,是他以无比的热忱投入到我们研二的4门德国法案例研习课(民法2门,刑法、行政法各1门)的教学之中,在精神上和思维上引领我们前行。赴德留学的圣诞,我们齐聚柏林访问,因为他在,我们才有宾至如归的心安。Haase老师对中国挚诚热爱,奉献于中德交流十数载,是我们的"马可·波罗",是激励我们前行的榜样。这一路的启明星,是情谊与温情。希望它照亮我们法律人未来的探索之行。披星戴月,日夜兼程。

(三)

预知未来的最好路径即是当下的践行。完全法律人的养成,与人格的发展密不可分。我们所期待的法律人应是独立自主的个体,有独立思考的能力和行为习惯。身处社会中的法律人应在互动中塑造现实,不论是在学习小组中,在班级活动中,还是在更多维、广泛的生活世界的行动中。

对于使用本译丛的读者贤达而言,为达到好的效果,自主学习的学生可以组成学习小组(《如何高效学习法律》有相关介绍),小组的基本单元为5人左右,以理论课程的学习为前提,鉴定式案例研习作为辅助。解答案例时,先独立自行作答,使用法条汇编、教科书(有可能的情况下也应使用评注、重要文章)等文献,再进行小组讨论。讨论依据鉴定式的分析框架和思考次序进行,相关写作体例可以参考《如何解答法律题》和《法律研习的方法》。"案例研习"教程的使用也应遵循循序渐进的规律,比如民法可由民法总则开始,债法总则、债法各论、物权法依次进行,再到亲属法、继承法、民事诉讼法等;公法由基本权开始,再到行政法与行政诉讼法。以民法总则为例,建议先仔细阅读布洛克斯等的《德国民法总论》,再结合民法总则案例研习教科书进行研习;因鉴定式案例研习涉及法律解释,可配合旺克的《法律解释》一书,通过实例来掌握基本的解释方法。若想依据中国法解答德国案例,则可配以朱庆育的《民法总论》、李宇的《民法总则要义》、朱庆育主编的《合同法评注选》以及《法学家》《中德私法研究》等刊物上刊发的相关评注文章及其他重要学术文献。对小组的讨论过程,建议形成讨论记录(纪要),记录口头讨论进程和问题总结。借此所训练的能力,为日常所需。自主学习和小组讨论学习,也是应对未来法律职业生涯的日常演练。就具体效用而言,经此系统训练的同学,既可轻松应对法考(主观题难度低于鉴定式案例研习),又能在深造之路上获得明显的优势。

借助鉴定式案例研习,可磨砺提升心智。在解决具体案例问题的过程中,需要综合运用法条,这就涉及文义的探寻,对体系更深入的理解,对规范生成历史、目的的理解,对整个法律制度的理解,乃至对于社会的历史和社会学视角的横向观察。其实,对个案的分析解答,就是不断地建立起个人对法律、共同体、历史与当下的不断往复沟通的紧密联系的过程,调适规范与事实契合的过程,也是设身处地感受、参与、塑造观念与生活的过程。妥当的解答,除了要求对法律学科进行系统的学习思考,对法律的社会、历史时空的维度进行更深更广的认知,也要求环顾四周的世界,培养健全的判断力,展望、预测未来的能力,长远思考的能力。

小组讨论中可辨析多样的观念,启迪思考。借此,将个人的成长史和习惯纳入共同经验中予以打量、检验和对话,形成新的话语及同情式理解的经验。这是法学的深入学习之旅,人格的塑造之旅;这是由具体案例而展开的对话,是互动中激荡的思想、疑惑、追问,与跨越时空的不同的智慧心灵的相遇。

鉴定式案例研习是一个基础,由此而往,由肩负责任的成长中的独立个体赋予规范以具体的生活意义,赋予自身以意义,面向未来负其担当。真正的完全法律人,当由此而生!

季红明
2020 年春于南京

前 言

新版关注了截至 2014 年上半年的立法、判决和学说。基于立法——尤其是转化《欧盟消费者权利指令》——和司法实践的最新发展必要之处，新版对案例进行了重新处理。补充和回答了细心的读者们提出的建议和问题，同时我一如既往地非常欢迎读者们提出建议和问题，因为这反映了学习者们究竟在哪些问题上还需要帮助。可以把建议和问题直接发到电子邮箱 fritzsche.lehrstuhl@ur.de。

具体案例的前期思考部分大多很简短，因为解答部分之前都有包含具体检验要点的提纲，这让检验结构一目了然。部分提纲还包括解答的关键词。这些旨在让初学者明白闭卷考试中在开始誊清稿之前完成的解题提纲看上去是怎样的。通常，解题提纲中不仅要有检验要点，还要包括要在解答中探讨的问题的所有方面。这在本书中无法经常呈现，因为它在解答之前且需要大量的篇幅。

除了就手稿的处理感谢出版社和我的秘书 Gabriele Schmitt，在读者之外，还要感谢我的助手 Bettina Danzer, Janina Möges, Kim Röntgen 和 Johannes Wunderle，他们帮助发现了拼写错误、人名的混淆和其他恼人的错误，并对案例书的补充完善做出了贡献。

尤科·弗里茨舍
于雷根斯堡
2014 年 6 月

第 1 版前言

本书旨在帮助低年级学生入门解决合同法案例。为此,各个主题版块大多始于一个简单的基础案例。然而,由于只有能够发现案例中的问题时,方能正确地学会解题,因此案件变型或涉及更特殊问题的进一步的案例也随之而来。同时,这些也有助于加深既有的认识。因此,本书也可为稍高年级的学生使用。

将主题限于合同之债的原因是债法总论中的绝大部分问题主要发生在这一领域,而法定之债经常适用特殊规则。案例的排列顺序大致和教科书(和讲授大课)的阐述一致。因此,首先处理合同(和准合同)之债的成立、其内容和履行,但重点还是在给付障碍法上。本书除了处理处于核心地位的第 275 条及以下、第 320 条及以下的案例,还处理有关解除和消费者撤回后果、债权让与问题和买卖、租赁、劳务及承揽合同中特殊问题的案例。

因为缺乏联邦最高法院关于现行法的判决,所以人们经常完全不清楚,应建议选用多种可能的解决路径中的哪一个。遗憾的是,这经常发生在债法改革应解决的问题之处,或此前根本没有问题的地方。这必然会导致本案例书中涉及大量的争议,并需作者对其影响发表观点。因此,与初衷相反,案例的解答经常是不甚简明的,这同时和对结构的提示或其他问题结合在一起。这些问题因本书的篇幅所限,无法以单独的案例来构建阐释。

人们,尤其是学生们不应被案例解答的长度和所需处理的大量问题吓倒。因为只有通过练习,我们才能在法律上正确地认识和解决新出现的、其问题尚不明晰的、从不为人所知的案例。

目 录

第一部分　合同之债的解题指引 …………………………… 001

一、典型的请求权目标和请求权基础 …………………………… 003
　（一）实际履行请求权（原请求权）………………………… 003
　（二）其他的履行请求权 …………………………………… 004
　（三）损害赔偿请求权（次请求权）………………………… 005
　（四）解除和减价；撤回；返还请求权 ……………………… 005
　（五）其他的请求权目标 …………………………………… 007
二、检验流程和请求权构成 …………………………………… 008
　（一）实际履行请求权（Erfüllungsansprüche）…………… 008
　（二）损害赔偿请求权 ……………………………………… 010
　（三）返还请求权 …………………………………………… 014

第二部分　案例 …………………………………………… 017

案例 1　购衣的困扰 …………………………………………… 019
　　　　买卖合同的缔结——同时履行抗辩权——留置权——一般交易条件的审查

案例 2　该死的色拉叶 ………………………………………… 031
　　　　缔约过失——通过判决的原则具体化第 311 条第 2 款和第 241 条第 2 款——竞合的侵权请求权——第

280 条第 1 款第 2 句和违反交往安全义务中的证明责任倒置——罹于时效——债务关系中第三人保护和第 311 条第 3 款第 1 句

案例 3　支付的尝试 ························· 046
清偿,代为清偿和间接给付——以转账清偿金钱之债——抽象或有因的债务承认

案例 4　玻璃碎片 ····························· 055
嗣后和自始客观不能——依第 275 条第 1 款免于给付——债务人免于给付时的对待给付请求权——替代给付的损害赔偿——财产损害——差额说和替代说

案例 5　不足额保险(Unterversicherung) ················· 075
要求代偿物的请求权(代偿返还)——维持对待给付请求权——以代偿物计算替代给付的损害赔偿

案例 6　极强的诱惑 ··························· 082
双重买卖——要求获得赔偿的请求权,第 285 条第 1 款——因协议从物中获得的代偿(出让收益)——第 275 条第 2 款的影响——在出卖人免于给付后返还价金,第 326 条第 4 款——要求代偿物的请求权和对待给付义务,第 326 条第 3 款

案例 7　工作或服役? ························· 095
亲自给付的不可期待性,第 275 条第 3 款——给付拒绝权和对待给付——继续性债之关系——绝对定期之债——继续性债之关系中以终止替代解除

案例 8　改道(Umleitung) ······················· 102
种类之债中因不能而免于给付——撤回特定化(反/解特定化)——给付费用过巨

案例 9　笨重物件的灭失 ·· 114
　　　　特定之债和种类之债的界分——库存之债——不能
　　　　和受领迟延——债权的可清偿性——特定化和第
　　　　300 条第 1 款中的风险移转——依第 326 条第 2 款
　　　　或第 446 条第 3 句移转对待给付风险

案例 10　奥托卡(Ottokar)的幸运与毙命 ························· 135
　　　　物之风险、给付风险和价金风险——寄送买卖中的
　　　　风险移转——用自己人运输和第 447 条——由代理
　　　　人移转所有权——由占有辅助人交付——承担责任
　　　　的前提条件

案例 11　徒然的尝试 ··· 151
　　　　违反主给付义务——替代给付的损害赔偿——赔偿
　　　　义务的范围——赔偿徒然支出的费用——营利性推
　　　　定——依第 649 条终止承揽合同

案例 12　被轧扁的摩托车 ·· 171
　　　　可归责于债权人的免于给付——可归责于双方的不
　　　　能——免于对待给付义务——替代给付损害赔偿中
　　　　的考虑——与有过错——基于第 280 条第 1 款的债
　　　　务人的(反对)损害赔偿请求权

案例 13　泄密了 ··· 190
　　　　一般的银行合同——框架合同——作为无原给付义务
　　　　的法定之债的交易关系——义务违反所生之损害
　　　　赔偿——与替代给付损害赔偿的界分——保密义务
　　　　和不作为请求权——第 281 条和第 282 条的关
　　　　系——依第 324 条解除

案例 14　周一到的草莓 ·· 205
　　　　不履行和给付不能的界分——绝对定期行为——依
　　　　第 323 条第 1 款解除——设定期限和无须设定期限

案例 15　旧的帕兰特评注（Palandt） ································ 216
　　　　依第 323 条第 1 款解除——第 346 条第 1 款规定的
　　　　返还请求权——所有权保留（第 449 条）和解除——
　　　　基于第 280 条、第 281 条第 1 款的替代给付的损害赔
　　　　偿——第 162 条意义上的阻止条件成就

案例 16　迟到的两轮摩托车 ·· 226
　　　　债务人迟延——同时履行抗辩权——成立受领迟延
　　　　的提出给付——金钱之债的特殊之处——无须催
　　　　告——赔偿迟延损害——损益相抵——就意外承担
　　　　的责任，第 287 条第 2 句

案例 17　迟到的两轮摩托车们 ·· 241
　　　　债务人迟延——迟延的要件——催告及无须催
　　　　告——有偿债权中陷入迟延的最晚时间——迟延利
　　　　息——种类之债和金钱之债中的可归责性——尽管
　　　　可抵销仍留置？

案例 18　芯片市场的价格波动 ·· 255
　　　　第 275 条第 2 款和第 313 条的界分——作为等价关
　　　　系破坏的经济上不能——调整合同的请求权——价
　　　　格上涨时的风险分配

案例 19　Pharao 不再能越障了 ······································· 263
　　　　解除后的返还请求权——解除后的用益偿还——不
　　　　能返还时的价值偿还——价值偿还和损害赔偿的
　　　　竞合

案例 20　动感单车 ·· 285
　　　　　交易场所外缔结的合同——远程交易——撤回和合
　　　　　同返还清算

案例 21　www.netzladen.de ······························ 296
　　　　　远程销售合同——电子交易中的缔约——撤回和返
　　　　　还清算——消费者借贷——关联交易

案例 22　债权让与的后果 ··································· 308
　　　　　债权让与——债权让与中的债务人保护——保有既存
　　　　　之抗辩——同时履行抗辩权——对债权让与人给付

案例 23　抵销者 ·· 316
　　　　　债权让与——债务人保护——依据第 406 条保有抵
　　　　　销机会——抵销的要件——让与担保

案例 24　有问题的刹车 ····································· 328
　　　　　买卖中的物之瑕疵担保——设定期限及无须设定期
　　　　　限——在一般交易条件中排除瑕疵担保和恶意地排
　　　　　除瑕疵担保——瑕疵担保和撤销——解除,减价和
　　　　　替代给付的损害赔偿

案例 25　沉默的出卖人 ····································· 345
　　　　　买卖中的物之瑕疵担保——品质约定——补正给
　　　　　付——替代全部给付的损害赔偿和解除——无须设
　　　　　定期限——责任排除(免责)——故意隐瞒瑕疵——
　　　　　与担保相当的责任——代理人的自己责任

案例 26　南非的铁锈 ······································· 371
　　　　　买卖中的物之瑕疵担保:在特定物买卖中以更换请
　　　　　求权为补正给付——损害赔偿——无须设定期
　　　　　限——涉及补正给付的拒绝权,第 439 条第 3 款

案例 27　失败、倒霉和地砖！·················· 382
　　　　消费品买卖中的物之瑕疵担保：安装案中补正给付请求
　　　　权的范围——拆卸和安装费用的赔偿——合指令的解
　　　　释——涉及补正给付的拒绝权，第 439 条第 3 款

案例 28　框架断了 ························· 399
　　　　瑕疵损害和瑕疵结果损害——物之瑕疵中的诉讼时
　　　　效期间——供货——出卖人保证的解释和一般交易
　　　　条件——物之瑕疵中的侵权责任和产品责任——向
　　　　前供货人追索——经销商和生产者的连带责任

案例 29　用益问题 ························· 421
　　　　替代给付之损害赔偿和与给付并存之损害赔偿的界
　　　　分——营业损失的赔偿——担保——归责关联——
　　　　合法替代行为——减损的不真正义务

案例 30　错误交货 ························· 436
　　　　种类之债和特定之债中的错误交货——错误交货和
　　　　短少交货的界分——未订购的交货——物之瑕疵规
　　　　则和给付型不当得利规则的关系——给付地点

案例 31　有毛病的驾驶系统 ···················· 455
　　　　买卖法中自行排除瑕疵时的请求权——排除责任
　　　　（免责）——瑕疵的证明责任——消费品买卖——无
　　　　因管理和费用型不当得利

案例 32　有障碍的房屋买卖 ···················· 477
　　　　买卖中的创设占有义务和权利瑕疵责任——物之瑕疵
　　　　和权利瑕疵的界分以及瑕疵损害与瑕疵结果损害的界
　　　　分——给付迟延和一时不能——迟延损害——因缔约
　　　　过失废止合同——交易基础丧失——错误撤销

案例 33　法学上的精巧 …………………………………… 497
　　　　　赠与——自始主观不能——依第 311a 条第 2 款承
　　　　　担责任——作为履行辅助人的公证人——赠与的撤
　　　　　回——附负担赠与

案例 34　日渐寂寥的购物中心 ……………………………… 510
　　　　　租赁物瑕疵——交易基础丧失——因重大事由即时
　　　　　终止继续性债之关系

案例 35　不能再用车轴了 …………………………………… 518
　　　　　出租人的主给付义务——将主给付义务转给他
　　　　　方——租赁物瑕疵——经济上全损时第 275 条第 2
　　　　　款意义上的不可期待的给付困难——主张抗辩权和
　　　　　对待给付请求权——在租赁中对第 326 条第 1 款第
　　　　　2 句作目的性限缩

案例 36　桑格尔的酒菜账 …………………………………… 532
　　　　　劳务合同中的义务违反——归责的标准——简单的
　　　　　损害赔偿和替代给付损害赔偿的界分

案例 37　倒霉的侦探 ………………………………………… 537
　　　　　侦探服务中劳务合同和承揽合同的界分——劳务提
　　　　　供者的瑕疵给付——报酬请求权——替代给付的损
　　　　　害赔偿

案例 38　老宝贝有时会生锈 ………………………………… 543
　　　　　承揽合同中的瑕疵担保——承揽人在补正给付中的
　　　　　选择权——重作中的返还——价值偿还——解
　　　　　除——减价——替代给付的损害赔偿

案例39　直到车检把我们分开 ·············· 555
　　　承揽合同中的瑕疵担保——承揽人在补正给付中的选择权——重作中的返还——价值偿还——解除——减价——替代给付的损害赔偿——(瑕疵)结果损害和附随损害的赔偿——履行辅助人的责任——罹于时效

案例40　谁付款给中介人？ ·············· 566
　　　缔结中介合同——利益第三人合同——依第654条丧失报酬请求权——届期和届期条件

缩略语表 ························· 577
文献缩写 ························· 585
关键词索引 ······················· 589

第一部分

合同之债的解题指引

人们在基础课体系中,要么是从侵权法的问题开始学习,要么是从更经典的民法总论的问题开始学习,合同之债领域的案例都不是当时解决的第一批问题;因此,像在《德国民法总则案例研习》[1]中能找到的关于请求权技术和鉴定技术的基础导论就没有必要出现在本册书中了。接下来我们将只涉及处理关于合同之债(典型)案件的具体说明,包括检验构造的典型一般问题。本册书中就这些解答的前期思考是以请求权技术的基础已为大家所知为出发点的。它们只涉及非常特别的构造问题,以便更好地理解——当然也可能包含在解答的提示部分——并尝试说明如何在内容上切入每个案例。

1

一、典型的请求权目标和请求权基础

在合同之债中,要区分不同的请求权目标。首先涉及的就是实际履行请求权和损害赔偿请求权的区分。此外会有从给付请求权,当然还有辅助性请求权和后续请求权(Folgeansprüche)。当然不应忘记的,还有人们在鉴定中始终必须检验作业中提及的所有法律方面的问题。

2

(一)实际履行请求权(原请求权)

合同法中最为典型的请求权目标是实际履行请求权本身,其在

3

---

[1] Fritzsche, Fälle AT, 1. Teil Rn. 1ff.

民法总论部分就作为问题的题材为人所知。实际履行请求权旨在实现负担之给付，其会依第362条第1款消灭。它通常涉及的是合同中主给付义务的履行。买卖合同和承揽合同中的补正给付请求权（第437条第1项、第439条第1款以及第634条、第635条第1款）亦属之，它们是原初实际履行请求权的变形。这些请求权大多可无限制地适用第一个学期就学会的检验框架，即"请求权发生？请求权消灭？请求权可实现？"但这并不意味着，必须始终把这些都写进去。如果案件事实并未给出抗辩的依据，就不需要检验这些抗辩，也不一定需要按照上述检验框架来划分。保险起见，可以自我安慰地提及未见抗辩。

4　　可以在《民法典》第二编（债法）第八章中找到被明确规定的合同主给付义务的实际履行请求权，也可在每节的首个条文找到它们。因此，可将其作为请求权基础（比如第488条第1款第1句、第535条第2款、第651a条第1款第2句、第662条）。当然，这会有争论，即认为请求权实际上源自合同合意本身，而非法律条文。但在解题时，为了获得合适的评分，最好忽略这种踌躇。提及具体的请求权基础显然对获得好的分数有所帮助。

5　　如果涉及法律没有规定的合同类型且无法类推法律中既有的请求权基础，则最好提及合同的约定，并进一步援引第311条第1款、第241条第1款。这两条规定的效果是人们通常可以缔结合同创设债务关系，且让自己负有给付义务。当主给付请求权包含于或被规定在第305条第1款意义上的一般交易条件中，人们不必担心将一般交易条件条款称为请求权基础（或者至少是一并引用），并检验由一般交易条件组成的合同是否成立。

(二) 其他的履行请求权

6　　在合同中，当事人不仅负担典型的主给付义务，还在特定情事下负担其他给付义务，即所谓从给付义务。这些义务可能源于合同的约定,甚或是一般交易条件;也可能源于法律规定,比如第368条第1句规定的提供收据的义务。这类请求权在闭卷考试或家庭作业中是较少出现的。为了不至于在被问及时完全措手不及,同学们在潜意识中还是要始终保留这些问题。

(三) 损害赔偿请求权(次请求权)

当债务人根本未履行或未依约履行原本负担的给付义务,且这类义务可能恰好因第275条第1—3款消灭时,债权人通常可以要求损害赔偿。《民法典》债编实质上只包含两个(损害赔偿)请求权基础,即第280条第1款和第311a条第2款。无论如何,立法者是以此为出发点展开教义的,即便人们在实际适用,尤其是适用第281条时会有疑惑,即其是否在最终的立法表述中被完全坚持。此外,租赁合同和旅游合同的规定都包含了完全独立的瑕疵担保条文,因而必须在存在这种情况时予以检验(参见第536条及以下条文和第651c条及以下条文)。 7

上文提及的"请求权发生?请求权消灭?请求权可实现?"的检验结构在损害赔偿请求权中只能改动后适用。损害赔偿请求权并非因合同缔结产生,而是因义务违反和其他前提条件产生。绝大多数情况下只有通过合同约定才能排除它。相反,可实现性的检验原则上仍适用一般规则。 8

(四) 解除和减价;撤回;返还请求权

如果债务人没有履行或未依约履行,债权人不仅能够依第280条及以下条文要求替代给付或与给付并存的损害赔偿,还能依第323条及以下条文解除双务合同。和2001年之前的规定不同,依据第325条,解除并不排除损害赔偿请求权。解除权也可能源于合同约定,参见第346条第1款。解除权是形成权,而非第194条第1款意义上的请求权。检验"解除请求权"者显然犯了严重的理解错误。买 9

卖合同和承揽合同中的减价权亦是如此,参见第 441 条第 1 款第 1 句、第 638 条第 1 款第 1 句,减价权始终要求存在解除的前提条件。请不要忘了解除表示原则上(!)是不可附条件的。在租赁合同和旅游合同规则中,减价依法自动发生,参见第 536 条第 1 款第 1 句、第 651d 条第 1 款。

10　　在闭卷考试中,解除权可能在不同情况中发挥作用。此处必须注意题设:如果不仅是问请求权,而且是更一般地问当事人的"权利"(或"可能性"),则通常探讨到解除权就足够了。相反,如果明确问"请求权",则解除在案例解析中一方面可能会作为对抗实际履行请求权的权利消灭抗辩,另一方面作为第 346 条第 1 款返还请求权的前提条件出现。消费者以第 355 条第 1 款第 1 句为据的撤回权和由此产生的以第 355 条第 3 款第 1 句(参见本部分边码 12)为据的返还请求权也是如此。如果解除和第 355 条规定的撤回皆无可能,则要考虑撤销(第 142 条第 1 款和第 119 条及以下的规定)——因为其法律后果(第 142 条第 1 款),最好是首先检验撤销。

11　　如果权利人通过表示(第 349 条)行使了解除权,则在其已经履行时,权利人可以根据第 346 条第 1 款成立返还请求权。如果解除权的前提条件存在,但权利人尚无表示,则需清晰说明返还请求权成立以发出解除的意思表示为前提。返还请求权是一项给付请求权,即便其并非原初的实际履行请求权。在其左右的是规定后果请求权的第 347 条和其他特别规定(第 348—354 条)。需注意的是返还的给付障碍原则上适用第 346 条第 2—4 款的特别规定,该第 4 款又指示参照第 280 条(参见案例 20)。即便没有必要完全排除一般的留置权和消灭时效抗辩权,返还请求权的可实现性也大多会受第 348 条的影响。

12　　当消费者(第 13 条)依第 355 条第 1 款第 1 句行使撤回权时,其后果和解除类似。第 355 条第 1 款第 1 句意义上的撤回权最终是被冠以另一个名字的解除权,但是自《欧盟消费者权利指令 2011/83》

被转化为《民法典》第 355 条及以下规定后,撤回的法律后果被完全单独规定。依第 355 条第 3 款第 1 句,撤回也会产生返还请求权,第 357 条就经营场所外缔结的合同和远程销售合同——除了金融服务合同——撤回的效果的细节作了更详尽的规定。第 357a 条及以下规定在其他合同中亦应注意。从 2014 年 6 月 13 日起,这些条款不再指示参照适用解除的规定。

解除和撤回不会消灭债务关系,而是转换其内容(变为所谓"返还之债"),而学生们经常在这点上写错。因此,将解除的后果视为合同无效并适用不当得利法是完全错误的,这会让第 346 条及以下和第 355 条及以下的规定沦为具文。原则上,只有在合同无效(比如法律行为被撤销,第 142 条第 1 款)及欠缺合意时,给付才会依第 812 条第 1 款第 1 句第 1 种情况返还。还有一种普遍存在的错误是:解除(或撤回)债务合同会导致出卖人重新成为买卖标的物的所有权人。根据抽象原则,这种认识是错误的,只要阅读第 346 条第 1 款就不难明了——解除只产生返还的义务(!)。

13

减价(参见本部分边码 9)也会改变合同,但仅仅是部分改变:补正给付请求权消灭,对待给付的范围依第 441 条或第 638 条第 3 款缩减。在先行支付的场合,多支付的部分要依据第 441 条或第 638 条第 4 款第 1 句返还;后看第 2 句指示参照的条文还关系到用益的返还。旅游合同中同样如此,参见第 651d 条第 1 款。因为租赁合同中没有关于返还的规定,司法裁判通常以承租人的不当得利请求权来判决。[2]

14

(五)其他的请求权目标

特别是在租赁和委托的法律规定中,返还请求权也发挥作用,参见第 546 条第 1 款和第 667 条。在租赁中涉及(返还)移转直接占

15

---

〔2〕 参照比如 BGH NJW 1995, 254,255。

有。在委托合同中,根据受托人所获,取而代之的是权利的转移。

16 　　费用偿还(尤其参见第 670 条)意味着对自愿支出财产的赔偿。第 284 条中的请求权(就此参见案例 10*)涉及的仅仅是合同未履行,但因期待合同履行而支出费用的特殊情况。[3]

二、检验流程和请求权构成

17 　　在了解合同之债中可能的请求权目标后,接下来要了解的是上述请求权目标中最重要目标的检验流程。

(一)实际履行请求权(Erfüllungsansprüche)

18 　　原初的实际履行请求权(primäre Erfüllungsansprüche)成立的条件大都很少。除了某种条件(第 158 条),该请求权的成立通常只需要当事人根据民法总则的规定,(有效)缔结了合同。届期(参见第 271 条第 1 款)决定了请求权可实现开始的时点,已经属于案例解析中的债法层面了。如果它例外地存有疑问,则应在请求权成立的问题之后一并检视;更经常出现的是,它作为给付障碍事实构成(参见第 281 条第 1 款第 1 句、第 323 条第 1 款)的前提发挥作用。在消费品买卖中,第 474 条第 3 款就供货义务的届期有特别的规定。

19 　　正是在合同法中,经常要探讨可以排除债权人请求权的抗辩和抗辩权。债务人的这些"对抗权"(Gegenrechte)分为三类:权利阻却抗辩让请求权根本无法成立,绝大部分可在民法总则中找到,也可在第 494 条第 1 款和第 814 条中找到。权利消灭抗辩会再次排除请求权,而权利阻止抗辩只是会限制请求权的可实现性。最后一种抗辩在法律中会表述为给付拒绝权,因此人们也会称之为"抗辩权",且只

---

* 应为案例 11,此处似为作者笔误。——译者注

[3] 更详尽说明参见 MünchKomm/Ernst, §284 Rn. 16f.。

有在债务人主张时才会起作用。[4] 在债法中有大量的权利消灭抗辩,也有不少权利阻止抗辩。具体鉴定中,应始终在作为大前提的法律后果规范下检验这些抗辩。就像在请求权检验中,整体上从请求权基础开始;在鉴定中,具体的抗辩要从抗辩规范(比如依第275条第1款免于给付)开始,而不能以类似"给付也许是不能的"句子开始。

对合同之债来说,最为重要的权利消灭抗辩是:
——清偿,第362条第1款(以及代物清偿,第364条第1款)
——抵销,第389条
——提存,第378条
——依第275条第1—3款免于给付(以及在涉及双务合同的对待给付时,依第326条第1款第1句免于对待给付)
——主张替代给付的损害赔偿请求权,第281条第4款
——已表示的解除,第346条第1款(结合解除权的规定,比如依第323条及以下条文)
——撤回,第355条第1款第1句
——废止的合同,第311条第1款
——免除(合同),第397条
——终止(如第649条第1句;继续性债之关系:一般的有第314条第1款;特殊的例如第489条及以下、第542条、第543条、第568条及以下、第584条、第594a条及以下、第605条、第620条及以下、第651e条、第671条)。

这些权利消灭抗辩让已经成立的(此处指实际履行)请求权复归消灭。若想规整它们,理出结构,则前三种情况涉及因提出给付或类似方法而消灭请求权(清偿或清偿替代方法);接下来三种情况属于债务人不适约履行或未履行及其他义务违反的后果。解除不一定与

---

[4] 更详尽说明参见 Fritzsche, Fälle AT, 1. Teil Rn.79ff.。

之相关,因为解除权亦可通过合同约定产生。再接下来三种情况则(或多或少)可归入以意思自治的方式摆脱合同(撤回)以及废止给付义务。

22　　此处要指出的是,第275条第2款和第3款在权利消灭抗辩中是非典型的,因为只有在债务人主张时,其才会起作用,但仍会引起债务消灭的结果。[5] 因此,此处涉及的是权利消灭的抗辩权。第635条第3款的抗辩权亦是如此,该规定是不可期待性理论在承揽合同中的特殊体现。第439条第3款第1句中的权利限制抗辩权构成特例,可导致出卖人只负担其他种类的补正给付义务,参见第439条第3款第3句。

23　　权利阻止抗辩并不影响请求权的存在,但会影响其可实现性。最重要的有:

——罹于消灭时效,第214条第1款

——留置权,第273条第1款以及(双务)合同中的同时履行抗辩权,第320条第1款第1句

——不安抗辩权,第321条第1款第1句

——第242条(法律不允许的权利行使或类似情况)

——延期履行(参见第205条)

24　　此外,在具体合同中——比如保证中(第770条及以下条文)——还存在这类抗辩权。

(二)损害赔偿请求权

25　　在损害赔偿请求权中,一切要简单些。因为损害赔偿通常依据的是第280条第1款第1句,至多会出现的问题是竞合的侵权请求权是否存在。第280条第1款第1句的适用前提是债务关系已成立,该关系在合同磋商阶段就可能发生(参照第311条第2款、案例2)。第

---

[5] 参见 Palandt/Grüneberg, §275 Rn. 26 u. 30。

280 条第 1 款请求权的检验顺序如下:

——存在债务关系(有的时候亦可依据第 311 条第 2 款和第 3 款)

——义务违反(客观上违反债务计划)

——未能推翻对可归责性的推定(第 280 条第 1 款第 2 句结合第 276 条及以下条文)

——损害(以及责任范围因果关系)

如果债权人只是因为债务人侵害了债权人的其他权利、法益或利益(参照第 241 条第 2 款)——如损坏债权人摆设的物品或伤害债权人——而要求损害赔偿,而不管给付适约性的问题,则请求权主要依据的是第 280 条第 1 款。尽管在此范围内,在合同请求权外还存在侵权请求权(第 823 条及以下条文),但在侵权法中,辅助人行为的责任配有第 831 条第 1 款第 2 句规定的免责可能性,这会带来大量漏洞;但在合同责任中因第 278 条则不存在这种可能(参照案例 2,边码 31)。与侵权法不同,不法性的问题在第 280 条第 1 款中通常不做特别检验,只是捎带提及,因为义务违反本身就包含了不法性。只有在非常例外地出现正当化事由时,才需探讨这一问题(参见案例 13,边码 5 及以下)。 26

尤其要牢记的是损害赔偿请求权还要求有损害,这通常会被忽视或至少被非常草率地对待。如果从案件事实中可以推出,需要简要地说明损害,且当具体案件中存在该问题时,还需要继续探讨义务违反和损害发生之间的因果关系(责任范围因果关系)。如果能够根据第 249 条及以下条文确定损害赔偿的方法——即允许的损害种类和损害的范围,则可以获得加分点。在特定情况下亦需具体适用第 249 条及以下条文。 27

如果债务人未正常履行,还会有额外的要件:如果债权人希望获得迟延损害的赔偿,则依第 280 条第 2 款还需债务人构成第 286 条的给付迟延。只有存在第 281—283 条的额外条件时,债权人才能依第 280 条第 3 款获得替代(未为的或不适约的)给付的损害赔偿。这些 28

规范恰好表明了给付障碍中各有具体要求的情形;美中不足的是,第280条第3款参引第281—283条,而后者又反过来参引第280条第1款。在债务人的给付义务因第275条被排除时,还需检验给付障碍是否在合同缔结时就发生了,若如此,则第311a条第2款第1句构成其请求权基础。

29　　就以第280条第1款第1句和第3款结合第281—283条为据的替代给付的损害赔偿请求权和以第280条第1款和第2款、第286条为据的迟延损害请求权的构造而言,原则上存在两种可能的选项。在案例解析中只选择其中一种:根据立法者的设想,第280条第1款(与其并立的是第311a条第2款)是义务违反引起的损害赔偿的唯一请求权基础。只需要在涉及相关具体损害类型的可赔性时,才需检验第280条第2款和第3款规定的特别损害的其他要件。[6] 因此,理论上可以在第280条第1款中一次性完成检验,只是——与第280条第2款和第3款一致——在末尾加上"可赔性的其他前提"。

30　　然而,这与下述事实相反:《民法典》第281—283条和第286条不仅涉及特别的损害类型,还包含适格义务违反的事实构成。如果首先仅根据第280条第1款一般性地推导出债务人的义务违反,则在嗣后检视涉及第280条第2款和第3款的损害赔偿的额外要件时,事实上还要回到义务违反(参照第281—283条、第286条)的判断中去。如果不会导致错误的结论,则这只是表述上的"不完美"。我们举一个例子,商人S给客户G供应了有瑕疵的物,他不知道该瑕疵,该瑕疵也非显而易见。根据通说,商人对其转售的物通常没有检验的义务,所以S不必对瑕疵给付负责。那么根据相应的结构,应当在此结束案例检验过程。如果债务人在债权人为其指定合理期限后,仍没有适约(无瑕疵)给付,则依第281条第1款第1句负有替代

---

[6] 这么认为的有 Looschelders, SAT, Rn. 1222f.。

给付的损害赔偿义务。因此,指定期间经过后未适约给付也同样必须构成义务违反。唯有不是只在最后检验第 281 条第 1 款时,才能获得其要件。基于这一理由,我们应当一开始就构造一个符合整个请求权基础的方式[7],以上述示例中 G 对 S 的以第 280 条第 1 款和第 3 款、第 281 条第 1 款为据的要求替代给付的损害赔偿请求权(关于迟延损害参见案例 16 中的前期思考部分)为例,这一统一的请求权基础需在鉴定中检验统一的事实构成:

——存在债务关系,第 280 条第 1 款

——义务违反(第 280 条第 1 款)和特别要求(第 281—283 条、第 286 条)

——可归责性,第 280 条第 1 款第 2 句、第 276 条及以下条文

——以第 249 条及以下条文为据的损害和赔偿

当并非直接适用第 280 条及以下条文,而是通过瑕疵担保和第 437 条第 3 项、第 634 条第 4 项的参引规范引致上述条文时,检验的流程就必然会在某种程度上被改变。前提不再仅是债务关系,而且是具体的买卖合同或承揽合同。此外,必须要有(物或权利)瑕疵;只有审查了这些检验点之后,才能开始判断第 280 条及以下条文、第 311a 条第 2 款规定的要件。此处无须再探讨债务关系要件,因为此前已对此作出了确认,且义务违反可以参照已经检验的瑕疵本身。

当然也可以将第 437 条第 3 项、第 280 条、第 281 条和第 283 条结合起来检验,即买卖合同作为债务关系必须存在,且将瑕疵作为义务违反检验。应避免的是,首先检验第 437 条(买卖合同,瑕疵)的"瑕疵担保的一般前提",而紧接着在第 280 条、第 281 条及以下条文中又极其麻烦地回头从债务关系开始,且在义务违反的检验中又要重复操作。因为立法者的理由书认为第 437 条本身是多余的"路标

---

[7] MünchKomm/Ernst, § 283 Rn. 4.

规范",是为了帮助人们更容易找寻其权利,除此之外并不具备独立的规范特性。

(三)返还请求权

32 　　正如前文所示,合同中的返还请求权主要规定在第 346 条第 1 款。本条涉及返还已受领的给付和已获取的收益,这一法律效果发生的前提是合同已经成功解除。检验请求权,需要存在解除权和解除意思表示(第 349 条)。解除权可能源自合同约定,也可以源自法律规定(第 323 条及以下条文)。与之类似的有当事人依第 357 条第 1 款第 2 句表示撤回消费者合同。根据第 355 条第 3 款结合第 357 条第 1 款,撤回也能引起返还义务。只要涉及源自解除或撤回的特定请求权,就要引用具体的请求权规范。此处经常会出现马虎的现象,在闭卷考试中仅回答"以第 346 条及以下条文为据的请求权"。当解除权规范仅因法律的参引需适用时,这种现象就尤为常见。但以这种方式回答是不够的!如果检验给付返还和用益返还,就必须指出第 346 条第 1 款,涉及价值偿还就必须指出第 346 条第 2 款和其他条文。因为这才是真正的法律后果规范。相反,只是引用例如"第 433 条第 1 款第 2 句、第 434 条第 1 款、第 437 条第 2 项、第 441 条第 1 款和第 3 款、第 323 条第 1 款、第 346 条及以下条文",与其说是正确的,毋宁说是错误的。因为一方面读者必须自己从这一长串不好念的法条中找到请求权规范,另一方面因"第 346 条及以下条文"的表述,在具体个案中完全找不到请求权规范。如果已经开始处理这一长串法条,则应将有决定意义的规范置首,而不是像在并非杜撰的示例中那样,将最不重要的置首。

33 　　第 281 条第 5 款、第 326 条第 4 款、第 439 条第 4 款和第 635 条第 4 款也同样包含了与返还请求权相关的内容。但是这些规范并不包含独立的返还请求权基础,而仅仅是在法效果上参引第 346—348

条(更确切说,是第 346 条第 1 款、第 347 条第 1 款)。[8] 请求权基础实际上依据的是第 346 条及以下条文,但其可适用性并非源于解除,而是源于上述参引规范。与此不同的是第 441 条第 4 款第 1 句和第 638 条第 4 款第 1 句,其表述亦有区别:它们各自规定了超额支付的返还,是独立的请求权基础。[9] 上述两款的第 2 句又为各自的第 1 句提供了补充,这两句又参引了第 346 条第 1 款和第 347 条第 1 款。

---

[8] 参见 Begr. zum RegE, BT-Drs. 14/6040, 141 (zu §281 Abs. 5), 189 (zu §326 Abs. 4)。

[9] 参见 Begr. zum RegE, BT-Drs. 14/6040, 236 bzw. 267。

第二部分

案 例

案例 1　购衣的困扰

一、案件事实

瓦伦汀（Valentin，V）经营着一家婴幼儿用商品店，出售二手婴儿服装。在风和日丽的一天，科娜丽娅（Kornelia，K）来到这家店，因为她的小女儿不久就要一岁了，所以她要为其添置一些新衣服。K经常在V这里买东西，也将一些女儿不再穿的衣服卖给他。

V向K展示了不同的衣服，这些衣服的标签价格合计为24欧元。K认为如果自己全买的话应享受折扣。V以20欧元将这些衣服卖给她，且马上收到了这笔现金。

V将这些衣服装入包装袋后表示，若K不支付5欧元，就不把包装袋给她。因为他想起来K在数周前的买卖中尚欠其5欧元。当时K没有带够钱，她允诺马上把5欧元拿过来，V也就把衣服给了她。

K能够要求交付衣服并移转其所有权吗？

案件变型：

V要求K支付70欧元，否则不会将K购买并已付款的衣服交给她。因为他知道K就是数周前踩碎其太阳镜的那个慢跑者。当时，V正躺在公园里的一块垫子上，这名慢跑者并未注意到他的垫子，径直跑过去，恰好踩到了当时放置于V身旁的太阳镜。这副太阳镜价值100欧元，但V也承认自己本可以更好地保管它。

K认为这和她购买衣服的事毫不相干。V就指给她看悬挂于入口大门处非常明显的《一般售卖条件》（Allgemeinen Verkaufsbedingungen，AVB），其内容如下：

"买受人应先履行。出卖人可以拒绝履行自己的义务直至所有其声称的对待给付请求权都通过司法程序被证明是不存在的。由此产生的所有主张权利的费用概由买受人承担。"

V能够因此拒绝交付衣服和移转其所有权吗？

二、前期思考

本案有助于解决合同之债案件的入门。上述初始案例未过多涉及合同的缔结问题，而案件变型会使人想起第305条及以下条文关于一般交易条件的规定。案件变型中的内容审查通常没有这么容易，阅卷者对于初学者在闭卷考试中的回答不会有太多期待，会宽容地评判其错误（或是无论如何，只要正确地阐述涉及第307条第1款的一般条款，就会给予正面的评价）。但是即便作为初学者，也必须能判断一般交易条件的存在及其订入，尽管这一主题在闭卷考试中不常出现。

此外，也有可能适用一些债法总则中的规则，这些内容通常很早就在相应的大课中学习过了，但并不经常单独适用，即债务人拒绝给付权。涉及给付义务违反时，拒绝给付权通常在第280条及以下条文和第323条的框架下发挥作用。它很少单独出现。在案件变型中需要一些侵权法方面的知识，虽然实际上只需一点点。

三、提纲

(一) K以第433条第1款第1句为据，要求V交付衣服并
移转其所有权的请求权 ………………………………… 1*

---

* 此数字为本案例"解答"部分的页边码，下同。——译者注

1. K 和 V 之间的有效买卖合同 ·················· 2
   (1) 有效的要约, 第 145 条 ·················· 3
   (2) K 的有效承诺表示, 第 147 条? ·················· 4
   (3) V 的新要约和 K 的承诺 ·················· 5
   (4) 中间结论 ·················· 6
2. 可实现性 ·················· 7
   (1) 第 320 条第 1 款第 1 句规定的同时履行抗
       辩权 ·················· 8
   (2) 因侵权请求权而生的留置权, 第 273 条
       第 1 款 ·················· 12
       ① K 和 V 之间的相互性请求权 ·················· 13
       ② V 对 K 届期且可实现的对待请求权
         (Gegenanspruch) ·················· 14
       ③ 关联性 (Konnexität) ·················· 15
   (3) 中间结论 ·················· 16
3. 结论 ·················· 17

(二) 案件变型: K 以第 433 条第 1 款第 1 句为据对 V 的请
    求权 ·················· 18
1. K 和 V 之间的有效买卖合同 ·················· 19
2. 可实现性 ·················· 20
   (1) 第 320 条第 1 款第 1 句规定的同时履行抗
       辩权 ·················· 21
   (2) 因侵权请求权而生的留置权, 第 273 条
       第 1 款 ·················· 22
       ① K 和 V 之间的相互性请求权 ·················· 23
       ② V 对 K 届期且可实现的对待请求权 ·················· 29
       ③ 关联性 ·················· 30
       ④ 中间结论 ·················· 31

(3) 合同上的留置权 …………………………………… 32
　　　　① 第 350 条及以下条文的可适用性 …………… 33
　　　　② 第 305 条第 1 款意义上的一般交易条件 …… 34
　　　　③ 有效的订入,第 305 条第 2 款 ………………… 35
　　　　④ 条款无效? …………………………………… 36
　　　　　A. 内容审查的启动,第 307 条第 3 款 ………… 37
　　　　　B. 根据第 309 条第 2 项无效? ………………… 38
　　　　　C. 根据第 308 条无效 …………………………… 39
　　　　　D. 根据第 307 条第 1 款和第 2 款第 1 项
　　　　　　 无效? ………………………………………… 40
　　　　⑤ 中间结论 ……………………………………… 41
　　　(4) 中间结论 …………………………………………… 42
　　3. 结论 …………………………………………………… 43

四、解答

(一) K 以第 433 条第 1 款第 1 句为据,要求 V 交付衣服并移转其所有权的请求权

1　　K 可能根据第 433 条第 1 款第 1 句,有要求 V 交付衣服并移转其所有权的请求权。

　　1. K 和 V 之间的有效买卖合同

2　　要使 K 对 V 的请求权有效成立,需要双方当事人曾通过相互一致的意思表示,即要约和承诺(第 145 条及以下条文)缔结买卖合同。

　　(1) 有效的要约,第 145 条

3　　首先必须有第 145 条意义上的要约,当 V 向 K 展示各种衣服时,V 可能就已经发出了要约。要使要约成立,V 发出的表示必须在要素上足够确定,且有客观的法律拘束意思。买卖标的物和价格确

定有助于认定其为要约。根据交易惯例,交易中的展示品,尤其是橱窗中的展示品尚非要约,因为店主只是想给顾客提供一些信息,而尚不想像第 145 条规定的那样拘束自己。但是在本案中,V 在售卖的交谈中已经向 K 表示愿以确定价格提供具体商品,所以他发出了第 145 条意义上的要约。

(2) K 的有效承诺表示,第 147 条?

第 147 条及以下条文意义上的承诺要求无保留地同意缔结以要约为内容的合同。虽然 K 表示愿意购买要约中提供的衣服,但也同时要求 V 提供价格优惠。由此她根据第 150 条第 2 款拒绝了 V 的要约,也没有作出内容具体明确的反要约。 4

(3) V 的新要约和 K 的承诺

针对 K 的拒绝以及价格优惠的要求,V 以新的要约回应,开价 20 欧元。K 立即(并根据第 146 条、第 147 条第 1 款第 1 句及时地)予以承诺。 5

(4) 中间结论

K 和 V 之间存在有效的买卖合同,且 K 以第 433 条第 1 款第 1 句为基础的请求权有效成立。 6

2. 可实现性

需要检验的是,K 的请求权是否遭到影响其可实现性的 V 的抗辩权的对抗。 7

(1) 第 320 条第 1 款第 1 句规定的同时履行抗辩权

首先考虑的是第 320 条第 1 款第 1 句规定的同时履行抗辩权。这只适用于双务合同。 8

当事人已经以买卖合同的形式缔结了双务合同。根据该合同,K 支付价款的义务(第 433 条第 2 款)和 V 的给付义务(第 433 条第 1 款)处于牵连关系中。 9

因为 K 已经以现金支付了价款并以此实现了对待给付,第 320 10

条第 1 款第 1 句规定的同时履行抗辩权的事实构成不满足。此外，V 也根本不是因未履行的对待给付而拒绝履行自己的给付义务（第 433 条第 1 款），而是根据另一个买卖合同中尚存的未履行的请求权。

11   就此而言，V 不能有效主张同时履行抗辩权，其事实构成没有满足。

  （2）因侵权请求权而生的留置权，第 273 条第 1 款

12   还需检验的是，V 能否因对 K 的损害赔偿请求权，根据第 273 条第 1 款享有留置权。

  ①K 和 V 之间的相互性请求权

13   留置权抗辩的前提是作为 K 的债务人的 V 对 K 有请求权。因为 V 对 K 有一项此前买卖所生的剩余买卖价款的请求权，所以这一前提成立。当事人之间存在有相互性的请求权。

  ②V 对 K 届期且可实现的对待请求权（Gegenanspruch）

14   此外，V 对 K 的对待请求权必须届期且可实现。根据案件事实可知此处涉及的是此前买卖合同的剩余价款请求权，V 已经履行了该合同中的义务。因此，V 的剩余价款请求权不仅届期（第 271 条第 1 款）而且可实现，因为其排除了第 320 条第 1 款第 1 句的同时履行抗辩权。

  提示：只要依案件事实的陈述显得必要，就必须对此处的对待请求权进行完整的检验。

  ③关联性（Konnexität）

15   最后，正如第 273 条第 1 款规定的那样，具有相互性的请求权必须源自同一法律关系。与文义相反，它并不必然以同一合同或其他法律关系为前提。具有相互性的请求权只要源自同一生活事实即可。尤其可将持续的交易关系视作同一生活事实，就像本案中 V 和 K 一直以来反复进行的交互买卖。所以必需的关联性成立。

(3) 中间结论

因此,根据第273条第1款,V针对K的履行请求权享有留置权。K根据第433条第1款第1句对V享有的请求权不可实现。 16

3. 结论

根据第273条第1款和第274条第1款,K只可以在同时给付5欧元的条件下,要求V交付衣服并移转其所有权(第433条第1款第1句)。 17

(二)案件变型:K以第433条第1款第1句为据对V的请求权

K可能有根据第433条第1款第1句,要求V交付衣服并移转其所有权的请求权。 18

1. K和V之间的有效买卖合同

就如在初始案例中确定的那样,K和V之间的买卖合同有效成立,所以K根据第433条第1款第1句享有的请求权成立。 19

2. 可实现性

有问题的是K的请求权是否被V的抗辩权阻碍,由此会影响其可实现性。 20

(1) 第320条第1款第1句规定的同时履行抗辩权

如前文所述,第320条第1款第1句的事实构成不成立。 21

(2) 因侵权请求权而生的留置权,第273条第1款

还需检验的是V能否因对K的损害赔偿请求权,根据第273条第1款有权留置。 22

① K和V之间的相互性请求权

V作为K的债务人(第433条第1款第1句)希望留置其给付,因为他确信自己有对K的损害赔偿请求权。这些请求权之间需有相互性。首先要检验的是V是否真的有对K的对待请求权。这一请求权可能来自对所有权的侵害(第823条第1款)。 23

24 　　因眼镜被踩碎,V 对太阳镜的所有权被侵害了。这又可追溯到 K 踩到了 V 的太阳镜。其行为和所有权侵害之间有因果关系,而该行为又无明显的正当化事由,因此是不法的。

25 　　根据第 823 条第 1 款,K 的行为必须是故意或有过失的。尽管看不出有故意,即有意识且意愿的行为,但是,一个慢跑者不小心跑过了他人的垫子,确实是未尽到交易上必要的注意,所以其行为构成第 276 条第 2 款意义上的过失。

26 　　因此,K 必须赔偿 V 因所有权受侵害蒙受的损失,其内容为被损坏的太阳镜的价值。因为太阳镜无法再修好(第 249 条第 1 款),所以 K 对 V 承担价值赔偿义务(第 251 条第 1 款)。因为太阳镜价值 100 欧元,所以 V 可以要求 K 赔偿 100 欧元。

27 　　根据第 254 条第 1 款,如果受害人的过失亦促成了损害的发生,损害赔偿请求权的范围应缩减。因为 V 没有注意保管太阳镜,与有过失可以成立。根据具体案情,其应自行承担 30% 的损失是比较合适的。

28 　　因此,根据第 823 条第 1 款,V 对 K 有 70 欧元的损害赔偿请求权。

　　②V 对 K 届期且可实现的对待请求权

29 　　根据第 271 条第 1 款,对待请求权一经成立即届期,K 没有什么显而易见的抗辩。

　　③关联性

30 　　最后,正如第 273 条第 1 款规定的那样,具有相互性的请求权必须源自同一法律关系。与文义相反,它并不必然以同一合同或其他法律关系为前提。有相互性的请求权只要源自同一生活事实即可。因为损坏眼镜和出售衣服毫不相干,所以缺乏所谓的关联性,而且根据其他事由也看不出不顾另一个请求权,此请求权可实现有何违反诚信之处。

④中间结论

因此,V 并无以第 273 条第 1 款为据的针对 K 的履行请求权的留置权。

(3) 合同上的留置权

需检验的是根据 V 的《一般售卖条件》的第 3 款第 2 句,留置权是否成立。根据该条款的文义,V 可因任何对合同相对人的请求权而享有留置权。因此,V 可以主张这一条款构成买卖合同的一部分。如果该条款应属一般交易条件,则首先要根据第 305 条第 2 款判断其是否订入了合同而成为其一部分。

> 提示:不可以突然就从检验一般交易条件的无效性开始,而应始终检验一般交易条件使用者是否因该条款享有某项权利(或者合同相对人的某项权利因此被排除),与此相关的是对一般交易条件的完整(!)检验。

①第 305 条及以下条文的可适用性

第 305 条及以下条文不因第 310 条第 4 款而排除适用。

> 提示:如有必要,应简要提及这一点。

②第 305 条第 1 款意义上的一般交易条件

V 的《一般售卖条件》应为第 305 条第 1 款意义上的一般交易条件。V 的《一般售卖条件》是为订立大量合同事先拟定的合同条件,且被 V 作为合同缔结的前提条件。不仅如此,该条款未经第 305 条第 1 款第 3 句所称的个别磋商就形成了。

> 提示:作为补充论证,还可以参照第 310 条第 3 款第 1 项,因为 V 是在经营性活动中作为经营者(第 14 条第 1 款)缔结的合同,而 K 并非如此,所以她是以消费者身份(第 13 条)缔结的合同。在这种消费者合同(其法定定义在第 310 条第 3 款第 1 项中)中,从第 310 条第 3 款第 1 项规定的有限的可推翻的推定中

可假定经营者提出了一般交易条件。应在鉴定中首先检验这种"提出"。

③有效的订入,第 305 条第 2 款

35　　为了让 V 的《一般售卖条件》成为买卖合同的一部分,必须让其根据第 305 条第 2 款有效订入合同。V 已经在第 305 条第 2 款第 1 项的意义上向 K 明确提示了一般售卖条件,并为其创造了第 2 项意义上的可期待的了解可能性。K 对《一般售卖条件》效力的同意源自对 V 毫无保留的承诺表示。

④条款无效?

36　　尚需检验的是 V 的《一般售卖条件》中的第 3 条能否经受得住第 307 条及以下条文的内容审查,或者说,该条款是否无效。

A. 内容审查的启动,第 307 条第 3 款

37　　首先,需启动以第 307 条第 3 款为据的内容审查。因为《一般售卖条件》中的这一条款赋予 V 一项留置权,当该留置权根据第 273 条和第 320 条本不会产生时,则该条款偏离或补充了法律的规定。所以根据第 307 条第 3 款启动内容审查。

B. 根据第 309 条第 2 项无效?

38　　反对根据第 309 条第 2 项判定无效的理由是这一条款只是排除了拒绝给付权或留置权,而未说明一般交易条件中的这一权利究竟是否以有利于条款使用人的方式而订立。

C. 根据第 308 条无效

39　　也无法看出应依第 308 条中规定的理由而判定无效。

D. 根据第 307 条第 1 款和第 2 款第 1 项无效?

40　　这一有关留置权的条款可能根据第 307 条第 1 款结合第 2 款第 1 项而无效,因为它同其偏离的法律规定的基本思想是矛盾的。第 273 条第 1 款和第 320 条第 1 款第 1 句规则的共同基本思想是留置权只有在请求权之间有某种关联性时方可成立。在双务合同的抗辩

权(第320条)中对立的请求权之间需有牵连关系;在第273条第1款的规定中,相互的请求权肯定要有关联性。由于《一般售卖条件》中的这一条款取消了这一要求,且在请求权间缺乏任何关联时仅仅给予条款使用人留置权,而没有给合同相对人这一权利,这与第273条、第320条规定的基本思想不符,所以根据第307条第1款第1句应无效。

提示:如果以合同自由以及一般交易条件使用者有超出第273条和第320条规定的担保需求为理据论证,相反的观点也是有道理的。任何认真地试图适用难以处理的第307条第1款者,皆达到了本案例被考察者的平均要求。在闭卷考试中,应始终努力借助第307条第2款第1项或第2项来适用第307条第1款,并尽可能让源自法律规定的论辩有结论!《一般售卖条件》第3款第1句中的先履行义务不取决于第2句中的留置权,且在本案中是无关紧要的,因为K已经支付了价款。根据通说,检验的标准通常并非309条第2项,而是第307条第1款和第2款的一般条款。根据联邦最高法院[1]的观点,《一般售卖条件》中的这一条款是无效的,因为并无确凿的理由能够说明为何V的顾客要不同于第320条第1款第1句的规定,需在交付标的物前支付价款。

⑤中间结论

根据第307条第1款,《一般售卖条件》第3款第2句规定的留置权无效,但合同的剩余部分根据第306条第1款依然有效(与第139条规定相反)。依据第306条第2款,取代无效条款生效的是任意性法律规定,所以V并无留置权(其他观点亦有道理)。

---

[1] BGH NJW 1999, 2180, 2182.

(4) 中间结论

42　　K 根据第 433 条第 1 款第 1 句享有的请求权可实现(其他观点亦有道理)。

3. 结论

43　　K 可以要求 V 交付衣服并移转其所有权(第 433 条第 1 款第 1 句),无须同时履行 V 根据第 823 条第 1 款享有的损害赔偿请求权(其他观点亦有道理)。

案例2 该死的色拉叶

[根据《联邦最高法院民事判决集》第66卷第51页(同载于《新法学周刊》1976年第712页)BGHZ 66,51 = NJW 1976,712——菜叶案改编]

一、案件事实

2002年1月5日,玛塔·莫泽(Martha Moser,M)到西蒙·萨珀(Siegmund Sappel,S)的超市购买生活用品。超市入口是蔬果区,M在蔬果区因踩到了地面上的色拉叶滑倒,致腿骨骨折。为治疗骨折,他支出了医疗费1000欧元。在同S长期协商无果后,M于2005年11月17日向有管辖权的法院提起诉讼要求支付医疗费,并要求S支付适当的精神损害赔偿金。

M称S有过错,因为尽管不清理色拉叶很可能导致顾客受害是显而易见的,但是S的雇员仍然没有清理色拉叶。S抗辩称自己并无过错,因为色拉叶很可能是由其他顾客弄落地的。此外,S还提出了M的诉讼请求已过时效的抗辩。

M对S有哪些请求权?

案件变型:

M带着她12岁的女儿谭雅(Tanja,T)一道去S的超市购物。T帮M找商品时踩到了色拉叶滑倒,摔成骨折。T对S有哪些请求权?

二、前期思考

本案涉及债务关系的发生和由此产生的请求权。根据第 311 条第 1 款,法律行为上的债务关系原则上只能通过合同产生。但是根据同条第 2 款,合同磋商的开始(Vertragsanbahnung)亦可让债务关系成立,这是 2002 年之前习惯法承认的缔约过失责任(culpa in contrahendo, c. i. c.)的出发点。由耶林发展出来的缔约过失责任制度[1]的内容是:一旦开始合同磋商或其他交易接触就会产生特殊的信赖关系,它会让合同当事人承担更高的注意义务,违反该注意义务会产生损害赔偿请求权。通过债务关系发生的前置使以第 280 条第 1 款为基础的请求权可能成立,且债务人应依第 278 条对辅助人的行为负责。这样就可以避免侵权法规范的不足,因为(其中所谓的)事务本人虽也需对其"事务辅助人"的符合客观事实构成的不法加害行为负责(第 831 条第 1 款第 1 句),但是其本人通常可以根据第 831 条第 1 款第 2 句免责。不过,这一规则对第 278 条不适用,后者的规范对象还包括独立的辅助人。[2] 此外,缔约过失因此发展成为保护财产利益的兜底条款;此处可作为关键词提及的有代理人自己责任(Eigenhaftung des Vertreters)或专家责任(Sachwalterhaftung)。[3]

第 311 条第 2 款和第 241 条第 2 款的表述非常开放,可以一并考虑 2002 年之前的判例来具体化这一条文。[4] 在细节方面千差万别

---

[1] Jhering, Culpa in contrahendo oder Schadensersatz bei nichtigen oder nicht zur Perfektion gelangten Verträgen, in: Jhering, Gesammelte Aufsätze aus den Jahrbüchern für die Dogmatik des heutigen römischen und deutschen Privatrechts, 1881, S. 327ff.

[2] 详参 Brox/Walker, AS, §5 Rn. 3。

[3] 参见政府草案的立法理由, BT‑Drs. 14/6040, 162;法律委员会(Rechtsausschluss)的观点参见 BT‑Drs. 14/7052, 190; Brox/Walker, AS, §5 Rn. 11; Looschelders, SAT, Rn. 30; Palandt/Grüneberg, §311 Rn. 60ff.。

[4] BT‑Drs. 14/6040, 161f. 中的立法理由。

的适用缔约过失的案例[5]令人印象深刻。本书中将不再进一步处理这一问题,因为缔约过失实际上是一种法定之债关系。[6]

第 280 条第 1 款第 1 句构成违反先合同义务而生损害赔偿请求权的基础(就其结构请参看本书第一部分中案例解析中的提示,边码 24)。在请求权基础方面还应添加第 311 条第 2 款(甚或包括第 241 条第 2 款),以便从开始就明确实际应检验什么。义务违反涉及的是第 311 条第 2 款,单纯考察义务应根据第 241 条第 2 款。

因法律行为或准法律行为而生的损害赔偿请求权可与因侵权而生的损害赔偿请求权竞合。在这种案件中,检验完第 280 条第 1 款的请求权之后,还要检验以第 823 条及以下条文为基础的请求权。与此前的法律规定不同,除了事实构成,两种请求权不再有区别:根据第 253 条第 2 款,无论损害赔偿的请求权基础为何,债权人都可主张精神损害赔偿,诉讼时效分别适用第 195 条和第 199 条。[7] 但无论如何,都应该在鉴定中检验侵权请求权——第 311 条第 2 款规定的要件完全有可能不存在或在法庭上无法证明。

案件变型涉及将第三人纳入已存在的债务关系来保护第三人,这实质上是为了避免适用第 831 条第 1 款第 2 句的免责条款。初学者可暂不处理这一问题。

三、提纲

(一)M 对 S 基于第 280 条第 1 款第 1 句的请求权 …………… 1

---

[5] 详参 Brox/Walker, AS, § 5 Rn. 1ff. ; Medicus/Lorenz I, Rn. 103ff. 。
[6] Medicus/Lorenz I , Rn. 112; s. a. Brox/Walker, AS, § 5 Rn. 2.
[7] 直到 2001 年,根据债法修正前的第 852 条第 1 款,侵权请求权的诉讼时效是自知道损害和致害人(且非始自年底,即 2002 年 1 月 5 日)起 3 年。相反,缔约过失请求权的时效长度是 30 年(债法修正前第 195 条)。至 2002 年 6 月,精神损害赔偿只适用于侵权责任(债法修正前第 847 条)。

1. 存在债务关系 ·· 2
   (1) 买卖合同,第 433 条 ································ 3
   (2) 先合同债务关系,第 311 条第 2 款 ············· 4
       ① 因开始缔约磋商 ··································· 5
       ② 因缔约准备 ·· 6
2. 义务违反 ··· 7
   [问题:S 是否因未清理掉落在地上的色拉叶或未让人清理而违反了第 241 条第 2 款的义务?]
3. 可归责性(Vertretenmüssen) ························ 9
   [问题:S 能否(或是否必须)通过指出其他顾客也可能弄落色拉叶而免责?]
4. 损害,责任范围因果关系,根据第 249 条及以下条文的赔偿 ·· 13
5. 罹于时效的抗辩权,第 214 条第 1 款 ············· 19
6. 结论 ·· 23

(二) M 对 S 的请求权,第 823 条第 1 款 ············· 24
   1. 法益侵害 ·· 25
   2. S 的行为 ·· 26
   3. 责任成立因果关系 ···································· 27
   4. 违法性 ··· 28
   5. 过错 ·· 29
   6. 损害及责任范围因果关系 ·························· 30
   7. 罹于时效的抗辩权 ···································· 31
   8. 结论 ·· 32

(三) 案件变型:T 对 S 的损害赔偿请求权,第 280 条第 1 款第 1 句、第 311 条第 3 款第 1 句 ·············· 33
   1. 债之关系 ·· 34

  (1) 合同磋商或类似的接触，第 311 条第 2 款第 2 项和第 3 项 ·············· 35
  (2) 纳入 M 和 S 之间缔约准备关系的保护效力范围 ·············· 36
   ① 对第三人的准法律行为上的债务关系，第 311 条第 3 款第 1 句 ·············· 37
   ② 第三人保护的前提 ·············· 40
 2. 义务违反和其他前提、损害和罹于时效 ·············· 46
 3. 结论 ·············· 47
（四）案件变型：T 以第 823 条第 1 款为基础的请求权 ·············· 48

四、解答

(一) M 对 S 以第 280 条第 1 款第 1 句为据的请求权

  M 可以根据第 280 条第 1 款第 1 句，有 1000 欧元的损害赔偿请求权。就此，S 必须违反对 M 的债之关系中的义务。 1

 1. 存在债务关系

  前提是存在债务关系。 2

  (1) 买卖合同，第 433 条

  当事人可能缔结了第 433 条意义上的买卖合同。但有疑问的是是否存在必需的意思表示：有观点认为在自助交易中，陈列各种商品本身就构成缔结买卖合同的要约，而非仅仅是要约邀请，即便认同这一充满争议的观点，承诺也只有当顾客在收银处出示商品时方才生效。[8] 无论如何，在 M 直接进入蔬果区摔倒那一刻买卖合同并未 3

---

  [8] 有关在自助商店缔结合同的案例可进一步参照 Fritzsche, Fälle AT, Fall 10; s. a. Köhler, §8 Rn. 11; Palandt/Ellenberger, §145 Rn. 8; Schulze AcP 201(2001), 232。

成立。

（2）先合同债务关系，第311条第2款

4　　因此只可能考虑第311条第2款意义上的先合同关系。

①因开始缔约磋商

5　　先合同义务可因开始缔约磋商（第311条第2款第1项）产生。因为这一概念并未得到进一步明确[9]，所以可以通常的语义理解。此外，即便是为了寻找商品进入自助商店，单纯进入本身尚无法满足缔约磋商的事实构成[10]，因为欠缺磋商所必需的交流。

②因缔约准备

6　　本案的情形也可能是第311条第2款第2项中的缔约准备。缔约准备的前提是有缔约目的或进行交易接触的受害人至少作为可能的顾客进入经营者影响的领域。[11] 因为M是为了购买生活用品进入S的空间，她因某种交易关系而向S提供了影响其权利、法益和利益的可能性。因此，第311条第2款第2项意义上的债务关系成立。合同是否实际成立无关紧要。

2. 义务违反

7　　此外，S必须根据第280条第1款违反由合同关系而生的义务。第311条第2款仅仅规定了先合同义务成立的前提，但对由此产生义务的内容和范围却未置一词[12]，同时也仅仅阐明了准法律行为之债不会产生给付义务，而只会产生第241条第2款意义上的其他义务。

8　　第241条第2款也仅仅表明在债务关系中可能会产生照顾他人权利、法益和利益的义务。[13] 与债的"内容"联系起来无非意在阐明

---

[9] 参见Canaris, JZ 2001, 499,519; Dauner-Lieb, JZ 2001,8,14。
[10] 参见Begr. zum RegE, BT-Drs. 14/6040, 163 (zu Nr. 2)。
[11] BGHZ 66,51,54.
[12] Begr. zum RegE, BT-Drs. 14/6040, 162.
[13] Begr. zum RegE, BT-Drs. 14/6040,125; Wilhelm, JZ 2001,861,866.

保护义务的范围应在个案中确定。[14] 在涉及这一问题的范围内应（再次）回溯到既有的判决。根据这些判决，店主（Inhaber eines Geschäftes）对进入其影响领域内的、意在进行缔约接触的人应承担第241条第2款的照顾和保护义务（Obhuts- und Schutzpflicht），即通过合适的措施和预防手段避免他人因掉在地上的东西而跌倒。[15] 因为清除色拉叶属于其组织领域和风险领域，且S显然怠于处理导致M的身体受到伤害的色拉叶，所以S违反了义务。

3. 可归责性（Vertretenmüssen）

如果S无须对义务违反负责，损害赔偿请求权就不会成立，参见第280条第1款第2句。[16] 根据第276条第1款第1句，债务人原则上只对故意或过失负责。因为无论如何也看不出S有意为之，并无故意可言，所以至多考虑S有无过失。如果S未尽到交易上必要的注意，则存在过失（第276条第2款）。S的义务违反在于没有清理色拉叶和没有对危险区域进行足够的监控。就此而言，是否最终有顾客因此滑倒无关紧要。S只有在其必要的范围内指示员工始终监控潜在且十分危险的果蔬叶并立刻消除该危险时，方可排除S的过失。因为即便对于员工而言，事实上也不可能随时发现并清理地面的污渍和其他危险源；因此，能够让S对履行辅助人可能有的过错负责的第278条在本案也没有帮助，因为这一过错也不会成立。问题是谁对可归责性承担证明责任。

由于可归责性是请求权成立的事实构成，所以原则上应由M承担证明责任。然而，第280条第1款第2句就损害赔偿请求权中义务违反的可归责性规定了一般性的证明责任倒置。结果是债权人仅需

---

〔14〕 Begr. zum RegE, BT-Drs. 14/6040, 126.

〔15〕 BGH NJW 1962,32－香蕉皮；BGHZ 66,51,54－蔬菜叶；其他案件如OLG Köln NJW-RR 1995,861－色拉叶。

〔16〕 关于义务违反和可归责性的区分问题，尤其是在保护义务违反中的区分，可参见Canaris, JZ 2001,499,512。

就客观义务违反的事实承担主张和证明的责任(Darlegungs- und Beweislast)。如果像本案一样存在义务违反,则第 280 条第 1 款第 2 句的推定会导致债务人承担存在不可归责于自己的事由的主张和证明责任。债务人可通过提出相关事实且在必要时予以证明来推翻这一推定。相关事实是指可从中得出义务违反不可归责于债务人结论的事实。[17]

11   **提示**:在鉴定中不可仅简单地提及这一推定,而是必须检验债务人证明免责的可能。这导致事实上需检验第 276 条及以下规定的可归责性。如果检验的结果是根据事实关系的陈述仍无法判定,则只能回到这一推定。因为其消极的表述方式,部分观点认为将第 280 条第 1 款第 2 句部分作为请求权阻却抗辩(anspruchshindernde Einwendung)予以检验。当然此前应检验请求权的其他事实构成和损害。本案选择的"经典"检验构造(如第 823 条第 1 款中的那样)值得推荐,以避免对损害的无谓探讨。

12   S 仅仅指出另一个顾客也完全有可能让色拉叶落地。这一陈述并不足以表明他已采取了一切可期待的预防措施来定时清理地面的污垢,并避免这种事故的发生。[18] 换言之,他不能证明自己不可归责。

4. 损害,责任范围因果关系,根据第 249 条及以下条文的赔偿

13   M 因腿部骨折而受有损害:一方面受有财产上的不利益(Vermögenseinbuße),因为骨折须经医疗处置;医疗费用 1000 欧元和义务违反之间有相当因果关系。M 可根据第 249 条第 2 款第 1 句要求以金钱方式赔偿其医疗费。无法从本案案情中看出存在第 254 条第 1 款意义上的限缩请求权范围的与有过失。

---

[17] Begr. zum RegE, BT-Drs. 14/6040, 136.
[18] 参见 OLG Köln NJW-RR 1995, 861。

提示：此处也可完全不考虑与有过失。无论如何不能认为 M 有不小心之处，因为从案情陈述中无法得出这一结论，尽管人们很容易联想到 M 是不小心的。

另一方面，还要考虑 M 的精神损害赔偿请求权（第 253 条第 2 款）。根据这一规范，M 可因其精神痛苦及因腿部骨折造成的行动不便而生的非财产性损害，要求予以公平的金钱补偿。此处涉及的是为填补损害及抚慰受害人所需的公平补偿。[19]

提示：根据正确的观点，第 253 条第 2 款不是请求权基础，因为该规范的体系位置及它和非财产性损害可赔偿性的联系都反对将其视为请求权基础。[20] 但因为这一点有争议，所以可对"精神损害赔偿请求权"做特别检验；在案例解析中通常不会涉及这一争议。

精神损害赔偿的前提——除了依法有据的损害赔偿请求权成立——是身体或健康的侵害。[21] 腿部骨折是身体侵害。M 对 S 的损害赔偿请求权就包括第 253 条第 2 款意义上的精神损害赔偿。

提示：精神损害赔偿的数额可从既有判决的指导准则（Vorgabe）中得出，精神损害赔偿金表[22]中对这些判决有总结。不需要在案例解析中提及这些。只有在主张特定的金钱数额时才需就何种数额方属公平的问题发表意见。第 254 条意义上的与有过失也需考量。

---

[19] Jauernig/Teichmann, § 253 Rn. 3; Palandt/Grüneberg, § 253 Rn. 4 m. w. N.

[20] MünchKomm/Oetker, § 253 Rn. 15f.; 同样观点的有 Jauernig/Teichmann, § 253 Rn. 4. 其他观点 Palandt/Grüneberg, § 253 Rn. 4.

[21] 包括自由和性自主决定，以及侵犯一般人格权中超出封闭列举的部分，参见 MünchKomm/Oekter, § 253 Rn. 27.

[22] 例如 Beck'sche Schmerzensgeldtabelle, 10. Aufl., 2013; Hacks/Ring/Böhm, ADAC-Handbuch Schmerzensgeld-Beträge, 32. Aufl., 2014.

5. 罹于时效的抗辩权，第 214 条第 1 款

19　　M 的请求权可能遭到阻碍权利行使的罹于时效抗辩权（第 214 条第 1 款）的对抗，S 显然已经主张了这一抗辩权。

20　　根据第 195 条，普通诉讼时效期间为 3 年。根据第 199 条第 1 款，该期间从请求权成立且债权人知悉其请求权和债务人（或因过失而不知）这一年的年末开始起算。在本案例中，这一前提因发生于 2002 年 1 月 5 日的事故而成就，所以根据第 199 条第 1 款，消灭时效自 2002 年 12 月 31 日起算。

21　　尤其是因为第 199 条第 1 款第 2 项要求的 M 的相关认识存在，所以无须适用第 199 条第 2—4 款中补充性的诉讼时效的最长期间。根据第 188 条第 2 款第 2 种情况，诉讼时效应在 2005 年 12 月 31 日完成。在 2005 年 11 月 17 日提起诉讼是及时的，这将导致诉讼时效停止（Hemmung der Verjährung）（第 204 条第 1 款第 1 项、第 209 条）。

22　　**提示**：此外，诉讼时效已经因第 203 条第 1 句而停止计算，所以诉讼时效期间根据第 209 条相应延长。在本案中，这一点并无影响，因为通常的诉讼时效期间尚未经过。如果是在 2006 年 3 月提起诉讼，则必须处理诉讼时效停止的问题。若未给出谈判的具体时长，则应适用第 203 条第 2 句，以证成提起诉讼的及时性。

6. 结论

23　　M 有对 S 的可执行的损害赔偿请求权，其基础为第 280 条第 1 款第 1 句，数额为 1000 欧元；同时 M 可向 S 主张适当的精神损害赔偿金。

（二）M 对 S 的请求权，第 823 条第 1 款

24　　M 可能对 S 主张基础为第 823 条第 1 款的损害赔偿请求权。

1. 法益侵害

    M 的身体受到侵害。

2. S 的行为

    该侵害必须源自 S 的行为。因为 S 并未采取积极的行动,所以只能考虑是否存在交往安全义务的违反。根据判例,任何为他人开启危险源的人都应采取一切可期待的措施,以防止损害的发生。[23] S 作为超市的经营者,有义务负责不让任何人因营业场所内的状况受到伤害,尤其是因地面的物品而受伤。其中就包括保持地面清洁和采取适当的措施组织清除掉落的物品。S 未完全尽到这一义务。

3. 责任成立因果关系

    安全保障义务的违反导致了 M 的滑倒及身体受伤。

4. 违法性

    违反危险防免义务征引违法性。[24]

5. 过错

    然而,根据第 823 条第 1 款,S 的行为至少要有过失。因为 S 辩称自己无过错,并指出是由其他顾客造成的,所以必须由 M 证明 S 在交往安全义务方面违反了交易中必要的注意(第 276 条第 2 款)。[25] 第 280 条第 1 款第 2 句中的证明责任倒置只适用于已发生的债务关系中的义务违反。就一般侵权责任而言,任何一方当事人提出对自己有利的事实并予以证明仍旧是基本原则(见上文边码 12)。因此,M 应证明 S 的过错。如果无法排除色拉叶是由于别的顾客的行为而掉落的,则 M 要证明这一点是不大可能的。因为 S 无论如何都

---

[23] Palandt/Sprau, §823 Rn. 45ff. 中的证明; vgl. auch Larenz/Canaris, §76 III 4a, S. 413。

[24] Larenz/Canaris, §75 II 3c, S. 368f.

[25] 关于交往安全义务和过失的区分,通说观点参看 Larenz/Canaris, §75 II 3d, S. 369f., §76 III 7a, S. 426f.。

违反了交往安全义务,所以 M 可获得初步证明之便(Beweis des ersten Anscheins)[26],S 单纯提出他人致害的可能性尚不足以反驳该证明。他必须证明自己已经尽到可期待的一切努力以避免顾客受到伤害,比如出示详尽的清洁安排表。[27] 由于他无法做到这点,所以从交往安全义务的客观违反可以推出 S 有(组织上的)过失。

6. 损害及责任范围因果关系

30　　上述边码 13 及以下的论述同样适用于此处的损害。

7. 罹于时效的抗辩权

31　　M 的请求权可能遭到 S 提起的罹于时效抗辩权的对抗(第 214 条第 1 款)。因为侵权请求权同样在第 195 条规定的通常期间经过后罹于时效,所以 2005 年 11 月 17 日提起诉讼尚属及时(边码 19 及以下)。

8. 结论

32　　根据第 823 条第 1 款,M 享有与第 280 条第 1 款同样数额的请求权。

(三)案件变型:T 对 S 的损害赔偿请求权,第 280 条第 1 款第 1 句、第 311 条第 3 款第 1 句

33　　T 对 S 的损害赔偿请求权可能根据第 280 条第 1 款第 1 句、第 311 条第 3 款第 1 句以及附保护第三人效力合同的原则产生。

1. 债之关系

34　　T 和 S 之间必须有债的关系。

---

[26] 尤可参见 BGH NJW 1986, 2757, 2758;另可参见 BGH NJW 1994, 2617; 2001, 2019; Bamberger/Roth/Spindler, § 823 Rn. 28f.; Palandt/Sprau, § 823 Rn. 54, 200 m. w. N.

[27] 参见 BGH NJW 1985, 484f.; OLG Köln NJW-RR 1995, 861。

(1) 合同磋商或类似的接触，第 311 条第 2 款第 2 项和第 3 项

根据第 311 条第 2 款第 2 项，此处涉及的债之关系只能通过缔约磋商产生(参见上文边码 3 及以下)。因为 T 并不以缔约为目的，而仅仅是作为其母亲的陪同人进入 S 的超市，所以不符合这种情况。同时，第 311 条第 2 款第 3 项涉及的情况可以是尚未进入缔约磋商，但仅为此做准备的情形。因此，该条并不一定包括同合同当事人或缔约磋商当事人有亲密关系的人，对他们更应适用的是附保护第三人效力合同的原则。[28]

35

(2) 纳入 M 和 S 之间缔约准备关系的保护效力范围

因此要检验 T 是否作为第三人被纳入 M 和 S 的债之关系中。

36

① 对第三人的准法律行为上的债务关系，第 311 条第 3 款第 1 句

根据第 311 条第 3 款第 1 句，债之关系亦可对非合同当事人产生，其内容为第 241 条第 2 款的义务。虽然立法者主要考虑的是第三人责任的情况，如第 311 条第 3 款第 2 句对专家责任(Sachwalterhaftung)的特别提及就说明了这一点。[29] 有意开放的表述[30]是否符合第 311 条第 3 款第 1 句的文义，即是否也包括将第三人纳入既存债之关系的保护效力范围的内容有很大的争议[31]，但此处可将该争议置而不论。

37

第 311 条第 3 款第 1 句只表明第 241 条第 2 款意义上的债之关系也会对非合同当事人的第三人产生，其要件同 311 条第 2 款一样开放。由此可以回溯到判例发展出的附保护第三人效力的合同的基本原则：只要第三人在这种合同义务的保护范围内，他就可以因

38

---

[28] Begr. zum RegE, BT-Drs. 14/6040, 163.
[29] 就第 311 条第 3 款第 2 句的影响和法律委员会的意见，参见 BT-Drs. 14/7052, 190。
[30] Begr. zum RegE, BT-Drs. 14/6040, 163.
[31] Brox/Walker, AS, §5 Rn. 13; Looschelders, SAT, Rn. 198ff. m. N.; MünchKomm/Emmerich, §311 Rn. 64ff. 亦可参见 Canaris, JZ 2001, 499, 520。

该照顾和保护义务的违反而享有独立的损害赔偿请求权。[32] 与利益第三人合同不同,第三人并无主给付请求权,该请求权由债权人专享。[33]

39　　**提示**:有争议的是合同保护第三人的效力究竟是从补充的意思表示解释(第133条、第157条)而来,还是根据第242条的法官的法律续造而生。[34] 原因是如果有类似的保护需要,接受法官的法律续造就顺理成章,那么第三人保护的原则在第311条第2款(即缔约过失)中亦可适用。[35] 只有在其对案件的前提重要时,才有必要在案件鉴定报告中涉及这一问题(参见下文边码42)。

②第三人保护的前提

40　　第三人保护需满足如下前提:

41　　依其本旨,第三人必须面临债权人对债务人义务违反时同样的危险(所谓"接近给付性"Leistungsnähe)。由于因掉落在地上的色拉叶而遭受意外的危险对 M 和 T 而言在同等程度上存在,所以应肯认这种接近给付性。

42　　债权人需有保护第三人的合理利益,当合同当事人需对第三人的安危("Wohl und Wehe")负责时,这一利益至少在身份法中的法律关系中有所体现(所谓"接近债权人性"Gläubigernähe)。[36] 因为 M 对 T 需负责依据第1626条的父母照顾义务,所以应肯认接近债权

---

[32] BGH NJW 1959, 1676; NJW 1996,2927, 2928; MünchKomm/Gottwald, §328 Rn. 161ff., Medicus/Lorenz I, Rn. 817ff. 有关批评参见 Hattenhauer, Grundbegriffe des Bürgerlichen Rechts, 2. Aufl., 2000, S. 206; Honsell, FS Medicus, 1999, S. 211, 233; Canaris, JZ 1995,443。

[33] Palandt/Grüneberg, §328 Rn. 13.

[34] 有关意见情况,参见 Palandt/Grüneberg, §328 Rn. 14; MünchKomm/Gottwald, §328 Rn. 167ff.。

[35] BGHZ 66, 51, 58; MünchKomm/Gottwald, §328 Rn. 170ff. m. w. N.

[36] Palandt/Grüneberg, §328 Rn. 17.

人性。

  提示：当缺乏债权人在身份法上的保护义务时，能否将第三人纳入合同的保护效力范围是有争议的。判例通过补充的意思表示解释在债权人有将第三人纳入保护效力范围的特别利益，且该合同能够作此解释——即要实现该利益需将保护范围扩及于第三人——时对此予以肯定，比如在有保护他人之物的义务时，或支票接收（Scheckinkasso）时。[37] 在本案中因为 M 和 T 之间已有身份关系，故无须考虑这一问题。 43

  债务人必须意识到其义务的涉他性。因为父母在购物时可能会带着孩子。这一点对超市经营者 S 而言是显而易见的，所以这一前提满足。 44

  此外，T 必须有保护的必要。如果 T 已经有针对 S 的内容相同的合同或准合同上的请求权，这一必要性就不存在。本案中并非如此（参见上文边码37）。当损害赔偿请求权的其他前提都满足时，则附保护第三人效力的合同原则对 T 生效。 45

2. 义务违反和其他前提、损害和罹于时效

  请求权的其他要件成立（参见上文边码 7 及以下）。S 也不可主张罹于时效的抗辩权（边码 19 及以下）。 46

3. 结论

  T 对 S 享有损害赔偿请求权，基础为第 280 条第 1 款第 1 句、第 311 条第 3 款第 1 句。 47

（四）案件变型：T 以第 823 条第 1 款为基础的请求权

  同上文边码 24 及以下。 48

---

[37] 参见更多的证明 Palandt/Grüneberg, § 328 Rn. 17a。

案例 3　支付的尝试

一、案件事实

V 对 K 有买卖价金的债权,其数额为 100 欧元。V 在数次催告无果后,以起诉威胁 K,陷入长期财务困境的 K 才回信给 V,其内容如下:

"……因您的价金债权 100 欧元,我将自己对 S 已经届期的归还现金借款的债权 100 欧元让与您。S 的地址如下……"

V 并未回复 K 的信,而是直接书面要求 S 向其支付 100 欧元。V 并未收到相关款项,反而是收到了自称为 S 财产的临时破产管理人 I 的回信,他说因为缺乏破产财产,所以没法开启破产分配程序(Insolvenzverfahren)。V 转而又找到 K,但 K 说 V 已经不能再向他提出任何请求了。谁有理?

案件变型:

因为 K 无力付款,且 V 以起诉相威胁,K 的叔叔 O 决定向 V 支付 100 欧元。O 转账到 V 的账户,并明确这是为 K 偿债,该账户名为催告信中的指定银行账户。转账成功后,V 又将该笔款项转回 O,并要求 K 亲自支付。

二、前期思考

"谁有理?"是非常一般的设问方式。人们大多还需处理具体的问题,如在本案中,尚需处理第 362 条第 1 款意义上的买卖价金清偿义务的问题。为了回答这一问题,需在请求权鉴定中探讨价金请求权。

若暂且不管金钱之债中的特殊问题(你知道这些问题吗?),一般来说,清偿(履行)是无须过多检验的一个问题。根据第 362 条第 1 款,它要求实现负担的给付,即在正确的地点,且根据情况于正确的时间——根据第 362 条第 2 款——向正确的债权人履行。若如此,可能需考虑履行方式(Leistungsmodalität)的问题。如本案那样履行的给付和约定的给付不同,则需将清偿和代物清偿(Leistung an Erfüllung statt, 第 364 条第 1 款)及间接给付(Leistung erfüllungshalber, 第 364 条第 2 款)区分开来。为此,人们必须知道必要的界分标准,这些标准将在下文列出。如果是第三人履行给付,则应考虑第 267 条。

三、提纲

(一) V 对 K 以第 433 条第 2 款为据的请求权 ·················· 1
    1. 请求权成立 ··· 2
    2. 因清偿而消灭,第 362 条第 1 款? ···················· 3
    3. 因代物清偿而消灭,第 364 条第 1 款? ············· 4
    [问题:V 是否接受了 K 的债权让与以替代价金支付(第 364 条第 1 款)或者和价金支付并存(第 364 条第 2 款)?]
    4. 结论 ··· 6
(二) V 对 K 根据第 781 条享有的请求权 ························ 8
(三) 案件变型:V 对 K 以第 433 条第 2 款为据的请求权 ··· 13
    1. 请求权成立 ··· 13
    2. 根据第 362 条第 1 款消灭 ······························ 14

(1) V 以第 267 条第 2 款为据的拒绝权 ………… 15
　　　(2) O 为他人清偿的意思 ………… 16
　　　(3) 以转账实现给付？ ………… 17
　　　　① 金钱债务以现金支付为原则 ………… 18
　　　　② 是第 362 条第 1 款的转账，还是第 364 条
　　　　　第 1 款的转账？ ………… 20
　　　　[问题：作为非债务人的 O 能否通过提供不同
　　　　于负担种类的给付而清偿(参见第 364 条第 1
　　　　款)？]
　　　(4) 向债权人清偿 ………… 26
　　　(5) 中间结论 ………… 28
　　3. 结论 ………… 29

四、解答

(一) V 对 K 以第 433 条第 2 款为据的请求权

1　　V 对 K 可能有基于第 433 条第 2 款的价金给付请求权。
　　1. 请求权成立
2　　请求权因买卖合同缔结而成立。
　　2. 因清偿消灭，第 362 条第 1 款？
3　　如果 K 实现了自己负担的给付——支付 100 欧元，则请求权因清偿而消灭(第 362 条第 1 款)。但是他只是转让了对 S 的返还借款的请求权。即便当中存在给付——根据第 398 条第 1 款，债权让与须采合同形式，即需 V 承诺——此处 K 提供的也不是负担的金钱给付。第 362 条第 1 款意义上的清偿并未发生。
　　3. 因代物清偿而消灭，第 364 条第 1 款？
4　　请求权还可能根据第 364 条第 1 款以代物清偿的方式消灭。为

此,债权人 V 需接受与原负担给付不同的给付。K 发出债权让与的表示就是提出了其他给付的要约。V 是否在合意的意义上接受这一要约,并以债权让与取代价金支付才是关键的。V 没有明示承诺;从 K 的视角看,V 试图收取转让的债权是可推断的承诺表示。然而在根据第 133 条、第 157 条解释其行为时,需考虑到 V 也不是很确定受让的债权是否存在以及能否执行。让原价金债权立即消灭显然不符合 V 的利益,K 很显然能认识到这一点。因此应认为存在间接给付(参见第 364 条第 2 款),债权人因 K 的行为获得额外的受偿可能,只有在债权人实际获偿时原债权才会消灭。因为 V 一直无法实现受让的对 S 的债权,所以原价金债权未消灭。这和债权让与的有效性无关。

提示: 如果采绝对的通说[1],则债权让与的有效性是无关紧要的。要判断债权让与是否有效,需回答 V 是否对作为间接给付的债权让与要约作出了承诺。由于承诺的意思表示并未到达 K,所以债权让与合同只能通过第 151 条第 1 句的承诺方能成立。因为不可期待 V 在对其显属有利的过程中尚需明示承诺,且 K 显然认识到这一点,K 可根据第 151 条第 1 句放弃承诺表示的到达生效。试图向 S 收取债权本身足以构成缔约需要的承诺意思实现。 5

4. 结论 6

V 对 K 仍然享有以第 433 条第 2 款为据的价金请求权。 7

(二)V 对 K 根据第 781 条享有的请求权

提示: 这一请求权基础对初学者而言可能是全新的。当某人面对他人的债权,且以某种方式表明承认提出的债权请求,就有必要检验第 781 条中的债务承认。如确有第 781 条意义上的 8

---

[1] MünchKomm/Wenzel, §364 Rn. 8.

抽象的债务承认,则债务人的表示通常无须涉及法律原因。若非如此,则为声明型的承认(deklaratorische Anerkennung),该类型未被制定法规定。尽管创设型——抽象的债务承认和声明型的债务承认都满足第212条第1款第1项的事实构成,并由此导致诉讼时效的重新起算。第212条意义上的承认只需单纯的事实行为,如支付部分款项或支付利息,提供担保(Sicherheitsleistung):这是一种准法律行为。原则上应首先检验第781条上的请求权,因为源自被承认的请求权的抗辩被排除了。为教学所需,应采用上文选取的检验顺序。

9   V还可能对K有以第781条为据的请求权。为此需有相应的抽象的债务承认合同。这一合同可从涉及第364条的情事中产生,即K对V发出转让自己债权以清偿V的债权的要约。第781条意义上的抽象的债务承诺(Schuldversprechen)的前提是双方当事人一致同意将债务承诺中负担的义务从最初的法律原因中,即从其经济和法律的关联中抽离出来,而仅以债务承诺中表达出来的给付意愿为基础。[2]

10   需借助债务人的书面表示,通过对达成的合意作出解释,方可查知本案是否如此。此处并不存在对抽象给付承诺的推定。在证书(Urkunde)中未提及或只是概括提及法律原因,构成独立义务的重要证据。相反,如果在书面表示中提及特定的债务原因,则在有疑问时认为不存在独立的负担债务的意思。[3]

11   此时,提及债务原因是否认抽象的债务承认。如果意在转让债权的书面表示更多是为了清偿债务,而非立新的债因的话,那么同样也构成对抽象债务承认的否定。

12   **提示**:尽管如此,相反的观点仍有可能成立。当然还需要V对要约的承诺以及第151条第1句涉及的进一步详尽阐述。

---

[2] BGH NJW 1999, 714, 715.

[3] BGH NJW 1999, 714, 715; RGRK/Steffen, §780 Rn. 10 m.w.N.

(三)案件变型:V 对 K 以第 433 条第 2 款为据的请求权

1. 请求权成立

V 对 K 的价金请求权因买卖合同缔结而生。 13

2. 根据第 362 条第 1 款消灭

如果 K 实现了负担的给付(支付 100 欧元),则请求权因清偿而消灭(第 362 条第 1 款)。原则上应由债务人提出给付。但在本案中并非 K 支付,而是其叔叔 O 代为支付。 14

(1) V 以第 267 条第 2 款为据的拒绝权

需检验的是 V 能否依据第 267 条第 2 款享有拒绝接受支付的权利(Befugnis)。V 将该支付转回给 O 就是以可推断的方式拒绝接受。拒绝接受的权利源自第 267 条第 2 款。除了第三人的给付,它还以债务人反对第三人给付为前提。本案中并无 K 的反对。因此第 267 条第 2 款的拒绝权并不成立,而第三人给付根据第 267 条第 1 款第 1 句是允许的,且无须 K 的同意(第 267 条第 1 款第 2 句)。 15

(2) O 为他人清偿的意思

如果第 362 条第 1 款的前提满足,则第三人给付原则上发生清偿的效力。此外,仅需所谓为他人清偿的意思,换言之,即 O 必须愿意清偿 K 的债务。在本案中确实如此,且 V 根据转账中说明很容易认识到这一点。 16

(3)以转账实现给付?

最后必须让负担的给付实现。给付须以待清偿之债的内容为准。本案涉及的是金钱债务。 17

①金钱债务以现金支付为原则

如果当事人未另作约定,则金钱之债原则上通过现金支付清偿,因为只有以纸币或硬币为形式的现金是法定的支付工具。但本案中并未以现金支付。 18

19　　**提示**:初学者应当知道这一点。根据《欧盟工作机制条约》(AEUV)第 128 条第 1 款第 3 句,只有现金是法定支付工具;根据《欧元条例》(EuroVO)第 10 条,银行发行的纸币是支付工具[4];根据《欧元条例》第 11 条第 2 句,硬币是支付工具。此外,根据《欧元条例》第 11 条、《货币法》(MünzG)第 3 条第 1 款,没有人必须接受超过 50 欧元的硬币。

②是第 362 条第 1 款的转账,还是第 364 条第 1 款的转账?

20　　需检验的是:转账到 V 的账户究竟是实现负担的给付,还是仅为第 364 条第 1 款的代物清偿? 因为通过银行转账的非现金给付如今已非常普遍,在没有进一步约定时也可作为清偿金钱之债的一种法律允许的工具。[5] 当然这取决于交易观念,而人们只能推测这种交易观念。

21　　因此,必须以客观第三人的视角对合同进行解释(第 133 条、第 157 条)方能确定 K 能否以银行转账进行支付。如果债权人在缔约磋商或合同履行中至少以可推断的方式对此表示同意,则可以认定 K 可以转账支付。在信函中提及银行账户,或在账单中出现账户信息等都可视作这种可推断的意思表示。[6] 本案中,V 在催告信中提及了银行账户,并以该方式同意了 K 可以转账支付。

22　　当然,债权人 V 同意 K 转账到给定的账户并不一定能定性为清偿[7],因为有效的代物清偿同样要求债权人的同意和当事人之间的合意。[8] 尤其是债权人甚至可以在给付之前就表示第 364 条第 1 款意义上的同意(Einverständnis)——类似于事前同意(quasi als Einwil-

---

〔4〕　Verordnung(EG) Nr. 974/98 des Rates vom 3. 5. 1998 über die Einführung des Euro, ABl. EG L 139, S. 1.

〔5〕　就此,Palandt/Grüneberg, § 362 Rn. 9。

〔6〕　Palandt/Grüneberg, § 362 Rn. 8f.

〔7〕　就此参见 Medicus/Petersen, Rn. 757。

〔8〕　同样的有 MünchKomm/Wenzel, § 362 Rn. 21f.; MünchKomm/Grundmann, § § 244,245 Rn. 110。

ligung)。由此给债务人创设了所谓的替代权限(Ersetzungsbefugnis)：他可以用他种给付(账面资金 Buchgeld)以取代负担的给付(现金)，但他也并非必须这么做。因为 V 给了银行账号，表明了他的同意，所以在其账户上记入贷方项(Gutschrift)，则 K 的价金债务要么根据第 362 条第 1 款消灭，要么根据第 364 条第 1 款消灭，所以有关争论可以搁置不顾。

提示：在新车买卖(或融资租赁)中，以买受人的旧车来"支付"时，替代权限(Ersetzungsbefugnis)也会起作用，需要予以检验。根据通说，此处涉及的是统一的买卖合同(或融资租赁合同)，出卖人根据第 364 条第 1 款同意给予买受人权限，以让与他的旧车来清偿部分价金。[9] 因此，如果买卖或融资租赁合同嗣后要返还清算，买受人(融资租赁人)可以(在已支付的金钱之外)要求返还他的旧车，而非其商定的抵偿价值。[10] 应期待在家庭作业中有如下的论述：

23

但与此相对的是 O 作为第三人实施了清偿(第 267 条)。就该案，通说认为第三人只能为负担的给付，而不能提出或实施清偿替代(Erfüllungssurrogate)或代物清偿。[11] 只有第三人征得债权人同意，方可实施清偿替代的看法，部分弱化了前述观点。[12] 就此而言，在金钱之债中，债权人转账是否足以一般地作为同意，尚不明确。

24

应允许第三人无论如何都可取代债务人而提出代物清偿的原因在于债务人有让负担的给付标的"解套"(loszuwerden)的利益。然

25

---

[9] 一直以来的判例，比如 BGH NJW 2003, 505, 506 m. w. N.。
[10] BGH NJW 2003, 505, 506 m. w. N.。
[11] RGZ 119, 1, 4ff.；LG Düsseldorf NJW-RR 1991, 311；Jauernig/Stadler, §267 Rn. 7；Palandt/Grüneberg, §267 Rn. 4. 其他观点 Gernhuber, Die Erfüllung und ihre Surrogate, 2. Aufl., 1994, §21 I 7.
[12] MünchKomm/Krüger, §267 Rn. 14 参引 BGH NJW 1982, 386, 387.

而,在本案当中的金钱之债中,看不出 V 或 K 有反对 O 为代物清偿的值得保护的利益。转账并不涉及给付的客体,而是 V 如何从 K 处获得负担的金钱价值的种类和方法。因此,如果人们想将转账视为代物清偿,可以支持允许 O 转账的观点。这些在第三人支付中有关代物清偿的困难,是人们在债权人同意转账到给定账户时,应从第 362 条第 1 款的清偿出发的又一个原因。然而,首先是对非现金支付的一般概览和与之伴生的广泛地将现金和簿记资金作为(广义的)支付工具等而视之的观点,都支持在当今的交易活动中将两种支付形式在法律上作为实质相同的对待。金钱债权人在合同缔结时本可决定只接收现金支付。在上述案例中因为出卖人 V 同意转账的方式,所以应从第 362 条第 1 款意义上的清偿效果出发。

(4)向债权人清偿

26　　最后,清偿需向债权人 V 作出。于此需考虑的是该清偿是不是对银行的,并借此对第三人在第 362 条第 2 款的意义上生效,此外尚需满足第 185 条规定的其他要件;然而受领人提供转账表格,且其内容为直接向账户所有人给付,所以该要件已经满足,银行不过是所谓的支付工具(Zahlsstelle)。[13] 因此,O 向 V 清偿了。

27　　**提示**:上述讨论在闭卷考试的解答中并非必要,此处是因教学目的方才提及。

(5)中间结论

28　　K 的价金债务因第 362 条第 1 款和第 267 条第 1 款实现并消灭。

3. 结论

29　　V 不再有对 K 以第 433 条第 2 款为据的价金请求权。

---

[13] 毫无争议,vgl. Palandt/Grüneberg, § 362 Rn. 9.

案例 4　玻璃碎片

一、案件事实

泰欧(Theo, T)继承了一套古旧的葡萄酒杯(Weingläser)，并在偶然间得知这些葡萄酒杯中有一只非常稀罕，收藏者本德(Bernd, B)的藏品中正缺这种杯子。T愿以150欧元将这只葡萄酒杯卖给B，并许他考虑到当晚为止。在此期间，B打电话四处问询，最终发现同种葡萄酒杯只在其他城市同样以150欧元出售。因此，他在17点回电话给T，告诉他愿意购买这只葡萄酒杯，T让B在18点到20点之间来取，并将酒杯放置在门厅的鞋柜上。然后他就出门散步了。T在18点回来，脱下夹克时碰到了这只葡萄酒杯，葡萄酒杯落地并摔碎了。不一会B就摁响了门铃，他非常震怒，因为现在他只能以175欧元的价格在迪特尔(Dieter, D)那儿购买这种葡萄酒杯了。因此，他要求T设法为自己获得同种葡萄酒杯，不然就赔偿25欧元的损害。

B能向T作何请求？

案件变型1：
若二人约定以葡萄酒杯交换一只古旧的大啤酒杯，且二者价值都是150欧元。B一方面想要T赔偿损失，另一方面想要T接受大啤酒杯，因为B已经不再需要它了。

案件变型2：
葡萄酒杯在16点50分的时候就因T的小儿子玩耍而摔碎了。

T当时听到了杯子发出的声音,但并未留意和查看。此外,B已经将葡萄酒杯以180欧元转卖。现在B可以作何要求?

二、前期思考

(一)初始案情

2001年债法现代化[1]的立法者设想的给付障碍法的核心概念是第280条第1款意义上的义务违反(Pflichtverletzung)。但是,这一设想并未在所有理论上应立基于此的规范中得到充分明晰的体现(尤其可以参考第311a条第2款和第323条)。此外,义务违反只在次权利(sekundärrechte)中发挥了作用,即损害赔偿请求权和解除权(参考第280条第1、3款,第281条及以下和第323条及以下的规定)。此外,根据第275条,法律根据其他的范畴来决定给付义务的消灭,即给付不能(Unmöglichkeit)和给付的不可期待性(Unzumutbarkeit der Leistung)。虽然这只涉及给付障碍法中少数的特殊情况,但相应规则仍然被置于给付障碍法之首。在初始案例中一开始就要检讨T是否根据第275条免除了给付义务。这不取决于T的可归责性,且免于给付发生的时间点——早于或晚于合同缔结——也无甚影响[2](参考第311a条第1款)。

初始案例不仅仅问了原给付请求权。根据案件事实,案例补充问题中还问了B想要什么,答案正是辅助性的损害赔偿。第280条及以下条文统一规定了基于既存债的关系产生的损害赔偿。根据第280条第1—3款,唯一要区分的是(各种)给付义务的违反和与给付无关的附随义务(Nebenpflichten)的违反。只要债务人根本没有或者

---

[1] Vgl. Begr. zum RegE, BT-Drs. 14/6040, 133ff.
[2] 与此不同的是旧法第275条第1款,关于其备受争议的意义,参见Palandt/Heinrichs, 61. Aufl., 2002, §275 Rn. 24; Staudinger/Löwisch(2001), §275 Rn. 56。

没有依约正常给付,债权人就可以根据第 280 条第 1、3 款,第 281 条及以下条文要求"替代原给付的损害赔偿"。这一自 2002 年以来为法律使用的概念要阐明的是赔偿的原因为何,即根本没有给付或没有依约给付产生的损害。[3] 虽然立法者并非有意作出内容的改变,但实际上这和 2001 年之前的法律相比确实发生了变化,阅读旧判决时必须意识到这点。此前使用的"因不履行引起的损害赔偿"(Schadensersatz wegen Nichterfüllung)在文义上指所有因不履行引起的损害,也能涵括给付最终不能时的迟延损害。根据第 280 条第 2 款和第 3 款对损害赔偿类别的区分,因不履行引起的损害赔偿已经不复存在。替代原给付的损害赔偿仅指"为给付赔偿"("Ersatz für die Leistung")。债权人可以要求得到因无法最终获得约定的给付而遭受的所有损害的赔偿。所谓"差额法"(Differenzmethode)(部分学者又称"差额说"Differenztheorie)在损害计算中起决定性作用(参考第 249 条第 1 款):债权人可以要求债务人将其置于若完全依约履行时应处的状态。根据通行的"限制的差额法",债权人可以选择"小的"或"大的"计算法,这体现在第 281 条第 1 款及对"简单的"(einfachen)损害赔偿和"替代整个给付的损害赔偿"(Schadensersatz statt der ganzen Leistung)的区分中:债权人总是会比较财产状况,他会一一列举其损害项目(Schadensposten),并进行总计。在替代整个给付的损害赔偿中,他会将自己承担的对待给付作为单纯的计算项(Rechnungsposten)从中扣除(若根据替代说 Surrogationstheorie 则应做不同处理,参见下文边码 31)。初始案例会涉及这些问题。解题结构参见本书第一部分边码 25。

(二)案件变型

案件变型 1 涉及的是互易。实践中很少出现互易,但它能检验是否理解了第 275 条和第 326 条的功能和相互关系。恰恰互易会产

---

[3] Vgl. Begr. zum RegE, BT-Drs. 14/6040, 136ff.

生关于双务合同中原给付义务免除的法律后果的有趣问题。第 323 条及以下条文就双务合同中的给付障碍作了特别规定。债务人根据第 275 条免除居于牵连关系中的给付义务,原则上会使债权人根据第 326 条第 1 款也免负对待给付义务;第 326 条第 2 款和第 3 款规定了例外。这对互易意味着:如果一方不再能履行,则另一方也免负履行义务。但是,由此导致的结果是尚有履行能力的当事人不再有根据第 480 条和第 433 条第 2 款要求无履行能力的当事人受领给付的请求权。这就会产生一个问题,即在债务人因可归责于己的义务违反而完全不必承担原给付义务时,债权人能否在要求损害赔偿时提出根据第 326 条第 1 款第 1 句本不再负担的对待给付。前提是债权人有让债务人依约受领标的的利益。通说认为这是被肯认的对差额说的诸多限制之一,应予赞同。

案件变型 2 涉及第 311a 条特别规定的自始不能。即便债务人在合同缔结时已无法为给付,根据第 311a 条第 1 款合同也仍然有效。[4] 第 311a 条第 2 款包含了自始免除给付义务时的损害赔偿的独立请求权基础。这是必要的,因为第 280 条的前提是违反既存债之关系的义务。但是自始不能时并未产生给付义务,因为它自始因第 275 条第 1 款被排除。虽然人们也可以考虑违反先合同债务关系中的义务(第 311 条第 2 款),该义务的内容可以是要求债务人保证合同缔结前的给付义务存在;但是,根据第 280 条第 1 款、第 311 条第 2 款、第 241 条第 2 款,也只可能允许信赖损害的赔偿[5],因为如果给付物的债务人确实检视了他(实际上不具备)的履行能力,就不会去缔结合同。与之相反,第 311a 条第 2 款给予了债权人要求替代原给付的损害赔偿或费用赔偿的请求权。

---

〔4〕 旧法第 306 条与此不同,参见 Palandt/Grüneberg, §311a Rn. 2。
〔5〕 亦可参见 Palandt/Grüneberg, §311a Rn. 14,但不甚清晰的是 Rn. 6. 亦可参见旧法第 307 条。

三、提纲

(一) B 要求 T 交付葡萄酒杯的请求权,第 433 条第 1 款
第 1 句 ·· 1
  1. 有效的买卖合同 ··· 2
  2. 根据第 275 条第 1 款嗣后免除给付义务 ················· 3
    [问题:T 对 B 是否负有再给一个酒杯的义务?]
  3. 结论 ·· 7

(二) B 对 T 总值 25 欧元的替代给付的损害赔偿请求
权,根据第 280 条第 1、3 款,第 283 条 ············ 8
  1. 有效的债的关系 ··· 10
  2. 根据第 275 条第 1—3 款嗣后免除原给付义务 ······ 11
  3. 义务违反 ·· 12
    [问题:T 根据第 275 条第 1 款免除原给付义务是否
    原则上排除其义务违反?]
  4. 可归责性 ·· 16
  5. 替代给付的损害赔偿 ····································· 20
  6. 结论 ·· 23

(三) 案件变型 1:B 要求 T 受领大啤酒杯的请求权,第 480
条、第 433 条第 2 款 ······································· 24
  1. 请求权的成立:有效的互易合同 ······················· 25
  2. 以第 275 条第 1 款或第 326 条第 1 款第 1 句为据
    的给付义务的嗣后消灭 ··································· 26
  3. 结论 ·· 27

(四) 案件变型 1:B 对 T 的损害赔偿请求权,第 280 条
第 1、3 款,第 283 条 ······································· 28
  1. 替代给付的损害赔偿请求权的要件 ··················· 29

2. 替代给付的损害赔偿的范围 ·························· 30
      [问题:B 可以在交付和移转啤酒杯所有权的同时要
      求 T 赔偿灭失的玻璃杯的价值吗?]
   3. 结论 ·· 34
 (五)案件变型 2:B 对 T 依第 311a 条第 2 款第 1 句要求 30 欧元
      的损害赔偿请求权 ··· 35
   1. 有效的合同 ··· 36
   2. 免除给付义务 ·· 38
   3. 合同缔结前的给付障碍 ································· 39
   4. 选择权 ··· 40
   5. 请求权的范围 ·· 41
   6. 排除请求权 ··· 44
   7. 结论 ··· 48

四、解答

(一)B 要求 T 交付葡萄酒杯的请求权,第 433 条第 1 款第 1 句

1 根据第 433 条第 1 款第 1 句,B 有要求 T 交付约定的葡萄酒杯,并移转其所有权的请求权。

   1. 有效的买卖合同

2 该请求权的前提是在二者之间存在有效的买卖合同。因为 T 对 B 发出了以 150 欧元购买葡萄酒杯的要约(第 145 条),而 B 在 T 设定的承诺期限内(第 148 条)作出了承诺,所以二者之间的买卖合同成立。因此,B 根据第 433 条第 1 款第 1 句要求 T 交付约定的葡萄酒杯并移转其所有权的请求权成立。

   2. 根据第 275 条第 1 款嗣后免除给付义务

3 如果 T 根据第 275 条第 1 款免负给付义务,则 B 的供货请求权

(Lieferungsanspruch)就会再次消灭。如果交付约定的葡萄酒杯并移转其所有权对所有的人或至少对债务人 T 而言是不可能的,就符合这种情况。根据买卖合同,T 有义务交付约定的那只旧葡萄酒杯并移转其所有权。在杯子碎了之后,履行该债务不仅对他,而且对所有的人而言都是不可能的。这说明此时是客观不能。

提示:根据第 275 条第 1 款,不仅客观不能("对所有的人而言"),主观不能("对债务人而言")亦会根据法律消灭债务人的原给付义务。就此而言,在案例分析中对不能的两种形式进行界分是没有必要的。然而,第 275 条第 2 款和第 3 款规定了给付的不可期待性,这同样会导致原给付义务的排除[6](根据第 275 条的标题),但原因是债务人提起抗辩权。因此,需根据案件事实的具体情况,将主观不能和不可期待性的事实区分开来[7](比较案例 6 中的前期思考和案例 35 边码 10 及以下)。如果存在客观不能,就可省去这步。因此,阐明不能的种类是合理的。

4

假如认为 T 不仅有交付继承的酒杯的义务,还承担了取得该种类葡萄酒杯的置办义务(如 B 认为的那样),则酒杯破碎并未导致不能。无论如何从他处取得该种类的另一只酒杯是可能的。是否负有置办义务可从根据第 133 条、第 157 条对相应的当事人约定的解释中推知。因为本案中继承来的葡萄酒杯是作为二手且独特的已经贬值的物品出售的,所以肯定不是第 243 条第 1 款意义上的种类之债,而置办义务是种类之债的典型义务。毋宁说本案涉及的是特定之债,该债只涉及 T 的个别物品。并没有清晰的论据支持 T 承担了置办义务(参考第 276 条第 1 款第 1 句末)。因此,T 的原给付义务事实上变为不可能了,且根据第 275 条第 1 款免于承担该义务。

5

---

[6] Palandt/Grüneberg, §275 Rn. 32.

[7] 毫无疑问的,参见 Canaris, JZ 2001, 499, 501; Palandt/Grüneberg, §275 Rn. 23 关于此前解决方案的证据。

6　　　　**提示**：只要无法确定给付不能，就始终要在程序中就此举证。在 2001 年生效的法律适用以前，长期一贯的判决认为只要债务人的可归责性确定成立，在未提出证明时，就可作出给付判决（Verurteilung zur Leistung），因为这会给债权人机会，在给付判决后依据修法前第 283 条指定期限，并在该期限经过而无效果后要求不履行的损害赔偿。新法废止了此前的第 283 条，债权人不再有这种机会[8]，以至于原则上在给付不能无法证明时可判决债务人履行。[9] 如果给付对债务人而言确属不能，债权人必须重新起诉，此次是要求替代给付的损害赔偿。为避免这种情况，债权人应该在有疑问时，也依然能够依第 281 条第 1 款第 1 句起诉，即为债务人提出给付指定合理的期限，并在期限经过后要求替代给付的损害赔偿。[10] 这并非全无问题，因为根据第 275 条第 1 款，给付不能引起给付义务免除，且会消灭作为第 281 条第 1 款前提的届期之给付请求权。尽管如此，人们仍可认可这一路径，因为可以确定的是债务人无论如何都有损害赔偿的义务，只是其依据要么是第 280 条、第 281 条，要么是第 280 条、第 283 条。这种情况会让人们想起刑事诉讼程序中的选择确定（Wahlfeststellung），它在民事诉讼程序中体现为以《民事诉讼法》第 286 条为据的证明评价（Beweiswürdigung）。[11] 在存在选择关系的请求权基础的要件都满足，且同样可以正当化所有的诉讼请求时[12]，法院可据此作出判决。

---

[8] Vgl. Knütel, JR 2001, 353, 355; Stoll, JZ 2001, 589, 590; Dedek, in: Dauner-Lieb/Konzen/K. Schmidt, Das neue Schuldrecht in der Praxis, 2003, S. 183ff., 195: „Die Konsumption des §283 a. F. BGB durch §281 BGB".

[9] Vgl. Medicus/Lorenz I, Rn. 428a.

[10] Medicus/Lorenz I, Rn. 428a.

[11] Vgl. etwa BGH NJW-RR 1987, 1235, 1236; BGH NJW 1999, 219, 220; BAG NJW 1997, 1724.

[12] Vgl. BGH NJW 2001, 224, 225 m. w. N.

3. 结论

B 不能依据第 433 条第 1 款第 1 句要求 T 移转约定品种的葡萄酒杯。 7

(二) B 对 T 总值 25 欧元的替代给付的损害赔偿请求权,根据第 280 条第 1、3 款,第 283 条

B 可能有对 T 总值 25 欧元的替代给付的损害赔偿请求权,其依据是第 280 条第 1、3 款,第 283 条。 8

提示:根据第 275 条免除债务人的给付义务可能给债权人带来好处,其依据是其他的法律规范,如第 280、283 条。立法者在第 275 条第 4 款为了照顾外行人[13]已阐明了这一点。人们不必在鉴定中提及该规范,因为当中涉及的法律后果直接源自前述条文。类似的"指引式"规范出现在第 437、634 条,出于特定缘由最好是同时援引(参考案例 24 中的前期思考)。 9

1. 有效的债的关系

因买卖合同,当事人间发生债的关系。 10

2. 根据第 275 条第 1—3 款嗣后免除原给付义务

第 280 条第 1、3 款以及第 283 条的损害赔偿请求权的前提条件是债务人 T 根据第 275 条第 1—3 款免于承担原给付义务。正如上文确定的那样,T 根据第 275 条第 1 款可免于原给付。根据第 311a 条第 2 款的反面解释可以得出,第 283 条中的免于原给付的要件是该情况在合同缔结后发生。 11

3. 义务违反

第 280 条第 3 款和第 283 条的相互参引会产生一个问题,那就是 12

---

[13] 关于第 275 条第 4 款的问题,Vgl. Kupisch, NJW 2002, 1401ff.。

在第 275 条中的免于原给付之外还需要债务人的义务违反。立法资料和以此为据的通说认为,第 275 条列举案型中的义务违反恰恰在于根本未为允诺的给付。[14] 第 283 条的功能仅限于避免误解,即认为依第 275 条免于原给付的债务人不再能够违反债务关系。[15] 而且关于自始免于原给付的第 311a 条也赞同该观点。[16] 在上述案型中,作为给付不能前提的不履行当然构成 T 的义务违反。

13　　认为免于承担原给付义务的债务人仍可能违反债的义务当然是对的,这尤其体现在第 241 条第 2 款和第 242 条规定的情形中。然而,根据思维逻辑,债务人不再能够违反其依第 275 条已经免负的给付义务。[17] 相应地,义务违反也并非简单地在于不再依债原本的内容给付或不能给付,因为第 275 条改变了义务的规划(Pflichtenprogramm)。因此,第 280 条第 1 款和第 283 条的联系必然是另一番模样:为了让损害赔偿请求权成立,免于原给付必须以债务人的(客观)义务违反为基础。免于原给付(Leistungsbefreiung)是根据法律(第 275 条第 1—3 款)发生的,所以和义务违反当然是可以区分开来的。义务违反必然存在于导致免于原给付的行为[18],即二者之间有相当因果关系。

14　　在这一背景下,第 283 条的责任基础——多少有些隐而未现——还在于违反一般的给付忠实义务(Leistungstreuepflicht),该义务源自债务人的给付允诺(Leistungsversprechen):对他人负有给付义

---

〔14〕 Begr. zum RegE, BT-Drs. 14/6040, 135f.(zu §280 Abs. 1);Bamberger/Roth/Unberrath, §280 Rn. 20 m. w. N.;Medicus/Lorenz I, Rn. 342;Looschelders, SAT, Rn. 561.
〔15〕 Begr. zum RegE, BT-Drs. 14/6040, 142(zu §283);Jauernig/Stadler, §283 Rn. 1.
〔16〕 Medicus/Lorenz I, Rn. 342.
〔17〕 同样的有 Spickhoff, NJW 2002, 2530, 2533 参引了 Larenz。
〔18〕 同样的有 Harke, ZGS 2006, 9, 10f.;Huber/Faust, Kap. 3 Rn. 12;v. Wilmowsky, JuS 2012 Beilage zu Heft 1, 6, 14;原则上也如此认为的有 Brox/Walker, AS, §22 Rn. 51 和 Staudinger/Otto/Schwarze (2009),§283 Rn. 13,但二者参引了立法者的观点,MünchKomm/Ernst,§280 Rn. 9ff.。

务者应恪守不为一切影响正常给付的行为的原则。[19] T 以自己的行为破坏了给付标的物——葡萄酒杯,客观上违反了给付忠实义务。

提示:这一观点的正确性体现在免于给付并非因债务人引起的情况所致:比如说杯子是在因雷击引起的大火中被坠落的瓦砾击碎的。此时并无义务违反,更谈不上可归责性,通说当然会有不同看法。——尽管如此,就闭卷考试而言,还是建议简要地说明这些教义学上的问题并遵循通说,因为通说已广受承认。

4. 可归责性

依第 280 条第 1 款,T 必须对义务违反负责。根据第 280 条第 1 款第 2 句,只要债务人不能排除可归责性,则推定其有可归责性。

可归责性是指根据第 276 条第 1 款第 1 句,只要法律或债之内容并未确定其他的责任标准,就须对自己的过错(其形式可为故意或过失)承担责任。T 在门厅脱掉夹克时就必须想到此前曾将卖给 B 的葡萄酒杯放在那儿了;甚或可以说他根本就不应当将出售的葡萄酒杯放在那儿。脱夹克或放置葡萄酒杯在门厅时,他都没有尽到交易上必要的注意(第 276 条第 2 款),因此依据第 276 条第 1 款,其因过失须对义务违反负责。因为他无法举证免责,所以他要对义务违反负责。

提示:此处主张的给付不能和义务违反之间的区分不可同义务违反和可归责性的区分混为一谈。官方理由书一开始也适切地强调了义务违反和可归责性之间的区别。当然,该区别——可能从第 280 条第 1 款和旧法第 325 条第 1 款第 1 句的视角看——在接下来这种情况又被忽略,即在和第 280 条第 1 款第 1 句的关系中,义务违反在给付不能中恰恰是未为给付,在给付迟延中是未准时供货;而可归责性则是不谨慎地对待标的

---

[19] Vgl. etwa Bamberger/Roth/Sutschet, §241 Rn. 46f.; Jauernig/Mansel, §242 Rn. 27; Staudinger/P. Huber (2012), Eckpfeiler des BGB, D Rn. 40.

物或未按时发出货物。[20] 但这在两种情况中都不正确：因为债务人不一定需对不谨慎的对待给付标的物负责，参见第 300 条第 1 款，而延迟发出货物可能是没有过错的，如进口限制、罢工或疫病等。[21]

19   更有问题的是本处的观点：根据第 280 条第 1 款第 2 句，只有可归责性是被推定的，而非义务违反。就此，通说没有问题，因为它将根据第 275 条的免于给付和义务违反等而视之。如果将免于给付和义务违反区分开来，则根据证明的一般规则，债权人须证明义务违反，而这对他而言可能是个重大的不利。如果认为立法者并未完全把握第 280 条和第 283 条之间的关系，且以此为出发点，则立法者当然不可能对证明责任作出合理规定。若要正确理解立法者的意图，就应将第 283 条中对第 280 条第 1 款的参引理解为债权人只需要证明免于给付，而债务人需要证明自己没有可归责性，其中亦可包括证明不存在参引确立的（对需负责的）义务违反的推定。

5. 替代给付的损害赔偿

20   最后，损害赔偿请求权以损害为要件。（原本意义上）的损害是指所有（非自愿的）法益或财产上蒙受的不利；但根据第 253 条第 1 款，原则上只有财产损害才可以赔偿。B 在本案中遭受了这种损害，因为他现在必须就 T 提供的这种葡萄酒杯支付更高的价金。

21   提示：人们通常会阐述得更加简略。此处出于教学目的是必须回想起损害赔偿请求权也是以损害为前提的，且要求学生必须掌握损害的概念。而根据以往的经验，恰恰有许多学生没有掌握这些内容。原则上应始终简略地确定损害，令人遗憾的是，即便在公布的案例解析答案中也经常并非如此。此外，不应

---

[20] Begr. zum RegE, BT-Drs. 14/6040, 135f.
[21] Vgl. nur Palandt/Grüneberg, § 286 Rn. 33f.

当忘记紧接着的"责任范围的因果关系"这一检验要点：只有与义务违反有相当因果关系的损害方可赔偿，因此应尽可能精确地确认这一点。责任范围的因果关系大多是很容易确定的，很少需要作为问题进一步讨论（与此不同的是案例10）。

在法律后果方面，第280条第1款和第3款以及第283条都给予完全的替代给付的损害赔偿。损害赔偿的种类和方法依第249条及以下条文确定。根据第249条第1款，应回复到若无义务违反时所处的状态。根据"替代给付"的损害赔偿的概念，为原给付本身已经被排除。若无义务违反，T已经依约正常清偿，所以B可以要求让自己恢复到正常清偿后应处的状态。换言之，T必须赔偿B所有的与不履行有相当因果关系的损害（责任范围因果关系）。若无T的义务违反，B就不必以更高的价金为替代交易（Deckungsgeschäft）。B非因自愿蒙受的财产上不利是多花费的25欧元，它是由替代性购置（Ersatzbeschaffung）引起的。B可依据第249条第1款要求T赔偿该金额损害。

6. 结论

B可根据第280条第1、3款及第283条，要求T为替代给付的损害赔偿，数额为25欧元。

（三）案件变型1：B要求T受领大啤酒杯的请求权，第480条、第433条第2款

B可能有依据第480条、第433条第2款要求T受领大啤酒杯的请求权。

1. 请求权的成立：有效的互易合同

根据案件事实，B和T曾经就以同等价值的旧葡萄酒杯和旧的大啤酒杯互易达成合意。因此，第480条和第433条规定的请求权成立，也就是说B要求T受领大啤酒杯的请求权（第433条第2

款)成立。

2. 以第 275 条第 1 款或第 326 条第 1 款第 1 句为据的给付义务嗣后消灭

26　　然而,B 的受领请求权可能还会消灭,就此需澄清的是其依据究竟是第 275 条第 1 款,还是第 326 条第 1 款第 1 句。原则上来说,B 向 T 提供大啤酒杯是可能的,所以受领请求权尚存。然而正如初始案例中确定的那样,B 要求 T 交付葡萄酒杯并移转其所有权的请求权(第 480 条、第 433 条第 1 款第 1 句)在葡萄酒杯摔碎时就依第 275 条第 1 款消灭了。如此一来,T 对 B 要求交付大啤酒杯的对待请求权根据第 480 条、第 326 条第 1 款第 1 句也消灭了。以第 480 条、第 433 条第 2 款为据的受领请求权必须以相应的供货义务尚存为前提,而此时该义务恰恰不存在了。如果认为在互易中,一方的供货请求权与另一方的受领请求权之间有牵连关系,即存在第 326 条第 1 款第 1 句中的对待关系(Gegenseitigkeitsverhältnis),则 B 对 T 的受领请求权就会因此规范而消灭。辅助性的论证是,受领请求权作为供货请求权的对称存在(Pendant),因后者的消灭,也至少根据第 275 条第 1 款消灭了。B 对 T 的受领请求权无论如何都不复存在了。

3. 结论

27　　B 不再能够根据第 480 条、第 433 条第 1 款第 1 句要求 T 受领大啤酒杯。

(四)案件变型 1:B 对 T 的损害赔偿请求权,第 280 条第 1、3 款,第 283 条

28　　B 可能对 T 有和交付大啤酒杯并移转其所有权同时履行的总值 150 欧元的损害赔偿请求权,其基础是第 280 条第 1 款和第 3 款,第 283 条。

1. 替代给付损害赔偿请求权的要件

现在第 480 条意义上的互易合同的债之关系已经成立。此外，B 对 T 依第 280 条第 1、3 款，第 283 条的损害赔偿请求权的要件（如上文边码 10 及以下）亦同时存在。

2. 替代给付的损害赔偿的范围

替代给付的损害赔偿请求权包括积极利益或履行利益。根据第 249 条第 1 款，该请求权应使债权人恢复到若无义务违反时应有的状态，即正常履行时的状态。由于根据定义就应排除原给付请求权，所以要以差额计算来确定。如果没有 T 的免于原给付，则 B 会获得价值 150 欧元的葡萄酒杯，且会失去同等价值的大啤酒杯。因为 B 对 T 的交付葡萄酒杯的请求权因第 275 条第 1 款消灭（如上文边码 3 及以下所述），所以 T 也不再能够要求 B 交付啤酒杯（第 326 条第 1 款第 1 句）。B 在未获得葡萄酒杯又保有啤酒杯时，因为二者价值相当且并没有清晰可见的所失利益或其他不利，B 根据差额法还未蒙受损害。B 的总财产并未因交易而改变。

有待澄清的是 B 是否必须以差额法进行损害计算，抑或是他可以选择（所谓的）代偿法（Surrogationsmethode），以同时交付啤酒杯和移转其所有权来要求获得葡萄酒杯的损害赔偿。根据第 326 条第 1 款第 1 句让对待给付请求权消灭对 B 而言是个不幸的后果：他不再能够根据第 480 条、第 433 条第 2 款要求 T 受领大啤酒杯（参见上文边码 26）。此前的法律早就认可了这一可能性（所谓限制的差额说）[22]，支持这一观点的利益状态也未因债法改革而改变。因此，绝大多数观点认为应继续允许 B 选择代偿法。

但是这并非毫无问题：因为根据第 275 条产生的债务人免于给付通常会当然导致债权人依第 326 条第 1 款第 1 句免于给付；T 也丧

29

30

31

32

---

[22] 参见 Medicus/Petersen, Rn. 241; Palandt/Grüneberg, § 281 Rn. 19。

失了源自第 480 条的请求权。因此，采用代偿法可能也是不行的。[23] 支持这一观点的还有：联邦最高法院最近不再允许在旧法第 326 条第 1 款的框架内采代偿法，并且偏偏要依同条第 2 句中给付请求权的消灭来论证。[24] 如果将这一理由转用于目前第 281 条第 4 款和第 326 条第 1 款第 1 句的法律状态，则必将一直排除代偿法。[25] 债权人可依第 326 条第 4 款要求返还已为的对待给付则不太重要，因为他能这样做不意味着他必须这样做。债权人可以让已为的对待给付留在债务人处，并依第 281 条第 1 款主张损害赔偿。

33　　相反，第 281 条事实上（de facto）取代了债法改革前的第 326 条，且其第 4 款在因可归责于债务人的给付义务消灭（第 283 条第 2 句）中并不适用。因此，债权人在其替代原给付的损害赔偿请求权中提出自己的给付，要求获得已经不能的给付的价值必须是继续可能的。[26] 如果 B 在损害赔偿中可以要求让自己处于 T 正常履行时应处的状态，那他就必须移转大啤酒杯所有权；即便现在也必须存在这种可能性。在此前的第 326 条和（当下的）第 281 条第 4 款所涉案型中，排除原给付请求权取决于债权人的决定也可以印证这一点。债权人可以决定不再履行合同，且相应地表示自己不再愿意履行，如果他嗣后又要履行自己的义务无疑会陷入自相矛盾的境地。而在第 326 条第 1 款第 1 句排除对待给付请求权和第 283 条的损害赔偿中并非如此。

3. 结论

34　　B 可以依据第 280 条第 1 款和第 3 款结合第 283 条，要求总额

---

[23]　进一步阐释见 Wilhelm, JZ 2001, 861, 868。
[24]　BGH NJW 1994,3351；NJW 1999,3115,3116f.
[25]　S. Lorenz, in: Schulze/Schulte-Nöltke, Die Schuldrechtsreform vor dem Hintergrund des Gemeinschaftsrechts, 2001, S. 329, 338f.；与此不同，但在当时详尽探讨的有 Lorenz/Riehm, Rn. 208ff., 211ff.。
[26]　正确的是 Kaiser, NJW 2001, 2425, 2431。

为 150 欧元的替代给付的损害赔偿,且必须同时履行交付大啤酒杯并移转其所有权的义务。(其他观点亦有道理)。

(五) 案件变型 2:B 对 T 依第 311a 条第 2 款第 1 句要求 30 欧元的损害赔偿请求权

B 可能依第 311a 条第 2 款第 1 句,对 T 主张 30 欧元的替代给付的损害赔偿请求权。第 311a 条第 1 款的前提是在合同缔结前就已经存在导致给付义务消灭(第 275 条第 1—3 款)的给付障碍。

1. 有效的合同

根据第 311a 条第 1 款和第 2 款第 2 句,该条文仅适用于合同。本案中 B 和 T 已经签订了买卖合同(见上文边码 2)。根据第 311a 条第 1 款,可能在合同成立时就有足以让 T 根据第 275 条免除给付义务的给付障碍的事实与合同有效并不相悖。

提示:因第 311a 条第 1 款的规范释明性质而认为参引该条是毫无必要的;它存在的理由是修法前第 306 条规定以客观不能的给付为内容的合同无效。因为现在无论如何合同都会有效,所以不需要阐明这是自始给付障碍,当然这么做也无妨。

2. 免除给付义务

T 应当根据第 275 条,已免除原给付义务。摔碎葡萄酒杯会导致任何人都无法交付和移转其所有权(第 275 条第 1 款),所以原给付义务消灭。

3. 合同缔结前的给付障碍

因为给付不能是在 16 点 50 分发生的,所以在合同成立的 17 点前就存在了。

4. 选择权

依据第 311a 条第 2 款第 1 句,B 作为给付请求权的债权人可以选择损害赔偿或费用赔偿(第284条);本案中他选择了前者。

5. 请求权的范围

41　　根据第311a条第2款需给予替代原给付的损害赔偿,即应赔偿所谓的积极利益。借此应让B处于若正常履行时所处的状态。因为B本可以通过转卖葡萄酒杯获得30欧元的利润,所以他可根据第252条要求赔偿丧失的利润。[27]

42　　　　提示:第311a条第2款的法律后果安排在法政策上是有争议的。有反对观点认为该规范实质上规定的是先合同义务违反的一种情况。如果没有该规范,以第280条第1款、第311条第2款和第241条第2款为据亦可成立请求权,只是其范围将限于信赖利益的赔偿。因为如果履行了先合同义务的话,则合同不可能缔结。因此,法律效果的安排在教义学上也是逻辑上不一贯的。[28] 就案例解析而言,上述内容都无关紧要,因为该规范已经存在。根据通说,这一规范会排除事实上大多成立的缔约过失的请求权,并吸收后者。[29]

43　　B能够根据第311a条第2款要求T为替代原给付的损害赔偿,数额为30欧元。

6. 请求权的排除

44　　根据第311a条第2款第2句,如果债务人在合同缔结时未意识到给付障碍,且对其不知不可归责,则损害赔偿和费用赔偿请求权都应被排除。

45　　　　提示:就涉及排除请求权的案型,卡纳里斯(Canaris)建议类

---

[27] 根据从前的规则(此前的第307条第1款第1句),就如在初始案例中发生的那样,只有信赖损失是可赔的,而非履行损失。

[28] Vgl. Palandt/Grüneberg, §311a Rn. 7 m. w. N.

[29] Jauernig/Stadler, §311a Rn. 11; Palandt/Grüneberg, §311a Rn. 14.

推第 122 条第 1 款,让债权人不问过错承担信赖利益赔偿,以避免和撤销权发生价值判断矛盾。[30] 这一建议遭到了几乎一致的反对,因为立法者在第 311a 条第 2 款中已经决定采过错原则[31],且该问题已经明晰。如果具体个案涉及了请求权排除,则应在案例解析中紧接着探讨类推第 122 条第 1 款的请求权,并简要探讨该问题。

T 并不知道他的小儿子玩葡萄酒杯并打碎了它;也就是说他并不知道给付障碍。接下来的问题是,他是否对不知情有可归责性。因为本案中并无故意(即有意的)不知情,法律文本必须按第 122 条第 2 款的立法定义中的应知情解释[32],即过失地不知。因此,这又取决于 T 在和 B 缔约前未察知葡萄酒杯安然无恙与否时,是否尽到了交易中必要的注意。原则上会存在这样一个问题,即为出售近在身边的物品而发出要约且因此依第 145 条受拘束的人,是否有义务在无具体动因时,始终要察知其履行能力一直存在。然而,因为 T 已经听到了响动,就有动因去察知。因此,他的不知情是建立在过失基础上的,请求权排除不会发生。

提示:在第 311a 条第 2 款中,辅助人的知情的归属(Zurechnung)问题会以特别的方式呈现出来。[33] 代理人及类似者("知情代理人"Wissensvertretern)的知情并非因第 278 条,而是因第 166 条归属于债务人。然而,根据第 311a 条第 2 款第 2 句,债务人不必额外地对其不知情负责。此时,债务人完全可依第 278

---

[30] Canaris, JZ 2001, 499, 507f. (早在生效之前);赞同的有 Hk/Schulze, §311a Rn. 9。

[31] Ehmann/Sutschet, §4 V 7c, S. 126; Huber/Faust, Kap. 4 Rn. 38 m. N.; Jauernig/Stadler, §311a Rn. 12; MünchKomm/Ernst, §311a Rn. 41 m. w. N.

[32] 亦如是认为的有 Begr. zum RegE, BT-Drs. 14/6049, 166. 本应径直选择通常的表述"不知且不应知"。

[33] Vgl. auch MünchKomm/Ernst, §311a Rn. 58ff。

条对其履行辅助人的过错负责。

要附带指出的是,在大量案件中,给付的标的物——参见本案事实情况——可能在给付物的债务人已经受第145条意义上的合同要约的拘束,而合同缔结只取决于承诺到达时灭失。如果要约人知道了给付障碍,则根据第311a条第2款,他要负责,尽管他不再能够阻止合同成立。这一点不能令人满意,因为受要约人始终能够"恶意"地让合同成立。但是在这种情况中,可以通过减损义务来帮助要约人,违反该义务,会使受要约人的损害赔偿请求权依第254条第2款受到限制:如果受要约人了解给付障碍而仍然转售该物品,并因此要被其下家索要损害赔偿,则不可向供货人要求赔偿。

7. 结论

48   B有对T的损害赔偿请求权,其基础为第311a条第2款第1句,数额为30欧元。

案例5 不足额保险（Unterversicherung）

一、案件事实

维多利亚（Victoria, V）以 150 欧元将一台旧电视机卖给了科纳留斯（Kornelius, K）。就在 K 去取电视前，V 在其厨房里练习酒燎（Flambieren）技艺。但她很不熟练，瞬间就让厨房陷入火海。火焰蔓延到整个房子，并烧坏了要出售的电视机。虽然 V 曾上过房产险（Hausratversicherung），但因是不足额保险，只有设施物品价值的 80% 可赔。案涉电视机的价值是 200 欧元。

V 和 K 之间有哪些请求权？

二、前期思考

和前面一个案例一样，此处涉及的也是和免于承担原给付义务有关的非常经典的问题（第 275 条第 1 款），这个问题就算"睡着"也要掌握。如果原给付义务之免除是相对明显的，初学者通常不会要求对被排除的原给付请求权进行检验。但其可以检验后续请求权（Folgeansprüche），且将原给付义务免除作为前提要件。

紧接着第 275 条原给付义务免除的是第 285 条第 1 款规定的一种独特的不以过错为要件的请求权，它不是损害赔偿请求权（根据第 285 条第 2 款）。其内容是返还赔偿或让与赔偿请求权，该赔偿或赔偿请求权是债务人因给付义务免除的事由获得的，且是针对第三人的(主要是加害人或保险人)。需返还的代偿物(Surrogat)被称为替代之物(stellvertretende commodum)。

如果债权人主张第285条第1款的请求权,则它会对其对待给付义务发生影响:本来该义务会根据第326条第1款第1句消灭,但根据第326条第3款它依然存在[1];根据他人更可取的观点,对待给付义务实际上是复生了。[2] 根据第326条第3款第2句,在代偿物的价值低于给付客体价值的范围内,债权人需给予的对待给付相应减少。

主张代偿请求权通常会减少债权人因债务人不履行遭受的损害。因此,第285条第2款规定代偿物的价值需从替代原给付的损害赔偿请求权(第280、283条)中扣除。

以上描述的条文关联会影响检验顺序:应合乎目的地从第285条第1款的请求权开始检验,紧接着检验——只要问相关问题——第433条第2款和第326条第3款的对待给付请求权。再接下来是扣减了代偿物及对待给付后的替代给付的损害赔偿请求权。此处有时偏离应始终尽可能地检索一个当事人对另一个当事人的所有请求权的原则是合乎目的的。

三、提纲

(一) K 要求 V 让与其针对保险人的请求权的请求权,
第285条第1款 ·· 1
  1. 原给付请求权和根据第275条第1—3款免除原给付
    义务 ·· 2
  2. V 获得赔偿或赔偿请求权 ································· 3

---

[1] 绝对的通说,Palandt/Grüneberg,§326 Rn. 16。
[2] 同样观点的有 Huber/Faust, Kap. 6 Rn. 8。

3. 因导致原给付义务免除的事实 ·················· 4
4. 负担的标的物与赔偿的标的物的同一性
（Identität） ························· 5
5. 结论 ····························· 6
(二) V 要求 K 支付价金的请求权，第 433 条第 2 款 ········ 7
1. 请求权成立 ························· 8
2. 根据第 326 条第 1 款第 1 句消灭 ·············· 9
3. 根据第 326 条第 3 款第 1 句存续 ·············· 10
4. 根据第 326 条第 3 款第 2 句和第 441 条第 3 款
减价 ···························· 11
5. 结论 ···························· 12
(三) K 对 V 的损害赔偿请求权，第 280 条第 1、3 款，
第 283 条 ···························· 13
1. 有效的债之关系 ······················ 14
2. 嗣后免除给付义务，第 275 条第 1—3 款 ·········· 15
3. 义务违反 ·························· 16
4. 可归责性 ·························· 17
5. 替代给付的损害赔偿的范围 ················ 18
6. 结论 ····························· 22

四、解答

(一) K 要求 V 让与其针对保险人的请求权的请求权，第 285 条第 1 款

K 可能有针对 V 的要求其让与针对保险人的请求的请求权，其基础是第 285 条第 1 款。 1

1. 原给付请求权和根据第 275 条第 1—3 款免除原给付义务

2　　　最初，K 根据第 433 条第 1 款第 1 句有要求给付电视机的请求权，而电视机毁坏后无人能够再履行该义务，所以 V 根据第 275 条第 1 款免除其原给付义务。

2. V 获得赔偿或赔偿请求权

3　　　V 虽未就负担之电视机取得赔偿，但有对房产保险人的赔偿请求权。

3. 因导致原给付义务免除的事实

4　　　V 必须是因导致原给付义务消灭的事实取得赔偿请求权。电视机在大火中毁坏导致原给付义务消灭，其和保险金给付请求权之间有相当因果关系。因此，该要件满足。

4. 负担的标的物与赔偿的标的物的同一性（Identität）

5　　　必须与负担的标的物的赔偿有关，在财产保险请求权中也是该标的物。

5. 结论

6　　　K 可根据第 285 条第 1 款要求 V 让与保险请求权。

（二）V 要求 K 支付价金的请求权，第 433 条第 2 款

7　　　V 可能有针对 K 的要求支付约定价金 150 欧元的请求权，其基础为第 433 条第 2 款。

1. 请求权成立

8　　　该请求权因合同缔结成立。

2. 根据第 326 条第 1 款第 1 句消灭

9　　　价金请求权原则上根据第 326 条第 1 款第 1 句消灭，因为买卖合同是双务合同，而 V 根据第 275 条第 1 款免于承担第 433 条第 1 款规定的给付义务（参见上文边码 2）。

3. 根据第 326 条第 3 款第 1 句存续

如果 K 确实依第 285 条第 1 款，要求让与针对保险人的请求权，则 V 根据第 326 条第 3 款第 1 句仍保有价金请求权。

4. 根据第 326 条第 3 款第 2 句和第 441 条第 3 款减价

在赔偿请求权的价值（更好的表述是数额）低于原负担的电视机的价值的范围内，第 326 条第 3 款第 2 句规定价金请求权的数额依照第 441 条第 3 款减少。因为在本案中保险金只能赔偿 80% 的价值，所以价金应依第 441 条第 3 款第 1 句相应减少。约定的价金 150 欧元应按照赔偿请求权价值和电视机价值（200 欧元）之间的比例关系减少。因为保险金是赔偿价值的 80%，所以 K 也只需要支付约定价金的 80%，即 120 欧元。

5. 结论

V 可以依第 433 条第 2 款、第 326 条第 3 款第 2 句和第 441 条第 3 款要求 K 支付 120 欧元。

(三) K 对 V 的损害赔偿请求权, 第 280 条第 1、3 款, 第 283 条

K 可能还有对 V 的数额为 10 欧元的损害赔偿请求权，其基础为第 280 条第 1 款和第 3 款以及第 283 条、第 285 条第 2 款。

1. 有效的债之关系

因买卖合同，V 和 K 之间存在有效的债之关系。

2. 嗣后免除给付义务, 第 275 条第 1—3 款

如上文所述（边码 2），V 根据第 275 条第 1 款免除交付电视机并移转其所有权的义务；原给付义务的免除在合同缔结后发生。

3. 义务违反

根据第 280 条和第 283 条，原给付义务免除需以 V 的义务违反为基础。V 有义务维持其给付能力；与之相反，她引发了火灾导致给

付不能,故违反了该义务。

4. 可归责性

17　根据第 280 条第 1 款,义务违反必须可归责于 V。根据第 280 条第 1 款第 2 句,只要债务人无法反证推翻,就推定其有可归责性。因为 V 在第 276 条第 2 款的意义上过失地引发火灾,所以她无法推翻推定。

5. 替代给付的损害赔偿的范围

18　替代原给付的损害赔偿旨在赔偿履行利益,即债权人根据第 249 条第 1 款应置于若正常履行时所处的状态。如果没有 V 的义务违反,K 已经用 150 欧元的价金获得了价值 200 欧元的电视机。因此,他原则上可以要求 V 赔偿 50 欧元的损失。

19　然而,根据第 285 条第 2 款,如果 K 主张适用第 285 条第 1 款,则损害赔偿请求权应减去依第 285 条第 1 款获得的赔偿请求权的价值。如果他要求获得价值 160 欧元的保险金债权,就要依第 326 条第 3 款向 V 支付减价后的 120 欧元价金(参见边码 11)。所以 K 以第 285 条第 1 款求偿,会获得财产利益 40 欧元(160 欧元 - 120 欧元)。依据第 280 条第 2 款,这 40 欧元必须在法定的损益相抵(Vorteilsausgleichung)中,从第 280 条第 1、3 款,第 283 条规定的损害赔偿请求权中扣除。[3] 损害赔偿请求权依照法律相应扣减[4],最后只有 10 欧元。

20　**提示**:通说认为如果债权人受让的赔偿请求权是无法实现或毫无价值的,依据第 285 条第 2 款的扣减就不会发生;换言之,能否扣减取决于赔偿请求权的实际价值,而非名义价值。[5]

---

〔3〕　参考 Hk/*Schulze*,§285 Rn. 11。

〔4〕　Brox/Walker, AS,§22 Rn. 28;MünchKomm/Emmerich,§285 Rn. 32。

〔5〕　Hk/Schulze,§285 Rn. 11;MünchKomm/Emmerich,§285 Rn. 33 m. w. N.;其他观点 Soergel/Wiedemann,§281 a. F. Rn. 42。

至今仍不清楚的是，K 作为债权人能否也在第 280 条和第 283 条 21
规定的损害赔偿请求权的范围内主张适用第 285 条第 1 款。这种构
造（Konstruktion）只有在修法前第 325 条第 1 款第 1 句指示参照修法
前的第 281 条第 2 款（目前的第 285 条第 2 款）时被承认，这会导致
债权人能够要求代偿物却无须支付价金的结果，实际和适用第 285
条第 1 款及第 326 条第 3 款的法律效果相同。[6] 就此进一步推论，K
可能根据第 280 条和第 283 条要求获得价值 160 欧元的保险金请求
权，但因此无须为（减价后的）对待给付。然而，他必须将所获的价值
在取得后依据第 285 条第 2 款（修法前第 281 条第 2 款）从损害赔偿
请求权中扣减，以避免债权人的不当得利。这一将 160 欧元从 K 总
值 50 欧元的请求权中扣减的结果是 K 需向 V 支付 110 欧元。这
一做法的优点可能是，在债务人陷于前破产阶段
（Vorinsolvenzstadium）时，更能保证债权人通过这种方式获得金钱。

6. 结论

K 原则上可以根据第 280 条第 1 款和第 3 款、第 283 条要求 V 22
为损害赔偿，其数额为 50 欧元。如果他要求 V 根据第 285 条第 1 款
让与对保险人的请求权，则损害赔偿请求权只有 10 欧元。

---

[6] 对债法改革前的法律具有重要意义的有 RGZ 108, 184, 186；还可参见 Jauernig/Stadler, 9. Aufl., 2007, §325 Rn. 11; Palandt/Heinrichs, 61. Aufl., 2002, §325 a. F. Rn. 29。

案例 6　极强的诱惑

一、案件事实

学生 V 是业余画家,其画作的单幅售价在 100 欧元到 300 欧元之间。因天资有限,V 从未想过真能以这些画作创收。一天,V 将自己的一幅画作价 200 欧元卖给了 K。K 当场付了款,并想稍后开车来取画作为送给她奶奶的生日礼物。就在这期间,突然来了一个电影制作人 F 愿以 1000 欧元购买这幅画。他正需要一幅该题材的画,以在他的最新作品中拍摄于烈焰中烧毁画作。由于 F 的出价很高,V 立即就将该画交给了 F,并移转了所有权。K 不久后返回,要求交付该画,并称 V 必须将其从 F 那购回。F 仅愿意以 2 万欧元的价格回售,而 V 不可能支付这个价钱,同时也没有这个意愿。他将这一情况告诉了 K。

K 想知道 V 是否还负有给付义务。此外,她还想了解是否有获得 F 支付的 1000 欧元和返还自己已经支付的 200 欧元的请求权。

二、前期思考

该问题的设置是以律师为视角的,这应当在大学学习阶段就熟知。同学们必须认识到请求权人有哪些可选择的请求权,且应在鉴定报告中的合适位置简要地讨论如何主张对请求权人(委托人)而言更合理。

K 首先想要获得原给付。因为 V 无法为原给付,所以必须检验第 275 张第 1 款。因为 F 可以给付,所以可能是主观不能,而主观不能应和第 275 条第 2 款规定的因给付困难(Leistungserschwerung)导致的原给付的不可期待性区分开来。起决定作用的标准是给付障碍能否克服。

第 275 条第 2 款涉及的并非一项(第 275 条第 1 款那样的)抗辩,而是抗辩权。因为债务人应当可以自己决定是否在给付困难时仍然为给付。对规范的检验应依此顺序展开:首先确定负担的给付,在案例解析中通常早在请求权构成要件阶段就应予以检验。接下来是检验第 275 条第 2 款的要件:(1)债权人的给付利益,及给付能给他带来的收益(Nutzen);一般来说必须换算为金钱价值,例如在不履行时替代给付的损害赔偿。(2)债务人为提出给付要支出的费用。(3)二者之间严重失衡。

起决定作用的是第三点,而为了确定第三点,将履行利益换算为金钱是必要的。此处的核心是探求可普遍化的标准,以让严重失衡在个案中可得确定。《民法典》在第 275 条第 2 款第 2 句提到了对给付障碍的可归责性和在债务人负有置办义务(Beschaffungspflicht)时会提高可期待的努力的程度。此外,必须十分谨慎小心,因为债务人只有例外时才可免去原给付义务,因此就严重失衡不可设定严格的比例。[1]

其次,还要究问对 V 所获得的出售利益的请求权及返还 K 已支付价金的请求权。这种设问方式让人想起诉讼程序中的预备合并之诉(Eventualklagenhäufung),原告可以在主请求权外提出辅助请求权(Hilfsanspruch)。诉讼程序中,通常只有在主请求权不成立(真正的预备合并之诉 echte Eventualklagehäufung)时才会就辅助请求权作出判决。在鉴定中要主张辅助请求权通常意味着主请求权是不成立

---

[1] 但支持设定严格比例的有 Huber/Faust,§2 Rn. 67ff.。

的。当然也可能并非如此。

就返还 V 取得的出售价金,并无已知的合同请求权基础。是否必须熟悉并检验竞合的法定请求权基础,是个别学习阶段的问题。

最后不要忘记价金返还和可能的损害赔偿请求权。将损害赔偿请求权放在返还请求权之后检验是更合理的(但并非一定如此)。

三、提纲

(一) K 对 V 的以第 433 条第 1 款第 1 句为据的请求权 ……… 1
 1. 请求权成立 ……………………………………………… 2
 2. 请求权根据第 275 条第 1 款消灭? ……………………… 3
 3. V 根据第 275 条第 2 款拒绝给付的权利? …………… 4
  (1) 探求 V 的给付成本(Aufwand) ……………… 5
  (2) K 的履行利益 ………………………………… 6
  (3) 严重失衡 ……………………………………… 7
  (4) 主张抗辩权 …………………………………… 8
 4. 结论 ……………………………………………………… 9
(二) K 要求 V 支付 1000 欧元的请求权,第 285 条
 第 1 款 ……………………………………………………… 10
 1. 要求给付标的物的请求权 …………………………… 11
 2. 免除给付负担的标的物的义务 ……………………… 13
 3. 获得代偿或代偿请求权 ……………………………… 14
 4. 由于灭失(因果关系) ………………………………… 15
  [问题:V 是因免于对 K 承担给付义务而获得 1000
  欧元的吗?]
 5. 负担的标的物与要代偿的标的物之间有同一性 …… 19
 6. 结论 ……………………………………………………… 21
(三) K 要求 V 支付 1000 欧元的请求权,第 687 条第 2 款、

第 681 条第 2 句、第 667 条 ·················· 23

（四）K 要求 V 支付 1000 欧元的请求权，第 816 条第 1 款
　　第 1 句 ··· 24

（五）K 要求 V 返还已支付价金的请求权，第 346 条第 1 款
　　和第 326 条第 4 款 ··························· 25
　　1. 根据第 326 条第 1 款第 1 句免除原给付义务 ······ 27
　　2. 根据第 326 条第 3 款给付义务存续 ··············· 28
　　3. 结论 ··· 29

（六）K 要求 V 返还价金的请求权，第 346 条第 1 款和
　　第 326 条第 5 款 ······························ 30
　　1. 法定解除事由 ································· 32
　　2. 解除的意思表示，第 349 条 ····················· 33
　　3. 结论 ··· 34

（七）K 以第 280 条第 1、3 款和第 283 条为据的损害赔偿
　　请求权 ··· 35
　　1. 有效的债之关系 ······························· 36
　　2. 根据第 275 条第 1—3 款嗣后免除给付义务 ········ 37
　　3. 义务违反 ····································· 38
　　4. 可归责性 ····································· 39
　　5. 替代给付的损害赔偿的范围 ····················· 40
　　6. 结论 ··· 41

四、解答

（一）K 对 V 的以第 433 条第 1 款第 1 句为据的请求权

　　K 可能有要求 V 交付画作并移转其所有权的请求权，其基础为
第 433 条第 1 款第 1 句。

1

1. 请求权成立

2　　请求权因买卖合同缔结而成立。

2. 请求权根据第 275 条第 1 款消灭？

3　　如果对 V 而言要履行负担的义务已变得不可能，则 V 可依第 275 条第 1 款免除给付义务。这一点是可能的，因为 K 将画作的所有权移转给 F 后就不再能创设所有权了。但是这一不能只涉及作为债务人的 V（而非所有人），因为 F 尚能够移转该画的所有权。因此要进一步检验将负担的画作出让给 F 是不是真的导致第 275 条第 1 款意义上的主观不能。因为针对 K 的给付义务可能会让 V 负有义务在必要时从 F 那取回画作。如果第三人愿意将该物的所有权回转给 V 或以其他方式让买受人有获得所有权的可能，则移转负担的标的物的所有权给第三人并不构成主观不能。[2] 因为 F 原则上还是愿意回售，所以并无第 275 条第 1 款意义上的主观不能。

3. V 根据第 275 条第 2 款拒绝给付的权利？

4　　问题是 V 是否有权利根据第 275 条第 2 款对 K 拒绝给付。就此必须满足 K 的给付利益和 V 为努力给付该画支出的成本之间严重失衡的条件，且 V 必须主张该失衡。

> 提示：第 275 条第 2 款将此前令人误解的所谓"事实给付不能"（praktische Unmöglichkeit）变为了成文法：债务人在实际履行将违背任何有意义的成本——收益关系时无须给付。[3] 著名的教学案例是黑克（Heck）[4]提出的戒指案，该戒指在出售后落入了海中。理论上仍可打捞该戒指，但成本支出会过高。[5] 这一规

---

[2] Palandt/Grüneberg, § 275 Rn. 25 m. w. N.

[3] MünchKomm/Ernst, § 275 Rn. 69ff.

[4] Heck, Grundrisse des Schuldrechts, 1929, § 28; 还可参见 Hk/Schulze, § 275 Rn. 21。

[5] 详尽可参见 Begr. zum RegE, BT-Drs. 14/6040, 129f. 。

范有更广泛的适用范围。[6]因为第275条第2款已经存在了,所以应允许在该教学案例之外适用该规则。[7]但所谓经济上不能(wirtschaftliche Unmöglichkeit)不能归入第275条第2款。[8]

(1)探求V的给付成本(Aufwand)

在能够判断债务人的成本和债权人的履行利益的关系前,应先确定比较中的两项。成本包括支出的金钱费用,也包括债务人为了让负担的给付能够实现而付出的个人努力。[9] V只有以2万欧元从F那儿买回画作,才能履行第433条第1款第1句的供货义务。他的成本是纯粹金钱上的,数值为2万欧元。

(2)K的履行利益

问题是债权人K的履行利益有多高?债权人的利益源自合同内容、在内容中约定或作为前提的给付目的以及实质动机。[10] 出发点是以约定的画作价金200欧元为最低利益。如果给付标的物的价值实际上明显更高或还有债权人的特别利益,包括非物质利益介入时,这一利益可在上述基础上作改动。根据案件事实情况,画作的价值并没有或没有明显高于约定的200欧元。K买这幅画是为了送给奶奶作生日礼物。特殊的非物质利益并不会产生影响,因为她完全可以另购一幅画或其他礼物给奶奶。所以,K的履行利益总额为200欧元。

---

[6] 此外参见案例35,源自判例,现在归入第275条第2款的其他案例还有:BGH NJW 1998, 699(依第667条返还的不可期待性);BGH NJW 1994, 514(种类之债中的置办风险,保时捷959)。

[7] 亦可参见 Hk/Schulze, §275 Rn. 19; Dauner-Lieb/Thiessen, DStR 2002, 809, 814。

[8] 参见案例18和案例35。

[9] Hk/Schulze, §275 Rn. 21; Begr. zum RegE, BT-Drs. 14/6040, 130.

[10] AnwK/Dauner-Lieb, §275 Rn. 15; Hk/Schulze, §275 Rn. 21; Jauernig/Stadler, §275 Rn. 25.

(3) 严重失衡

7　　这取决于 V 总共 2 万欧元的成本和 K 200 欧元的履行利益比较,是否严重失衡。如果债务人为取得给付标的物的努力和债权人的收益相比达到了完全超出比例(überzogen)和不可容忍的程度,乃至于基于诚实信用,债权人不会要求履行的话,就属于严重失衡。[11] 就此要考虑个案中的所有情事,尤其是债务人的过错或加重的责任标准。根据第 275 条第 2 款第 2 句,尤应考虑 V 在本案中的行为是否故意。如果考虑到成本和收益的关系,为原给付完全没有意义,且无论如何都是非理性的,则作为诚实信用原则表现的第 275 条第 2 款就会介入。因此,在第 251 条第 1 款和类似条款中发展出来的百分比在本案中不应考虑,因为这些标准更适合第 439 条第 2 款、第 634 条第 3 款中更低的要求。履行利益的最终百分比数只能作为概略的论据且应明显更高。[12] 在本案中,V 要支出的成本是 K 的履行利益的 100 倍,所以无论如何应肯定第 275 条第 2 款第 1 句的严重失衡。

(4) 主张抗辩权

8　　至少依其意思,V 要提出严重失衡,并根据第 275 条第 2 款拒绝给付。

4. 结论

9　　因此,依 275 条第 2 款,K 以第 433 条第 1 款第 1 句为据的请求权无法实现。

(二) K 要求 V 支付 1000 欧元的请求权,第 285 条第 1 款

10　　K 可能有要求 V 返还其从 F 处获得的 1000 欧元的请求权,其基

---

[11] Canaris, JZ 2001,499,501.
[12] 同样观点 MünchKomm/Ernst, §275 Rn. 70;类似的有 Palandt/Grüneberg, §275 Rn. 27f.；其他观点 Huber/Faust, §2 Rn. 68,70ff.；遵该观点的有 Jauernig/Stadler, §275 Rn. 26f.。

础为第 285 条第 1 款。

1. 要求给付标的物的请求权

K 有要求 V 给付这幅画作的请求权(见上文边码 2)。 11

提示：因为第 285 条是以债务人根据第 275 条第 1—3 款免除给付具体的标的物的义务为前提的,因此,种类之债唯有在依据第 243 条第 2 款、第 300 条第 2 款变为特定之债之后或给付障碍涉及债务人必须履行的所有库存(Vorratsschuld 库存之债)时,方可适用第 285 条第 1 款。[13] 12

2. 免除给付负担的标的物的义务

V 可根据第 275 条第 2 款不承担原给付义务(见上文边码 7) 13

3. 获得代偿或代偿请求权

V 就该画从 F 那里获取了 1000 欧元。 14

4. 由于灭失(因果关系)

V 必须恰恰因导致给付画作义务免除的情事而获得 1000 欧元。就是否存在必要的相当因果关系[14]是有疑问的,因为 V 是根据买卖合同获得 F 的 1000 欧元价金支付的,而给付义务的消灭是通过援引第 275 条第 2 款才发生的。因此,因果关系不太紧密。 15

双重出卖时取得的第三人(F)无论如何不愿意回售标的物时,也会出现类似的问题。在这些情况中,大家一致认为并非作为原因的负担行为的缔结导致了 V 向 K 移转所有权(第 275 条第 1 款意义上的)不能,而是 V 和 F 之间后来的移转所有权行为。[15] 通过精确的法律观察,会发现本案中的买卖价金不是负担的给付标的物的代偿(commodum ex re),同时,也可以质疑债权人以此方式在某些情 16

---

[13] Palandt/Grüneberg, §285 Rn. 5.
[14] Jauernig/Stadler, §285 Rn. 8; Palandt/Grüneberg, §285 Rn. 7.
[15] MünchKomm/Emmerich, §281 a. F. Rn.19f. m. w. N.

况下获得高于给付标的物的市场价格的价值是否有正当性。[16]

17　　然而,占压倒性优势的观点[17]都赞同经济上的观察方法。他们认为,虽然免除给付义务的事实和代偿请求权成立的事实并不同一,但至少在经济上可构成一个整体,那么就算因协议从物中获得的代偿(commodum ex negotiatione)也是第285条第1款规定的有义务返还的代偿。第285条第1款的意义和目的认为应将在经济上取代负担的标的物的一切给债权人,以避免债务人因免除给付义务的情事而得利。应当赞同这一观点,因为不然的话,在债权人未遭受财产损失时,债务人就可以轻易摆脱给付义务。

18　　就此不应取决于在双重出卖时,第二取得人是否愿意回售,以及出卖人原给付义务的免除是基于第275条第1款或第2款。因为V违反和K的合同,将标的物出让给F的行为在两种情况中都是嗣后给付义务免除的原因。因此,从必要的经济视角来看,此处也存在必要的因果关系(其他观点也有道理)。

5. 负担的标的物与要代偿的标的物之间有同一性

19　　买卖价金恰恰就是因负担的画作取得的。

20　　**提示**:在例如灭失(及其他类似情形下)的标的物仅仅是出租时,这一检验要点是有作用的。因为出租人只负担了创设占有的义务,而他获得所有权的代偿。

6. 结论

21　　K能够要求V给付从F处获得的买卖价金1000欧元,其基础为第285条第1款。

22　　**提示**:这会导致K根据第326条第3款第1句仍有义务支

---

〔16〕 Medicus/Lorenz I , Rn. 432.
〔17〕 RGZ 138, 45, 47f. ; Looschelder, SAT Rn. 688.

付200欧元买卖价金(边码28)。在此范围内,她可以依据第387条抵销,第389条规定了其法律后果(参见案例23,边码9及以下)。

(三) K 要求 V 支付 1000 欧元的请求权,第 687 条第 2 款、第 681 条第 2 句、第 667 条

当 K 出让标的物给 F 对 V 而言构成客观他人事务时,则 K 可能有要求 V 返还从 F 处取得的 1000 欧元价金的请求权。就此,出让画作给 F 必须落在 K 的权利范围和利益范围内。在出让给 F 时 V 还是画作的所有权人,所以不是客观他人事务。因此,K 以第 687 条第 2 款、第 681 条第 2 句、第 667 条为据要求 V 支付 1000 欧元的请求权不成立。 23

(四) K 要求 V 支付 1000 欧元的请求权,第 816 条第 1 款第 1 句

K 以第 816 条第 1 款第 1 句为据要求 V 支付 1000 欧元的请求权应以 V 作为无权利人出让为前提。但是,他在处分时仍然是权利人(参见上文边码23),所以该请求权不成立。 24

(五) K 要求 V 返还已支付价金的请求权,第 346 条第 1 款和第 326 条第 4 款

如果 K 并无支付价金的义务,则可能可以根据第 346 条第 1 款和第 326 条第 4 款要求 V 返还他已经履行的对待给付。 25

提示:第 326 条第 4 款本身不包含法定解除权,而是指示参照解除法律后果的请求权基础。 26

1. 根据第 326 条第 1 款第 1 句免除原给付义务

基于买卖合同,K 对 V 负有依第 433 条第 2 款支付约定价金的 27

义务。然而,当债务人 V 因第 275 条第 1—3 款免除自己在双务合同中负担的主给付义务时,支付价金的义务可能根据第 326 条第 1 款第 1 句消灭。正如上文所说,本案符合这种情况。

2. 根据第 326 条第 3 款给付义务存续

28　如果 K 正确地根据第 285 条第 1 款主张返还代偿物(stellvertretendes commodum)的权利,K 就画作支付价金的义务根据第 326 条第 3 款第 1 句仍然存续。这是合乎逻辑的,因为在这种情况中,以替代的标的物实现了给付的交换。因此,K 只能要么要求得到 1000 欧元,要么要求 V 返还自己支付的价金 200 欧元,即在二者中只能选择一个。在经济上更为有利的选择是要求 V 的出让所得(Veräußerungserlös)。

3. 结论

29　如果 K 要求交付在经济上对其更为有利的代偿物,则她不能根据第 346 条第 1 款和第 326 条第 4 款要求 V 返还自己已为的对待给付。

(六) K 要求 V 返还价金的请求权,第 346 条第 1 款和第 326 条第 5 款

30　当 K 根据第 326 条第 5 款享有法定解除权,且解除权未因第 326 条第 5 款后半句、第 323 条第 6 款被排除,K 根据第 349 条对 V 表示了解除时,K 可能有要求 V 返还已受领价金的请求权,依据为第 346 条第 1 款和第 326 条第 5 款。

31　　　**提示**:只有时间充裕时,才应这般详尽地列举请求权的要件;当然这取决于考试的进展状况。可能有人会问,是否有必要在对债权人而言简单得多的第 326 条第 4 款的请求权之外检验发出解除通知后的请求权。在鉴定中原则上必须检验一切可能,但在本案中实际上可以非常简略地处理。第 326 条第 5 款规定的解除权实际上是考虑到第326条第1款第2句的情形,而不涉及第326条第1款第1句和第4款。

1. 法定解除事由

V根据第275条第1款免除了其在双务合同中主给付义务(依据为第433条第1款第1句),即向K交付画作并移转所有权,所以第326条第5款前半句的前提满足。第326条第5款后半句和第323条第6款的排除事由不存在。 32

2. 解除的表示,第349条

K必须根据第349条向V发出解除的表示。她至今也没有这么做,且也不建议这么做,因为解除会导致K不再能获得V的出让所得。 33

3. 结论

K不能根据第346条第1款、第326条第5款要求V返还价金。 34

(七)K以第280条第1、3款和第283条为据的损害赔偿请求权

K对V可能有以第280条第1款、第3款,第283条,第285条第2款为据的损害赔偿请求权。 35

1. 有效的债之关系

V和K之间因买卖合同存在有效的债之关系。 36

2. 根据第275条第1—3款嗣后免除给付义务

V根据第275条第2款免除其第433条第1款规定的义务;义务消灭是在合同缔结之后发生的。 37

3. 义务违反

根据第280条和第283条,给付义务免除必须是建立在V的义务违反的基础上。V应尽可能保证其履行可能;与之相反,他将画作出让给F违反了这一义务。 38

4. 可归责性

39 根据第 280 条第 1 款第 2 句，推定 V 有可归责性，且他因自己的故意行为无法免责。

5. 替代给付的损害赔偿的范围

40 替代给付的损害赔偿旨在实现履行利益，也就是说让 K 处于若正常履行时应处的状态。根据第 249 条第 1 款第 1 句，就是恢复到无义务违反时的状态，应以差额计算确定。如果没有 V 给付的不可期待性，K 就会以 200 欧元购得一幅价值 200 欧元的画作。现在她没获得这幅画，所以她能要求返还价金 200 欧元。尽管人们可能会考虑，这幅画的市场价值是不是能有 1000 欧元，因为 F 为此支付了这么多，所以 K 丧失了额外的 800 欧元利润，但是反对该观点的是：K 只是想将这幅画送给奶奶，而 F 只是因急需这幅画用来毁坏才给这么多钱，其他人不大可能为这幅画花这么多钱。画作的价值仅有 200 欧元。K 的损害只限于已经支付的价金。

6. 结论

41 K 可以根据第 280 条第 1 款和第 3 款、第 283 条要求 V 为替代给付的损害赔偿，数额为 200 欧元。但如果她根据第 285 条第 1 款，要求 V 返还获益，则需将 200 欧元从 1000 欧元中抵扣（依据为第 285 条第 2 款）。因此，该请求权可能也会落空。

案例 7　工作或服役？

[根据《联邦劳动法院判决集》第 41 卷，第 229 页（同载于《新法学周刊》1983 年，第 2782 页）的判决改编（BAGE 41, 229 NJW 1983, 2782）]

一、案件事实

X 是非欧盟成员国的公民，且 4 年来都受雇于奥格斯堡的 A。1 月他收到了加入祖国军队的征召命令，所有在外国工作的公民应完成缩短的基本兵役。X 将其要在 3 月 1 日到 4 月 30 日服兵役的情况告诉了 A。信仰坚定的和平主义者 A 完全拒绝兵役制度，且不允许 X 请假。此外，A 指出应召服兵役保护期间保护劳动岗位的法律（《劳动岗位保护法》Arbeitsplatzschutzgesetz- ArbPlSchG）第 1 条不适用于外国的兵役，且他不可能在如此短的期限内在企业内部找到替代者。X 指出，根据其祖国的法律，如果他不应征的话，就有可能要面临不低于 1 年的自由刑且可能丧失国籍。

1. A 能要求 X 继续履行劳动合同吗？
2. X 免除给付义务还会带来其他什么法律后果？

《劳动岗位保护法》第 1 条第 1 款："如果劳动者应召服基本兵役或从事防卫任务，则服役期间劳动关系中止（ruhen）。"

二、前期思考

债务人必须亲自履行的给付中存在义务冲突,早先是借助第 242 条的利益衡量来解决的,因为第 273 条和第 320 条并未就有关情况规定给付拒绝权。[1] 现在第 275 条第 3 款可适用于相关案件。教学案例是有义务登台演出的女歌唱家的孩子重病,有性命之忧。[2] 这一规定在服务合同和劳动合同中,间或在事务处理(Geschäftsbesorgung)和承揽合同中有意义。[3] 在问题 1 中,需检验第 611 条第 1 款中的劳务给付请求权和第 275 条第 3 款中的拒绝给付权。在问题 2 中,请求权的构造非常例外地非属必要,因为它只是抽象地问其他的法律后果。给付拒绝对对待给付义务的影响可从法律(第 326 条第 1 款)中获知。[4] 前提是涉及缩短的兵役及《劳动岗位保护法》第 1 条第 1 款不适用于 X,因为该条只适用于德国人和欧盟的公民。[5]

三、提纲

(一)问题 1:A 以第 611 条第 1 款第 1 种情况为据要求
　　X 提供劳动的请求权 ················· 1
　　1. 请求权成立,第 611 条第 1 款 ············ 2
　　2. 劳动关系中止 ··················· 3
　　3. 请求权消灭,第 275 条第 1 款 ············ 5

---

[1] BAGE 41, 229, 241 = NJW 1983, 2782.
[2] BT-Drs. 14/6040, 130.
[3] 详参 Joussen, NZA 2001, 745, 747(zum RegE); Löwisch, NZA 2001, 465f. 当时提出的疑问因将原初计划的第 275 条第 2 款第 2 句变成了独立的一款而被排除了。
[4] BAGE 41, 229, 244 = NJW 1983, 2782.
[5] BAGE 41, 229, 240 = NJW 1983, 2782; BAGE 59, 32, 40 = NJW 1989, 1694.

4. 以第 275 条第 3 款为据的给付拒绝权 ·················· 7

5. 结论 ·· 10

(二)问题 2:X 免除给付义务的其他法律后果 ············· 11

1. X 丧失工资请求权,依据为第 326 条第 1 款第 1 句 ·· 11

2. 根据第 326 条第 5 款或第 626 条第 1 款解除或终止(合同)? ·································· 13

3. A 要求替代给付的损害赔偿请求权,第 280 条第 1 款和第 3 款、第 283 条? ··················· 15

四、解答

(一)问题 1:A 以第 611 条第 1 款第 1 种情况为据要求 X 提供劳动的请求权

A 可能有以第 611 条第 1 款第 1 种情况为据要求 X 提供劳动给付的请求权。　　1

1. 请求权成立,第 611 条第 1 款

因劳动合同的缔结,X 和 A 之间的请求权成立。　　2

2. 劳动关系中止

整个劳动关系因《劳动岗位保护法》第 1 条第 1 款[6]而中止可能阻碍劳动请求权。根据该条,当劳动者应召服基本兵役或从事防卫任务时,劳动关系在兵役期间中止。该款适用前提首先是在该法律适用范围内的劳动关系存在。但是本条所说的只是在联邦国防军中服兵役,而非在外国军队中服役。[7] 尽管该条因《欧盟工作方式条　　3

---

[6] 《在应召入伍后保留工作岗位的法律》-《劳动岗位保护法》(ArbPlSchG),于 2009 年 7 月 16 日公布(BGBl. I S. 2055)。

[7] BAGE 41,229,240= NJW 1983,2782; BAGE 59,32,40=NJW 1989, 1694。

约》(AEUV)规定的劳动者迁徙自由(Arbeitnehmerfreizügigkeit)而适用于所有应召回祖国服兵役的欧盟公民[8],但 X 也不在这个范围内。因此,A 的劳动请求权并未受到 X 根据《劳动岗位保护法》第 1 条第 1 款提出的中止抗辩的阻碍。

4　　　**提示**:从案件事实中 A 的陈述可知,不应考虑《劳动岗位保护法》的解决方案,这种在案件事实中给出的提示在解题时应予领会。根据《劳动岗位保护法》第 1 条第 1 款,整个劳动关系中止。这一法律后果较第 275 条第 3 款、第 326 条第 1 款第 1 句对个别请求权的限制更甚,因此应优先检验。

3. 请求权消灭,第 275 条第 1 款

5　　如果 X 依据第 275 条第 1 款不必再负给付义务,则 A 就不能要求 X 提供劳动。就此必须是为该给付对任何人或至少对 X 而言变为不能。X 原则上还有继续提供劳动的能力,所以本案中,在 X 服兵役前,应排除第 275 条第 1 款意义上的不能。

6　　　**提示**:在因极端寒冷致无法抵达工作场所时应首先检验第 275 条第 1 款。[9] 在生病时,有争议的是第 275 条第 1 款能否始终适用[10],还是只有[11]在生病导致无法上班时才适用(其他情形应适用第 3 款)。[12] 界分的困难和《继续支付报酬法》(Entgeltfortzahlungsgesetz)都反对这种区分处理。

---

〔8〕 EuGHE 1969, 363 Rs. 15/69 = AP Nr. 2 zu Art. 177 EWG‑Vertrag; BAGE 22, 232, 234 = NJW 1970, 1014.
〔9〕 BAGE 41, 123 = AP Nr. 58 zu §616 BGB = BB 1983, 314.
〔10〕 Canaris, JZ 2001, 499, 501 Fn. 33, 504 Fn. 54; Däubler, NZA 2001, 1329, 1332; Jauernig/Stadler, §275 Rn. 30; MünchKomm/Ernst, §275 Rn. 55, 108; Palandt/Grüneberg, §275 Rn. 30.
〔11〕 BAGE 41, 123 = AP Nr. 58 zu §616 BGB = BB 1983, 314.
〔12〕 Gotthardt/Greiner, DB 2002, 2106ff. m. w. N.; Henssler/Muthers, ZGS 2002, 219, 223; Hk/Schulze, §275 Rn. 15; Richardi, NZA, 2002, 1004, 1007.

4. 以第 275 条第 3 款为据的给付拒绝权

还需检验的是 X 是否能根据第 275 条第 3 款,在服役期间拒绝给付。根据本条,所有债务人在需亲自提出给付时有权拒绝给付,前提是在衡量给付障碍和债权人的给付利益后不可期待债务人会履行。因为 X 需根据第 613 条亲自提供劳动,第 275 条第 3 款可适用于本案。

由于此处涉及高度人身性债务,第 275 条第 3 款中的原给付——与第 275 条第 1 款和第 2 款不同——可能因主观给付障碍或困难而受到阻碍。如果 X 依约提供劳动,则他会受到刑事责任和丧失国籍的威胁,也就是重大的人身不利。这些不利让 X 在 A 的给付利益未显著大于 X 所受不利时有权依第 275 条第 3 款拒绝给付。虽然 A 指出他需要 X 的劳动力,但看不出其需求比任何劳动关系中的通常水平明显要高。当然,X2 个月不上班肯定会影响正常的经营运转,但是这和生病 2 个月并无不同。因为只有债权人的履行利益应纳入考量,所以无须考虑 A 个人对兵役的厌恶。本案中,X 的自由和国籍涉及 X 的高度人身性和绝对法益,所以 A 的一般利益并无优位性。

相应地,X 可以根据第 275 条第 3 款享有(适用于每个人的)给付拒绝权。

5. 结论

X 可根据第 275 条第 3 款拒绝在 3 月 1 日到 4 月 30 日期间提供劳动。

(二)问题 2:X 免除给付义务的其他法律后果

1. X 丧失工资请求权,依据为第 326 条第 1 款第 1 句

如果 X 根据第 275 条第 3 款,在服役期间拒绝提供劳动,则根据第 326 条第 1 款第 1 句,X 也将失去工资请求权。这也符合"没劳动

就没工资"的原则。即便是第 616 条也无法在前述案件中给出不同的答案,因为两个月的时间不能视为该规范中的无足轻重的期间。[13]

12   **提示**:在 X 实际没有提供劳动的范围内,其工资请求权根据第 326 条第 1 款第 1 句及第 275 条第 1 款消灭。因为对通常的劳动而言,典型的劳动关系原则上[14]是绝对定期行为,如果在约定的时间点之后提出给付,就不再是第 362 条第 1 款意义上的实现负担的给付(参见案例 14)。因此,没有在通常的劳动时间给付就会导致不能,即便 X 有权拒绝提供劳务。

  2. 根据第 326 条第 5 款或第 626 条第 1 款解除或终止(合同)?

13   原则上,债权人可以在债务人提出第 275 条第 3 款的抗辩后,依据第 326 条第 5 款解除合同。但是,正在履行中的继续性债之关系(如本案中的劳动合同)中,作为合同拘束和解放工具的解除会被终止取代,就此可参见第 313 条第 3 款第 2 句有关交易基础丧失和第 314 条第 2 款因义务违反的重大事由终止的规定。服务关系和劳动关系适用更为特殊的第 626 条第 1 款的规定。第 626 条要求的重大事由不在于主张了拒绝给付抗辩权,因为第 275 条第 3 款也考虑到了劳动关系,且排除了义务违反。重大事由必须源自拒绝给付给经营活动带来的后果。但如果后果特别严重,则第 275 条第 3 款的要件无法满足,因为雇主的履行利益占了上风。

14   A 剩下的选择就是正常终止(ordentliche Kündigung),就此应遵守《劳动岗位保护法》的相关规定。第 275 条第 3 款的抗辩权排除了以行为为条件的终止,因为拒绝给付不能被视为义务违反。但是,第

---

  [13] 同样如此认为的有 Henssler/Muthers, ZGS 2002, 219, 223。

  [14] 与此不同的是有工作时间账目或类似情形且不受期限拘束的高度人身劳务的劳动合同。

275条第3款几乎不会阻碍个人原因的终止。[15]

3. A要求替代给付的损害赔偿请求权,第280条第1款和第3款、第283条

原则上,A可能有针对X的要求替代给付损害赔偿请求权,其依据是第280条第1款、第2款和第283条。必要的债之关系因劳动合同而存在。然而,有问题的是如果X可以根据第275条第3款拒绝劳动给付,X不工作是否违反了劳动关系中的义务。此时会产生和给付不能类似的问题:如果人们始终认为不履行是义务违反,则必须承认此处也有义务违反,且须根据第280条第1款第2句进一步问X是否能够推翻过错推定(类推通说的观点,案例4边码12)。要推翻推定可能要花费不少力气,因为归根结底X处于义务冲突中,以至于必须根据何种义务更强及违反义务导致的后果更为严重来判定X的过错。尽管如此,仍有可能避免A的损害赔偿请求权。由此(再次)印证了从第275条第3款的拒绝给付权中可以推导出:如果债务人X可以援引拒绝给付权并因此未为给付,则他完全没有违反服务合同或劳动合同中的义务。因此,雇主无法根据义务违反(第280、283条)要求损害赔偿。如果债务人在引起可使第275条第3款适用的情况时有义务违反,则要做不同处理。

15

---

〔15〕 关于不受第275条第3款影响的考量,参见BAGE 41,229,240 = NJW 1983,2782和BAGE 59,32,43ff. = NJW 1989,1694。

案例 8　改道（Umleitung）

一、案件事实

来自农庄的葡萄酒爱好者罗瑟（Lohse, L）在慕尼黑的葡萄酒商胡特（Hutter, H）那儿订了一箱 12 瓶、产自南非的"Meerendaal Sauvignon Blanc"葡萄酒，年份为 1997 年，每瓶价格 5 欧元。H 提议在 L 预付货款后，以买受人承担风险的方式免费运送。L 接受了这个提议并将货款打到了 H 的储蓄账户。收到货款后，H 将一箱葡萄酒交给了快递公司（TransEx, T），发往农庄。不久以后，他的朋友费肯德（Finkeldey, F）打来电话，说要在当晚的聚会上和新情人共饮这种葡萄酒。H 看了一眼电脑，发现自己和供货商都没有这种葡萄酒了。他告诉 F 自己刚刚将最后一箱交寄了。F 请求他以每瓶 10 欧元的价格把最后一箱给自己。即便是出于和 F 的友情，H 也很难拒绝这一要约，所以他打电话要求承运人将葡萄酒改送往斯坦堡（Starnberg）的 F。在当晚的聚会中，这些葡萄酒被一饮而尽。

L 知道 H 的行为后怒不可遏，坚持要求交付同样质优价廉的这种葡萄酒。H 发现这种葡萄酒在整个欧洲其他地方都没有库存，只有在他的竞争对手克拉斯尼茨（Krassnitzer, K）那儿还有，K 同样以每瓶 5 欧元的价格出售，但绝不会供货给 H。其他的存货在澳大利亚，换算过来每瓶要 10 欧元。此外，将一箱葡萄酒从澳大利亚运来的费用是 600 欧元。H 强调了这些费用，并拒绝向 L 供货，同时提出可以补偿他品质更高的南非葡萄酒"Thelema Sauvignon Blanc"，年份是 2001 年的,且不加价。通常他要卖 14 欧元一瓶。H 还告诉 L,L 可以自己从 K 那儿以同样的价格购得原来那种葡萄酒。

H 必须提供"Meerendaal Sauvignon Blanc"吗?

二、前期思考

本案涉及种类之债(参见第 243 条),其同样属于初学者练习中的标准项目。在种类之债中,给付标的物并非个别的,而只是以一般的特征确定。因此,债务人可以以约定种类中的任意标的物履行,该标的物必须具备第 243 条第 1 款意义上的中等特性和品质。同时,种类之债的债务人负有置办义务,这一义务源自种类之债的"本质",并被法律作为前提。置办义务原则上是不受限制的,即指向世界市场;但当事人能够以约定将其限制于一定的部分(所谓限制的种类之债或库存之债)。第 276 条第 1 款第 1 句涉及的根据合同必须承担的置办风险与置办义务是一致的。这在特定物之债中也是可能的,但需要特别约定。[1]

置办义务的后果是:只要种类(或库存)中的中等特性和品质的标的物尚存(第 243 条第 1 款),种类之债债务人的给付义务就不因第 275 条第 1 款而消灭。给付不能在种类之债中原则上只在整个种类(或库存)灭失或被消费后方才发生。相反,债务人希望用来偿债的个别标的物的灭失只有在所谓的种类之债特定化(第 243 条第 2 款)后才可能陷入不能。在本案中的问题是,债务人是否受特定化的拘束或可以溯及既往地消灭特定化;这是在家庭作业中要讨论的。

此外,在案例的教学中,第 285 条会作为其他的请求权基础出现[2],但是它并未在设问中出现,因此不必检验,甚至不必提及。多余的

---

[1] 参考 MünchKomm/Grundmann, § 276 Rn. 17ff.; Palandt/Grüneberg, § 276 Rn. 30。
[2] 就此参见案例 5 和案例 6,就其适用于种类之债,注意案例 6 的边码 12。

论述不但可能会获得负面评价,而且会浪费特别宝贵的解题时间。

三、提纲

L 以第 433 条第 1 款第 1 句为据,要求 H 交付一箱葡萄酒并移转其所有权的请求权 …………………………………… 1
  1. 请求权发生 ……………………………………………………… 1
  2. 请求权依第 275 条第 1 款消灭 ……………………………… 2
    (1)特定之债或种类之债 ………………………………………… 3
    (2)种类之债中的不能 …………………………………………… 5
    (3)特定化,第 243 条第 2 款 ………………………………… 6
    (4)解特定化 ……………………………………………………… 13
      [问题:H 能否以让葡萄酒的运输改道的方式让已经特定化的种类之债复归种类之债?]
    (5)中间结论 ……………………………………………………… 21
  3. 请求权依第 275 条第 2 款消灭 ……………………………… 22
  4. 结论 …………………………………………………………… 30

四、解答

L 以第 433 条第 1 款第 1 句为据,要求 H 交付一箱葡萄酒并移转其所有权的请求权

1. 请求权发生

L 和 H 签订了买卖产自南非的一箱 Meerendaal Sauvignon Blanc 葡萄酒的合同,该葡萄酒的年份是 1997 年,每瓶售价 5 欧元。因此,L 要求 H 交付一箱葡萄酒并移转其所有权的请求权依据第 433 条第 1 款第 1 句成立。

2. 请求权依第 275 条第 1 款消灭

如果提供给付对所有人或对债务人 H 而言变为永久不能,则 L 对 H 以第 433 条第 1 款为据的请求权依第 275 条第 1 款消灭。H 将最初决定给 L 的葡萄酒交付给了 F,并移转了所有权,且 F 已经消费了这些葡萄酒,以上事实都符合这一条件。

(1)特定之债或种类之债

为给付事先确定的标的物的毁损灭失,在特定物之债中当然会导致第 275 条第 1 款意义上的不能,但在种类之债中并非如此。因为种类之债的特征是给付的标的物并非个别确定的,而是通过一般的特征确定的。当 H 和 L 的买卖合同的内容为种类之债时,债务人将继续负有给付义务。[3] 本案中,H 和 L 就供应来自南非、产于 1997 年的"Meerendaal Sauvignon Blanc"这种葡萄酒达成一致。因此,他们只是以一般的种类特征(品种和年份)确定了买卖标的物。此处是种类之债,其结果是消费了一箱葡萄酒并不当然使 H 依第 275 条第 1 款免除给付义务。

提示: 从第 275 条第 1 款中还可推出,债权人原则上承担给付风险(就此更详尽的探讨参见案例 9 的前期思考部分)。[4]

(2)种类之债中的不能

需检验的是,转运给 F 的葡萄酒被消费是否会导致不能:如果因此而致整个种类消灭或耗尽,则属于这种情形。因为人们还可以在澳大利亚买到这种酒,就并非如此。另一种可能是,根据合同,H 只需要从自己尚有的库存中供货。是否如此,需通过根据第 133、157

---

〔3〕 这么认为的比如有 Palandt/Grüneberg,§243 Rn. 1. "种类之债中给付的客体仅仅是可确定的"的表述是从特定之债出发思考的,且让人想起物权法上的考虑。实际上,种类之债的给付客体从其种类看也是完全确定的,只是究竟从种类中挑选哪些向债权人给付是开放的。

〔4〕 Palandt/Grüneberg,§275 Rn. 33.

条的解释方能获知。尤其是从生产者或直销商那里购买可认定其为这种库存之债。[5] 但 H 是葡萄酒经销商,若要认为是库存之债的约定("只要库存充足"),需有特别的依据,但在本案中看不出来。尤其是,该葡萄酒只有专供性(Exklusivität)是不够的。因此,本案中存在的是不受限制的种类之债,H 原则上必须为 L 从澳大利亚购买。

(3)特定化,第 243 条第 2 款

6 　如果种类之债已依第 243 条第 2 款特定化为特定之债,则 H 的置办义务也会消灭。[6] 就此,债务人 H 必须为履行给付义务做了其能做的一切事情。在此意义上究竟必须做什么取决于约定的给付方式。因此,需借解释释明当事人究竟约定的是往取之债、赴偿之债还是寄送之债。

7 　不可或缺的知识:若给付行为地和结果发生地都在债务人的住所,则为往取之债。若两个地点都在债权人的住所,则为赴偿之债。若两个地点不同(给付行为地在债务人处,结果发生地在债权人处),则为寄送之债。

8 　根据第 269 条第 1 款和第 2 款,只要当事人未另有约定或依合同性质另有判定,则在有疑义时,履行地点在债务人的住所或营业地。原则上应以往取或寄送之债为出发点。但双方约定 H 应当将葡萄酒运往 L 的住所,所以他们可能希望的是赴偿之债。至于实际上确定的是给付行为地还是结果发生地,需依一般解释规则第 133 条、第 157 条释明。

9 　给付行为地是指债务人需为自己给付的地点,而结果发生地是指给付的结果应发生的地点,在买卖合同中就是交付标的物并移转

---

[5] Hk/Schulze, §243 Rn. 6; Medicus/Petersen, Rn. 255; MünchKomm/Emmerich, §243 Rn. 11ff.; Palandt/Grüneberg, §243 RN. 3; 比如,OLG München OLGZ 1973, 454 (特定酒坊生产的啤酒);OLG Karlsruhe JZ 1972,120 (特定矿井产的煤)。

[6] Medicus/Lorenz I, Rn. 206.

其所有权的地点。[7] 因为 H 明确表示运输的风险由 L 承担,所以并不是想变动给付行为地。结果发生地和给付行为地就分离了,所以是寄送之债。

提示:在当事人意愿不清时,需要根据暗示,从某些迹象推断:如果标的物因为约定的数量、重量、体积或其他性质不便于债权人领取,则在约定寄送标的物的情况下,有疑义时,应认定双方当事人希望将债权人的住所作为给付行为地和结果发生地。如果发送构成出卖人完整要约的一部分,亦是如此。相反,如果债务人是在合同成立之后表示愿意发送标的物,或者发送的约定只是为了省去买受人跑一趟,则在有疑义时,只是将结果发生地移至债权人住所,而给付行为地仍依第 269 条第 1 款和第 2 款在债务人的营业地。[8] 此外,至少在第 474 条第 2 款规定的范围内,消费品买卖的规则与此并无不同。因为据此不适用的第 447 条并未规定给付行为地。[9]

10

因此需检验的是,债务人在寄送之债中需要采取哪些给付行为。根据通说,在寄送之债中,当债务人将中等特性和品质(第 243 条第 1 款)的特定的物从约定种类中分出,并交给可靠的承运人时,债务人就完成了其应做的一切。H 将一箱 L 想要的品种的葡萄酒交给了运输公司 T,并委托其运至 L 的住所;若无相反说明,则该葡萄酒属于中等特性和品质(第 243 条第 1 款)。因此,H 已经完成自己应做的一切,依据第 243 条第 2 款,种类之债特定化为这箱葡萄酒。

11

将该批葡萄酒的所有权转让给了 F 让 H 无法履行向 L 移转所有权的义务。但是,这尚不足以当然让其依第 275 条第 1 款免除第 433

12

---

[7] Hk/Schulze, §269, Rn. 1,2; Palandt/Grüneberg, §269 Rn. 1.
[8] MünchKomm/Krüger, §269 Rn. 14ff.
[9] 参见 BGH NJW 2003, 3341, 3342; Emmerich, JuS 2004, 77f., MünchKomm/Krüger, §296, Rn. 20.

条第 1 款的给付义务,因为第 275 条第 2 款规定,债务人可能有义务克服给付障碍,尤其是给付障碍是其亲手造成的。因此,H 原则上必须努力重新取得该箱葡萄酒。但因为 F 已经将送来的葡萄酒一饮而尽,所以任何人都不可能做到这点了。因此,H 的给付义务依第 275 条第 1 款消灭了。

(4)解特定化

13   还需检验的是,嗣后将葡萄酒转运给 F 是否对特定化有影响。关于债务人能否撤销已经完成的特定化使未完成特定化的种类之债复生是有争议的。[10]

14   ①根据立法资料,特定化对债务人有拘束力。[11] 出于能够处分被个别确定之物的交易需求,债权人获得了不可撤回的权利,以取得该物。债务人"解特定化"的权利会让债务人有借债权人代价不当投机的可能。[12] 若依该观点,则 H 完成负担之给付将会根据第 275 条第 1 款变为不能。L 依第 433 条第 1 款第 1 句享有的实际履行请求权消灭。如果无论如何,从对待给付风险移转时开始也要排除解特定化,则会得到部分一致的结果[13];但是在本案中无法这么做,因为根据第 474 条第 2 款第 2 句,在消费品买卖中不可适用第 447 条。

15   ②根据相反的观点,债务人可以在结果发生之前任意地撤销特定化:因为特定化仅是为了保护债务人,单方面放弃特定化和债权人的利益也不冲突。[14] 除非有特别的约定,债权人获得恰好是种类中被特定的物之值得保护的利益并不存在,因为无论如何要待取得所有权后,债权人才有处分的可能。[15] 债权人准时获得给付的利

---

[10] MünchKomm/Emmerich, § 243 Rn. 33f.
[11] Mugdan, Materialien zum BGB, Bd. 2, 1899, 7 (Motive).
[12] Mugdan, Materialien zum BGB, Bd. 2, 1899,505ff., 506 (Protokolle).
[13] 持此观点的有 Canaris, Die Bedeutung des Übergangs der Gegenleistungsgefahr im Rahmen von § 243 II BGB und § 275 II BGB, JuS 2007, 793, 795ff.。
[14] Soergel/Teichmann, § 243 Rn. 12; Canaris, JuS 2007,793,796f.
[15] Medicus,JuS 1966,297,301;同样的还有 Bamberger/Roth/Sutschet, § 243 Rn. 18。

益通过第 280 条第 1 款和第 2 款、第 286 条的给付迟延规则足以得到保护。[16] 如果依从这一观点,则转运给 F 会导致葡萄酒的解特定化,因为整个种类并未灭失,且当事人并无库存之债的约定,至少不会依第 275 条第 1 款发生给付不能。

③但是根据通说,特定化原则上对债务人也有拘束力[17],因为第 243 条第 2 款并非只保护债务人,也应保护债权人。然而对债务人的拘束不是绝对的:如果债务人撤回了依第 243 条第 2 款特定化的给付行为,在债务人向债权人主动提供替代的物,且债权人一开始就同意时,根据第 242 条禁止反言的规定,债权人不能主张债务人仍受特定化的拘束。[18] 债权人没有道理地将提供的物作为瑕疵物拒绝受领时亦是如此。同样,在债权人不能证明必须获得恰好被特定化的物对其有特别利益时,债务人对债权人坚持特定化的主张享有恶意抗辩权(exceptio doli)。[19] L 在本案中能否证明自己有获得被特定化的物的特别利益,可搁置不论。因为 L 首先要求的是依第 433 条第 1 款第 1 句的给付,而未主张特定化。且根据通说,供货请求权至少已经依第 275 条第 1 款消灭了。

16

提示: 基于多种理由,通说的考量都是可疑的。根据规范的文义,原给付是否依第 275 条第 1 款变为不能并不取决于债权人是否"主张"了特定化。因为如果这是必要的,则实际履行请求权会因 L 没有主张特定化而继续存在。此外,不清楚的是为什么在债权人主张特定化时,必须证明自己对被特定化的物有特别的利益。在特定之债中,从未有人要求须有特别的给付利益[20];而根

17

---

[16] Medicus/Lorenz I, Rn. 207;(更详尽的)Medicus/Petersen, Rn. 262 m. w. N。
[17] Mugdan, Materialien zum BGB, Bd. 2, 1899, 7 (Motive),505ff. (Protokolle).
[18] MünchKomm/Emmerich, §243 Rn. 33ff.; BGH WM 1964,1023,1024f.
[19] RGZ 91,112f.; MünchKomm/Emmerich, §243 Rn. 35; 亦可参照 Medicus, JuS 1966,297,299 m. w. N。
[20] van Venrooy, WM 1981, 890, 892.

据通说,被特定化的种类之债因第243条第2款和特定之债的处理并无二致,只是在术语上还称为种类之债而已。[21] 因此,只要债权人没有违背诚信的行为,在被特定化的种类物灭失后,也可以依第280条第1、3款和第283条主张损害赔偿请求权,而不是要求补发。最后,债权人只有在极少数情况下,能够证明自己对被特定化的种类物有特别的利益,最多是在约定的特别之债中转售时才可证明,因为债权人因债务人调换被特定化的物而要面对第三人的损害赔偿请求权。[22] 因此,主张特定化通常是违背诚信的,而一般要赋予债务人"二次供给权"[23]。结果是,与通常的阐述不同,依据通说,解特定化一般也是允许的。

18　　④因为会有不同的结果,就需要对该争议作出决断。认为特定化有绝对拘束力的观点并无说服力:一方面,债权人在交付标的物之前并无处分(法律意义上的)权限,因为他没有任何占有,连间接占有都没有,而特定化并不是第185条第1款中的同意。令人担忧的投机风险也不足以正当化特定化的绝对效力:如果投机的债务人及时向债权人履行,就不会给债权人造成损害。如果他给付迟延或根本没有给付,则债权人会有以第280条第1款和第2款、第286条为据,或者以第280条第1款和第3款、第281条或第283条为据的请求权,而这些都不取决于第243条第2款的特定化。[24] 因此,特定化并无绝对的拘束力。支持该观点的依据还有:如果H在特定化后以违约行为让给付交换出现问题,同时又主张对其有利的第243条第2款的法律后果,则H的行为是自相矛盾的。

---

　　[21]　Palandt/Grüneberg, §243 Rn. 7；赞同的有 OLG Koblenz IHR 2014, 65, 67 = BeckRS 2012, 24995。
　　[22]　其他观点 van Venrooy, WM 1981, 890, 895。
　　[23]　Canaris, JuS 2007, 793, 796f.；类似观点是 OLG Koblenz IHR 2014, 65, 67 = BeckRS 2012, 24995。
　　[24]　Medicus, JuS 1966, 297, 301。

提示：奇怪的是违背诚信很少被提及。但是债权人的利益已经得到上述损害赔偿请求权的保护这种纯粹财产上的论辩仅有部分的说服力：次给付并非债权人真正想得到的。此外，如果债权人将货物——可能是在得到发货通知后——又转售，就会产生形象损失，导致难以量化的损害。

因为其他两种观点都会导致相同的结果，所以究竟应采哪种观点，可持开放态度。因中途改道，特定化又被废止了，所以种类之债复生，H仍负有为约定给付的义务。

（5）中间结论

L的供货请求权未因第275条第1款消灭。

3. 请求权依第275条第2款消灭

H可能根据第275条第2款免除对L的供货义务。就此，需H向L供应这种"Meerendaal"的葡萄酒要付出的成本和L就此享有的给付利益显不相称，且H因此拒绝给付。

在能够判定债务人的成本与债权人的给付利益关系之前，需首先确定两个比较项的数额。成本包含为了能提供负担的给付，以金钱支出的费用和债务人必须付出的个人努力。[25] H只有从澳大利亚采购，才能履行第433条第1款第1句的供货义务；这要他为葡萄酒花费120欧元，并支出运费600欧元。

有疑问的是，债权人L的给付利益有多高。债权人的利益源自合同的内容、合同约定或在合同中作为前提的给付目的和非物质上的动机。[26] 因此，需考虑的是就葡萄酒约定的对待给付60欧元是最低的数额。不涉及L的特别的非物质利益，因为L显然要喝掉这些葡萄酒，而非收藏。债权人L的给付利益在本案中也未提高，因为L

---

[25] Hk/Schulze, §275 Rn. 21; BT-Drs. 14/6040, 130.
[26] AnwK/Dauner-Licb, §275 Rn. 15; Jauernig/Stadler, §275 Rn. 25; Huber/Faust, Rn. 2/27ff.

可以同样的价格在 K 那里买到。

25　　　　**提示**:但无论如何,给付利益可以超过对待给付的数额。有可能涉及非物质利益,比如买卖标的物对爱好者的价值或债权人对此的特别爱好利益[27];也可能是债权人通过转售给付的标的物获得利润或其市场价值在缔约之后突然升高了。后一种情形要和第 313 条区别开来(参见案例 18 中前期思考部分)。本案显然不会适用第 313 条,因为双方在缔约时预设的本条意义上的情事并未发生剧烈变化,只是 H 将最后的库存故意出售给了第三人(至少在第 313 条第 1 款的意义上,这属于 H 承担的风险)。注意:第 275 条第 2 款也不能适用于所谓对价关系失衡的案件中:如果不可预见的给付困难导致了给付和对待给付严重失衡,则构成第 313 条规定的交易基础丧失(参照案例 18),属于对价关系的失衡。例子是石油价格因近东的危机而突然暴涨 100%。这种案件中,第 275 条第 2 款并不能让债务人免于给付,因为石油价格上涨不仅导致成本上涨了 100%,也导致债权人的给付利益上涨了 100%,其结果是不会出现债务人成本和债权人给付利益之间的严重失衡。

26　　　需检验的是,H 720 欧元的成本和 L 60 欧元的给付利益相比是否显著失衡。如果债务人为取得给付标的物需付出的努力和债权人的用益相比,达到了十分过分和不可忍受的程度,以至于根据诚实信用,任何一个理性的债权人都不会要求实际履行,则属于显著失衡。[28] 就此,需考虑个案中的全部情事,尤其是债务人的过错或加重的责任标准。如下情形是重要的:H 对 L 允诺的是种类物,并因此根据第 276 条第 1 款第 1 句承担置办风险,所以不问过错,他也要对未

---

　　[27]　AnwK/Dauner‑Lieb,§275 Rn. 15;Jauernig/Stadler,§275 Rn. 25;Huber/Faust,Rn. 2/27ff.

　　[28]　参照 Canaris,JZ 2001,499,501。

及时给付负责,且只有在极端情况下,才会考虑依据第 275 条第 2 款免除实际履行义务。[29] 此外,尽管 H 知道自己和供货商都没有这种葡萄酒的库存了,仍然指示承运人改道将葡萄酒转运给了 F,故意让自己丧失了实际履行的能力。最后,H 要支付的绝对数额是相对较小的。

另一方面,若考虑到成本和收益的关系,实际履行在经济上是没有意义的,且无论如何是不理性的,则第 275 条第 2 款作为诚实信用原则的表达会站在种类之债债务人这一边。在本案中,H 要付出的成本是 L 的给付利益的 12 倍,且负担的葡萄酒既无特别的价值,也没有出众的品质和其他异乎寻常的品质。此外,L 的需求亦可通过其他类似的葡萄酒或 H 提出的作为替代的价值更高的葡萄酒得到甚至更好的满足。此外,L 可以与 H 约定的价格很容易从 K 那里取得这种葡萄酒。总之,L 就只供应这种葡萄酒没有值得保护的利益。因此,H 要付出的成本和 L 的给付利益相比显著失衡。

27

因为 H 已经援引了第 275 条第 2 款,所以 L 以第 433 条第 1 款第 1 句为据的请求权依第 275 条第 2 款消灭。

28

提示:只有在债务人援引第 275 条第 2 款时,债务人才免除其给付义务。[30] 债务人应保有自愿为超常努力来偿还债权人的自由。

29

4. 结论

L 并无以第 433 条第 1 款第 1 句为据,要求 H 交付约定的葡萄酒的权利。

30

提示:如果 L 接受了 H 提出的替代的葡萄酒,则其请求权依第 364 条第 1 款消灭(就此参见案例 3,边码 9)。

31

---

[29] Hk/Schulze, §275 Rn. 21; Canaris, JZ 2001, 499, 502.
[30] Jauernig/Stadler, §275 Rn. 32.

案例9　笨重物件的灭失

一、案件事实

教授(Paul, P)接受了雷根斯堡大学的延聘，寻觅很久之后终于找到了一栋老房子，该房子有必要进行部分装修。因为现有的车库年久失修，他从车库制造商(Gerhard, G)那里买了型号为"de luxe 18"的混凝土浇筑完成的车库(Betonfertiggarage)，价款为12000欧元。G应当在6月1日的10点到13点之间让其员工将该车库送到并安装在既有的基座之上，完成这些以获得价款的支付。6月1日约12点，员工(Manfred, M)开着吊式运输车到了P的土地。但是P并不在，因为他还住在原来的工作地。此时，他还坐在ICE列车上，而该列车因"人身伤害事故"严重晚点抵达。P也无法通知G，因为"人身伤害事故"发生在无线电空白段。数十年来一直可靠且谨慎的M先吃了顿饭，然后在13点30分就踏上了返回G公司的归程。在途中，他因轻微过失引起了事故，整个车库在事故中损毁了。

G要求P为车库支付12000欧元。只有P在收到车库时方愿意支付，且在无法给付时，预备性地表示解除。当事人间的法律状况如何？

案件变型：

假如P在5月31日晚电话告知G，他不愿接收车库，且此时已经被装载的车库在用吊机卸载时,因 M 的轻过失而毁坏,那情形该如何?

二、前期思考

本案涉及给付不能和受领迟延(债权人迟延)同时发生时的典型问题。依据第 326 条第 1 款第 1 句第 1 半句导致价金请求权的消灭是本案大多数问题的出发点,然而,第 326 条的其他款也影响着案件的解决方法。人们必须在一篇文稿中完成许多检验项。答案也涉及在闭卷考试中并不一定要求,但在家庭作业中必会涉及的争议问题。

在有关给付义务免除条文的视域中,尤其是给付不能的条文中,风险负担(Gefahrtragung)的概念举足轻重。第 275、326 条及其他规范规定了"风险"由谁承担,但经常没有清晰地表明何谓"风险"。"风险"的概念尤其出现在第 270 条第 1 款和第 3 款、第 300 条第 2 款、第 446 条、第 447 条和第 644 条中。但是这一概念不是始终表示同一意思。因此,有必要在此处阐明这一概念:

债法中所说的风险是指应由债务人履行的——或至少预计用来清偿的——标的因意外而灭失、毁损或因其他事由导致债务人不能履行的风险(Risiko)(明确参照第 446、582a、664 条);此处的意外是指既不可归责于债务人,也不可归责于债权人的事件。[1] 这就是说,风险负担一般指将意外风险加于某人。[2] 它源自所谓风险负担的规则。[3] 人们区分不同种类的风险,即物之风险(Sachgefahr)、给

---

〔1〕 Soergel/Huber, Vorbem. zu §446 Rn. 2.
〔2〕 参看 BGH NJW 1985, 320, 323, 本案中, 涉及将物的风险概念简单地用到给付风险和对待给付风险上。
〔3〕 Soergel/Huber, Vorbem. zu §446 Rn. 4.

付风险(Leistungsgefahr)和对待给付风险(Gegenleistungsgefahr)。[4]

原则上,由物的所有人承担物之风险(casum senit dominus)。[5]所有权人承担因意外事件蒙受损失的风险。

若债务人因意外的给付障碍无法提出所负担之给付,则会产生给付风险的问题。这一概念与第241条第1款的规定息息相关。给付风险是指债务人就所失之标的需予补救的风险,即在意外毁损灭失时须再为给付之努力,直至结果(清偿)发生。[6]从债权人视角看,是指无法获得给付的风险。[7]该风险仅存在于给付之前或给付期间(Erfüllungszeitraum)。[8]

法律在不同的条文中对谁承担给付风险进行了不同规定。从第275条第1款中可得出的原则是债权人承担给付风险[9],即在给付期间无法获得负担之给付的风险。这仅无限地适用于债务人无置办义务的特定物之债中。[10]唯有在整个种类物消灭时,该风险负担规则才会适用于种类之债中。

如果债务人负有置办义务(Beschaffungspflicht),则给付风险存在于债务人处,在第243条第1款的种类之债中尤其如此。这源于承担置办风险的基本思想,立法者在第276条第1款第1句中亦提及此点。[11]债务人在种类之债中承担给付风险仅到第243条第2款规

---

[4] 又被称为价金风险或报酬风险,Palandt/Grüneberg, § 326 Rn. 2。

[5] Pallach,JA 1994,504,505. 这一术语并不统一。物之风险的概念经常只是作为给付风险的近义词使用,Soergel/Huber,Vorbem. zu § 446 Rn. 6. Medicus/Petersen, Rn. 271. 视第664条第1款第3句为物之风险的例子,是对所有人承担风险一般原则的具体表现。

[6] Medicus/Petersen, Rn. 271;Soergel/Huber, Vorbem. zu § 446 Rn. 6.

[7] Soergel/Huber, Vorbem. zu § 446 Rn. 6.

[8] Pallach,JA 1994,504,506.

[9] Palandt/Grüneberg, § 275 Rn. 33.

[10] 根据其他的观点,只有在债务人需履行的标的于债务关系成立时尚未明确确定时,即主要是在种类之债、金钱之债及承揽人制造允诺之工作物的义务中,才会涉及给付风险。根据该观点,在特定之债中不会有该问题,因为债之内容早已明确债务人只需给付标的,在其灭失时无义务再为置办(Ersatzbeschaffung)。Soergel/Huber, Vorbem zu § 446 Rn. 6.

[11] BT-Drs. 14/6040, 132.

定的特定化完成时为止。若债务人已经做了所有己方应为之事,则给付风险移转给债权人。[12]

第270条第1款就金钱之债[13],第300条第2款就债权人受领迟延[14]对给付风险作了特别规定。

只有在双务合同中才会涉及的价金或对待给付风险所涉问题是债务人在给付标的灭失(及其他给付障碍中)时能否要求债权人允诺之对待给付。[15] 所以说,价金风险是指债务人无法获得对待给付的风险。从债权人视角看,就是未获得债务人的给付时仍需为对待给付的风险。[16] 根据第326条第1款第1句,对待给付风险原则上由债务人承担。[17] 对待给付风险负担的例外规定主要是第326条第2款、第446条、第447条、第615条、第616条、第644条第1款第1句和第2句。

关于给付风险与对待给付风险的关系,应了然于胸的是:两种风险应严予区分。然而,两种风险仍然有可能同时移转,尤其是当风险移转的要件大部重合时,一方面可参见第300条第2款,另一方面可参见第326条第2款第1句第2项及第446条第3句并第1句。[18] 给付风险也可能在对待给付风险之前转移。[19] 相反,与之颠倒的情

---

〔12〕 Palandt/Grüneberg,§243 Rn.7.

〔13〕 根据该观点,金钱之债是特殊的寄送之债。其特殊之处是债务人承担送达风险(特别的寄送之债,qualifizierte Schickschuld),通说,Erman/Ebert,§270 Rn.1;其他观点 Palandt/Grüneberg,§270 Rn.1:特殊的赴偿之债,其特殊之处是因第270条第4款,法院管辖地在债务人住所(《民事诉讼法》第29条)。

〔14〕 通说认为如此,Medicus/Petersen, Rn.261;Palandt/Grüneberg,§300 Rn.3;Soergel/Huber,Vorbem zu §446 Rn.6 中有更多提示。第243条第2款中的给付风险在大多数情况中更早地移转给债权人,因此第300条第2款在金钱之债中是有关系的,因第270条第1款和第243条第2款很多时候不适用,Medicus/Petersen, Rn.261,并给出了一个例子。

〔15〕 Soergel/Huber,Vorbem zu §446 Rn.4.

〔16〕 Medicus/Petersen, Rn.272;Soergel/Huber,Vorbem zu §446 Rn.4.

〔17〕 Palandt/Grüneberg,§326 Rn.2.

〔18〕 Soergel/Huber,Vorbem zu §446 Rn.7.

〔19〕 Soergel/Huber,Vorbem zu §446 Rn.8.

形不存在,因为价金风险的移转意味着买受人在未获得给付时需支付价金。因此,价金风险的移转以给付风险的移转为前提。

三、提纲

(一)G 对 P 的请求权,其基础为第 433 条第 2 款第 1 半句 … 1
  1. 请求权发生 ……………………………………………… 2
  2. 请求权根据第 326 条第 1 款第 1 句第 1 半句消灭 …… 3
    (1)双务合同 ………………………………………… 4
    (2)根据第 275 条第 1—3 款免除处于牵连关系中
       的主给付义务 …………………………………… 6
       ①特定之债或种类之债 ……………………… 7
       ②有限的种类之债中的不能 ……………… 10
       ③特定化,第 243 条第 2 款 ………………… 11
         [问题:P 不在场,G 是否完成了己方需完成的
         所有事?]
    (3)中间结论 ………………………………………… 19
  3. 第 326 条第 2 款第 1 句第 1 项的例外 ……………… 20
  4. 根据第 446 条第 1 句和第 3 句移转对待给付风险 … 22
  5. 根据第 326 条第 2 款第 1 句第 2 种情况请求权
    存续 ……………………………………………………… 24
    (1)无须给付时受领迟延 ………………………… 25
       ①可履行性 …………………………………… 26
       ②正常提出给付,第 294 条及以下 ………… 27
       ③给付的意愿和能力,第 297 条 …………… 28
       ④P 未受领给付 ……………………………… 29
       ⑤中间结论 …………………………………… 31
    (2)债务人 G 无可归责性 ………………………… 33

   ①G 自己的过错 ·················· 34
   ②他人(M)过错的可归责性 ·········· 35
  (3)中间结论 ···················· 37
  6.根据第346条第1款,通过解除消灭请求权 ···· 38
  7.结论 ························ 41
(二)案件变型:G 对 P 的请求权,其基础为第433条第2
 款第1半句 ······················· 42
 1.请求权成立 ······················ 42
 2.根据第326条第1款第1句第1半句请求权消灭 ··· 43
  (1)双务合同 ···················· 44
  (2)处于牵连关系中的主给付义务依第275条
   第1—3款消灭 ················· 45
   ①特定化,第243条第2款 ·········· 46
   ②根据第300条第2款风险移转(准特定化) ··· 49
    A.P 受领迟延 ················ 51
     a.实际提出给付,第294条 ·········· 52
     b.言辞提出给付,第295条 ·········· 53
     [问题:尽管 P 在前一天已经明确表示
     不会受领给付,G 仍必须向 P 提出给
     付吗?]
     c.受领迟延的其他条件和中间结论 ········ 60
    B.特定(拣选)(Aussonderung) ········ 61
    C.风险移转的中间结论 ············ 63
  (3)第326条的中间结论 ·············· 64
 3.无第326条第2款第1句第2种情况中的例外 ···· 65
 4.依第346条第1款解除后请求权消灭 ········ 68
 5.结论 ························ 69

四、解答

(一) G 对 P 的请求权,其基础为第 433 条第 2 款第 1 半句

1　　G 可能有请求权要求 P 为车库支付 12000 欧元,其基础为第 433 条第 2 款第 1 半句。

　　1. 请求权发生

2　　G 与 P 就买卖型号为"de luxe 18"的车库,以及将其运送至 P 的土地并安装,总价款为 12000 欧元达成合意。因这一合同的缔结,G 作为出卖人要求支付价金的请求权发生。

　　2. 请求权根据第 326 条第 1 款第 1 句第 1 半句消灭

3　　假如 G 因第 275 条第 1—3 款不再承担合同中居于对待给付关系的主给付义务,则 G 的价金请求权可能根据第 326 条第 1 款第 1 句第 1 半句已消灭。

　　(1) 双务合同

4　　首先必须是双务合同,也就是说在一个合同中,一方当事人负担主给付义务,是为了获得对方的主给付。考虑到第 433 条第 1 款和第 2 款中的义务,G 和 P 缔结的买卖合同是这种合同,由此落入了第 326 条的适用范围。

5　　**提示**:这当然是"不言自明"的。此处只是为了例示更精确的检验步骤,且经常要求初学者为这种检验。否则,这种检验只有在非典型合同中才有必要。

　　(2) 根据第 275 条第 1—3 款免除处于牵连关系中的主给付义务

6　　G 根据第 275 条第 1—3 款,不必承担第 433 条第 1 款第 1 句的居于对待关系的主给付义务。由于准备向 P 履行的车库在回程中因意外毁损,G 履行创设所有权和占有的义务可能对其自己或任何人

而言,都在第275条第1款的意义上陷入不能。给付标的的毁损原则上只在特定之债中毫无疑问地引起不能(参考案例4,边码5)。

①特定之债或种类之债

因此,当首先阐明,G 负担的是已经个别化的物(individualisierte Sache),还是种类物(Gattungssache)。P 在 G 处订购了型号为"de luxe 18"的车库。所以说买卖合同的标的物并非一个特定的车库,而是这种型号的某个车库。当事人就此约定的是种类之债。 7

因为 G 是车库制造商,要交付的车库应来自他的产品和库存。因此,G 的债务限于其产品和库存(有限的种类之债或库存之债)。 8

提示:(将其作为)无限的种类之债也可能是有道理的。从案件事实中无法推知标的物为由 G 能够生产负担型号的车库。在结论上,可以就这一问题的回答持开放态度,因为只要 G 尚有负担型号车库的库存(参看下一检验点),则库存之债和无限的种类之债就没有区别。人们只需在这个方向或另一个方向上作出决定,说明理由即可。 9

②有限的种类之债中的不能

如果毁损的车库是 G 库存中的最后一个的话,那么即便在有限的种类之债中也可能会发生不能。但没有支持该观点的论据,尤其是 G 还能生产其他"de luxe 18"型号的车库。因此,根据该观点,不会发生不能。 10

③特定化,第243条第2款

如果在 M 导致的意外之前,G 的库存之债已经被特定化为特定之债,那么 G 可能会陷入给付不能。其前提条件是根据第243条第2款,G 作为债务人已经按照第243条第2款完成了己方就给付中等特性和品质的车库所需做的一切事。[20] 11

---

[20] Palandt/Grüneberg, §243 Rn. 5—7.

12　　A. G 一方所需做何事,取决于 G 和 P 约定的给付方式(Leistungsmodalität)。双方当事人约定了运送和安装车库,这对于笨重的买卖物而言也是必要的。因此,当事人约定了不同于第 269 条第 1 款的履行地规则,而采赴偿之债。

13　　B. 因此,应予检验的是 G 是否完成了在赴偿之债中应做的所有事。关于特定化中始终必要的挑选标的物,赴偿之债的债务人必须在正确的时间、于约定的地点实际提出给付标的,这在结果上与第 294 条意义上的实际提出给付吻合。

14　　提示:特定化不以第 293 条意义上的受领迟延为前提。赴偿之债中"己方必要"的要求恰好和第 294 条意义上的实际提出给付重合。一般而言,特定化和受领迟延的构成要件同时满足,但绝非必然如此。[21]

15　　问题可能是 M 能否在 P 不在场时实际提出给付。当然,给付的提出如同在第 294 条中一样,并非意思表示,而是单纯的事实行为。因为这样一来,意思表示到达的规则(第 130 条)就无法适用,如果准备给付的债务人在债权人不在场的情形下试图将负担的标的物带入债权人的控制领域时,则已构成给付的提出。M 希望在 12 点将具有中等特性和品质(第 243 条第 1 款)的约定好的型号的车库交给 P 时,G 已经为给付完成了己方必需的所有事情。

16　　提示:因此处无其他表述,默认车库具备第 243 条第 1 款意义上的中等特性和品质。应简要地提及该点。因为种类之债的债务人提出不符合该质量标准的种类物时,尤其是有质量瑕疵的样品时,无法完成特定化。

17　　C. 因此,债之关系根据第 243 条第 2 款限于被毁损的车库上,(受限的)种类之债具体化为特定之债。因此,就无须再考虑给付风

---

〔21〕 MünchKomm/Emmerich, §243 Rn. 26 及进一步证明。

险是否依据第 300 条第 2 款通过所谓"准特定化"(Quasi-Konkretisierung)移转给债权人的问题了。

> 提示：当第 243 条第 2 款的要件尚未满足时，准特定化是重要的。根据第 300 条第 2 款，它会导致给付风险移转给债权人。因为在写下答案之前，人们已经知道受领迟延还会在答案的后边部分详尽探讨，因此，此处可先将其留在提示中。

18

(3) 中间结论

G 的债务限于具体的标的物之上。根据第 275 条第 1 款，其取得因该物毁损而客观不能。因此，G 根据第 326 条第 1 款第 1 句第 1 半句免于承担其依第 433 条第 1 款第 1 句所负的债务。

19

3. 第 326 条第 2 款第 1 句第 1 项的例外

要检验的是，G 的价金请求权是否因第 326 条第 2 款第 1 句第 1 项存续。为此，P 必须为车库的灭失，即导致 G 给付义务消灭的情事负全部责任或主要责任。因没有法律的规定，就应适用于债权人可归责性的标准问题，存在争议。这一争议可暂且搁置，因为从第 326 条第 2 款的体系可以看出，单单是债权人迟延尚不足以成为债权人承担全责或主责的充分理由。[22] 因为，否则的话，第 326 条第 2 款第 1 句第 2 项[23]关于债权人迟延的规定就会变得多余。因此，P 对车库的灭失并不负主要责任。

20

> 提示：根据第 326 条第 2 款第 1 句第 1 项，债务人承担债权

21

---

[22] 可能不同的是 MünchKomm/Ernst, §326 Rn. 55。
[23] 绝大多数观点认为第 326 条第 2 款第 1 句包含两项，即债权人就给付义务消灭负全部责任或承担主责，和受领迟延时的给付义务消灭。参见 Huber/Faust, Kap. 5 Rn. 52; Jauernig/Stadler, §326 Rn. 14ff.；Palandt/Grüneberg, §326 Rn. 8ff.；MünchKomm/Ernst, §326 Rn. 39 因还要区分"全部或承担主要责任"而分为三项。

人可归责的证明责任。[24] 第 326 条第 2 款的两项也可能同时满足,如在绝对定期行为中,不受领同时导致不能。[25] 它对价金风险有不同的规定。

4. 根据第 446 条第 1 句和第 3 句移转对待给付风险

22 　　假如根据第 446 条第 1 句和第 3 句,(价金或)对待给付风险已经移转给 P 了,则 G 的买卖价金请求权仍然存续。根据本规定,P 必须陷入受领迟延,且买卖物因意外灭失。本规定与第 326 条第 2 款第 1 句第 2 种情况重合,但因其处于买卖法中,是更特别的规定,所以应优先适用。若将第 446 条第 1 句和第 3 句适用于为其文义覆盖的对待给付风险,会导致在买卖法中不适用第 326 条第 2 款第 2 句的扣减规则(Anrechnungsanordnung)。这会产生一个问题,即立法者是否考虑到该后果,或根本是有意为之。根据立法资料,第 446 条第 3 句具有释明的性质,是为了阻止买受人不受领标的物,而紧接着又主张第 437 条物之毁损的权利和其他权利。只是在给付风险和物之风险上将受领迟延和第 446 条第 3 句的交付等而视之[26];对待给付风险只是意外涉及的,因为立法者并未考虑到该规范的射程。因此,基于目的性限缩,第 446 条第 3 句不应适用于对待给付风险,第 326 条第 2 款第 1 句第 2 种情况对此作了更为妥适,且针对所有双务合同统一的规定。因此,不考虑根据第 446 条第 1 句和第 3 句移转对待给付风险。

23 　　　　提示:目的性限缩是一种法律续造的方法,能将事实构成过宽的规范的适用范围限制在依其目的应规范的情事中。以这

---

〔24〕 BGHZ 116,278 Ls. 3, 288 = NJW 1992,683 zu §324 a. F.；MünchKomm/Ernst, §326 Rn. 120ff. 其他观点,通说类推适用第 280 条第 1 款第 2 句,Palandt/Grüneberg, §326 Rn. 14 及进一步的证明。

〔25〕 MünchKomm/Ernst, §326 Rn. 74 及进一步的证明。

〔26〕 Palandt/Weidenkaff, §446 Rn. 17. 亦可参考 Jansen, ZIP 2002, 807ff.。

一方法,可将符合文义,但与规范目的无关的事实剔除出其适用范围。应当知道这种方法。

5. 根据第 326 条第 2 款第 1 句第 2 种情况请求权存续

如果导致无须给付的情事非由 G 负责,且在 P 受领迟延期间发生,则根据第 326 条第 2 款第 1 句第 2 种情况,价金请求权存续。

(1) 无须给付时受领迟延

P 必须在 G 无须给付时,即车库灭失的那一刻处于受领迟延。若债权人未受领向其提出的给付,则发生第 293 条的受领迟延。

①可履行性

若债权人的请求权可履行,即债务人有权准备提出给付,才会考虑受领迟延。何时发生应依解释确定。若当事人就此未达成合意,在有疑义时,债务人可依第 271 条第 2 款立即提出给付,即便在最终达成合意的届期期限之前。G 应可从 6 月 1 日 10 时起送车库上门。因此,与第 271 条第 2 款有疑义时的规则不同,G 的给付只有在约定的履行期到来后方能履行。因为 G 是在约定的履行期内提出给付的,所以依该观点,其给付之提出是符合规定的。

②正常提出给付,第 294 条及以下

根据第 294 条,必须原则上对债权人实际提出给付,即在正确的地点、时间,以正确的方式来实现给付。在约定的赴偿之债中,G 必须在约定的履行地(P 土地的地基处)提出交付和安装。这一切皆已发生。因为给付的提出为事实行为,而意思表示规则,尤其是第 130 条第 1 款第 1 句的规定不适用于事实行为,P 不在场不影响 G 通过 M 提出给付。正如前面所检验的,M 已经将车库运送到 P 的土地,并试图将其交付和移转所有权给 P。

③给付的意愿和能力,第 297 条

根据第 297 条,G 必须准备给付且有能力给付,即 G 有给付的意愿和可能性。G 的给付意愿体现在 M 向 P 供货尝试中的提出给付。

可能就其给付能力存疑,因为 P 不在场。若泛化这一看法,可能意味着:第 297 条债权人未为必要的协助行为会始终阻止受领迟延。因为这将和第 293 条及以下条文的意义和规范关联冲突,所以这种意义的不能不在第 297 条涵括的范围内。一旦债权人准备受领或为其他协助行为,而债务人能够给付,就满足能够给付的要求。[27]

④P 未受领给付

29　　有问题的是 P 是否未受领给付。就此人们可能会质疑,因为理论上说,G 可以径直将车库安装在土地上。但是给付应以和支付价金同时履行的方式完成。因为 P 并未以第 294 条所言之方式提出价金给付,根据第 298 条,P 无论如何都会陷于受领迟延。

30　　**提示**:因为存在实际提出给付,无须适用第 296 条;因约定了给付时间,无须考虑第 299 条是否适用。

⑤中间结论

31　　P 陷于受领迟延。P 仅因不可归责于己的情事(因人员伤害而导致列车晚点)不能受领提出的给付对此毫无影响,因为与债务人迟延不同,债权人迟延不以可归责性为要件。

32　　**提示**:因此,无须在答案中单独提及这些,但简要的提示在有疑问时是无害的。未受领给付不会导致债权人违反任何第 241 条意义上的"义务",债权人受领给付仅仅是不真正义务。因此,受领迟延与第 280 条第 1、2 款,第 286 条的债务人迟延不同,不会产生损害赔偿请求权,仅会导致给付风险(第 300 条第 2 款)和对待给付风险(第 326 条第 2 款第 1 句第 2 种情况)移转给债权人。在买卖合同中会有不同,因为第 433 条第 2 款规定了受领义务。就此,应考虑第 280 条第 1、3 款、第 283 条的请求权,但该请求权因缺乏可归责性而不能成立。

---

[27] Gursky, AcP 173(1977), 450, 454f.

（2）债务人G无可归责性

最后，G不得根据第326条第2款第1句第2种情况对无须给付负责。根据第276条第1款第1句，债务人原则上应对故意和过失负责。

①G自己的过错

因为G并非自己毁坏车库，且小心谨慎地挑选了M，委托其行事，他自己的行为并无过错。

②他人（M）过错的可归责性

G可能根据第278条对M的过错负责。就此，需M作为履行辅助人在履行转给其的G的义务时，就车库的灭失负责。履行辅助人是债务人知悉，且依其意愿为其义务行事之人。G已经委托M运送车库，并将小心对待标的物以让债权人可获得给付的义务转移给了M。当M在回程中因事故导致做好的车库灭失时，M违反了第241条第2款意义上的保护义务。

M亦需对保护义务的违反负责。根据第276条第1款第1句，只要没有确定其他责任标准，债务人原则上需就故意和过失负责。M因轻过失引起了事故。然而，根据第300条第1款，如果P在事故发生时处于受领迟延，则G的责任标准仅限于故意和重大过失。正如上文所述，本案正是如此。因为M仅因轻过失导致了灭失，依第278条第1款、第300条第1款，G无须就义务违反负责。

（3）中间结论

根据第326条第2款第1句第2项，G的价金请求权存续。因为G已经试图送达，第326条第2款第2句的请求权限缩不成立。

6. 根据第346条第1款，通过解除消灭请求权

需检验的是P是否有效地解除了合同，并由此消灭了G的价金请求权，依据是第346条第1款。就此，P必须有解除权。本案当事人并未约定P的意定解除权。

39　　　然而,P 可能根据第 326 条第 5 款具有法定解除权。因为 G 根据第 275 条第 1 款无须给付,P 根据第 326 条第 5 款原则上有权解除,他可以纯粹出于谨慎预防考虑(vorsorglich)依第 349 条表示解除。然而,根据第 326 条第 5 款第 2 半句,结合第 323 条第 6 款亦会在同样的要件下排除解除,第 326 条第 2 款第 1 句可导致对待给付请求权的存续。正如上文确定的(边码 36),G 对 P 受领迟延(边码 31)根据第 275 条第 1 款无须给付的情事不必负责。因此,排除解除。

40　　　**提示**:人们可先探讨"预防性"("vorsorgliche")的解除表示以及解除权。就"预防性"或"辅助性"的解除原则上需要就其可行性再置言几句。解除和撤销、终止一样,是形成权,会对既有的法律关系——"合同"产生直接影响。因此,解除的意思表示是不宜附条件(Bedingungsfeindlich)的,也就是说,不允许将其效力系于将来不确定的事实,即第 158 条意义上的真正条件。与之不同的是不真正条件,其成就与否取决于另一方当事人的意愿,或所谓法律条件(Rechtsbedingungen),即真实情况与表意人的法律观念不同。因为此处不存在对另一方当事人而言关于合同存续的不可期待的不确定性。

7. 结论

41　　　G 有根据第 433 条第 2 款要求 P 支付 12000 欧元的请求权。

(二)案件变型:G 对 P 的请求权,其基础为第 433 条第 2 款第 1 半句

　　　1. 请求权成立

42　　　G 对 P 以第 433 条第 2 款为据的请求权成立。

　　　2. 根据第 326 条第 1 款第 1 句第 1 半句请求权消灭

43　　　如果 G 根据第 275 条第 1—3 款免于承担处于对待关系中的合

同主给付义务,则 G 的价金请求权可能根据第 326 条第 1 款第 1 句第 1 半句消灭。

(1)双务合同

如上文所述,买卖合同为双务合同。 44

(2)处于牵连关系中的主给付义务依第 275 条第 1—3 款消灭

G 必须依据第 275 条第 1—3 款免于承担处于对待关系中的合同主给付义务(第 433 条第 1 款第 1 句)。只有当准备用以履行的车库在用吊车卸载时灭失,债务的履行对 G 或任何人在第 275 条第 1 款的意义上才有可能变为不能。但本案中约定的是种类之债或库存之债。G 还有同型号的其他车库,且可以再运送其他的样品给 P。 45

①特定化,第 243 条第 2 款

如果 G 的库存之债在车库卸载灭失之前就特定化,则 G 给付不能。根据第 243 条第 2 款,其前提是 G 作为债务人已经依第 243 条第 2 款为了给付中等特性和品质的车库(第 243 条第 1 款)完成了一切必要之事。 46

在赴偿之债中,债务人必须在债权人的住所依约实际提出给付。但是 G 并没有这样做,而是在接到 P 不愿受领的通知后,让承运人将做好的车库卸载。因此,这不构成提出给付。依据第 243 条第 2 款的特定化并未完成。 47

提示:尚可检验的是特定化是否因债权人宣称拒绝受领而已发生。支持这一观点的考虑是在这种情形中,实际提出给付应该已经没有意义,是不必要的。然而,这一观点在第 243 条第 2 款中没有支持的依据。此外,在宣称拒绝受领的案件中,债务人的利益已经通过第 300 条第 2 款得到充分保护。扩张适用第 243 条第 2 款将会让第 300 条第 2 款本已经很小的独立意义完全丧失。 48

②根据第 300 条第 2 款风险移转(准特定化)

49　　如果给付风险根据第 300 条第 2 款已经移转给 P，则 G 亦可根据第 275 条第 1 句免于承担给付义务。就此，P 在车库毁损时必须依第 293 条处于受领迟延中，且依通说，G 必须已经挑选出相应的物。

50　　**提示**：在种类之债中，给付风险要么根据第 243 条第 2 款、第 275 条，在种类之债具体化为特定之债时，移转给债权人；要么根据第 300 条第 2 款移转给债权人。尽管根据第 300 条第 2 款，在物灭失时，债务人免于给付是风险移转的直接结果，这一法律后果仍主要是源自第 275 条第 1 款。[28] 因为这是从特定之债出发的，由此产生的问题是第 300 条第 2 款是否会导致种类之债的"特定化"，部分观点支持这一看法。[29] 另有观点认为这一规范仅仅是"在事实上引入特定化的后果"("准特定化")。[30] 第三种观点妥适地将"特定化"的表述只同第 243 条第 2 款意义上的债之关系的范围限定联系起来。[31] 无论如何，根据通说，第 300 条第 2 款只适用于第 295 条、第 296 条的情形以及排除特定化的金钱之债。[32]

A. P 受领迟延

51　　有疑问的是 P 在车库毁损时是否处于受领迟延的状态。这以其未受领 G 依约提供的给付为前提。G 的给付自 6 月 1 日 10 时起可履行。

a. 实际提出给付，第 294 条

52　　在赴偿之债中，原则上要求在债权人住所处实际提出给付(参考

---

[28] Brox/Walker, AS, §26 Rn. 13; Larenz I, §25 II, S. 395; Palandt/Grüneberg, §300 Rn. 3. 没有如此清晰关联的是 Hk/Schulze, §300 Rn. 3。
[29] Staudinger/Otto(2009) §326 Rn. C23.
[30] Emmerich, §26 Rn. 11.
[31] Jauernig/Stadler, §300 Rn. 4.
[32] Vgl. Brox/Walker, AS, §26 Rn. 14; Palandt/Grüneberg, §300 Rn. 6f.

第294条)。这并未发生,起重车并未离开G的营业地。

b. 言辞提出给付,第295条

如果债权人已经表示会拒绝受领物或实现给付需债权人的协力,则根据第295条第1句,言辞提出给付就足够了。P已经在5月31日电话联系了G,且通知他不会接收完成的车库。因此,根据第295条第1句,G言辞提出给付本就够了。然而,G用起吊机将完成的车库卸载,而未在次日10点至13点之间再次言辞提出给付。 53

也可能适用第296条,但这应导致自6月1日中午起的受领迟延。因此应检验,电话拒绝受领是否构成严肃的受领拒绝,以致言辞提出给付已无必要,因为这对债务人G而言是毫无意义的。 54

(a)根据少数说,第295条第1句的文义要求在受领迟延中必须有言辞提出给付。因为第296条明确规定了无须提出给付的情形,而当中未提及终局性的拒绝受领。[33] 根据该观点,G未免除自己的给付义务。 55

(b)根据通说,依第242条,不可期待债务人会毫无意义地言辞提出给付。[34] 尤其是在债权人表示在任何情况下断然不愿接受给付[35],以致言辞提出给付的要求沦为纯粹的形式主义(Förmelei)。[36] 根据第286条第2款第3项,当债务人严肃终局性地拒绝给付时,无须催告亦构成迟延,与之相似,当言辞提出给付的目的毫无疑问要落空时,无须言辞提出给付,受领迟延亦会发生。 56

在本案中,P在6月1日前夜说不愿受领次日的给付。因受领拒绝表示与给付届期之间的时间间隔很短,G可以认为P不会再考虑其决定而改弦更张。言辞提出给付对其而言毫无意义。基于此,诚 57

---

[33] Staudinger/Löwisch/Feldmann(2009),§295 Rn. 2.
[34] Palandt/Grüneberg,§295 Rn. 4.
[35] BGH NJW 2001,287,288.
[36] MünchKomm/Ernst,§295 Rn. 6.

实信用原则(第 242 条)赞同通说的意见,认为言辞提出给付毫无必要。

58　　　**提示**:即便在第 298 条中,债务人言辞提出给付也已经足够。[37]

59　　第 295 条的条件皆已满足,G 业已正常提出给付。

　　c. 受领迟延的其他条件和中间结论

60　　因为 G 既有给付之意愿,又有其能力(第 297 条),P 在宣布拒绝受领时即陷入迟延。

　　B. 特定(拣选)(Aussonderung)

61　　根据第 300 条第 2 款的文义,风险移转的所有条件皆已满足。然而,在本案(受限的)种类之债中,尚不清楚的是:种类物中具体哪一个风险应转移。因此,通说要求在种类之债的风险移转中,债务人拣选具有中等特性和品质(第 243 条第 1 款)的物,这是第 300 条第 2 款并未言明的额外特征。[38] 最晚在 G 将负担之型号的车库放在载重卡车上时,G 已经完成了拣选。看不出该车库不具备中等特性和品质。

62　　　**提示**:在闭卷考试中,不必探讨绝对的少数说,根据该说,只要债务人库存里中等特性和品质的物件灭失,且可确定债务人本会用灭失的物履行,则无须拣选,即可认定为债权人迟延中的一般原给付义务消灭。[39] 反对这一观点的认为,债务人可将其责任通过相应的约定限于其库存。

---

　　[37] 参见 BGH NJW 1997,581。

　　[38] HK/Schulze, § 300 Rn. 5; Palandt/Grüneberg, § 300 Rn. 4; Hönn, AcP177 (1977), 385,390; BGH WM 1975,917,920; Staudinger/Löwisch/Feldmann(2009), § 300 Rn. 17,19.

　　[39] Schröder, MDR 1973,466,467.

C. 风险移转的中间结论

P 在电话中拒绝受领 G 的给付时,就陷入了受领迟延。根据第 300 条第 2 款,G 拣选出一个车库时,(给付)风险就已转给了 P。 63

(3) 第 326 条的中间结论

因此,根据第 326 条第 1 款第 1 句第 1 半句,G 同时丧失了价金请求权。 64

3. 无第 326 条第 2 款第 1 句第 2 种情况中的例外

有疑问的是对待给付风险是否根据第 326 条第 2 款第 1 句第 2 种情况移转给了债务人。其要求的 P 的受领迟延是存在的。 65

尚需检验的是 G 是否需对车库的灭失负责。尽管债务人根据第 276 条第 1 款、第 278 条需对履行辅助人所有形式的过失负责,但在受领迟延期间,依第 300 条第 1 款,其过错标准仅限于故意和重大过失。M 作为 G 的履行辅助人,在从载重机上卸载时,仅因轻过失导致车库毁损。因此,根据第 276 条第 1 款、第 300 条第 1 款,G 无须对该毁损负责。根据第 326 条第 2 款第 1 句第 2 种情况,其对待给付请求权存续。 66

提示:就规范适用于具体案件中可能有疑问,因为从文献中大多可以读到,第 326 条第 2 款第 1 句第 2 种情况(旧法第 324 条第 2 款)虽原则上可适用于种类之债,但必须以第 243 条第 2 款意义上的债之特定化为前提。[40] 如果认真对待这一说法,则只要不能将依第 300 条第 2 款的给付风险移转视为真正的特定化,该纯粹的给付风险移转就不足以充分特定化的要求。[41] 因此,该规定的法律后果仅能止于第 275 条第 1 款、第 326 条第 1 款 67

---

[40] Hk/Schulze, §326 Rn. 13; Jauernig/Stadler, §326 Rn. 17; Palandt/Grüneberg, §326 Rn. 11. 同内容上一样的 §324 a. F. BGH WM 1975, 917, 920; Hönn, AcP 177 (1977) 385, 394f. 及进一步证明。

[41] 持怀疑态度的 MünchKomm/Ernst, §326 Rn. 71。

第 1 句。但这并非人们所愿。这一有疑问的表述显然是建立在对联邦最高法院判决的简要引用上,根据该判决,第 326 条第 2 款第 1 句第 2 种情况(即旧法第 324 条第 2 款)除债权人迟延外尚需——按字面理解——种类物之特定化(Konkretisierung,Aussonderung)。[42] 与学说中的表述[43]相反,联邦最高法院并非要求第 243 条第 2 款意义上的特定化,而是仅以第 300 条第 2 款中债权人迟延要求的特定化为已足。在请求权鉴定中,无须提出与第 326 条第 2 款相关的问题,因为特定化对第 300 条第 2 款和第 275 条第 1 款的原给付义务消灭本是必需的,所以也必然已经检验过了。可以看到:有些问题只是在抽象考量中,而非具体的规范适用中才会出现。

4. 依第 346 条第 1 款解除后请求权消灭

68 需检验的是 P 是否真的解除了合同,导致 G 的价金请求权消灭(根据第 346 条第 1 款)。就此 P 须有解除权。本案中并未约定 P 的意定解除权。

5. 结论

69 G 依然可以要求 P 支付价金,其基础为第 433 条第 2 款。

---

[42] BGH WM 1975,917,920.
[43] 尤可参见 Hönn,AcP 177(1977),385,394。

案例 10　奥托卡（Ottokar）的幸运与毙命

一、案件事实

在旅店 Zum Löwen 的清晨酒会上，来自米斯巴赫（Miesbach）的牲畜商马克斯·莫斯胡博（Max Mooshuber，M）遇见了来自兰格瑞斯（Lenggries）的农场主莱昂·莱特彼西勒（Leopold Lettenbichler，L）。L 对 M 说，他有一头种牛奥托卡（Ottokar，O），它在上次牛展中赢得了一枚金牌。紧接着，M 向 L 报价 2 万欧元，愿购得该种牛，因为他相信能够转卖个好价钱。双方意思一致达成了交易。因为 M 的运牲畜的车坏了，他在告别时请求 L 能不能发发善心，将公牛送到他在米斯巴赫的农场。L 认为通常是由牲畜商自己上门领取牲畜的，但仍然答应了 M 的请求。

L 在家委托数十年来都忠实可靠的雇农桑格尔（Zangerl，Z）负责运输。Z 将 O 装进了牲畜拖车，开着拖拉机，带着 O 开往米斯巴赫。当路过一个酒店时，Z 觉得口渴。在 Z 喝了第二杯后，O 的命运让 Z 觉得悲伤。

为了向 O 道别，Z 在 O 的饮槽中敬了三杯酒，O 显然喝掉了它们。当 Z 抵达 M 处半小时后，酒精在 O 身上起效了。O 跑了出来并大吵大闹。因为 O 没法被抓住，对 M 及其雇员的身体和生命构成威胁，M 紧急找来的护林员耶讷瓦（Jennerwein，J）一枪结果了 O 的性命。

L 能否要求 M 支付 2 万欧元？

案件变型：

O 正在艾德蒙德·奥尔博（Edmund Euber, E）于艾尔丁（Erding）的庄园里服务。应 M 的请求，L 表示愿意自担费用，将 O 直接从艾尔丁运到 M 处。在承运人运输的途中，O 意外死亡。

二、前期思考

此处再次涉及给付标的物灭失，以及由此导致的给付请求权和对待给付请求权的消灭。案件事实表明，此处涉及第 447 条意义上的寄送之债。本书迄今未涉及的这个条文并不复杂，但它长久以来是富有争议的，该条文对初始案例和案件变型均有影响。

将问题正确归类的关键是准确理解《民法典》的风险负担规则和相关的概念。有需要时，应再次查阅案例 9 中的思考。

三、提纲

（一）L 对 M 基于第 433 条第 2 款的请求权 ········· 1
  1. 请求权成立 ········· 2
  2. 请求权根据第 326 条第 1 款第 1 句消灭 ········· 3
    （1）双务合同 ········· 4
    （2）处于牵连关系中的义务免于给付 ········· 5
    （3）无 L 的在先给付 ········· 6
    （4）中间结论 ········· 9
  3. 根据第 326 条第 2 款第 1 句第 1 种情况维持请求权 ········· 10
    （1）债权人 M 的可归责性 ········· 11
    （2）作为可归责性前提的客观的违法行为和违反义务行为 ········· 12

　　　　（3）结论 ……………………………………………… 13
　　4. 根据第 447 条第 1 款请求权存续 …………………… 14
　　　　（1）寄送买卖 …………………………………………… 15
　　　　　　①往取之债 ……………………………………… 16
　　　　　　②赴偿之债 ……………………………………… 17
　　　　　　③寄送之债 ……………………………………… 18
　　　　（2）交付给承运人 ……………………………………… 19
　　　　（3）第 447 条适用于自己人运输的可行性 …………… 20
　　　　　　①反对的论辩 …………………………………… 21
　　　　　　②支持的论辩 …………………………………… 22
　　　　　　③不同的观点 …………………………………… 23
　　　　　　④本人观点 ……………………………………… 24
　　　　（4）损害移转的偶然性 ………………………………… 25
　　　　　　①L 自己的过错 ………………………………… 26
　　　　　　②对 Z 之过错的可归责性，第 278 条 ………… 27
　　　　　　［问题：尽管 L 仅仅将对 M 承担的运输视为情
　　　　　　谊行为而承接下来，L 是否仍必须对 Z 的疏忽
　　　　　　大意行为负责？］
　　　　　　　　A. 第 278 条在寄送之债和自己运输中的可
　　　　　　　　　适用性 ………………………………… 28
　　　　　　　　B. 履行辅助人的过错 ………………… 30
　　　　　　　　C. 减轻的责任标准？ …………………… 31
　　　　　　③中间结论 ……………………………………… 32
　　　　（5）结论 ………………………………………………… 33
（二）案件变型：L 依第 433 条第 2 款对 M 的请求权 ……… 34
　　1. 请求权成立 ……………………………………………… 35
　　2. 根据第 326 条第 1 款第 1 句请求权消灭 …………… 36
　　3. 依第 326 条第 2 款第 1 句第 1 项维持请求权 ……… 39

        4. 依第 447 条第 1 款维持请求权 ·················· 40
            (1) 寄送买卖 ································· 41
            (2) 从他处发送时第 447 条的可适用性 ·············· 42
                ① 第 447 条第 1 款的文义 ·················· 43
                ② 不同观点 ····························· 44
            (3) 交付给承运人 ····························· 47
            (4) 意外灭失 ································· 48
            (5) 中间结论 ································· 49
        5. 结论 ·· 50

四、解答

(一) L 对 M 基于第 433 条第 2 款的请求权

1   L 可能有以第 433 条第 2 款为据,要求 M 为 O 支付 2 万欧元的请求权。

    1. 请求权成立

2   根据案件事实,L 和 M 根据第 145、147、433 条达成了买卖合同,其标的物(第 90a 条第 3 句)是种牛 O,价金为 2 万欧元。因此,第 433 条第 2 款规定的买卖价金请求权成立,且依第 271 条第 1 款立即届期。

    2. 请求权根据第 326 条第 1 款第 1 句消灭

3   请求权可能根据第 326 条第 1 款第 1 句又消灭了。
    (1) 双务合同

4   双务合同因买卖而存在。
    (2) 处于牵连关系中的义务免于给付

5   必须有处于对待关系中的主给付义务(牵连性的义务)依第 275 条无须履行。由于 O 被 J 枪杀,没有人能够再给付负担的活牲畜,因

第 275 条意义上的客观不能，L 不再负担交付 O 并移转其所有权的义务。

(3) 无 L 的在先给付

这当然以 L 尚未按第 362 条第 1 款履行完第 433 条第 1 款第 1 句的义务为前提，否则就没有讨论依第 275 条免于给付的余地，而是由 M 承担物之风险了。M 和 L 可能在买卖合同缔结之后立即以可推断的方式，依据第 929、931 条达成了所有权移转的合意。 6

提示：第 931 条涉及的是返还请求权，其源自第 868 条中的占有媒介关系或法律规定，如第 812 条、第 823 条。相反，该请求权不包括第 985 条的所有物返还请求权，因为根据绝对的通说，所有物返还请求权[1]是不可让与的。 7

可考虑的是在 M 的农场达成第 929 条第 1 句的物权合意。Z 因劳动关系范围内的指示，以可推断的代理权授予成为 L 的代理人（第 164 条第 1 款、第 167 条），同时是其占有辅助人（第 855 条）。但是，他未将在履行地脱逃的公牛在第 854 条第 1 款的意义上自愿交付给 M 或其伙计（第 855 条），也就没有达成合意。[2] 因此，不存在第 362 条第 1 款中的清偿。 8

(4) 中间结论

因此，L 作为债务人依据第 275 条第 1 款免于负担给付义务，以致同时满足了第 326 条第 1 款的前提，M 原则上无须支付价金。 9

3. 根据第 326 条第 2 款第 1 句第 1 种情况维持请求权

然而，只要 M 对导致 L 免于给付的情事承担全部或主要责任，L 的价金请求权仍可依据 326 条第 2 款第 1 句第 1 种情况存续。 10

---

〔1〕 Medicus/Petersen, Rn. 445.
〔2〕 如果作为占有辅助人为一方或双方当事人行事，则存在第 929 条第 1 款意义上的交付，Palandt/Bassenge, §929 Rn. 15。

(1)债权人 M 的可归责性

11 　　M 对给付障碍的可归责性可能源于 M 找来了 J,而 J 根据指示击毙了 O。与债权人的可归责性究竟以何为标准的问题无关[3],本案原则上只涉及导致免于给付情事的故意行为,因此,即便根据最严格的观点,即要求类推适用第 276 条及以下条文[4],可归责性也是存在的。就此而论,是否以 J 射杀为准,并类推第 278 条,将其归责于 M,或者是否仅以导致这一切发生的 M 呼召(等于委托)J 的行为为准,并不起决定作用。

(2)作为可归责性前提的客观的违法行为和违反义务行为

12 　　然而,类推第 276 条的可归责性始终以客观上的违法行为或违反义务行为为前提。[5] 因此要问 M 是否实施了这种行为。怀疑来自给付不能的真正原因是公牛的"醉酒",而这是由 L 这边的 Z 引起的。因为 O "醉酒",若不射杀,造成人身和财产损害的潜在危险可能实现。因此,射杀是避免危险所必需的,因 O 死亡产生的损害和高位阶的他人的健康法益相比,亦非显失比例。因此,第 228 条意义上的紧急避险成立,排除了射杀的违法性。欠缺射杀 O 的违法性(或合同当事人 M 和 L 之间的义务违反性),因而无须考虑 M 的可归责性。[6]

(3)结论

13 　　M 对 L 免于给付无须负责。

---

[3] 就此展开的详述参见案例 12,Rn. 7ff.。

[4] Jauernig/Stadler,§326 Rn. 14 m. w. N.;Larenz I,§25 III.

[5] Hk/Schulze,§276 Rn. 3;Palandt/Grüneberg,§276 Rn. 10;Soergel/Wolf,§276 Rn. 41, 51. 如果不法性存在,但行为人并无对不法性的意识时,会产生进一步的问题:不法意识是不是故意的必备要件,以至于若行为人认为自己的行为正当时,故意就不成立。所谓故意说(Vorsatztheorie),Palandt/Grüneberg,§276 Rn. 11 m. w. N. 对判决的参引;与之相反,有责说(Schuldtheorie)认为不法意识是外在于故意,与之并存的独立债之要素,以致缺乏不法意识不影响故意,且只有在不可避免时方让债务消灭,就该争议的详细阐述参见 MünchKomm/Grundmann,§276 Rn. 158ff. 及 Soergel/Wolf,§276 Rn. 55 中对不同观点的大量参引。

[6] 因此,无须进一步探讨主要责任的问题,就此参见案例 11。

4. 根据第 447 条第 1 款请求权存续

当免于给付发生时,价金风险偏离第 326 条第 1 款第 1 句的规定,已经根据第 447 条第 1 款移转给了 M,则价金请求权同样可以存续。本条之适用与 474 条第 2 款第 2 句无悖,因为出售 O 是 L 和 M 的营业行为或自由职业行为,双方均应依第 14 条第 1 款按经营者对待。因此,不存在第 474 条第 1 款第 1 句意义上的消费品买卖。

14

(1) 寄送买卖

首先,本条以寄送买卖为前提,其发生以 L 的义务内容为准。在寄送之债中,出卖人尽管不承担运输义务,但至少承担将物发送到履行地之外的其他地点的从义务(Nebenpflicht)。[7] 当事人是否在本案中约定了寄送之债,只有通过解释其意图方能获知。在解释合同履行地的选择时,应考虑到该选择是由当事人所欲的风险负担规则共同决定的。[8]

15

① 往取之债

根据第 269 条第 1 款和第 3 款,在有疑义时,应认定为往取之债。往取之债最初是存在的,但是 L 在合同缔结后——当然这是可能的(第 311 条第 1 款)——又表示愿意运输。因此,不(再)存在往取之债。

16

② 赴偿之债

反对赴偿之债的理由是,在本案这种情况中,通常是由牲畜商自己领取牲畜的。此外,L 只是应 M 缔约后的请求,出于好意表示愿意运输。因此,L 当然不愿意承受运输途中公牛因意外灭失根据第 326 条第 1 款第 1 句丧失价金请求权的风险。所以赴偿之债不成立。

17

③ 寄送之债

因此,本案明显成立寄送之债和寄送买卖。L 既未在买卖合同

18

---

[7] Palandt/Weidenkaff, §447 Rn. 6.
[8] Esser/Weyers, §8 III 3a.

的从义务中,也未在特别的委托合同中承担运输的义务[9],仅仅是基于好意承担了运输。这一切在真正的买卖合同缔结之后才发生,所以最初根据第269条第1款的法定规则仅是往取之债的事实无损于这一结论。M作为买受人可以在合同缔结后提出寄送的要求(此时是根据第311条第1款的变更合同)。[10] 因此,寄送之债成立。

(2)交付给承运人

19　　原则上,L必须承受了将公牛交付运输(铁路、承办货运人、运输公司)[11]的主义务或从义务。风险在交付给承运人时起移转。L已将公牛交给了雇农Z,由其运往M处。因此,该前提原则上满足。

(3)第447条适用于自己人运输的可行性

20　　L并非让第三人运输公牛,而是出于好意[12]亲自或让自己人来运输。第447条能否适用于自己人运输的情形,构成了下列观点争论的对象:

①反对的论辩

21　　该观点[13]认为第447条第1款不能适用于"自己运输"的情形。其理由是根据第447条第1款的文义,必须由独立的承揽人来运输。该规则的基本思想是买卖物在交付给承运人后就脱离了出卖人的控制范围。独立的承运人通常承担严格的责任且监控着运输过程。这与出卖人的自己人运输是不同的,因为物尚在出卖人的控制范围内。此外,该规则作为第326条的例外,应作严格解释。除此之外,立法史,尤其是此前的规则也支持这一观点。如果采该观点,则第447条

---

[9] Larenz II/1, §42 II c a. E.
[10] Palandt/Weidenkauff, §447 Rn. 9.
[11] Palandt/Weidenkauff, §433 Rn. 36.
[12] 尽管负有义务,L仍不想承担运输途中意外灭失的风险。因此,会产生这样的争议问题,即第447条是否适用于自己人运输的情形。
[13] KG OLG Rspr. 20, 174; G. Hager, Die Gefahrtragung beim Kauf, 1982, S. 82; Medicus/Petersen, Rn. 275; Medicus/Lorenz II, Rn. 57; Soergel/Huber, §447 Rn. 35ff.; Wertenbruch, JuS 2003, 625, 629. 就国内交易亦可参见Jauernig/Berger, §447 Rn. 12。

不可适用。法律后果仍依第 326 条第 1 款第 1 句确定,L 不再享有价金请求权。

②支持的论辩

与此相反,还有一种尚鲜有人支持的观点[14]认为类推适用第 447 条第 1 款于自己运输是可能的。运输人并非第 278 条意义上的履行辅助人[15],所以在自己人运输时也应排除第 280 条、第 283 条(或旧法第 325 条)的适用。[16] 第 447 条的文义仅表明立法者只考虑了一种情形。第 447 条第 1 款的基本思想是不应让出卖人承担更久的风险,因为他所为的是实际并未负担的给付。这点亦适于自己运输,丝毫未改变其为寄送之债。[17] 此外,出卖人通常会选择独立的承运人。在交付给每个承运人后,就不存在可能成立过错责任的照管义务了。如果依循这一观点,则第 447 条第 1 款在本案中至少是可以类推适用的,其结果是价金风险已移转,因为 L 将 O 交付给了承运人 Z。结果是价金请求权存续。

③不同的观点

通说[18]原则上将第 447 条适用于自己运输,然而仅仅是在出卖人对买卖物的毁损灭失无须负责,即因意外灭失[19]时,按照其风险负担规则的性质适用。由自己人运输时可适用第 278 条,这与由独立

---

〔14〕 Enneccerus/Lehmann, §103 II 3b, c, S. 418; Oertmann, §447 Anm. 4b; Planck/Knoke, BGB, 4. Aufl., 1928, §447 Anm. 2c γ. 亦可参见 RGZ 96,258 = JW 1919, 992f. m. Anm. Hachenburg; Faust, DB 1991, 1556。

〔15〕 就第 278 条参见下文边码 44 及以下。

〔16〕 Faust, DB 1991, 1561; Enneccerus/Lehmann, §103 II 3b, c, S. 418。

〔17〕 Faust, DB 1991, 1558。

〔18〕 OLG Nürnberg DB 1968, 478; Brox/Walker, BS, §3 Rn. 29; Emmerich, BGB-Schuldrecht Besonderer Teil, 12. Aufl., 2009, §3 Rn. 28; Erman/Grunewald, §447 Rn. 10; Esser/Weyers, §8 III 3c; Fikentscher/Heinemann, Schuldrecht, 10. Aufl., 2006, Rn. 825; Hüffer, JuS 1988, 123, 130; Larenz II/1 §42 II c, S. 103; MünchKomm/Westermann, §447 Rn. 14ff., RGRK/Mezger, §447 Rn. 9; Staudinger/Beckmann(2014), §447 Rn. 23, 39;其他观点 Palandt/Weidenkaff, §447 Rn. 4 n. 12。

〔19〕 MünchKomm/Westermann, §447 Rn. 16。

承运人运输不同。即便寄送的出卖人不负有运输义务,事实上承担运输仍然会产生谨慎从事的义务,因为其施加影响的可能性会产生第 241 条第 2 款的照管义务(Obhutspflicht)。与第 664 条第 1 款第 3 句的类同亦可支持该观点。最后,任何一方当事人不应比由独立承运人运输时的处境更好或更坏。买受人至少可以通过第三人损害清算[20]对承运人享有可实现的损害赔偿请求权或《商法典》第 421 条的请求权。因此,在有过错时,仍需保有对出卖人的请求权。由此可见,根据通说,第 447 条第 1 款的适用与否取决于 O 是否因意外灭失。

④本人观点

24　　上述观点阐释了直至 2001 年底有效的一般给付障碍法的一个重要部分。[21] 在现在的债法中,当债务人根据第 275 条免于给付时,对待给付请求权始终根据第 326 条第 1 款第 1 句消灭。债务人对其免于给付是否需负责是无关紧要的。这在第 447 条中只是作为消极事实构成,且在第 280、283 条的损害赔偿中有作用。就此而论,债法改革丝毫没有改变争议,不过是将其归入第 447 条(且在下一个检验点)。其决定取决于第 447 条第 1 款究竟应规范什么。尽管文义与运输的风险没有直接关联,但该条实与运输的风险相关,所以不取决于承运人的经济地位。由此可见,与第一种观点相反,第 447 条第 1 款原则上可适用于本案。

(4)损害移转的偶然性

25　　因为第 447 条第 1 款说的是风险,所以该条文以损害移转的偶然性为前提,且仅仅规范了其后果。[22] 因此,该规定的前提是作为消

---

　　[20]　Palandt/Grüneberg, Vorbem. zu § 249 Rn. 105ff.
　　[21]　根据旧法第 323 条第 1 款,只有在债权人和债务人皆不对不能的发生负责时,对待给付请求权才会消灭。第 447 条就该情况创设了一个例外。因为,否则的话,只要不想从未提及此种情况的第 447 条中推断出其不可适用性,就会以旧法第 325 条为据。尽管该争议置于第 447 条处,但是真正的争议是在寄送买卖中,用自己人运输是否适用第 278 条。
　　[22]　Palandt/Weidenkaff, § 447 Rn. 15.

极要件的L对买卖物灭失无须负责。

①L自己的过错

L的自己过错(第276条第1款第1句)不成立,因为他没有亲自去运输,且挑选了合适的承运人,即他选的是数十年来忠实可靠的Z。

②对Z之过错的可归责性,第278条

可是,在Z是L的履行辅助人,即基于L的意识和意愿将Z用于履行自己对M负担的债务时,L会依第278条为Z的过错负责。[23]这取决于将公牛O运往米斯巴赫是否为L的债务。如已经确认的那样,此处仅有寄送之债,所以L并无义务运输,而仅仅是其受托之事。

A. 第278条在寄送之债和自己运输中的可适用性

尽管运输并非L的义务,因为他只是出于好意承担了运输,但根据通说,需要考虑公牛仍在L的控制范围内,且其毙命可追溯到L风险范围内的原因。支持该观点的理由之一是:不然的话,寄送的买受人将丧失其在第三人运输时本可依据第三人损害清算或改革后《商法典》第421条享有的请求权。另一个理由是:该情形和通常的往取之债中买受人的受领迟延类似。买卖物同样比正常的合同进程更久地待在出卖人的控制领域内。因为即便在买受人受领迟延时,尽管出卖人无法影响买受人取货,他仍在第300条第1款的限度内有义务谨慎照管买卖物,而在寄送买卖中让出卖人对买受人承担照管尚未移转所有权的买卖物义务是合适的。[24] 如第二种观点认为的那样,第447条第1款应排除第241条第2款的义务,这一论点从该条文及其作为风险负担规则的特性中无法推出。所以应依循通说。

在本案中,L因委托其雇员Z运输O而负有谨慎的义务。[25] 他

---

[23] Palandt/Grüneberg, § 278 Rn. 7 m. w. N.
[24] 根据其他观点,如同用独立的运输企业运输一样,此处不适用第278条,Faust, DB 1991, 6, 1558ff. 。
[25] 通说,Bamberger/Roth/Unbearth, § 278 Rn. 28 m. w. N。

让 Z 来履行这一合同上的从义务。Z 因此是 L 的履行辅助人。让 O 醉酒是 Z 违反了第 241 条第 2 款意义上的照管义务及在履行中的注意义务。

B. 履行辅助人的过错

30　　接下来要检验的是：就将"醉酒"的公牛交付给 M，Z 是否有过错地违反了注意义务。因为 Z 必须考虑到 O 因喝了不寻常数量的酒有可能变得有攻击性和大吵大闹，且他自己也没有醉到如此严重的程度，以至于无法意识到这些。他在移交公牛时没有尽到必要的注意，有过失地违反了（准用第 276 条第 2 款的）注意义务。

C. 减轻的责任标准？

31　　需考量的是：L 是否可偏离第 276 条的规定，仅对未尽到管理自己事务的注意（第 277 条）负责，因为他仅是出于好意，而非基于法律义务而承担注意义务，且 O 在运输期间的所有权仍属于 L。[26] 如此一来，L 将仅在 Z 违反了 L 管理自己事务必要的注意时负责。因为让依经验可知不胜酒力的种牛喝下这么多酒，明显违反了动物承运人的义务，Z 有重大过失[27]，根据第 277 条，L 在自己行为时亦需负责。因此，Z 的过错无论如何都要依第 278 条归属于 L，且在结论上，可对情谊行为中是否始终要在此意义上减轻归责标准搁置不论。

③中间结论

32　　第 447 条第 1 款必需的意外并不存在。

5. 结论

33　　第 433 条第 2 款的请求权依据第 326 条第 1 款第 1 句消灭。看不出 L 和 M 之间还有其他请求权基础。

---

[26] Kuchinke, FS H. Lange, 1992, S. 259, 272；其他观点 Staudinger/Beckmann（2014），§ 447 Rn. 39。

[27] 因此，就情谊行为中仅是最轻过失，还是任何形式的轻过失皆可排除责任的问题，可搁置不论。

(二)案件变型:L 依第 433 条第 2 款对 M 的请求权

L 可能再次有要求 M 为 O 支付价金 2 万欧元的请求权,其基础为第 433 条第 2 款。 34

1. 请求权成立

该请求权因买卖合同的缔结而成立(参见上文边码 2)。 35

2. 根据第 326 条第 1 款第 1 句请求权消灭

该请求权可能根据第 326 条第 1 款第 1 句复归消灭。就此而论,本案和初始案例间原则上并无区别。 36

唯需考量的是,给付不能是否因此前已经履行了第 433 条第 1 款第 1 句的义务而不发生,因为 L 已经依第 931 条将 O 的所有权移转给了 M。依据第 931 条移转所有权以此前的所有权人 L 的可转让的返还请求权为前提。该请求权可源于 L 和 E 之间缔结的保管合同(第 695 条第 1 句)。然而,不能从案件事实中推出 M 和 L 之间有立即移转所有权的意思。 37

因此,此处仍属于给付不能和依第 326 条第 1 款第 1 句消灭请求权的问题。 38

3. 依第 326 条第 2 款第 1 句第 1 项维持请求权

如初始案例中讨论的那样,该事实构成不满足。(参见上文边码 10 及以下)。 39

4. 依第 447 条第 1 款维持请求权

当免于给付时,若价金风险偏离第 326 条第 1 款第 1 句的规定依照第 447 条已经移转给 M,L 的价金请求权仍然存续。因为不存在第 474 条第 1 款第 1 句意义上的消费品买卖,第 474 条第 2 款第 2 句不构成本规范适用的障碍。 40

(1) 寄送买卖

41 　　如初始案例所示,当事人间未约定赴偿之债。L 不负有运输的义务,而仅仅是表示会照管运输给 M 的事。

(2) 从他处发送时第 447 条的可适用性

42 　　根据文义,第 447 条第 1 款适用于出卖人应买受人的要求将买卖物寄往清偿地(等于履行地)之外的其他地点的情形。寄送是存在的,但需发送的公牛不在履行地兰格瑞斯(第 269 条第 1 款和第 2 款),而是在艾尔丁。因此会有这样的问题,即第 447 条第 1 款是否也包括从非履行地的其他地点发送的情形。由于文义在这一问题上显得很模糊,所以该问题是有争议的。

①第 447 条第 1 款的文义

43 　　一种观点[28]认为依第 447 条第 1 款的文义,风险移转的唯一前提是出卖人应买受人的要求向履行地之外的特定地点发送。只有在买受人完全不必预料到该发送且会显著提高运输风险时,风险移转才被排除。如果遵从这一观点,则 O 究竟在艾尔丁还是在兰格瑞斯都是无关紧要的。M 作为买受人已经同意这种发送,因为他想尽快得到 O。因此,第 447 条第 1 款原则上可适用。

②不同观点

44 　　根据通说[29],第 447 条第 1 款在由他处发送时原则上不可适用。这一规范只涉及从清偿地(Erfüllungsort),即履行地(Leistungsort)(第 269 条第 1 款)起始的发送。若买卖物从第三地起始,经由履行地运输,则第 447 条第 1 款仅从买卖物到达履行地开始适用。[30] 此外,债

---

[28] LG Köln NJW-RR 1989, 1457f.; Soergel/Huber, §447 Rn. 20f.; Pallasch, BB 1996,1121; Wertenbruch, JuS 2003, 625, 627.

[29] BGH NJW 1991, 915; Palandt/Weidenkaff, §447 Rn. 13; Staudinger/Beckmann (2014), §447 Rn. 15.

[30] OLG Koblenz NJW 1948, 477,479; Staudinger/Beckmann(2014), §447 Rn. 15.

权人同意由第三地发出,会引起风险移转。[31] 本案中,O 并非从艾尔丁途径兰格瑞斯运往米斯巴赫,然而,M 因为想立刻得到 O,同意从艾尔丁起运。因而没有理由认为此处不应适用第 447 条第 1 款。

由于两种观点都会得出同一结论,就无须就争论作出决断了。第 447 条第 1 款在本案中亦可适用。 45

提示:若因债权人对从第三地发出不知情而需就该争论作出决断,应赞同通说的观点,第 447 条第 1 款与往取之债相比,旨在消除债务人的运输风险,且债权人因此仅需要承担从履行地到清偿地的运输风险。只要债务人尚需从第三人处取得买卖物,且需将其从他处运往债权人处,就至少会发生部分提高的运输风险,这是第 447 条第 1 款的立法目的并未涵盖的。因为债权人通常无法影响债务人从何处取得给付标的物,所以让他承担债务人(内部经营)风险是不公平的。当然,自买卖物从履行地点经过时开始就和从履行地直接发送的寄送之债没有什么区别了。如果如本案当中那样,债权人自始就知悉发送的情况并完全同意,那么就不存在特别的保护需要了,以至于第 447 条第 1 款同样可以适用。这种同意可以从例如"从工厂发送""从仓库发送"的条款中推出。[32] 46

(3)交付给承运人

L 让第三人,即一个运输商运输公牛,O 也交付给了运输商。 47

(4)意外灭失

因为第 447 条第 1 款规定了"风险移转",所以这取决于公牛是否在运输途中因意外灭失。O 的死亡是出人意料的,也就是源于自 48

---

[31] RGZ 111,23;BGHZ 113,106;BGH NJW 1965,1324;1991,915f.;MünchKomm/Westermann,§447 Rn. 5;Palandt/Weidenkaff,§447 Rn. 13.

[32] OLG Hamburg MDR 1947, 62;MDR 1948,15;LG Bremen MDR 1947,61;Jauernig/Berger,§447 Rn. 8;Staudinger/Beckmann(2014),§447 Rn. 15.

然原因,而非(可能因过错引起的)事故。

(5) 中间结论

49　　根据第 447 条第 1 款,(价金)风险在交付给运输商时移转给了 M。

5. 结论

50　　因此,L 可以根据第 433 条第 2 款继续要求 M 给付价金。

案例11 徒然的尝试

[根据联邦最高法院,《新法学周刊》2000年,第2342页(《联邦最高法院民事判决集》第163卷,第381页)的案例改编]

一、案件事实

女医生安娜(Änne,Ä)为了在四旬斋前的星期一(Rosenmontag)庆祝自己的44岁生日,租了卡西米(Kasimir,K)的酒馆。该日前夜,酒馆烧毁,起因是K忘了关炉子。Ä没法获得代替的房间。因此,Ä取消了聚会,通知为此受邀的乐队(Bandidos,B)不必再来。Ä问:自己是否需要向B支付约定的5000欧元,若如此,能否从K那里获得该笔钱的赔偿。乐队成员就住在附近,找不到其他的演出机会。正当Ä考虑之际,她因涉嫌从事不法麻醉品交易而被拘留。

1. B对Ä是否有请求权?

很快Ä就被证明是清白的。重获自由后,Ä向瓦伦汀(Valentin,V)租了老房子中的一个房间,用于开诊所。她需要比从前更大的空间来经营诊所。租赁合同从4月1日开始,租期10年,Ä有延长的选择权。月租1000欧元,但头5年内的月租减为500欧元,因为Ä要为(租期开始前)装修这些房间支出75000欧元。Ä打印了有诊所地址的信笺、名片和处方单。3月25日,她验视了装修的成果,装上了诊所的招牌。但她尚未获得钥匙。

3月31日,V封堵了房子的入口,并将诊所招牌扔进垃圾堆。他告诉Ä自己很快就能以梦想中的价格将这块土地卖给投资者,而他有义务清空土地。Ä必须另寻他处。Ä要求V 4天内让房屋入口恢复原状,并交付钥匙。V拒绝了Ä的要求。Ä的律师在4月1日对V发出的内容相同的传真也没有起作用。因此,Ä在4月2日找了中介马克(Marco,M)。出人意料的是,到4月10日止,她租用其他房间的月租为1100欧元。

Ä要求V支付:租用他的房间和其他替代房间之间的租金差值,总计10年;装修其房间和新招牌的费用;此外还有寻找替代房间的中介费以及印制信笺等的开销、将诊所搬进新房间的费用。Ä有准备地指出,她为使用新房间做的准备(含租金差值),所需花费比投资在V的房间和此处的诊所要少。V抗辩称,Ä没有中介也能找到替代的房间,且其无论如何要支付搬迁费。

2. Ä对K和V有什么请求权?

二、前期思考

显而易见的是Ä对K及V的请求权:他们之间缔结了租赁合同,而该合同自始就没有履行。案件的问题在于损害赔偿法,即第249条及以下条文:依据第249条第1款,只有在损害与义务违反之间有相当因果关系时,才可以赔偿。这会导致合同履行(Vertragsdurchführung)中的费用赔偿问题(诸如中介费、融资费、公证费和不动产登记费、安装费),因为这些费用在正常履行时同样会发生,所以不是基于不履行产生的。因履行失败表明这些支出毫无意义,则确实存在信赖损害。[1] 司法实践用所谓营利性推定(Rentabilitätsvermutung)来解决这一损害赔偿法上的问题。因为它是一个漏洞,所以在立法中引入了第284条。此外还应想到:任何损害

---

〔1〕 Vgl. BGHZ 99,182. 198f. m. w. N.

项只能得到一次赔偿;不存在双重赔偿。[2]

三、提纲

【问题1:聚会的复杂情况】
(一) B 要求 Ä 支付 5000 欧元的请求权,基础为第 631
条第 1 款、第 649 条第 2 句 ·················· 1
　　1. 承揽合同··························· 2
　　2. 提供给付··························· 3
　　3. 终止······························· 4
　　4. 结论······························· 5
(二) Ä 针对 K 的请求权,基础为第 280 条第 1、3 款及
第 283 条 ···························· 6
　　1. 债之关系·························· 7
　　2. 根据第 275 条免于给付 ················ 9
　　3. 义务违反·························· 10
　　4. 可归责性·························· 11
　　5. 替代给付的损害赔偿 ················· 12
　　　　(1) 作为给付替代的损害,责任范围因果关系 ····· 13
　　　　(2) 营利性推定? ··················· 14
　　6. 结论······························ 15
(三) 费用赔偿请求权,第 284 条················· 16
　　1. 第 280 条第 1 款和第 3 款意义上的损害赔偿请求权
　　　　成立······························ 18
　　2. 费用支出·························· 19
　　3. 对获得给付的信赖 ··················· 20

---

[2] BGHZ 163,381,386f. = NJW 2005,2848 = JuS 2005,1036.

4. 仅因义务违反而目的落空 ·················· 21
  5. 结论 ································· 22

【问题2：诊所的复杂情况】
(一) Ä 对 V 的替代给付损害赔偿请求权，基础为第 280
  条第 1 款和第 3 款、第 281 条第 1 款 ·············· 23
  1. 债之关系 ····························· 24
  2. 义务违反 ····························· 25
    (1) 届期、可实现的给付义务 ·················· 26
    (2) 未因第 275 条第 1—3 款免于给付 ············ 27
    (3) 作为义务违反的不履行 ·················· 29
    (4) 指定期限和期限徒过 ···················· 30
    (5) 根据第 281 条第 2 款无须指定期限 ··········· 32
      [问题：如果 V 在租期开始前就宣称他不会将房
      间给 Ä 使用，指定期限的不真正义务是否就不
      必要了？]
  3. 可归责性 ····························· 33
  4. 损害赔偿 ····························· 34
    (1) 责任范围因果关系 ····················· 35
    (2) 营利性推定和第 284 条 ·················· 37
      [问题：营利性推定是否在引入第 284 条后依旧
      存在？]
    (3) 根据第 254 条第 2 款第 1 句限制请求权 ········ 41
  5. 结论 ································· 42
(二) 根据第 284 条要求赔偿费用支出的请求权 ·········· 43
  1. 替代给付损害赔偿的前提 ·················· 44
  2. 费用支出 ····························· 45
  3. 信赖能获得给付 ························· 46

4. 仅因义务违反致目的落空,第 284 条第 2 半句 ········ 47
  5. 对第 284 条的目的性限缩 ···························· 49
      [问题:根据其意义和目的,第 284 条是否应限于理
      想性目的落空的情形?]
  6. 结论 ·· 50
 (三) Ä 要求 V 赔偿诊所招牌的请求权,基础为第 280 条
      第 1 款 ·· 52
 (四) 侵权请求权 ·· 53

四、解答

【问题 1:聚会的复杂情况】

(一) B 要求 Ä 支付 5000 欧元的请求权,基础为第 631 条第 1 款、第 649 条第 2 句

B 可能有要求 Ä 支付 5000 欧元的请求权,其基础为第 631 条第 1 款、第 649 条第 2 句。   1

1. 承揽合同

当事人应已签订了第 631 条第 1 款意义上的承揽合同。因为此处 B 不仅有协力的义务,而且作为表演艺人(乐队)还单独允诺登台表演,负有实现第 631 条第 2 款意义上结果的义务。因此,存在乐队登台演出的承揽合同。[3]   2

2. 提供给付

报酬请求权原则上以承揽人提供给付为前提(参见第 641 条第 1 款、第 646 条)。但 B 并未提供给付。   3

---

[3] 就举办活动和登台表演的一般论述参见 Palandt/Sprau, Einf. v. §631 Rn. 29 m. w. N.

3. 终止

4 因为 Ä 根据第 649 条第 1 句已终止了与 B 的合同，B 根据第 649 条第 2 句仍可主张约定的报酬 5000 欧元。根据第 649 条第 2 句第 2 半句需予以扣减的节省的费用支出少得可以忽略不计。用于他处或故意不用劳力所能获取的收入亦可忽略不计。

4. 结论

5 B 可以根据第 631 条第 1 款、第 649 条第 2 句要求 Ä 支付约定的 5000 欧元。

（二）Ä 针对 K 的请求权，基础为第 280 条第 1 款、第 3 款及第 283 条

6 Ä 针对 K 可能有基础为第 280 条第 1 款、第 3 款及第 283 条的请求权。

1. 债之关系

7 Ä 和 K 缔结了合同。从案情中看不出该合同究竟是相关场所的纯粹租赁合同或是包含招待元素的混合合同。因为该合同尚未开始履行，可以搁置其法律性质不论。无论如何，债之关系是存在的。

8 提示：《民法典》中并无"招待合同"（Bewirtungsvertrag）这种合同。它是涉及包含承揽合同（准备餐食）、买卖合同（饮料零售、出售餐巾纸）、劳务（服务）和租赁（房间和设施、杯子、碗碟、刀叉）元素的"混合型"合同。

2. 根据第 275 条免于给付

9 K 应当根据第 275 条第 1—3 款免除给付义务。K 仅有义务提供该旅馆在特定晚上的使用，还可能提供酒馆里一般都有的服务和承揽工作。因为火灾，没有人能够提供上述给付。因此，根据第 275 条第 1 款，K 因给付不能而免除给付义务。

3. 义务违反

K 因自己引起的火灾免于给付,从而无法履行自己的合同义务。　10

4. 可归责性

K 因过失引起火灾,因此,根据第 280 条第 1 款第 2 句、第 276 条第 1 款第 1 句,他应对义务违反负责。　11

5. 替代给付的损害赔偿

因此,Ä 可主张替代给付的损害赔偿,而 Ä 也正是通过对 K 主张该请求权,要求其就最终无法给付的后果予以赔偿。应检验的是,Ä 对 B 承担支付义务之不利是否构成可赔的财产不利,即是否有损害。就此,现已承认,对第三人负有支付义务之不利就已构成财产上的损害。[4]　12

(1) 作为给付替代的损害,责任范围因果关系

应检验的是,Ä 的损害是否要赔偿。根据第 280 条、第 283 条和第 249 条第 1 款,只有和不履行有相当因果关系的损害才会得到赔偿。所谓差额假设也建立在此基础上。差额假设是被用于查知财产性损害的。根据差额假设,应比较致害事件发生后的财产状况和若加害人正常行为时的财产状况得出结果。[5] 因为即使 K 能够正常履行且乐队能演出,Ä 也必须向乐队支付这笔钱,所以此时不存在差额。Ä 的义务在 K 义务违反之前就存在了,终止并未改变该义务(参见第 649 条第 2 句)。K 的不履行仅导致 Ä 对乐队支出的费用变得毫无意义。与少数说不同,根据绝对的通说,徒然支出的费用因和嗣后的致害事件之间没有因果关系,不构成损害。[6]　13

---

〔4〕 BGHZ 57,78,80f. m. w. N. = NJW 1971, 2218; Larenz I, §29 II b, S. 494; Schwarz/Wandt, §22 Rn. 4.

〔5〕 BGHZ 99, 182, 196f. = NJW 1987,831.

〔6〕 BGHZ 99, 182, 196f. = NJW 1987,831; Bamberger/Roth/Schubert, §249 Rn. 25 m. w. N., 亦包括相反观点。

(2) 营利性推定?

14　　也许 Ä 能够援引所谓营利性推定,该推定例外地允许将徒然支出的费用作为损害予以赔偿:出发点是合同的当事人认为给付和对待给付是等值的,其结果是一方当事人为合同执行和利用另一方当事人给付支出的费用,会通过期待的对待给付带来的好处及其可能带来的用益得以填补。[7] 一旦债务人无法给付,债权人因此原则上会有数额上相当于不再能回本的费用支出的损失。债务人可通过证明正常履行时该费用支出也不会获得对等价值,来推翻这一推定。[8] 此外,营利性推定的前提是以营利为目的的交易。因为唯有如此,才能以债权人最终会收回成本为出发点。因此,当合同仅服务于精神目的或私人目的,赔偿徒然支出的费用就始终会被排除。[9] 因为 Ä 是为了举办生日庆祝活动,也就是出于私人目的而和 K 签订合同,所以她不能向 K 请求赔偿 B 的酬金。

6. 结论

15　　因缺乏可赔的损害,Ä 根据第 280 条第 1 款和第 3 款、第 283 条所生的请求权不成立。

(三) 费用赔偿请求权, 第 284 条

16　　但是, Ä 可能有针对 K 的费用赔偿请求权,其基础为第 284 条。

17　　**提示**: 绝大多数观点认为第 284 条是请求权基础。[10] 与此相反,少数说认为第 284 条仅仅是责任范围规范(Haftungsausfüllungsnorm),

---

[7] 一直以来的裁判,例如 BGHZ 71, 234, 238 (买卖); 99, 182, 197 (租赁); 114, 193, 197; BGH NJW 2000, 2342 (租赁)——就营利性推定亦可参照 Medicus/Lorenz I, Rn. 455a; Palandt/Grüneberg, § 281 Rn. 23f.。

[8] BGHZ 143, 42, 46ff.

[9] BGHZ 99, 182, 198.

[10] 支持的有 Brox/Walker, AS, § 22 Rn. 73; Jauernig/Stadler, § 284 Rn. 1; Palandt/Grüneberg, § 284 Rn. 1, 4; 还有 Medicus/Lorenz I, Rn. 455a, 455g。

使得非财产性损害有可能得到赔偿。[11] 在解题中,不应探讨这一问题,仅需决定是采取这一学说还是另一学说。立法材料是自相矛盾的[12],毋宁说不仅条文的文义是失败的,从某些角度看其组织形式也是失败的。[13] 清楚的是该规范以损害赔偿请求权的成立为前提,存在有相当因果关系引起之损害这一要求的例外。这些损害赔偿请求权的基础可以是第 280 条第 1、3 款结合第 281—283 条,或者是第 311a 条第 2 款。[14] 在此范围内,该请求权与非财产性损害的赔偿相去不远。[15] 此外,不管其文义如何,第 284 条也应适用于瑕疵给付。[16]

1. 第 280 条第 1 款和第 3 款意义上的损害赔偿请求权成立

因为该请求权仅在"取代替代给付的损害赔偿"时成立,那么相应的请求权必须成立。[17] 正如上文(边码 6 及以下)确定的那样,原则上其他要件已满足,但欠缺可赔的损害。因为第 284 条恰恰是为这种情形创设的,所以不会以损害为前提。[18]

2. 费用支出

Ä 基于合同约定必须向 B 支付的 5000 欧元是费用支出,也就是自愿做出的财产牺牲。只要支付义务是基于 Ä 的自由决定产生

18

19

---

[11] 如此认为的有 Canaris, JZ 2001, 499, 517; Hk/Schulze, §284 Rn. 1ff.;参照 MünchKomm/Ernst, §284 Rn. 8, 当中区分了为取得利润支出的费用和为其他目的支出的费用,且只有在后者才将第 284 条视为请求权基础。

[12] Begr. zum RegE, BT-Drs. 14/6040, 144(zu §284) 称,该规范给予债权人要求费用偿还的可能;另外,在第 135 页涉及第 280 条的部分,又称该条是除第 311a 条第 2 款之外,给付障碍法中唯一的请求权基础。

[13] 进一步可参考 MünchKomm/Ernst, §284 Rn. 6。

[14] 如此认为的有 AnwK/Ernst, §284 Rn. 6。

[15] Canaris, DB 2001, 1815, 1820; 就以损害赔偿填补徒然支出的费用而言,Canaris 因第 253 条第 1 款,追随 BGHZ 99,182,202 的立场,坚决反对赔偿。

[16] Vgl. AnwK/Dauner-Lieb, §284 Rn. 3, 6f.; MünchKomm/Ernst, §284 Rn. 10.

[17] Vgl. BCHZ 177, 224, 236.

[18] Looschelders, SAT, Rn. 678; MünchKomm/Ernst, §284 Rn. 13.

的，支付义务的存在就和自愿性不冲突。本案正是这种情况。

3. 对获得给付的信赖

20 只有在 Ä 因相信会获得给付而支出费用，且其系属合理时，费用赔偿请求权方可根据第 284 条成立。乐队的义务正是基于计划中的聚会而生，为了该聚会 Ä 才"租"了场地，且因此相信该场地可供使用。Ä 请 B 表演属于合理支出。

4. 仅因义务违反而目的落空

21 最后，这些费用支出必须仅因 K 的义务违反而提前变得毫无价值，因为只要该费用支出即便在合同正常履行时亦不能实现其目的，该请求权依第 284 条的最后半句就将被排除。Ä 因其他原因无论如何都没法举办聚会恰恰属于这种情况。这也同样适用于出于纯粹消费目的或精神目的的支出费用的情形，第 284 条允许赔偿相关损害。[19]结果 Ä 无论如何都会因拘留而取消聚会。即便酒馆不被烧毁，而 K 能够在四旬斋前的星期一向 Ä 提供场地，也会因其被拘留而无法举办聚会。Ä 在这种情形也仍需向 B 支付约定的报酬。因此，在 K 义务违反和 Ä 的费用支出的徒然性之间缺乏因果关系。

5. 结论

22 即便根据第 284 条，Ä 也不能要求 K 赔偿向 B 支付的报酬。

【问题 2：诊所的复杂情况】

（一）Ä 对 V 的替代给付损害赔偿请求权，基础为第 280 条第 1 款和第 3 款、第 281 条第 1 款

23 Ä 对 V 的替代给付损害赔偿请求权可能源自第 280 条第 1 款和第 3 款、第 281 条。因为 V 尚未将出租场所交给 Ä 使用，第 536 条及

---

[19] Palandt/Grüneberg, §284 Rn. 7.

以下条文不应优先适用。[20]

1. 债之关系

第 280 条第 1 款要求的债之关系存在于 Ä 和 V 之间缔结的租赁合同中（第 535 条）。

2. 义务违反

V 须曾违反租赁合同中的义务。

（1）届期、可实现的给付义务

根据第 535 条第 1 款，V 作为出租人，从 4 月 1 日开始，有义务将房屋以适约的状态交 Ä 使用 10 年。该请求权自 4 月 1 日起届期。看不出 V 有何抗辩权。

（2）未因第 275 条第 1—3 款免于给付

假如 V 的给付义务嗣后依第 275 条第 1—3 款消灭，且其给付不可补正，则第 281 条第 1 款第 1 句的前提不再满足（亦可参考第 283 条）。因此要检验的是，V 移交房间供使用的义务是否自 3 月 29 日起发生第 275 条第 1 款意义上的给付不能且因此消灭。

赞同的观点认为：第 535 条第 1 款规定的使用让渡是真正的继续性义务，需持续得到履行。如果在一定时段内没有履行，则因时间的经过而无法补正；在不履行的时段内发生暂时的[21]及一段时间内的不能（vorübergehende bzw. zeitweise Unmöglichkeit）。将来不一定发生不能，因为真正的继续性履行——如 V 负担的交付房间供使用的义务——是有可能实现的。尽管房屋卖给了投资者，仍是如此。租赁关系因第 578 条第 2 款和第 1 款、第 566 条会随所有权移转概括移转给投资者。结果上，本案利益状况下的一段时间内给付不能应和部分不能同样处理。就部分不能，根据第 283 条第 2 句，应准用第

---

[20] Palandt/Weidenkaff, §536 Rn. 6.
[21] 此处的概念是尴尬的，因为暂时的不能通常是指另一种情况，参见案例 30，边码 5,14ff.。

281 条第 1 款第 2 句、第 3 句和第 5 款的规定。原则上，Ä 只能根据第 280、283 条要求不履行期间的替代给付损害赔偿。只有在一段时间内的不履行导致将来提供租赁房间使用也会利益尽失时，才可因一段时间的不履行要求替代全部给付的损害赔偿。因为该建筑物还存在，V 只需如 Ä 要求的那样清除障碍物，此处未见利益尽失。因此，Ä 不可根据第 283 条，而只能通过第 281 条第 1 款要求替代全部给付的损害赔偿。

(3) 作为义务违反的不履行

29　　V 并未遵守自 4 月 1 日起移交房间以供使用的义务，并因该不履行违反了租赁合同中的义务。

(4) 指定期限和期限徒过

30　　根据第 281 条第 1 款第 1 句，替代给付的损害赔偿原则上以指定期限为前提。Ä 为 V 指定了在 4 天内恢复到适约状态的期限，该期限徒过。尚需检验的是指定的期限长度是否合理。应当给债务人最后一次机会，将已经开始的给付完成[22]；因此其长度取决于个案的情况。因为 V 只是需将堵塞的墙壁拆除，Ä 设定的 4 天期限是足够且合理的。该期限徒过了。

31　　　　**提示**：此外，若期限过短，则需以合理的期限替代之。[23]

(5) 根据第 281 条第 2 款无须指定期限

32　　尽管 Ä 已经有效地指定了一个合理的期限，但是 V 早在 3 月 31 日就对该指定期限回应说，他已经出售并要清空该房屋。因此，他已经终局并严肃地拒绝了履行自己的合同义务，由此导致指定期限根据第 281 条第 2 款变为没有必要。有疑问的是在 4 月 1 日届期前拒绝给付是否会有影响。根据第 281 条第 1 款第 1 句的文义，要求损害赔偿的前提尚未满足。然而，届期前拒绝给付在第 323 条第 4 款这

[22] BGH NJW 1982,1279,1280；NJW 1992,235.
[23] Begr. zum RegE, BT-Drs. 14/6040, 138；旧法参见 BGH NJW 1985, 2640 m. w. N。

一与之类似的解除规范中有规定,其内容为:当解除的条件无疑会满足时,届期前也可以解除。第 281 条缺乏这样一条特别规定,却没有显然可见的理由。由于看不出有什么实质理由会作出与之不同的规定,2002 年债法改革前法律就已经承认期前拒绝给付会引起不履行的损害赔偿,立法者也无意更改这一立场,所以可认为其为无意的规范漏洞。因为第 323 条第 4 款在利益状况上的可比性,可将其规则类推适用于第 281 条。[24] 因此,Ä 可以不必等到期限经过或届期,而是自 3 月 31 日起,就可以要求替代给付的损害赔偿,这是有意义的,因在期限经过前的 4 月 2 日她就委托中介了。

3. 可归责性

根据第 280 条第 1 款第 2 句,当债务人无须在第 276 条第 1 款的意义上对义务违反负责时,损害赔偿不发生。因此,债务人必须在有客观义务违反时自证免责。因为 V 砌墙将通往 A 租用的房间的入口堵住了,即故意不再履行,V 就无法免责了。因此,V 对不履行是可归责的。

4. 损害赔偿

因此,Ä 可以根据第 280、281 条,要求 V 赔偿自 3 月 22 日起不履行给其造成的财产损失。

(1)责任范围因果关系

根据第 280 条第 1 和第 3 款、第 281 条第 1 款结合第 249 条第 1 款,只有与具体义务违反有相当因果关系的损害才可以得到赔偿,本案中正是未交付租赁房间以供使用。如果 V 正常履行,将房间交 Ä 使用,Ä 就不必另寻新房。这样一来,Ä 就本无须委托 M 并支付酬金,也不会产生再次打印信笺的费用。最后,Ä 也本只需支付和 V 约

---

[24] 通说,Looschelders, SAT, Rn. 619, 707; Palandt/Grüneberg, §281 Rn. 8a m. w. N.;其他观点 Medicus/Lorenz I, Rn. 494;通知终止合同作为违反给付忠实义务(第 241 条第 2 款),产生第 282 条的后果。第 282 条涉及债务人准备履行的案例,反对这一观点。

定的 10 年间的租金,而不必支付更高的租金。因为租赁关系设定了期限,所以在租期届满前 V 不得预告终止租约(依据第 542 条第 2 款),因此排除合法替代行为。上述损害项当然都是可赔的。

36　　然而,有疑问的是:装修从 V 租来的房间和搬迁支出的费用是否同样可赔。因为这些费用即便在 V 正常履行时也会发生,它们并非因义务违反而生。类似的问题出现在诊所广告牌上,其损失并非因为不履行租赁合同,而是因广告牌被摘除并弃置在垃圾堆里造成。

(2)营利性推定和第 284 条

37　　有疑问的是装修从 V 租来的房间支出的费用在营利性推定观点(上文边码 14)下是不是可赔的。因为 Ä 本可以使用 10 年装修好的房屋,并在一定时间内只需缴纳扣减过的租金,因此可以从这点出发,即装修的费用应该会被摊提。所以,装修费是可以得到赔偿的。然而,有疑问的是,这一早在以前的债法中就发展起来的推定,在 2002 年起生效的债法中是否仍然是允许的。第 284 条规定的择一关系(取代替代给付的损害赔偿)可能将徒然支出费用的赔偿和替代给付的损害赔偿对立起来。[25] 因为立法者希望通过第 284 条让徒然支出费用的赔偿有可能独立于营利性推定。[26] 因此,第 281 条和第 284 条的择一关系看上去是其保留的信赖损害与积极利益之间区别的结果。[27] 因此,Ä 只能要么请求替代给付的损害赔偿,要么根据第 284 条请求徒然支出费用的赔偿,但不能将后者作为损害要求赔偿。

38　　与此相对,通说认为在替代给付损害赔偿的范围内适用营利性推定仍是很有可能的,因为创设第 284 条不过是为了避免方法上的不诚实(Methodenunehrlichkeit),并填补对精神目的之费用支出(Auf-

---

〔25〕 AnwK/Dauner-Lieb, §284 Rn. 5; v. Wilmouski, JuS 2002 Beilage 1,10,15.
〔26〕 Begr. zum RegE, BT-Drs. 14/6040,143.
〔27〕 Canaris, JZ 2001, 499, 517;就可选择性的边界参见 Gsell, NJW 2006,125f. 。

wendungen zu ideellen Zwecken)的保护漏洞。[28] 唯有在债权人主张失去摊提机会时,营利性推定才会起作用,而非在对其他损害赔偿的要求中。[29] 只要债权人——如在买卖合同的返还清算中——主张替代全部给付的损害赔偿(第281条第1款第2、3句,第4款),剩下的问题不过是营利性推定在第281—283条的范围内继续适用。因此,应追随绝对的通说。[30]

因此,Ä原则上可以通过营利性推定要求赔偿最初装修的费用,因为该费用在10年租期——尤其是在5年内扣减租金——是会得到摊提的。相反,为未成功搬到V房间要支出的费用不能得到赔偿,因为该费用尚未发生,且即便没有V的义务违反,Ä也要支付这笔费用。此外,应注意:替代给付的损害赔偿应让债权人处于他得到债务人正常履行时的状态。如果他仍要求替代措施的赔偿(此处:租用替代的房间及其他)或丧失的利润,则他当然要承担徒然支出的费用,不然他的处境就会优于正常履行之时。本案中,考虑到后续的发展——租用替代的房间——获得租金差价、重新打印费用的赔偿对于赔偿Ä遭受的不利是充分的。租金差价、重新打印费用等都和不履行之间有相当因果关系。Ä因最初装修并未遭受可赔之损害,因为费用支出并非由不履行形态的义务违反引起;Ä不可得到双重赔偿。[31] 只要徒然支出的费用高于租用替代房间支出的额外费用,Ä就可以转而选择第284条的请求权,以获得经济上尽可能有利的结果。

39

提示: 在极端案例中,是否可通过目的性限缩废弃法律规定

40

---

[28] Canaris, JZ 2001, 499, 517; Bamberger/Roth/Unberath, §281 Rn. 46, §284 Rn. 4 m. w. N.; Medicus/Lorenz I, Rn. 455a; MünchKomm/Ernst, §284 Rn. 35.
[29] BGH NJW 1999,3625,3626.
[30] MünchKomm/Emmerich, Vorbem. zu §281 Rn. 38ff.; MünchKomm/Ernst, §284 Rn. 35; Palandt/Grüneberg, §281 Rn. 23f.
[31] BGHZ 163,381,386f. =NJW 2005, 2848 = JuS 2005, 1036.

的在损害赔偿与费用赔偿之间的择一关系,可置而不论。[32] 同样不明确的是:当营利性推定影响第 280 条第 3 款时,是否只有在有营利驱动的目的时,第 284 条才赋予债权人以请求权。换言之,如果交易对债权人而言在经济上是不利的,费用支出的目的是否在第 284 条第 2 半句的意义上落空,是有争议的。绝大多数观点肯定其是落空的,其依据的是营利性推定思想。[33] 其代表学者主张抽象地以导致合同缔结的营利性目的为准。假如债权人缔结合同只会遭受损失,那么他就不能通过第 284 条获得费用赔偿。这一观点是否正确,可以质疑,因为第 284 条意欲创设另一种赔偿可能,已经超出了本来意义上的损害赔偿的范围。人们亦可针对具体的使用目的作出调整,这些费用支出在营利性活动的范围内是服务于这些目的的,而合同正是在这些营利性活动中缔结的。[34] 例如,经营者购买一条看门狗,在交付之前,狗因出卖人的过错死亡,就购买狗舍支出费用的可赔偿性并不取决于经营者一般营利与否。具体的营利及摊提狗舍(或购买狗的)支出是很难确定的,因为这最终还取决于狗能否胜任其工作。对一条训练有素的狗而言可以这么认为,但对一条宠物狗(Schoß- und Zierhund)的赔偿而言,就非如此了。

(3)根据第 254 条第 2 款第 1 句限制请求权

41　　尚需检验的是,就中介费而言,Ä 的损害赔偿请求权是否因违反了减少损害的义务(第 254 条第 2 款第 1 句)应予减少。V 已经提出了这一要求。理论上 Ä 最终肯定能找到替代的房间,但是因为事出紧迫——若无诊所场地,其将在很长时间内没有营业收入——引入

---

[32] Canaris, JZ 2001, 499, 517.
[33] MünchKomm/Ernst, §284 Rn. 25; Palandt/Grüneberg, §284 Rn. 7.
[34] 同样这样认为的有 Hk/Schulze, §284 Rn. 2.。

有市场信息的中介人是必要的。请求权不因第 254 条受限制。

5. 结论

Ä 可根据第 280 条第 1、3 款,第 281 条第 1 款,要求 V 赔偿替代给付的损害。她可要求 10 年的租金差价 42000 欧元和为替代房间打印信笺的费用及其他费用。 42

(二)根据第 284 条要求赔偿费用支出的请求权

Ä 还有选择第 284 条,要求赔偿费用支出的可能。 43

1. 替代给付损害赔偿的前提

因为第 284 条将赔偿因义务违反而致徒然支出费用作为替代给付的损害赔偿的替代选择,所以原则上需替代给付的损害赔偿的前提齐备。如上文所述,本案符合该条件。 44

2. 费用支出

Ä 必须已经支付了费用,即蒙受了自愿的财产牺牲。她已经支付了装修和打印的费用,也支出了中介费和搬运费。 45

3. 信赖能获得给付

Ä 必须因相信获得给付而支出费用,且为合理支出的费用。只有与 V 出租房间有关的装修费和打印费符合这一条件。相反,为新房间支出的费用并非相信能获得 V 的给付而支出,不符合这一条件。因此,Ä 原则上可以根据第 284 条要求因相信能够持续使用 V 出租的房间而支出的所有费用。因为案件事实并未提供相反的线索,Ä 可合理地期待这些费用会得到回报。[35] 相反,为替代房间支出的费用和租金差价不在第 284 条赔偿范围之列。 46

---

〔35〕 如果添加合理性要求至少还有意义,且此处不是仅仅重复第 254 条中的思想,如此认为的有 Canaris, JZ 2001, 499, 517。

4. 仅因义务违反致目的落空,第 284 条第 2 半句

47　　最后,该费用支出必须是仅因 V 的义务违反而提前变得一文不值,因为若费用支出因其他原因也会无法实现其目的——特别是当正常履行合同也会因租赁合同本身是亏本的,而无法摊提支出的费用时——则根据第 284 条第 2 半句,请求权不成立。这在畸高的装修费用或其他类似情况中[36]就是如此,但看不出本案中存在这种情形。相反,装修费应通过约定的头五年较低的租金部分得到偿还。因此,费用支出仅仅是因 V 的义务违反而无法实现其目的。[37]

48　　**提示**:相反,费用支出能否"获利",即最终能否给 Ä 带来营利,是无关紧要的。[38]

5. 对第 284 条的目的性限缩

49　　有疑问的是第 284 条是否因目的性限缩而无法适用于基于营利目的的费用支出,因为立法者主要是通过该规范填补债权人精神性目的的支出的保护漏洞。第 284 条的文义已然包括立法者规制目的所不欲包含的内容,而这会导致立法者所不欲的结果。如果根据前述观点(边码 38),让营利性推定在第 280 条第 3 款的范围内存续,则第 284 条的适用并非必要。然而,在营利性合同中适用该规范不会产生有问题的结果,因为一方面由债权人任意决定究竟是要费用支出赔偿还是损害赔偿;另一方面,第 284 条在营利性推定不介入的案件中,因最终的限制并不一定非赋予请求权不可。[39] 然而,从立法资

---

〔36〕 Altmeppen, DB 2001,1399,1404;未履行的犬类买卖和建筑狗舍的合同,详参 Fischinger/Wabnitz, ZGS 2007,139, 141ff.; Gsell, NJW 2006,125,126。

〔37〕 关于机动车的许可费 BGHZ 163,381,388f. = NJW 2005,2848 = JuS 2005,1036;关于铺设瑕疵木板的费用 BGHZ 177,224,236 = NJW 2008,2837。

〔38〕 Begr. zum RegE, BT-Drs. 14/6040,142f. 其他观点 MünchKomm/Ernst, §284 Rn. 25。

〔39〕 BGHZ 163,381 = NJW 2005, 2848 = JuS 2005,1036; MünchKomm/Ernst, §284 Rn. 22ff., 25; Palandt/Grüneberg, §284 Rn. 3 und 7 m. w. N.

料中无法看出第284条在营利性活动中无法适用。相反,债权人应获得一项不依赖营利性推定的请求权,该请求权因与解除、损害及费用赔偿(第325条)的结合而有更大的意义,同时可排除营利性推定的令人质疑之处。[40] 因此,排除目的性限缩。

6. 结论

根据第284条,Ä可依其选择放弃替代给付的损害赔偿,转而要求赔偿全部的费用支出。这些费用是因从V处租房产生的,也就是装修费75000欧元与印制以V出租的房屋为地址的名片和信笺支出的费用。这些可能是更有利的。

提示:第284条内含选择的可能性。人们可从法政策上质疑它,但这无关紧要。其可质疑性只是源自营利性推定的视角,而营利性推定只是作为救急手段而发展起来的。

(三) Ä要求V赔偿诊所招牌的请求权,基础为第280条第1款

因为诊所招牌的灭失,可考虑Ä对V以第280条第1款为据的请求权。[41] 租赁合同当事人之间有债务关系,当事人负有第241条第2款意义上照顾他人权益的义务。摘除和弃置诊所招牌是V违反了该义务,且因其故意要根据第276条第1款第1句对其负责。因为招牌已经不知所踪,恢复原状已无可能,Ä可以根据第280条第1款、第251条第1款要求其赔偿诊所招牌的价值,而不论她此外还有什么路可走。

(四) 侵权请求权

Ä可根据第823条第1款结合第251条第1款要求赔偿诊所招

---

[40] Begr. zum RegE, BT-Drs. 14/6040, 142f.
[41] 此处涉及第280条第1款意义上的"简单的"损害(从前的积极侵害债权)。

牌的价值,因为 V 以自己的行为至少过失地侵害了 Ä 的所有权。

54 　　因为是在出租的房屋入口设置障碍,所以可考虑以第 823 条第 1 款为据的因侵害占有而生的请求权。根据通说,只有合法的占有能够作为第 823 条第 1 款意义上的其他权利得到承认,因此请求权最终以侵害占有权为前提。[42] Ä 对 V 是有权占有和使用出租的房屋的,应肯定侵害合法占有的事实构成充分。该侵害是基于 V 的行为,其行为是不法且故意实施的。可赔偿的是所谓的使用损害(Verwendungsschaden),即因侵害用益可能性而生的损害。因为这在嗣后无法复原,根据第 251 条第 1 款只能考虑赔偿价值。

55 　　此外,根据通说,第 858 条第 1 款是有利于占有人的第 823 条第 2 款意义上的保护性法律。[43] 因为 V 针对 Ä 使用了禁止之私力,亦会从第 823 条第 2 款产生相应的请求权——Ä 在终止租赁关系后,无意主张第 861、862 条的请求权。

---

[42] BGHZ 137, 89, 97f.; Palandt/Sprau, § 823 Rn. 13 m. w. N.
[43] BGHZ 114, 305, 311 m. w. N.

案例 12　被轧扁的摩托车

一、案件事实

V 将一辆二手摩托车以 1000 欧元的价格卖给 K，并称将在次日 18 点将该车交付给 K。V 按照约定，在次日驾车前往 K 处。途中，一辆车突然从很难看到的一个入口窜出，并抢了以正常速度谨慎驾驶的 V 的车道。V 唯有猛拐方能避免相撞，结果 V 在拐弯过程中摔倒，但自己没有受伤。可是摩托车还是滑到了对面车道，被一辆载重卡车碾轧。

当 V 再站起来时，震惊地发现 K 就是那个不顾入口危险仍然抢道的人。K 觉得这一切太蠢了，但考虑到该事件的后果，认为自己不再受合同拘束。

V 能够要求 K 支付价金吗？

案件变型：

V 没有注意到其本来是可以停住车的。摩托车的市场价是 1200 欧元。V 和 K 之间互有哪些请求权？

二、前期思考

第 275 条第 1 款或第 326 条第 1 款免于给付的事实构成不再是问题。在初始案例中，需检验 V 是否因 K 的行为，根据第 326 条第 2

款第 1 句第 1 种情况,仍保有价金请求权(对待给付请求权)。因为法律并未规定债权人的可归责性,所以如何获知这一规则素有争议。必须了解这一经典问题及解决它的不同出发点。因教学的缘故,解答中的阐述只限定在家庭作业的程度。

本案的重点在案件变型中的另一个"经典问题",即可归责于双方当事人的不能。其处理方法一直以来[1]就饱受争议。各种意见和解决方案都很复杂,因此解答中的叙述只能限定在家庭作业的程度。在闭卷考试中,必须认识到这一问题,且至少大略勾勒出既有的解决方案:

自 2001 年债法改革以来,可归责于双方当事人的不能至少在债权人就债务人免于给付的情事承担绝大部分责任的案件范围内,部分被第 326 条第 2 款第 1 句第 1 种情况规定了。但在低于这一界限的时候会出现问题。

少数观点从已成为旧债法并深受当时立法表述影响的原则中得出答案。根据绝大多数的观点,在对可归责于双方的不能在第 326 条第 2 款第 1 句第 1 种情况和第 323 条第 6 款的解除作了封闭性规定的范围内,现行法与其是对立的。[2] 债权人根据第 280 条第 1 款和第 3 款享有的替代给付的损害赔偿请求权——根据第 325 条不会受解除的影响——已经顾及了债权人的利益,依据第 254 条,该请求权根据其原因力比例缩减(可能会降至零)。债权人依第 283 条要求损害赔偿的行为不会让其对待给付义务消灭,因为该规范并没有指示参照第 281 条第 4 款,且对待给付的命运规定在第 326 条第 1 款第 1 句和第 2 款中。

尚存的问题是在原因力差不多大时,债权人有根据第 280、283、

---

〔1〕 就旧法中的解决建议参见以下文献及其引证:OLG Frankfurt NJW – RR 1995, 435,436f.(就此持批评意见的是 Looschelders JuS 1999,949);Faust,Von beiden Teilen zu vertretende Unmöglichkeit,JuS 2001,133ff.;MünchKommBGB/Emmerich §324 a. F. Rn.19ff.。

〔2〕 如此认为的有 Palandt/Grüneberg, §326 Rn. 15;Gruber,JuS 2002,1066,1067。

254 条缩减的损害赔偿请求权,同时,债务人根据第 326 条第 1 款第 1 句和第 2 款第 1 句完全丧失对待给付请求权。对这一两难的处境,尚需寻找到解决之道。当下应借助第 280 条及以下条文中的给付障碍法规范,确有可能找到它。

三、提纲

(一) V 要求 K 支付价金的请求权,第 433 条第 2 款 ………… 1
 1. 请求权成立要件 ……………………………………… 2
 2. 免除对待给付义务,第 326 条第 1 款第 1 句 ………… 3
 3. 价金请求权存续,第 326 条第 2 款第 1 句第 1 种
  情况…………………………………………………… 6
  (1) 债权人的可归责性 ……………………………… 7
   ①类推适用第 276 条及以下条文? ……………… 8
   ②考虑合同的风险分配? ………………………… 9
   ③合同风险分配优先 ……………………………… 10
   ④领域理论? ……………………………………… 12
   ⑤司法裁判 ………………………………………… 13
   ⑥个人观点 ………………………………………… 14
  (2) 全部或绝大部分(责任) ………………………… 15
  (3) 中间结论 ………………………………………… 16
 4. 价金请求权因解除消灭,第 346 条第 1 款、第 326
  条第 5 款 ……………………………………………… 17
 5. 结论 …………………………………………………… 20
(二) 案件变型:V 要求 K 支付价金的请求权,第 433 条
 第 2 款 ……………………………………………………… 21
 1. 请求权成立要件 ……………………………………… 22
 2. 根据第 326 条第 1 款第 1 句消灭 ………………… 23

3. 根据第 326 条第 2 款第 1 句第 1 种情况存续 ········ 24
　　(1) 债权人 K 的可归责性 ·················· 25
　　(2) 全部或绝大部分(责任) ················ 26
　　(3) 偏离第 326 条第 2 款第 1 句第 1 种情况？········ 29
　　　 [问题:尽管 K 对事故既不是单独,也非负绝大部分责任,V 仍保有对待给付请求权(价金)吗？]
　　　①关于旧法第 323 条的通说的延续 ·············· 30
　　　②以现行法为基础的解决方案 ················ 34
　　　③个人观点 ·························· 36
　　　④中间结论 ·························· 38
4. 结论 ·································· 39

(三) 案件变型:V 对 K 的请求权,第 280 条第 1 款 ········ 40
　1. 债务关系 ······························ 41
　2. 义务违反 ······························ 42
　3. 对可归责性的推定 ······················· 45
　4. 损害 ································ 47
　5. 结论 ································ 48

(四) 案件变型:K 对 V 的请求权,第 280 条第 1、3 款,第 283 条 ·································· 49
　1. 债务关系 ······························ 50
　2. 因义务违反而免于给付,第 275 条第 1—3 款 ········ 51
　3. 可归责,第 280 条第 1 款第 2 句 ················ 52
　4. 损害 ································ 53
　5. 结论 ································ 54

(五) 案件变型:总结论 ························ 55

四、解答

(一) V 要求 K 支付价金的请求权,第 433 条第 2 款

V 可能有要求 K 支付价金的请求权,其基础为第 433 条第 2 款。

1. 请求权成立要件

当事人缔结了买卖摩托车的合同。因此,V 原则上可以根据第 433 条第 2 款,要求 K 支付价金。

2. 免除对待给付义务,第 326 条第 1 款第 1 句

价金请求权可能根据第 326 条第 1 款第 1 句消灭,因为第 433 条第 1 款和第 2 款表明买卖合同显然是双务合同。

就此,V 必须根据第 275 条第 1—3 款免于承担 433 条第 1 款第 1 句中处于对待关系的给付义务。因为他的二手摩托车在事故中毁损,没有任何人可以再履行,所以 V 根据第 275 条第 1 款不必再承担给付义务。

因此,K 也可以同时根据第 326 条第 1 款第 1 句,免于承担支付价款的义务。

3. 价金请求权存续,第 326 条第 2 款第 1 句第 1 种情况

然而,V 的价金请求权在满足第 326 条第 2 款第 1 句第 1 种情况时仍然存续。如果 K 对造成 V 免于给付的情事负全部或绝大部分责任的话,就可能会是这个情况。

(1) 债权人的可归责性

有疑问的首先是:债权人就什么承担第 326 条第 2 款第 1 句第 1 种情况意义上的责任。就此缺乏法律的规定,因为根据第 276 条明晰的文义,该条只是直接适用在债务人身上。

①类推适用第 276 条及以下条文？

8 因为第 276 条在"债务人的可归责性"方面规定了一个类似的问题,但并不存在可以产生合理结果的另一条合适的条文,所以可以考虑类推适用第 276 条第 1 款第 1 句(一般来说是第 276 条及以下的条文)。[3] 可能将第 278 条(和旧法第 279 条)类推适用于债权人是毫无争议的,所以很容易想到类推适用第 276 条。[4] 若如此,则取决于 K 的行为是否至少是有第 276 条第 2 款意义上的过失。考虑到其严重违规超车,应以有过失为出发点。

②考虑合同的风险分配？

9 若通过类推适用第 276 条及以下条文无法推导出债权人的可归责性,通说[5]想进一步和合同中约定的风险分配联系起来。若如此,就要问根据合同约定,债权人是否(有时是以可推知的方式)承担了有关的给付障碍的风险,或者还违反了其对债务人负有的义务,尤其是协助义务或类似的义务。但原则上,债权人在原因上的任何助力都是充分的,尤其是侵权行为。[6] 因为 K 是过失行为,此处仍可类推第 276 条。

③合同风险分配优先

10 有一种少数说认为只有和相关合同的义务安排(Vertragsprogramm)有关系的原因力才是充分的。[7] 具体到本案中,缺乏这种关联性,因为这只是普通道路交通事故,完全偶然地波及买卖物,所以

---

[3] 支持的如 Brox/Walker, AS, §22 Rn. 38f.; Jauernig/Stadler, §326 Rn. 14 m. w. N.; Larenz I, §25 III; 亦如此认为,但又将领域思想补充进来的有 Hk/Schulze, §326 Rn. 10。

[4] Emmerich, §11 Rn. 5; Jauernig/Stadler, §326 Rn. 14; MünchKomm/Ernst, §326 Rn. 48ff., 13.

[5] Emmerich, §11 Rn. 5; MünchKomm/Ernst, §326 Rn. 63ff. 并附有例子; Palandt/Grüneberg, §326 Rn. 9。

[6] Hk/Schulze, §326 Rn. 11; Jauernig/Stadler, §326 Rn. 15; Rauscher, ZGS 2002, 333, 336.

[7] MünchKomm/Ernst, §326 Rn. 55ff., 但是 Rn. 62 又和所有能够说明同领域理论(和类推适用第 276 条及以下条文)之间区别所形成的观点区分开来。

应否定 K 作为债权人的可归责性。[8]

提示:《民法典》第 823 条第 1 款、《道路交通法》第 18 条至少都会考虑 V 的利益。在合同的损害赔偿请求权中,很容易想到将该理由转用到第 326 条第 2 款第 1 句中的债权人可归责性。依逻辑,V 根据第 280 条第 1 款、第 241 条第 2 款享有的请求权因事故和买卖合同中的义务安排之间无关联应被否定。困难的是 K 根据第 280、283 条享有的请求权的效果,该请求权根据第 254 条,原则上应按其原因比例减少。在此范围内,应适用第 276 条,而非第 326 条第 2 款中建构的不同标准,若适用后者可能会引发评价矛盾。[9]

④领域理论?

其他观点认为根据事物本质,应超越第 276 条的类推适用,而采某种领域理论。根据该理论,债权人对源于己方风险范围的所有债务人侧的给付障碍负责。[10] 因为此处已通过第 276 条获得了清晰的结论,结果上并无区别。

⑤司法裁判

司法裁判拒绝接受领域思想,因为无法找到可操作的标准来确定风险领域,而《民法典》只在特别规定的例外案件中承认与过错无关的领域责任,比如第 615、645、537 条。因此,司法裁判原则上以第 276 条为出发点,但此外也会考虑合同中的义务安排。[11] 在本案中,合同中的义务安排并未产生任何特殊后果。

---

[8] MünchKomm/Ernst, §326 Rn.61.

[9] 同样观点有 Rauscher, ZGS 2002, 333, 336。

[10] Beuthien, Zweckerreichung und Zweckstörung im Schuldverhältnis, 1969, S. 76, 210f.; OLG Frankfurt JZ 1972, 245 und NJW-RR 1991, 676 zu 87a III HGB; Kronke, JuS 1984, 758, 760ff.; 具体情况亦可参见 Hk/Schulze, §326 Rn.10。

[11] BGH NJW 2002, 595 m.w.N.; OLG Hamm NJW-RR 1997, 272.

⑥ 个人观点

14 原则上应从合同中的义务安排出发,在此范围内应类推适用第276条第1款第1句。因此,债权人原则上就其过错负责,除非他还承担超乎前者的风险。[12] 因为本案中 K 的行为有重大过失,仅类推第276条第1款第1句,就足以让他为 V 免于给付负责。尤其是从第326条第2款第1句第1项中无法推出该规范在一般道路交通事故中无法适用。因此,主流观点是从 K 应对给付障碍负责出发的。

(2) 全部或绝大部分(责任)

15 此外,K 必须负全部或至少绝大部分责任。为此,在第254条的框架内,K 的原因力比例要让 V 部分的完全退居次要地位[13],换言之,其必须至少占到80%~90%的比例。[14] 根据案件事实,摩托车的毁损是 K 严重违反交通规则的行为造成的,而 V 自己的行为完全正确,且 V 没有做出其他反应的可能性。因此,至少可以从 K 负绝大部分责任出发,而不取决于在第326条第2款第1句的范围内,载重卡车的运营风险是否会影响这一问题的回答。

(3) 中间结论

16 因此,V 要求支付价金的请求权根据第326条第2款第1句第1种情况存续。(其他观点亦有道理)

4. 价金请求权因解除消灭,第346条第1款、第326条第5款

17 价金请求权还可能因 K 根据第326条第5款、第323条的解除而消灭(根据第346条第1款)。

18 为此,除了必须有 K 解除的意思表示(第349条),还要有解除权。因没有合同约定,该解除权只能源自法律规定。此时就要考虑第326条第5款第1半句,而其又以本案中依第275条免于给付(参

---

[12] 如此认为的还有 Rauscher, ZGS 2002, 333, 337。
[13] Begr. zum RegE, BT-Drs. 14/6040, 187.
[14] Palandt/Grüneberg, § 326 Rn. 9.

见上文边码4)为前提。

因为根据第326条第5款第2半句,第323条类推适用于该款的解除,但指定期限的要求除外。所以要检验的是,解除是否因第323条6款被排除。这一规范在同类案件中会在事实构成上排除解除,在这类案件中,第326条第2款第1句会让对待给付义务存续。因为该规范的前提在本案中被满足(参见上文边码6及以下的内容),所以根据第323条第6款第1种情况排除V的解除权,其解除无效。

5. 结论

V可以根据第433条第2款,要求K支付1000欧元价金。

(二)案件变型:V要求K支付价金的请求权,第433条第2款

V可能有要求K支付价金的请求权,其基础为第433条第2款。

1. 请求权成立要件

该请求权可因买卖合同的缔结而发生。

2. 根据第326条第1款第1句消灭

价金请求权原则上可因第326条第1款第1句而消灭(参见上文边码5)。

3. 根据第326条第2款第1句第1种情况存续

如果K就依第275条第1款致无须给付的事故负全部或绝大部分责任的话,V的对待给付请求权根据第326条第2款第1句第1种情况仍然存续。

(1)债权人K的可归责性

正如上文确定的那般(边码6及以下内容),类推适用第276条第1款第1句,K原则上就给付障碍负责。

(2)全部或绝大部分(责任)

因为V若尽到必要的注意本能避免事故,所以K不会负全部责

任。因此要检验的是 K 是否要对事故承担第 326 条第 2 款第 1 句第 1 种情况意义上的绝大部分责任。

27　　如果在损害赔偿请求权的框架内,与一方责任并存的他人过错因其轻微性,依第 254 条第 1 款都不予考虑时,该责任才会视为是"绝大部分"[15]。就此,债权人过错程度如若没有到 90%[16],至少也必须要到 80%。[17] 尽管事故主要是由 K 违法超车引起的,但该事故也可归因于 V 在视野不佳的入口的不小心。基于这一事实,如果在第 326 条第 2 款的框架内,仅考虑一般道路交通中的行为,而和合同的义务安排无关的话,V 可能要承担(至少)25% 的责任,而 K(最多)承担 75% 的责任。因此,第 326 条第 2 款第 1 句第 1 种情况意义上的 K 的绝大部分责任并不存在。

28　　因此,V 的对待给付请求权依第 326 条第 1 款第 1 句消灭。

　　(3) 偏离第 326 条第 2 款第 1 句第 1 种情况？

29　　有争议的是第 326 条第 2 款第 1 句第 1 种情况是否及以何内容适用于可归责于双方的不能。

　　①关于旧法第 323 条的通说的延续

30　　部分学者认为第 326 条第 2 款第 1 句第 1 种情况仅仅是对明确提及的债权人承担绝大部分责任时,可归责于双方当事人的给付不能的封闭性规定。[18] 所谓绝大部分责任是指原因力至少要占到 80%,甚至要从 90% 起算。就低于这一标准的案件缺乏规定,更为详尽的法律后果也仍是部分开放未决的。[19] 这一观点的论据是立法的历史:讨论稿中的第 323 条第 3 款第 3 项,最初规定了债权人的单纯"大部分"责任就可排除其解除权。通过修改为债权人的"绝大部

---

〔15〕　Palandt/Grüneberg, §326 Rn. 9; Begr. zum RegE, BT-Drs. 14/6040, 187; Canaris, JZ 2001, 499, 511; Teichmann BB 2001, 1485, 1488.

〔16〕　Meier, Jura 2002, 118, 128.

〔17〕　Palandt/Grüneberg, §326 Rn. 9.

〔18〕　例如 MünchKomm/Ernst, §326 Rn. 79;亦如此认为的有 Lorenz/Riehm, Rn. 351.

〔19〕　Canaris, JZ 2001, 499, 511; MünchKomm/Ernst, §326 Rn. 79.

分"责任,立法者表明不愿意就可归责于双方的给付不能问题作完整规定,而是将债权人不承担绝大部分责任的问题有意识地留给司法裁判和学说解决。[20]

为填补这一有意识的规范漏洞,应考虑通说和司法裁判对旧法已提出的观点。[21] 绝大多数观点都赞同[22]适用第 254 条第 1 款中的法律思想,将债务人 V 的对待给付请求权(1000 欧元)按其过错比例 25%缩减(1000 欧元中的 75% = 750 欧元)。同时,根据差额法(Differenzmethode)计算债权人根据第 280、283 条享有的损害赔偿请求权(1200 欧元 - 1000 欧元 = 200 欧元),并按其与有过失的比例(75%)扣减(25%×200 欧元 = 50 欧元)。最后将两个请求权对消(750 欧元-50 欧元=700 欧元)。因此,根据这一观点,V 可以要求 K 支付 700 欧元。

另一些观点希望对待给付不要缩减,同时让债权人按照代偿法(Surrogationsmethode)计算替代给付的损害赔偿。[23] 这在本案中不会带来不同的结果:V 的对待给付请求权(第 433 条第 2 款)全额存续(1000 欧元)。K 根据第 280、283 条享有损害赔偿请求权,根据代偿法计算为 1200 欧元,再按照其过错比例(75%)扣减(即 25%×1200 欧元=300 欧元)。抵销之后(1000 欧元-300 欧元=700 欧元),V 仍可要求 K 支付 700 欧元(第 389 条)。假如买卖标的物的价值低于售价(比如价值仅有 900 欧元),则该方法对买受人不利(结果:V 的请求权是 775 欧元,而按前一种方法算是 750 欧元)。

31

32

---

[20] Canaris, JZ 2001, 499, 511; Teichmann, BB 2001, 1485, 1488.
[21] 就此问题有论述的 Looschelders, JuS 1999, 949, 951 m. w. N. ; 还有 Lorenz/Riehm,Rn. 351 i. V. m. Rn. 350; Meier, Jura 2002,118, 128; Rauscher, ZGS 2002, 333, 334f. m. w. N。
[22] Becker, Rn. 235; AnwK/Dauner-Lieb, § 326 Rn. 10; Huber/Faust, S. 222; Medicus/Lorenz I, Rn. 449; Lorenz/Riehm,Rn. 350f. ; Teichmann, BB 2001, 1485, 1488.
[23] Lorenz/Riehm, Rn. 351f.

33　　　　　**提示**：司法裁判最初选的是另一种解决方法。[24] 这种方法根据谁对给付不能承担主要责任区分处理。如果债务人的过错比例更高，则债权人只有扣减其原因份额后的损害赔偿请求权（旧法第325、254条）。如果债权人的过错比例更高，则债务人只有扣减其原因份额后的对待给付请求权。根据这一方法，V能够要求K为75%的对待给付，即750欧元。因不履行(旧法第325条第1款和现行法第280条第1、3款，第283条)而生的K对V的损害赔偿请求权不会成立。这一解决方案后来不再被采用，和现行法也不再相容。

②以现行法为基础的解决方案

34　　　　根据相反的观点，第326条第2款第1句中并无规范漏洞，因为立法者意识到了这一问题并予以了规范，尽管偏离了最初的提案。根据该观点，第326条第2款第1句第1种情况对可归责于双方的不能及对待给付风险(并相应地通过第323条第6款对解除)作了封闭性的规定[25]：如果债权人对导致免于给付的情事并非负绝大部分责任的话，那么根据第326条第1款第1句，自己免于给付的债务人也不能从债权人处获得任何对待给付。债权人还可以根据第326条第5款解除合同。[26] 相反，在类推第254条而同时缩减对待给付时，应适用第326条第1款第1句。

35　　　　相反，就损害赔偿而言，无法从第326条第2款中得出任何结论，以至于"传统见解"中的解决方案在此范围内是正确的：债权人可以根据第280条第1、3款和第283条要求债务人赔偿扣除自己过错

---

[24] RGZ 71,187,192；94,140,141f.；全面的阐述亦可参见 Faust, JuS 2001, 133, 134f. 。

[25] Jauernig/Stadler, §326 Rn. 22；Palandt/Grüneberg, §326 Rn. 15；Gruber, JuS 2002, 1066, 1067.

[26] Jauernig/Stadler, §326 Rn. 22.

份额后的损害。[27] 因为债权人根据第 326 条第 1 款第 1 句不再需要提出对待给付,故其损害赔偿是按差额法计算的。这一观点在本案中会导致这样的结果,即 K 可以根据第 280 条第 1、3 款和第 283 条,要求 V 赔偿 50 欧元(200 欧元中的 25%)。债务人一无所获的令人疑惧的不公平可以通过让债务人获得以第 280 条第 1 款为基础的对待损害赔偿请求权来避免。(详见边码 40 及以下)

③个人观点

应赞同最后提及的观点。因为第 326 条第 2 款第 1 句第 1 种情况的文义包括所有可归责于双方当事人的给付不能的情况,而回归到此前通说及司法裁判的原则,需以对第 326 条第 1 款及第 2 款第 1 句第 1 种情况作目的性限缩解释为前提。为此,第 2 款第 1 句第 1 种情况的文义必须偏离了立法者的意愿而过于宽泛。[28] 但实际上不能支持这一观点:第 326 条第 2 款第 1 句第 1 种情况在债权人对债务人免于给付义务负全部或绝大部分责任时维持债务人的对待给付请求权,并相应地在第 326 条第 5 款结合第 323 条第 6 款第 1 种情况排除解除。这一并行规则说明立法者的统一观念是债权人无足轻重的可归责性是不重要的。反对目的性限缩,支持立法者的规范意图的是立法过程及最终在立法材料中添加了这么一段"或者绝大部分"[29]。此外,对第 323 条第 6 款的目的性限缩解释可能导致当债权人仅以某种方式需对不适约履行负责时,债权人依第 323 条第 1 款享有的解除权就会因第 323 条第 6 款被排除。[30] 这会违背立法者的意愿,其本意是想在这种情况中,让债权人的过错份额通过第 254 条缩

36

---

[27] Gruber, JuS 2002, 1066, 1067.
[28] Larenz, Methodenlehre der Rechtswissenschaft, 6. Aufl., 1991, S. 391.
[29] 更详尽的参见 Gruber, JuS 2002, 1066, 1070。
[30] 无论如何这么认为的是 Gruber, JuS 2002, 1066, 1068f.;但是仅在第 326 条第 5 款涉及的案件中必须作目的性限缩,而非在第 323 条第 1 款中。

减其损害赔偿请求权而被考虑进来。[31]因此,第326条的体系反对目的性限缩。

37 　　为了避免不合理的结果,对第326条第2款第1句第1种情况作目的性限缩也是毫无必要的。尽管债务人在债权人有"单纯"大部分责任时失去了全部对待给付请求权,还要对债权人承担第280条第1、3款,第283条的损害赔偿责任(根据第254条缩减)。[32]这一结果亦无法通过援引原则上由债务人承担的对待给付风险而得以正当化。[33]然而,可以通过让债权人在这种案件中以代偿法计算损害赔偿,而拒绝使用差额法来化解这一两难的问题。或者可以因债务人丧失了对待给付请求权而赋予其合适的以第280条第1款为基础之损害赔偿请求权,该请求权同样要缩减掉其自己与有过失的部分。可从第241条第2款中推导出——早已被原则上承认的——债权人的附随义务,其内容为不让债务人的给付变为不能。[34]此处无须讨论具体细节。这样一来,就能在现有给付障碍法的基础上得到一个方法上妥适的解决方案,其结果和以前通说一致。

　　④中间结论

38 　　第326条第2款就所涉案件中的对待给付风险作了封闭性规定。

　　4. 结论

39 　　因为第326条第2款第1句第1种情况的要件不满足,V的对待给付请求权根据第326条第1款完全消灭。V不再能对K主张第433条第2款的价金请求权。

---

　　[31] BT-Drs. 14/6040, 187.
　　[32] 就此参见 Meier, Jura 2002, 118, 128。
　　[33] 其他观点 Gruber, JuS 2002, 1066, 1071。
　　[34] Gruber, JuS 2002, 1066, 1070; Rauscher, ZGS 2002, 333, 336; Meier, Jura 2002, 118, 128; 在这一问题上立场不明的是 Ehmann/Sutsche, §5 I 4b (S.132)·就给付忠实义务的一般论述参见 Palandt/Grüneberg, §242 Rn.27, §280 Rn.25ff.。

(三) 案件变型:V 对 K 的请求权,第 280 条第 1 款

40 如果 K 因过错违反了其和 V 之间的债务关系所生之义务,V 可依第 280 条第 1 款向 K 主张损害赔偿。[35]

1. 债务关系

41 V 和 K 之间缔结的买卖合同创设了第 280 条第 1 款必须的债务关系。

2. 义务违反

42 须检验的是 K 是否违反了其对 V 负有的义务。K 可能因其违反交通规则导致 V 的给付标的物毁损的行为,违反了对 V 的附随义务,其基础为第 241 条第 2 款。对合同双方当事人而言,任何债之关系均会产生保护义务、说明义务和类似的附随义务,所谓的给付忠实义务(Leistungstreuepflicht)亦属其例。给付忠实义务让合同当事人负有不让另一方负担的给付变为不能的义务。[36] K 因其行为对摩托车的毁损也起到了作用,并违反了第 241 条第 2 款的给付忠实义务。自从义务违反要件于作为给付障碍法基础规范的第 280 条第 1 款中予以规范后,直至 2001 年底因积极侵害债权针对旧法第 324 条的补充性[37]而产生的疑虑不复存在了。

43 大多数观点都止步于源自第 280 条第 1 款、第 241 条第 2 款的请求权这一层面。[38] 但仍然会有人问:此处是否不需要根据第 280 条第 3 款,就替代给付的损害赔偿要求其他的要件。不能将这一"替代

---

〔35〕 这在旧债法中是不可能的,因为不存在一般的损害赔偿请求权,积极侵害债权制度相对于给付不能的规范是劣后的,参见 Rauscher, ZGS 2002, 333, 336 mit Fn. 18。

〔36〕 Meier, Jura 2002, 118, 128; MünchKomm/Roth, § 241 Rn. 67ff.; 更详尽的有 MünchKomm/Ernst, § 280 Rn. 91f. m. w. N.; Palandt/Grüneberg, § 242 Rn. 27。

〔37〕 Rauscher, ZGS 2002, 333, 336 mit Fn. 18。

〔38〕 Meier, Jura 2002, 118, 128; Jauernig/Stadler, § 326 Rn. 22; 同样持此观点的有 Ehmann/Sutsche, § 5 I 4b (S. 132)。

对待给付的损害赔偿"建立在第 281 条第 1 款的基础上,也不能因此宣称定期催告根据第 2 款第 2 种情况是不必要的[39],因为此处根据第 326 条第 1 款第 1 句不存在第 281 条适用所必须的届期的给付义务。唯一可以想到的就是类推适用第 283 条[40],因为 K 的义务违反只是促成了自己的对待给付义务非因第 275 条,而是因第 326 条第 1 款而消灭。V 所想获得赔偿的损害恰恰在对待给付的丧失,所以完全可以称之为替代(对待)给付的损害赔偿。虽然可以反驳称债权人违反的是第 241 条第 2 款的义务,第 280 条第 3 款对其不适用[41];但是,无论第 280 条第 3 款,还是第 283 条都未以违反何种义务为标准,而是以请求权人是否要求替代给付的损害赔偿,或更确切地说,以是否免于给付为准。最后,对替代对待给付的损害赔偿能否类推适用第 280 条第 3 款问题的回答可以搁置,因为类推适用第 283 条的额外要件在可归责于双方的给付不能中毫无疑问是存在的。因此,不同观点在结论上并无区别,因为请求权——至少在嗣后的免于给付中——原则上仍需从第 280 条第 1 款中来。

44　　　　**提示**:但当合同缔结前由双方导致免于给付时,必须在第 280 条和第 311a 条第 2 款之间作出决定——确定具体的义务违反可能在责任范围因果关系上有影响:如果义务违反存在于阻遏对待给付及违反给付忠实义务,那么损害就是消灭的对待给付,其数额为 1000 欧元。如果是赔偿摩托车,则损害数额为 1200 欧元。然而人们必须再次——如在第三人损害清算中为人熟知的——将假设因果关系引入,即取决于若无毁损,V 必须将

---

〔39〕　Rauscher, ZGS 2002, 333, 336。

〔40〕　支持的有 Rauscher, ZGS 2002, 333, 336。

〔41〕　但首先是 Rauscher, ZGS 2002, 333, 336,其认为:因为(下位的)损害赔偿请求权(第 280 条第 1 款)可依据《民法典》第 249 条以赔偿因第 326 条第 1 款消灭的对待给付为内容,所以亦可以推至第 281 条和第 283 条。起决定作用的并不是此处 249 条第 1 款会直接引起支付的请求权,因为若无债权人的义务违反,对待给付请求权本会存在。毋宁是因为债务人要求赔偿丧失的对待给付,才会适用第 280 条第 3 款。

摩托车转让给K,而自己只能获得1000欧元。结论——请求权最终还要扣减V的原因力份额。

3.对可归责性的推定

第280条第1款第2句对K可归责性的推定不能被推翻,因为K在驶出入口时没有注意来往车辆,且开得太快,所以他有第276条第2款意义上的过失。

提示:根据规律(lege artis),在本案中首先要看大前提(Obersatz):"须检验的是,K是否可以推翻推定……"考虑到早已确定的明显过错,可以不必考虑这一步骤,并以判断形式(Urteilsstil)确定所有要点。

4.损害

有问题的是义务违反是否引起了损害。V所负担给付的摩托车毁损后,依第275条第1款,其不必再承担原给付义务,而原本他是要将摩托车让渡给K的,在这一点上是否存在损害是有疑问的。然而,因不必给付,V根据第326条第1款第1句也遭受了丧失对待给付请求权的不利。根据差额假设(Differenzhypothese)(第249条第1款),V应处于致损害赔偿发生的事实若未发生时的状态。若无K导致摩托车毁损的行为,V本应有1000欧元的对待给付请求权,所以K原则上对V负有赔偿损害赔偿请求权1000欧元的义务。然而,损害赔偿请求权依第254条第1款应扣减V的与有过失部分。如上文确定的,V对摩托车的毁损要自己承担25%的责任。

5.结论

因此,V可以根据第280条第1款要求K赔偿损害750欧元。

(四)案件变型:K对V的请求权,第280条第1、3款,第283条

如果V在与K的债务关系中负担的给付义务因其过错和不法的

行为依第 275 条第 1—3 款消灭,K 可能对 V 有替代给付的损害赔偿请求权,其基础为第 280 条第 1、3 款,第 283 条。

1. 债务关系

50   V 和 K 之间缔结的买卖合同让第 280 条第 1 款必须的债务关系成立。

2. 因义务违反而免于给付,第 275 条第 1—3 款

51   V 必须通过义务违反让其负有的给付义务依第 275 条第 1—3 款嗣后消灭。摩托车毁损的事故与 V 的粗心有一定关系;若非不小心,他本可避免该事故。因为他应当妥善保管要移转的摩托车,使其不至毁损,他违反了买卖合同中的义务。因其不法和有过错的行为,摩托车毁损了,其后果是 V 交付和移转所有权的义务因第 275 条第 1 款消灭。

3. 可归责,第 280 条第 1 款第 2 句

52   因为 V 不小心,因此是因第 276 条第 2 款意义上的过失行为,所以他不能通过第 280 条第 1 款第 2 句推翻可归责性的推定。

4. 损害

53   有问题的是,是否因给付义务的消灭而给 K 带来损害。根据差额说,当 K 的实际财产少于假设致损害赔偿发生的事实未发生时的财产时,就存在损害。若无事故,K 本可以以支付 1000 欧元的价金获得市场价值 1200 欧元的摩托车,所以根据差额说,其有可计算出的损害 200 欧元。但是该请求权根据第 254 条第 1 款,依 K 自己对损害发生应负责任的比例缩减。K 应对事故负 75% 的责任,所以他只能向 V 要求所有赔偿中的 25%,即 50 欧元。

5. 结论

54   K 对 V 有 50 欧元的损害赔偿请求权。

(五)案件变型:总结论

因为 V 的给付义务依第 275 条第 1 款消灭,V 以第 433 条第 2 款为据的对待给付请求权依第 326 条第 1 款消灭。然而,V 对 K 有以第 280 条第 1 款为据的损害赔偿请求权,其数额为 750 欧元。针对这一请求权,K 可以依第 387 条,以根据第 280 条第 1、3 款,第 283 条,数额为 50 欧元的损害赔偿请求权抵销。[42] V 的请求权根据第 389 条在相应数额内消灭,所以他仍可要求 K 支付 700 欧元。

---

[42] 就抵销,请参见案例 23。

案例 13 泄密了

[根据《联邦最高法院民事判决集》第 166 卷,第 84 页(同载于《新法学周刊》2006 年,第 830 页的判决改编(BGHZ 166,84 = NJW2006,830)]

一、案件事实

B 银行应在至多 6 个月内,为全德知名企业 U,以尽可能高的价格出售一笔数额巨大的股票。当事人在接洽业务时约定了商业银行业一般交易条件(AGB-Banken)的效力。根据其第 2.1 条,"银行负有义务对其知悉的所有与客户相关的事实和评价保密(银行保密义务)"。很久以来,媒体就对 U 的财务状况持负面评价。因此,B 银行的董事长 V 在接受电视采访时就被问及 U 是否能够获得信贷业的进一步支持。就此,V 回答说:"我认为这可能是有问题的,就所有能够读到和听到的信息来看,若其财务状况保持不变,则很难获得更多的外部资金,甚或自有资金。或许只有第三人会对提供支持感兴趣。"媒体从该采访中解读出这是 U 破产的先兆,U 不再能获得银行信贷。对 U 欲出售的该笔股票,出价者也明显减少。

愤怒的 U 认为和 B 银行的交易关系基础已被破坏,并撤回了对 B 银行的出售股票授权,转而将其委托给了 X 银行。U 要求 B 银行赔偿由此产生的 100 万欧元费用,并返还这些股票。

B 银行认为 V 的发言属于言论自由和公众知情权的范畴,且仅涉及公众知悉的事实,而非 B 银行才知悉的信息。

U可否根据合同基础(auf vertraglicher Grundlage)要求损害赔偿？其能否要求B银行返还交其出售的股票？

二、前期思考

U因B银行违反保密义务("银行保密义务")要求其赔偿100万欧元。该保密义务源自银行和其客户之间法律关系的事务管理特质(Geschäftsbesorgungscharakter，第675条第1款)。(设问提及的!)合同的损害赔偿可以单独从第280条第1款或结合第281条或第282条推出，取决于该损害赔偿究竟是替代给付的损害赔偿，还是与给付并存的损害赔偿。此处，第280条第1款必需的债务关系存在于《商法典》第383条第1款规定的出卖行纪(Verkaufskommision)。案例内容涉及的实际是《民法典》中的给付障碍法。

> 提示：在笔试中，陌生的法域及不寻常的合同类型通常不过是早已熟知的必修课材料的借题发挥罢了。如果真的取决于"不寻常"的规范，则只需要借助规范文义来检验。检验陌生规范本身也属于法律学习阶段应习得的能力。

正确的请求权基础一如既往地取决于U要求获得何种损害赔偿：此处并未(如作为原型的判决那样)涉及该笔股票的价值贬损或其他财产损害，而是换成X银行所支出的费用，因为U不再希望B银行给付。现在要将其适切地归入第280—283条之下，这需要通过某种思考方能达致。然而，本案不应涵摄于第281条(或第283条)之下。相反，《民法典》为了上述案型——依托于此前的判例和学说——创设了第282条。与和其对应的解除规范(第324条)类似，该规范要求必须特别严重地违反了与给付无关的义务。[1]有关

---

[1] Huber/Faust § 5 Rn. 13.

第 282、324 条的经典案例是在委托人处不停吸烟的工匠。在检验损害赔偿请求权的前提时,需探究当事人提出的理由。

U 要求返还股票——人们自然会想到第 985 条——唯有在和 B 银行的合同"结束"后(参见第 986 条第 1 款),方可能成功。但就此需要解除合同。根据第 323 条第 1 款或第 326 条第 5 款的解除显然是不行的,因为尚可给付,且 B 银行仍愿意给付。因此,剩下的只能是第 324 条,即 B 银行违反第 241 条第 2 款意义上的与给付无关的义务到如此程度,以致不可期待 U 会严守合同。然而,因为 B 银行之义务的继续性特征,第 324 条的解除应被第 314 条的终止取代。因此,就返还而言应适用第 667 条,而非第 346 条。

三、提纲

(一) U 要求 B 银行赔偿 100 万欧元的请求权,基础为第 280 条第 1、3 款,第 282 条 ·················· 1
  1. 债务关系 ··· 2
  2. 义务违反 ··· 3
  3. 不法性 ··· 9
    [问题:言论自由(《基本法》第 5 条第 1 款)和 V 的言论之间的不法性冲突吗?]
  4. 可归责性 ·· 16
  5. 因义务违反不可期待其为给付 ························ 17
    [问题:B 银行的一次义务违反就能导致不可期待其为给付吗?]
  6. 损害,责任范围因果关系,根据第 249 条及以下条文的赔偿 ·· 21
    (1) 损害 ··· 22
    (2) 责任范围因果关系 ······························ 23

　　　　(3)具体损害赔偿,第249条 ·················· 24
　　7. 结论 ····································· 25
　(二)U 要求 B 银行返还股票的请求权 ··············· 29
　　1. 根据第 667 条、第 675 条第 1 款要求返还股票的请
　　　 求权 ··································· 29
　　　(1)委托或事务处理 ······················· 30
　　　(2)因执行事务有所得 ····················· 31
　　　(3)返还请求权 ··························· 32
　　　(4)解除权或终止权 ······················· 33
　　　　①继续性债务关系 ····················· 34
　　　　②重大事由 ··························· 35
　　　　③第 314 条第 2 款第 1 句的警告 ········· 36
　　　　④终止的表示 ························· 37
　　　(5)结论 ································· 38
　　2. 根据第 985 条要求返还股票的请求权 ·········· 39
　　3. 根据第 812 条第 1 款第 2 句第 1 种情况的请求权 ······ 41

四、解答

(一)U 要求 B 银行赔偿 100 万欧元的请求权,基础为第 280 条第 1、3 款,第 282 条

　　U 可能对 B 银行有要求赔偿 100 万欧元的请求权,依据为第 280 条第 1、3 款,第 282 条。　　　　　1

　　1. 债务关系

　　根据第 280 条第 1 款,当事人间首先要有债务关系。此处该关　　2
系可来自出售一笔股票的"委托",其涉及《商法典》第 383 条、《民法
典》第 675 条的行纪行为。

2. 义务违反

3　　　根据第 280 条第 1 款的文义，B 银行必须违反了义务。作为请求权成立要件的义务违反的证明责任由 U 承担。[2] 此处涉及的是缄默义务(Verschwiegenheitspflicht)的违反，即第 241 条第 2 款意义上的保护义务的违反。B 银行违反义务致 U 的信贷能力遭质疑。尽管 B 银行作为股份有限公司和法人本身是不会违反任何义务的，但是其机关，如其董事长 V 的行为，可根据第 31 条类推视为其自身行为，以此归责于公司[3]，因为 B 银行是通过其机关行事的。第 31 条不仅适用于社团法人(Verein)，还类推适用于一切其他法人。[4]

4　　　第 241 条第 2 款规定的照顾义务的范围取决于具体的合同和诚实信用原则(第 242 条)。银行和其客户 U 之间关系的特点表现在第 675 条意义上的事务管理因素。在涉及出售股票时，事务管理因素还会依据《商法典》第 384 条第 1 款第 2 半句。同时，事务管理因素让 B 银行对保护其客户 U 的利益负有很大的义务。因此，B 银行不能做任何有损 U 利益的事情。

5　　　有问题的是，V 在电视采访中的言论是否侵犯了银行合同中典型的[5]且根据商业银行业一般交易条件第 2.1 条约定的银行保密义务，亦因此认为 V 的行为是第 280 条第 1 款意义上的义务违反。就此，V 必须泄露了只有在 B 银行和 U 的商业往来中获知和可接触到的信息。因为根据一般交易条件的明确文义，事实和价值判断都属

---

〔2〕　Palandt/Grüneberg, § 280 Rn. 35.
〔3〕　因此，第 31 条是机关说(Organtheorie)的表达，BGHZ 98, 148, 151。
〔4〕　BGHZ 166, 84, 93 = NJW 2006, 830. 根据少数说，无论如何，在特别关系中，应排他性地适用第 278 条，第 31 条只能在此之外的领域适用，因为机关人员在诸如合同的关系中并不负个人责任，所以对其而言，不存在"会导致损害赔偿发生的负担行为"，参见 Medicus/Petersen, Rn. 779 和 Medicus, Allgemeiner Teil des BGB, 10. Aufl. , 2010, Rn. 1135. 通说认为这会导致不必要的分裂，MünchKomm/Reuter, § 31 Rn. 32 m. w. N。
〔5〕　参见 BGHZ 166, 84, 93 = NJW 2006, 830。

于作为合同保密义务(对象)的银行秘密[6],这一在第 824 条中重要的界分对合同责任不起作用。如果信用机构基于信赖关系获得作为评估依据的事实,且因此必须保密,则保密义务必然包括对事实具有的意义的判断,且不得向第三人透露该判断。[7] U 的信用状况是 B 银行在和 U 的交易过程中知悉的情事。因此,B 银行和其法定代表人皆不可对第三人透露 U 的信用状况,其究竟是事实还是价值判断,作为事实说明是否适切都是无关紧要的。[8] 毋宁说 B 银行和其法定代表人有义务对 U 的信用状况不发表任何看法。因此,V 依然发出的质疑意见违反了义务。

当 V 只是泄露了众所周知的事实——即为非常多的人要么自己已知道,要么无须特别专业知识就能轻易获取——时[9],应否定义务违反的成立。媒体报道 U 糟糕的财务状况已经有很长时间了,可作为支持的依据。但是公众知道 V 作为 B 银行的法定代表人肯定更了解其客户 U 的财务状况。因此,从公众的角度看,V 的言论更有分量,因为其由于交易联系更了解 U 并获得评估所必要的事实。此外,因为 V 在 B 银行中的显要地位可以对决定产生重大影响,公众就会借此确认媒体的报道,为此前已知的信息注入额外的分量。[10] 采访之后股票价格的走势也能印证这一点。

即便认为属于公开的事实,也可以从存在保密义务和第三人通过该言论确认了媒体的报道中,得出义务违反的结论。[11] 考虑到媒体的报道,作为授信方和 U 的银行,B 银行根据第 241 条第 2 款就已

6

7

---

[6] Staub/Canaris, HGB, Bankvertragsrecht Bd. I, 3. Aufl., 1988, Rn. 49 m. w. N.
[7] Staub/Canaris, HGB, Bankvertragsrecht Bd. I, 3. Aufl., 1988, Rn. 49; Sichtermann/Feuerborn/Kirchherr/Terdenge-Kirchherr, Bankgeheimnis und Bankauskunft, 3. Aufl., 1984, S. 131.
[8] BGHZ 166,84,93=NJW 2006,830.
[9] Thomas/Putzo/Reichhold,ZPO, §291 Rn. 1.
[10] 类似的有 BGHZ 166,84,93=NJW 2006,830。
[11] S. a. OLG München NJW 2004,224,226.

经负有义务,对有关 U 财务状况的流言蜚语不可置评和借此间接印证,所以根本无须再依凭商业银行业一般交易条件中所说的银行保密义务考虑是否存在义务违反。

8　　所以 B 银行违反了缄默义务。

3. 不法性

9　　义务违反还需是不法的。当没有特别的正当化事由时,就认定不法性成立。

10　　**提示**:(1)尽管不法性的要求不是直接源于法律的规定,而是源于:在民法中没有不法性,过错不可想象。过错仍然是第 276 条第 1 款第 1 句意义上可归责性的常例。根据第 280 条第 1 款第 2 句,可归责性是损害赔偿请求权的要件。[12] (2)在义务违反要件的范围内,不法性因通常都成立,而不会被特别提及,因为不法性源自客观义务违反。但在例外情形中,不法性不成立,就像 B 银行在辩解的抗辩中提及的那样。

11　　会出现这样的问题,即违反缄默义务是否因 V 的言论(表达)自由(《基本法》第 5 条第 1 款)而可正当化。但是,在涉及合同义务的直接履行时,不会适用《基本法》第 5 条第 1 款第 1 句。[13] 因此,V 必须遵守约定的缄默义务,也不能根据基本权利的第三人效力对 U 主张言论自由。毋宁说,其言论自由因约定的银行保密义务及利益保护义务,根据第 241 条第 2 款、第 675 条、《商法典》第 384 条第 1 款自愿被限制了。在 B 银行有压倒性的自己利益时[14],银行保密义务条款仍可被打破。但本案看不出有这种情况。

12　　因此,接下来会出现这样的问题:在顾及正当利益的视角下该言论

---

[12] Paladnt/Grüneberg, § 276 Rn. 5.
[13] BGHZ 166,84,93 = NJW 2006,830.
[14] Vgl. Baumbach/Hopt, Bankgeschäfte, Rn. A/10; Staub/Canaris, HGB, Bankvertragsrecht, Bd. I, 3. Aufl. , 1988, Rn. 65.

能否被正当化。《刑法典》第 193 条为诽谤侵害规定了这种正当化事由。该条规定意义上的正当利益除了个人利益,还可以是公众的知情利益。因此,特别是新闻公开(Pressveröffentlichung)属于其中的正当事由。[15] 因为 V 的言论可能是追求公共利益——就一家在德国全境营业的知名企业的信用状况而言,并不能一开始就排除这种可能——要提的问题是:顾及正当利益是否也是私法中承认的正当化事由。

提示:这是有极大争议的。通说认为顾及正当利益限于《刑法典》第 193 条和《民法典》第 824 条第 2 款中的名誉侵害。[16] 与此相反,联邦最高法院认为《刑法典》第 193 条所承认的正当利益在于信用机构维护更上位的信用安全系统(SCHUFA)的正常运转,甚至可以对抗一般人格权。[17] 反对扩张至银行保密义务的观点认为:这将导致由此产生的保密义务将会取决于个案中的利益衡量。作为银行和客户之间的特殊信赖关系自然结果的银行保密义务的核心将因此受到质疑。[18] 因此,在这种情形中更应当拒绝顾及正当利益。[19] 就这一方面再次适用的(准则是):必须探讨这一问题,因为案件事实已经指明了这一点。尽管如此,在闭卷考试中任何某种程度有用的论证都会得到积极的评价。只有在家庭作业中会作更高要求。

这一争议问题可以暂时搁置不议。仅有值得保护的利益存在尚不

13

14

---

[15] Schönke/Schröder/Lenckner/Eisele, StGB, 29. Aufl., 2014, §193 Rn. 15ff.

[16] Schönke/Schröder/Lenckner/Eisele, StGB, 29. Aufl., 2014, §193 Rn. 2f.；Soergel/Spickhoff, §823 Rn. 127ff.

[17] BGH NJW 1978, 2151, 2152.

[18] 详细论述参见 Hellner/Steuer, BuB 1, Rn. 1/55；Schimansky/Bunte/Lwowski/Bruchner/Krepold, Bankrechts-Handbuch, Bd. 1, 4. Aufl., 2011, §39 Rn. 93ff.。

[19] 在其他情形中,银行对其客户享有根据诚信要求解除保密义务拘束的请求权,比如说在银行因客户的违约行为遭致损失时。此时,客户还要求银行恪守保密义务系权利滥用。Hellner/Steuer, BuB 1, Rn. 1/55；Schimansky/Bunte/Lwowski/Bruchner/Krepold, Bankrechts-Handbuch, Bd. 1, 4. Aufl., 2011, §39 Rn. 96.

足以认定为《刑法典》第 193 条所谓的顾及正当利益。此外,根据联邦宪法法院的交互作用论(Wechselwirkungslehre),需要在言论自由和名誉权——更确切地说——本案中要求保密的请求权之间作利益衡量。[20]但是在本案中,B 银行的言论自由因合同受到了限制。此外,顾及正当利益并不能正当化对意定的利益保护义务的违反。[21]

15 因此,违反缄默义务仍是不法的。

4. 可归责性

16 V,或更准确地说,是 B 银行(第 31 条)需对义务违反负责(第 280 条第 1 款第 2 句结合第 276 条)。反证的证明负担由 B 银行承担,因为第 280 条第 1 款第 2 句是以推定过错为出发点的。[22] 当 B 银行须对义务违反负责时,B 银行的反证就肯定失败了。依据第 276 条第 1 款第 1 句,债务人原则上要对故意和过失负责。V 的言论使用"有人"(man)的表述,并引用媒体报道,撇清和其银行的关系,这些尝试可以支持其无意违反义务的观点。根据第 276 条第 2 款,判断过失的注意程度的标准在本案中由《股份法》(AktG)第 3 条第 1 款、《商法典》第 6 条第 1 款、第 347 条第 1 款补充设定。作为银行董事长,V 是知道保密义务的。因此,他事先必须努力摆脱银行保密义务的拘束力,但是他并没有这么做。他也不能相信自己在顾及正当利益,因为他至少应在接受采访前再确认一下,所以还是有过错地发生了可能的法律错误。他当然不能以采访时的状况为理由。因此,V 并未尽到交易上必要的注意,其行为为有第 276 条第 2 款意义上的过失。

5. 因义务违反不可期待其为给付

17 第 282 条还要求,因违反第 241 条第 2 款的义务,不可期待债权

---

[20] Schönke/Schröder/Lenckner/Eisele, StGB, 29. Aufl., 2014, § 193 Rn. 15. 就交互作用论,参见 BVerfGE 42,150,169。

[21] BGHZ 166,84,93 = NJW 2006,830。

[22] 就这一证明责任的倒置——原则上在请求权人的请求权成立事实中——详尽的阐述参见案例 4,边码 23 及以下。

人 U 接受债务人 B 银行的给付。起决定作用的是将来合同履行的可期待性,过去违反缄默义务只有间接推定作用。[23] 对双方利益进行衡量是必要的。就此,可以一开始就考虑劳动法中的原则,就如这些原则主要是为以行为为条件的终止(die verhaltensbedingte Kündigung)发展起来那样。据此,单次的义务违反原则上是不够的,但是可以让债权人有权警告,以及让债务人在不真正义务的意义上负有义务(参考第 281 条第 3 款);不可期待性在进一步违反时成立。[24]

但是,涉及信赖领域时,当单次义务违反是如此严重,以致破坏当事人之间的信赖基础的,就不需要这种警告了。[25] 在本案中涉及严重违反银行保密义务和利益保护义务,因为 B 银行负担的给付恰恰是以尽可能高的价格出售 U 的股票。因对 U 的信用状况的质疑会对可取得的售价产生严重的负面影响,所以信赖基础被破坏,不可期待 U 会让合同继续履行下去。

最后,还需不可期待性和义务违反之间有因果关系。[26] 在本案中恰好如此,因为违反第 241 条第 2 款破坏了信赖基础。

提示: 有些观点认为不可期待性应紧接着义务违反检验。[27] 这意味着可归责性和不可期待性也有关联。但是,一方面,第 282 条的文义,即可期待性不隶属于可归责性反对这一观点;另一方面,不可期待性源自利益衡量,债务人是否以及以何种方式对义务违反负责(参考其他的关联第 275 条第 2 款第 2 句)在其中会发挥作用。因为可归责性和不可期待性无关,所以应在可

---

[23] Huber/Faust, § 3 Rn. 172; Münch, Jura 2002,361,371.
[24] AnwK/Dauner-Lieb, § 282 Rn. 7; Huber/Faust, § 3 Rn. 175; Palandt/Grüneberg, § 282 Rn. 4。相反,反对以警告为要件的是 Ehmann/Sutschet, S. 119。
[25] Huber/Faust, § 3 Rn. 172.
[26] Begr. RegE. BT-Drs. 14/6040, 142.
[27] 比如 MünchKomm/Ernst, § 282 Rn. 4ff.; Jauernig/Stadler, § 282 Rn. 4ff.; Palandt/Grüneberg, § 282 Rn. 3f. 。

归责性之后检验不可期待性。[28]

6. 损害，责任范围因果关系，根据第 249 条及以下条文的赔偿

21　　U 在本案中主张 100 万欧元多支出费用的赔偿，其是因 V 的言论导致 U 变更银行后产生的，属于替代给付的损害赔偿。[29] 需检验的是损害的可赔偿性。

(1) 损害

22　　根据第 253 条第 1 款，原则上只有财产性损害可以赔偿，可根据差额说确定其数额：根据这一方法，当受害人现在财产的实际价值少于若无引起赔偿义务的事实其应有的财产价值时，就存在财产性损害。[30] 如果没有缄默义务违反，U 就会让 B 银行继续出售股票。如果 V 没有发表这些言论，就不会导致更换银行，也就不会产生额外的 100 万欧元的成本，所以 100 万欧元的损害存在。

(2) 责任范围因果关系

23　　在义务违反和损害之间还须有因果关系，即所谓责任范围因果关系。[31] 如果 V 没有发表这些言论，就不会更换银行。因此，当中存在相当因果关系。尽管多支出的费用最终是由 U 的（有意的）决定导致的，即更换银行；但是 U 根据第 282 条仍有该权利。债权人在如此严重的义务违反后要中断和债务人的业务往来，完全在生活常理内，因此可以肯定相当因果关系。[32]

(3) 具体损害赔偿，第 249 条

24　　因此，B 银行有义务让 U 恢复到若无引起赔偿的事实应处的状态（第 249 条第 1 款），其需赔偿 100 万欧元的损害。

---

[28] 赞同的有 Jauernig/Stadler, §282 Rn. 6。
[29] Vgl. Senne, Jura, 2002, 424, 430.
[30] Palandt/Grüneberg, Vorbem. zu §249 Rn. 10 m. w. N.
[31] Palandt/Grüneberg, §280 Rn. 38.
[32] 因果关系的理论参见 Palandt/Grüneberg, Vorbem. zu §249 Rn. 25ff.。

7. 结论

U可以根据第280条第1、3款,第282条,要求B银行赔偿替代给付的损害100万欧元。 25

就未予考虑的请求权基础的**提示**:此外还可能考虑的是侵权损害赔偿请求权。若是第823条第1款,本案中不存在对所有权的侵害,要检验的就是U已经设立并运转的营业行为是否被侵害,可能最终会肯定后者。接下来最先探讨的是责任范围因果关系,损害是由U终止与B银行的合同的决定产生的。当然也可以考虑与挑衅案件(Herausforderungsfälle)的类似性。 26

第824条的请求权以散布不实情况为前提。就此,需要V做出有关实际情况的有事实证明的表述,而不仅仅是给出主观的评估。即便认为这属于事实陈述(参考此前边码7),也缺乏认为该表述在客观上是不正确的,或者其内容会被错误理解的依据。因此,第824条不适用。 27

除结果上可肯定的损害(上文边码21及以下)外,第826条的请求权还以悖俗性为前提。就此,需要存在违背公正正直思考者的道德感(Anstandsgefühl)的行为。[33] 悖俗性可以源自行为追求的目的、实现目的采取的手段、当中表现的价值观或由此产生的后果。[34] 因为本案中泄露的信息至少已经为一部分大众所知的,所以指责其具有悖俗性并无道理。此外,案件事实中看不出V有加害的故意。因此,第826条的请求权不成立。 28

---

[33] Motive II, 727; Staudinger/Oechsler (2003), § 826 Rn. 24;持批评态度的是MünchKomm/Wagner, § 826 Rn. 7ff.。

[34] Larenz/Canaris, § 78 II. 2. b); Palandt/Sprau, § 826 Rn. 4ff.;对这些标准的批评参见 Staudinger/Oechsler(2003), § 826 Rn. 47ff.。

(二)U 要求 B 银行返还股票的请求权

1. 根据第 667 条、第 675 条第 1 款要求返还股票的请求权

29　　U 可能有以第 667 条、第 675 条第 1 款为据,要求 B 银行归还股票的请求权。

(1)委托或事务处理

30　　相应的债之关系存在。(参考上文边码 2)

(2)因执行事务有所得

31　　B 银行因执行行纪事务取得股票。

(3)返还请求权

32　　在有偿的事务处理中,通常要在第 271 条第 1 款意义上的终止之后,以第 675 条第 1 款、第 667 条为据的返还请求权才会届期。因此要检验 U 是否终止了行纪。终止的方法取决于其客体是 B 银行只要尽力即可(第 611 条),还是须有售卖的结果(第 631 条)。根据案情,本案应是后一种情况。因此,U 原则上可以依第 649 条第 1 句随时终止合同,但仍有义务支付酬金。因此,对 U 而言,解除更有利。

(4)解除权或终止权

33　　因为未约定定解除权,所以只有 U 有法定解除权时,才能考虑解除。本案中,这种解除权可能源于第 324 条,因为 B 银行违反了第 241 条第 2 款意义上的义务(见前文边码 3 及以下)。但是,此处的行纪要持续更长的时间,而有继续性之债的特点,所以解除被终止替代。[35] 因此,要检验的是第 314 条第 1 款。[36]

①继续性债务关系

34　　这种关系存在。

---

[35] Palandt/Grüneberg, §323 Rn. 4.
[36] 若认为属于因持续性交易关系的服务合同,U 可以根据第 675、627 条终止合同,参见 Baumbach/Hopt/Hopt, §383 Rn. 6.

②重大事由

存在违反第 241 条第 2 款的情况(见上文边码 3 及以下),但还需要有第 314 条第 1 款第 2 句所称的重大事由,以致在 B 银行违反义务时,对 U 而言坚守合同是不可期待的。因为这和第 282 条[37](见上文边码 17 及以下)并无区别,所以该要件充分。 35

③第 314 条第 2 款第 1 句的警告

因义务违反十分严重,原则上必要的警告根据第 314 条第 2 款第 2 句、第 323 条第 2 款第 3 项就不需要了。 36

④终止的表示

U 以要求返还的方式作出了可推断的终止表示。 37

(5)结论

U 可以根据第 675 条第 1 款、第 667 条要求 B 银行返还股票。 38

2. 根据第 985 条要求返还股票的请求权

此外,还要考虑 U 以第 985 条为据要求 B 银行返还股票的请求权。股票最初的所有人为 U,其可通过第 929 条第 1 句,以转让给 B 银行的方式丧失所有权。但是出售行纪人不可以成为行纪物品的所有权人,而只能根据第 185 条第 1 款获得处分的权限。[38] 因此,U 还是所有权人,而 B 银行是直接占有人。随着 U 终止合同,B 银行丧失了第 986 条第 1 款第 1 句意义上占有的权利,B 银行因此必须返还股票。 39

提示:返还请求权的成立不取决于其为记名股票(Namensaktien)还是非记名股票(Inhaberaktien)[参见《股份法》(AktG)第 10 条第 1 款]。非记名股票只有通过物权原则,即第 929 条及以下条文方能移转,而记名股票是天生的记名证券(Oderpapiere),移转记名证券的流通合同(Begebungsvertrag)[39] 40

---

[37] Huber/Faust, §5 Rn. 47; Knoche/Höller, ZGS 2003, 26,32.
[38] Baumbach/Hopt/Hopt, §383 Rn. 22.
[39] Palandt/Sprau, §793 Rn. 8.

需要背书[《股份法》(AktG)第 68 条第 1 款[40]]。只有当股票尚作为证书存在时才适用这些规则。

3. 根据第 812 条第 1 款第 2 句第 1 种情况的请求权

41　　B 银行通过 U 的给付获得股票的占有,合同作为其保有的法律原因并不因终止而消灭。第 812 条及以下条文并不能在第 346 条及以下条文之外适用。[41]

---

〔40〕 Vgl. Brox/Henssler,Handelsrecht, 21. Aufl. , 2011, Rn. 527f. ; Eisenhardt, Gesellschaftsrecht, 14. Aufl. , 2009, Rn. 527; Palandt/Sprau, Einf. v. §793 Rn. 2f.

〔41〕 Palandt/Sprau, Einf. v. §812 Rn. 6.

案例14　周一到的草莓

一、案件事实

郊野咖啡屋"森林高价屋"（Nepp im Walde）的店主克里斯汀·科尔西（Kristian Kirsch, K）在蔬果批发商布鲁诺·比尔纳（Bruno Birne, B）处为周六（6月22日）订购了一批草莓，数量比平时多30千克。他在订购中指明在6月22日无论如何要拿到多出的30千克草莓，因为他想在6月23日举办大型草莓蛋糕竞吃会（Erdbeerkuchen-Wettessen），为此还在报纸上刊登了广告。在这一天送到无比重要，因为从6月24日开始，咖啡屋将翻修一周，期间会断水断电。B确认了订单，却忘了这件事，直到周一，即6月24日，才送来30千克草莓。K对此已毫无兴趣。

为了草莓蛋糕竞吃会，K于6月15日在菲特·菲尔福鲁赫特（Veit Vielfrucht, V）那以200欧元购买了一张桌子，V当即就将桌子交给了K。K当场支付了随身带的100欧元，他应在6月24日到V的店里支付剩余的价款。6月24日和25日，K都没有出现，因为他忙着翻修，而且因对B非常恼怒而分心了。7月1日，V找到K，但K身无分文。所以V对K说，如果7月4日前未支付剩余的100欧元，就要收回桌子。K仍然一直未付款，7月4日也不在咖啡屋。7月5日，V终于见到了K，以为K肯定会付款，但实则不然，因为K没有现金。V认为已经仁至义尽了，要求解除合同，并在退还K 100欧元的同时要求返还桌子。

1. K 必须受领 B 给付的草莓并付款吗？
2. K 必须在收到 100 欧元退款的同时退还桌子吗？

二、前期思考

就草莓而言，存在给付迟延，但是 K 在订购时就已经说明严守履行时间是非常重要的。因此，可能认定当事人约定的是所谓的绝对定期行为，未遵守履行时间如此严重，以至于任何的拖延皆可认为构成第 275 条第 1 款意义上的给付不能，使得迟延的给付不构成第 362 条第 1 款意义上的清偿。但是在有疑义时，至少可从相对定期行为出发，在相对定期行为中[1]，虽然遵守履行时间也特别重要，但其意义没有(绝对定期行为)那么重大。因此，根据第 323 条第 2 款第 2 项，相对定期行为仅赋予债权人无须定期催告的解除权。如果当事人是商人，则要适用要件更为复杂、后果更为严厉的特别规定——《商法典》第 376 条。尤其是根据《商法典》第 376 条第 1 款第 2 句，债权人只有在期限经过后立即表明尚可履行时，方能要求实际履行。否则，他就会失去这一请求权。因为在债法改革中，立法者忘了对《商法典》第 376 条第 1 款作与《民法典》第 325 条协调的调整，也没能避免前者和这一新条文之间的矛盾。即便《商法典》第 376 条规定了损害赔偿和解除之间是"或"的选择关系，但也要违背文义，作"和"的并列关系的解读。[2]

在案件变型中，V 主张了解除合同后的请求权。所谓返还的请求权可在第 346 条第 1 款中找到，该请求权可以和以第 985、1007、812 条为据的请求权竞合。该请求权以解除表示和法定或意定解除

---

[1] BGHZ NJW 2003,1600 m. w. N.
[2] Bamberger/Hopt/Hopt, §376 Rn. 11; Oetker, Handelsrecht, §8 Rn. 20 m. w. N.; Jung, Handelsrecht, §37 Rn. 7.

权为前提;其检索顺序随意。

因为 K 尚未履行,但有履行的可能,本案中的解除权可能源自第 323 条第 1 款。其事实构成可根据法律文义检验。由第 323 条第 1 款"届期给付"的要求可以推出,给付至少尚需可能(否则就应适用第 326 条第 5 款)。若案情果真如此,就要在本处探讨第 275 条第 1—3 款了。[3] 这与构建独特的"给付的可补救性"(Nachholbarkeit der Leistung)检验点或认为第 326 条第 5 款是不必要的表述相比更精确。但很遗憾,还是有部分学者持此观点。[4] 必需的指定期限同时也构成作为第 286 条第 1 款适用前提的催告,[5] 而解除权并不取决于(构成迟延的)催告。[6] 因此,债务人必须认真对待任何一项要求给付的期限指定。尤其是根据绝对的通说,设定的过短期限并非无效,而是无论如何会以合适的期限予以替代[7]时,更是如此。

三、提纲

(一)问题 1:B 要求 K 受领给付并支付草莓价款的请
　　求权,第 433 条第 2 款 ················· 1
　1. 有效的买卖合同 ······················· 2
　2. 请求权根据第 326 条第 1 款第 1 句请求权消灭 ········ 4
　　(1)双务合同 ······················· 5
　　(2)根据第 275 条第 1 款排除主给付义务 ········· 6

---

〔3〕 类似的参见 Brox/Walker, AS, §23 Rn. 59; Hk/Schulze, §323 Rn. 4; MünchKomm/Ernst, §323 Rn. 47。
〔4〕 比如 Hirsch, Rn. 610。
〔5〕 参见 Berg. zum RegE, BT-Drs. 14/6040,184 und 138(zu §281)。
〔6〕 与此不同的是旧法中的第 326 条,这在实践中带来大量问题,参见 Berg. zum RegE, BT-Drs. 14/6040,184;法律委员会的观点,BT-Drs. 14/7052, 185。
〔7〕 参见 Berg. zum RegE, BT-Drs. 14/6040,138(zu §281)。期限的长度需结合个案,根据司法裁判发展出的标准(就此参见 Palandt/Grüneberg, §323 Rn. 14 und Begr. zum RegE a. a. O.)判断。

[问题:B 是否因未在约定期限内交付草莓,而终局地对 K 免于给付?]
  (3)中间结论 ·· 12
 3.结论 ·· 14
(二)问题 2:V 要求 K 返还桌子的请求权 ················ 15
 1.V 根据第 346 条第 1 款、第 348 条第 1 句要求 K 返还桌子的请求权 ······································ 15
  (1)解除权 ·· 16
   ①意定解除权 ······································ 17
   ②法定解除权,第 323 条第 1、5 款 ············ 18
    A.双务合同 ······································ 19
    B.届期且可实现的给付义务 ··············· 20
    C.未履行或未依约履行 ······················ 24
    D.合理期限 ······································ 25
    E.期限徒过 ······································ 26
    F.部分拖延 ······································ 28
    G.未排除解除 ·································· 29
   ③中间结论 ··· 31
  (2)解除表示,第 349 条 ····························· 32
  (3)结论 ·· 34
 2.其他请求权基础 ··· 35
  (1)第 985 条 ··· 35
  (2)第 1007 条 ··· 37
  (3)第 812 条第 1 款第 1 句第 1 种情况 ········ 38

四、解答

(一) 问题 1:B 要求 K 受领给付并支付草莓价款的请求权,第 433 条第 2 款

若 B 根据第 433 条第 2 款能够要求 K 受领给付并支付价款,则 K 必须这么做。   1

1. 有效的买卖合同

就此首先要有有效的买卖合同。须有相互一致的两个意思表示(即第 145 条及以下条文意义上的要约和承诺),合同才能成立。K 的订单是第 145 条意义上的要约,B 的确认构成承诺。因此,买卖合同缔结,第 433 条第 2 款的请求权成立。   2

提示:应优先处理 K 和 B 之间的合意,因为案件事实非常明晰。此处,绝对定期行为是否成立不重要,就此也无须详述。无论如何,原则上应首先探讨取决于合同合意内容的问题,只要这些问题是有影响的。只有在可能存在不合意(第 154 条及以下一条规定)时,才要另做处理。   3

2. 请求权根据第 326 条第 1 款第 1 句消灭

请求权可能根据第 326 条第 1 款第 1 句又消灭了。   4

(1) 双务合同

因有买卖合同,存在双务合同。   5

(2) 根据第 275 条第 1 款排除主给付义务

须有处于对待关系中的给付义务根据第 275 条第 1 款消灭。当给付对债务人 B(主观不能)或任何人(客观不能)变得不能时,就是如此,即无法提出给付。在前述案件中有疑问的是,该给付对 B 是否不能,因为他虽然未如约定在 6 月 22 日交付草莓,但至少在两天之   6

后,即 6 月 24 日交货了。

7　但如果 K 和 B 之间缔结的买卖合同是所谓绝对定期行为,则要考虑给付不能。绝对定期行为是指:根据既有的合同和利益状况,遵守履行期对一方当事人是如此重要,以致迟到的给付不可再被视为清偿,因为该交易的成败取决于准时履行[8],因为拖延的履行对其而言毫无意义。比如,为了赶火车,叫了去车站的出租车。[9] 是否如此,需根据第 133、157 条对合意作出解释后,方能确定。

8　支持是绝对定期行为的依据首先是约定了明确的交货时间,但单有这一项远远不够。因为还可能是所谓的相对定期行为,其中遵守时限同样比在通常的情形中重要。但是,相对定期行为仅会产生无须定期催告的解除权(规定在第 323 条第 1 款、第 2 款第 2 项及《商法典》第 376 条)。定期行为的两种形态的界分因缺乏明确的标准而有争议。司法裁判在两种情形中使用非常近似的表述:相对定期行为的"成否需取决于对履行时间的遵守"[10];这一表述更适合绝对定期行为,因为其成否确实取决于是否及时履行。[11]

9　在本案中,除了 K 指出履行时间的意义,还有其他支持绝对定期行为的依据:一方面,于 6 月 22 日交货是为了特定事件,即为草莓蛋糕竞吃大赛预定;另一方面,草莓是易腐烂食品,只适于在交货之后很短的时间内吃掉。在咖啡屋的正常营业中消耗这些草莓是不可能的,因为 6 月 22 日后的一周咖啡屋因翻修要闭店。从 K 的角度看,6 月 22 日之后交货就毫无意义了,因为他无法利用这些草莓,又因为

---

[8] Brox/Walker, AS, §22 Rn. 6; Palandt/Grüneberg, §271 Rn. 17, §275 Rn. 11.

[9] Brox/Walker, AS, §22 Rn. 6.

[10] 如此表述或类似表述见于司法裁判和通说中,RGZ 51,347,348; BGHZ 110, 88,96 m. w. N.; Baumbach/Hopt/Hopt, §376 Rn. 1; Koller/Roth/Morck/Roth, HGB §376 Rn. 5;翔实的文献索引参见 Gernhuber, Die Erfüllung und ihre Surrogate, 2. Aufl., 1994, §4, 4Fn. 17。

[11] 正确的是 Gernhuber, Die Erfüllung und ihre Surrogate, 2. Aufl., 1994, §4, 4;赞同该观点的是 Larenz I, §21 I Fn. 3a。

断电没法保存这些草莓。

因为 K 说明了这些,B 对这一切情形都是知悉的,所以遵守履行时间的重要意义成为合同的内容。因此成立绝对定期行为,其后果是最晚随着 6 月 23 日的经过,B 的给付变为不能。B 根据第 275 条第 1 款免于承担给付义务。

提示:本案中,给付不能(可能)在 6 月 22 日晚就已经发生,所以即便是 6 月 23 日交货也不再构成清偿;因为 K 还得烤蛋糕。但是这在本案中可暂且搁置不议,因为 6 月 23 日 B 也未供货。

(3)中间结论

B 的对待给付请求权根据第 326 条第 1 款第 1 句消灭。

提示:根据第 326 条第 2 款和第 3 款的对待给付请求权存续的情况在本案中不存在,也就不必提及这些规范。但是,在解题框架下笔之前,必须要考虑这个问题。

3. 结论

B 无依据第 433 条第 2 款要求受领给付和支付价款的请求权。

(二)问题 2:V 要求 K 返还桌子的请求权

1. V 根据第 346 条第 1 款、第 348 条第 1 句要求 K 返还桌子的请求权

若 V 有效地解除了合同,则其可能有根据第 346 条第 1 款、第 348 条第 1 句,在归还 100 欧元价款的同时,要求 K 返还桌子的请求权。

(1)解除权

解除作为形成权(的行使)首先以解除权为前提。根据第 346 条第 1 款,解除权必须要么源自合同约定,要么源自法律的规定。

17	①意定解除权 并无明示或默示约定解除权。 ②法定解除权,第 323 条第 1、5 款
18	V 可能有依据第 323 条第 1、5 款,因 K 的不履行而解除合同的权利。

A. 双务合同

19　要适用第 323 条第 1 款,首先要有双务合同。在 V 和 K 缔结的买卖合同中,双方的主给付义务是不可分离、彼此依存的,所以存在双务合同。

B. 届期且可实现的给付义务

20　此外,还需要存在届期且可实现的给付义务,其不一定要有牵连关系。[12] 本案中,K 的主给付义务是支付 200 欧元的价金(第 433 条第 2 款)。因为 K 在 6 月 15 日已经支付了 100 欧元,而 V 在受领这部分给付时并未根据第 266 条拒绝,所以价金请求权在 100 欧元的范围内根据第 362 条第 1 款消灭,但还剩下 100 欧元的价金请求权。

21　这一剩余的价金请求权也必须届期。自债权人可以要求给付时始,请求权届期。根据第 271 条第 1 款,请求权原则上自成立时就届期,本案中就是在 6 月 15 日缔约之时。但是 K 和 V 约定剩余的 100 欧元价款在 6 月 24 日才需支付,因此确定了履行时间。所以在有疑义时,V 不能在此之前要求支付价款(第 271 条第 2 款)。因此,剩余价款在 6 月 24 日届期。

22　此外,请求权还需可实现。[13] 未见对抗价金请求权的抗辩权;因为 V 已经履行了,此处尤其不用考虑同时履行抗辩权(第 320 条第 1 款)。还可能想到的是 K 不能支付(第 275 条第 1 款),因为他没有现

---

〔12〕 Vgl. Begr. zum RegE. BT-Drs. 14/6040, 183. 与此不同的是旧法第 325、326 条的规定。

〔13〕 通说,AnwK/Dauner-Lieb, §323 Rn. 8; Brox/Walker, AS, §23 Rn. 60。

金,无法支付。但是,金钱之债的履行原则上不会发生不能,因为只要存在金钱,就有义务支付,其补正亦有可能。

提示:只有在债权人受领迟延(第293条)时,才会发生金钱之债的不能,因为其由于"准特定化"(Quasikonkretisierung)而根据第300条第2款限于特定数量的现金。[14] 只有在案件事实中有依据时,方需提及。

C. 未履行或未依约履行

K未在届期时(6月24日)支付剩余的100欧元价金,因此未在第323条第1款的意义上履行,尽管他本可以履行。

D. 合理期限

V在届期后必须为K给付或补正给付指定合理期限。V在7月1日对K说,应在7月4日前支付剩余的100欧元,所以已经为剩余给付指定了期限。因为该期限指定只是给已经开始的给付完成的机会,因此为支付剩余100欧元的金额设定3天期限是合理的。

E. 期限徒过

因为K到7月4日既没有完成剩余的给付,也未以让债权人V陷入受领迟延的方式提出给付,该期限徒过。

提示:在第281条第1款第1句、第323条第1款的范围内,若给付既未实现,也未以第294条及以下规定的方式提出或是给付义务根据第275条或其他原因(废止合同或免除合同、解除)消灭时,则该设定的期限徒过。在所有这些情形中,债务人迟延也同时终止。

F. 部分拖延

因为本案涉及部分给付的拖延,要依据第323条第5款第1句解除整个合同,尚需满足V对已为的部分给付毫无利益。当给付和对

---

[14] Vgl. Palandt/Grüneberg, §300 Rn. 7.

待给付都是可分,且因此部分的给付交换有可能有意义时,才会考虑 V 对部分给付的利益。因为桌子是无法部分出售的,不属于这种情形。因此,V 对部分给付没有利益。他可以根据第 323 条第 5 款第 1 句解除整个合同。

G. 未排除解除

29　案件事实没有提供依第 323 条第 6 款排除解除的依据。

30　　**提示**:该检验点在本案中是不必要的,但保险起见可以检验。

③中间结论

31　随着宽限期的徒过,V 就享有以第 323 条第 1 款和第 5 款为据的解除整个合同的法定解除权。

(2)解除表示 第 349 条

32　根据第 349 条,解除需对另一方当事人表示;V 在 7 月 5 日就对 K 作出了表示。

33　　**提示**:只要案情显示必要,就还需检验解除是否依第 218 条第 1 款第 1 句是无效的。但这在本案中并无依据,所以将其留在下笔前的思考的"勾号"里。

(3)结论

34　V 有效地行使了其因 K 给付拖延享有的解除权。因此,他可以根据第 346 条第 1 款、第 348 条第 1 句,在归还 100 欧元的同时,要求 K 归还桌子并移转所有权。

2. 其他请求权基础

(1)第 985 条

35　第 985 条的请求权以 V 的所有权为前提,但是 V 已经根据第 929 条第 1 句将所有权移转给 K 了。解除没有改变这一状况。

36　　**提示**:这源于在第一学期就已学习的抽象原则。但是,即便在考试中学生也一再会错误地以为解除后所有权会当然复归出卖人。

(2) 第1007条

第1007条第1款不适用,因为K在取得占有时为善意,此外他已经取得了所有权。因此,也排除第1007条第2款的适用。

(3) 第812条第1款第1句第1种情况

虽然K是因V履行买卖合同,即有意识和有目的的行为,从V那里取得桌子的所有权和占有的,但是,解除合同并不会让作为此前给付交换的法律原因消灭,而只是让原初的合同变为"返还清算债之关系"。因此,第812条第1款第1句第1种情况的请求权不成立。

案例 15　旧的帕兰特评注(Palandt)

一、案件事实

维拉(Vera, V)在1月15日将一本旧的《帕兰特评注》(上一版)以49欧元卖给库特(Kurt, K)。K当场支付了5欧元,剩余的44欧元应在1月21日上完行政法总论课后给V。V当即将《帕兰特评注》交给了K,但是因尚未支付的余款保留了所有权,K也表示同意。1月21日和22日,V一直找不到K,这让V越来越恼火。当1月23日K终于带着尚欠的44欧元出现时,V因拖延了两天而非常恼怒,拒绝受领K提出的支付。V根据所有权保留之规定,要求自己返还5欧元的同时,K归还《帕兰特评注》。

可以吗?

二、前期思考

这一案件事实是有意识摹写上一案件的案情的,但是V保留了《帕兰特评注》的所有权,没有为K指定期限,也没有明确表示解除。然而,V行使了以合同解除为前提的请求权。因此,问题是,根据第323条第2款或基于其他原因是否不必为给付指定合理期限。

> 根据第 323 条第 1 款因不履行而解除中定期催告要求的例外
> 1. 债务人在届期后或届期前（第 323 条第 4 款）严肃和终局地无正当理由拒绝了给付（第 323 条第 2 款第 1 项）。
> 2. 约定了简单的（相对）定期行为（第 323 条第 2 款第 2 项）。
> 3. 有特别的情事正当化时即刻解除（第 323 条第 2 款第 3 项）。
> 第 326 条第 5 款（无须定期催告）的解除权与此处的区别是：给付在第 275 条第 1 款意义上不能或根据第 275 条第 2、3 款被拒绝。因此，第 326 条第 5 款中缺乏第 323 条第 1 款意义上的"届期之给付"。

如果不存在上述情况，则还需考虑合同约定的解除权。这或许可从所有权保留（第 449 条第 1 款）的约定中推断解释出来，但是案情中并未为此提供依据。第 449 条也未像从前为所有权保留的买受人的债务人迟延规定的那样（旧法第 455 条），包含对这种解除权的推定。

因为 V 并未明确表示解除，所以还要检验 V 是否希望以其他的途径，即替代整个给付的损害赔偿来达到同样的结果。这在关于部分给付和瑕疵给付的第 281 条第 1 款第 2 句或第 3 句中是可能的。同时，通过第 283 条在部分免于给付（第 275 条）的情形中也是可能的。如果债权人作此主张，则债务人根据第 281 条第 5 款有权要求返还其所为的部分给付或瑕疵给付。"替代全部给付"的损害赔偿将解除和损害赔偿的结果联系起来。根据第 325 条，二者可以并存。这需予以历史性的解释：根据旧法第 325、326、463、635 条，损害赔偿和解除是择一关系，这对法律外行非常危险。因此，司法裁判允许所谓的"大损害赔偿"，可以涵括解除的后果。

因为替代全部给付的损害赔偿事实上将解除和损害赔偿联系起来，第 281 条和第 323 条的前提条件和排除事由大多重合。第 281 条第 1 款第 1 句也要求指定期限，但在下述情况下是不必要的：

> **因不履行的替代给付的损害赔偿**
> **(第281条第1款)中无须指定期限的例外**
>
> 1. 债务人在届期后或届期前严肃并终局地无正当理由拒绝给付(第281条第2款第1种情况,届期前,类推第323条第4款)。[1]
> 2. 特别情事能够正当化即时替代给付的损害赔偿(第281条第2款第2种情况)。
>
> 第283条(无须定期催告)与此的区别在于:给付在第275条第1款意义上不能或根据第275条第2、3款被拒绝。因此,第283条缺乏第281条第1款中的"届期之给付"。

根据第280条第1款和第3款、第281条第1款第1句主张替代给付损害赔偿请求权也要面对检验结构的问题。正如在本书第一部分的提示中更详尽阐述的(边码29及以下),应将第280条和第281条作为替代给付的损害赔偿的统一请求权基础融合起来,而不是直到讨论因义务违反而生的损害赔偿请求权中的损害的可赔偿性时才检验第281条。因为第281条给了债务人"第二次机会"为适约(履行)行为,所以只有在虽有定期催告,但仍未(或仅为瑕疵)给付且依第280条第1款应对此负责时,才会有损害赔偿。[2]

三、提纲

(一) V 以第346条第1款、第348条第1句为据要求 K
返还《帕兰特评注》的请求权 ………………… 1

---

[1] 但是在结果上没有争议,因为这在旧法中就被承认,且看不出立法者有改变的意图。反对类推第323条第4款的有 AnwK/Dauner-Lieb, §281 Rn. 20. 与之相反,支持类推适用第281条第1款(和第2款)的有 Huber/Faust, Kap. 3 Rn. 138,152; Jauernig/Stadler, §281 Rn. 9. 最后通过第282条解决: Lorenz/Riehm, Rn. 361. 认为最后两种方案任何一个皆可的是 MünchKomm/Ernst, §281 Rn. 62。

[2] Begr. zum RegE, BT-Drs. 14/6060, 139; Kropholler, §281 Rn. 1 und 3.

1. 解除权 ·· 2
   (1) 合同的约定 ·· 3
      [问题:V 是不是因约定的所有权保留而同时有权解除合同?]
   (2) 以第 323 条第 1 款和第 5 款为据的法定解除权 ·· 6
      ① 双务合同 ·· 6
      ② 届期且可实现的给付义务 ···················· 7
      ③ 确定合理期限 ································ 10
      ④ 无须指定期限 ································ 11
   (3) 中间结论 ·· 15
2. 结论 ·· 16
(二) V 以第 280 条第 1、3 款,第 281 条第 1 款为据要求 K 为替代全部给付的损害赔偿的请求权 ·················· 17
1. 存在债务关系 ·· 18
2. K 的义务违反 ·· 19
   (1) 届期的给付义务,未给付 ······················ 20
   (2) 指定期限,第 281 条第 1 款第 1 句 ·············· 21
   (3) 指定期限的非必要性,第 281 条第 2 款 ·········· 22
3. 结论 ·· 24
(三) 其他请求权基础 ···································· 25
1. V 对 K 以第 985 条为据的请求权 ················ 25
2. 以第 812 条第 1 款第 1 句第 1 种情况为据的请求权 ·· 27

四、解答

(一) V 以第 346 条第 1 款、第 348 条第 1 句为据要求 K 返还《帕兰特评注》的请求权

1　　如果 V 解除合同有效,则 V 对 K 有以第 346 条第 1 款为据,在归还 5 欧元价金的同时,要求 K 返还《帕兰特评注》的请求权(第 348 条)。

　　1. 解除权

2　　就此,V 必须有合同约定的或法定解除权。

　　(1) 合同的约定

3　　当事人在缔约时并没有明确约定 V 的意定解除权。因此要检验是否默示约定了解除权,V 在 1 月 15 日因 K 尚未支付完的价款而保留了《帕兰特评注》的所有权。根据第 449 条第 1 款对所有权保留的法律定义,换言之,在有疑义时,根据第 929 条第 1 句、第 158 条第 1 款,《帕兰特评注》的所有权以完全支付价款为生效条件移转给 K。

4　　当事人在缔结买卖合同时尚未达成这一合意。毋宁说 V 是后来才表明要保留所有权。因为 K 对此未表示反对,且受领了《帕兰特评注》,所以当事人在此范围内通过合同变更了买卖合同(第 311 条第 1 款)。因此,约定了所有权保留。

5　　但是,上述事实并未说明存在默示约定的由 V 享有的意定解除权,V 也未朝这一方向作任何提示。赋予 V 随时任意解除合同的可能也违背 K 在同意所有权保留时的利益。对所有权保留的买受人而言,就其支付迟延约定解除权也是可以接受的,但是在本案中根本看不到当事人的这种意思。就此,最多可以考虑构造出对这种意思的事实推定,其可为 K 推翻。但是因为以前的法律规定——即旧法第 449—455 条——中包含了买受人支付迟延时意定解除权的相应解释规则,而现行法第449条有意识没有继受旧法的这些内容,所以这种构造就不可能了。因此,解除权亦未为当事人默示约定。

(2)以第323条第1款和第5款为据的法定解除权

①双务合同

双方当事人缔结的买卖合同是双务合同。

②届期且可实现的给付义务

V必须还有届期且可实现的给付请求权,其不一定处于牵连关系中。[3]本案中K根据第433条第2款负有的主给付义务是支付49欧元的价金。因为K在1月15日已经支付了5欧元价款,V也没有根据第266条拒绝该部分给付,买卖价款请求权根据第362条第1款在5欧元范围内消灭,但是仍有44欧元。

剩余价金的请求权也必须届期。届期的时点是债权人可以要求给付的时候。根据第271条第1款,请求权原则上在成立时就立即届期,本案中是在1月15日缔约之时。但是K和V约定剩余的44欧元价款在1月21日才需支付,因此确定了履行时间。所以在有疑义时,V不能在此之前要求支付价款(第271条第2款)。因此,剩余价款在1月21日届期。

此外,请求权还需可实现。[4]无论如何,作为对抗价金请求权的抗辩权要考虑第320条第1款规定的同时履行抗辩权,但是K因所有权保留,部分地负有先给付义务,所以同时履行抗辩权不成立。因此,该请求权届期且可实现。

③确定合理期限

V在届期后必须为K给付或补正给付指定合理期限。本案中,V已经向K表示,希望K在1月23日支付剩余价款44欧元,同时,V

---

[3] 参考 Begr. zum RegE, BT-Drs. 14/6040, 183. 与此不同的是旧法第325条和第326条的规定。

[4] 通说,AnwK/Dauner-Lieb, §323 Rn. 8; Brox/Walker, AS, §23 Rn. 60。

因拖延将解除合同。所以V并未给K指定期限。如果没有定期催告,则完全没有任何合理期限起算;只有在确定了过短的不合理期限时才会涉及这一问题。

④无须指定期限

11　　因此要检验的是指定期限是否根据第323条第2款而没有必要。不必考虑第323条第2款第1项中因K严肃和终局拒绝履行而无须指定期限的可能,因为K已经支付了5欧元,愿意继续履行合同,且未另有表示。

12　　根据第323条第2款第2项,尽管根据合同缔结前或其他伴随合同缔结的情事中债权人对债务人的通知,遵守履行的时点或期限对债权人而言是极为重要的,而债务人在合同确定的履行期到来前或在合同确定的期限内没有履行的,指定期限是不必要的。在所谓"相对定期行为"中,债权人将履行利益的存否以这种方式系于准时给付,即对约定的履行期的遵守决定了合同成败。尽管V和K在本案中约定在1月21日支付剩余价款,但这还远不足以——如第323条第2款第2项文义所示——认为是相对定期行为。V和K并未表示1月21日支付是重要的,也不存在伴随合同缔结的情事支持其为重要的。

13　　最后,根据第323条第2款第3项,在特定情形中,衡诸双方的利益,指定期限可以是不必要的。但是这只有在未适约履行时适用,本案中恰恰不涉及此情况。

14　　在本案中,指定期限并非不必要。此外,它在未支付金钱债务时当然是可能的,且不可根据第323条第3款为——同样没有发生的——警告所替代。[5]

---

〔5〕　第323条第3款主要涉及未履行不作为义务,参见法律委员会的观点,BT-Drs. 14/7052,192。

(3) 中间结论

未指定期限,又非无须指定期限,所以 V 根据第 323 条第 1 款解除合同的前提条件不满足。由于 V 也没有意定解除权,故其解除无效。

2. 结论

V 没有以第 346 条第 1 款为据,要求 K 返还《帕兰特评注》的请求权。

(二) V 以第 280 条第 1、3 款,第 281 条第 1 款为据要求 K 为替代全部给付的损害赔偿的请求权

还需考虑 V 以第 280 条第 1、3 款,第 281 条第 1 款为据要求 K 为替代全部给付的损害赔偿的请求权。

1. 存在债务关系

因买卖合同,在当事人间存在债务关系。

2. K 的义务违反

K 必须违反了买卖合同中的义务,具体而言,就是违反了第 433 条第 2 款的付款义务。

(1) 届期的给付义务,未履行

K 没有在届期日清偿届期(且存续)的剩余价款的债务(更详尽的参考上文边码 7 及以下的内容)。

(2) 指定期限,第 281 条第 1 款第 1 句

替代给付的损害赔偿还以债权人指定期限为前提,到目前为止并未指定期限(参见上文边码 11)。

(3) 指定期限的非必要性,第 281 条第 2 款

根据第 281 条第 2 款,当 K 终局且严肃地拒绝给付,或发生特别的情事,衡诸双方利益后应允许立即主张替代给付的损害赔偿时,指定期限是没有必要的。本案案情不符合当中的任何一种,这在(上文

边码 12、13）探讨第 323 条第 2 款第 1 项、第 3 项时已经详细阐明了。因此，缺乏第 281 条第 1 款第 1 句要求的 V 的指定期限。

23 **提示**：若人们还是更喜欢首先检验第 280 条第 1 款的要件，直到损害的可赔偿性时方探讨第 280 条第 3 款和第 281 条，则会提出是否应肯定义务违反和可归责性的问题。如果根据第 280 条第 1 款的立法理由，认为所有客观上违反债之关系中的义务规划就行，且可以适用第 280 条第 1 款第 2 句的推定，那么，原则上当然可以这么做。

3. 结论

24 V 不可以根据第 280 条第 1、3 款，第 281 条第 1 款要求 K 为替代全部给付的损害赔偿。

（三）其他请求权基础

1. V 对 K 以第 985 条为据的请求权

25 如果 V 是《帕兰特评注》的所有权人，而 K 是无权占有人，则 V 对 K 可能有以第 985 条为据的请求权。V 因所有权保留和 K 尚未完全支付价金还是《帕兰特评注》的所有权人，K 是直接占有人。但是，根据第 162 条第 1 款，其在当事人之间的关系中可能是不一样的：根据该规定，当一方当事人违背诚信阻挠对其不利的条件成就的，条件视为已成就。条件成就——价金支付——将导致 K 取得所有权[6]，并导致 V 丧失所有权，V 就不再能够要求返还《帕兰特评注》了。起决定作用的是 V 是否违背诚信地阻止了价金的完全支付。因为 K 已经提出了剩余价金的给付，所以原则上可以这么认定。无论如何需考量的是，K 是否提出在剩余价金之外，还必须提出迟延损害的赔偿（即便在本案中没有看出来）。这是不无道理的，但是本案

---

〔6〕 Palandt/Ellenberger, §162 Rn. 4; 亦可参见 BGHZ 75, 221, 228。

中还需考虑到 V 没有给 K 任何的机会,因为其立即表示(无效的)解除。因此可以认为 V 的行为违背诚信(其他观点亦有道理)。因此,V 依据第 985 条要求返还原物的请求权不成立。

提示:(1)有争议的是第 162 条究竟以有过错[7],还是深受第 242 条影响、仅仅是有客观因果关系的违背诚信[8]为前提。在本案中可搁置不论,因为 V 已经有过错的行为了。因为在一目了然的法律状况中,V 对法律以及存有解除权的错误认识是可避免的,可以证成其有过失。[9] (2)若没有见到第 162 条第 1 款,则 V 仍为所有权人。如果检验第 985 条,则 K 是《帕兰特评注》的占有人,但是根据第 986 条第 1 款是有权占有,因为买卖合同本身还存在,也没有转化为第 346 条及以下规定的返还清算关系。(3)第 449 条第 2 款明定:出卖人有效解除合同后,才会从所有权保留中产生所有物返还请求权(第 985 条)。只要买卖合同还在,所有权保留买卖中的买受人就一直是第 986 条意义上的有权占有人。

26

2. 以第 812 条第 1 款第 1 句第 1 种情况为据的请求权

K 虽然是因 V 的给付获得《帕兰特评注》的占有和所有权,但因买卖合同尚存,其仍然有法律上原因,应排除第 812 条第 1 款第 1 句第 1 种情况的返还请求权。

27

---

[7] BGH NJW-RR 1989,802f.
[8] 通说 Jauernig/Mansel, §162 Rn. 4; Palandt/Ellenberger, §162 Rn. 3。
[9] 一般观点,参见 Palandt/Grüneberg, §276 Rn. 22f. m. w. N. ;其他观点,参见 MünchKomm/Grundmann, §276 Rn. 73ff. 。

案例 16　迟到的两轮摩托车

一、案件事实

摩托车发烧友克拉默(Krammer, K)想下回度假时来一次美妙的阿尔卑斯山之旅。因为他不再喜欢日本款的车,就去找寻一辆二手 BMW R 1100 GS 款摩托车。他在日报上看到了维格(Viegl, V)的一则广告。他验视该车后,双方确定交易。他们在一份书面买卖合同中约定,应在 6 月 14 日 16 时一手交钱,一手交车。正如 K 对 V 所言,K 准备 6 月 15 日就出发。但是 6 月 14 日 V 不在家,因为他想和他的摩托车进行一次告别之旅,结果因严重超速在瑞士被拘留了。K 怀揣价款空按门铃。因为 K 整天都联系不上 V,只能失望地以 800 欧元在摩托车出租商莫斯布鲁纳(Moosbrunner, M)那儿租了一辆差不多的摩托车。

回来后,K 要求 V 移转摩托车的所有权,并赔偿因租用替代摩托车而支出的费用。有道理吗?

案件变型:

当 V 在 6 月 18 日从瑞士归来途中驶入停车场休息,一个很困的卡车司机撞到了摩托车,摩托车全毁。K 可以要求 V 赔偿摩托车价值超过约定价金的数额 200 欧元吗?

二、前期思考

第 280 条第 1、2 款结合第 286 条构成迟延损害赔偿的请求权基础。就案例解析还有一个问题，即如何将这些规范在请求权构造中彼此联结起来(参见本书第一部分案例解析的提示，边码 29 及以下)。首先可以检验第 280 条第 1 款的前提，然后在义务违反上再根据给付迟延作调整，以便在损害的可赔偿性问题上，探讨根据第 280 条第 2 款需满足的第 286 条中的额外要件。[1]

然而，由此引发的各种危险反对这一检验顺序。根据第 287 条，在给付迟延时适用更严格的归责标准，而这有时在第 280 条第 1 款第 2 句的可归责性中要顾及。此外，如果在义务违反中仅检验拖延(Verzögerung)，而不检验迟延(Verzug)，会在责任范围因果关系上产生问题。因此，建议将第 280 条第 1、2 款和第 286 条作为一个统一的请求权基础一起引用，并且在第 280 条第 1 款的义务违反框架内就探讨债务人迟延。[2]

第 286 条第 1 款第 1 句规定的债务人迟延的要件必须倒背如流("im Schlaf"beherrschen)。这些要件非常简单且易于识别，还可根据需要进一步划分：

(1)届期且可实现的原给付请求权

(2)催告，第 286 条第 1 款第 1 句[以及起诉、催告通知送达，第 1 款第 2 句，辅之以根据第 286 条第 2 款无须催告以及有偿债权(Entgeltforderungen)根据第 286 条第 3 款发生迟延]。

(3)尽管满足(1)和(2)，仍未履行

---

[1] 就此附带的有(Dafür inzident)Palandt/Grüneberg, §286 Rn. 40。
[2] 采这种做法的有 Becker, Rn. 341ff.；Schwab/Witt, S. 95；还有 Huber/Faust, §3 Rn. 32. 同样的做法有 Jauernig/Stadler, §280 Rn. 32ff.。

(4)就不履行没有不可归责性,第286条第4款

在迟延损害的赔偿中,可归责性在检验顺序里既会出现在第286条第4款中,也会出现在第280条第1款第2句中。第280条第1款第2句的存在使得第286条第4款经常会被视为无关紧要。[3] 但是这一规定作为迟延的要件是必要的,因为依第287条及以下规定,迟延还会引起其他法律后果。在请求权的鉴定中,涉及迟延损害时,尽管不"美观",应在第286条第4款、第280条第1款第2句处检验可归责性,以表明已经掌握了这两个规范的要件。涉及第280条第1款第2句时,可以简单地向上指示参照。

提示:少数说有其他的看法,其认为届期时不履行是第280条第1款第1句规定的义务违反,第280条第1款第2句规定的可归责性与此相关;而对第286条第4款而言,迟延的所有要件都充分的时点才是决定性的。[4] 反对这一立场的观点认为:这些都统一取决于债务人必须履行之时。[5] 必须正确地说:只有在尽管有催告(或无须催告的情形),但债务人可归责地仍未履行届期且可实现的给付义务时,债权人才可根据第280、286条获得迟延损害的赔偿。不构成迟延的不履行是否属于义务违反的问题,对正在讨论的迟延损害的赔偿是不重要的。因此,可归责性必须统一地指向给付迟延时间。

在案件变型中,摩托车最终无法交付;此处要问的不是迟延损害(Verzögerungsschaden),而是其他种类的损害。尽管如此,给付迟延的其他法律后果对其他损害也会有决定性影响。

---

〔3〕 追随如下观点:Begr. zum RegE, BT‐Drs. 14/6040, 148 及 AnwK/Schulte‐Nölke, § 286 Rn. 72; Hk/Schulze, § 286 Rn. 25; MünchKomm/Ernst, § 286 Rn. 102。

〔4〕 Palandt/Grüneberg, § 286 Rn. 32; Jauernig/Stadler, § 286 Rn. 40,但与此不同的是§280 Rn. 39f.,该部分评注认为不应检验第286条第4款,而只需检验第280条第1款第2句。

〔5〕 MünchKomm/Ernst, § 286 Rn. 102. 没那么清晰的是 Hk/Schulze, § 286 Rn. 25。

三、提纲

(一) K 以第 433 条第 1 款第 1 句为据,要求 V 移转摩托车所有权的请求权 ·················· 1
 1. 请求权成立 ································· 1
 2. 请求权消灭 ································· 2
 3. 请求权可实现 ······························· 3
 4. 结论 ··· 5

(二) K 以第 280 条第 1、2 款结合第 286 条为据,要求 V 赔偿租金费用的请求权 ················ 6
 1. 债务关系 ····································· 7
 2. 债务人迟延中的义务违反,第 280、286 条 ··· 8
  (1) K 已届期的请求权 ····················· 10
  (2) 请求权可实现 ··························· 12
  (3) 催告或无须催告 ······················· 19
  (4) 不履行 ································· 20
  (5) 不履行的可归责性,第 286 条第 4 款 ··· 21
 3. 可归责性,第 280 条第 1 款第 2 句、第 276 条第 1 款第 1 句 ································· 23
 4. 损害 ··· 24
 5. 结论 ··· 27

(三) 案件变型:K 以第 280 条第 1、3 款,第 283 条为据,要求 V 损害赔偿的请求权——依据通说 ······ 28
 1. 存在债务关系 ······························· 29
 2. 义务违反 ··································· 30
 3. 可归责性 ··································· 31
 4. 损害和赔偿 ································· 33

第二部分　案例·案例 16　迟到的两轮摩托车　229

5. 结论 ·································· 34

（四）案件变型：K 以第 280 条第 1、3 款，第 283 条为据，
　　　要求 V 损害赔偿的请求权——区别免于给付和义务
　　　违反时 ·································· 35
　　　1. 存在债务关系 ·························· 36
　　　2. 依第 275 条嗣后免于给付 ················ 37
　　　3. 义务违反 ······························ 38
　　　4. 可归责性 ······························ 39
　　　5. 损害和赔偿 ···························· 41
　　　6. 结论 ·································· 42

四、解答

（一）K 以第 433 条第 1 款第 1 句为据，要求 V 移转摩托车所有权的请求权

　　1. 请求权成立

1　　　K 以第 433 条第 1 款第 1 句为据，要求 V 移转摩托车所有权的请求权以有效的买卖合同为前提。K 和 V 已经就买卖一辆二手的 BMW R 1100 GS 成交了。第 433 条第 1 款第 1 句的请求权因此成立。

　　2. 请求权消灭

2　　　看不到认为移转所有权的请求权消灭的依据。尤其是可以排除依第 281 条第 4 款的免于给付和第 323 条第 1 款第 1 句的解除，因为 K 继续要求 V 履行。

　　3. 请求权可实现

3　　　如果存在第 320 条第 1 款第 1 句的抗辩权，那么第 433 条第 1 款

第 1 句的请求权就无法实现。尽管直至对待给付完成前,对不负有先给付义务之债务人的基于双务合同的给付请求权都无法实现;但在本案中,债务人 V 并未作此主张,所以本案不适用第 320 条第 1 款第 1 句。

提示:权利阻却和权利消灭抗辩通常是依职权适用的,而权利阻止抗辩只有在权利人主张时方适用(注意:抗辩权必须主张!)。原则上,第 320 条第 1 款阻止(主)给付请求权的可实现性至完成对待给付时(第 362 条第 1 款)。根据第 322 条第 1 款,在诉讼中主张抗辩权导致的判决结果仅是:在对方为支付这一对待给付的同时,债务人为给付。因此,债务人不能以单纯不受领来阻止这一执行名义的强制执行,第 322 条第 3 款、第 274 条第 2 款规定债权人仍可以凭"同时履行判决"发动强制执行,只要债务人处于第 293 条及以下规定的受领迟延中(根据《民事诉讼法》第 756 条第 1 款,可由公证书证明)。

4. 结论

K 可以要求 V 交付摩托车并移转所有权。

(二)K 以第 280 条第 1、2 款结合第 286 条为据,要求 V 赔偿租金费用的请求权

K 可能有以第 280 条第 1、2 款结合第 286 条为据,要求 V 赔偿租金费用的请求权,只要该租车费用是源自 V 不法、有过错和构成给付迟延(verzugsbegründende)的给付拖延(Leistungsverzögerung)。

1. 债务关系

首先需 V 和 K 之间成立债务关系。债务关系是指至少两人之间产生义务的特别关系,可依法律行为或法律规定产生,参考第 241 条、第 311 条第 1 款。V 和 K 已经缔结了买卖摩托车的合同,由此产

生了债务关系。

２．债务人迟延中的义务违反，第 280、286 条

8　　此外，V 必须违反了买卖合同中的义务。K 和 V 已经约定，需在 6 月 14 日 16 点一手交车，一手交钱。但是在约定时间，V 不在家，也不能将摩托车交给 K。因此，存在义务违反。

9　　但这还不够，因为第 280 条第 2 款规定的因给付拖延产生的损害赔偿还需满足第 286 条意义上的债务人迟延要件。[6]所以要检验的是 V 是否在履行合同义务时处于迟延状态。给付迟延是指虽然届期、可实现和已催告，仍因过错没有履行。[7]

（1）K 已届期的请求权

10　　K 以第 433 条第 1 款第 1 句为据要求 V 交付和移转摩托车所有权的请求权必须已经届期。就此适用的基本规则是：在既没有约定履行时间，又非消费品买卖时，依第 271 条第 1 款，债权人可以在请求权成立时立即要求履行。在消费品买卖中，第 474 条第 3 款以毫不迟延的给付义务替代第 271 条第 1 款中的立即履行的义务。本案中，V 和 K 约定了履行时间是 6 月 14 日 16 点，所以给付义务在这个时点届期（参考第 271 条第 2 款、第 474 条第 3 款第 1 句）。

11　　**提示**：经常会读到这样的提示，即给付必须是可能的。这是正确的，因为在给付不能及类似的情形，债务人依第 275 条免除给付义务，或者换言之，债权人不再有请求权。因此，债权人（届期和完全有效的）请求权存在时，若案件又给出事由，则应对此进行检验。这同样适用于所有权利阻却或权利消灭抗辩。

（2）请求权的可实现性

12　　K 的请求权还必须是可实现的。本案中，该请求权可能受第 320

---

〔6〕 就债务人迟延的要件，参看 Schimmel/Buhlmann, MDR 2002, 609ff.；Timme, JA 2002, 656ff.

〔7〕 Hk/Schulze, §286 Rn. 4ff.

条第1款第1句(的抗辩权)的对抗:因买卖而有了双务合同,K并未为自己的对待给付,即尚未支付价金。K支付价金和V依第433条第1款负的主给付义务之间是对待关系。因此,原则上满足第320条第1款第1句的要件。因为存在这种抗辩权通常就会阻止给付迟延产生[8],所以V的给付迟延不成立,尽管V一直没有主张同时履行抗辩权。

> 提示:就检验给付请求权的"可实现性"(或无抗辩权)而言,必须清楚不同的(真正)抗辩权是如何发生作用的(第214条第1款、第320条第1款、第438条第4款、第519条第1款、第634a条第4款第2句、第768条、第770条及以下、第821条、第853条、2014条及以下)。根据绝对的通说,只要满足这些抗辩权的要件,就在实体法上排除给付迟延,因为债务人可以主张这些抗辩权,并因此阻碍请求权的可实现性。但在结果上,只有当债务人主张抗辩权时,法院才会考虑它们。因此,最终实际主张抗辩权还是必要的,在案件解析中也要检验。如果债务人(在某个时候)主张抗辩权,则已经成立的给付迟延溯及至抗辩权要件充分时消灭;如果债务人未主张,则将以抗辩权不存在一般对待他。因此,教科书[9]中通常的阐述可能令初学者困惑,这和抗辩权存在时会在实体法上阻碍请求权的实现,但只有债务人在程序上主张才会(为法院)考虑有关。但在鉴定检验的请求权里,原则上只有在其涉及提问时点的法院判决时,方需这么做。

13

上述原则尚存在两个例外:一是第273条第1款的留置权(Zurückbehaltungsrecht)自实际主张时起排除给付迟延。在此处不发生主张的"溯及效力",因为债权人必须保有行使第273条第3款防

14

---

[8] Brox/Walker, AS, §13 Rn. 20; Palandt/Grüneberg, §320 Rn. 12.
[9] 比如 Brox/Walker, AS, §23 Rn. 6; Looschelders, SAT, Rn. 488ff.。

止权(Abwendungsrecht)的可能[10],且请求权和对待请求权完全是随着抗辩权的主张才联系起来的。另一方面,第320条的抗辩权不管其是否被主张,都能阻止请求权的实现——如边码12所示——因为给付与对待给付的联系是如此的紧密。尽管如此,这种同时履行抗辩权只有在债务人事实上主张后,才会在程序上发生效力。就第320条第1款第1句的同时履行抗辩权而言,还需注意的是:即便它自动阻却了给付迟延,债权人仍有可能在没有先给付义务的双务合同中,让债务人陷入给付迟延。债权人可以通过让债务人陷入受领迟延的方式(第293条)对其提出对待给付,以此实现让债务人陷入给付迟延的目的。

15 　　当K以让V陷入受领迟延的方式提出自己的对待给付(第293条)时,同时履行抗辩权将无法阻止给付迟延的发生。[11] 根据第294条,其要件是债务人以实际能够清偿的方式向债权人提出给付。就此,债务人必须完成了一切其负担的给付行为,只待债权人的受领就能发生清偿效果。[12] 换言之,K必须在正确的时间、正确的地点提出正确的给付。债务人应如何提出给付,取决于债的类型是往取之债、赴偿之债,抑或送付之债。K和V约定应当在V的住处移交摩托车并支付价款。因此,K的对待给付是赴偿之债。

16 　　　　**提示**:无须当事人的进一步约定,根据第269条第1款、第270条第1、4款,金钱之债是有限的送付之债(qualifizierte Schickschulden):依第270条第4款、第269条第1款,履行地点原则上在债务人住所。但是根据第270条第1款,在有疑义时,债务人有义务自行承担费用和风险,将金钱送至债权人住所。因此,如果金钱在途中灭失,则债务人必须再次给付,给付

---

[10] Medicus/Lorenz I, Rn. 243; Palandt/Grüneberg, §286 Rn. 11.
[11] 就债务人迟延和债权人迟延的一般论述参见Wirth,JuS 2002, 764ff.。
[12] Brox/Walker, AS, §26 Rn. 5.

风险由债务人承担(参照第 270 条第 1 款)。金钱之债的债务人只是承担灭失风险,但不承担迟延风险。[13] 那么,若金钱延迟到达债权人,债务人不因此陷入给付迟延,因为他在履行地点发出金钱时已经做了为给付应为的一切事情(第 270 条第 4 款、第 269 条第 1 款)。

K 必须在 6 月 14 日 16 点在 V 的住处实际向 V 提出正确金额的钱。K 试图在约定的时点,在 V 的住处向其移交约定的金钱。但因为 V 不在家,所以会有这样的问题,即单纯的对待给付的尝试是否构成事实提出给付,或者第 294 条意义上的提出是否要求其到达债权人。一般的观点认为第 294 条意义上的事实提出给付并非意思表示,而只是事实行为。[14] 因此,关于意思表示的条文,尤其是第 130 条并不适用,也不必类推适用。所以债权人不知道实际提出给付不是必要的。如果约定了提出给付的具体期间,当债权人未在履行地点出现时,就成立事实上的提出给付。[15] 因此,本案中,准备给付的金钱之债的债务人 K(第 297 条)以让受领迟延成立的事实提出了给付(第 294 条)。 17

因此,第 320 条第 1 款第 1 句的同时履行抗辩权无法阻止给付迟延,K 要求 V 交付摩托车并移转所有权的请求权是可以实现的。 18

(3)催告或无须催告

K 必须依第 286 条第 1 款第 1 句就给付对 V 进行了催告。催告是对债务人作出的明确的(eindeutige und bestimmte)要求,让其为负担之给付。[16] 本案中并没有催告。但是,当给付时间是按日历确定的,依第 286 条第 2 款第 1 项,催告有可能是不必要的。K 和 V 已经 19

---

[13] Brox/Walker,AS, § 12 Rn. 17.
[14] Larenz I, § 25 I a, S. 390f. ; Looschelders, SAT, Rn. 752; MünchKomm/Ernst, § 294 Rn. 2.
[15] 就债权人迟延亦可参考 Wertheimer, JuS 1993, 646ff. 。
[16] BGH NJW 1998, 2132,2133.

约定应在 6 月 14 日 16 点交付摩托车,所以履行时间是按日历确定的,无须催告。

(4) 不履行

20　　V 在约定的时间并未为约定的给付。

(5) 不履行的可归责性,第 286 条第 4 款

21　　V 必须就未在约定的时间为给付有可归责性,第 286 条第 4 款。6 月 14 日,V 在瑞士被拘留,所以没法交车给 K。有问题的是,不履行是不是可归责的。根据第 276 条第 1 款第 1 句,债务人需对故意和过失负责。V 是非自愿被拘留在瑞士的,所以不是故意不履行。但如果是因 V 自己不小心导致被拘留,则 V 依然可能依第 276 条第 2 款有过失。因为 V 本可以预见严重超速将会被拘留,并因此危及按时交付,所以他在旅途中并未对其对 K 负有的义务尽到交易上必要的注意(第 276 条第 2 款),其行为有过失。所以,他必须对拘留原因和因此未按时履行(第 286 条第 4 款)负责。

22　　**提示**:因为第 286 条第 4 款双重否定的表达,推定债务人应对不履行负责。因此,只要案件事实没有提供无过错的提示,就应当以具有可归责性为出发点。在鉴定中,和第 280 条第 1 款第 2 句一样,应释明债务人能否因他对不履行无法依第 276 条及以下条文负责而不承担责任。如果没有相关依据,应提及这一点。

3. 可归责性,第 280 条第 1 款第 2 句、第 276 条第 1 款第 1 句

23　　V 无法推翻第 280 条第 1 款第 2 句的推定——对义务违反有可归责性,这在第 286 条第 4 款的探讨中已经确定了。

4. 损害

24　　K 必须因过错违反义务的行为受有损害。损害首先是对法益的

任何不利(Einbuße)[17],但根据第253条,原则上只有财产性损害是可赔的。根据差额说,只有当现有的财产少于若未发生引起赔偿的事件的应有状况时,才存在损害。若V在6月14日依约交付摩托车,K就不必为计划好的阿尔卑斯之旅租借替代的摩托车,而是只需要使用V应给付的摩托车就行了。因此,租用费800欧元和构成给付迟延的义务违反之间有因果关系。

但是,K必须依损益相抵,从损害赔偿额中扣减自己因此节省的开支,即在使用自己的摩托车过程中会产生的运营成本(Betriebskosten)。[18]

提示:本案中的损害不仅仅体现在因未及时交付而产生的对摩托车用益可能性丧失。通说认为该用益可能性的丧失可依第249条第1款[19]具有可赔性。用益可能性的丧失只有在没有其他的财产损失产生(如本案中的租赁费用)时,才会成为要考虑的问题。

5. 结论

K可以第280条第1、2款和第286条为据,要求V赔偿800欧元的租金费用。

(三)案件变型:K以第280条第1、3款,第283条为据,要求V损害赔偿的请求权——依据通说

K可能有以第280条第1、3款,第283条为据,要求V赔偿替代

---

[17] 自然或实质的损失概念,参见 Jauernig/Teichmann, Vorbem. zu §§249-253 Rn. 4。

[18] 具体情形是非常复杂和充满争议的(参见 Palandt/Grüneberg, §249 Rn. 36 m. w. N.);如果没有其他提示,在考试中不必探讨这一问题。

[19] 通说也是这么认为的,BGHZ 98,212,220。根据其他观点,用益可能性的丧失不能通过第249条第1款的恢复原状(Naturalrestitution)填补,因为其不可补正,所以请求权只能以第251条第1款第1种情况的金钱赔偿为据。

给付的损害200欧元的请求权。

1. 存在债务关系

29 当事人缔结了买卖合同(第433条)。

2. 义务违反

30 依第280条第1款、第283条,V必须违反了给付义务。V依第433条第1款第1句负有交付摩托车并移转其所有权的义务。在其毁坏后,任何人皆无法履行,所以V依第275条第1款免除原给付义务,即使是在合同缔结之后才如此。因此,根据绝对的通说,如第283条所言,V有第280条第1款第1句意义上的义务违反行为。

3. 可归责性

31 需检验的是V能否推翻第280条第1款第2句中对义务违反有可归责性的推定。他可能无须就义务违反负责。原则上,依第276条第1款第1句,债务人要对故意和过失负责。因为事故完全是由卡车驾驶员的行为和过错造成的,债务人既没有故意,也没有过失,此外也未见有不同的责任约定。

32 但是需考虑到V已经——如前面检验的那样(边码11及以下)——陷入债务人迟延,因此依第287条第2句须对意外导致的给付不能负责。因此,第280条第1款第2句的免责证据对V没有作用。

4. 损害和赔偿

33 根据差额假设,K的财产性损害存在于其目前的财产状况和若V依约履行的财产状况之间的差值。如果V依约履行了,则K在支付了约定的价金后,可获得高于价金200欧元的摩托车的价值。因此,他可以要求V赔偿替代给付的损害(亦可参考第252条)。

5. 结论

34 K可依第280、283条,要求V赔偿替代给付的损害200欧元。

(四)案件变型:K 以第 280 条第 1、3 款,第 283 条为据,要求 V 损害赔偿的请求权——区别免于给付和义务违反时

K 可能有以第 280 条第 1、3 款,第 283 条为据,要求 V 赔偿替代给付的损失 200 欧元的请求权。

1. 存在债务关系

双方当事人缔结了买卖合同(第 433 条)。

2. 依第 275 条嗣后免于给付

V 必须依第 275 条第 1—3 款免除给付义务。摩托车毁坏会导致 V 不再能依第 433 条第 1 款第 1 句履行交付摩托车并移转其所有权的义务,所以 V 依第 275 条第 1 款免除其此前承担的给付义务。

3. 义务违反

依第 280 条第 1、3 款,第 283 条,免于给付必须基于 V 的义务违反。尽管 V 不是因自己的行为导致摩托车毁坏的,但是他在合同缔结后,确实没有在 6 月 14 日交付摩托车并移转其所有权。如果他这么做了,就不会在 6 月 18 日在瑞士遭遇意外。因此,存在第 280 条第 1 款第 1 句意义上的义务违反,由此导致 V 免于给付。

4. 可归责性

需检验的是:V 能否推翻第 280 条第 1 款第 2 句中就义务违反具有可归责性的推定。他很可能不必就此负责。原则上,依第 276 条第 1 款第 1 句,债务人要对故意和过失负责。如上文所述(参见上文边码 21、23),他需对未及时给付负责。

提示:因此,在本案中,和评注中的论述一致,事实上无须第 287 条第 2 句即已足够。

5. 损害和赔偿

根据差额假设,K 的财产性损害存在于其目前的财产状况和若

V依约履行的财产状况之间的差值。如果V依约履行了,则K在支付了约定的价金后,本可获得高于价金200欧元的摩托车的价值。因此,他可以要求V赔偿替代给付的损害(亦可参考第252条)。

6. 结论

K可以依第280、283条,要求V赔偿替代给付的损失200欧元。

案例17　迟到的两轮摩托车们

一、案件事实

莫斯布鲁纳(Moosbrunner，M)不久之前才开始经营摩托车租赁生意(参见案例16)。他从供应商蓝道(Landau，L)那里进车。因为M一开始无法预期其业务发展势头，所以和L约定，L在接到M的交货要求后7天内再给他送特定型号的车。4月29日写好、4月30日送达的交货要求中要求再供应六台摩托车，L直到5月10日才交车。M因此损失了1200欧元的利润，因为他没有准备好足够的摩托车供出租。5月31日，M从L处收到6个月内购买摩托车的账单，共计55000欧元。由于一直以来的怨愤，M直到10月1日才付款。

1. M可以向L要求1200欧元吗？

2. 如果基准利率是1.97%，L可以要求M支付6月1日到9月30日期间11%的利息吗？

3. 如果合同使用的有效的一般交易条件中包含如下条款："买受人在给付迟延后，每次为催告书至少要付12欧元。"那么，L能否要求M支付其在7月3日和8月1日两次以传真发出催告书的费用，共计24欧元？M认为这个数额"太高"了。

4. L能否对M的请求权主张反对的请求权？

二、前期思考

因为在闭卷考试中当然须知道涉及的是什么问题,所以这回稍微透露一点:问题 1 要探讨债务关系和给付迟延的要件。问题 2 中的利息请求权考察的是一个特殊的请求权基础,其需在损害赔偿之前检验。在问题 2 和问题 3 中要更注意损害的问题。问题 4 更多是为高年级学生设的——必须通过假设来发现该问题,但不禁止深入思考。

三、提纲

(一)问题 1:M 以第 280 条第 1、2 款,第 286 款为据,
要求 L 赔偿 1200 欧元的请求权 ·················· 1
  1. 债务关系 ·················· 2
  2. 以给付迟延形式表现出的义务违反,第 280 条
第 2 款、第 286 条 ·················· 3
    (1) M 届期的请求权 ·················· 4
    (2) 请求权的可实现性 ·················· 6
    (3) 催告 ·················· 7
    (4) 无须催告,第 286 条第 2 款 ·················· 8
    (5) 因过错未履行 ·················· 10
  3. 可归责性 ·················· 13
  4. 损害 ·················· 15
  5. 结论 ·················· 16

(二)问题 2:L 要求 M 支付利息的请求权 ·················· 17
  1. L 对 M 以第 288 条第 1 款第 1 句为据的请求权 ·················· 17
    (1) 金钱之债 ·················· 18
    (2) 给付迟延,第 286 条 ·················· 19

①届期且可实现的给付义务? …………………… 19
　　②催告,第 286 条第 1 款第 1 句 ……………… 20
　　③无须催告? ……………………………………… 21
　　④依第 286 条第 3 款第 1 句发生给付迟延 …… 22
　　⑤可归责性,第 286 条第 4 款 …………………… 24
　　⑥结论 ……………………………………………… 25
　(3)给付迟延利息的数额 …………………………… 27
　(4)结论 ……………………………………………… 29
　2. 以第 280 条第 1、2 款,第 286 条为据的请求权 …… 30
　　(1)前提 ……………………………………………… 31
　　(2)损害? …………………………………………… 32
　　(3)结论 ……………………………………………… 33
(三)问题 3:以第 280 条第 1、2 款,第 286 条为据的请求权 ………………………………………………………… 34
(四)问题 4:L 能否以自己的请求权对抗 M 的请求权? …… 37
　1. 主张抗辩权 …………………………………………… 38
　2. 以第 288 条第 1 款第 2 句为据的反对请求权 ……… 39
　3. 主请求权与反对请求权的相互性 …………………… 40
　4. 反对请求权届期 ……………………………………… 42
　5. 关联性(Konnexität) ………………………………… 43
　6. 依第 387 条排除留置权? …………………………… 44

四、解答

(一)问题 1:M 以第 280 条第 1、2 款,第 286 条为据,要求 L 赔偿 1200 欧元的请求权

　　M 可能有以第 280 条第 1、2 款,第 286 条为据,要求 L 赔偿 1200　1

欧元的请求权,只要 L 的不法、有过错和构成迟延的履行拖延是 1200 欧元利润损失的原因。

1. 债务关系

2   在 M 和 L 之间必须有债务关系。债务关系是指在至少两人之间成立义务的特别关系(Sonderverbindung),参照第 241 条、第 311 条第 1 款。本案中要考虑的是六台摩托车的买卖合同(第 433 条)。因相互一致的两个意思表示——要约和承诺,该合同成立。有问题的是,尽管 M 在 4 月 29 日向 L 订购六台摩托车,但 L 并未明确表示接受这一 4 月 30 日生效的要约。但是 M 和 L 此前达成过合意,L 有义务在接到 M 的交货要求后 7 天内交付各种型号的摩托车。这一约定给予 M 以单方意思表示成立有关摩托车买卖合同的权利,因此属于买方权利型的选择权合同。[1] 选择权合同在教义学上包含 L 的成立合同的要约,以至于 M 行使选择权可解释为对要约的承诺。[2] M 在 4 月 29 日订购时行使了选择权,所以 M 和 L 之间的买卖合同成立。

2. 以给付迟延形式表现出的义务违反,第 280 条第 2 款、第 286 条

3   L 必须曾以迟延履行合同中的义务的方式,违反买卖合同中的义务。L 可能就交付摩托车的义务(第 433 条第 1 款)陷入迟延。

(1) M 届期的请求权

4   有疑问的是,M 要求交付摩托车的请求权(第 433 条第 1 款)何时届期。届期是指债权人可以要求履行之时。根据第 271 条第 1 款,请求权在有疑义时立即届期。但是 M 和 L 约定在收到交货要求后 7 天才届期。届期时点依第 187—193 条计算。[3] 要求交货的表示在 4 月 30 日到达,这构成第 187 条第 1 款意义上的事件,7 天的交货期自 5 月 1 日起算。依第 188 条第 1 款,以天确定的期间在该期间

---

[1] Weber, JuS 1990, 249, 250.
[2] Weber, JuS 1990, 249, 253.
[3] Palandt/Grüneberg, § 271 Rn. 4.

的最后一日结束,也就是 5 月 7 日结束时截止。因此,交货请求权在 5 月 7 日的 24 点届期。

提示: 如果 L 和 M 不是约定的 7 天,而是约定了一周的期限,则期限的截止日应根据第 188 条第 2 款确定。那么要确定的,是 4 月 30 日是周几(事件)。期限于相应的周几结束时截止。比如:假如 4 月 30 日是周二,则一周的期限于下一个周二结束时(24 点)截止。在必要时,期限的截止还要注意第 193 条的规定。

(2)请求权的可实现性

交付请求权可能会遭到第 320 条第 1 款第 1 句的同时履行抗辩权的对抗,因为 M 尚未支付价金。然而,如果 L 依合同有先给付义务,抗辩权就会被排除,但这始终需要在买卖合同中约定。因为 L 和 M 约定,M 在一周之后需获得 L 的给付,并未就为对待给付的时间作出规定[4],且 L 还负有交付标的物的义务,所以他们默示约定了 L 的先给付义务。

(3)催告

依第 286 条第 1 款,债务人在催告之后才陷入给付迟延。催告是指债权人对债务人严肃认真的给付要求。但本案中 M 并未催告。

(4)无须催告,第 286 条第 2 款

尽管如此,若依第 286 条第 2 款,无须催告,则 L 也还是可能会陷入交付义务的给付迟延。需检验的是,双方当事人是否就摩托车的交付按日历确定了时间(第 1 项)。要么是给付时点本身已按日历确定,要么是至少在缔约时能够按日历确定给付时点。[5] 因为 L 和 M 在选择权约定中确定了在收到交货通知后 7 日内要给付,没有确定 M 何时会通知交货,所以第 286 条第 2 款第 1 项的要件不满足。

---

[4] 就发送义务,参见 BGHZ 74,142。
[5] Huber/Faust, Kap. 3 Rn. 48.

9　　根据第 286 条第 2 款第 2 项,如果依给付之前的事件可以确定给付时间,且为债务人给付留有合理的时间,则无须催告。L 应在收到 M 的交货通知后 7 日内给付。交货通知属于给付之前的事件,且 7 天时间对摩托车经销商交付摩托车而言是充裕的,所以约定的期间也是合理的。因此,根据第 286 条第 2 款第 2 项,无须债权人催告债务人即陷入迟延。

(5)因过错未履行

10　　须至届期之时,L 未为给付。L 在 5 月 10 日才提供摩托车,而不是约定的至迟在 5 月 7 日提供。

11　　有问题的是,L 是否应就这一给付拖延,依第 286 条第 4 款、第 276 条第 1 款负责。依第 276 条第 1 款第 1 句,债务人原则上就故意和过失负责。但从案情中无法得出 L 有违反注意义务的依据。但是,从约定的债务种类看,尤其在 L 承担置办风险(Beschaffungsrisiko)时,L 承担更严格的责任(第 276 条第 1 款第 1 句第 2 半句)。这在第 243 条规定的种类之债中尤其如此。因为在缔约时,要交付的摩托车是依据一般的种类特征确定的,这一债务的结果是:不问过错,L 需对不履行负责。因此,存在以给付迟延形态出现的义务违反。

12　　**提示**:即便债务的标的物是特定的摩托车,或者原初的种类之债依第 243 条第 2 款或第 300 条第 2 款具体化为特定之债,L 仍要为不履行负责,因为他没有表明自己没有过错。第 286 条第 4 款双重否定的表述表明立法者原则上推定债务人的过错,让债务人承担相反情况的主张和证明责任(Darlegungs- und Beweislast)。

3. 可归责性

13　　L 必须依第 280 条第 1 款第 2 句对给付拖延负责。

提示:虽然可归责性已经在第 286 条第 4 款处检验过了,但是在第 280 条第 1 款第 2 句的框架内,还是不能省去,不过只要简略处理即可。

4. 损害

有问题的是,M 是否因义务违反遭受了损害,以及损害的数额。根据差额假设,当债权人目前的财产状况少于若致损害赔偿的事实未发生时应有的状况时,就存在损害。如果没有给付迟延这种义务违反,L 能够准时交付,即至迟在 5 月 7 日前交付,则 M 可获得 1200 欧元的利润。因此,损害就是所失利润。M 可以依第 249 条第 1 款、第 252 条要求 L 赔偿。

5. 结论

M 可依第 280 条第 1、2 款,第 286 条,要求 L 赔偿损失 1200 欧元。

(二)问题 2:L 要求 M 支付利息的请求权

1. L 对 M 以第 288 条第 1 款第 1 句为据的请求权

L 可能有依第 288 条第 1 款第 1 句,要求 M 赔偿迟延利息的请求权。

(1)金钱之债

M 的价金支付义务以金钱为客体。

(2)给付迟延,第 286 条

①届期且可实现的给付义务?

L 以第 433 条第 2 款为据的价金请求权已经依第 271 条第 1 款届期。需检验的是它是否可实现。因为 L 在 6 月 1 日之前已交货,其请求权不会受第 320 条抗辩权的对抗。上文确定的 M 的损害赔偿请求权和其不处于牵连关系中。但是可能要考虑第 273 条第 1

款的一般留置权。只有在主张该抗辩权时,才会阻止给付迟延责任发生。但是无法排除已经发生的给付迟延责任。因为案情中看不出M主张了留置权,所以L的价金债权仍可实现。

②催告,第286条第1款第1句

20　　L并未催告。

③无须催告？

21　　因此需检验,催告是否依第286条第2款是不必要的,但本案不符合其规定的所有情况。

④依第286条第3款第1句发生给付迟延

22　　然而,给付迟延可能根据第286条第3款第1句发生。根据本条规定,有偿债权(Entgeltforderung)的债务人至迟在届期且账单或同类支付要求到达后第30天届满时,陷入给付迟延。因为本案中并未出现更早的给付迟延,所以需检验的是：在本案中,L的价金债权是否依第271条第1款,自合同缔结时就届期了。M在5月31日收到了L的账单,所以M因未支付,依第187条第1款、第188条第1款,自7月1日起陷入给付迟延。

23　　因为摩托车买卖是以经营为目的,M不是消费者(第13条),所以无须参照第286条第3款第1句第2半句意义上的给付迟延的发生。

⑤可归责性,第286条第4款

24　　依第286条第4款,原则上应以M需为虽届期但仍未给付负责为出发点。尽管从案情中无法看出有过错,而第276条第1款第1句的可归责性通常就是从过错中产生的,但M仍无法完成相反的证明。就真正的金钱(数额)之债而言,依其性质,不会要求有过错[6]("人必须有钱")。因此,对支付迟延始终是需负责的。

---

〔6〕　Jauernig/Berger, Anm. zu §§244,245 Rn.10.

⑥结论

因此,M 自 7 月 1 日起陷入给付迟延。给付迟延于 10 月 1 日价金债权清偿之日时终止。

提示:不一定要在此处确定给付迟延的终止,亦可在支付利息义务的范围(或时长)处确定。但重要的是,始终要考虑何时可终止给付迟延。只有在这一问题对案件解决有影响时,才需要在某处写它。

(3)给付迟延利息的数额

因此,根据第 288 条第 1 款第 1 句结合第 2 款,M 有义务支付价金,并以高于第 247 条规定的基准利率 8% 的比例支付利息,但只为整个迟延期间支付这些利息。根据案件事实,第 247 条第 1 款第 1 句意义上的基准利率是 1.97%,所以 L 只能要求 9.97% 的迟延利息。M 不是消费者(见上文边码 23),对消费者应适用第 288 条第 1 款第 2 句规定的更低的利率;双方未依第 288 条第 3 款约定更高的迟延利息。

提示:根据第 247 条第 1 款第 2 句,基准利率是可变的,这取决于欧洲央行的决定。因此,其数额在设问时是给定的,可以在《舍菲尔德法律汇编》(Schönfelder)关于第 247 条的脚注中找到。《民法典》提及的 3.62% 的利率,自 2002 年 1 月 1 日起从未达到过。因此——或并非没有明确的指示——应尽可能不以该利率为准。

(4)结论

L 可以依据第 288 条第 1 款第 1 句,要求 M 支付从 7 月 1 日到 9 月 30 日的迟延利息,其计算标准为超过基准利率 8%。

2. 以第 280 条第 1、2 款,第 286 条为据的请求权

尚需检验的是 L 对 M 以第 280 条第 1、2 款,第 286 条为据,要求支付11%的利息的请求权。

(1)前提

31　　因买卖合同,在当事人间成立债务关系。M违反了买卖合同中的义务,因为他没有支付价款,且从7月1日到9月30日依第286条处于给付迟延状态(见上文边码25)。对这一义务违反,他依第280条第1款第2句、第276条第1款第1句,应不问过错而负责,因为此处涉及的是金钱之债(见上文边码24)。第288条第1款第1句的请求权和主张第4款的其他损害并不冲突。

(2)损害?

32　　该请求权的前提是,存在与给付迟延有相当因果关系的财产上不利。利息损害可能源自L必须为其银行借贷支付利息或者他丧失的将所欠价款放贷的可能。这两种情况在案情中均未提及,且在基准利率为1.97%的背景下,生活经验也不会支持相应较高的利息。因此,看不出L遭受了迟延损害。

(3)结论

33　　即便根据第280条第1、2款,第286条,L也无法要求支付11%的利息。

(三)问题3:以第280条第1、2款,第286条为据的请求权

34　　L要求M赔偿每件12欧元的催告费用的请求权基础可能是第280条第1、2款,第286条,其前提已经满足(见边码31)。此外,还需这24欧元属于迟延损害,且基于M的给付迟延。若M及时支付了,L在迟延之后传真的催告书就没必要了。有疑问的只是L真的遭受了24欧元的损失吗?案情对此没有交代。

35　　然而,根据案情,只要有关催告费用的条款未因第307条第1款第1句及以下一条无效,赔偿12欧元的义务就会因有效成为合同内容而发生。若要依第307条及以下规定进行内容审查,则该条款必须是依第307条第3款偏离或补充了法律的规定。因为《民法典》中

并未规定催告费用的总数额,所以应肯定该前提满足。这一条款在结果上允许在没有证明损害时就有损害赔偿的请求权,即它对迟延损害进行了总计。因此,可能要依第 309 条第 5 项的标准去衡量它,但因为双方都是第 14 条第 1 句意义上的经营者,所以无法依第 310 条第 1 款第 1 句适用第 308、309 条。因此,只剩下第 307 条第 1 款和第 2 款这些一般条款的控制。然而,司法裁判的出发点是第 309 条第 5 项中的价值判断在经营者间的交易中亦可通过一般条款而适用。[7] 就第 309 条第 5 项 a 支项意义上的总计数额超过了被规制情形中依事物通常发展可预计产生的损害,好像是有疑问的。但是,与第 309 条第 5 项 b 支项相反,总计并没有明确赋予作为另一方当事人的买受人以证明手段,以认定损害根本不存在,或显著低于总计确定的 12 欧元。[8] 根据司法裁判的观点,在企业交易中,当证明更小的损害事实上是允许的,即证明更小损害并未被总计数额排除时,就足够了。[9] 因为买受人根据 L 的条款,至少负 12 欧元的义务,所以 M 这样经验丰富的经营者也只能将其理解成证明更小的损害无论如何是被排除的。因此,这一关于催告费用的条款违背了第 307 条第 1 款第 1 句结合第 309 条第 5 项 b 支项的价值判断,即便在经营者 L 和 M 的交易中也是无效的。根据第 306 条第 1 款,合同其他部分的效力不因此受影响。

L 不能以第 280、286 条为据,要求 M 支付催告费用 24 欧元。　　36

(四)问题 4:L 能否以自己的请求权对抗 M 的请求权?

原则上 L 可依第 273 条第 1 款规定的一般留置权,通过主张反　　37
对请求权对抗对方的请求权。在本案中亦如此,因为 M 以第 280 条

---

[7] BGH NJW 1994,1060,1068 m. w. N. (BGHZ 124,351 就这一问题没有表达出来)。

[8] 就与消费者的交易,可参阅 BGH NJW 2006,1056,1059。

[9] BGH NJW 1994,1060,1068(BGHZ 124,351 就这一问题没有表达出来)。

第 1 款和第 2 款、第 286 条为据的请求权和 L 以第 288 条第 1 款第 1 句为据的反对请求权之间并无第 320 条意义上的对待关系。

1. 主张抗辩权

38　L 必须主张反对权利,依据第 273 条第 1 款。

2. 以第 288 条第 1 款第 2 句为据的反对请求权

39　L 对 M 有请求权,其根据为第 288 条。(见上文边码 29)

3. 主请求权和反对请求权的相互性

40　L 的迟延利息请求权和 M 要求迟延损害赔偿的请求权具有相互性,因为当事人既是当中一个请求权中的债务人,又是另一个债权中的债权人。

41　　**提示**:通常使用的概念是请求权的"对待性"(Gegenseitigkeit)[10]。为了避免和第 320 条中同名的要件发生混淆,此处使用相互性(Wechselseitigkeit)更佳。[11]

4. 反对请求权届期

42　M 以第 280、286 条为据的损害赔偿请求权依第 271 条第 1 款届期。

5. 关联性(Konnexität)

43　最后,两个请求权还必须基于当事人签订的买卖合同因此尚处于同一生活关系中(关联性)。因此,L 可以自己的利息请求权对抗 M 的损害赔偿请求权(第 273 条第 1 款)。

6. 依第 387 条排除留置权?

44　需检验的是,留置权这种抗辩权在本案中是否被排除,因为 L 有

---

[10]　Brox/Walker, AS, §13, Rn. 3; Hk/Schulze, §273 Rn. 6; MünchKomm/Krüger, §273 Rn. 8.

[11]　同样的 Medicus/Lorenz I, Rn. 233, 305。

抵销的可能。

当债务人可通过抵销消灭对其主张的请求权时,司法裁判会否定第 273 条第 1 款意义上的留置权。[12] 由此,部分学说认为未明确写出来的留置权前提条件为相互给付是不同种类的。[13] 这背后的考量是:当债务人可以通过抵销免除其给付义务时,判决同时履行是毫无意义和多此一举的。[14] 因此,债务人拒绝履行可以解释为抵销的表示。[15] 对债务人而言,这也不会不公,因为主张留置权恰恰表明其虽然想履行,但以其债权人也履行义务为前提。[16]

提示:帝国法院在一个原则性判决中[17]将留置权转化为了抵销表示,因为债务人仅仅是因为债权人迫在眉睫的破产而留置。如果债务人知道他的债权只有通过抵销才能实现,那么抵销是符合其利益的。法院还支持:留置人在特定情形下,有留置自己负担给付,同时保有其请求权的正当利益,比如说,他准备出让自己的债权给第三人。[18] 但本案中并无支持这一观点的依据。

反对这一观点的可能会说:《民法典》并未承认留置权限于不同种类的债权,且在个案中存在权利人反对抵销的利益。反对承认未明文规定的前提条件,并不排除根据第 242 条排除抵销权的可能,以

---

[12] BGH NJW 2000,278,279.
[13] Medicus/Lorenz I , Rn. 214, 318; Hirsch, Rn. 143; Looschelders, SAT, Rn. 336; 同样可参考 Brox/Walker, AS, § 16, Rn. 5。
[14] Gernhuber, Das Schuldverhältnis,1989, § 30 IV 2。
[15] RGZ 83,138,140;BGH NJW 2000,278,279;Staudinger/Bittner(2009), § 273 Rn. 105f. ;就此有限制的是 Staudinger/Gursky (2011) § 388 Rn. 14;Soergel/Wolf, § 273 Rn. 54; 就此有批评的是 Gernhuber, Das Schuldverhältnis,1989, § 30 IV 2.
[16] Erman/Kuckuk, § 273 Rn. 6.
[17] RGZ 83,138,140.
[18] Staudinger/Bittner(2009), § 273 Rn. 106;就此还可参见 Gernhuber, Das Schuldverhältnis,1989, § 30 IV 2,其虽然承认有权抵销的债务人无担保需要时不享有留置权,但这并不意味着,尽管如此作出的留置表示可转换为抵销的表示。

能够顾及权利人的利益。但总之,由此首先会产生一种不确定的状态,其和特定情形下不允许将留置"转化"是对立的。

48　　因此,应反对抵销优先于留置权。(其他观点亦有道理)

49　　　　**提示**:如果遵循通说,则必须检验抵销的状态,以便确认在本案中单纯的留置是否不被允许,或者能够将主张抗辩权"转化"为抵销表示。就确认抵销状态,仍需适用第 140 条。就此,无效法律行为(主张抗辩权)至少要包括残存的替代行为(抵销表示)。抵销会依第 389 条消灭债权,而不是单纯留置的"残存"(Minus)。所以不能满足第 140 条的前提条件,应考虑类推适用或转化解释(Uminterpretation)。

50　　L(也)可以依第 273 条第 1 款,以留置的方式主张其反对请求权。

案例 18　芯片市场的价格波动

一、案件事实

电脑分销商 V 在报纸广告和互联网上除了出售其他产品，还出售电脑内存条（Speicherbausteine）。2 月 1 日，学生 K 为自己和同学订购了 10 包两片装的 4GB DDR2-RAM 型号的内存条，每包售价 75 欧元。V 在当天就确认了订购。2 月 4 日，V 通过电话传真告知 K，他的仓库连同当中的库存，因不明原因完全烧毁了，由此导致供货延迟了约 10 天。2 月 5 日到 2 月 8 日期间，所有内存条生产商都提高了 4GB 内存条的售价，由每片 30 欧元提到了 70 欧元。2 月 12 日，V 又给 K 发了传真，说明了涨价的情事，并表示因此只有为每包两片装支付 155 欧元才能供货，但可以免费取消订单。

K 问能否要求 V 仍以约定的条件供货。

二、前期思考

因为 V 是通过"报纸广告和互联网"出售商品，人们容易依定势思维，联想到关键词"远程交易""电子商务"和相关的规范。因为 K 仍想得到供货，所以没有理由去检验撤回权。此外，可能会很容易想到第 275 条第 1 款的给付不能，因为 V 希望用以履行买卖合同的库存都灭失了。但是必须始终在案例解析中注意，慎思看上去"显而易见"的案件事实。

本案中，V 的给付尚属可能，但价格上涨会给他带来经济上的损失。早前对这种"经济上不能"案件[1]的处理是摇摆不定和充满争议的。[2] 根据现在的通说，此处涉及的是所谓的对价关系的破坏（Äquivalenzstörung），应由交易基础丧失（第 313 条第 1 款）解决。[3] 第 313 条第 1 款以"交易基础"概念为前提。本款并没有规定依据法律调整合同[4]，而是规定了合同调整的请求权。如果合同调整不可能或不可期待，则会引起合同解消，这规定在第 313 条第 3 款。

因交易基础丧失引起的调整合同的请求权可以各种方式提起[5]：根据通说，尽管有法条的明文规定，有权要求调整的一方当事人却不必独立地起诉，因为让他起诉两次显然是过于形式主义了。[6] 结果是有权利要求调整的当事人必须在发动诉讼程序前要求对合同调整的同意，及对变更要约的承诺。但在本案中，K 要求履行缔结的合同。有调整权利的 V 可以第 242 条结合第 313 条——更合适的可能是依第 273 条第 1 款[7]——的抗辩权模式反向主张其调整请求权。因此，遭受不利的当事人必须始终在程序中引入交易基础丧失。[8]

---

〔1〕 其实，至少此前称之为经济上不能（参考第 275 条第 2 款），因为对债务人而言，无论如何是不可能给付了。

〔2〕 MünchKomm/Emmerich, 2. Aufl., 1985, §275 Rn. 19; MünchKomm/Finkenauer, §313 Rn. 152ff.

〔3〕 Hk/Schulze, §313 Rn. 23; Larenz I, §21 I e; Looschelders, SAT, Rn. 479; Palandt/Grüneberg, §313 Rn. 25.

〔4〕 被吸纳入法典之前，一直以来的司法裁判，比如 BGHZ 133, 281, 296 = NJW 1997, 320-Klimbim。

〔5〕 就此详细的讨论参见 Schmidt-Kessel/Baldus, NJW 2002, 2076ff.。

〔6〕 依旧法第 465 条，将结果转化为"解除诉权的执行"（Vollzug der Wandelung），其间存在此前的问题，Begr. zum RegE, BT-Drs. 14/6040, 176。

〔7〕 Bamberger/Roth/Unberath, §313 Rn. 86; Schmidt-Kessel/Baldus, NJW 2002, 2076, 2077 mit Fn. 19.

〔8〕 亦可参见 Jauernig/Stadler, §313 Rn. 30。

三、提纲

K 要求 V 以约定条件供货的请求权,基础为第 433 条
第 1 款第 1 句 ·· 1
1. 请求权成立 ·· 2
2. 请求权依第 275 条第 1 款第 1 句被排除 ························ 3
3. V 以第 275 条第 2 款为据,因价格上涨拒绝给付的
   权利? ·· 6
   (1) 债务人的给付成本 ·· 7
   (2) 债权人的给付利益 ·· 8
   (3) 严重不成比例 ·· 9
   (4) 中间结论 ··· 10
4. V 因主张第 313 条第 1 款规定的合同调整请求权,依
   第 273 条第 1 款享有的留置权 ······································ 11
   (1) 主张抗辩权和调整要求 ··· 13
   (2) 第 313 条第 2 款的反对请求权 ····························· 14
      ① 属于交易基础的情事 ··· 15
      ② 情事的重大变化 ··· 16
      ③ 预见到变化时会另定合同内容 ························· 17
      ④ 不可期待严守合同 ··· 18
   (3) 中间结论 ··· 21
5. 结论 ·· 22

四、解答

1　　K 要求 V 以约定条件供货的请求权，基础为第 433 条第 1 款第 1 句

K 可能有以第 433 条第 1 款第 1 句为据，要求 V 以每包 75 欧元的价格，交付 10 包两片装 4GB 内存条的请求权。

1. 请求权成立

2　　该请求权以相应的买卖合同为前提。K 在 2 月 1 日以订购形式发出的要约被 V 以确认的形式承诺。请求权由此成立。

2. 请求权依第 275 条第 1 款被排除

3　　当 V 给付不能时，该请求权因第 275 条第 1 款被排除。当债务人无法完成其负担的给付时，对债务人而言，给付就是不可能的。是否因其丧失了所有库存而如此，取决于对其给付义务内容的解释。

4　　因为买卖合同的标的物是 10 包两片装的 4GB 内存条，所以 V 的给付只是按照种类特征确定的。V 并没有约定具体的内存条型号，也没有限于其自己的存货。当 V 为给付做完一切应为之事时，则最初第 243 条第 1 款意义上的种类之债就会根据第 243 条第 2 款具体化为特定之债。不管约定的给付方式如何，至少要拣选出 20 块与中等特性和品质对应的内存条（第 243 条第 1 款），但在本案中并未出现这一情况。因此，V 的仓库焚毁并不会导致 V 交付 10 包两片装内存条变为不能，因为他负有置办义务（Beschaffungspflicht）（亦可参考第 276 条第 1 款第 1 句第 2 半句），且整个种类的物尚未消灭。

5　　**提示**：无须在此处释明，究竟是赴偿之债，还是送付之债，因为 V 根本连往取之债中的必要之事都没有做。

3. V 以第 275 条第 2 款为据，因价格上涨拒绝给付的权利？

6　　V 可能依第 275 条第 2 款第 1 句拒绝交货，因为依据买卖合同的内

容，按诚信原则，这可能要求与债权人 K 的给付利益严重不成比例的成本。

(1) 债务人的给付成本

这种意义的成本既包括金钱支出，也包括劳务或其他的人力成本。本案中 V 多支出的成本体现在他需要支付比作为合同要约基础的价格高很多的收购价。因为给付的必要成本是 10×2×70 欧元，即 1400 欧元，加上从生产商到客户的运费，总共估计是 1500 欧元左右。

(2) 债权人的给付利益

K 的给付利益在于尽可能获得 V 允诺的原给付，因为他还需要用内存条。以金钱计算，其给付利益体现在负担给付的价值。此外还可能包括不履行极可能导致的其他损害和非财产性利益（丧失）。[9] 因为看不出有什么非财产性利益和结果损害，K 的给付利益和极可能发生的不履行损害是重合的，即他在别的供货商那儿要取得内存条需付出的成本。因为内存条的售价普遍上涨，K 从别的商人那里也只能以比 V 现在要求的更高的价格购得。K 的给付利益是 10×155 欧元，总共 1550 欧元，外加为可能做的新市场调查和订购最终多支出的成本。

(3) 严重不成比例

最后，V 的成本必须和债权人 K 的给付利益严重不成比例。就此应考虑债的内容：本案涉及的是种类之债，V 因此负有置办义务，并承担价格上涨的风险。因此，价格的大幅上涨并不会超出商人的一般经济风险，以致让 V 的给付义务和 K 的给付利益严重不成比例。[10] 此外，V 的给付成本和 K 的给付利益最终是差不多高的，所以排除严重不成比例。

(4) 中间结论

因此，不存在对抗 K 的请求权，即 V 以第 275 条第 2 款为据的拒

---

[9] MünchKomm/Ernst, §275 Rn. 78ff.
[10] 但是当并非 V 的库存，而是 V 的整个经营所都被烧毁时，需另作判断。

绝给付权。

4. V 因主张第 313 条第 1 款规定的合同调整请求权,依第 273 条第 1 款享有的留置权

11   还要检验的是:V 能否通过第 273 条第 1 款的留置方式,依据第 313 条第 1 款主张因交易基础丧失产生的合同调整请求权,以此对抗交货请求权。

12   提示:将第 313 条作为请求权基础的安排,有利于第 273 条第 1 款的适用。[11] 在 2002 年将交易基础丧失制度添加进《民法典》之前,在发生交易基础丧失时,合同调整是依法自动发生(ipso iure)的[12],所以无须回溯到第 273 条。补充性合同解释同样也可引起合同调整请求权,其原则上优先于第 313 条适用,但只有在具体可预见的对价关系失衡中才予考虑[13],而本案并非如此。

(1)主张抗辩权和调整要求

13   V 在 2 月 12 日的传真中表示其供货取决于价格调整,依第 133、157 条,应解释为第 313 条第 1 款和第 2 款的合同调整要求。借此,V 主张了第 273 条第 1 款的抗辩权。

(2)第 313 条第 2 款的反对请求权

14   如果 V 对 K 有依第 313 条第 2 款结合第 1 款因交易基础丧失而生的调整合同请求权,则留置权成立。

①属于交易基础的情事

15   第 313 条以交易基础的概念为前提,但没有定义交易基础。根据传统的界定[14],交易基础是指并未上升为合同内容,但是在合同缔

---

〔11〕 同样这么认为的有 AnwK/Krebs, §313 Rn. 54; Schmidt‐Kessel/Baldus, NJW 2002, 2076, 2077。

〔12〕 深入的探讨参见 Larenz I, §21 II (S. 320ff.); Palandt/Heinrich, 61. Aufl., 2001, §242 Rn. 130ff.。

〔13〕 参见 BGHZ 90,69,74f. m. w. N。

〔14〕 立法理由引用了这一定义,参见 BT‐Drs. 14/6040,174。

结时已经存在的合同当事人的共同设想或将来出现的特定情事,当事人的交易意愿是以此为基础的;与此相同的是一方当事人的单方设想,该设想为另一方当事人所知,且不曾有质疑。[15] 本案中,当事人在缔约时默示地以此为出发点:V 可以广告中的价格提供内存条。在双务合同中,关于给付和对待给付等值性的设想通常属于交易基础。[16]

②情事的重大变化

V 的库存灭失,市场价格的急剧上涨都让当事人一致的期待嗣后变得不合适了。价格上涨超过 100%完全破坏了给付和对待给付之间的对价关系,并意味着第 313 条第 1 款意义上的情事重大变化。 16

③预见到变化时会另定合同内容

此外,根据第 313 条第 1 款,还需当事人若预见到变化,不会缔结合同,或会以其他内容缔结合同。容易想到的是当事人至少应约定价格调整条款,即便考虑到缔约和情事变化的间隔时间极短,因第 309 条第 1 项,原本还是需要为个别约定。 17

④不可期待严守合同

此外,还需考虑到案件的一切情事,尤其是合同或法律对风险的分配后,认为 V 严守合同是不可期待的。 18

在执行已经缔结的合同时,V 必须以让其遭受巨大损失的价格履行。这一风险原则上应由每个合同当事人负担。但是,通说认为在有巨大的置办障碍时,不可期待债务人严守约定的价格,但这只是无限制地适用于一般的极端情形,如战争、石油危机或与之类似的情况(所谓"大交易基础",与之对称的是"小交易基础")[17],且只有该 19

---

[15] 一直以来的司法裁判,例如 BGHZ 133, 281, 293; 135, 333, 338; BGH NJW 2001, 1204 m. w. N。

[16] BGH LM Nr. 91 zu §242（Bb）BGB = BB 1978, 1033 mit Bespr. Braun, JuS 1979, 692; MünchKomm/Finkenauer, §313 Rn. 54ff.

[17] MünchKomm/Finkenauer, §313 Rn. 194ff. m. w. N.

障碍对债务人而言是不可预见的,因此甚至根本无法抵消其经济后果,比如及时补仓,才适用。本案中不存在这些情况。

20　　因为依经验,约定的买卖标的物市场经常遭遇较大的价格波动,所以一般涨价、未曾预料到的成本和损害的风险原则上应由债务人负担。[18] 因此,从 V 的角度看,应考虑约定价格调整条款,即便根据第 309 条第 1 项,实际不允许在一般交易条件中约定价格调整条款。因此,价格上涨落在 V 的风险领域内。V 在 2 月 4 日以通知方式自我催告,只是确认了该事实,对结果毫无影响。

(3) 中间结论

21　　V 不可以根据第 313 条第 1 款要求调整合同,也因此无法主张第 273 条第 1 款的留置权。

5. 结论

22　　K 可以依第 433 条第 1 款第 1 句要求 V 按约定的价款供货。

---

[18] OLG Hamburg BauR 2006, 280 关于钢铁价格;Hk/Schulze, §313 Rn. 16,23。

案例 19　Pharao 不再能越障了

一、案件事实

赛马骑手豪普(Hoppel, H)想购买一匹新马,以便参加赛马会。他向养马人查斯特(Zaster, Z)说了自己的想法。Z 就在 1 月 14 日,将一匹训练有素和禀赋优异的越障赛马法劳("Pharao")以 1 万欧元的价格卖给了 H。H 当场支付,并牵走了马。在接下来的几周内,Pharao 在骑行训练中狠狠地摔了几回,受了重伤。兽医在 3 月 12 日确认该马的后腿有严重的无法治愈的畸形。因此,Pharao 虽然训练有素,但还是无法作为越障赛马使用。因为这一疾病,该马的市场价值只有 2000 欧元,若其是健康的,市价为 8000 欧元。

3 月 12 日至 13 日的深夜,Pharao 逃离了马厩。因为一向小心谨慎的 H 前晚忘了关上马厩的栅栏。当晚,在逃跑过程中,Pharao 被一辆卡车撞死了。

3 月 13 日,H 将兽医的发现和前晚发生的事情都告诉了 Z。H 说想全部恢复从前的样子,并要求 Z 归还已支付的 1 万欧元以及自 1 月 14 日以来的利息。此外,Z 还要赔偿他为饲养马匹支付的 150 欧元和进一步训练马匹越障支付的 500 欧元。Z 如实说自己根本不知道 Pharao 有这种畸形。尽管如此,如果他还是有义务归还 H 1 万欧元的话,那么他也应当获得死去马匹的"赔偿"(Entschädigung)。最后,H 应对马的死亡负责。Z 将从 H 那儿获得的金钱作为"应急储蓄"(Notgroschen),藏在床垫下。

当事人各自对对方有何种请求权？

提示：出发点是：可随时终止的储蓄账户的平均年利率是1.5%，随时可支配的日金账户（Tagesgeldkonto）的平均年利率是3%。

二、前期思考

当事人主张的是解除买卖合同后的返还请求权（第346条及以下规定），就此需做重点详细的检验。第346条第1款的返还请求权早在案例14中就为大家所知了。推荐的一种检验顺序是：首先检验Z的请求权，因为其履行是一些H的(反对)请求权的前提。还有一种不同的检验顺序是首先检验返还请求权，包括价值偿还请求权，然后检验其他请求权，这一顺序也无可指摘。

所受领且需返还的标的物对第346条第2款第1句第3项的价值偿还请求权是有影响的。就此需探讨法定的风险分配是否合适。[1] 争论涉及两种情形，价值偿还义务会依第346条第3款第1句第3项不当消灭。必须了解这一争论，否则很难解决对本案而言重要的问题。除了这个方面，本案中还会争论在解除权发生并非基于相对人的义务违反(或可归责性)时，是否也排除价值偿还请求权，即第313条第3款的情形。[2]

三、提纲

【Z对H的请求权】

（一）以第346条第2款第1句第3项为据偿还Pharao价

---

[1] 更详尽的探讨参考 Kamanabrou, NJW 2003, 30f. m. w. N. zum Meinungstand。

[2] M. w. N. Kamanabrou, NJW 2003, 30f. ; Schulze/Ebers, JuS 2004, 366, 370.

值的请求权 …………………………………………………… 1
1. 以第 346 条第 1 款为据的返还请求权 ………………… 3
   (1) 解除权 ……………………………………………… 4
      ①买卖合同 ………………………………………… 5
      ②马匹的瑕疵 ……………………………………… 6
      ③补正给付的期限 ………………………………… 8
      ④补正给付不能 …………………………………… 9
      ⑤排除第 326 条第 5 款的解除权 ………………… 12
   (2) 解除表示,第 349 条 ……………………………… 13
   (3) 依第 218 条第 1 款、第 438 条第 4 款第 1 句解除
       无效 ………………………………………………… 15
   (4) 中间结论 …………………………………………… 17
2. 受领标的物的灭失 ……………………………………… 18
3. 非因正常使用导致的灭失 ……………………………… 19
4. 请求权范围 ……………………………………………… 20
   (1) 原则:客观价值 …………………………………… 21
   (2) 以对待给付为根据 ………………………………… 22
   (3) 在对待给付中考虑瑕疵 …………………………… 23
5. 非因第 346 条第 3 款第 1 句第 2 项致价值偿还义务
   消灭 ……………………………………………………… 25
6. 非因第 346 条第 3 款第 1 句第 3 项致价值偿还义务
   消灭 ……………………………………………………… 26
   (1) 决定性的注意标准 ………………………………… 27
       [问题:是否要因 H 认识到解除权的存在,而对
       第 346 条第 3 款第 1 句第 3 项作目的性限缩?]
   (2) 尽到管理自己事务通常的注意 …………………… 30
7. 结论 ……………………………………………………… 31
(二) 以第 280 条第 1 款和第 3 款、第 282 条、第 346 条

第 4 款为据的损害赔偿请求权 ·················· 32
　　　　1. 第 280 条及以下规定的可适用性 ············ 33
　　　　2. 存在债务关系 ····························· 34
　　　　3. 义务违反 ································· 35
　　　　4. 结论 ····································· 37
　（三）以第 346 条第 4 款、第 280 条第 1 款为据的损害
　　　赔偿请求权 ··································· 38
　　　　1. 债务关系 ································· 39
　　　　2. 义务违反 ································· 40
　　　　　[问题：H 因疏忽大意未将 Pharao 马厩的栅栏关
　　　　　上，是否属于对 Z 注意义务(参见第 241 条第 2
　　　　　款)的违反?]
　　　　3. 可归责性 ································· 43
　　　　4. 损害和赔偿 ······························· 45
　　　　5. 结论 ····································· 46
　（四）以第 823 条第 1 款为据的损害赔偿请求权 ········ 47
　（五）偿还收取之用益的请求权，基础为第 346 条第 2 款
　　　第 1 句第 1 项 ································ 49
　　　　1. 请求权的前提 ····························· 50
　　　　2. 请求权的范围 ····························· 51
　　　　3. 结论 ····································· 52

【H 对 Z 的请求权】
（一）依第 346 条第 1 款返还价金的请求权 ············· 53
（二）依第 346 条第 1 款，就 1 万欧元支付自 1 月 14 日
　　　起的利息的请求权 ····························· 55
（三）付息作为第 347 条第 1 款的价值偿还请求权 ······ 56
　　　　1. 有效的解除 ······························· 57
　　　　2. 获得收益的可能性 ························· 58

  3. 违反一般经济规律,怠于收取 ·················· 59
  4. 依第 347 条第 1 款第 2 句的责任限制? ············ 60
   (1)法定解除 ·························· 61
   (2)Z 作为权利人 ······················· 62
  5. 请求权范围和时长 ······················· 63
  6. 结论 ······························ 66
 (四)H 对 Z 以第 347 条第 2 款第 1 句为据,要求返还
  150 欧元饲养费的请求权 ···················· 67
  1. 有效的解除 ·························· 68
  2. 费用支出 ··························· 69
  3. 费用支出的必要性 ······················ 70
  4. 返还或价值偿还,排除价值偿还义务 ············· 71
  5. 结论 ······························ 72
 (五)偿还后续越障培训费 500 欧元的请求权 ············· 73
  1. 以第 347 条第 2 款第 1 句为据的请求权 ··········· 73
  2. 以第 347 条第 2 款第 2 句为据的请求权 ··········· 74
  3. 结论 ······························ 76

四、解答

【Z 对 H 的请求权】

(一)以第 346 条第 2 款第 1 句第 3 项为据偿还 Pharao 价值的请求权

  Z 可能有依第 346 条第 2 款第 1 句第 3 项,要求 H 替代返还已死之马,即予以价值偿还的请求权。 1

  提示:由于这一表述,首先应检验第 346 条第 1 款规定的前 2

提。此外,第346条第2款第1句包含了三项要件。在鉴定中应按照对应的项号检验:第1项尤其涉及服务,第2项涉及对受领标的的使用、出让、负担、加工和改造;在涉及"灭失"的这些情形里,相对第3项而言,第2项是特殊的。本案事实只涉及第3项。

1. 以第346条第1款为据的返还请求权

3 首先必须有有效的解除,其通常会产生Z以第346条第1款为据的返还请求权。

（1）解除权

4 首先要有解除权,H的该解除权可能依据第437条第2项结合第440条、第323条、第326条第5款。这以买卖合同中的瑕疵给付为前提。

①买卖合同

5 H和Z在1月14日缔结了买卖马匹Pharao的合同。尽管动物并非第90a条第1句意义上的物,但是适用于物的条文原则上可准用于动物(第90a条第3句)。因此,存在有效的买卖合同。

②马匹的瑕疵

6 此外,需要出售的马匹依第437条第2项是有瑕疵的。依据第434、435条确定,此处涉及的是物之瑕疵。根据第434条第1款第1句,约定的标的物品质是首要的。因为H对Z表示过,他需要一匹越障马,因此双方当事人就Pharao应具备相应品质(第434条第1款第1句)达成合意。3月12日兽医的检查,确定了Pharao后腿严重的畸形使其至少在未来是不可再作为越障马使用了。就此存在第434条第1款第1句意义上的瑕疵,且依其性质,早在风险移转(第446条)时就存在了。

7 提示:至少有关越障马的约定构成第434条第1款第2句第1项意义上的合同预定的用途。两项事实构成之间的区分并不那么容易。

③补正给付的期限

根据第437条第2项、第440条的指示参照,依第323条第1款解除买卖合同原则上需在第439条的补正给付期限徒过之后方有可能,除非例外地不需要指定期限(第323条第2、4款),或者补正给付被拒绝、失败或不可期待(第440条)。迄今为止,H并未为Z补正给付指定期限,且补正给付在本案中亦非失败或不可期待。

④补正给付不能

H可能有依第437条第2项、第326条第5款无须指定期限解除的权利,只要Z因第275条第1—3款不再承担给付无瑕疵之马的义务(第433条第1款第2句)以及无须依第439条第1款补正给付。

提示:间或会读到:第326条第1款,第326条第5款实际上包含了多余的解除权[3],且如若没有这个条文,从第323条第2款第3项中也可推出同样的结论。[4] 两种观点都不正确:一方面,第326条第5款对第326条第1款第2句和部分不能是必要的。另一方面,在涉及第326条第5款案件中,第323条第1款要求的届期、完全有效的请求权是依第275条消灭的。

第326条第5款第1半句时适用首先以双务合同为前提,买卖合同符合该要件。其次,债务人必须——在本案中即为出卖人Z——依第275条第1—3款免于承担有对待关系的给付义务。本案涉及的是依第275条第1款交付无瑕疵的马的义务(所谓质的不能)[5]:因为马的腿部畸形无法医治,排除动物的这项瑕疵对任何人而言都是不可能的。因为动物又是作为独特的标的物(特定之债)出卖

---

[3] 比如S. Lorenz, NJW 2002, 2497, 2498。
[4] Palandt/Grüneberg, §323 Rn. 7.
[5] S. Lorenz, NJW 2002, 2497ff.

的[6],此处不会考虑交付另一匹健康的马作为补正给付。因此,Z 根据第 275 条第 1 款免除给付无瑕疵之马的义务。所以根据第 326 条第 5 款第 1 半句,原则上存在 H 解除买卖合同的权利。

⑤排除第 323 条第 5 款的解除权

12   根据第 326 条第 5 款第 2 半句,就解除权适用第 323 条的规定。依其标准,依第 323 条第 1 款指定期限是没有必要的。换言之,指示参照第 323 条第 4—6 款。当 V 的义务违反不甚严重时,解除权可能依第 326 条第 5 款第 2 句被排除。因为该瑕疵导致 Pharao 欠缺约定的越障马的品质,义务违反无论如何是严重的。因此,H 有以第 437 条第 2 项、第 326 条第 5 款为据的解除权。

(2)解除表示,第 349 条

13   此外,依第 349 条,返还请求权还以表示解除为前提("在解除的情形",第 346 条第 1 款)。3 月 13 日 H 对 Z 表示希望一切回到从前,这可依第 133、157 条解释为解除的表示。它到达了 Z,同时也是到达了第 349 条意义上正确的受领人。

14   尽管该表示原则上会被解释为依第 143 条第 1 款的撤销表示,但缺乏"可用作竞技的越障马"这一交易上重要的性质同时构成第 434 条第 1 款意义上的物之瑕疵。正如在此前的法律中承认的那样[7],至少从风险移转时起[8],物之瑕疵担保请求权的优先性排除依第 119 条第 2 款的撤销。[9] 买卖法的新规定对此并无改变。最多只能说第 433 条第 1 款第 2 句的新规定倾向于认为自合同缔结之时起,瑕疵担保法即具有优先性。因为 H 并未明确以撤销的方式表

---

〔6〕 同时也是第 91 条意义上不可替代的,参见案例 24,边码 19。

〔7〕 更详尽的说明,参见 MünchKomm/Westermann, 3. Aufl., 1995, § 459 Rn. 83ff. m. w. N。

〔8〕 BGHZ 34, 32, 37.

〔9〕 Brox/Walker, BS, § 4 Rn. 135ff. ; Palandt/Weidenkaff, § 437 Rn. 53. 深入探讨参见 Oetker/Maultzsch, § 2 E II 5a aa, S. 130ff.。

述,因此可以解释为第 349 条意义上的解除表示。

(3)依第 218 条第 1 款、第 438 条第 4 款第 1 句解除无效

考虑到案中提及的时间情况,应排除依第 218 条第 1 款,因补正给付请求权罹于时效(也可参看第 438 条第 4 款第 1 句)导致的解除无效。

提示:亦可放过该检验点。第 218 条有关解除权时间限制的复杂规定是有必要的,因为根据第 194 条第 1 款,消灭时效只适用于请求权,而不适用于形成权和其他权利。当然,第 218 条或至少第 438 条第 4、5 款的表述可以再简明些。

(4)中间结论

H 有效地解除了买卖合同,并因此原则上导致第 346 条第 1 款的返还请求权成立。

2. 受领标的物的灭失

依第 346 条第 2 款第 1 句第 3 项第 1 半句,H 受领的马匹 Pharao 必须毁损或灭失。因事故死亡,Pharao 已经"灭失"。

3. 非因正常使用导致的灭失

依第 346 条第 2 款第 1 句第 3 项第 2 半句,价值偿还请求权还以受领之标的物的毁损并非正常使用导致的为前提。赛马夜晚不受控制地在公路上乱跑显然并非正常使用。因此,Z 对 H 以第 346 条第 2 款第 1 句第 3 项为据的价值偿还请求权成立。

4. 请求权范围

还需阐明的是 H 应对 Z 就死亡的马偿还多少价额。

(1)原则:客观价值

第 346 条第 2 款第 1 句的价值偿还原则上以受领给付的客观价值为准。这一数额为 2000 欧元。

(2) 以对待给付为根据

22　　但是根据第 346 条第 2 款第 2 句,当合同中确定了对待给付的,价值偿还数额的计算应以此为据。[10]　在本案中,合同约定的 H 就移转马匹所有权付出的对待给付数额为价金 1 万欧元。这一数额依第 346 条第 2 款第 2 句,应作为价值偿还数额计算的基础。但是有问题的是,如果只有约定的对待给付可以决定价值偿还请求权,则 H 可依第 346 条第 1 款要求 Z 返还价金,同时 H 必须以价值偿还的方式又将该价金还给 Z。若解除的原因并非恰好为买卖标的物的瑕疵,该结果就是无可非议的。[11]

(3) 在对待给付中考虑瑕疵

23　　在本案中,解除是因为严重减损马匹使用性和价值的瑕疵。如果 H 仍需以约定的价金进行价值偿还,则很容易面临这样的诘问,即将物之价值和对待给付等量齐观会"侵蚀合同的等价结构(Äquivalenzgefüge)"[12]。因此,在有瑕疵的给付标的物毁损时,应准用买卖法中的减价计算法(第 441 条第 3 款),从作为对待给付的价值偿还数额中扣减相应部分。[13] 第 346 条第 2 款第 2 句的文义并不与此相悖,因为它只是说应以合同约定的对待给付为计算价值偿还额的基础。因此,就瑕疵给付的价值偿还义务,始终以类推第 441 条第 3 款减价后的对待给付为基础[14](而非本案中以更少的实际价值为准)。

24　　因此,如果在计算 H 应履行的价值偿还义务时,类推第 441 条第 2 款,从合同约定的对待给付 1 万欧元里予以扣减,则马匹实际的价

---

[10] 对此的批评,参见 Hager, in Ernst/Zimmermann, Zivilrechtswissenschaft und Schuldrechtsreform, 2001, S. 429, 450f.。

[11] 比如在意定解除权中,批评意见参见 Brox/Walker, AS, § 18 Rn. 29。

[12] Kaiser, JZ 2001, 1057, 1059；亦可参见 Hager, in Ernst/Zimmermann, Zivilrechtswissenschaft und Schuldrechtsreform, 2001, S. 429, 450f. zu § 346 Abs. 2 S. 2 DE。

[13] 绝对的通说,Brox/Walker, AS, § 18 Rn. 30; Kaiser, JZ 2001, 1057, 1059 m. w. N. (同时也包括旧债法中相应的问题); Palandt/Grüneberg, § 346 Rn. 10 m. w. N.。

[14] Kaiser, JZ 2001, 1057, 1059

值(2000欧元)和其健康时的价值(8000欧元)的比例关系是起决定作用的。根据这一1∶4的关系,准用第441条第3款,H只需支付对待给付的四分之一作为价值偿还款,即2500欧元。

5. 非因第346条第3款第1句第2项致价值偿还义务消灭

如果债权人对马匹的灭失需负责,则根据第346条第3款第1句第2项第1种情况,排除价值偿还请求权。此处的可归责性概念不是依第276条确定,而是按更广义的可归咎的引致行为理解。因此,给付标的物的瑕疵导致了灭失就满足了第1种情况的要求。[15] 但是由于Pharao非因与生俱来的畸形,而是因逃跑才导致损害发生,在本案中不能适用第1种情况。也无法认为逃跑也会在Z处发生(第2种情况)。因此,第346条第3款第1句第2项无法阻碍价值偿还义务。

6. 非因第346条第3款第1句第3项致价值偿还义务消灭

还需检验的是,第346条第3款第1句第3项是否排除了价值偿还义务。本案涉及的是法定解除权,且给付标的物的灭失发生在解除权人H处。H是否在Pharao灭失时尽到了管理自己事务时通常的注意,具有决定意义。

(1)决定性的注意标准

本案中应适用怎样的注意标准,是极有争议的:部分学者认为应按照以前的法律,依解除权人是否知悉解除权,做区分处理。人们将解除中的时间进程划分为三段:知悉解除成立条件之前、知悉解除成立条件之后、解除表示之后。

在知悉解除成立条件之前,(相关法律后果的发生)不可能取决于以第276条为基准的技术意义上的过错,因为解除权人是以能够将给付永续保有在其财产中为出发点的;因此,和第254条一样,只

---

[15] Jauernig/Stadler, §346 Rn. 7b; Kaiser, JZ 2001, 1057, 1060; MünchKomm/Gaier, §346 Rn. 51; Palandt/Grüneberg, §346 Rn. 12.

有对自己的过错是重要的,但因指示参照自己的通常状况,而和主观因素有关。[16] 相反,自知道解除权起,涉及的就应是第 276 条技术意义上的过错,就此毫无争议。[17] H 认识到瑕疵,并因此肯定了解构成解除权的事实。

29 根据其他观点,自解除权人认识到解除事由时起排除价值偿还义务是不恰当的,应从第 346 条第 4 款结合第 280 条及以下规定出发。还需要对第 3 款第 3 项作目的性限缩,并适用一般的注意标准。[18] 但是反对目的性限缩的观点认为立法者有意以当前的状况形构第 346 条第 3 款第 3 项,目的是解决旧法第 346 条及以下规定就已经意识到的问题,并惩罚另一方当事人的违约行为。此外,根据第 346 条第 4 款,损害赔偿请求权因违反第 346 条第 1 款所生的义务,依第 280 条及以下规定是有可能产生的,而且这肯定不取决于价值偿还。因此,不可在此处作目的性限缩。[19] 另一个问题是,是否能将第 3 项包含的责任标准也适用于损害赔偿请求权中。[20]

(2) 尽到管理自己事务通常的注意

30 因为第 346 条第 3 款第 1 句第 3 项依其文义亦适用于解除权人知悉解除权后,所以 H 只对自己通常的注意(第 277 条)负责。但这并非豁免书[21],因为返还义务人只有在证明自己一直都是如此大意时,才能免责。H 犯了一个通常不会犯的错,未尽到自己通常的注意。因此,H 需对此负责。如果就其粗心大意适用第 276 条第 1 款第 1 句,结果也不会不同。

---

[16] MünchKomm/Gaier, § 346 Rn. 58 m. w. N.
[17] MünchKomm/Gaier, § 346 Rn. 57 m. w. N.; Palandt/Grüneberg, § 346 Rn. 13b; 类似的有 Jauernig/Stadler, § 346 Rn. 8。
[18] MünchKomm/Gaier, § 346 Rn. 57; Schulze/Ebers, JuS 2004, 366, 370 m. w. N.
[19] 同样的是 Kamanabrou, NJW 2003, 30f. m. w. N。
[20] 同样的是 Brox/Walker, AS, § 18 Rn. 27; Palandt/Grüneberg, § 346 Rn. 13 i. V. m. 18。
[21] Palandt/Grüneberg, § 346 Rn. 13 i. V. m. 18.

7. 结论

因此,Z 有依第 346 条第 2 款第 1 句第 3 项第 2 句,要求 H 为死去的动物偿还 2500 欧元价额的请求权。 31

(二) 以第 280 条第 1 款和第 3 款、第 283 条、第 346 条第 4 款为据的损害赔偿请求权

此外,Z 可能有以第 280 条第 1 款和第 3 款、第 283 条、第 346 条第 4 款为据,要求 H 为损害赔偿的请求权。 32

1. 第 280 条及以下规定的可适用性

释明第 346 条第 4 款的结果是,第 280—283 条也可适用于第 346 条第 1 款产生的返还义务。 33

2. 存在债务关系

本案中,第 280 条第 1 款意义上存在的债务关系应首先考虑返还债务关系。这在解除表示生效及本案中 Pharao 死亡之后才会产生。因此,要顾及债务关系的同一性,此处关涉的是其返还清算:当事人缔结的买卖合同即便在当事人清算给付交换后也仍然存续,可以继续产生义务。这尤其表现在,它可以构成瑕疵担保请求权的基础,且不因嗣后的解除终止,而仅仅是改变了其内容。因此债务关系存在。 34

3. 义务违反

根据这一债务关系,H 必须依第 280 条第 1 款、第 283 条违反了给付义务。本案中首先要考虑的是第 346 条第 1 款中的返还义务,如第 346 条第 4 款指示参照第 280—283 条那样显而易见的是其构成给付义务,且在 Pharao 死后,H 就不再能履行了。就此可以认为单纯的不履行构成义务违反。[22] 35

---

[22] MünchKomm/Gaier, §346 Rn. 66;当中转引了 Canaris, JZ 2001,499, 512。

36 　　当然,第346条第1款的义务在解除表示生效之后才成立。因为H在3月13日才表示解除,所以在马死的时候,返还义务尚未产生,H也无法违反该义务。可仍可能成立自始无法履行的义务,如依第311a条第2款会产生损害赔偿的义务,但第346条第4款并未指示参照该规定。

　　4. 结论

37 　　Z对H以第280条第1款和第3款、第283条、第346条第4款为据的损害赔偿请求权不成立。

(三) 以第346条第4款、第280条第1款为据的损害赔偿请求权

38 　　需检验的还有以第346条第4款、第280条第1款为据,因违反买卖合同中其他义务而生的损害赔偿请求权。

　　1. 债务关系

39 　　债务关系存续(见上文边码34)。

　　2. 义务违反

40 　　有问题的是H可能违反了何种义务。因为第346条第1款的返还义务尚未发生,所以会考虑第241条第2款的义务。但是,在买卖中,不会当然认为嗣后有解除权的人会有好好对待给付标的物的义务。因为买受人可以认为自己能够终局保有给付标的物,并可随意处置(第903条第1句)。因此,与此不相容的是:为了永不可能排除(具有可能性)的因瑕疵给付而生的解除而小心对待标的物的义务。与此不同的是在约定了意定解除权的情形。[23]

41 　　解除中的一个重要转折点是权利人知道构成解除权存在的事实

---

　　[23] 明确说明的有 Begr. zum RegE, BT-Drs. 14/6040, 195f.；Hk/Schulze, § 346 Rn. 18. 此处的问题是过错的标准。就违反小心对待基于保留所有权获得的给付标的物的义务而生的,以第280条第1款为据的损害赔偿请求权,应适用第276条第1款第1句,在上述 Begr. zum RegE 中也偶有提及——第280条第1款第2句也可适用。

时:因为至少从这一刻开始,他必须考虑到自己有可能要在解除后返还,所以他有义务小心对待受领的标的物。[24] 就此还有另一个问题,即适用何种注意标准。[25]

在本案中,Pharao 的死发生在第二阶段(见上文边码 27),即在 H 发现了构成解除权的情事之后,但在其表示解除之前。因此,就照看马匹已经存在第 241 条第 2 款意义上的注意义务。H 未关好栅栏,违反了该义务。

42

3. 可归责性

如果 H 证明自己对义务违反无须负责,则他就不负有损害赔偿义务(第 280 条第 1 款第 2 句)。原则上,他作为第 241 条第 2 款义务的债务人,应依第 276 条第 1 款第 1 句对故意和过失负责;因为他忘记了关马厩栅栏,所以属于第 276 条第 2 款意义上的有过失行为。

43

但是责任标准可能类推第 346 条第 3 款第 1 句第 3 项要作调整,以至于 H 仅就管理自己事务通常的注意负责。支持这一观点的理由是:不然的话,第 346 条第 3 款第 1 句第 3 项会被第 346 条第 4 款结合第 280 条第 1 款第 2 句架空。[26] 在本案中,这一问题可搁置不议,因为 H 也未尽到管理自己事务的注意(见上文边码 30)。无论如何,H 必须为义务违反负责。

44

4. 损害和赔偿

因义务违反致 Pharao 死亡,否则 Z 本还能要回该马。看不出来还有因义务违反产生的其他损害。因此,Z 蒙受了应返还之马实际价值的损失。H 必须依第 251 条第 1 款向 Z 支付 2000 欧元。

45

5. 结论

Z 可依第 346 条第 4 款、第 280 条第 1 款要求 H 赔偿 2000 欧元

46

---

[24] Hk/Schulze,§346 Rn. 28; Kropholler,§346 Rn. 11.
[25] 就此没有清晰表达的是 MünchKomm/Gaier,§346 Rn. 66。
[26] Brox/Walker, AS,§18 Rn. 27; Palandt/Grüneberg,§346 Rn. 13 i. V. m. 18.

的损失。

(四) 以第 823 条第 1 款为据的损害赔偿请求权

47　　Z 对 H 以第 823 条第 1 款为据,因侵犯所有权而生的请求权不成立,因为在 Pharao 死亡时,其所有权尚归属于 H。

48　　**提示**:这源于抽象原则,可惜在高强度的闭卷考试中很多时候会忽视它:第 346 条第 1 款只是让 H 负有返还义务,即返还所有权的义务,但这一结果尚未发生。

(五) 偿还收取之用益的请求权,基础为第 346 条第 2 款第 1 句第 1 项

49　　最后,还要考虑 Z 要求 H 偿还获取的收益的请求权,其请求权基础为第 346 条第 2 款第 1 句第 1 项。

1. 请求权的前提

50　　基于 H 对买卖合同有效的解除(见上文边码 20),Z 原则上享有依第 346 条第 1 款第 2 种情况的用益返还请求权。H 唯一明显取得的用益 100 欧元是其骑乘获得的使用马匹的利益。这一使用利益在性质上是无法返还的,所以 H 依第 346 条第 2 款第 1 句第 1 项负有价值偿还义务。

2. 请求权的范围

51　　偿还需返还用益的请求权指向所谓价值折旧(Wertverzehr)[27],即随着用益时间经过而发生的线性价值贬损。人们是以预期的整个使用年限为基础计算它的。[28] 就此应当考虑到,这匹马只是作为越障马在一定时间内使用的,若用作他途则可使用更长时间。但(案

---

[27] BGHZ 115,47,54f. m. w. N. ; BGH NJW 1996,250,252; Palandt/Grüneberg, § 346 Rn. 10.
[28] Begr. zum RegE. , BT-Drs. 14/6040, 193;联邦议会(Bundesrat)的观点参见 BT-Drs. 14/6857,21。

情)并没有给出相应的信息。

3. 结论

结论是 Z 可以依第 346 条第 2 款第 1 句第 1 项要求 H 返还用益。

【H 对 Z 的请求权】

(一) 依第 346 条第 1 款返还价金的请求权

在 H 有效的解除合同后(见上文边码 17),H 可依据第 346 条第 1 款第 1 种情况,享有要求 Z 返还价金的请求权。他可以要求返还向 Z 支付的 1 万欧元。

> 提示:即便 H 支付的 1 万欧元现金没法原状返还了,仍然会有第 346 条第 1 款的返还请求权。因为返还金钱是金钱价值之债,所以适用第 346 条第 2 款是不合适的。

(二) 依第 346 条第 1 款,就 1 万欧元支付自 1 月 14 日起的利息的请求权

要求支付 1 万欧元价金的利息的请求权可能依据第 346 条第 1 款第 2 种情况。该规定让 Z 也负有返还收取的用益的义务。以第 346 条第 1 款为据的返还请求权成立(见上文边码 53)。依《民法典》第 100 条,用益是指物或权利的孳息或使用利益。收取的利息是移转的金钱在《民法典》第 100 条意义上的用益。[29] 但是,在案情中,Z 并未利用从 H 那获得的金钱去获得利息,因为他仅仅将该笔金钱保管着,没有收取用益。因此,依第 346 条第 1 款返还实际收取用益的请求权不成立。

---

[29] Palandt/Ellenberger, §99 Rn. 3, §100 Rn. 1.

(三) 付息作为第 347 条第 1 款的价值偿还请求权

56　　要求价值偿还 Z 未收取的用益的请求权可能源自第 347 条第 1 款。

1. 有效的解除

57　　存在有效的解除(见上文边码 17)。

2. 获得收益的可能性

58　　依第 347 条第 1 款第 1 句,需 Z 虽有收取用益可能,但实际未收取。例如,Z 本可将保管的现金以可获利息的储蓄金形式存入银行(第 700 条第 1 款第 1 句意义上的非规则保管,就此还可适用第 488 条及以下条文),并以此收取用益;但是他没有这么做,所以第 347 条第 1 款第 1 句的第一个条件满足。

3. 违反一般经济规律,怠于收取

59　　此外,第 347 条第 1 款第 1 句还要求,债务人不收取可能收取的用益是违背客观一般经济规律的。一般经济规律要求至少利用这些财产的储蓄可能性。它不会产生重大的损失风险,且可以带来积极的收益。至少在通缩趋势并非主流时,就应如此。因为 Z 长达数周将这些钱放在床垫底下,显然他不需要这笔钱用于持续的交易。因此,将这笔 1 万欧元作为可随时终止的储蓄金存入银行或开设日金账户都是可考虑的。在这两种情况下,Z 都可以因存款保险(Einlagensicherung)[30]没有风险地获得利息。最后将现金存在家中可能仅仅是主观上满足了 Z 的安全感,但是违反了一般经济规律(其他观点亦有道理)。在第 347 条第 1 款第 1 句的范围内,可归责性不起决定

---

〔30〕 根据《存款保险和投资者赔偿法》(Einlagensicherungs - und Anlegerentschädigungsgesetz)(该法第 1 条是转化欧盟存款保险指令和欧盟投资赔偿指令,BGBl. I 1998, S. 184)。

作用。[31] 所以要求价值偿还未收取用益的请求权的前提都成立。

4. 依第 347 条第 1 款第 2 句的责任限制？

但需检验的是，Z 是否依第 347 条第 1 款第 2 句，仅对因未尽到管理自己事务的注意而未收取的用益负责，并因此可能仍旧无须偿还未收取的利息。

(1) 法定解除权

本案中，解除是基于第 437 条第 2 项、第 326 条第 5 款的法定解除权发生。

(2) Z 作为权利人

根据第 347 条第 1 款第 2 句的文义，就未收取用益的责任减轻只适用于权利人。此处涉及的"权利人"是指和第 346 条第 3 款第 3 项中一样的解除权人，其责任通过这一优待可以减轻。但在本案中，由于是售卖的动物有瑕疵导致的解除，解除权人只能是买受人 H，而非出卖人 Z。解除相对人 Z 并不享有第 347 条第 1 款第 2 句的优待，因此他仍就未收取的收益负有返还义务。

5. 请求权的范围和时长

还需释明的是，Z 需就 1 万欧元支付多高的利息。依第 347 条第 1 款第 1 句的思想，价值偿还义务的标准是本可能的用益。[32] 它取决于 Z 从随时可支配的投资中能收取的利息。根据作业中的提示，随时可终止储蓄存款的年利率是 1.5%（即经典的"存折"Sparbücher），随时可支配的日金账户的年利率是 3%。由此产生的问题是，他是否只要选择了简单的、为大众所知的品种就够了，还是必须了解收益率更高的品种。因为日金账户并非为公众所熟知，所以

---

[31] Begr. zum RegE., BT-Drs. 14/6040, 197.

[32] 根据旧法第 347 条第 3 句的规定，应按照第 247 条的法定利息计息。人们没有坚持这一点，因为今天在小额和短期金钱之债中，一般债务人通常不会收取利息，Begr. zum RegE., BT-Drs. 14/6040, 197。

不能要求以这种方式投资。

64 　　**提示**：因此,作业提示中包含了其他问题,该问题绝非经常以这种形式被提出。本案中必须就此进行讨论,并在两种解决方案中作出选择。

65 　　此外还要问,从何时起,Z 负有支付利息的义务。他在 1 月 14 日获得 1 万欧元。最迟应当在次日将这笔钱存入储蓄账户,所以他自 1 月 15 日起负有偿还价值的义务。即便乍看之下,因第 347 条的标题(解除后的用益和费用)会有疑惑,该规定也是规范从收到给付直至最终返还给付期间的用益(和费用)的。[33]

　　6. 结论

66 　　因此,Z 依第 347 条第 1 款有从 1 月 15 日起按年利率 1.5% 标准,就 1 万欧元返还利息的义务。

(四) H 对 Z 以第 347 条第 2 款第 1 句为据,要求返还 150 欧元饲养费的请求权

67 　　H 可能有依第 347 条第 2 款第 1 句,要求 Z 返还饲养费的请求权。

　　1. 有效的解除

68 　　H 有效地解除了和 Z 的合同(见上文边码 17)。

　　2. 费用支出

69 　　饲养费构成费用支出。根据一贯的司法裁判,费用是指至少对物有益的财产性支出,可以令物恢复原状、维续或改善物的状态。[34] 饲养动物可维系其生命,所以其开支属于费用。

---

[33] Palandt/Grüneberg, § 347 Rn. 1/2; vgl. Begr. zum RegE., BT-Drs. 14/6040, 197.

[34] 参见 BGHZ 131, 220, 222f. m. w. N。

3. 费用支出的必要性

此外,还需要该笔费用支出是必要的。当根据客观标准,在行为时,其是为维续物或正常地经济利用物所必需的[35],该费用支出就是必要的。为维系其生命,饲养马匹在没有其他喂养可能性时是客观上必要的。Pharao 的饲养费属于必要的费用支出。

4. 返还或价值偿还,排除价值偿还义务

只有在 H 作为返还义务人归还马匹或价值偿还时,或者价值偿还请求权因第 346 条第 3 款第 1 项或第 2 项被排除时,才需偿还必要费用。本案当中存在 H 的价值偿还义务(见上文边码 31)。

5. 结论

依第 347 条第 2 款第 1 句,一旦 H 履行了第 346 条第 2 款第 3 项的价值偿还义务,Z 就负有偿还饲养费 150 欧元的义务。

(五)偿还后续越障培训费 500 欧元的请求权

1. 以第 347 条第 2 款第 1 句为据的请求权

H 要求 Z 偿还后续越障培训费用的请求权可能也源自第 347 条第 2 款第 1 句。为 Pharao 支出的这笔训练费也属于上文定义的费用(边码 69),因为它提升了这只动物作为越障马的资质,因此某种程度地改善了这匹马,对其有利。但因为对马进行特训对维系其生命并非必要,所以此处并不涉及必要费用。因此,依第 347 条第 2 款第 1 句要求培训费的偿还不成立。

2. 以第 347 条第 2 款第 2 句为据的请求权

偿还培训费的请求权可能源于第 347 条第 2 款第 2 句。因为价值偿还债权人 Z 必须因培训 Pharao 的费用支出尚有得利。如果这笔

---

[35] BGHZ 131,220,223; Palandt/Bassenge, § 994 Rn. 5.

费用已经体现在标的物价值的提升上,并因此影响到价值偿还金额的提升,则可认定尚有得利。但是在案情中看不出,对 Pharao 后续的培训已经提升了它的价值。至少对 Z 而言,Pharao 死后这些培训就毫无意义了,未使其得利。因此,依第 347 条第 2 款第 2 句要求偿还培训费的请求权不成立。

75　　　　**提示**:人们亦可将依第 347 条第 2 款应偿还的费用,在计算第 346 条第 2 款的价值偿还额时予以扣减。当然,这些费用总共只能被考虑一次。[36]

3. 结论

76　　　H 不可要求 Z 偿还培训费。

---

[36] Jauernig/Stadler, §347 Rn. 2; MünchKomm/Gaier, §347 Rn. 15; Palandt/Grüneberg, §347 Rn. 3.

案例20　动感单车

一、案件事实

一天早晨，一个格外高兴的年轻人曼（Mann，M）敲响了有发福迹象的提前退休者约瑟芬·格罗斯（Josefine Groß，G）的家门，G很吃惊。M介绍自己是"Fit & Funny"有限责任公司（F）的销售代表，他狡黠（schelmisch）地笑着说，G"显然度过了一个不错的冬天"。现在是春天，运动正当时。M根据F授予的代理权，并以其名义，将一辆"恰好"带在身边的动感单车卖给了G，售价为350欧元。G当场付款，M当即将动感单车给了M。除了收据，G没有获得任何书面凭证。经过6个月的努力蹬踩，G的体重并无下降，所以G觉得这个东西是一个负担：她就将这个车搬到租住房屋的地下室了。尽管她关好了地下室的门，这辆车还是被不知名的窃贼盗取了。她向学法律的熟人尤里乌斯·琼克提姆（Julius Junktim，J）倾述自己的苦恼：虽然没减重一点，却浪费了不少钱，还丢了毫无用处的动感单车。

他可以给G什么建议呢？

案件变型：

G在销售代表刚说完开场白就把门关了，让他吃了个闭门羹。G打电话给运动品商店赛普·萨托（Sepp Salto，S），以299欧元的价格预订了这款动感单车。S将对应的信息刊载在报纸上，G为了少动弹，就从黄页中搜索出了广告中没有给的电话号码。其他案情和本例一致的情况下,J应该怎么给建议?

在学习中,也应认识到提供法律咨询的实践(参考《法官法》第5a条第3款)。这种情况下设问的目的在于:必须有的放矢地具体化,即本案中当事人显然对刑事追诉不感兴趣,且针对不知身份的窃贼的请求权难以实现。

G希望摆脱双方已经正常履行的合同。这大多只会涉及消费者撤回权,因此要考虑消费者撤回权的条文。在全面阅读和对事实进行涵摄后,应可轻松解决本案。根据第355条第1款第1句的文义,本条以撤回权为前提,且仅规定了撤回权的实现和法律后果。此外,自转化《消费者权利指令2011/83/EU》(2014年6月13日)起,不再参照第346条及以下的规定!

"合适"的撤回权取决于案件事实描述的客观情况;这应该容易确定。任何撤回权皆以经营者(第14条)和消费者(第13条)之间的买卖合同为前提。第13、14条要求以缔结相关合同追求的目的为准据。

根据第355条第1款第1句和第2句,必须明确且合乎期限规定地行使撤回权。撤回期限和其起算点原则上规定在第355条第2款中,但第356条及以下规定也包含了变化了的规定。据此,在营业场所外缔结的合同和远程合同中应注意第356条,在学习和考试中应认真阅读和适用该条。

二、前期思考

《民法典》中的消费者保护条款始终在变化,因为其在欧盟指令中的基础一直在变化,或者因为欧洲法院对这些指令的解释会导致其与《民法典》转化的内容不符。因此,和其他法域相比,在消费者法中尤为重要,或者说必不可少的是要用最新的法律文本,还要通读部分非常长的法律条文(然后才能适用)。《消费者权利指令2011/83/

EU》自 2014 年 6 月 13 日起,就在很多地方改变了合同领域的消费者保护措施并加强了欧洲范围内的法律统一。[1] 自其转化开始,撤回权告知的要求就在《民法典施行法》第 246—246c 条及其附款中被统一规定。

三、提纲

(一)G 以第 346 条第 1 款、第 437 条第 2 项和第 323 条第 1 款为据要求 F 返还价金的请求权 ⋯⋯⋯⋯⋯⋯ 1

(二)G 以第 355 条第 3 款第 1 句、第 357 条第 1 款、第 312g 条第 1 款为据要求 F 返还价金的请求权 ⋯⋯⋯ 4

 1. 根据第 355 条第 1 款第 1 句撤回 ⋯⋯⋯⋯⋯⋯⋯ 5

  (1)撤回权 ⋯⋯⋯⋯⋯⋯⋯⋯⋯⋯⋯⋯⋯⋯⋯⋯ 6

  (2)撤回的表示 ⋯⋯⋯⋯⋯⋯⋯⋯⋯⋯⋯⋯⋯⋯ 9

  (3)适期撤回 ⋯⋯⋯⋯⋯⋯⋯⋯⋯⋯⋯⋯⋯⋯⋯ 12

  [问题:G 仍可在 6 个月之后撤回吗?]

  (4)撤回的法律后果,第 355 条第 1 款第 1 句和第 3 款,第 357 条第 1 款 ⋯⋯⋯⋯⋯⋯⋯⋯⋯⋯ 14

  (5)中间结论 ⋯⋯⋯⋯⋯⋯⋯⋯⋯⋯⋯⋯⋯⋯⋯ 15

 2. F 根据第 355 条第 3 款第 1 句享有的反对请求权 ⋯ 16

 3. F 根据第 357 条第 4 款享有的拒绝给付权 ⋯⋯⋯⋯ 21

 4. 结论 ⋯⋯⋯⋯⋯⋯⋯⋯⋯⋯⋯⋯⋯⋯⋯⋯⋯⋯⋯ 24

(三)G 根据第 812 条第 1 款第 1 句第 1 种情形要求返还价金的请求权 ⋯⋯⋯⋯⋯⋯⋯⋯⋯⋯⋯⋯⋯⋯ 25

(四)案件变型:G 以第 355 条第 3 款第 1 句、第 357 条

---

[1] Schwab/Giesemann, EuZW 2012, 253. 就转化的情况参看 Wendchorst NJW 2014,577; Schärtl, JuS 2014,577。

第1款、第355条第1款第1句、第312g条第1款为据，
　　要求S返还价金的请求权 ·················· 26
　　1. 根据第355条第1款第1句撤回 ················ 27
　　　　[问题：此处涉及第312c条意义上的远程交易吗（这
　　　　种情况下，G*根据第312g条享有撤回权）？]
　　2. 结论 ································· 30

四、解答

（一）G以第346条第1款、第437条第2项和第323条第1款为据要求F返还价金的请求权

1　　　G可能有以第346条第1款、第437条第2项和第323条第1款为据要求F返还价金的请求权。为此，她必须有效地解除了案情中由M代理（且依据第164条第1款第1句有效的）和F缔结的买卖合同。根据《有限责任公司法》（GmbHG）第13条第1款，F可以成为合同当事人。

2　　　若买卖的标的物有瑕疵，解除权可能源于第437条第2款结合第323条第1款或第326条第5款。但是在本案中，第434条第1款意义上的物之瑕疵是否存在并非一目了然，因为动感单车可以使用，且看不出来有偏离品质约定之处。G并未因此实现减重属于其自己的风险范围。

3　　　　提示：亦可以考虑以第119条第2款为据，因性质错误而撤销，或因交易基础丧失而依第313条第3款解除，但也没有支撑上述观点的依据。因此也可以省去论述这些问题。简要检验因瑕疵而解除也是没有必要的，它会在案件变型中探讨。

＊ 原文为"F"，但根据内容此处应为"G"，似为作者笔误。——译者注

(二) G 以第 355 条第 3 款第 1 句、第 357 条第 1 款、第 312g 条第 1 款为据要求 F 返还价金的请求权

G 可能有以第 355 条第 3 款第 1 句为据,要求 F 返还价金的请求权。为此,需要其依第 355 条第 1 款第 1 句有效地撤回意思表示。根据案件事实,G 基于意思表示达成了和可作为合同当事人的 F(根据《有限责任公司法》第 13 条第 1 款)之间的买卖合同。 4

1. 根据第 355 条第 1 款第 1 句撤回

依第 355 条第 1 款第 1 句撤回,从而解消合同的前提是 G 有撤回权,且其按照期限对 F 作出了撤回的表示。 5

(1) 撤回权

本案中,撤回权可以源自第 312g 条第 1 款。就此需要存在在营业场所之外缔结合同的事实。第 312 条第 1 款要求在经营者和消费者之间有以有偿给付为客体的合同。买卖合同是有偿合同。F 是作为商事公司为营业活动(即以第 14 条第 1 款意义的经营者身份)缔结该合同的,而 G 缔结合同并不属于营业性活动,因此,G 是以第 13 条意义上消费者的身份缔结合同的。 6

提示:就第 13 条、第 14 条而言,应始终以客观从事该交易的目的为断。假如一名律师为其雇员或商业伙伴购买礼物,其消费者属性就会有疑问。此外,根据对 2011/83 欧盟指令的完全协调化(Vollharmonisierung),内国法的消费者概念只有在不影响指令的保护目的时,方可比欧盟法的概念更宽。比如,在将雇员归为消费者时就会出现这个问题。 7

此外,G 必须在特定的场合被诱导去缔结合同。就此,根据第 312b 条第 1 款第 1 句第 1 项,消费者和经营者必须在经营者营业场所外的地点缔结合同,且双方同时在场。因为合同是在 G 的住宅缔结的,所以第 312b 条第 1 款第 1 句第 1 项的前提满足。因为不存在 8

第312g条第2款第1句中的例外情形,所以G享有撤回权。

(2)撤回的表示

9　　根据第355条第1款第1句,只有G在期限要求内撤回其缔约表示,买卖合同的拘束力才会消灭。

10　　根据第355条第1款第4句,撤回无须包含理由,但需向经营者作出(第355条第1款第2句),并明确无疑地表明G撤回的意思(第355条第1款第3句)。若作出了撤回的决定,G就需遵守上述要求。尽管第355条第1款第4句的表达提及了发出(Absendung),但不同于旧法第355条第1款第2句要求书面形式,现行法不再对撤回表示规定特别形式,所以G可以——根据《消费者权利指令》第11条第1款第2句第b支项和其考虑理由(Erwägungsgrund)44中所示——打电话撤回。[2]

11　　**提示**:根据旧法第355条第1款第2句,不置一词(!)地寄回也可能构成撤回。根据第355条第1款第3句的规定,现在只有在双方就此有约定时方有可能。因为第361条第2款第1句只是禁止不利于消费者的偏离,所以有利于消费者的偏离当然还是可能的(参考《欧盟指令2011/83》第3条)。

(3)适期撤回

12　　此外,G必须适期表示撤回。根据第355条第2款,撤回期限为14天,原则上自合同缔结之日起算。自合同缔结时到表示撤回时本已经过两周,但在营业场所之外缔结的合同和远程合同根据第356条第2款第1句a支项,自消费者收到货物时起起算两周期限;但本案中在缔约同日,消费者也已经收到了货物。然而,根据第356条第3款第1句,在经营者根据第246a条第1节第2款第1句第1项的要求对消费者作出说明前,撤回期限不起算。本案中,由于没有撤

─────────

[2] Brox/Walker, AS, §19 Rn. 26;更详尽阐述 Staudinger/Martinek, Eckpfeiler des Zivilrechts, 2014, A. Rn. 53 以及进一步的引证。

回说明,两周期限尚未起算。

同样,在本案中,根据第 356 条第 3 款第 2 句,在营业场所外缔结的合同中的撤回权最迟在合同缔结及受领人收取货物之后的 12 个月又 14 天后消灭。因为这一期限尚未经过,G 有撤回权。

(4)撤回的法律后果,第 355 条第 1 款第 1 句和第 3 款,第 357 条第 1 款

若 G 行使了撤回权,则其根据第 355 条第 1 款第 1 句就不再受其缔约表示的拘束,且根据第 355 条第 3 款第 1 句需返还已经受领的给付。根据第 357 条第 1 款,必须在 14 天内返还。根据第 357 条第 3 款第 1 句,F 必须以 G 支付时使用的相同手段退还价金。

(5)中间结论

根据第 355 条第 3 款第 1 句、第 357 条第 1 款,G 可以在作出撤回表示后,要求 F 归还价金。

2. F 根据第 355 条第 3 款第 1 句享有的反对请求权

根据第 355 条第 3 款第 1 句,F 可以要求返还动感单车[3],但其根据第 355 条第 3 款第 4 句承担寄回的风险。[4]根据第 357 条第 1 款,G 必须在 14 日内退货。根据第 357 条第 4 款第 1 句、第 5 款,尽管 G 必须自己承担费用,但原则上仅负有寄回给 F 的义务。前提是此前 G 被告知有撤回权(第 357 条第 5 款第 1 句),但本案当中恰恰不是这样。因为动感单车是在缔约当时在 G 的住处交付的,该单车并非当然可以通过邮寄送达,G 例外地不负有该义务(第 357 条第 6 款第 3 句)。但是,G 仍有根据第 355 条第 3 款第 1 句返还的义务,只是 F 必须上门取车。

仍需检验的是,G 因失窃无法将动感单车还给 F,且对此无能为

13

14

15

16

17

---

[3] Brox/Walker, AS, §19 Rn. 35.
[4] Brox/Walker, AS, §19 Rn. 44;Palandt/Grüneberg, §361 n. F. Rn. 1. 根据政府草案(BT-Drs. 17/12637,60),消费者必须妥善包装物品。若其未这么做,需依第 280 条第 1 款、第 241 条第 2 款负责。

力的后果。此时成立给付不能,G 根据第 275 条第 1 款免除根据第 355 条第 3 款第 1 句负有的义务。

18   仍需释明的是 F 的反对请求权是不是无补偿地消灭,或取而代之的是第 357 条第 7 款规定的价值偿还请求权。根据该规定,当一方面灭失归因于非为检验品质、性能和功效必要的处置(第 1 项),另一方面经营者已经告知了消费者其撤回权(第 2 项)时,消费者就物品的价值损失承担价值偿还义务。在上述案件中,G 将动感单车正常地锁在地下室,且非因第 357 条第 7 款第 1 项意义上的不小心处置导致灭失;但根据本规定,她仍有义务偿还因 6 个月使用导致的价值损失,只要这并非为检验品质等所必需。然而,这一价值偿还义务也会排除,因为根据案情,G 并未被告知其享有的撤回权(第 357 条第 7 款第 2 项)。因此,G 对 F 并不负有价值偿还义务,尤其是因为第 361 条第 1 款排除了因撤回产生的其他请求权[5],即便是根据第 280 条及以下条文产生的请求权也会因 G 没有过错(本案中是因为失窃)而无法成立。

19   **提示**:和直至 2014 年 6 月 12 日为止有效的法律规定(旧法第 357 条第 1 款第 1 句结合第 346 条第 2 款第 1 项)不同,现在经营者不再享有针对消费者的用益偿还请求权。如果消费者在行使撤回权前使用了标的物,在满足第 357 条第 7 款的前提(有时结合第 357a 条第 3 款、第 357b 条第 2 款或第 357c 条第 2 句)时,经营者对消费者仅享有因使用导致标的物贬损的价值偿还请求权。

20   据此,G 依第 275 条第 1 款免于承担返还原物的义务,且根据第 357 条第 7 款也不承担价值偿还的义务,所以 F 没有对 G 的反对请求权。

---

〔5〕 法律委员会的报告也这么认为(BT-Drs. 17/12637, 64)。

3. F 根据第 357 条第 4 款享有的拒绝给付权

需检验的是 F 是否根据第 357 条第 4 款有权拒绝向 G 归还价款。

就此,当事人间必须成立消费品买卖合同,即根据第 474 条第 1 款,经营者将动产出售给消费者。正如上文确定的那样,本案中存在消费品买卖(边码 5)。具体而言,是关于动感单车的买卖合同,即一个动产,所以第 357 条第 4 款可适用。

根据第 357 条第 4 款,F 可以在直至收回动感单车或从 G 处取得寄回凭证前,拒绝返还价款。然而,本案中 G 例外地不负有寄回的义务(因为 F 根据第 357 条第 6 款第 3 句负有取回义务),后一种情况(即从 G 处取得寄回凭证)不适用。但仍需遵循基本规则——F 在收回单车前,可以拒绝归还价款(第 357 条第 4 款)[6],因为消费者根据本条始终有义务先给付。[7]根据第 275 条第 1 款,返还原物不能导致免除根据第 355 条第 3 款第 1 句承担的相应义务。因为根据第 355 条第 4 款第 4 句,经营者虽然承担寄回的风险,但只是涉及在寄回中发生的毁损灭失。[8] 第 357 条第 4 款规定了取代收回物品的可以是发送的凭证(《消费者权利指令》第 13 条第 3 款亦如是规定)也正是考虑到这一点。

4. 结论

G 可以撤回其买卖表示,紧接着根据第 357 条第 2 款第 1 句要求归还价金,且无须偿还单车价值。但是,F 可以根据第 357 条第 4 款拒绝返还价金,直至其收回动感单车,所以是永久性的。

---

〔6〕 就此一般性的论述亦可参见 Brox/Walker, AS, §19 Rn. 38;更详尽的阐述参见 juris PK-Internetrecht/Heckmann, 4. Aufl., 2014, Kap. 4.1 Rn. 406 i. V. m. Rn. 393。
〔7〕 亦可参考政府草案的理由书 BT-Drs. 17/12637, 63。
〔8〕 可参考政府草案的理由书 BT-Drs. 17/12637, 60。

(三) G 根据第 812 条第 1 款第 1 句第 1 种情况要求返还价金的请求权

25　　不当得利法中的规范因第 357 条及以下规定的优位性被排除适用。此外,根据第 357 条第 1 款第 1 句表示撤回并不会导致法律原因的嗣后丧失,而只是会引起买卖合同关系的转化(Umgestaltung)。[9] 此外,根据第 361 条第 1 款,超出第 355 条及以下规定范围的请求权亦会被排除。[10]

(四) 案件变型:G 以第 355 条第 3 款第 1 句、第 357 条第 1 款、第 355 条第 1 款第 1 句、第 312g 条第 1 款为据,要求 S 返还价金的请求权

26　　G 可能有以第 355 条第 3 款第 1 句、第 357 条第 1 款、第 355 条第 1 款第 1 句、第 312g 条第 1 款为据,要求 S 返还价金的请求权。为此,G 必须根据第 355 条第 1 款第 1 句有效地撤回为缔结买卖合同作出的意思表示。

　　1. 根据第 355 条第 1 款第 1 句撤回

27　　要考虑的是通过以第 355 条第 1 款第 1 句为据的撤回来解消买卖合同。为此,G 必须有撤回权。

28　　若本案中当事人之间进行了第 312c 条第 1 款意义上的远程交易时,则要考虑第 312g 条第 1 款规定的撤回权。属于这类合同的是:经营者(第 14 条第 1 款)或以其名义或受其委托行事之人与消费者(第 13 条)之间以远程通讯工具缔结的合同。G 缔结了买卖动感单车的买卖合同,且是在其经营或独立职业范围之外从事的活动;与此相反,S 是在其商事活动中出售该单车的。因此,G 和 S 分别是以消费者(第 13 条意义上)和经营者(第 14 条第 1 款意义上)身份出现

---

　　[9] Brox/Walker, AS, § 18 Rn. 2.
　　[10] 亦可参考政府草案的理由书 BT-Drs. 17/13951, 68f. 以及法律委员会报告可参考政府草案的理由书 BT-Drs. 17/12637, 64。

的。他们是通过电话缔约的,即完全是使用第 312c 条第 2 款意义上的远程通讯工具缔结的。

但是,若合同的缔结不是在为远程销售而组建的经营或服务系统内进行的,就不存在远程交易(旧法第 312c 条第 1 款)。对这种远程销售系统的要求是不清晰的。[11] 主要是要求经营者必须在其营业中创造一切条件以维系通常的远程交易;偶尔通过电话接受订单或间或发送货物尚不足够。在本案中,看不出 S 为远程交易采用了特别的准备工作,G 甚至仅须从黄页中挑出电话号码,因此不存在远程销售系统。假如单纯的电话预定就够了,则每个经营者偶然通过电话缔约时就都在运营远程销售系统,比如,接受顾客自己提货的订单。为了避免适用第 312c 条及以下的规定,经营者不得不放弃将自己的号码刊登在黄页中。因为这无论如何都是不可期待的[12],所以第 312c 条第 1 款要件无法满足,G 不享有第 312g 条第 1 款的撤回权。因此,以第 355 条第 1 款第 1 句为据的撤回权也不可能成立(其他观点亦可言之有理,更多探讨参考接下来的案例 21)。

2. 结论

G 不再有机会摆脱动感单车的买卖,也就没有要求返还价金的请求权(第 357 条第 4 款第 1 句)。因此,律师最多可以建议 G 向警察和家庭财产保险公司报告这一损失(如果其有保险的话)。

---

[11] 详尽讨论参见 MünchKomm/Wendehorst,§312 Rn. 56ff. m. w. N。
[12] Palandt/Grüneberg,§312b,Rn. 11; MünchKomm/Wendehorst,§312b Rn. 59。

案例 21 www. netzladen. de

一、案件事实

乌度(Udo,U)在网站 www. netzladen. de 开了一家网店,其说明如下:可以在多种语言中选择其一,并在在线目录中浏览 U 提供的商品。此处可以找到所有产品的品性、价格和可能的供货日期。若要订购,消费者需将其从目录中选出,并添加到购物篮中。紧接着,需在购物篮中输入姓名、地址、电子邮箱地址和支付方式,然后会再次显示所有的订购信息和费用;可通过一键点击"修正"来清除输入错误。此外,消费者还可以获知 U 的一般交易条件、撤回权和其行使方式、U 的地址及法律规定的其他方面的信息。人们只是不知道 U 只受制于"庭外申诉系统"(außergerichtliche Beschwerdesystem)。当在购物篮中点击"现在订购并负付款义务"按键时,一旦 U 立即确认或执行供货,合同应成立。

万罗妮卡(Veronika,V)以这种方式在"Netzladen"为自己即将开启的悉尼海外学期订购了许多不同的衣物,并立刻转了账。V 很快就收到了订单抵达的确认函。数分钟后,U 预告将在两周内发货。四周之后,V 在没有这些衣物的情况下,就飞往悉尼了。两天之后,包裹投递员将这些衣物交给了刚搬进来的 V 的邻居那蒂娜(Nadina,N),她表示自愿为 V 代收,尽管她们彼此根本不认识。这个包裹附带了所有的信息,包括撤回权的告知、一般交易条件和合同底单,唯独没有告知投诉系统。

5个月后,当 V 从悉尼回来时,她对这些衣物不再感兴趣了。她将这些衣物寄还给 U,并附上一张字条,当中其表明撤回订货,要求 U 归还其已经付过的款项和给 U 的寄送费。此外,V 还想获得送还 U 的运费。可以吗?

案件变型:

此外,U 在其网页上还提供"Kauf-auf-Pump 股份有限公司(以下简称'K 股份公司')的利息仅为 10% 的优惠融资的要约",当中包含所有规定的信息。V 在订购时选了这一项,并很快从 U 处收到了 K 股份公司的借款表格,当中包含所有规定的信息,V 签好字就寄回了。K 股份公司仅将 500 欧元的借款金额直接给了 U,并同时给了 V 合同公证书、一切法律规定的信息和告示。V 通过电子邮件告知 K 股份公司嗣后对 U 的撤回。K 股份公司能够继续要求 V 支付利息,并归还借款吗?

二、前期思考

在消费者撤回权的条件外,首要需检验的是 V 是否有效地行使了撤回权。自 2014 年 6 月 13 日起,法律不再规定形式要求(此前是:书面形式或寄回),但仍要检验当事人是否遵守了撤回期限。本案中,第 355 条第 2 款中的基本规则被第 356 条第 2 款、第 3 款第 1 句改变。这取决于必须检验的对特定信息提供义务的履行。因为《民法典施行法》第 246 条及以下条文包含了长长的信息提供义务的清单,需明确指出在多样的信息中哪些是给出的,哪些是未给出的,以便让案情清晰明了。这对于真正的消费者而言绝非清楚易辨,因为在电子交易中缔约的远程交易条文和第 312i、312j 条是重叠的,同《民法典施行法》第 246c 条规定的其他信息提供义务也是重合的。消费者权利转化的指令在撤回期限及返还清算方面作了许多变化(参见本书第 5 版案例 21 的答案,尤其是在 2014 年 6 月 12 日前,消费者原则上不承担寄回的费用,旧法第 357 条第 2 款第 3 句)。

案件变型中,还涉及第 491 条的消费者借贷,这再次和告知义务密切相关。根据第 491a 条结合《民法典施行法》第 247 条,案件事实符合其要件。"合适"的撤回权只有阅读法律文本后才能获知。本案中的买卖合同和借款合同是联系在一起的,因此撤回当中一个法律行为也会连带其他的法律行为。撤回的法律后果源于第 358 条第 4 款,这有助于消费者寻求返还清算。除了关于电子内容的规则,第 358 条最终没有变动消费者法指令的其他内容。但是本案不涉及电子内容的部分。

三、提纲

(一)V 依第 355 条第 3 款第 1 句、第 357 条第 2 款第 1 句、第 312g 条第 1 款,要求 U 返还价金的请求权 ………… 1
  1. 合同依第 312j 条第 4 款成立和生效 ………………… 2
  2. 撤回权,第 312g 条第 1 款 ………………………………… 8
  3. 撤回的表示,第 355 条第 1 款 …………………………… 10
  4. 符合期限规定的撤回 ……………………………………… 11
    (1)依第 355 条第 2 款第 2 句起算期限……………… 12
    (2)第 356 条第 2 款中的变通 ………………………… 13
    (3)撤回权依第 356 条第 3 款第 2 句消灭…………… 21
  5. 结论 ………………………………………………………… 22

(二)案件变型:K 股份公司依第 488 条第 1 款第 2 句要求 V 付息的请求权 ……………………………………………… 23
  1. 借款合同,第 488 条第 1 款 ……………………………… 24
  2. V 有效的撤回,第 355 条第 1 款第 1 句 ……………… 25
    (1)第 495 条第 1 款的撤回权 ………………………… 26

　　　　①消费者借款合同,第491条第1款 …………… 27
　　　　②无排除要件,第491条第2、3款,第495条第
　　　　　2款 ……………………………………………… 28
　　　　③小结论 ………………………………………… 29
　　　(2)有效行使撤回权 ………………………………… 30
　　　(3)符合期限规定地行使撤回权 …………………… 31
　　　(4)小结论 …………………………………………… 34
　　3. 依第358条第1款撤回的直索(Widerrufsdurchgriff) …
　　　　………………………………………………………… 35
　　4. 法律后果 ……………………………………………… 39
　　5. 结论 …………………………………………………… 42

四、解答

(一) V 依第355条第3款第1句、第357条第2款第1句、第312g条第1款,要求 U 返还价金的请求权

　　V 可能有依第355条第3款第1句、第357条第2款第1句、第312g 条第1款,要求 U 返还价金的请求权。V 需要有撤回权,还需有效行使了撤回权。　　1

　　1. 合同依第312j 条第4款成立和生效
　　首先要在当事人之间成立有效的合同;本案中涉及的是第433条意义上的买卖多件衣物的合同。根据第145条及以下条文,合同缔结需要要约和对其的承诺。U 的网店原则上可作为第145条意义上的要约,因为它包含了所有主给付义务,即为他人取得准备好的物及物品价格。对不特定多数人发出的要约是可能的。但是这会导致任何人都能通过订购让合同成立,而 V 无法检视自己的履行能力和合同相对人,就必须履行。因此,从客观受领人视角看(参考第133、　2

157条),网店仅仅是对公众发出的,希望其发出有拘束力的第145条意义上的要约的要约邀请。尔后,U可以在第147条第2款规定的期限内检视后承诺。这也符合其在网页上发布的,第312i条第1款和《民法典施行法》第246c条规定的交易流程的描述。U如果在两周内发货确认,则合同成立。

3 需检验的是,合同是否依第312j条第4款有效成立。若U为其订购流程使用了第312j条第3款中规定的付费订购的按键框,则属于这种情况。为了适用该条,必须存在第312j条第2款意义上的电子商务中的消费者合同。

4 **提示**:人们也可以简单地确认,并对第312j条适用可能性的检验持开放态度。因为嗣后还要提及该条,所以此处要全面检验一遍第312i条和第312j条。此外,第312i条不仅仅适用于消费者合同,参考其文义。否则,第312条及以下条文不会涉及消费者合同的缔结和效力。因此,在消费者和经营者缔结的合同中探讨这一条文是不合适的。只有在这变得重要时,才需要这么做。

5 首先需要有第312i条第1款意义上的电子商务合同。就此,U必须是第14条意义上的经营者,缔结的是供货合同,且以电信媒介方式缔约。因为根据案情,U运营着网店,出售货物并提供发货,他的行为符合第14条第1款的营利性,所以U属于经营者。他提供需发送的货物,并在网店上从事这些活动。网店属于《电子媒体法》(TMG)第1条意义上的电子通讯服务,因此符合电信媒介的概念,这正如第312j条第1款提示的那样,其明确是根据网页来调整的。因此,第312i条第1款第1句意义上的电子商务合同成立。

6 此外,第312j条第3款还以第312j条第2款中的电子交易消费者合同成立为前提。根据第312条第1款结合第310条第3款,消费者合同是指经营者和消费者之间的合同。U作为经营者以电子交易的方式缔结了合同(边码4),而V并非主要为职业或营业购买衣物,所以是以第 13 条意义上的消费者身份购置的。因此,第 312j 条第 3 款适用于本案,当然其前提已为 U 满足。

因此,依第 312j 条第 4 款,合同已经有效成立。

2. 撤回权,第 312g 条第 1 款

只要在 V 和 U 之间有第 312c 条第 1 款意义上的远程交易,V 就有可能依第 312g 条第 1 款享有撤回权。该规范称经营者或以其名义或受其委托之人和消费者(第 13 条)缔结的合同为这种合同。V 为私人使用的目的缔结了购买多件衣物的合同,所以是在其营业或自由职业之外的行为;与之相对,U 是在商业经营范围内行事。因此,V 是第 13 条意义上的消费者,U 是第 14 条意义上的经营者,彼此对立。

他们是通过互联网上的网店缔结合同的,也就是通过《电子媒体法》第 1 条第 1 款意义上的电子通讯服务缔约的,所以完全使用的是第 312c 条第 2 款意义上的远程通讯工具。此外,U 的网店还是为远程销售搭建的运营系统。因此,存在第 312c 条第 1 款的远程销售合同,V 原则上享有第 312g 条第 1 款的撤回权。本案中,撤回权未因第 312g 条第 2 款的事实构成被排除。因此,V 根据第 312g 条第 1 款有撤回权。

3. 撤回的表示,第 355 条第 1 款

V 必须根据第 355 条第 1 款第 2 句对经营者表示撤回。依第 355 条第 1 款第 3、4 句,V 必须将撤回的意愿清晰地表达出来,但无须给出撤回的理由。只是寄回衣物并没有将撤回的意愿充分明确地表达出来,尽管 V 详尽地表示了。

4. 符合期限规定的撤回

根据第 355 条第 1 款第 1 句,只有在 V 的撤回符合期限规定,买卖合同的拘束力才消灭。根据同款第 5 句,只要准时发出就算符合规定。依第 355 条第 2 款第 1 句,撤回通知必须在 14 天内对经营者作出。但 V 在 5 个月后才作出表示。

(1) 依第 355 条第 2 款第 2 句起算期限

12 根据第 355 条第 2 款第 2 句, 若无其他规定, 14 天的期限自合同缔结之时起计算。

(2) 第 356 条第 2 款的变通

13 在远程交易中, 撤回期限的起算依第 356 条第 2 款和第 3 款还需满足其他要求: 在消费品买卖中, 撤回期限依第 356 条第 2 款第 1 项在消费者获得货物前原则上不起算。

14 首先应确定是否存在消费品买卖, 即根据第 474 条第 1 款, 存在消费者从经营者处购买动产的买卖合同。如边码 5 确定的那样, 存在这样的合同, 因为衣物属于货物, 所以也是动产。因为所有衣物是在一个包裹里发送的, 所以本案适用第 356 条第 2 款第 1 项 a 支项。因为撤回期限原则上在供货(即订购四周)之后起算, 所以撤回期限已经经过了。

15 但是, 第 356 条第 2 款第 1 项第 a 支项并非以发货时为准, 而是以消费者或其指定的第三人收到货物时为准, 只要该第三人并非承运人。V 是在她回国之后, 也就是在订货和缔约大约 6 个月后, 才收到货物的, 所以撤回期限这时候才起算。

16 但是, 撤回期限也有可能在包裹交给邻居 N 时就开始起算了。就此, N 必须是 V 指定的第三人。是否有必要对 U 指名, 在本案中可搁置不议, 因为 N 和 V 完全不认识, 所以既不可能指定, 也无法委托, 假如委托就足够的话。因此, 期限自 V 在合同缔约大约 6 个月后, 拿到包裹时起算。

17 此外, 第 356 条第 3 款第 1 句的撤回期限的起算还需满足《民法典施行法》第 246a 条第 1 节第 2 款第 1 句第 1 项或 246b 条第 2 节第 1 款告知义务的规定。根据这两条的上级标题, 起算与否取决于合同是否属于金融服务合同(《民法典施行法》第 246b 条)。由于本案并不涉及金融服务, 所以 U 必须依第 356 条第 3 款第 1 句仍需履行《民法典施行法》第 246a 条第 1 节第 2 款第 1 句的告知义务。根据该规定,他有义务告知消费者撤回权。根据案情所述,本案正是这种情形,因为恰好缺少有关庭外申诉系统的说明。

提示:更早的时候会提及旧法《民法典信息告知义务条例》(BGB-InfoV)第 1 条中的告知义务;随着这一条例的废止,这些告知义务被《民法典施行法》吸收,且在转化《消费者权利指令》时作了变动。人们必须了解这一点,不至于在阅读之前的文献和判决时迷惑。

即便考虑到《民法典施行法》第 246a 条第 4 节第 1 款和第 3 款的规定,毫无疑问的是一般交易条件和合同附款也已经正常告知了。除此之外的所有这些关于撤回期限起算的告知义务都是不重要的。与旧法(第 312g 条第 6 款第 2 句)不同,即便是在电子交易中,撤回期限的起算也不再会因未履行其他告知义务而推迟,而是因第 356 条第 2 款所述的义务违反而推迟,这可从该款规定清晰推知。没有提示庭外申述系统(《民法典施行法》第 246a 条第 1 节第 1 款第 1 句第 16 项)对期限起算是无关紧要的。

提示:如果涉及金融服务的远程销售合同,则会不同。因为其撤回期限根据第 356 条第 2 款取决于《民法典施行法》第 246b 条第 2 节第 1 款规定的告知义务的悉数履行,而《民法典施行法》第 246b 条第 1 节第 1 款中的告知义务亦包括在其中。告知庭外申述系统的义务在第 18 项中有提及。——根据直至 2014 年 6 月 12 日有效的第 312g 条第 6 款第 2 句,所有电子交易中的远程销售合同的撤回期限都取决于其他告知义务的履行。

(3)撤回权依第 356 条第 3 款第 2 句消灭

尚需检验的是,撤回权是否依第 356 条第 3 款第 2 句消灭。根据第 356 条第 3 款第 2 句,撤回权至迟在收到货物后的 12 个月又 14 天后消灭。因为该期限尚未经过,V 在寄回时还有撤回权。

5. 结论

22　　因为 V 依第 355 条第 1 款第 1 句有效地撤回了意思表示,所以她根据第 355 条第 1 款第 1 句不再受其拘束。根据第 355 条第 3 款第 1 句结合第 357 条第 1、2 款,因为她已经寄还了货物(第 357 条第 4 款),所以其能够要求 U 在 14 天内归还 500 欧元和寄送的费用。与之相反,她必须依第 357 条第 6 款第 1 句,承担寄回的费用,因为 U 已经告知了她这一点。

(二)案件变型:K 股份公司依第 488 条第 1 款第 2 句要求 V 付息的请求权

23　　K 股份公司可能有要求 V,依据第 488 条第 1 款第 2 句在约定日期支付利息并归还借款的请求权。

1. 借款合同,第 488 条第 1 款

24　　V 填写了 K 股份公司的借款表格并寄给了后者。所以她发出了缔结本金 500 欧元,年利率 10% 的借款合同的要约。K 股份公司根据《股份公司法》第 1 条第 1 款第 1 句有通过向 U 支付款项来承诺要约的能力。因此,第 488 条意义上的借款合同成立。

2. V 的有效撤回,第 355 条第 1 款第 1 句

25　　如果 V 已经有效地根据第 355 条第 1 款第 1 句撤回了意在缔结借款合同的意思表示,并不再受其拘束,那么她就不必支付利息了。

(1)第 495 条第 1 款的撤回权

26　　V 可能根据第 495 条第 1 款有第 355 条的撤回权。

①消费者借款合同,第 491 条第 1 款

27　　就此,必须要有第 491 条第 1 款意义上的消费者借款合同。V 必须是第 13 条意义上的消费者。因为 V 希望获得购买在悉尼学习期间的衣物的金钱资助,所以她缔结合同并不是为了营业或自由职业。与此相反,K 股份公司根据《股份公司法》第 3 条第 1 款是商人

(Formkaufmann),在给予信贷时是从事营业活动,也就是第 14 条意义上的经营者。因为 V 必须支付利息,所以存在有偿借款合同,依第 491 条第 1 款属于消费者借贷合同。

②无排除要件,第 491 条第 2、3 款,第 495 条第 2 款

未看出能够依第 491 条第 2 款和第 3 款排除第 495 条第 1 款的适用的案件事实;尤其是借款净额超过 200 欧元(参见《民法典施行法》第 247 条第 3 节第 2 款第 2 句),第 491 条第 2 款第 1 项。也看不出有第 495 条第 2 款的情形。

③小结论

因此,V 原则上有第 495 条的撤回权。

(2)有效行使撤回权

根据第 355 条第 1 款,V 必须行使了第 495 条第 1 款的撤回权。有问题的是她发给 K 股份公司电邮里的通知是否构成第 355 条第 1 款第 1 句意义上的撤回表示。根据其内容,其仅是对 U 的撤回通知。因此,撤回消费者借贷合同的意愿没有以第 355 条第 1 款第 3 句的方式清晰表达出来。因此迄今为止没有撤回表示。然而,V 仍可能以清晰的方式再表示一次。

(3)符合期限规定地行使撤回权

此外,新作出的清晰的撤回表示仍符合第 355 条第 1 款第 1 句的期限规定必须是可能的。根据第 355 条第 2 款,撤回期限总共是 14 天;依第 355 条第 2 款、第 356 条第 3 款第 1 句,从合同缔结并履行了所有规定的告知义务(《民法典施行法》第 246b 条第 2 节第 1 款)之日起算。因为消费者借款合同的客体是金融服务,且完全是以第 312d 条第 2 款意义上的远程通讯工具缔结的。根据案件事实,合同磋商和缔结过程中所有的告知义务都完全得到了履行。

此外,根据第 356b 条第 1 款,撤回期限的起算的前提还有 V 作为借款人从贷款人 K 股份公司那里至少以复印件的形式取得了一定的合同证明材料。根据案情,这一切都发生了。因此,撤回期限自交

付证明材料时起算。5个月之后,14天的撤回期限早已经过。

33 　　因此,V不再能依第495条行使撤回权,从而引发第355条第1款第1句的后果。

　　(4)小结

34 　　V未依第495条有效地撤回意思表示,所以仍应受合同的拘束。

　　3. 依第358条第1款撤回的直索(Widerrufsdurchgriff)

35 　　然而,如果存在第358条第3款第1句意义上的关联交易,则V仍有可能因其有效地撤回与U的买卖合同(第358条第1款)而不再受其为缔结消费者借贷合同对K股份公司发出的意思表示的拘束。

36 　　当消费者借贷完全或部分是为了资助供货合同,即二者构成经济上的整体时,就属于上述情形。本案中的借贷就是为了资助V购买衣物。有问题的是二者是不是构成经济上的整体。根据第358条第3款第2句,如果贷款人在准备或缔结消费者借贷合同过程中得到了经营者帮助的话,尤其应当认定存在这种整体关系。正如已经确定的,U是经营者,并在其网页上"提供"了K股份公司的融资,并给了V缔结借款合同的材料。这些就足以认定买卖和消费者借款合同之间在经济上是一体的。

37 　　因此,V在依据第358条第1款有效地撤回了和U的买卖合同后(参见上文边码22),也不再受和K股份公司之间借款合同的拘束。

38 　　　　提示:第358条所涉情形中,不取决于消费者借贷合同中的告知义务(合同缔结前参考第491a条,就合同内容参考第492条,就合同关系存续期间的义务参考第493条)。

　　4. 法律后果

39 　　因为V根据第358条第1款不再受其意思表示拘束,因此就不必支付利息。根据第358条第4款第4句,她也没有义务支付返还关系中的利息和费用。

撤回之后,返还借款的义务不再源于第488条,而是源于第355条第3款第1句,其根据第358条第4款第1句因撤回(以及第357a条)而适用。结果上,V必须根据第355条第3款第1句、第357a条第1款在30天内归还借款。但是,根据第358条第4款第5句,K股份公司在和V的返还清算关系上取代了U,因为U在V撤回作为价金的借款的表示生效时,就已经获得了该笔款项。这会导致K股份公司不能从V那里获得借款的金额,取而代之的是U提供的衣物的返还。因为V能够根据第358条第4款第5句要求K股份公司返还向U支付的价金(第357条第1款第1句),所以根据通说,两个请求权互抵(Saldiert)[1],所以V要求返还价金的请求权和K股份公司要求V返还本金的请求权因数额相同而一同消灭。

提示: 如果不知道法定的互抵,则通过抵销能够达到同样的结果。所提的问题不要求进一步阐明,因为这只涉及利息支付和借款归还,而没有问K股份公司的反对请求权——如果做了这样的设问,则第358条第4款第5句规定的K股份公司在和U买卖合同的返还清算中取代U的结果是K股份公司可以要求V返还衣物。[2]如果V并不知道法定的债权让与,则K股份公司依第412条、第407条第1款必须让已经向U返还的结果对自己发生效力。本案中是以V不知情为出发点的。K股份公司必须依第816条第2款要求U返还衣物(更详尽的思考可参见案例22相关部分)。

5. 结论

K股份公司不再能够依据第488条第1款第2句要求V返还利息和借款。

---

[1] MünchKomm/Habersack, §358 Rn. 84ff. m. w. N.
[2] Palandt/Grüneberg, §358 Rn. 21.

案例22　债权让与的后果

一、案件事实

提诺·提夫库尔(Tino Tiefkühl, T)从罗莎·罗伊姆(Rosa Räum, R)处以200欧元的价格购买了一个冰柜,而R应于当日供货。第二天,R就将其"对T的源自买卖冰柜合同的"债权转让给了格尔诺特·盖尔特海(Gernot Geldhai, G),因为R欠了G钱。G立即要求T支付。T指出R尚未交付冰柜。

G对T有请求权吗？G还对R有请求权吗？

案件变型：

冰柜交付了。此后,R将债权让与给了G,但未告知T。因此T仍按缔约时商定好的,将价金汇入R在B银行的账户。

二、前期思考

根据第398条第2句,债权让与是让债权转移给新的债权人。第398条第1款意义上的债权让与合同确实是在债法总则中规定的处分行为,因为它以第241条第1款意义上的债权为标的。

与所有权移转(参看第929条及以下条文,尤其是第929条第1句和第873条第1款、第925条)不同,债权让与仅要求非要式的合意;不需要额外的事实行为,如交付或例如登入登记簿这样的行政行为,抑或仅仅是通知债务人。因此,债权让与中没有任何权利外观。由此会导致两个结果:一是善意取得是不可能的(例外:第405条),二是会给债务人带来极大的风险,因为债权让与无须其协力,他可能根本不知道债权让与。由于关系债务人利益甚巨,所以他需要得到保护。

第404条及以下条文为债务人提供了这种保护。通过第404条,债务人保有在债权让与时对此前债权人的一切抗辩,比如第320条中的抗辩。第406条让其保有抵销的可能(参见案例23)。第407条处理的是对债权让与一无所知的债务人的履行尝试问题,这对案件变型有影响。

三、提纲

(一)G 对 T 以第 433 条第 2 款、第 398 条第 2 句为据的请求权 1
  1. 依第 398 条第 1 句有效的债权让与 2
    (1) 债权让与合同 3
    (2) 被让与的债权存在 4
    (3) 特定原则 7
    (4) 债权的可让与性 9
    (5) 中间结论 11
  2. T 依第 404 条、第 320 条第 1 款第 1 句的抗辩 12
    (1) 双务合同 14
    (2) 反对债权届期 15
    (3) R 未履行合同 16
    (4) T 无先给付义务 17
    (5) 债权让与时存在抗辩 19
  3. 结论 20

(二)G 对 R 的请求权? ……………………………… 21

(三)案件变型:G 以第 433 条第 2 款、第 398 条第 2 句
为据对 T 的请求权 ……………………………… 22
   1. 买卖价金债权的有效让与 ……………………… 22
   2. 请求权依第 362 条第 1 款或第 2 款消灭 ……… 23
   3. 请求权依第 407 条第 1 款、第 362 条第 1 款消灭 …… 25
      (1)实现给付 …………………………………… 26
      (2)债权让与后给付 …………………………… 27
      (3)向原债权人给付 …………………………… 28
      (4)不知道债权让与 …………………………… 29
   4. 结论 …………………………………………… 30

(四)案件变型:G 以第 816 条第 2 款为据对 R 的请求权…… 31

四、解答

(一)G 对 T 以第 433 条第 2 款、第 398 条第 2 句为据的请求权

1   G 可能有以第 433 条第 2 款、第 398 条第 2 句为据,依被转让的债权,要求 T 支付价款的请求权。

   1. 依第 398 条第 1 句有效的债权让与

2   请求权转让给 G 的第一项要件是有效的债权让与。

   (1)债权让与合同

3   就此需要有原债权人(本案中的 R)和新债权人(本案中的 G)之间缔结了债权让与合同。R 和 G 就转让对 T 的买卖合同的价金债权达成合意,所以存在债权让与合同。没有相反的根据,所以这一合意是有效的。

   (2)被让与的债权存在

4   此外,需要被转让的债权是存在的,即原债权人(R)必须是要转

让债权的权利人。

> 提示：正如上文提及的那样，债权原则上不可以因善意而取得。只有第 405 条就以出示债务证书（Schuldurkunde）转让债权规定了范围很小的例外。如果 R 基于某种原因（比如第 105 条第 1 款）没有成为价金债权的权利人，则债权让与因此无效。

在本案中，T 和 R 签订了第 433 条意义上的买卖合同。因为看不出有无效的事由，所以 R 获得了第 433 条第 2 句的支付价金请求权。

(3) 特定原则

此外，被让与的债权是确定的或至少是可确定的。必须可以辨识转让的究竟是哪个债权。[1] R 将其对 T 源自买卖冰柜合同的债权让与给了 G，因此被让与的债权是被清晰确定的。

> 提示：特定原则主要在物权法中起作用，首先是指物权必须始终关涉特定的个别化的物。[2] 处分行为，即便是债权让与，也必须始终清晰地让人辨识出涉及的是何客体。

(4) 债权的可让与性

此外，债权让与不可以被排除。根据第 399 条，在让与会改变给付内容，即债务人和原债权人之间作了不可让与约定时，债权就不可让与。因为 T 和 R 并未作相关约定，且因价金债权是支付金钱的请求权，不会因让与而改变其内容，所以债权让与并未因第 399 条被排除。

> 提示：此外，根据第 400 条，不可扣押的债权也不可以让与。当债权让与会导致债务人不可期待的困难时，依第 242 条，会因

---

[1] Medicus/Lorenz I, Rn. 755.
[2] Baur/Stürner, Sachenrecht, 18. Aufl., 2009, §4 Rn. 17.

禁止权利滥用而不允许让与。[3]

(5)中间结论

11　因此,债权让与是有效的,G 根据第 398 条第 2 句成为第 433 条第 2 款的价金债权的权利人,债务人是 T。

2. T 依第 404 条、第 320 条第 1 款第 1 句的抗辩

12　还有疑问的是,在债权让与时,T 是否有针对 R 的抗辩,他可以依第 404 条对 G 主张这些抗辩。应考虑的是第 320 条第 1 款第 1 句的同时履行抗辩权。

13　　　提示:只要涉及双务合同中给付与对待给付之间的留置关系,应适用比第 273 条更特殊的第 320 条。

(1)双务合同

14　第 320 条首先要求有双务合同。因为买卖合同中,出卖人移转买卖标的物所有权(第 433 条第 1 款第 1 句)的义务和买受人支付价金的义务(第 433 条第 2 款)处于对待关系,所以买卖合同属于双务合同。

(2)反对债权届期

15　此外,对待给付必须届期,参考第 271 条。因为 T 和 R 已经约定在合同缔结之日交付冰柜,所以要求移转冰柜所有权的请求权在 G 要求支付价金时已经届期。

(3)R 未履行合同

16　因为 R 尚未交货,所以 R 因没有移转所有权给 T 尚未履行合同。参见第 362 条第 1 款。

(4)T 无先给付义务

17　除此之外,还需要未约定 T 的先给付义务。从案情中看不出有

---

〔3〕 Palandt/Grüneberg, §399 Rn. 2.

这种约定。

因此,第 320 条第 1 款第 1 句的前提满足,其结果是依据第 322 条第 1 款,债务人在自己享有的对待给付被履行时,方需同时为履行。

(5)债权让与时存在抗辩

在 R 和 T 缔结买卖合同时,同时履行抗辩权就已经存在。因此,在债权让与时该抗辩权也还存在,依据第 404 条已经足够。

3. 结论

G 只有在 R 移转冰柜所有权并交付的同时才有权要求 T 支付价金 200 欧元,其依据是第 433 条第 2 款、第 320 条第 1 款第 1 句,第 322 条第 1 款。

(二) G 对 R 的请求权?

G 对 R 有要求支付金钱的请求权,该请求权可能因 R 转让对 T 的请求权而消灭。因为 R 有支付金钱的义务,所以 R 并未因债权让与而实现第 362 条第 1 款的债务清偿。因为 G 不能确定能从 T 那儿获得支付,因此接受债权让与并非代物清偿(第 364 条第 1 款),而是间接给付(参见案例 3)。因此,G 对 R 的原债权仍然存在,直至 T 对 G 清偿了 R 转让的债权。

(三) 案件变型:G 以第 433 条第 2 款、第 398 条第 2 句为据对 T 的请求权

1. 买卖价金债权的有效让与

R 已经向 G 转让了价金债权(见上文边码 11)。

2. 请求权依第 362 条第 1 款或第 2 款消灭

买卖价金请求权可因 T 向 R 支付,依第 362 条第 1 款的清偿消灭。第 362 条第 1 款的债权消灭需要在债权人处实现负担的给付。

在买卖价金债权让与给 G 之后，R 就不再是债权人了，所以向 R 转账并不会实现负担的给付。

24 但是，只要 R 依第 185 条第 1 款有权受领支付，或者依第 185 条第 2 款受领支付被追认，则 T 向 R 的给付根据第 362 条第 1 款、第 185 条就是有效的。但是本案中并未出现这两种情况。

3. 请求权依第 407 条第 1 款、第 362 条第 1 款消灭

25 还需检验的是，G 是否必须依第 407 条第 1 款，让 T 汇款至 R 账户对其有效。

(1) 实现给付

26 就此，债务人 T 必须向原债权人 R 实现给付。第 407 条第 1 款再次提及第 362 条第 1 款的表述，所以取决于 T 是否为负担之给付。T 负有支付价款的义务，并已经将负担之数额转入 R 在 B 银行的账户；R 和 T 也恰恰约定了这种支付方式。所以原则上存在第 362 条第 1 款意义上的实现负担的给付。

(2) 债权让与后给付

27 转账是在债权让与之后发生的。

(3) 向原债权人给付

28 给付必须在原债权人处实现。R 在债权让与之前是 T 的债权人，所以向其转账是向原债权人给付。

(4) 不知道债权让与

29 当债务人在给付及为法律行为时知道债权让与的，有利于债务人保护的第 407 条不适用。就此需要有积极的知悉，应当知悉尚不充分。[4] 因为 R 将债权让与给 G，并没有通知 T，T 是在不知道债权让与时给付的。

4. 结论

30 因为第 407 条第 1 款的条件满足，所以 G 不能对 T 主张第 433

---

[4] Palandt/Grüneberg, §407 Rn. 6.

条第 2 款、第 398 条第 2 句的支付价金的请求权。

(四)案件变型:G 以第 816 条第 2 款为据对 R 的请求权

G 可能有根据第 816 条第 2 款,要求 R 返还 200 欧元的请求权。因而 T 是向无权利人 R 为给付(参见上文边码 26),而该给付依第 407 条第 1 款对真正权利人 G 有效(参见上文边码 28 及以下),所以相关条件满足。因此,R 依据第 816 条第 2 款有义务返还受领之给付,也就是 200 欧元。

31

案例 23　抵销者

［根据《新法学周刊》2003 年第 1182 页刊载的联邦最高法院判决（BGH NJW 2003,1182）改编而成］

一、案件事实

阿特豪斯（Althauser,A）对施密特（Schmidt,S）有请求其返还借款的债权，数额为 5000 欧元，于 1 月 7 日届期。上一年 12 月 20 日,他将该债权让与给了其债权人瑙曼（Neumann,N）。S 在 1 月 13 日知道了债权让与。1 月 20 日,N 要求 S 支付 5000 欧元。S 对 N 表示要抵销下列债权：

（1）上一年 12 月 10 日,S 取得了对 A 的租金债权,数额为 1000 欧元,1 月 8 日已经届期；

（2）同样在 12 月 10 日,S 对 A 取得了买卖价金债权,数额为 1500 欧元,已经在 1 月 15 日届期；

（3）上一年 12 月 30 日,S 对 A 取得了劳务报酬请求权,数额为 2000 欧元,已经在 1 月 2 日届期；

（4）1 月 14 日,S 取得了对 A 的损害赔偿请求权,数额为 500 欧元,其原因是 A 在 37 个月之前用棍棒殴打了 S 的好友米勒（Müller,M）。

N 可以要求 S 支付 5000 欧元吗？

额外的问题：S 对 A 有 100 欧元的债权,为担保的缘故转让给了其银行。1 月 14 日,银行将该债权转回 S。S 能够以此债权抵销？

二、前期思考

上一个案例中提到的第 404 条和第 407 条对债权让与后的债务人保护并非始终是充分的。因此，只要债务人有权相信自己有抵销的可能，其就获得对原债权人的抵销可能。根据第 406 条第 2 半句，这取决于届期和债权取得时间的特定顺序，必须非常细致地遵守。

因此，应提供一张时间表（见下文提纲内容）。

在案例解析中抵销的"题材"是债权根据第 389 条消灭。这要求第 388 条的抵销表示和第 387 条的抵销适状，其条件如下：

(1) 债权之间的"对待关系"（更好的表述是相互性）（以及第 406 条）

(2) 债权同类型

(3) 债务人的反对债权届期且可实现

(4) 债权人主债权的可清偿性

(5) 无第 392 条及以下排除抵销的事由

损害赔偿债权的抵销可能会想到第 393 条，但必须注意，抵销的排除应等到最后来检验。

额外的问题超出了初学者水平。它涉及让与担保，这是一种担保工具。担保性受让人在实体法上是债权的权利人，在和担保性出让人之间的内部关系上，需受到担保约定的拘束。如果担保目的落空，则债权应通过让与返还。就此会产生问题，即返还取得是否受第 406 条第 2 半句调整。

就如经常在额外问题中出现的，本案也不必做完全的鉴定。主要是指示参照此前的论述，并限定在其关涉的个别点上。

三、提纲

【时间表】

12月10日:S 取得对 A 的租金债权和买卖价金债权。

12月20日:A 将对 S 的借款债权(5000欧元)转让给了 N。

12月30日:S 取得对 A 的劳务报酬债权。

1月2日:S 对 A 的劳务报酬债权届期。

1月7日:A 对 S 的借款债权届期。

1月8日:C 对 A 的租金债权届期。

1月13日:S 了解到借款债权让与。

1月14日:S 取得对 A 的损害赔偿债权(37个月前届期)。

1月15日:S 对 A 的买卖价金债权届期。

1月20日:N 的支付请求和 S 的抵销表示。

(一) N 对 S 以第 488 条第 1 款第 2 句、第 398 条第 2 句为
据的请求权 ··· 1
  1. 有效的债权让与,第 398 条 ······································· 2
    (1) 债权让与合同 ·· 3
    (2) A 的债权成立 ·· 4
    (3) 债权的可让与性 ·· 6
    (4) 确定原则 ··· 7
    (5) 涉及债权让与合同的权利阻却抗辩 ······················· 8
  2. 请求权因第 389 条结合第 406 条消灭? ···················· 9
    (1) 抵销的表示,第 388 条第 1 句 ···························· 10
    (2) 就 1000 欧元租金债权的抵销适状,第
        387 条 ·· 12
        ① 相互性(对待性),第 387 条 ······························ 13
        ② 因第 406 条获得抵销的可能 ······························· 14

③同种类 ·· 15
④反对债权的可实现性 ······················ 16
⑤主债权的可清偿性 ·························· 18
⑥依第 406 条第 2 半句排除 ············ 19
⑦中间结论 ·· 22

(3) 就 1500 欧元买卖价金债权的抵销适状,
第 387 条 ·· 23
①相互性(对待性),第 387 条 ········ 23
②因第 406 条获得抵销的可能 ······ 24
③同种类 ·· 25
④反对债权的可实现性 ······················ 26
⑤主债权的可清偿性 ·························· 27
⑥依第 406 条第 2 半句排除 ············ 28
⑦中间结论 ·· 30

(4) 就 2000 欧元劳务酬金债权的抵销适状,
第 387 条 ·· 31
①相互性(对待性),第 387 条 ········ 31
②因第 406 条获得抵销的可能 ······ 32
③同种类 ·· 33
④反对债权的可实现性 ······················ 34
⑤主债权的可清偿性 ·························· 35
⑥依第 406 条第 2 半句排除 ············ 36
⑦中间结论 ·· 39

(5) 就 500 欧元损害赔偿债权的抵销适状,第
387 条 ·· 40
①相互性(对待性),第 387 条 ········ 40
②因第 406 条获得抵销的可能 ······ 41
③同种类 ·· 42

④反对债权的可实现性 ·················· 43
　　　⑤中间结论 ···························· 46
　　(6)抵销结果 ······························ 48
　3.结论 ····································· 49
（二）额外问题 ································ 50

四、解答

（一）N 对 S 以第 488 条第 1 款第 2 句、第 398 条第 2 句为据的请求权

1　　　N 可能有要求 S 支付 5000 欧元的请求权，其来源是转让的权利，第 488 条第 1 款第 2 句、第 398 条第 2 句。

　　1.有效的债权让与,第 398 条

2　　　就此,N 必须成为对 S 债权的权利人。
　　(1)债权让与合同

3　　　这首先以依第 398 条第 1 句,存在原债权人和新债权人之间的债权让与合同为前提。根据案件事实,A 在 12 月 20 日将其对 S 的债权让与给 N。所以存在第 398 条第 1 句意义上的债权让与合同。
　　(2)A 的债权成立

4　　　此外,还需债权存在。本案中 A 依第 488 条第 1 款第 2 句有5000 欧元的借款返还侵权。

5　　　**提示**:此处有时要讨论债权的成立或消灭问题。
　　(3)债权的可让与性

6　　　未看出有能排除债权可转让性的事由(第 399 条及以下规定)。
　　(4)确定原则

7　　　因为让与的债权数额确定,所以让与约定足够确定。

(5)涉及债权让与合同的权利阻却抗辩

可能阻止 N 获得债权的债权让与合同的权利阻却抗辩不存在。 8

2. 请求权因第 389 条结合第 406 条消灭？

N 的请求权可能因 S 依第 389、406 条的抵销而消灭。 9

(1)抵销的表示,第 388 条第 1 句

S 在 1 月 20 日表示,以四项对 A 的反对债权一并抵销,数额总计 5000 欧元。 10

提示:由于是对四个反对债权统一作出抵销表示,所以可在本案中省去重复的抵销表示。如果是在不同时点作出彼此独立的抵销表示,就不可以这么做。 11

(2)就 1000 欧元租金债权的抵销适状,第 387 条

首先要有第 387 条意义上的抵销适状。这就要求有相对的、同种类的债权,且用以抵销的反对债权必须是有完全效力且届期的,而主债权则必须是可清偿的。 12

①相互性(对待性),第 387 条

但是,有疑问的是,债权是不是有相互性,即抵销人既是反对债权的债权人,又是主债权的债务人;与此相对,抵销相对人既是反对债权的债务人,又是主债权的债权人。[1] 因为 N 对 S 主张了 5000 欧元的主债权,而 S 的 1000 欧元的反对债权是要求 A 支付租金,所以应否定两个债权之间具有相互性。 13

②因第 406 条获得抵销的可能

虽然缺乏相对性,但是在满足第 406 条的条件时,抵销仍有可能。本条允许以对原债权人的债权对新债权人抵销。因为 A 将主债权让与给了 N,而 S 的反对债权是针对 A 的,所以按照第 406 条抵销原则上是可以的。 14

―――――――

〔1〕 Palandt/Grüneberg,§387 Rn. 4;Medicus/Lorenz I,Rn. 305.

③同种类

15　　此外,还需要债权是同种类的,即有相同的客体。[2] 本案中涉及的都是金钱债权,所以都是同种类的。

④反对债权的可实现性

16　　根据第387条、第390条,抵销还需要反对债权的可实现。该债权必须届期(第271条第1款)且完全有效。当没有任何抗辩权可以对抗它时,该债权就是完全有效的,参见第390条。[3] 本案中,S 的1000欧元反对债权在1月8日已届期。因此,在 S 于1月20日表示抵销时,存在可实现的反对债权。

17　　**提示**:通说[4]认为可实现的要求可从第387条中推出,而第390条仅仅是一个印证,尽管第387条使用的表达是"可以要求",和第271条第1款的表述相符且彼处仅仅要求届期。在案例解析中,能提及第390条更好。

⑤主债权的可清偿性

18　　与之相对,主债权需可清偿,即债务人可以实现债权(参照第271条第2款)。就此不需要其可实现,即完全有效且已届期。原债权人 A 的主债权可实现,因为它早在1月7日就届期了。

⑥依第406条第2半句排除

19　　还需检验的是,抵销是不是根据第406条第2半句被排除。该情况要么是反对债权的取得是在知悉债权让与后,要么是反对债权是在知悉债权让与后,且晚于被让与的债权届期。

20　　一方面,S 的1000欧元反对债权是在12月10日取得的,早于他在1月13日才获悉债权让与。

---

〔2〕 Medicus/Lorenz I , Rn. 306.
〔3〕 Palandt/Grüneberg, § 387 Rn. 11.
〔4〕 MünchKomm/Schlüter, § 390 Rn. 1; Palandt/Grüneberg, § 390 Rn. 1; Jaurnig/Stürner, § 387 Rn. 7. 区分处理的参见 Hk/Schulze, § 387 Rn. 9, § 390 Rn. 1 (更精确的前提要件)。

另一方面,反对债权是在1月8日,也就是在获悉债权让与(1月13日)之前届期的。因此,第406条第2半句的排除要件皆不满足。S以其1000欧元的反对债权抵销是可能的。

⑦中间结论

因为存在抵销适状,N的债权中有1000欧元依第389条消灭,还剩下4000欧元。

(3)就1500欧元买卖价金债权的抵销适状,第387条

①相互性(对待性),第387条

因为N对S主张主债权,而S的1500欧元的反对债权是针对A的,所以两个债权之间没有相互性。

②因第406条获得抵销的可能

然而,根据第406条,抵销原则上还有可能(类似边码14)。

③同种类

由于都是金钱债权,所以是同种类的。

④反对债权的可实现性

其他前提是反对债权的有效性和届期。本案中,S的1500欧元反对债权在1月15日就届期了,未见有抗辩权。当S在1月20日表示抵销时,反对债权是可实现的。

⑤主债权的可清偿性

原债权人A的主债权是可清偿的,因为它早在1月7日就届期了。

⑥依第406条第2半句排除

需检验的还有是否存在第406条第2半句中的抵销排除。就此,一种可能是取得反对债权在知悉债权让与之后。但是S的1500欧元反对债权是在12月10日取得的,也就是在1月13日获悉债权让与之前。

另一种可能是,当反对债权在知悉债权让与之后,且晚于主债权届期的,不可以抵销。12月10日发生的1500欧元的反对债权在1

月15日届期,也就是在S于1月13日知悉债权让与之后。且主债权早在1月7日届期,即早于反对债权届期。因此,S对N的抵销因第406条第2半句被排除。

⑦中间结论

30　　S以1500欧元的买卖价金债权抵销无效。

(4)就2000欧元劳务酬金债权的抵销适状,第387条

①相互性(对待性),第387条

31　　因为N的主债权是针对S的,而S的2000欧元的反对债权是针对A的,所以两个债权之间不存在相互性。

②因第406条获得抵销的可能

32　　然而,根据第406条,抵销原则上还有可能(类似边码14)。

③同种类

33　　由于都是金钱债权,所以是同种类的。

④反对债权的可实现性

34　　反对债权必须完全有效和届期。S的2000欧元劳务报酬债权在1月2日就届期了,未见有抗辩权。因此,当S在1月20日表示抵销时,存在可实现的反对债权。

⑤主债权的可清偿性

35　　原债权人A的主债权是可清偿的,因为它早在1月7日就届期了。

⑥依第406条第2半句排除

36　　仍需检验的就剩下依据第406条第2半句排除抵销。一种可能是在获悉债权让与之后取得反对债权。S的2000欧元劳务报酬债权早在12月20日就取得了,所以是在1月13日获知债权让与之前。

37　　另一种可能是,反对债权在获悉债权让与之后,晚于主债权届期的,不可抵销。劳务报酬债权在1月2日届期,也就是在1月13日知悉债权让与之前,且是在主债权1月7日届期之前。因此,抵销不因第406条第2半句被排除。

提示：也就是说，反对债权在债权让与后取得无关紧要。 38

⑦中间结论

因为买卖价金的 2000 欧元债权抵销适状，该债权可依第 389 条在该数额内消灭。 39

（5）就 500 欧元损害赔偿债权的抵销适状，第 387 条

①相互性（对待性），第 387 条

因为 N 的主债权是针对 S 的，而 S 的 500 欧元反对债权是针对 A 的，所以两个债权之间不存在相互性。 40

②因第 406 条获得抵销的可能

然而，根据第 406 条，抵销原则上还有可能（类似边码 14）。 41

③同种类

由于都是金钱债权，所以是同种类的。 42

④反对债权的可实现性

反对债权必须完全有效并届期。S 的反对债权自 3 年前的 12 月 14 日起届期，第 271 条第 1 款。它还必须是可实现的，第 390 条。在这一问题上需检验第 214 条的罹于时效抗辩权，其成立本身就足以阻止依第 390 条的抵销[5]：请求权依第 195 条经 3 年罹于时效。消灭时效依第 199 条第 1 款从债权届期且 M 知道损害和加害人的那年 12 月 31 日开始起算，也就是 A 打 M 的那年；依第 188 条第 2 款，终止于现在的 12 月 31 日，所以已经罹于时效。 43

根据第 215 条，只要反对债权在最早可能抵销时尚未罹于时效，抵销就是可能的。因为 S 是在 1 月 14 日取得债权的，在此之前，两个债权并未出现可以抵销的可能性，第 215 条的前提并未满足。 44

由于反对债权没有可实现性，所以排除依第 390 条抵销。 45

---

[5] BGH NJW 2001, 287, 288; Looschelders, SAT, Rn. 417; Palandt/Grüneberg, § 390 Rn. 1.

⑤中间结论

46　　500 欧元的反对债权的抵销适状并未满足。

47　　　　提示:如果存在第 387 条的前提条件,则第 393 条不能阻碍抵销。该规范只是禁止对源于故意不法行为的债权为抵销。但本案中,应与这种债权抵销——在鉴定中至多非常简要提及,最好不要提及,因为人们不应毫无必要地细致展示其所知。

（6）抵销结果

48　　N 对 S 的 5000 欧元原债权,根据第 389 条,分别与 1000 欧元和 2000 欧元的债权抵销,总计 3000 欧元的数额消灭。

3. 结论

49　　N 可以依第 488 条第 1 款第 2 句、第 398 条第 2 句,还要求 S 支付 2000 欧元。

（二）额外问题

50　　第 406 条第 2 半句第 1 种情况可能会阻止抵销。有疑问的是:是否应认为担保性债权让与结束后的返还构成本条中的"取得"。尽管担保性债权让与中,债权受让人是依据第 398 条第 2 句获得债权的,该债权在法律上是从债权出让人财产中分离出来的,以致返还性债权让与本必须适用第 406 条第 2 半句第 1 种情况;但是这不符合法律规定的目的,因为债权受让人通过担保性约定只是受到信托性的拘束,所以直至变价时,该债权在经济上始终是债权出让人财产的一部分。因此,在担保目的落空后,返还的取得基于目的性限缩,不能视为第 406 条第 2 半句中的"取得"。[6]

51　　　　提示:这也适用于向债务人通知担保性债权让与后和变价成熟时,因为这两项尚未终止担保性债权受让人的信托性拘束。

────────

〔6〕　BGH NJW 2003, 1182,1183 m. w. N. ; MünchKomm/Roth, §406 Rn. 16.

如果债权受让人收取了部分债权,又将剩余的债权返还让与给担保性债权出让人,则仍要目的性限缩第406条第2半句第1种情况——就目的性限缩,请参见案例9,边码22及以下。

案例 24　有问题的刹车

一、案件事实

护林员福斯特霍夫(Forsthoff, F)想出售自己的一辆欧宝 Astra 系列的旧车,价值 9000 欧元。他刚洗好车、抛光、准备了一张售卖照,林场工瓦克(Wacke, W)就找上了门。W 想买这辆车,因为他有许多这一车型的配件,想用在上面,而且他也很喜欢这种不多见的车身颜色。W 检视了这辆车,并且绕着街区试驾了一圈。因为这是时速限制在 30 公里的地区,他没有注意到这辆车在急刹时会偏离车道。

在缔约时,F 采用了其售卖旧车时一贯使用的标准合同文本。该文本中有如下条款:"所售如见,概不承担一切担保责任。"F 拒绝就标准合同的内容进行任何协商。若刹车完好,这辆车价值 9500 欧元。修理刹车需 650 欧元。

W 在驾车返程途中必须急刹车,因此注意到了刹车的瑕疵。W 向 F 投诉,但 F 援引合同中的条款,并说自己无法修理该车,也无法期待作为普通人(Privatmann)的自己承担在修理厂修理旧车的高昂修理费。

W 想知道能否成功要求 F 立即修理刹车。因为他现在已经不再相信 F,所以他还想知道,他能否立即要求 F 返还价金或为有瑕疵的刹车做出赔偿。当然他实际上最想主张整个交易都是无效的,因为他曾经认为这辆车上路是没有问题的。他不想有任何失误,因此想知道在他要主张自己的权利时应考虑的所有问题。

二、前期思考

本案例很简单,是用于买卖瑕疵担保责任入门的。W 在主张自己的权利时应思考哪些补充问题不应引起困扰:人们应当努力尽早地掌握律师视角。

第 437 条一目了然且完整地列举了买受人因瑕疵享有的权利。在案例研习及思考过程(包括做笔记!)中,最好是依顺序检索这些权利。根据立法者的设想,第 437 条不过是释明的"指南条款"(Wegweiser-Vorschrift)[1],本身不包含请求权或权利,而仅指示参照买受人权利产生的一般和特殊的条文。然而,仍应将第 437 条作为请求权基础链的一部分予以引用。[2] 尤其是第 439 条和第 441 条本身看来并非请求权基础,因为它们并无明晰的要件。另外,第 439 条是以补正给付请求权为前提的,其处理的仅仅是细节问题。[3]

根据第 437 条的导引句,所有的瑕疵担保请求权都以瑕疵(物的瑕疵或权利瑕疵)为前提。因此,第 434 条及以下规定是对第 281 条和第 323 条中的未正常履行(die nicht ordnungsgemäße Leistung)的具体化。在法律后果方面,物之瑕疵和权利瑕疵原则上是同等处理的(但应注意第 438 条第 1 款的规定)。

第 437 条第 1 项和第 439 条规定的补正给付请求权原则上优先于其他瑕疵权利适用,后者通常都要求指定期限。指定期限要求源自第 323 条第 1 款和第 281 条第 1 款、第 437 条第 2 项和第 3 项指示参照前述条款。此外,这些条款的规范阐述是不清晰的,因为第 440 条的开头部分给了人们其本不具有的意义的印象。第 440 条只包含

---

[1] 参考 Begr. zum RegE, BT-Drs. 14/6040, 219f. 。
[2] 同样这么认为的有 Hk/Saenger, § 439 Rn. 1; Palandt/Weidenkaff, § 439 Rn. 4.
[3] Jauernig/Berger, § 439 Rn. 1.

了指定期限要求的额外例外。

尽管第 440 条第 1 句指示参照第 281、323 条,人们仍然要首先检验第 440 条第 1 句中指定期限的不必要性。除了特别法优于一般法适用的原则,第 440 条第 1 句及其他部分和第 439 条第 3 款中的有权拒绝补正给付之间的关联也支持这一观点。人们尤其可以在本案中切近事实(sachnah)地安排对不必指定期限的检验。总的来说,就不必指定期限的检验应遵循如下顺序:

因瑕疵(瑕疵给付)解除买卖合同中指定期限要求的例外
1. 买受人选择的补正给付种类被整体有权拒绝,第 440 条第 1 句结合第 439 条第 3 款。 2. 补正给付失败,第 440 条第 1、2 句。 3. 不可期待买受人为补正给付,第 440 条第 1 句。 4. 补正给付被不正当拒绝,第 323 条第 2 款第 1 项。 5. 约定了相对定期行为,第 323 条第 2 款第 2 项。 6. 特别情事使立即解除正当化,第 323 条第 2 款第 3 项。 如果补正给付因第 275 条第 1—3 款整体被排除,则第 323 条第 1 款的前提条件不满足。此时,解除权源于第 326 条第 5 款,该规定同样不要求指定期限。

因瑕疵主张替代给付的损害赔偿(第 281 条第 1 款)中指定期限的例外
1. 补正给付不能(第 275 条第 1 款)或可依第 275 条第 2、3 款予以拒绝:第 283 条第 1 句中特别规定(非真正例外)。 2. 出卖人依据第 439 条第 3 款正当地拒绝两种补正给付,第 440 条第 1 句(以及买受人仅有的补正给付)。 3. 补正给付失败,第 440 条第 1、2 句。 4. 不可期待出卖人为补正给付,第 440 条第 1 句。 5. 出卖人(无权)终局并严肃地拒绝补正给付,第 281 条第 2 款第 1 种情况。 6. 特别情事能够使立即主张损害赔偿正当化,第 281 条第 2 款第 2 种情况。 如果补正给付因第 275 条第 1—3 款整体被排除,则第 281 条第 1 款的前提条件不满足。此时,第 283 条是替代给付损害赔偿的基础,且同样不需要指定期限。

三、提纲

W 对 F 的请求权

(一) 补正给付请求权,第 437 条第 1 项、第 439 条第 1 款 …… 1
 1. 买卖合同,第 433 条 ………………………………………… 3
 2. 瑕疵,第 437 条第 1 项 ………………………………………… 4
  (1) 物之瑕疵 ………………………………………………… 5
  (2) 在风险移转时,第 434 条第 1 款第 1 句,第 446 条 … 9
 3. 买受人的选择权 ………………………………………… 11
 4. 合意排除请求权 ………………………………………… 12
  (1) 排除担保责任的合意 ………………………………… 13
  (2) 依第 475 条第 1 款无效 ……………………………… 15
  (3) 依第 307 条及以下规定无效 ………………………… 16
   ① 第 305 条及以下规定的可适用性 …………………… 17
   ② 一般交易条件 ………………………………………… 19
   ③ 订入 …………………………………………………… 20
   ④ 内容控制 ……………………………………………… 21
   ⑤ 无效的法律后果 ……………………………………… 25
  (4) 知悉瑕疵 ……………………………………………… 27
 5. 因不能排除请求权,第 275 条第 1 款 …………………… 28
 6. 可实现性 …………………………………………………… 29
  (1) 依第 439 条第 3 款,不可期待补正给付 …………… 30
   [问题:本案中补正给付的费用是不是过高?]
  (2) 依第 275 条第 2 款和第 3 款拒绝补正给付 ………… 32
 7. 结论 ………………………………………………………… 34
(二) 以第 437 条第 2 项、第 323 条第 1 款为据的解除权 …… 35
 1. 双务合同中届期的给付请求权,第 323 条第 1 款 … 36

  2. 未依约履行 ·· 37
  3. 为补正给付指定期限无果 ························· 38
  4. 指定期限的非必要性 ································ 39
   [问题:是否因 F 拒绝履行及存在严重瑕疵,而使 W 可依第 323 条第 2 款或第 440 条第 1 句无须指定期限?]
  5. 结论 ··· 44
 (三)以第 437 条第 2 项、第 441 条第 1 款第 1 句为据的减价权 ·· 45
 (四)以第 437 条第 3 项、第 280 条第 1 款和第 3 款、第 281 条第 1 款第 1 句、第 440 条为据的替代给付的损害赔偿请求权 ·························· 46
  1. 买卖合同,第 433 条 ······························ 47
  2. 专门的义务违反,第 437 条第 3 项、第 280 条、第 281 条第 1 款 ······················· 48
  3. 结论 ··· 50
 (五)替代给付的损害赔偿请求权,第 280 条第 1 款和第 3 款、第 282 条 ·· 51
 (六)以第 280 条第 1 款、第 311 条第 2 款第 1 项、第 241 条第 2 款为据,要求解消合同的损害赔偿请求权 ··· 52
 (七)以第 123 条第 1 款和第 119 条第 2 款为据的撤销权 ·· 53
   [问题:因性质错误撤销和物之瑕疵责任是何关系?]
 (八)结论和给 W 的建议 ································· 54

四、解答

W 对 F 的请求权

(一) 补正给付请求权,第 437 条第 1 项、第 439 条第 1 款

W 可能有以第 437 条第 1 项、第 439 条第 1 款为据,针对 F 的补正给付请求权。

提示:根据通说,第 439 条包含了有利于出卖人的所谓"二次供给权"(Recht zur zweiten Andienung)[4],也就是作为第二次给付尝试的补正给付权。这并非根据第 439 条,而是根据第 281 条第 1 款和第 323 条第 1 款指定期限的要求。[5] 因此,所谓"二次供给权"并非补正给付请求权的真正前提条件。

1. 买卖合同,第 433 条

W 和 F 缔结了有效的买卖合同(第 433 条)。

2. 瑕疵,第 437 条第 1 项

汽车必须显示出瑕疵,第 437 条。此处考虑的是第 434 条意义上的物之瑕疵。

(1) 物之瑕疵

根据第 434 条第 1 款,当买卖标的物在风险移转时不具备约定的品质时,或不适于合同预定的或通常的使用,则存在瑕疵。

提示:因此,法典中规定的是早已占通说地位的主客观结合的瑕疵概念。物之瑕疵是指一切供给之物的实际品质劣于合同约定以及客观上可期待品质的状态,简言之:所有实际品质劣于

---

[4] Jauernig/Berger, §439 Rn. 4.
[5] 如此认为的还有 Hk/Saenger, §439 Rn. 1。

应有品质的状态。

7　　当事人并未达成第 434 条第 1 款第 1 句意义上的品质约定。因此,根据第 434 条第 1 款第 2 句第 1 项,是否存在瑕疵首先取决于这辆 Astra 汽车是否适于预定的用途。这一事实构成与第 1 句和第 2 句第 2 项中的以通常用途为准的关系并不清晰。人们可以以此为出发点,即出售汽车时,原则上会合意预设其可在道路交通中无危险使用。只有在汽车是为"大卸八块"(Ausschlachten)而出售的,才非如此。如果人们因此认为当事人约定了 Astra 汽车在道路交通中可安全使用,则存在第 434 条第 1 款第 2 句第 1 项意义上的瑕疵。

8　　只有在人们就合同预设的使用做更多要求,尤其涉及并非理所当然的使用类型时[6],才会考虑第 434 条第 1 款第 2 句第 2 项:没用几年的旧汽车通常能够在道路交通上安全使用。如果它不能安全运行,则若无明确约定,该履行不属于符合约定的给付,参考第 434 条第 1 款第 2 句第 2 项。因此,第 434 条第 1 款意义上的瑕疵存在。

(2)在风险移转时,第 434 条第 1 款第 1 句,第 446 条

9　　瑕疵必须在风险移转时就已经存在(参照第 434 条第 1 款第 1 句)。依第 446 条第 1 句,这通常发生在交付标的物之时。因为 W 在交付之后不久就发现了刹车问题,据生活经验可知,汽车的瑕疵在交付时就已存在。因此,第 476 条的推定并不重要。

10　　**提示**:人们可以这种方式简要提及第 476 条,即在消费者(第 13 条)和经营者(第 14 条)之间的第 474 条第 1 款意义上的消费品买卖中,自风险移转起 6 个月内推定在交付时有瑕疵。但是本案不需要这种推定,因为瑕疵在风险移转时确实存在——依据第 446 条第 3 款,买受人的受领迟延也会导致风险移转。

---

〔6〕参考 BGHZ NJW-RR 2012,1078 Rn. 15ff. :以居住为目的的酒窖。

3.买受人的选择权

根据第 439 条第 1 款,W 作为买受人可以选择补正给付的种类[7],即修理(排除瑕疵)或更换(供给无瑕疵之物)。本案中,W 选择了修理。　　11

4.合意排除请求权

补正给付请求权可通过合意排除。根据第 444 条,合意排除瑕疵责任是可能的。　　12

(1)排除担保责任的合意

买卖合同规定了排除任何瑕疵责任。因此,可能因瑕疵而生的请求权原则上都不会发生。　　13

> 提示:考虑到有关条款清晰的文义,并非必须将此作为提纲中独立的一点来检验。但是出于训练的缘由,这是有道理的,即在其他案件中就不会忘记:如果约定或一般交易条件没有规定如此清晰的内容,在处理其无效与否问题之前,必须首先通过第 133、157 条的解释(有时还要考虑第 305c 条第 2 款)来确定其内容。　　14

(2)依第 475 条第 1 款无效

依第 475 条第 1 款,在第 474 条意义上的消费品买卖中,不允许排除瑕疵责任。在两个并非为营业目的交易的私人(第 13 条)之间的买卖中不存在消费品买卖。　　15

(3)依第 307 条及以下规定无效

当该合同条款依第 307 条第 3 款应受内容控制,且无法经受其检验时,则其可能依第 307 条及以下规定无效。　　16

---

[7] 依据通说,这种选择权并非第 262 条意义上的选择之债,因为依第 263 条第 2 款,选择之债会导致一旦选择,即受拘束的结果,以致买受人在所选种类的补正给付不能时,无法再选择其他种类的补正给付。参见 BGH NJW 2006, 1196 Rn. 17 m. w. N。

①第 305 条及以下规定的可适用性

17　　因为第 310 条第 4 款并未提及买卖合同,所以第 305 条及以下规定可适用。

18　　**提示**:只是就一般交易条件中的个别条款存在"人身专属领域"(persönlichen Anwendungsbereich),参照第 310 条第 1 款和第 2 款。因此,应在合适的条款中检验它——就适用于第 310 条第 3 款第 1 项的"消费者合同"的特别规定,参见案例 1,边码 34。

②一般交易条件

19　　排除瑕疵责任的条款必须首先是第 305 条第 1 款第 1 句意义上的一般交易条件。此处涉及了合同条件;该条件是包含在标准合同中,F 已经多次用于同类交易中,所以是为大量交易预先草拟的。此外,它必须是由一方当事人提出的。因为标准合同是由 F 使用的,所以他提出了第 305 条第 1 款第 1 句意义上的条款。当事人并没有在第 305 条第 1 款第 3 句的意义上就瑕疵责任排除展开协商,F 完全排除了协商的可能。[8] 因此该条款构成一般交易条件。

③订入

20　　依据第 305 条第 2 款,该条款必须成为合同的内容。该规定是适用的,因为 F 和 W 在缔结合同时,并非在从事营业性或自由职业活动,所以二者并非第 14 条第 1 款意义上的经营者(参见第 310 条第 1 款第 1 句)。就此,F 必须向 W 提示了一般交易条件,并以可期待的方式让 W 能够知悉和同意其生效。因为本案中,整个买卖合同都是预先拟定的,将个别条款订入合同毫无困难,只需要缔结合同。[9] 因为在旧车买卖中排除瑕疵责任是十分常见的,所以它不属于第 305c 条第 1 款意义上的令人意外的条款,所以该条款还是属于

---

[8]　这并不涉及双方当事人同意使用由第三人准备好的标准合同的情形,就此参见 BGH NJW 2010, 1131 和案例 25。

[9]　BGH NJW 1995, 190.

合同的部分。

④内容控制

只有偏离或补充法律规定(第307条第3款第1句)的条款才是依第307条及以下规定需要内容控制的。该合同条款排除了买受人所有因买卖物瑕疵所生的请求权,而未作进一步区分,所以偏离了第437条的法律规定。因此,可以进行内容上的检验。

该条款的无效可能首先依据的是第309条第8项b支项,但是该规定只适用于买卖新生产的物,而非旧车。

提示:自引入消费品买卖的条文(2002年)后,该条的意义就大大减弱了。因为在经营者和消费者关系中,第475条第1款广泛地禁止排除和限制瑕疵责任,而与是否存在一般交易条件无关。只要该条文适用,人们就不需要在鉴定中探讨,在一般交易条件中排除瑕疵责任是否还需额外依第309条第8项b支项无效。但在损害赔偿中不同,参见第475条第3款。在与经营者的关系中,根据第310条第1款,原则上不适用第309条,但是司法裁判通常在第307条第1款的一般条款中接受其价值判断。

因为该合同条款排除了一切因物之瑕疵所生的请求权,包括F因身体和健康损害享有的请求权,但该条款因第309条第7项a支项无效。这种损害并未发生是无关紧要的。该合同条款还排除了就使用者F(和其履行辅助人)的重大过失引起的义务违反的责任,因此根据第309条第7项b支项,该条款也是无效的。

⑤无效的法律后果

根据第306条第1款和第2款,除了排除瑕疵责任的条款无效,合同其他部分是有效的。取代无效条款的是任意性规定。因此,W可依第439条第1款要求修理这种补正给付。

提示:案件事实中并无依据认为存在恶意隐瞒,或有第444

条意义上的品质约定。如果愿意,可以用判断句式"十分确信"来确定。但是这不是必须的。

(4)知悉瑕疵

27　　如果买受人在缔约时是明知该瑕疵的,所有因瑕疵而生的请求权也皆依第442条第1款第1句被排除。尽管W不知道瑕疵,但只要F作为出卖人没有恶意行为或作出品质保证,则其权利依第442条第1款第2句也会因其重大过失不知而排除。因为W是个外行,且在试驾中无法发现问题,所以不能责难其在不知瑕疵上有重大过失。因此,其依第439条第1款享有的修理请求权不因第442条被排除。

5. 因不能排除请求权,第275条第1款

28　　如果补正给付对债务人F而言,或者对任何人而言都是不能的,则W要求补正给付的请求权因第275条第1款被排除。本案中,W希冀的修理至少在修理厂是可能实现的。[10] 因此,只能考虑主观不能,尤其是在F指出自己没有能力修理汽车时更是如此。根据第439条第1款的文义,债权人并没有要求债务人亲自修理,他可以委托修理厂修理。[11] 否则,将会让所有没有修理厂的出卖人的修理补正给付自始被排除。因此,修理并未因第275条第1款陷入不能。

6. 可实现性

29　　还需要检验的是W的请求权能否实现。

(1)依第439条第3款,不可期待补正给付

30　　需检验的是,出卖人F能否依第439条第3款第1句拒绝修

---

〔10〕 尤其是将事故车作为无事故车出售上,修理是客观不能的,参见BGHZ 168,64 Rn. 17=NJW 2006,2839。

〔11〕 参见Begr. zum RegE. BT-Drs. 14/6040,232和第439条第3款的拒绝给付权一道(就此参见边码31)。

理,因为只有负担过巨的费用才能实现修理。修理的费用是 650 欧元。这一成本是否过巨,依第 439 条第 3 款第 2 句,需考虑汽车在无瑕疵时的价值、瑕疵的意义和其他补正给付可能——即更换——之后决定。若无瑕疵,Astra 汽车的价值要比 W 支付的高 500 欧元。即便人们认为在特定物买卖中更换原则上是可能的,在本案中更换也是不能的,因为 W 基于私人目的,就是想获得特定的那辆旧车。[12] 此外,该瑕疵让汽车无法安全上路,还会给乘客和路人带来极大的危险。因此,修理费用的数额不算过巨。

尚需考量的是,费用过巨是否会源于 F 自己没有修理厂[13],而必须交由其他经营者来修理。根据第 439 条第 3 款的文义,修理并非高度人身性义务。毫无问题修理服务可在市场上购买,且在一个能力不错的他人修理厂修理的费用可能比只有一般能力的自己修理厂要低。为他人修理支出的组织费用当然也被第 439 条第 2 款包含。[14] 修理对 F 而言不会因其费用而不可期待。 31

(2)依第 275 条第 2 款和第 3 款拒绝补正给付

因为在不影响第 275 条第 2 款和第 3 款适用的情况下,第 439 条第 3 款的拒绝给付请求权存在,尚需检验的是 F 是否可以首先依据第 275 条第 2 款——因与之相关的费用的不可期待性——而拒绝给付。就此,需要在考虑到买卖合同的内容和诚实信用的要求时,修理 32

---

[12] 通说,参照 Ackermann, JZ 2002, 742, 744; Brox/Walker, BS, §4 Rn. 44; Huber, NJW 2002, 1004,1006; S. Lorenz, JZ 2001, 742, 744; AnwK/Pfeiffer, Kauf-RiL Art. 3 Rn. 8; Petersen, Jura 2002, 461, 462; Pfeiffer, ZGS 2002, 23, 29;其他观点参见 Bitter/Meidt, ZIP 2001, 2114, 2119; Canaris, Schuldrechtsmodernisierung 2002, S. XXIV. 更详尽的探讨参见案例 26。

[13] Begr. zum RegE. BT‐Drs. 14/6040, 232 中的提示,赞同者如 H. P. Westermann, JZ 2001,530,535。

[14] 联邦议会的观点参见 Begr. zum RegE. BT-Drs. 14/6857,27; Bitter/Meidt, ZIP 2002, 2114, 2122; AnwK/Büdenbender, §439 Rn. 8; Haas, BB 2001, 1316; Hoeren/Martinek/Wolff, §439 Rn. 24. 尽管如此,没有自己修理能力的商人比有自己修理厂的商人更容易被认定为修理费用过高,参见联邦政府相反的论述 Begr. zum RegE. BT-Drs. 14/6857, 61。

费和 W 排除瑕疵的利益相比显然过巨。这比第 439 条第 3 款第 1 句对同一法律思想的特别表达的要求要高[15]，不然就会让第 439 条第 3 款第 1 句的规定变得多余。因为第 439 条第 3 款的前提就没有得到满足，且从经济视角看，没有作其他判断的正当理由，所以 F 并无以第 275 条第 2 款为据的拒绝给付权。

33 **提示**：第 275 条第 3 款的拒绝给付权就更不用考虑了，因为 F 不必亲自修理（见上文边码 31）。当然最好不要提及。同样的还有罹于时效的抗辩权。

7. 结论

34 W 可以根据第 439 条第 1 款，要求 F 排除因事故引起的汽车瑕疵。

(二) 以第 437 条第 2 项、第 323 条第 1 款为据的解除权

35 在有效解除之后，W 可能可以要求返还买卖价金（第 346 条第 1 款、第 437 条第 2 项、第 440 条和第 323 条第 1 款），且必须（应 F 的要求）返还汽车。

1. 双务合同中届期的给付请求权，第 323 条第 1 款

36 当事人缔结的买卖合同是双务合同，参照第 433 条。从当事人缔结的买卖合同中会产生 W 要求 F 移转汽车所有权和交付无权利瑕疵和物之瑕疵的汽车的请求权，第 433 条第 1 款。该请求权根据第 271 条第 1 款届期，考虑到应无瑕疵这一点，并没有在第 362 条第 1 款的意义上得到清偿；第 439 条第 1 款的可实现的补正给付请求权成立（见上文边码 34）。

2. 未依约履行

37 汽车是有第 434 条第 1 款意义上的瑕疵的（见上文边码 5 及

---

[15] Begr. zum RegE. BT-Drs. 14/6040, 232.

以下)。

3.为补正给付指定期限无果

原则上,只有给出卖人 F 指定了补正给付的期限,而该期限经过无果后,才可以解除(第 323 条第 1 款、第 440 条第 1 句)。因为 W 迄今没有给 F 指定补正给付的期限,解除权原则上不成立。

4.指定期限的非必要性

还需要检验的是:指定期限是否根据第 323 条第 2 款或第 440 条第 1 句是没有必要的。

首先,指定期限可能根据第 440 条第 1 句是没有必要的。因为 F 没有依第 439 条第 3 款拒绝修理,修理也没有失败,剩下只能考虑 F 修理对 W 是不可期待的。因为 F 不愿意自己修理,而全面修理是有可能的,所以不能这么认为。

提示:人们应从更为特别的规范第 440 条开始。

此外,根据第 323 条第 2 款第 1 项,在严肃并终局拒绝补正给付时,不需要指定期限。本案中,虽然 F 提出了数项抗辩,但在法律上全部是没有根据的。但是仍要以严格的标准认定拒绝履行:这取决于能否将 F 的拒绝理解为最终决定。[16] 在本案中不能这么说,至少法律上暗藏的请求可能改变他的想法。并不存在严肃并最终拒绝给付(其他观点并无道理)。第 2 项涉及相对定期行为,本案中并不存在。

因此,立即解除的表示只有因特别的情事,依第 323 条第 2 款第 3 项[17]方有可能。在考虑双方利益的状况下,该情事能够使立即解除得以正当化。本案中仅仅瑕疵严重,尚不足以这么认定。因此,不

---

[16] Vgl. Palandt/Grüneberg, §323 Rn. 18 m. w. N.
[17] 根据立法者的意图,这包括利益丧失(旧法第 326 条第 2 款),此外,司法裁判在如何填充这一公式时是较自由的(freie Hand haben),参见 Begr. zum RegE, BT-Drs. 14/6040, 186。

存在第 323 条第 2 款第 3 项的特别情事,能让 W 没有指定期限的必要。

5. 结论

44　　W 现在还不可以依第 440 条、第 323 条第 1 款解除合同。

(三)以第 437 条第 2 项、第 441 条第 1 款第 1 句为据的减价权

45　　尽管如此,W 仍有可能享有以第 437 条第 2 项、第 441 条第 1 款第 1 句为据的减价权。因为减价权只有取代解除权时方有可能,所以因没有指定期限,现在还无法减价。W 还不能减价。

(四)以第 437 条第 3 项、第 280 条第 1 款和第 3 款、第 281 条第 1 款第 1 句、第 440 条为据的替代给付的损害赔偿请求权

46　　W 对 F 可能有以第 437 条第 3 项、第 280 条第 1 款和第 3 款、第 281 条第 1 款第 1 句、第 440 条为据的替代给付的损害赔偿请求权。

1. 买卖合同,第 433 条

47　　作为第 280 条第 1 款前提的债务关系存在于 W 和 F 签订的买卖合同中。

2. 专门的义务违反,第 437 条第 3 项、第 280 条、第 281 条第 1 款

48　　损害赔偿请求权还以义务违反为前提。本案中就是第 434 条第 1 款意义上的瑕疵给付(见上文边码 5 及以下),也就是第 281 条第 1 款第 1 句意义上的不适约给付。考虑到刹车问题的严重性,F 了解这一瑕疵,可能看上去是违反了公开的义务,这一义务违反随着合同的缔结,体现在了给付不适约的物上了。[18]

49　　但是,原则上只有在给债务人设定了补正给付的合理期限后,才能依第 280 条第 3 款、第 281 条第 1 款第 1 句、第 440 条发生替代给

---

[18]　Vgl. BGHZ 63,382,387f.; 79,281,287.

付的损害赔偿义务。其具体规定基本和第 323 条的解除权相同。本案中没有指定期限且指定期限也非不必要。

3. 结论

W 还不能依据第 437 条第 3 项、第 280 条第 1 款和第 3 款、第 281 条第 1 款第 1 句要求 F 为替代给付的损害赔偿。

(五)替代给付的损害赔偿请求权,第 280 条第 1 款和第 3 款、第 282 条

除了给付义务,看不出 F 还违反了第 241 条第 2 款,因此排除相关的请求权。

(六)以第 280 条第 1 款、第 311 条第 2 款第 1 项、第 241 条第 2 款为据,要求解消合同的损害赔偿请求权

根据有争议的司法裁判,W 可能有以第 280 条第 1 款,第 311 条第 2 款第 1 项、第 241 条第 2 款为据,对 F 主张第 249 条第 1 款的损害赔偿请求权,其结果是合同的消灭。[19] 但是从案情中推不出先合同义务的违反。因此,请求权不成立。

(七)以第 123 条第 1 款和第 119 条第 2 款为据的撤销权

W 问的是他的"合同权利"。广义的"合同权利"还包括撤销权。人们可能想到的是第 123 条第 1 款因恶意欺诈引起的撤销权。就此,F 必须知道瑕疵,并故意隐瞒。还有一种可能是因性质错误,依第 119 条第 2 款撤销:因为汽车的技术状况是其固有的,属于第 119 条第 2 款的性质,且在交易上是重要的。不管人们对这一要件作何理解[20],都没有影响。根据绝对的通说,第 119 条第 2 款的撤销至少

---

[19] BGH NJW 1998, 302; M. Schwab, JuS 2002, 773, 774f.
[20] Vgl. Fritzsche, Fälle AT, Fall 19 Rn. 24ff.

自风险移转,即交付 Astra 汽车起就被排除。否则会导致 W 可以规避第 323 条指定期限和第 438 条消灭时效的规定。此外,对瑕疵不知情的出卖人会有同样的撤销可能,以致他可能否定买受人主张瑕疵责任的权利。因此,第 119 条第 2 款的撤销通常会被第 437 条及以下的优先特别规定排除。[21] 因为在本案中并无应构成例外的特殊之处,所以 W 不能有效撤销。

(八)结论和给 W 的建议

54　　W 现在只能主张第 437 条第 1 项、第 439 条第 1 款的补正给付请求权。合理的方法是:W 应向 F 提出排除瑕疵的要求,并指定第 281 条第 2 款、第 323 条第 2 款意义上的合理期限,以便在期限徒过后,可以主张上面探讨的其他权利。应当注意的是,他必须能证明指定了期限(或其到达,就此参见 Fritzsche, Fälle AT, Fall 6, Rn. 21f.)。

---

〔21〕 Kropholler, §437 Rn. 14; Palandt/Weidenkaff, §437 Rn. 53.

案例 25　沉默的出卖人

[根据《联邦最高法院民事判决集》第 168 卷,第 64 页(同载于《新法学周刊》2006 年,第 2839 页)刊载的判决(BGHZ 168,64＝NJW 2006,2839)、《新法学周刊》2005 年第 3205 页、2010 年第 1131 页、2013 年第 1074 页刊载的判决(BGH NJW 2005,3205;NJW 2010,1131;NJW 2013,1074)改编而成。]

一、案件事实

护林员福斯特霍夫(Forsthoff,F)将自己使用过的欧宝 Astra 汽车出售给林木工瓦克(Wacke,W),售价 9000 欧元。在合同缔结时,他们使用了一份表格,这份表格是他们一起挑选,从一个汽车俱乐部的网站下载的。这份表格还写道:"如所见之现状出售,排除一切瑕疵担保。"

F 并未告诉 W,这辆车在一年前曾发生严重事故,且为了节省 1000 欧元,仅进行了部分修理。因此,车在急刹时会严重偏离车道。若刹车完好,汽车价值 9500 欧元。

W 开着 Astra 汽车到处跑,未遭到意外,不需要急刹车。刹车瑕疵是在两年多之后的汽车质量监督委员会检查中被发现的。

W 很愤怒,打电话给 F,要求他取回汽车,并赔偿一切损失。F 主张了合同中的上述条款,并认为合同签订时间已经过去很久了,如果他必须取回汽车,W 必须偿还行驶里程的价值。

案件变型 1：

在合同缔结时，W 询问了这辆 Astra 汽车的机械状况及可能的事故损坏。F 说事故损坏已经修好了，这辆车是"顶尖的、最好的、实际上和新的一样！"他并未说明刹车是有瑕疵的。W 提出了初始案例中的要求，F 援引了合同条款。

在多大范围内，本案的答案和初始案件是不同的？

案件变型 2：

F 买了一辆新车，并将他的 Astra 汽车给了汽车经销商哈博勒（Haberer, H）以为支付。H 必须以 F 的名义将这辆车卖掉，并将所得价金抵充部分新车价款。双方都认为售价至少有 6000 欧元，F 需在无法出售时继续支付。F 没有告诉 H 刹车的问题，H 没有询问汽车的状况，也没有检查。然而，H 在 W 询问汽车的技术状况时说它是"顶尖的、最好的、没有事故的！"买卖合同的内容和初始案例中相同。

W 因此有针对 H 的请求权吗？

二、前期思考

W 想退回汽车并要求赔偿所有损害，即解除和替代给付的损害赔偿（第 325 条）或替代所有给付的损害赔偿（第 281 条第 3 款）。检验的顺序属于个人偏好问题。需先详细检验一次共同的要件事实，并在后面的探讨中参照前文。如果隐瞒了瑕疵，除真正的基于瑕疵产生的权利外，还需考虑竞合的其他法律救济手段。

在案件变型 1 中，出卖人 F 在回答买受人 W 有关汽车现状的问题时说车况不错。这可能在解答中的不同地方都有意义，即第 434 条第 1 款第 1 句意义上的合同中的品质约定和第 443 条及第 276 条第 1 款第 1 句意义上可能的（品质）担保。出卖人是否真的"承担"这一担保，抑或仅仅为了说明品质乃至夸耀商品，唯有通过客观第三人视角的解释(第 133、157 条)方能获知。需阐明的还有 F 的陈述和合同约定的瑕疵担保排除是何关系。

对初学者而言,案件变型 2 是一种深化。在合同缔结和恶意的判断上,H 的行为要归于 F 需借助第 164 条及以下规定、第 166 条第 1 款实现;在损害赔偿的判断上,H 的行为要归于 F 需借助第 278 条(参见案例 33,边码 23 及以下)。撇开 H 的行为要归于 F 不论,W 对 F 的(有意被提取出的)请求权并无改变。因此,需检验的仅仅是一方当事人针对另一方的代理人基于缔约过失的请求权(第 280 条第 1 款、第 311 条第 3 款、第 241 条第 2 款)。

三、提纲

(一)初始案例:W 对 F 的请求权
 1. 返还价金请求权,其基础为第 346 条第 1 款、第 437 条第 2 项、第 323 条第 1 款 ·················· 1
  (1)买卖合同,第 433 条 ························ 2
  (2)瑕疵,第 437 条第 2 项结合第 434 条第 1 款 ······ 3
  (3)瑕疵担保权利的排除 ······················ 6
   ①合意排除瑕疵担保 ······················ 8
   ②根据第 307 条及以下规定,尤其是第 309 条第 8 项 b 支项 aa 情况无效 ·················· 9
   [问题:下载的表格是第 305 条意义上的一般交易条件吗?]
   ③根据第 444 条不可援用的条款 ············· 10
   ④明知瑕疵而排除瑕疵担保,第 442 条 ········· 12
  (4)届期的履行请求权,第 437 条第 2 项、第 323 条第 1 款 ······································ 13
   ①因补正给付不能而被排除,第 275 条

　　　　第 1 款 ·························· 14
　　　　②根据第 439 条第 3 款不可期待补正给付 ······ 16
　　　　③根据第 275 条第 2、3 款拒绝补正给付 ······· 17
　　　　④中间结论 ······················ 18
　　(5)为补正给付指定的期限徒然经过 ············· 19
　　(6)无须设定期限 ······················ 20
　　　　①根据第 440 条第 1 句无须设定期限 ········· 21
　　　　②根据第 323 条第 2 款无须设定期限 ········· 23
　　(7)义务违反的严重性 ···················· 25
　　(8)解除未因第 218 条第 1 款无效 ············· 27
　　　　[问题:W 能否在两年之后主张其权利?]
　　(9)解除的表示,第 349 条 ·················· 30
　　(10)结论 ·························· 31
2. 根据第 437 条第 3 项、第 280 条第 1 款和第 3 款、
　 第 281 条第 1 款第 1 句、第 440 条,要求替代给
　 付的损害赔偿请求权 ···················· 32
　　(1)买卖合同,第 433 条 ··················· 33
　　(2)特别的义务违反,第 437 条、第 280 条、第
　　　 281 条第 1 款 ······················ 34
　　(3)推定出卖人的可归责性,第 280 条第 1 款
　　　 第 2 句 ·························· 36
　　(4)未排除瑕疵担保责任 ·················· 38
　　(5)损害及赔偿的范围 ··················· 39
　　　　①替代给付的损害赔偿 ··············· 40
　　　　②替代全部给付的损害赔偿,第 281 条第 1 款
　　　　　第 3 句 ······················ 41
　　(6)可强制实现性 ····················· 44
　　(7)结论 ·························· 45

3. 替代给付的损害赔偿请求权,第 280 条第 1、3 款,第 282 条 ……………………………… 46

   [问题:在违反告知义务上,第 282 条和第 281 条的关系如何?]

4. 要求解消合同的损害赔偿请求权(第 280 条第 1 款、第 311 条第 2 款第 1 项、第 241 条第 2 款) …………………………………………… 47

   [问题:该请求权能否和第 437 条的请求权并存？F 知悉瑕疵是否有影响?]

5. 根据第 123 条第 1 款和第 119 条第 2 款的撤销权 ……………………………………… 50

(二) 案件变型 1:W 针对 F 的请求权

  1. 根据第 346 条第 1 款、第 437 条第 2 项、第 323 条第 1 款要求返还价金的请求权 …… 51
     (1) 买卖合同,第 433 条 ……………… 52
     (2) 瑕疵,第 437 条第 2 项结合第 434 条 … 53
     (3) 排除瑕疵担保权利 ………………… 55
        [问题:瑕疵担保排除和品质约定之间是何关系?]
     (4) 结论 ………………………………… 59

  2. 根据第 437 条第 3 项、第 280 条第 1 款和第 3 款、第 281 条第 1 款第 1 句、第 440 条而生的替代给付的损害赔偿请求权 ……………… 60

  3. 基于质量保证的请求权,第 443 条 …… 64

(三) 案件变型 2:W 针对 H 的请求权

  1. 以第 280 条第 1 款、第 311 条第 3 款、第 241 条第 2 款为据的损害赔偿 ……………… 65
     (1) 存在债之关系 ……………………… 66

(2)义务违反 …………………………………………… 69
(3)据第280条第1款第2句推定可归责性 ……… 70
(4)损害 ………………………………………………… 71
(5)排除责任 …………………………………………… 72
[问题:H能否援引W和F之间买卖合同中约定的瑕疵担保责任排除?]
(6)结论 ………………………………………………… 74
2.侵权请求权 …………………………………………… 75

四、解答

(一)初始案例:W对F的请求权

1.返还价金请求权,其基础为第346条第1款、第437条第2项、第323条第1款。

1　假如W真的解除了买卖合同,则W可以根据第346条第1款、第437条第2项、第323条第1款要求返还价金。

(1)买卖合同,第433条

2　W和F之间成立了有效的买卖Astra汽车的合同。

(2)瑕疵,第437条第2项结合第434条第1款

3　根据第437条,Astra汽车需存在瑕疵。若买卖之标的物不具备约定的品质(第1句)或不适于合同约定的用途(第2句第1项)或通常的用途(第2句第2项),则应考虑第434条第1款的物之瑕疵。

4　W和F没有明确达成第434条第1款第1句中的品质约定;可以考虑他们就Astra汽车的行驶安全已通过可推知的方式达成了合意。[1] 所以关键是Astra汽车是否适于合同约定的用途(第434条第

---

[1] 例如BGHZ 170,67 = NJW 2007,759 m. Anm. Faust, JuS 2007, 588;此外,BGH NJW 2013,1074 Rn. 18-"Wanderboot" m. Anm. M. Schwab, JuS 2013, 931。

1款第2句第1项)。此处可以认为W和F原则上就该车可以上路达成了一致[2],因为F不是为了拆下该车的零件而将其出售给W的。无论如何,二手车根据第434条第1款第2句第2项需具备在道路上安全行驶的性能。Astra汽车表现出的如此严重的影响行驶安全的刹车瑕疵超出了对同种类二手车而言可期待买受人接受的品质减扣范围。

这一瑕疵需在风险移转时存在(第434条第1款第1句),根据第446条第1句,风险在物交付时移转。在这一时点,汽车的瑕疵已经存在。因此,就第476条中的推定是否适用于本案,可搁置不议。 4a

提示:若已经参照第476条,则不要花过多时间详述,因案情非常明确,该详述显得多余,因为结果是一样的。 5

(3)瑕疵担保权利的排除

需检验的是,W根据第437条享有的瑕疵担保权利是否被排除了。 6

提示:存在多种构造的可能。当其涉及瑕疵担保的一般性排除规则时,可在确定瑕疵存在之后立刻检验瑕疵担保的排除。如果瑕疵担保确实应被排除,则可立刻终止检验。因为这可以省去对买受人其他权利的无意义阐述。亦可以首先探讨被检验请求权或权利的前提要件。如果只有个别权利被排除或限制,则这是有意义的(尤其是参考第475条第3款)。 7

①合意排除瑕疵担保

在买卖合同中,当事人约定了"排除一切瑕疵担保"的出售。根据第444条,约定排除瑕疵担保原则上是可行的。由于此处涉及的是私人之间的买卖,即第13条意义上消费者之间的买卖,不是第474条第1款意义上的消费品买卖,在后一情形中不允许排除瑕疵担保 8

---

[2] 就第434条第1款第2句第1项和第2项之间有争议的关系,参见案例24。

(第 475 条第 2 款)。因此,由瑕疵导致的请求权虽然不成立,但仍需究问该排除的范围究竟有多广。本案当事人引用的表达"如所见之现状出售"在二手车交易中排除的仅是肉眼可识别的瑕疵。[3] 无论如何,人们在解释时应顾及整体的表述,"排除一切瑕疵担保"的明确表述在外行人的理解中是该条款的首要部分。[4]

②根据第 307 条及以下规定,尤其是第 309 条第 8 项 b 支项 aa 情况无效

9　　该合同条款可能因第 307 条及以下之规定,尤其是第 309 条第 8 项 b 支项 aa 情况无效。就此,首先要存在第 305 条第 1 款第 1 句意义上的一般交易条件,即为多次使用而预先拟定,由一方当事人向另一方提出的条款。究竟由谁草拟合同条件,是无关紧要的,因此即使是第三人,比如汽车俱乐部起草的,也被视为一般交易条款。第 305 条第 1 款第 1 句要求的一方"提出"(Stellen)的前提是另一方当事人没有影响一般交易条件内容及使用的表格的可能性。在前述案例中,表格是双方当事人共同找的。因此,不能确定是一方当事人曾要求使用该表格。第 305 条第 1 款第 1 句中由"使用者""提出"一般交易条件的要求未满足。[5] 第 307 条及以下规定无法适用。

③根据第 444 条不可援用的条款

10　　尚需检验的是根据第 444 条,F 是否不能援用排除瑕疵担保的条款。如果出卖人恶意隐瞒瑕疵或作出了品质保证,就会如此。恶意仅能以故意为前提,这和第 123 条第 1 款的规定相同。F 并未告知因未全面维修汽车而导致的瑕疵。根据判例,出卖人就买受人无法轻易识别且可能影响购买决定的瑕疵,应负有告知义务。[6] 因此,根据

---

[3] BGH NJW 2005,3205,3207f.
[4] BGH NJW 2005,3205,3206.
[5] BGH NJW 2010,1131 Rn. 17ff. m. w. N.
[6] BGH NJW-RR 2012, 1078 Rn. 21 m. w. N.

第242条,刹车上的瑕疵即便没有被问及也应被告知。[7] 因为F已经知道该瑕疵,且明知其对合同缔结的重要影响,而未告知W,这是故意,也就是恶意的。因此,根据第444条,他因恶意不可以援用瑕疵担保排除的条款。

提示:在鉴定中,当瑕疵担保排除会基于其他原因无效时,就应检验第444条。鉴定中的完整性要求是有其实践性的背景理由的:可能会有无法证明一般交易条款(如上文所示)或消费品买卖存在的情况。此时就要适用第444条。本条并非要产生无效的效果,而是不让出卖人可以主张瑕疵担保排除。需释明的是:不可通过第139条让整个买卖合同无效。[8]

④明知瑕疵而排除瑕疵担保,第442条

此外,在W于缔约时明知瑕疵时,买受人因瑕疵而生的请求权可能因第442条第1款第1句而被排除。如果出卖人没有恶意或保证品质,根据第442条第1款第2句,因重大过失而不知瑕疵同样排除瑕疵担保权。W既没有明知有瑕疵,作为外行也没有可归责的因重大过失而不知瑕疵。因此,第439条第1款的排除瑕疵请求权不会因第442条而被排除。

(4)届期的履行请求权,第437条第2项、第323条第1款

已缔结的买卖合同可产生W对F要求移转所有权并交付无权利和物之瑕疵的汽车的请求权(第433条第1款第2句)。该请求权依第271条第1款已届期,且无瑕疵履行的义务未根据第362条第1款得到履行。

①因补正给付不能而被排除,第275条第1款

然而,W要求补正给付的请求权可能因第275条第1款被排除。

---

[7] BGH NJW 1995,1549, 1550 m. w. N.
[8] Begr. zum RegE, BT-Drs. 14/6040, 240.

补正给付需对债务人 F 或任何人而言都是不能的。根据第 439 条第 1 款,补正给付原则上需考虑两类。在特定物买卖中能否更换(Ersatzlieferung)是有争议的。[9] 当出卖人很容易提供替换物且买受人对获得特定的物无所谓时,承认更换是毫无问题的。因为 F 并非商人,而 W 恰恰十分看重获得这辆 Astra 汽车,应根据第 275 条第 1 款,排除以更换为补正给付。

15　　因此,接下来要检验的是能否以修理的方式补正给付。因为修理至少对专业修理厂是可能的,而并非必须由 F 亲自修理[10],因此在私人之间的买卖中,修理是可能的。F 就无法后续消除的未遭受事故之状态作出允诺。因此,根据第 439 条第 1 款的修理请求权成立,但应进一步检验其是否可强制实现。

②根据第 439 条第 3 款不可期待补正给付

16　　如果修理费对其而言畸高,出卖人可能根据第 439 条第 3 款第 1 句拒绝修理。然而,他不可援用这一条款。根据第 439 条第 3 款第 2 句,费用是否畸高需考虑汽车无瑕疵时的价值、瑕疵的影响及其他补正给付方式的可能性。更换已经被排除。该瑕疵导致汽车无法安全行驶,进而构成严重瑕疵。若无该瑕疵,本车的价值会是 9500 欧元,即多出 500 欧元。与之相比,1000 欧元的修理费并非畸高,尤其是根据第 439 条第 3 款第 2 句考虑到 F 的恶意时更应如此认定。总而言之,第 439 条第 3 款的前提不成立。

③根据第 275 条第 2、3 款拒绝补正给付

17　　因为看不出还有超出上述已检验的费用的 F 的其他开支,还考虑到其恶意的行为,没有理由认为存在第 275 条第 2 款中的畸高关系。

④中间结论

18　　W 对 F 届期的补正给付请求权可强制实现。

----

[9]　进一步阐释参见案例 26,边码 10 及以下。
[10]　参照案例 24 边码 31 中更为详尽的阐述。

(5)为补正给付指定的期限徒然经过

唯有在出卖人 F 为补正给付设定了期限,且该期限徒然经过时,解除原则上才是可能的(第 323 条第 1 款、第 440 条第 1 句)。因为 W 迄今没有就补正给付设定期限,解除权原则上不成立。

(6)无须设定期限

根据第 323 条第 2 款或第 440 条第 1 句,设定期限可能是不必要的。

①根据第 440 条第 1 句无须设定期限

根据第 440 条第 1 句,当 F 根据第 439 条第 3 款拒绝修理,或者修理失败或变成不可期待的,则不必设定期限。看不出拒绝补正给付和补正给付失败。剩下需检验的是为 W 修理的不可期待性。依第 440 条第 1 句,该不可期待性可由补正给付必需的时间或伴随的情事以及失败的可能性等推知。看不出来存在这些状况。

不可期待性也可能源自出卖人自身,例如因其无法完成补正给付,在本案中恰好可以这么认定。此外,考虑到 F 是恶意的[11],及他置 W 于极大的风险中,其义务违反会(在期待可能性方面)有重要影响。因此,F 的行为足以持续摧毁当事人之间的信任基础。适用第 440 条第 1 句时,作为出卖人的 F 的利益不起决定作用。因此,对 W 而言 F 的补正给付是不可期待的,所以根据第 440 条第 1 句指定期限是不必要的(其他观点亦可主张)。

②根据第 323 条第 2 项无须设定期限

此外,根据第 323 条第 2 款第 1 项,严肃且终局的拒绝给付也会让设定期限变得不必要。F 提出了一些抗辩,但在法律上全部都站不住脚。然而,是否要对拒绝给付作严格解释:这取决于 F 的拒绝能否被理解为其最终决定。[12] 此处不能这么认为,因为 W 并未要求 F

---

〔11〕 Palandt/Grüneberg, §323 Rn. 22, §286 Rn. 25;其他观点 MünchKomm/Ernst, §323 Rn. 130。

〔12〕 Palandt/Grüneberg, §323 Rn. 18 m. w. N.

补正给付,而其抗辩毋宁是针对 W 的返还清算要求的。严肃和终局的给付拒绝并不成立(其他意见当然也可主张)。

24　　因为第 323 条第 2 款第 2 项只是涉及相对定期行为,而本案并非如此,立即解除的意思表示唯有根据第 323 条第 2 款第 3 项[13]的特别情事方有可能。该情事在权衡双方当事人的利益后可正当化立即解除。正如上文对第 440 条的探讨所示,F 的义务违反已经持续破坏了信任基础。F 因其故意行为也不值得保护。因此,第 323 条第 2 款第 3 项的特别情事存在,其可让 W 在本案的瑕疵给付中无须指定期限。

(7) 义务违反的严重性

25　　如果债务人的义务违反程度不严重,可排除因瑕疵给付而生的解除(第 323 条第 5 款第 2 句)。在此范围内,首先应将合同的约定作为标准,并究问 W 的履行利益是否被严重损害。[14] 汽车的实际状态是有危及安全的瑕疵,其毫无疑问严重背离了负担之给付以致应肯认其严重性。[15] 此外还有 F 的恶意行为,即便是在非重要瑕疵中也能构成严重的义务违反。[16] 因此,可以肯认第 323 条第 5 款第 2 句的义务违反的严重性。

26　　**提示**:乍看之下,以义务违反的严重性为根据在第 323 条中是异类。它是建立在讨论建议稿条文的草拟基础上的,其和第 280 条保持一致,是根据"义务违反"来调整的。与之相反,第 323 条当下的表述称其为特殊的给付障碍(和第 281—283 条一样)。在第 323 条第 1 款的背景下,严重性因素在未适约给付中确实只有在涉及偏离合同负担给付中才有意义。立法理由还

---

〔13〕 根据立法者的意图,当中包括利益丧失(旧法第 326 条第 2 款),此外,司法裁判可自由填充这一开放的表述,参见 Begr. zum RegE, BT-Drs. 14/6040, 186。
〔14〕 Hk/Schulze, §323 Rn. 14; vgl. Palandt/Grüneberg, §323 Rn. 32, §281 Rn. 47.
〔15〕 BGH NJW 2008, 1517.
〔16〕 BGHZ 167, 19, 22ff. m. w. N. = NJW 2006, 1960.

详述道,在非严重的义务违反中债权人的给付利益未被根本破坏。例如,交付的物品的颜色只是和约定的略微不同,且对买受人没有实际影响,或者修理费用不及售价的百分之一。[17] 相反,如果出卖人故意隐瞒瑕疵,判例就不会认为这是无关紧要的义务违反。当然这点遭到部分学说的质疑。[18]

(8)解除未因第 218 条第 1 款无效

当 W 的给付和补正给付请求权罹于时效时,解除可能因第 218 条第 1 款无效。虽然消灭时效不会适用于作为形成权的因瑕疵而生之解除权,但根据第 438 条第 4 款第 1 句、第 218 条第 1 款第 1 句,瑕疵担保请求权的消灭时效会在时间上限制解除权。   27

因为 F 主张了时间已经经过,所以要检验 W 的补正给付请求权是否已罹于时效。根据第 438 条第 1 款第 3 项,W 的瑕疵担保请求权原则上受 2 年消灭时效的影响,这从标的物交付时起算(第 438 条第 2 款)。本案中,当事人未曾对消灭时效作出不同的约定。这种约定根据第 202 条原则上是被允许的,但仍受制于第 202 条、第 475 条第 2 款和第 309 条第 8 项 b 支项 ff 情况确定的界限。因为自给付,即 F 将汽车交付给 W 起已经经过 2 年了,消灭时效期间根据第 187 条第 1 款、第 188 条第 2 款已经经过。   28

然而,在出卖人恶意时(见上文边码 10),瑕疵担保请求权不适用第 438 条第 3 款第 1 句,而是适用普通消灭时效的规定。根据第 195 条,该时效的时长为 3 年。根据第 199 条第 1 款,该时效期间自请求权成立且债权人知道该请求权及相对人的当年的年末开始起算。因此这一期间尚未经过,F 无法有效地主张罹于时效。   29

---

〔17〕 BGH NJW 2011,2872;Höpfner, Der Rücktrittsausschluss wegen „unerheblicher Pflichtverletzung", NJW 2011, 3693.

〔18〕 Vgl. BGH NJW 2007, 835;NJW 2008, 1371;Gutzeit, Der arglistig täuschende Verkäufer, NJW 2008, 1359;Lorenz, Arglist und Sachmangel- Zum Begriff der Pflichtverletzung in § 323 V 2 BGB, NJW 2006, 1925.

(9)解除的表示,第 349 条

30　　因为立即解除的条件满足,W 尚需根据第 349 条表示解除。W 对 F 的请求根据第 133、157 条可理解为解除合同,并另外要求替代给付的损害赔偿(第 325 条)。这一组合也可被理解为请求替代全部给付的损害赔偿。

(10)结论

31　　W 可根据第 440 条、第 323 条第 1 款解除合同。一旦他如此决定,则其补正给付请求权消灭。W 可主张返还 9000 欧元价金的请求权,其应与返还 Astra 汽车同时履行(第 346 条第 1 款、第 348 条)。但是,根据第 346 条第 1 款和第 2 款第 1 项,W 在返还汽车之外还需偿还用益,即偿还 2 年行驶的里程。[19]

> 提示:在瑕疵给付时,买受人根据第 437 条第 2 项、第 323 条、第 326 条第 5 款、第 440 条(及第 437 条第 2 项、第 441 条第 1 款第 1 句)享有形成权,行使该形成权会让补正给付请求权消灭。根据第 281 条第 4 款,主张替代原给付的损害赔偿请求权也会发生同样的效果。W 在此处的确切诉求因替代全部给付的损害赔偿和解除外加替代给付的损害赔偿(第 325 条)的并存而模糊不清。无论如何,他以表示消灭了补正给付请求权。这可能比要求修理在经济上对 W 更不利,因为他根据第 346 条第 2 款第 1 项(间或结合第 281 条第 5 款)要偿还已经行驶里程的用益。在行驶里程很长时会接近售价。

2. 根据第 437 条第 3 项、第 280 条第 1 款和第 3 款、第 281 条第 1 款第 1 句、第 440 条,要求替代给付的损害赔偿请求权

32　　正如上文所述,W 在根据第 325 条解除时仍可主张损害赔偿。因此需检验的是他是否有替代给付的损害赔偿请求权。

---

〔19〕 与消费品买卖中更换后的返还不同,第 474 条第 2 款第 1 句。

(1)买卖合同,第 433 条

W 和 F 缔结的买卖合同是作为第 280 条第 1 款前提的债务关系。 33

(2)特别的义务违反,第 437 条、第 280 条、第 281 条第 1 款

损害赔偿请求权当然以义务违反为前提。本案中,义务违反体现在第 434 条第 1 款意义上的瑕疵给付(参见上文边码 3 及以下),即第 281 条第 1 款第 1 句意义上的不适约给付。此外,F 恶意隐瞒了瑕疵,即违反了告知义务;但随着合同的缔结,这一义务违反表现为给付了不适约的标的物。[20] 34

然而,原则上只有在债务人因被设定合理期限而获得补正给付的机会(如其在第 323 条的解除中一般)时,以第 280 条第 3 款、第 281 条第 1 款第 1 句为据的替代给付的损害赔偿义务方可能发生。即便在此处,第 440 条也提及了无须设定期限的理由。正如上文所述,既可以根据第 440 条第 1 句,也可以根据第 281 条第 2 款第 2 支项、第 323 条第 2 款第 3 项让设定期限变得没有必要。因为 W 并未指定期限,则又要取决于指定期限的不必要性。该不必要性又只能源于特别的理由,这些理由在考量双方的利益后可正当化立即主张损害赔偿请求权(第 281 条第 2 款第 2 支项)。如上文边码 20 及以下所述,指定期限是没有必要的。 35

(3)推定出卖人的可归责性,第 280 条第 1 款第 2 句

此外,W 的损害赔偿请求权以债务人需对义务违反负责为前提。在证实义务违反后,债务人必须根据第 280 条第 1 款第 2 句证明他无须对此负责。原则上,债务人需根据第 276 条对故意和过失负责,只要从约定或其他债之内容,尤其是承担保证中,不可推知其愿意承担更严格或更宽缓的责任。 36

但是,F 认识到了瑕疵,并对此沉默。因此,他是故意向 W 提供 37

---

[20] Vgl. BGHZ 63, 382, 387f.; 79, 281, 287.

瑕疵标的物。他须对其义务违反负责,无法完成免责证明。

(4)未排除瑕疵担保责任

38　　如上文检验的那样,根据第 444 条,F 不可主张瑕疵担保责任的排除。

(5)损害及赔偿的范围

39　　因此,W 原则上可向 F 主张损害赔偿,因为根据第 280 条第 1 款第 1 句、第 3 款和第 281 条第 1 款第 1 句,债权人获得因不履行或瑕疵履行而生损害的赔偿。根据第 325 条,这和解除并不会冲突。

①替代给付的损害赔偿

40　　W 可以根据第 249 条第 1 款第 1 句,请求损害赔偿以使其处于若正常履行的利益状态,即他应处于若获得无瑕疵汽车的状态。瑕疵履行造成的损害是瑕疵导致的车辆价值贬损,即 500 欧元的贬值。若将 W 对 F 的要求解释为解除和损害赔偿的结合,看不出有进一步的损害,因为价金已经根据第 346 条第 1 款归还了,这在损害计算时必须予以考虑。

②替代全部给付的损害赔偿,第 281 条第 1 款第 3 句

41　　有疑问的是,W 是否也可以依据第 281 条第 1 款第 3 句要求替代全部给付的损害赔偿。正如第 323 条第 5 款第 2 句(见上文边码 25)中确定的那样,F 的义务违反是严重的,所以第 281 条第 1 款第 3 句不会妨碍 W 的主张。W 原则上可以根据第 281 条第 1 款第 1 句、第 3 句要求替代全部给付的损害赔偿,即要求归还汽车(比照第 281 条第 5 款)并要求其遭受所有损害的赔偿。这一主张和他表示解除与损害赔偿结合的结果吻合。由于这种可选择性,不必认为 W 此处的表示必然是解除的意思表示,因为一个非法律专业人士通常对这种精准性(Feinheit)一无所知。

42　　若正常履行,W 将通过支付 9000 欧元获得价值 9500 欧元的汽车,所以他的损害有 9500 欧元。他不能要求准驾证的费用,因为即便在正常履行时他也要支出这笔费用,所以该笔费用的发生并非因

义务违反。[21]

然而必须考虑:本案中 F 可以根据第 281 条第 5 款结合第 346 条第 1 款和第 2 款第 1 项——如同解除一般——要求 W 归还汽车和赔偿已经发生的使用损害(Nutzungsentschädigung)。结果将是 W 有要求 9500 欧元的损害赔偿请求权,但需扣除 F 的用益赔偿请求权,所以 W 只能要求抵扣后或许尚存的余额。

(6)可强制实现性

瑕疵担保请求权并未罹于时效。(见上文边码 29)

(7)结论

W 可以根据第 437 条第 3 项、第 280 条第 1 款和第 3 款、第 281 条第 1 款第 1 句要求替代全部给付的损害赔偿,即要求支付 9500 欧元,但根据第 281 条第 5 款、第 346 条第 1 款、第 348 条只能与返还汽车并赔偿已获得用益的请求权同时履行(见边码 31)。如果他主张这一请求权,则根据第 281 条第 4 款,补正给付请求权消灭。与单纯的解除相比,这对 W 更为有利,因为他不仅能够获得已支付价金的返还,还能获得汽车真正的价值。但是,他也可以因第 325 条,通过解除和与之并存的替代给付的损害赔偿获得这一结果。

3. 替代给付的损害赔偿请求权,第 280 条第 1、3 款,第 282 条

因为除"给付有瑕疵之物"的义务违反外,债务人尚有告知严重瑕疵的义务没有好好履行,所以还可以考虑附随义务违反产生的责任。该告知义务并非源自买卖合同,而是第 311 条第 2 款第 1 项中的先合同缔约磋商关系(第 311 条第 2 款第 1 项),这一关系在合同缔结之前发生。因此,第 282 条不能适用,因为所违反的债务关系并非给付义务,而是第 241 条第 2 款的义务。——此外,界分第 281 条和第 282 条完全取决于被违反的附随义务是与给付有关的还是无关的,因为第 282 条只是为违反与给付无关的附随义务(第 241 条第 2

---

[21] 就此可参照案例 11,边码 35 及以下。

款)要求替代给付的损害赔偿设置了特别要件。然而,此处是违反了(先合同!)的告知义务,但过渡到了瑕疵给付,一直违反了与给付相关的义务。总体而言,当违反合同中的告知义务过渡为违反主给付义务,则应优先考虑后者。第280、282条的请求权就不成立(其他观点和详尽论证也有道理)。

4. 要求解消合同的损害赔偿请求权(第280条第1款、第311条第2款第1项、第241条第2款)

正如上文所言,F 的先合同告知义务成立,且他违反了这一义务。依据有争议的判决观点,根据第280条第1款、第311条第2款第1项、第241条第2款可以主张的损害赔偿请求权指向依第249条第1款消解合同。[22] 因为先合同义务违反在买卖合同缔结后导致了瑕疵二手车的给付,就此会发生第437条及以下规定的买受人权利,应变为合同义务的违反。第281条及以下规定的不同前提和法律后果支持对第280条、第311条第2款通过成文法规定的缔约过失的这种界分:它让消极利益的无限制赔偿变得可能,但又受到第281、284条的限制。[23] 因缔约过失而生的损害赔偿请求权并不适用第438条规定的消灭时效,而是适用第195、199条的消灭时效。第442、445条的排除事由不生效力。缔约过失有时也能以恢复原状的方法导致合同义务的解消[24],这将导致第281、323条确立的补正给付的优先性被架空。[25] 因此,只要先合同义务违反涉及买卖标的物的特性,而该特性可能已经被作为品质约定的对象,则第437条及以下的规定至少在风险移转之后应被理解为封闭性的特殊规则。[26] 因

---

[22] 就此阐述最好的是 Looschelders, SAT, Rn. 193ff. m. w. N。
[23] 更详尽可参考案例11,边码16及以下和边码43及以下。
[24] Palandt/Grüneberg, §311 Rn. 55.
[25] Huber/Faust, §14 Rn. 25.
[26] Huber/Faust, §14 Rn. 26; Lorenz/Riehm, Rn. 576f.; Palandt/Grüneberg, §311 Rn. 14; 旧法第459条可参见 BGHZ 114, 263, 266。

此,缔约过失的请求权不成立。

然而有争议的是,是不是至少在故意时承认竞合关系[27]或者缔约过失被一般地排除。[28] 这一问题在本案中是重要的,因为 F 是故意行事的。根据通行的观点,W 亦可因此主张源自第 280 条第 1 款、第 311 条第 2 款旨在解消合同的请求权。因为需赔偿的仅仅是基于违反先合同义务而生的损害,即 W 可以要求自己处于未受到对瑕疵的恶意隐瞒时本应处的状态。因为当事人是否曾会达成另一价格的合意是无法确定的,所以出发点只能是 W 本不会购买实际状况如此的汽车。因此,他将能够要求消解合同,并通过损害赔偿的方法获得已支付价金的返还。

48

然而,W 必须根据损益相抵扣减其通过使用汽车获得的利益,这点是可想而知的。结果是他将处于和解除几乎完全一样的境地。

49

5. 根据第 123 条第 1 款和第 119 条第 2 款的撤销权

就 W 问询的合同请求权而言,广义上亦包含撤销权。正如在排除瑕疵担保中所言(边码 9 及以下),F 恶意欺诈了 W,所以根据第 123 条第 1 款的撤销因 W 对 F 的表示(第 143 条第 1 款和第 2 款)自轿车质量监督委员会的检验日(TÜV-Termin)起一年内(第 124 条第 1 款)是可能的。根据绝对的通说,该撤销权并未被第 437 条及以下规定排除。与此不同的可能是根据第 119 条第 2 款因性质错误引起的撤销权:根据绝对的通说,自风险移转时起,也就是自交付 Astra 汽车起,该撤销权被排除,否则会让第 323 条的定期催告要求和第 438 条的消灭时效规定被规避。[29] 由于根据第 142 条第 1 款,撤销会消灭买卖合同,并引起以第 812 条为据的返还清算,所以其法律后果和

50

---

[27] BGHZ 180, 205 = NJW 2009, 2120 Rn. 19; Huber/Faust, §14 Rn. 29; Palandt/Weidenkaff, §437 Rn. 51b; 就一般竞合问题参见 Bamberger/Roth/Faust, §437 Rn. 190。

[28] Palandt/Grüneberg, §311 Rn. 14ff.

[29] 不同观点的现状参见 Bamberger/Roth/Faust, §437 Rn. 177ff. m. w. N., 注释者本人赞同鲜有支持的反对观点。

解除之后的返还清算类似。不应建议 W 撤销,因为损害赔偿对其更为有利。(参见上文边码 45)。

(二)案件变型 1:W 针对 F 的请求权

1.根据第 346 条第 1 款、第 437 条第 2 项、第 323 条第 1 款要求返还价金的请求权

51　　W 可能亦可根据第 346 条第 1 款、第 437 条第 2 项、第 323 条第 1 款要求返还价金。

(1)买卖合同,第 433 条

52　　W 和 F 之间存在买卖 Astra 汽车的有效合同。

(2)瑕疵,第 437 条第 2 项结合第 434 条

53　　在案件变型中,W 曾问过 F,该汽车在性能上是否正常。尽管有关于事故的提示,F 仍然予以了肯定回答,甚至还说这辆车处于实际上全新的状态。有疑问的是,这仅仅是夸大其词,还是品质描述(Beschaffenheitsangabe)。这需通过客观受领人视角(第 133、157 条)的解释才能弄清:因为 F 基于 W 的询问可以认识到 W 对汽车的行驶安全性非常重视,肯定会对相关表述赋予某种法律意义,所以 F 所作的是品质描述。根据这一基础,W 和 F 达成了第 434 条第 1 款第 1 句意义上的 Astra 汽车无任何技术问题的约定。因为合同约定优先,所以此处不会出现第 434 条第 1 款第 2 句中的瑕疵问题。

54　　瑕疵在风险移转时(第 446 条第 1 句)已经存在,第 434 条第 1 款第 1 句。

(3)排除瑕疵担保权利

55　　然而,W 根据第 437 条享有的瑕疵担保权利可能因合意而被排除。

56　　当事人又新达成了排除瑕疵担保责任的合意。但是有问题的是,如果暂不考虑还会探讨的其效力问题,F 能否援引该排除条款。

因为 F 和 W 恰恰就车的技术状态达成了品质约定,F 原则上必须遵守该约定。F 援引瑕疵担保排除的约定会导致自相矛盾,因为他一方面保证是技术上无瑕疵的车,另一方面却不愿为此负责。[30] 无论如何,根据第 133、157 条的客观受领人视角,整个约定应解释为:责任的排除并不涉及第 434 条第 1 款第 1 句意义上的约定的品质。[31] 因为 W 恰恰可以以 F 对 Astra 汽车无技术瑕疵负责为出发点。

因此,本案不取决于第 444 条。所以 W 根据第 437 条享有的权利未被约定排除。

提示:第 444 条的规定恰恰与——作为本案件变型基础的[32]——联邦最高法院判决的理由是相异的,其理由是第 444 条只在特定前提下排除免责,即在恶意和保证时。单纯的品质约定并不足以满足这一条件。[33] 然而,正如上文所述,即使没有第 444 条,也可以通过对瑕疵担保责任的排除的解释(第 133、157 条)得出同样的结论,因为买受人可以以此为出发点,即出卖人就允诺之品质承担责任。[34]

(4)结论

关于要求价金返还(根据第 346 条第 1 款、第 437 条第 2 项、第 323 条第 1 款)的其他前提问题,案件变型当中并无不同。W 可以在指定期限徒过后决定解除,他可以重新要求价金的返还,但需和返还 Astra 汽车及收取的利益同时履行(第 346 条第 1 款、第 2 款第 1

---

[30] BGH NJW 2013,1074,1076;BGH NJW 2007,1346,1349。
[31] 同样的有 Staudinger/Matusche-Beckmann (2014),§444 Rn. 13。
[32] BGH NJW 2013,1074 并有评释 Schwab, JuS 2013, 831。
[33] Gutzeit, NJW 2007, 1346, 1350f.;与之类似的有 NK-BGB/Büdenbender, §444 Rn. 23。
[34] 参考 Schwab, JuS 2013, 931, 933;Gsell, JZ 2013, 423 及 BGH NJW 2007, 1346,1349。

项,第 348 条)。

2. 根据第 437 条第 3 项、第 280 条第 1 款和第 3 款、第 281 条第 1 款第 1 句、第 440 条而生的替代给付的损害赔偿请求权

60 　　根据第 437 条第 3 项、第 280 条第 1 款和第 3 款、第 281 条第 1 款第 1 句、第 440 条而生的替代给付的损害赔偿请求权不会有本质不同。

61 　　有问题的仅仅是涉及第 280 条第 1 款第 2 句时,F 关于汽车状态是"顶尖的、最好的,实际上和新的一样!"的表示是否属于第 276 条第 1 款第 1 句意义上的承担保证责任。他必须曾表明愿意就约定的品质无条件,即不取决于其可归责性负责。本案中是否如此是一个解释的问题。这一问题可以搁置不论,因为 F 尽管认识到了该瑕疵,但仍然保持沉默,所以是故意的。

62 　　**提示**:不可将以所述之表示承担担保性质的责任与第 443 条(参见下述边码 64)意义上的保证混淆。尽管也可能需在第 276 条中进行那样的考量。

63 　　W 可以在上述情况中再次要求替代给付的损害赔偿。

3. 基于质量保证的请求权,第 443 条

64 　　在无技术瑕疵的陈述中可能存在就特定品质承担保证的意思。正如第 443 条所示,(质量)保证是约定的责任承担,其与法定的瑕疵责任并列且独立于后者。前提是从出卖人 F 的表示中可以解读出相应的意思。对质量保证的解释应克制。在这一意义上的保证责任应以从买受人的视角看,出卖人至少以可推知的方式作出了这一表示为前提。单单是通常作出的、描述性的或推荐性的话语不足以满足这一条件。[35] 因为 F 并非专业人士,其表述非常普通,顶多算是推荐性的,根据第 133、157 条对其意思表示所作之解释得不出他愿意就

----

[35] 有更多引证的比如 BGHZ 132, 55, 57ff.; BGH NJW 1996, 1962, 1963。

汽车的技术状态承担和质量保证一样的责任(其他的观点和理由也是"有道理的")。此处只涉及简单的品质表述,其可能导致第434条第1款上的约定。以客观解释,F并未表达承担品质保证的意愿,也不会因此承担由此产生的责任。

(三)案件变型2:W针对H的请求权

1. 以第280条第1款、第311条第3款、第241条第2款为据的损害赔偿

W可能有对H的以第280条第1款、第311条第3款、第241条第2款为据的请求权。

(1)存在债之关系

W和作为F代理人的H之间并未成立合同。在像H这样的二手车商承担出售充作价款的二手车的经济风险的情形中,需探讨的是:①应否从第475条意义上的规避行为出发,或者②这是否会进一步导致经中间商媒介与前所有权人F之间的合同因第117条第1款意义上的通谋虚伪表示而无效,实际上在取得人(W)和中间商之间成立买卖合同。[36] 只有在对外仅仅为媒介的中间商确实承担出售的经济风险时,才会考虑这种规避行为是否存在。因为本案中F承担二手车出售失败则必须支付余款的风险,所以不存在这种规避行为。

根据第311条第2款,顾及他人权利、法益和利益的义务(第241条第2款)即便没有合同之成立及准备阶段亦可发生。然而,这会发生在进入合同缔结轨道的当事人之间。因为W不想和H缔结合同,所以第311条第2款中的事实构成选项不能满足。[37]

---

[36] 持开放态度的有 BGHZ 170, 67 Rn. 14ff. m. w. N. = NJW 2007, 759 = Faust, JuS 2007, 508。

[37] 更详尽的参见案例2,边码5及以下及边码35。

68　　此外,这种债之关系根据第311条第3款第1句亦可能在非合同当事人之间发生。根据第311条第3款第2句,尤其是在第三人被寄予特别的信任,且因此极大地影响合同的磋商和缔结的情形中。[38] 正如其文义所示,立法者在此处考虑的主要是已经被确认的代理人和专家责任(Berufshaftung)。H是汽车经销商,作为专业人士,其表述被寄予更高的信任。因为买受人W是根据其对技术状态的问询作决定的,H已经被寄予特别的信任,且其对合同缔结的影响并非微不足道。因此,W和H之间有第311条第3款意义上的债之关系。这一债之关系是否还会源自代理人H就F和W之间缔结合同的"特别的自身利益"[39],是有疑问的;但这一问题可搁置不议,因为只有H的佣金利益是不够的,又看不出来他还有什么其他利益。

(2) 义务违反

69　　H没有说明其没有检验过该车,就汽车的技术状况作出与事实不符的陈述,已经违反了第241条第2款的义务。

(3) 根据第280条第1款第2句推定可归责性

70　　根据第280条第1款第2句,可推定义务违反的可归责性。因为人们在胡乱说时就要考虑到其可能和事实不符,所以H是有间接故意的[40],其应根据第276条第1款对其义务违反负责,以致无法推翻推定。

(4) 损害

71　　损害一方面存在于缔结了不利的合同,另一方面存在于汽车的瑕疵状态。根据联邦最高法院继续有效的判例,汽车经销商作为事务管理人最终会在与出卖人一样的范围内承担损害赔偿责任。[41] 尽

---

[38] Vgl. Hk/Schulze,§311 Rn. 19ff.；Medicus/Petersen, Rn. 200ff.

[39] Vgl. Kropholler,§311 Rn. 8.

[40] Vgl. BGHZ 168, 64 = NJW 2006, 2839, 2840 m. w. N.；BGH NJW 2001, 2326, 2327 m. w. N.

[41] Vgl. Palandt/Grüneberg,§311 Rn. 66 m. w. N.

管因为 H 并非合同当事人,没有履行请求权,不会发生替代给付的损害赔偿。因此,W 可以在没有事先指定期限时,根据第 280 条第 1 款要求 H 赔偿损害。

(5)排除责任

然而,H 作为代理人和事务管理人的责任在[42]范围上受到出卖人 F 的瑕疵担保责任的限制。因此,F 和 W 之间买卖合同中的责任排除会对其有利。[43] 但是 H 就汽车的技术状况的言论是未经任何检验胡说一气的,所以让其为实际状态更糟付出代价是公平的。这一间接故意满足了第 444 条要求的恶意。根据第 166 条第 1 款这可归于 F,且对 H 而言也可排除免责条款的效力。此外,应根据第 133、157 条对免责条款重新作如下解释:其不涉及约定的品质,所以不涉及有瑕疵的给付。H 不能主张瑕疵担保责任的免除。

72

提示:除此以外,第 444 条亦可在本案中适用,因为 F 自己也是恶意行事的(参见上文边码 10)。即便 H 不曾恶意行事,根据第 166 条第 2 款,当 H 根据 F 的指示行事时,F——在自己责任的框架内——也不能作此主张。根据通说,指示的概念应作广义解释,以避免滥用的情形。只要被代理人引起了被授权人的相关行为,且虽然知悉特定的情事而未予干涉,尽管他可以这么做。F 以隐瞒事故的方式影响了出售的进程,且将交易导向特定的轨道。因此依第 166 条第 2 款,他不能援引 H 的不知情。

73

(6)结论

W 对 H 有以第 280 条第 1 款、第 311 条第 3 款、第 241 条第 2 款为据的损害赔偿请求权。

74

2. 侵权请求权

此外,还要考虑以第 823 条第 1 款、第 826 条、第 823 条第 2 款结

75

---

[42] BGHZ 87,302, 305.
[43] BGHZ 79, 281, 287f.

合《刑法典》第 263 条为据的损害赔偿请求权。由于这些请求权并非本书的主题，所以以下仅作简要提示。

76　　第 823 条第 1 款的请求权以侵害所有权为前提。因为 Astra 汽车一开始就是有瑕疵的，所以 W 从未获得过一辆无瑕疵汽车的所有权，取得有瑕疵的汽车不可能损害此前存在的所有权，所以没有侵害所有权。因为刹车的瑕疵并没有引起进一步的损害，所以也不存在所谓"侵蚀损害"（Weiterfresser Schaden）。[44]

77　　以第 826 条、第 823 条第 2 款结合《刑法典》第 263 条为据的损害赔偿请求权成立。F 的行为既满足欺诈，也满足故意悖俗加损害的事实构成。以此为据，W 可以要求处于未受欺诈时应处的状态。他肯定不会以约定的条件缔结合同。因为不能确定他是否会以其他价格购买，或者根本不会购买，或者瑕疵会不会被消除，他可以根据第 249 条第 1 款要求解消合同。

---

〔44〕　同样如此认为的有 H. P. Westermann, NJW 2002, 241, 250 m. w. N. 亦可参见案例 27, 边码 46。

案例 26 南非的铁锈

[根据《联邦最高法院民事判决集》第 168 卷第 64 页(同载于《新法学周刊》2006 年,第 2839 页)刊载的判决(BGHZ 168,64 = NJW 2006,2839)和《新法学周刊》2003 年第 517 页刊载的 Ellwangen 州法院的判决(LG Ellwangen NJW 2003, 517)改编而成。]

一、案件事实

销售助理瓦克(Wacke, W)从汽车经销商福斯特霍夫(Forsthoff, F)那里以 16500 欧元购买了一辆库存的新车,并当场支付了 1 万欧元。他在 2 月 5 日接近傍晚时在 F 处取了车。2 月 6 日,W 发现后排的车窗摇把失灵,副驾驶门上有铁锈,而且该车是在南非而非德国生产的。因为制造商的名称,W 以为该车产地在德国,但未在缔约时表达出来。不过,根据不同的媒体报道,新车制造商在南非也有工厂是众所周知的。该工厂也为德国市场生产汽车,且品质和在德国生产的并无差别。

W 要求 F 提供一辆全新无瑕疵且在德国制造的车。F 拒绝了这一要求,但表示愿意维修车窗摇把,并在其修理厂对车门进行专业修理。W 给 F 指定了两周期限,让其重新供货。F 仍然拒绝且坚持原来的立场,还说明道:重新供货要花费 2750 欧元,因为他不能将 W 购买的优惠特款车还给制造商。相反,修理费仅需要 500 欧元。在指定期限经过后,W 要求 F 支付 18000 欧元,这是他在另一个经销商哈贝勒(Haberer)那里买一辆同款新车要支付的价款,同时退还其从 F

处取得的车。F 则要求支付剩余价款,同时会修理。——谁有道理?

二、前期思考

首先要检验的是 W 向 F 主张的替代全部给付的损害赔偿请求权(第 437 条第 3 项、第 280 条第 1 款和第 3 款、第 281 条第 1 款第 1 句)。同时,W 也考虑到了他会应 F 的要求,有义务返还有瑕疵的汽车(第 281 条第 5 款、第 346 条第 1 款),这两个请求权依第 348 条需同时履行。应当在请求权检验的最后再确定这一点。

交付的汽车毫无疑问有两处物之瑕疵,F 愿意修理。必须借助第 434 条作更细致的探究,看看与 W 设想不同的生产地是否构成物之瑕疵,而这是无法修复的。

在探讨损害赔偿的前提条件时,还会遇到这样的问题:买受人 W 能否依据第 437 条第 2 项、第 439 条第 1 款,在特定之债中,依其选择,要求更换或修理,抑或此时更换自始就被排除了。

案件中的第二个问题在第 439 条第 3 款第 1 句,即 F 明确主张的 W 选择的补正给付方式的不可期待性。此处应释明何种价值关系对案件的处理是有影响的。第 439 条第 3 款的拒绝给付权对判断第 440 条第 1 句的无须指定期限也是有意义的。[1]

根据第 320 条第 1 款、第 322 条第 1 款,F 只有以剩下的排除瑕疵方式为补正给付,才能同时要求实现自己的反对请求权。

三、提纲

(一)W 对 F 的替代给付的损害赔偿请求权,第 437 条

---

[1] 作出错误判断的是 AG Leverkusen ZGS 2003,39,此处有 Schulte-Nölke 适切的评论。

第 3 项,第 280 条第 1、3 款,第 281 条第 1 款 ………… 1
1. 买卖合同,第 433 条 …………………………………… 2
2. 义务违反/瑕疵,第 434 条 …………………………… 3
   [问题:与 W 设想不同的生产地是否构成第 434 条意义上的瑕疵?]
3. 指定期限及其不必要性 ………………………………… 9
   (1) 根据第 275 条第 1 款排除更换请求权 …………… 10
   [问题:F 可以在特定之债中要求交付无瑕疵的汽车吗?]
   (2) 可实现性,第 439 条第 3 款第 1 句 ……………… 14
   [问题:补正给付何时依 439 条第 3 款第 1 句成为不可期待?]
   (3) 根据第 275 条第 2、3 款拒绝补正给付 ………… 17
   (4) 中间结论 ……………………………………………… 19
4. 结论 ………………………………………………………… 20

(二) F 要求 W 支付剩余价金的请求权,第 433 条第 2 款 … 21
1. 请求权成立 ………………………………………………… 22
2. 同时履行抗辩权,第 320 条第 1 款第 1 句 …………… 23
   (1) 双务合同 ……………………………………………… 24
   (2) 届期、完全有效的反对请求权 ……………………… 25
   (3) W 无先履行义务 ……………………………………… 26
   (4) 债务人 W 忠实于合同 ……………………………… 27
   (5) 主张抗辩权 …………………………………………… 28
   (6) 中间结论 ……………………………………………… 29
3. 结论 ………………………………………………………… 30

四、解答

(一) W 对 F 的替代给付的损害赔偿请求权,第 437 条第 3 项,第 280 条第 1、3 款,第 281 条第 1 款

1 W 可能有针对 F 的替代给付的损害赔偿请求权,数额为 18000 欧元,依据为第 437 条第 3 项,第 280 条第 1、3 款,第 281 条第 1 款,其和返还交付的汽车(第 281 条第 5 款、第 348 条)应同时实现。

1. 买卖合同,第 433 条

2 W 和 F 缔结了有效的买卖合同。

2. 义务违反/瑕疵,第 434 条

3 F 必须违反了买卖合同的义务,且依第 281 条第 1 款第 1 句,是未依约为届期的给付。F 依第 433 条第 1 款第 2 句负有给付无瑕疵汽车的义务。他交付了一辆有第 434 条意义上的瑕疵的汽车,违反了该义务。

> 提示:在瑕疵给付中可能会问,什么才真的是对损害赔偿而言重要的义务违反。如果按照第 281 条第 1 款的文义,就必须是不适约的给付(nicht vertragsmäßige Leistung)。因此,在本案中,应以第 433 条第 1 款第 2 句为准,而非以补正给付请求权为准。因为根据第 281 条第 1 款第 1 句,只有债权人为未依约履行的债务人指定了补正给付的期限(第 437 条第 1 项、第 439 条第 1 款),且该期限经过也没有效果时,债权人才能要求替代给付的损害赔偿。因此,就第 281 条第 1 款第 1 句而言,未依约给付并非针对补正给付请求权。因为其违反(不履行)还会额外要求补正给付期限徒过。在瑕疵给付中,重要的义务违反实际上是双重的。

本案中要考虑的是物之瑕疵。就此,汽车必须根据第434条第1款不具备约定的品质,或辅以不合合同预定或通常的使用来判断。

W和F并未达成第434条第1款第1句意义上的品质约定。因为该车并无第434条第1款第2句第1项和第2项意义上的影响行驶和交通安全的问题,所以适于合同预定或通常的使用。但是,瑕疵可能源自其品质偏离于同类的一般品质且不符合买受人对这一类物的合理期待(第434条第1款第2句第2项)。新车通常不能有功能障碍或其他质量瑕疵。因此,不好用的车窗摇把和副驾驶车门的铁锈构成第434条第1款第2句第2项的瑕疵。

有疑问的是,汽车在南非生产是否构成(另)一种瑕疵。因为当事人就产地并无约定,且产地也不会影响汽车的使用,所以不属于第434条第1款列举的情况。[2] 无论如何,瑕疵仍可能源自汽车的品质有偏差,比如汽车的配置和国内生产的不同。但是,案件事实既没有说存在这一情况,也没有说该车是国外首发的。不能因该车产自南非的工厂,就得出其有瑕疵的结论。

这一瑕疵必须在风险移转时存在,第434条第1款第1句。依第446条第1句,这通常发生在交付物之时。在这一时点,汽车的瑕疵已经存在。

因此,存在瑕疵给付形式的义务违反。

3. 指定期限及其不必要性

根据第437条第3项、第281条第1款第1句,在不适约履行中,原则上只有在W为补正给付指定了合理期限,且该期限徒过后,W才能要求F为替代给付的损害赔偿。W要求F交付一辆无瑕疵的新车,所以已经行使了第439条第1句的选择权。此外,他还为

---

[2] 不适当的是——在一般意义上——LG Ellwangen NJW 2003, 517, 518 结合第439条第3款的论述,即因第434条将主观瑕疵概念成文化,所以认为产地可构成瑕疵。无论如何,法院不能从买受人的陈述中看出,他特别看重产地。

F 指定了两周的期限,而该期限徒过。

(1)根据第 275 条第 1 款排除更换请求权

10　　假如要求补正给付的请求权已经因给付不能而依第 275 条第 1 款被排除了,W 指定期限就当然没有意义了。本案当中可能如此,因为这是特定之债,买卖标的物自始就限于具体的物。在这种案件中,根据一种观点,买卖合同的履行即使有瑕疵,也不能以其他的物来履行,所以给付其他无瑕疵之物通常属于第 275 条第 1 款意义上的客观不能。[3] 应做不同处理的是交付了弄错的物(同一性上的异物),因为在这种案件中,更换的请求权恰恰符合当事人的约定。[4] 在本案中,W 并未向 F 订购以种类确定的新车,而是获得了在其面前的具体的库存车。依据该观点,排除更换请求权。

11　　根据在细节上并不完全统一而现在已是通说的相反观点,至少合同标的物是第 91 条意义上的可替代物[5],且买受人显然对某个特定的物并不关注时,在特定物买卖中也可以考虑更换这种补正给付方式。[6] 因为本案中的买卖合同涉及新车,所以 K 原则上可以要求更换。因此,在结果上,联邦最高法院一致认为,更换的可能性需通过解释具体的合同才能释明,即便在旧物中原则上也存在买受人获得尽可能相似品质的其他旧物的利益。[7]

12　　因为两种观点会导致不同的结果,需要就该争议作一决断。特定之债的教义反对更换请求权。该教义必须尽可能调整,以适应以大规模生产和标准化为特征的当代经济现实。[8] 因为究竟是特定之

---

[3] Ackermann, JZ 2002, 378, 379; Huber, NJW 2002, 1004, 1006; Petersen, Jura 2002, 461, 462; Pfeiffer, ZGS 2002, 23, 29; Wieser, MDR 2002, 858, 860.

[4] Bamberger/Roth/Faust, §439 Rn. 27.

[5] LG Ellwangen NJW 2003, 517; Bitter/Meidt, ZIP 2001, 2114, 2119; Canaris, Schuldrechtsmodernisierung 2002, S. XXIV; Gsell, JuS 2007, 97; Jauernig/Berger, §439 Rn. 24ff.; Oechsler, §2 Rn. 140; 与之类似的有 Begr. zum RegE, BT-Drs. 14/6040, 209。

[6] Palandt/Weidenkaff, §439 Rn. 15 m. w. N.; H. Roth, NJW 2006, 2953, 2955f.

[7] BGHZ 168, 64 = NJW 2006, 2839, 2841 m. w. N.

[8] 在这一意义上论述的有 Reinicke/Tiedtke, Rn. 423ff.。

债还是种类之债,通常仅仅是由缔约时的偶然情事决定的:如果买受人自己从庞大的库存中挑出一个(大多是)可替代物,拿着它去结账,则属于特定之债。相反,如果他获得的是交到他手上的某种物,则需以种类之债为出发点。显而易见,更换请求权不可取决于这种偶然事件。最终,这也会被证明是无关紧要的,因为根据立法者有意的决定,法典在第 437 条第 1 项和第 439 条第 1 款处不再区分特定之债和种类之债了。[9] 因为旧物买受人原则上有替代瑕疵之物,获得品质上尽可能相似的其他旧物的利益,所以根据通说,更换请求权原则上应得到肯定。但其在个案中存否应取决于当事人约定的解释,尤其是买受人的意愿并不限于取得完全确定的一个物,而出卖人也原则上有能力补正给付。因为 W 在本案中是从商人那里购买的新车,他原则上可以要求其提供一辆无瑕疵的汽车,该车应和已经购买的车的所有其他配置相同。(其他观点亦有道理)

提示:人们不能以如果 F 恰好根据第 439 条第 3 款或第 275 条第 2 款可以拒绝这种类型的补正给付,所以就以这一争议毫无必要为由,就置该争议不顾而拒为决断。本案仅考虑了修理这种补正给付(马上要讨论);根据案件事实,至少在专业的工厂里可以修理。根据第 439 条第 1 款的文义,修理请求权不必由债务人亲自实现,他可以委托一个修理厂处理。[10] 因此,并不存在第 275 条第 1 款意义上的修理不能。 13

(2)可实现性,第 439 条第 3 款第 1 句

还需要检验的是 W 更换的请求权是否可实现。因为 F 依第 439 条第 3 款第 1 句拒绝更换,因为他认为只有付出不成比例的费用才能实现,所以要检验第 439 条第 3 款第 1 句的前提条件。 14

---

[9] BGHZ 168,64 = NJW 2006, 2839, 2841 m. w. N.
[10] Begr. zum RegE, BT-Drs. 14/6040,232,和第 439 条第 3 款的拒绝给付权一道(就此参照边码 14 及以下)。

15 更换需要花费 2750 欧元。这一成本是否过巨，依第 439 条第 3 款第 2 句，应综合考虑汽车若无瑕疵时的价值、瑕疵的意义、其他种类补正给付，即修理的可能性来判断。案件事实没有交代汽车若无瑕疵时的价值，若不考虑初次使用一般会导致的约 15% 的贬值，可推定其和售价相当。修理在本案中是可能的，只需要 F 花费 500 欧元，就可完全排除瑕疵。

16 学说和司法裁判都会建议，不可期待的界限应类同第 251 条第 2 款获知。根据该规定，其取决于补正给付的成本和买卖物价值的比例关系，不可期待的界限一般在买卖物价值的 130%（或 150%），也许还可以辅以瑕疵贬值的 200%。[11] 本案没有达到这一界限，但是单单这一界限也未必是决定性的：因为根据第 439 条第 3 款第 2 句，还需考虑瑕疵的意义和在不给买受人带来显著不利时能否诉诸其他种类的补正给付。尽管买受人 W 会有一辆修理过的新车，但这毋宁在非财产领域侵害他的利益，而非在标的物的使用方面。如果人们还考虑到，本案中更换的费用是修理费的 550%，则应承认依第 439 条第 3 款第 1 句，更换是不可期待的。[12]

提示： 此外，根据欧洲法院[13]判决，作为第 439 条第 3 款基础的《消费品买卖指令》中的费用不成比例是以其他种类的补正给付为参照的，也就是说它是相对的。所谓"绝对"的不成比例是被排除的，但是指令在补正给付费用极高和其他种类的补正给付不能时，认为不应排除买受人分担费用。联邦最高法院以对第 439 条第 3 款作合指令解释的方式遵从这一观点。但是由此产生的法律状况是极为令人不满的，因为出卖人有时只有在分担费用时才必须补正，但是又不可要求得太多。

---

[11] 这一数额规定，参见 LG Ellwangen NJW 2003, 517, 518; Bitter/Meidt, ZIP 2001, 2114, 2121f.; Jauernig/Berger, §439 Rn. 30.

[12] 在结论上相同的是 LG Ellwangen NJW 2003, 517,518.

[13] EuGH NJW 2011, 2269.

(3) 根据第 275 条第 2、3 款拒绝补正给付

因为第 439 条第 3 款的拒绝给付权不受第 275 条第 2 款和第 3 款影响,所以还需要补充检验的是: F 是否也可根据第 275 条第 2 款因与之相关的费用的不可期待性而拒绝更换。就此,考虑到买卖合同的内容和诚实信用的要求,补正给付成本必须与 W 就补正给付存在的利益严重不成比例。这一要求必须要比体现同样法律思想的第 439 条第 3 款第 1 句[14]的特殊规定更高,否则该条文就变得多余了。因为第 439 条第 3 款推荐的界限都尚未达到,而其他非财产性且足以正当化其他判断的事由也未可见,同时,至少对汽车经销商而言一般是很容易识别的铁锈暗示其有可归责性,所以 F 并无依第 275 条第 2 款拒绝给付的权利(其他观点亦有道理)。

提示:因为 F 不必亲自修理,所以第 275 条第 3 款的抗辩权当然被排除。人们最好根本不要提及它。

(4) 中间结论

因为 F 可以依据第 439 条第 3 款第 1 句拒绝更换,W 指定期限的目的就落空了。W 只能依据第 439 条第 1 款要求修理,而 F 也主动提出了这一点。因此,指定期限并未因第 281 条第 2 款或第 440 条第 1 句而变得无关紧要。

4. 结论

W 并无要求 F 为替代给付损害赔偿的请求权。

(二) F 要求 W 支付剩余价金的请求权,第 433 条第 2 款

F 可能有要求 W 支付剩余价金 6500 欧元的请求权。

1. 请求权成立

就此必要的买卖合同存在,且产生了数额为 16500 欧元的请求

---

[14] 同样的有 Begr. zum RegE, BT-Drs. 14/6040, 232。

权,其因 F 已经支付了 1 万欧元而根据第 362 条第 1 款而部分消灭。剩余的请求权依第 271 条第 1 款届期。

2. 同时履行抗辩权,第 320 条第 1 款第 1 句

23　　需检验的是,W 能否依第 320 条第 1 款,让支付价金和排除瑕疵相互依赖。

(1)双务合同

24　　在买卖合同中,出卖人依第 433 条第 1 款负担的义务和买受人依第 433 条第 2 款负担的义务处于对待关系之中。尤其是 F 根据第 433 条第 1 款第 2 句负有无瑕疵给付的义务。

(2)届期、完全有效的反对请求权

25　　如上文(边码 9 及以下)确定的,W 依据第 437 条第 1 项、第 439 条第 1 款享有的补正给付请求权在本案中仅有修理。该请求权根据第 271 条第 1 款已届期,且原则上有完全效力。

(3)W 无先履行义务

26　　因为没有相关约定,W 并无先履行的义务。

(4)债务人 W 忠实于合同

27　　根据目前的通说,第 320 条的抗辩权不成文的前提条件是债务人自己要忠实于合同行事,即愿意严守合同。实质上并无差别的是人们亦可如此考虑,即不忠实于合同会导致根据权利滥用的观点排除该抗辩权。[15] 本案就此存在疑问,因为 W 欲借第 281 条第 1 款第 1 句摆脱合同,尽管其前提并不存在(见上文边码 9 及以下)。当然并没有反对说,W 在明确了真实的法律状况后,没有再次忠实于合同行事(其他观点亦有道理,据此,第 320 条应被排除适用)。最后可以认为他是忠实于合同的,因为 F 是按照第 320 条、第 322 条第 1 款表述其请求权的。

---

〔15〕参考其他更多的证明 MünchKomm/Emmerich, §320 Rn. 37; Palandt/Grüneberg, §320 Rn. 6。

(5)主张抗辩权

因为 F 在提出的要求中同时顾及了抗辩权,所以 W 不必再主张抗辩权了。

(6)中间结论

W 可以在 F 实现排除瑕疵前,依据第 320 条第 1 款拒绝支付剩余的价款,且应依第 322 条第 1 款被判决同时履行。

3. 结论

根据第 433 条第 2 款、第 320 条第 1 款、第 322 条第 1 款,F 可以在排除瑕疵的同时,要求 W 支付剩余价款。

案例 27　失败、倒霉和地砖!

[根据《欧洲法院判决集》2011 年第一卷第 5257 页(同载于《新法学周刊》2011 年第 2269 页 Weber und Putz 案)(EuGH Slg. 2011, I-5257 = NJW 2011, 2269-Weber und Putz)、《联邦最高法院民事判决集》第 192 卷第 148 页(同载于《新法学周刊》2012 年底 1073 页 Fliesen 案)(BGHZ 192, 148 = NJW 2012, 1073 – „Fliesen")、《联邦最高法院民事判决集》第 189 卷第 196 页(同载于《新法学周刊》2011 年第 2278 页)(BGHZ 189, 196 = NJW 2011, 2278)的案例改编而来]

一、案件事实

凯·库马(Kai Kummer, K)很久之前就想装修一下自己的住宅。因此,一个春天的上午,他去了沃克·沃格(Volker Voigt, V)经营的当地建材市场。在地板部,他在表面印有鱼骨图案的整包装木地板前驻足不前,他非常喜欢这款木地板。因为他主要想在花园度过一年里暖和的时节,所以决定在其南草坪上铺设新地板。他以 700 欧元的价格买了五整包"Italo"牌的原石地砖(Natursteinfliesen),然后就用租来的拖车将其拉回家,并在当天就铺好了。

但是新布设的南方风情带来的喜悦并未持续太久:短短数日后,地砖上就出现了气候所致的巨大裂痕。修理是不可能的。K 后来发现,因为生产商的疏忽,V 将一款类似但只能用于室内的地砖错装了,所以它们一开始就不具备外包装上显示的室外使用的性能。K 非常恼火,怒气冲冲地打电话给 V,要求他发送和安装新的无瑕疵的地砖,并拆卸和处理K自己铺设的损坏了的地砖。

V拒绝给K铺上新地砖,因为重新发货和重新铺设总共需多花费3000欧元。V认为这"太过分"了,而且责任完全在制造商那儿,而自己对地砖的易损性毫无过错。即便对已经铺设的有瑕疵的地砖,V也什么都不想做,因为铺设地砖完全是K的事情。如果V无论如何还是有义务的话,也必须是K自己上门来取,因为一开始就没有约定V的送货义务。此外,K已经使用了有瑕疵的地砖多日,他要求获得相应的补偿。

K坚持自己的诉求。万不得已,他也至少要从V那里要回自己的钱——至少是当中的一部分。

1. K可以对V作何要求?

2. 假如K在铺设地砖前就注意到了瑕疵,他可以要求V将新地砖送到家中吗?

二、前期思考

尽管该案例涉及消费品买卖中的瑕疵责任这一在初学的大课上就作为题目的问题,但是该案例并不简单。因为本案的考察对象是补正给付请求权的确切范围及第439条第1款的解释。范围究竟为何,需从V和K在案件中交相进行的论辩中推出。原则上,人们只能简单地予以考虑。

第439条是为了将《消费者买卖指令》第3条转化为国内法而来的,所以不回溯到欧盟法的预先规定是不行的。因此,联邦最高法院会将该问题提交欧洲法院,然后将其作为国内法问题作出判决。这当中确实存在困难——人们必须知道所有的情形,还需要了解涉及条文的内容,否则很难有所获。很遗憾,德国的立法者至今没有解决这个问题,因此该案件只是被吸收进了案件汇编中。因为欧洲法院和联邦最高法院关于补正给付请求权的判决是欧洲补充法

（Sekundärrecht）和国内法重合的典范，所以首先在检验上是非常重要的。

与本案相关的《消费品买卖指令》第3条的内容如下：

"（3）只要并非不能或不成比例，则消费者首先可以要求出卖人无偿修理消费品或无偿更换。

如果救济手段会给出卖人带来如下的费用，则该救济手段被视为不成比例的：

——考虑到消费品不存在不适约情况时的价值

——顾及不适约的意义并

——衡诸这一问题，即其他救济手段是否在不给消费者带来显著不便的情况下，可诉诸其他救济手段，

与其他救济手段相比后该救济手段是不可期待的。

修理或更换必须在合理的期限内，且不会给消费者带来显著不便，就此需考虑消费品的种类及消费者需要消费品的目的。

（4）在第2款和第3款中涉及的'无偿'概念包括保持消费品适约状态的一切必要费用，尤其是发送、劳务和材料费。"

与在联邦最高法院发动原初程序的案情不同的是，本案中K尚未采取必要的措施。因此，人们在本案中必须检验补正给付请求权，而不仅仅是费用补偿的问题。此外，还要探讨K是否有义务偿还破损地砖的用益，这也是当事人讨论的问题。

第二个问题涉及补正给付的履行地点。在初始案例中和铺设问题重合，因此主要在买受人要求排除瑕疵时，该问题的意义才会显现。

三、提纲

（一）问题1：K对V的请求权

    1. K对V的补正给付请求权，第437条第1项、

第439条第1款 ·················· 1
(1)请求权成立 ·················· 2
　①买卖合同,第433条 ········· 3
　②风险转移时有瑕疵,第434条 ······ 4
　③补正给付义务的种类和范围 ······· 5
　　A. K的选择权 ············· 6
　　B. 补正给付的范围 ··········· 7
　　　a. 拆除和处理破损的地砖 ······ 8
　　　b. 铺设无瑕疵的地砖 ········ 11
　　　c. 先运送无瑕疵的地砖 ······· 12
　　C. 中间结论 ·············· 13
　④结论 ················· 14
(2)请求权可实现 ················· 15
　①第320条第1款的留置权 ········ 16
　②第439条第3款的留置权 ········ 18
(3)结论 ···················· 22

2. K对V的偿还价金请求权,第437条第2项第1
种情况、第323条第1款、第346条第1款 ······ 23
(1)K的表示 ·················· 24
(2)解除事由 ·················· 25
　①双务合同 ················ 26
　②瑕疵给付 ················ 27
　③指定期限 ················ 28
(3)未被排除 ·················· 29
(4)第348条、第320条第1款的留置权 ······· 30
(5)结论 ···················· 31

3. K对V的返还部分价金请求权,第437条第2项
第2种情况、第441条第4款、第346条第1款 ······ 32

  4. K 对 V 的损害赔偿请求权,其依据为第 437 条第 3 项第 1 种情况、第 280 条第 1 款、第 281 条第 1 款第 1 句第 2 种情况 ··· 33

  5. K 以第 823 条第 1 款为据的请求权 ························ 34

  6. 结论 ··· 35

(二)问题 2:K 对 F 的补正给付请求权,第 437 条第 1 项、第 439 条第 1 款 ··· 37

  1. 请求权成立 ·· 38

  2. 请求权内容和补正给付的地点 ···························· 40

  3. 结论 ··· 45

四、解答

(一)问题 1:K 对 V 的请求权

  1. K 对 V 的补正给付请求权,第 437 条第 1 项、第 439 条第 1 款

1   K 可能有对 V 以第 437 条第 1 项、第 439 条第 1 款为据的,要求供给和铺设新的无瑕疵地砖,并拆除和处理有瑕疵地砖的请求权。

  (1)请求权成立

2   就此,该请求权必须成立,V 必须因当事人缔结的买卖合同向 K 给付了有瑕疵的地砖。

  ①买卖合同,第 433 条

3   K 和 V 签订了以 700 欧元购买五整包原石地砖的买卖合同(参照第 433 条)。因为 V 原本没有对 K 负铺设地砖的义务,所以当事人间不成立第 631 条意义上的承揽合同。没有明显的效力阻却事由。由于买卖法中瑕疵责任的优先性,自始排除 K 因性质错误(第 119 条第 2 款)享有的撤销权。

②风险转移时有瑕疵,第 434 条

地砖必须在风险移转,即交付时,是有瑕疵的(参照第 434 条第 1 款第 1 句、第 446 条第 1 句)。因为本案中,和制造商在包装上标识的不同,该地砖不能在室外使用,所以存在第 434 条第 1 款第 1 句意义上的瑕疵。此外,双方当事人必须就地砖可适用于室外达成合意。尽管他们就此没有协商,但是根据制造商在包装上的陈述,该地砖应可在室外使用。V 必须让制造商的这一陈述也归于自己,以至于在 K 看来,他已经和 V 就地砖可在室外使用达成了合意(参照第 133、157 条)。至少,该地砖欠缺 K 依制造商在包装上的陈述(根据第 434 条第 1 款第 2 句第 2 项结合第 3 款)可期待的性质。地砖在制造商封装时就欠缺该性质,所以在风险转移时也还存在,所以不取决于第 476 条的推定和作为其前提的消费品买卖存在(第 474 条第 1 款)。

③补正给付义务的种类和范围

尚需释明的是 V 依据第 439 条第 1 款承担的补正给付义务的种类和范围。

A. K 的选择权

在补正给付请求权中,买受人原则上可以在出卖人修理和更换之间作出选择(第 439 条第 1 款)。本案中,K 明确要求供给新的无瑕疵的地砖。因为修理也不可能(参照第 275 条第 1 款),K 的请求权自始就限于更换。

B. 补正给付的范围

但是尚有疑问的是,K 是否能够在供给新的、无瑕疵的地砖之外,要求 V 拆除和处理 K 自己铺设的破损建材,并铺设新的地砖。这取决于第 439 条第 1 款第 2 种情况规定的补正给付义务的范围。

a. 拆除和处理破损的地砖

从文义上看,"供给无瑕疵的物"(第 439 条第 1 款第 2 种情况)并不当然包括出卖人拆除此前给付的有瑕疵的物和处理它。需要问的毋宁是这是否已经被规范的文义覆盖,抑或这种解释已经超越了违背法律(contra-legem)的边界。[1] 此外,第 439 条第 1 款的补正给付请求权只是改变了原给付请求权,在本案中主要意在创设地砖的占有和所有权(第 433 条第 1 款第 1 句)。某种与照顾权利对应的根据第 439 条第 4 款结合第 346 条第 2 款的出卖人的照顾义务并不存在,因为地砖随着铺设已经成为土地的重要成分(参考第 346 条第 3 款第 1 项、第 946 条、第 94 条第 1 款)。不会从第 439 条第 2 款中产生拆除和处理有瑕疵建材的请求权,该款以补正给付请求权成立为前提。

9　　依据欧洲法院的判决,联邦最高法院仍然在消费品买卖(第 474 条第 1 款)中承认出卖人根据第 439 条第 1 款第 2 种情况的补正给付义务包含拆除和运走瑕疵物的义务。这源自欧洲法院的判决,考虑到对第 439 条第 1 款第 2 种情况作出的合指令解释。欧洲法院在"Weber/Putz"案中认为,让消费者自己承担拆除和处理破损的买卖物违背了《消费品买卖指令》第 3 条第 3 款。[2] 在这一案件中,补正给付不仅欠缺必要的无偿性,还给买受人带来了极大的不便。这两方面都会阻止买受人主张自己的权利,从而与指令追求的高水平保护消费者目的相悖。[3] 同样重要的是,《消费品买卖指令》第 3 条第 4 款的"无偿"恢复到适约状态还主要包括了出卖人承担发送、劳务和材料费用的义务,可这一列举并非完整的("尤其")。因此,根据欧洲法院的观点,原则上包括了拆除和处理的费用。[4]

10　　联邦最高法院以欧洲法院对《消费品买卖指令》第 3 条第 3、4 款

---

〔1〕 对国内法的解释边界是可能的文义,法律适用者受其拘束,且由于权力分立原则下立法者作出的决定,解释者不可以自己的意志取代立法者的意志,参照 Herresthal, EuZW 2007,396,399f.;与此相反,文义不构成对合欧盟补充法解释和法律续造的限制,因为此处欧盟共同决定的整体法秩序才是有决定意义的,Herresthal, EuZW 2007,396,400 以及 Herresthal,JuS 2014, 289, 291ff.。
〔2〕 EuGH Slg. 2011, I-5257 = NJW 2011, 2269-Weber und Putz.
〔3〕 EuGH NJW 2011, 2269 Rn. 47ff. -Weber und Putz.
〔4〕 EuGH NJW 2011, 2269 Rn. 59ff. -Weber und Putz.

解释对《民法典》第 439 条第 1 款第 2 种情况作出解释。[5] 在法庭看来[6]，这种广义的解释并不违背德语的转化，因为"供给"（Lieferung）概念只是描述出卖人应履行哪些补正给付义务，和价值判断并不对立。[7] 此外，正如第 439 条第 4 款表明的那样，"供给无瑕疵之物"的概念也包含了某种更换的因素。[8] 拆除和运走——至少在本案涉及的消费品买卖中——也属于出卖人的补正给付义务（第 439 条第 1 款第 2 种情况）。

b. 铺设无瑕疵的地砖

此外，V 对 K 的补正给付中还包括铺设新的、没有瑕疵的地砖，尽管他刚开始对 K 并不负有安装义务，且 K 是自己铺设的。这源自对第 439 条第 1 款第 2 种情况的合指令的解释，因为如果让 K 自己承担重新铺设地砖的费用，会给作为消费者的 K 带来极大的不便，从而违反了《消费品买卖指令》第 3 条第 3 款中的无偿要求。同样的道理也适用于拆除和处理有瑕疵的物（见上文边码 9）。尤其是让买受人第二次承担的若出卖人适约履行只会发生一回的铺设地砖的费用和付出的努力对其是不可期待的。[9] 本案中，联邦最高法院也偏离了早前在"整装木地板案"[10]判决中的立场，而遵循了欧洲法院的有拘束力的解释结果。这同时也导致出卖人在这类安装案

11

---

[5] BGHZ 192, 148 = NJW 2012, 1073 - „Bodenfliesen"，有评注的参见 Faust, JuS 2012, 456。

[6] 持批评态度的有 Herresthal, JuS 2014, 289, 295，其对联邦最高法院认定存在违反计划的规则漏洞表示怀疑，法院认为这存在漏洞是源于德国立法者对《消费品买卖指令》第 3 条第 3 款的错误理解。

[7] BGHZ 192, 148 = NJW 2012, 1073 Rn. 26ff. m. w. N. - „Bodenfliesen"

[8] BGHZ a. a. O. Fn. 7. 欧盟指令 1999/44 的德语版本使用的"更换"（Ersatzlieferung）引起了补正给付义务的狭义理解，而其他语言翻译的版本，如法语中的"remplacement"，英语中的"replacement"，西班牙语中的"sustitución"会容纳一种更广的含义，参照 EuGH NJW 2011, 2269 Rn. 54。

[9] BGH NJW 2011, 2269 Rn. 47ff. ; BGHZ 192, 148 = NJW 2012, 1073, Rn. 25ff. -„Bodenfliesen"。

[10] BGHZ 177, 224 = NJW 2008, 2837 -Parkettstäbe，有评论的 Faust, JuS 2008, 933。

中,在买受人使用了取得的建材时,要整体满足补正给付请求权。第269条第1款规定的是根据债务性质确定履行地,即有独特性的消费品买卖。

c. 先运送无瑕疵的地砖

12　　此外,在时间上先于铺设本身有疑问的是,V 是否必须将新的地砖运送到 K 处。因为补正给付请求权仅仅是变形的请求履行的权利,所以会有这样一个问题,即如何满足补正给付请求权(关于这一问题更详尽的讨论是问题 2,边码 40 及以下)。本案中,V 为无偿补正给付的广泛义务——既包括拆除有瑕疵的地砖,也包括安装无瑕疵的地砖(边码11)——必然会导致 V 有义务运送无瑕疵的地砖给 K。因此,在像本案这种"装修案"中,补正给付的履行地点根据第269条第1款应进行统一回答,即在消费品买卖中,应在买受人装修取得物之处。

C. 中间结论

13　　第439条第1款第1句第1种情况的补正给付请求权根据合指令的适用,不仅包括运送新的无瑕疵的地砖和在买受人处安装,还包括拆除和处理由买受人铺设的破损地砖。

④结论

14　　K 对 V 的补正给付请求权在其提及的范围内成立。

(2) 请求权可实现

15　　K 的补正给付请求权还需要是可实现的。

①第320条第1款的留置权

16　　V 可能可主张对 K 的价值偿还的反对请求权,其法律依据为第439条第4款、第346条第2款第1句、第348条结合第320条第1款第1句,因为 K 已经使用了数周破碎的地砖。但是这违背了第475条第5款第1句,该规定完全排除了消费品买卖中消费者的一切用益偿还义务。

提示：在"Quelle案"的判决中，欧洲法院[11]应联邦最高法院的提请，在预决程序(Vorabentscheidungsverfahren, Art. 267 AEUV)对买受人在《消费品买卖指令》适用范围内承担用益偿还义务是否符合该指令的问题作出了否定回答。联邦最高法院遵循欧洲法院的判决，首先对《民法典》第439条第4款作合指令的限缩解释。尔后，德国的立法者以引入现行第475条第5款第1句的方式予以回应，以让合指令的法律续造不再必要。

②第439条第3款的留置权

V还对K主张补正给付引起的费用不成比例，所以需考虑第439条第3款第3句第2半句因绝对不成比例的留置权。这也是法律文义涵括的。

然而有疑问的是这样的拒绝给付权和《消费品买卖指令》第3条第3款第2支款如何协调，后者只规定了相对不成比例(可与第439条第3款第3句第1半句对比)。指令中规定的不可期待且因此不成比例的仅仅是和其他救济选项相比，显然会给出卖人带来更高费用的救济手段。因此，联邦最高法院根据欧洲法院的判决，否认《民法典》第439条第3款第3句与欧盟1999/44号指令第3条是协调的，因为作为补正给付次生救济的合同解消和减价都无法保证消费者享有的保护能够达到第439条第1款所能给予的水平。[12]

但是，根据联邦最高法院的观点，直至法律作出变动之前，在出卖人因唯一可能的补正给付(更换)的费用过高而享有拒绝给付权时，可通过对第439条第3款的目的性限缩[13]，让消费者可以要求出

---

[11] EuGH Slg. 2008 I-2713 = NJW 2008, 1433 Rn. 34- Quelle-AG/Bundesverband der Verbraucherzentralen und Verbraucherverbände, 有评注的参见 Faust, JuS 2008, 652。

[12] BGHZ 192, 148 = NJW 2012, 1073, Rn. 25ff., 48-„Bodenfliesen"。

[13] BGHZ 192, 148 = NJW 2012, 1073, Rn. 33 -„Bodenfliesen"承认作为合指令的法律续造的前提的德国法律规定的违背计划的不完整性。为了作合指令的法律续造，需要通过"体系违反"来弥补"违背计划性"，因为德国立法者的计划违背了欧洲法律更优位的计划。就此，参照 Herresthal, EuZW 2007, 396, 398ff.。

卖人补偿合理的费用；于此，消费者因第 439 条第 1 款享有的权利不可被架空。[14] 因为欧洲法院明确认为这是可以的。[15] 在该判决中，消费者在执行工作前就有权要求出卖人预付该合理比例的费用，这是源于《消费品买卖指令》的要求。[16] 在计算出卖人要支付的费用数额时要考虑物瑕疵状态时物的价值、瑕疵的意义。司法裁判并未发展出确定合理的费用分担的界限值或标准值，因为这是立法者的任务。[17]

21　　联邦最高法院合指令的法律续造在国内法学方法的各种可能性中是否能够站得住脚，抑或是已经超越了法律的边界，是有疑问的。[18] 在转化《消费品买卖指令》过程中，转化欧洲法院的判决并未发生。总的来说，可能的选择将是，要么第 439 条第 3 款完全不再能适用，要么坚持此前违反欧盟法的实践。此处还有的疑虑是，第 439 条第 3 款是不是真的包含违反规划的规则漏洞，就像联邦最高法院想论证的那样，因为这种漏洞与其说会存在于第 439 条第 3 款中，毋宁说第 474 条及以下条文缺乏对该规范的限制。无论如何，存在违反计划的对《消费品买卖指令》的偏离，而立法者相信应用 439 条第 3 款正确的转化指令。即便第 439 条第 3 款和第 474 条并未显示有狭义的规范漏洞，也应允许合指令的矫正。

（3）结论

22　　K 有要求 V 合理分担在排除瑕疵中产生的费用的请求权。

2. K 对 V 的偿还价金请求权，第 437 条第 2 项第 1 种情况、第 323 条第 1 款、第 346 条第 1 款

23　　K 可能有要求 V 返还其支付的 700 欧元的请求权，其请求权基

---

[14] BGHZ 192,148 = NJW 2012, 1073, Rn. 35f. , 53ff. - „Bodenfliesen"
[15] EuGH Slg 2011, I-5257 = NJW 2011, 2269 Rn. 73ff. - Weber und Putz.
[16] BGHZ 192,148 = NJW 2012, 1073, Rn. 27,49-„Bodenfliesen"
[17] BGHZ 192,148 = NJW 2012, 1073, Rn. 51ff. -„Bodenfliesen"
[18] 批评意见如 Herresthal, JuS 2014,289,295。

础为第 437 条第 2 项第 1 种情况、第 323 条第 1 款、第 346 条第 1 款。就此,他必须有效地解除了合同。

(1) K 的表示

第 346 条第 1 款中的解除表示体现在本案中为 K 对 V 的要求,即希望取回"他的钱"。(参考第 133、157 条)

(2) 解除事由

此外,需要有解除事由(参照第 346 条第 1 款)。本案中的事由可能来自于第 323 条第 1 款第 2 种情况。

①双务合同

V 和 K 之间买卖五整包原石地砖的合同是第 323 条第 1 款意义上的有牵连性的合同。

②瑕疵给付

V 必须瑕疵履行了其对 K 的买卖合同中的义务(参考第 433 条第 1 款第 2 句)。因为 V 并未将适于室外的地砖所有权移转给 K,而是将适于室内的地砖给了 K,所以确实构成瑕疵履行。

③指定期限

然而,根据案情,K 并未给 V 指定补正给付的合理期限(第 323 条第 1 款)。但是,在补正给付请求权限于要求合理分担费用时,根据第 440 条第 1 句第 3 种情况,指定期限是没有必要的,因为第 439 条第 1 款请求权的削弱对自己必须承担部分费用的消费者而言,是极为不便的,因此对其是不可期待的。[19]

(3) 未被排除

K 的解除权既没有根据第 323 条第 5 款第 2 句,也没有根据第 323 条第 6 款被排除。

(4) 第 348 条、第 320 条第 1 款的留置权

如果 K 对 V 有返还破损地砖以及价值偿还的义务,则 V 可能有

---

[19] BGHZ 192,148 = NJW 2012, 1073, Rn. 48ff. -„Bodenfliesen".

以第348条、第320条第1款为据的留置权。因为铺设,地砖成为土地的重要成分,原状返还无论如何被排除了(参照第346条第1款、第946条、第93条、第94条第2款)。然而,依据第346条第2款第1句第2项,K可能有价值偿还的义务。尽管铺设地砖并非第950条意义上的"加工",但其排除的理由可类推适用于本案中的附合,因为本案中若不严重破坏地砖无法返还原物。但是,K的价值偿还义务可能因第346条第3款第3项被排除。作为法定解除权的优待,原则上第346条第2款第3项的排除事由亦可类推适用于第346条第2款第2项的情形中。[20] 因此,K没有偿还破损地砖价值的义务,且依据第475条第5款第1句没有偿还短期使用利益的义务。

(5)结论

31　　K有要求V返还700欧元价金的可实现的请求权,其依据是第346条第1款。

3. K对V的返还部分价金请求权,第437条第2项第2种情况、第441条第4款、第346条第1款

32　　K可能还有要求V返还其支付的700欧元这部分价金的请求权,其依据为第437条第2项第2种情况、第441条第4款、第346条第1款。第441条第1款意义上的表示可以从K要求返还价金的要求中看出来(参考第133、157条)。解除的前提条件已经满足(见上文),所以K可以替代解除,要求V返还减价后的价金。因为本案中破损的地砖不值一名,价金依据第441条第3款减为零。V的反对请求权不成立,参考边码34。

4. K对V的损害赔偿请求权,其依据为第437条第3项第1种情况、第280条第1款、第281条第1款第1句第2种情况

33　　K要求V赔偿损失的请求权在本案中不成立,因为V既然无须

---

[20] Bamberger/Roth/Faust, §346 Rn. 55.

对瑕疵负责,也无须对补正给付中的不履行负责,所以涉及这两者,他都可以免责(参照第280条第1款第2句;《民事诉讼法》第292条)。尤其是不能通过出卖人V知道外包装上显示可用于室外的原石地砖实际上只能用于室内认为其有过失(第276条第2款)。因为制造商生产包装地砖并非在商人V的权利和义务范围内活动,不能视作V的履行辅助人,所以也不能将制造商的过错通过第278条归属于V。案情中也没有给出V就补正给付费用过高需负责的依据,因此应以其成功免责为出发点。

5. K以第823条第1款为据的请求权

因为K从未从V处取得无瑕疵的地砖的所有权,所以K对V以第823条第1款为据,因侵害所有权而生的请求权不成立。"继续侵蚀性瑕疵"在本案中并不存在,所以没有讨论这一问题的必要。

34

6. 结论

K可依据对第439条第3款的合指令法律续造,要求V适当分担更换的费用。作为替代选择,他也可依第437条第2项第1种情况、第323条第1款第2种情况、第346条第1款要求返还支付的700欧元价款,或根据第437条第2项第2种情况、第441条第4款、第346条第1款要求返还部分价款。《消费品买卖指令》第3条第3款必然引起K的选择权,该规定禁止使出卖人在更换时蒙受巨大的不便——如要求其分担补正给付的费用。[21]

35

提示:接着要注意的是,上述有关更换中铺设和拆除费用的判决只是在第474条及以下的适用范围内,即消费品买卖中有效。不可转用于其他买卖合同——例如消费者之间或经营者之间的合同。[22] 虽然德国立法者意图让第439条适用于所有"类

36

---

[21] BGHZ 192,148 = NJW 2012, 1073, Rn. 35ff. , 53ff. -„Bodenfliesen".

[22] BGHZ 195,135 = NJW 2013,220 Rn. 17ff. m. w. N. - „EPDM-Granulat",附评注的是 Looschelders, JA 2013, 149。

型"的买卖合同[23],但因前述引起的第 439 条的"分裂的解释"只能由立法者解决(或者维持现状)。

(二)问题 2:K 对 F 的补正给付请求权,第 437 条第 1 项、第 439 条第 1 款

37 再次涉及 K 对 F 的以第 437 条第 1 项、第 439 条第 1 款为据的补正给付请求权。

1. 请求权成立

38 为了让该请求权成立,V 必须因双方缔结的买卖合同向 K 给付了有瑕疵的地砖。

39 正如在初始案件中确认的那样,K 原则上可以要求 V 更换无瑕疵的地砖。

2. 请求权内容和补正给付的地点

40 然而有疑问的是,V 是否必须将新的地砖运送至 K 家。反对的首要理由是第 439 条第 1 款的补正给付请求权作为履行权利的变形,所以只是替代了原来的移转所有权请求权(第 433 条第 1 款),原则上不能超出原本负担的内容。因此,有一种观点认为补正给付的地点始终应在原履行地[24],在本案中就是 B 的建材市场,K 在此处付款并取走了货物。

41 然而,这种观点没有注意到,补正给付请求权在其范围上并不一定和第 433 条第 1 款的原给付请求权完全一致,而正因为出卖人第一次履行尝试失败而有所改变。负担的义务是嗣后创设给付物无

---

[23] BGHZ 195,135 = NJW 2013,220 Rn. 17ff. m. w. N. - „EPDM-Granulat".
[24] Unberath/Cziupka, JZ 2009, 313;区分处理的有 Reinking, NJW 2008, 3608, 3610f. 。

瑕疵的状态。[25] 由于原给付请求权和补正给付请求权并非一定一致，所以补正给付的地点和原给付的地点也不一定要一样。

由此产生了第二种观点，其认为补正给付应始终在瑕疵物的所在地履行[26]，就如本案中一样，通常是在买受人的住所。这一一般化的对买受人的优待既不能从第 439 条第 2 款的规定中推出，也无法一定能从补正给付义务的性质中得出。显而易见的毋宁是，应根据具体个案中买受人要求的补正给付种类，及在个别情形下唯一剩下的补正给付可能来分别处理。更换一般更倾向于在买受人住所履行，而修理则要依据更多的情事来判断。

联邦最高法院[27]最近在确定补正给付地时，回归到第 269 条的一般规定，并在当事人之间缺乏约定时，以具体债务关系的情事为准（参照第 269 条第 1 款第 2 种情形）。因《消费品买卖指令》要求的合指令解释从未要求在所有案件中必须在物之所在地为补正给付。[28]一方面，补正给付地应根据费用负担的规则（参照第 439 条第 2 款）来分别确定，而将物带至出卖人处的必要性未必和《消费品买卖指令》第 3 条第 3 款第 1 支款的无偿性要求相悖，因为买受人可以根据第 439 条第 2 款要求分担费用。[29] 此外，让买受人将瑕疵物带到出卖人处也未必一定会引起第 3 条第 3 款第 3 支款意义上的巨大不便。[30] 尤其是在汽车即拖车的修理中，其通常只能在出卖人的修理厂进行。[31] 至于这是否真的和《消费品买卖指令》第 3 条第 3 款和第

42

43

---

[25] BGHZ 189, 196 = NJW 2011, 2278 Rn. 50 - „Faltanhänger", 附评注参见 Faust, JuS 2011, 748。

[26] OLG München NJW 2006, 449f.; Bamberger/Roth/Faust, §439 Rn. 13a; Lorenz, NJW 2006, 1175, 1178; Jaensch, NJW 2012, 1025, 1029f.

[27] BGHZ 189, 196 = NJW 2011, 2278 Rn. 48ff. - „Faltanhänger"

[28] BGHZ 189, 196 = NJW 2011, 2278 Rn. 33f. - „Faltanhänger"

[29] BGHZ 189, 196 = NJW 2011, 2278 Rn. 37 - „Faltanhänger"

[30] BGHZ 189, 196 = NJW 2011, 2278 Rn. 35ff., 55 - „Faltanhänger"

[31] BGHZ 189, 196 = NJW 2011, 2278 Rn. 37 - „Faltanhänger"

44　　4款协调,人们可以质疑[32],但可暂时将其搁置不论。

　　在本案中,K重新取回地砖会给他带来巨大不便,因为他必须为运输地砖重新租一辆拖车,还要再次开到V的建材市场去。此外,K还要背负沉重的装满地砖的包裹。与联邦最高法院[33]判决的案件中修理拖斗车(Faltanhänger)只能在出卖人自己的修理厂进行不同的是,地砖自始无法修复。因此,联邦最高法院[34]认为在特定情事下,将有瑕疵的拖斗车从法国运至德国并非《消费品买卖指令》中的"巨大"不便的事实,对本案的说服力有限。此外,如果K已经将这批地砖铺设,V还必须拆除和重新铺设。考虑到这些情事,从V的建材市场取回新的无瑕疵的地砖对K而言构成《消费品买卖指令》第3条第3款第3支款意义上的"巨大不便"。因此,根据第269条第1款第3种情况,补正给付的地点应当在K的住所,所以他不仅能要求交付和移转新的无瑕疵地砖的所有权,还能要求V将其运送至自己的房子。

3. 结论

45　　K可以依第437条第1项、第439条第1款,在要求移转无瑕疵地砖的所有权并交付的同时,要求运送这些地砖到自己的土地。

---

[32] Vgl. Jaensch, NJW 2012, 1025, 1029f.
[33] BGHZ 189, 196 = NJW 2011, 2278 Rn. 55– „Faltanhänger"
[34] BGHZ 189, 196 = NJW 2011, 2278 Rn. 38ff., 55– „Faltanhänger"

案例 28　框架断了

一、案件事实

自行车经销商贝拓德·贝尔勒(Bertold Bayerle,B)想清空库存,因此以"特价1200欧元"出售在其仓库已经存放了18个月的"Firebird"牌已停产型号的山地自行车。法科学生托马斯·图仑策(Thomas Trunzer,T)买了一辆这种山地自行车。在购买时,T还得到了盖有B公司印章和B署名的质保卡,上面只印着一句话:"轮叉和框架5年质保。"

2年半之后,T在一次从奥克森考夫(Ochsenkopf)到菲希特尔山脉(Fichtelgebirge)的下山骑行中因框架断裂而摔倒,皮外擦伤,还受了内伤。山地自行车不再能修复。这一事故被媒体报道。报道称这一工厂生产的其他自行车在负重加强时也曾断裂。机动车技术监察协会(TÜV)的检验显示这一工厂的所有框架都是用廉价材料制作的。

在出售给T之前,B从生产并供给该自行车的注册商人汉克有限责任公司(Fa. Hanke GmbH,H)那儿收到通函,当中提及了这一工厂生产的框架在负重较大时会出现的"问题",以及在此期间已停止了其生产。B读了这篇通知,但随即忘了。

1. T想知道,尽管B和H都援引了罹于时效的抗辩权,他是否能从B或(且)H那里要回买卖价金,并要求赔偿医疗费。

2. B想知道,在其满足了T的请求权之后,能否向H追偿。

二、前期思考

给付有瑕疵涉及买受人的对价利益(Äquivalenzinteresse),即其就给付和对待给付在价值上享有的对等利益,只有通过第 280 条第 3 款、第 281 条和第 283 条的替代给付的损害赔偿才能填补。与瑕疵损害相区别的是所谓瑕疵结果损害,其是因买卖物的瑕疵,对买受人其他权利、法益或利益造成的损害。其是否也由第 280 条第 3 款、第 281 条及以下调整,以及它应如何罹于时效(第 438 条或第 195、199 条),是有争议的。

亦可考虑的是所谓"继续侵蚀性瑕疵"(Weiterfresser-Mangel)视角下,以第 823 条第 1 款为据的因侵害所有权产生的请求权:如果买卖物的瑕疵仅涉及物中功能上可区分的部分,并嗣后导致无瑕疵的物的其他部分的损坏或毁灭,则可能存在第 823 条第 1 款意义上对买受人所有权的侵害。因为此处不"仅"涉及对价利益,还涉及买受人维系其法益的完整性利益(Integritätsinteresse)。它的保护主要由侵权法负责。当损害超过了单纯的供给物的瑕疵贬值,而涉及买受人的其他法益时,该损害因给付障碍法和侵权法的功能区分,只能根据第 823 条及以下规定得到赔偿。如果在物自始就有的瑕疵导致的减值和发生损害之间存在所谓的"质料同一性",则应排除侵权请求权。区分瑕疵责任(第 437 条)和侵权责任(第 823 条及以下)因其不同的消灭时效期间(第 438 条或第 195、199 条)是有意义的。[1]"继续侵蚀性瑕疵"的存在归功于此前买卖瑕疵担保责任(依旧法第 477 条,自交付之时起 6 个月)和侵权法(自知道损害和加害人起 3 年,旧法第 852 条第 1 款)之间巨大的时效期间差。

在上述类型的案情中,还要考虑瑕疵商品制造商依《产品责任

---

[1] Schulze/Ebers, JuS 2004, 462, 465 m. w. N.

法》要负的危险责任,其可与一般的侵权责任并用(《产品责任法》第 15 条第 2 款)。最后,还需要解释"轮叉和框架 5 年质保"的意思,在买卖法中有关担保的条文的背景下予以评估。

第二个问题涉及消费品买卖中经营者对供货者的追偿,其是自 2002 年起因《消费品买卖指令》预先规定而被吸收入法典第 478、479 条的。在买受人主张第 437 条的权利时,这些条文应当阻止出卖人对供货人的追偿请求权因第 438 条罹于时效。

三、提纲

(一)问题 1:T 的请求权

  1. T 对 B 的请求权 ································· 1
    (1)要求返还价金 ······························ 1
      ①依据第 346 条第 1 款、第 437 条第 2 项、
      第 326 条第 5 款 ··························· 1
      A. 买卖合同 ································ 2
      B. 因瑕疵解除 ······························ 3
        a. 瑕疵 ································· 3
        b. 补正给付不能 ························ 4
        c. 解除无效,第 218 条第 1 款第 1 句结合
          第 438 条第4 款? ····················· 5
          (a)依第 275 条排除补正给付 ············· 6
          (b)补正给付请求权依第 438 条第 1 款
              罹于时效 ··························· 7
          (c)依第 438 条第 3 款更长的消灭时效
              期间? ······························ 8
          (d)约定延长消灭时效期间,第 202 条
              第 2 款 ······························ 9

[问题:是否以质保卡(同时就物之瑕疵权利)约定了延长至 5 年的消灭时效期间?]

  C. 结论 ·· 14
 ②依据第 437 条第 3 项、第 311a 条第 2 款········ 15
  A. 可适用性 ·· 16
  B. 有效的买卖合同 ······························ 17
  C. 瑕疵 ·· 18
  D. 自始排除补正给付 ··························· 19
  E. 依第 311a 条第 2 款第 2 句排除责任 ······ 20
  F. 拒绝给付权,第 214 条第 1 款、第 438 条第 1 款第 3 项 ······················· 21
  G. 法律后果:替代给付的损害赔偿 ········· 22
  H. 结论 ·· 23

(2) 要求偿还医疗费 ·································· 24
 ①依据第 437 条第 3 项、第 280 条第 1 款、第 249 条第 2 款 ································ 24
  A. 存在债务关系 ·································· 25
  B. 义务违反 ·· 26
  [问题:就瑕疵结果损害的可赔性是否要求违反给付义务外的第 241 条意义上的保护义务?]
  C. 第 280 条第 3 款、第 281 条及以下、第 311a 条第 2 款的其他前提条件?·········· 30
  D. 可归责性 ·· 35
  E. 以第 214 条第 1 款为据的拒绝给付权 ····· 36
  F. 结论 ·· 37
 ②依据第 823 条第 1 款 ····························· 38

2. T 对 H 的请求权 …………………………………… 41
      (1) 要求返还价金 ………………………………… 41
         ① 依据合同或类合同关系 …………………… 41
         ② 依据《产品质量法》第 1 条第 1 款第 1 句 …… 42
         ③ 依据第 823 条第 1 款(生产者责任) ……… 43
      (2) 要求赔偿医疗费 ……………………………… 46
         ① 依据《产品质量法》第 1 条第 1 款第 1 句、
            第 8 条第 1 句 ……………………………… 46
         ② 依据第 823 条第 1 款(生产者责任) ……… 48
(二) 问题 2:B 对 H 的追偿请求权
   1. 涉及向 T 返还价金的请求权,其依据为第 437 条
      第 3 项、第 280 条第 1 款和第 3 款、第 283 条结
      合第 478 条第 1 款 ……………………………… 50
      (1) 有效的买卖合同 ……………………………… 51
      (2) 瑕疵 …………………………………………… 52
      (3) 义务违反和嗣后不能(第 275 条第 1 款) …… 53
      (4) 可归责性,第 280 条第 1 款第 2 句、第 276 条及
         以下 ……………………………………………… 55
      (5) 损害和责任范围因果关系 …………………… 56
         [问题:B 是否以保证表示中断了因果关系?]
      (6) 结论 …………………………………………… 59
   2. 依第 437 条第 3 项、第 280 条第 1 款偿还向 T 赔
      付的医疗费 ……………………………………… 60
   3. 依第 840 条第 1 款、第 426 条偿还向 T 赔付的
      医疗费 …………………………………………… 61

四、解答

(一)问题1:T 的请求权

1. T 对 B 的请求权

(1)要求返还价金

①依据第 346 条第 1 款、第 437 条第 2 项、第 326 条第 5 款

1　如果 T 因物之瑕疵有效地解除了买卖合同,T 有依第 346 条第 1 款要求 B 返还价金的请求权。本案中的解除事由可能来自第 326 条第 5 款、第 437 条第 2 项。

A.买卖合同

2　T 和 B 签订了买卖合同,如第 311a 条第 1 款所示,即便自始存在给付障碍,该合同仍然有效。

B.因瑕疵解除

a.瑕疵

3　第一个前提是出卖的物在风险移转时已经存在瑕疵(第 434 条第 1 款)。当事人并未达成第 434 条第 1 款第 1 句意义上的品质约定,且看不出来在缔约时预定了第 434 条第 1 款第 2 句第 1 项意义上的特殊用途,因为山地自行车也可以作为普通的自行车使用。然而,用廉价材料制造框架的山地自行车并不能胜任依自行车类别确定的自行车的通常用途。同时,因框架使用的材料,该自行车不符合该价位的山地自行车应可期待的品质。因此,风险移转时,即交付时(第 446 条)就出现了第 34 条第 1 款第 2 句第 2 项意义上的瑕疵。

b.补正给付不能

4　T 的有效解除依第 437 条第 2 项结合第 323 条第 1 款,原则上以 T 为 B 的第 439 条第 1 款意义上的补正给付指定了期限且无果为前提。但是,当两种补正给付都因第 275 条第 1 款不能时,根据第 326

条第5款,不需要T指定期限,因为第323条第1款要求的届期的补正给付请求权不存在。本案中,修理补正给付被排除,因为山地自行车不再能够修复。给付无瑕疵之物为补正亦不可能,因为该工厂生产的所有框架都是由廉价的材料制作而成,所以不存在无瑕疵之物,且因停产,将来也无法获得无瑕疵之物。因此,并非依第323条第1款,而是依第326条第5款解除方有可能。

c. 解除无效,第218条第1款第1句结合第438条第4款?

然而,当T主张解除时,补正给付请求权已经罹于时效,且债务人B主张抗辩权,则解除可能依第438条第4款第1句、第218条第1款第1句无效。

(a)依第275条排除补正给付

因为补正给付请求权依第275条第1款被排除,所以在本案中它不可能罹于时效。与此相关的是第218条第1款第2句的规定。根据该规定,当债务人根据第275条第1款无须给付,但补正给付请求权若真能存在亦会罹于时效——还需补充的是——债务人作此主张,则解除无效。这取决于补正给付请求权若无在解除时不能的情形,是否已经罹于时效。

(b)补正给付请求权依第438条第1款罹于时效

根据第438条第1款第3项,T的补正给付请求权经两年而罹于时效,因为此处涉及动产的买卖。依第438条第2款,在动产买卖中,消灭时效期间从依约交出(Ablieferung)之时起算。其前提是出卖人将物完全置于买受人的控制范围,买受人可以检验并立即保管。[2]就像本案一样,交付(Übergabe)虽非必要,但通常就已经足够了。因为事故是在交付山地自行车两年半后发生的,所以已经罹于消灭时效。

---

〔2〕 更详尽的论述参见 BGHZ 93,338,345; BGH NJW 1995,3382。

(c)依第438条第3款更长的消灭时效期间?

8　　但是,如果出卖人恶意隐瞒物之瑕疵,则根据第438条第3款第1句,不应适用第438条第1款第3项和第2款,而应适用第195条通常的消灭时效期间。通常的消灭时效期间有3年,依第199条第1款从请求权成立,且债权人知道请求权成立的情事和侵害人身份的或无重大过失应知的当年的年底起算。这一期间自事故发生的当年的年底起算,所以还没有届满。第438条第3款的恶意——如第123条第1款中一样——仅仅以(至少是间接)故意为前提。根据案情,B并不现时了解框架的"问题",也不知道物之瑕疵。他因重大过失而不知,尚不满足恶意的要求。[3] 因此,不适用第438条第3款。

(d)约定延长消灭时效期间,第202条第2款

9　　但是第438条第1款的消灭时效期间是可以通过约定延长的;根据第202条第2款,延长可以在条文提及的界限内约定,但这在缔约时未出现。可是这种约定可能来自"轮叉和框架5年质保"。从交出质保卡且T又受领中基本可以看出存在相应的合同内容补充(第311条第1款)。

10　　当然,依其内容,该约定亦可延长所有瑕疵权利的消灭时效期间。从对保证表示的解释(第133、157条)中可以得出的毋宁是不充分的内容:此处涉及的是出卖人保证买卖物的部分,即车叉和框架,应在特定时间内维持一定的品质。因此,此处涉及的是第443条第1款意义上的品质保证。然而,第443条并未给出这种保证的详尽内容,也未包含对其解释的提示。

11　　即便是第477条第1款,也难以具体化保证的内容,因为该规范只是就第474条第1款意义上的消费品买卖中的第443条意义上的保证表示的特定内容要求作了规定。因为T作为消费者(第13

---

[3] 参见 Jauernig/Berger, §438 Rn. 9 i. V. m. §444 Rn. 9; Palandt/Weidenkaff, §438 Rn. 12。

条)从作为经营者(第14条第1款)的B处购买了动产,他必须根据第477条第1款第2项告知保证的内容,即买受人可能享有的权利。本案当中没有发生这些情况,但并不影响第477条第3款的保证的效力。

因此,必须通过解释(第133、157条)得出买受人由保证所生的权利。因为保证是为多个合同预先拟定,且为B单方面提出的第305条第1款意义上的合同条件,所以适用一般交易条件的特殊解释原则。当中包括没有明文写出的客观解释的原则。其含义是一般交易条件不应顾及个案的特殊情况,而是以客观标准统一解释,且应以参与该类型交易的典型参与者能够和必须理解的意义为准。[4]因为保证表示是向消费者作出的,所以以一个对法律不在行的普通消费者的理解可能性为准。[5]此外,还适用第305c条第2款的所谓不清晰规则(Unklarheitenregel),在有疑义时,应作不利于使用者的解释,本案中涉及的是B,因为使用者很容易以清晰的内容表达合同条款。

在一个对法律不在行的普通消费者看来,该保证是仅仅将补正给付请求权,还是也将买受人基于第437条第2项和第3项享有的其他的物之瑕疵权利都延展到5年是不清晰的。因为就此有疑问,所以应适用第305c条第2款的不清晰规则,其结果是B必须承受对其不利的解释。因此,在补正给付请求权之外,T还享有第437条第2项和第3项中权利的保证。因为该瑕疵是在5年保证期内出现的,所以T尚能解除合同。该结果也并非不公平,因为本案中的补正给付因技术原因被排除,而仅限于补正给付的保证对买受人毫无意义。

C.结论

因此,T仍可以通过对B的表示(第349条)解除买卖合同,并随

---

[4] BGHZ 60, 164, 177; 79, 117, 118f.; BGH NJW 1992, 2629; Palandt/Grüneberg, §305c Rn. 15f.
[5] BGHZ 79,117,119.

即要求返还价金。

提示:根据第 346 条第 1 款、第 348 条第 1 句,T 必须同时返还损坏的山地自行车。由于损坏,T 还可能必须依第 346 条第 2 款偿还其价值。本案中因 T 是依法享有解除权,且非因 T 未尽到管理自己事务之注意(第 277 条)而致损坏——因为山地骑行也属于山地自行车的正常使用——所以价值偿还请求权依第 346 条第 3 款第 3 句消灭。

②依据第 437 条第 3 项、第 311a 条第 2 款

15　　T 也可能依第 437 条第 3 项、第 311a 条第 2 款主张替代给付的损害赔偿,来要求 B 返还 1200 欧元价款。

A. 可适用性

16　　T 的解除表示并不会排除损害赔偿请求权,因为根据第 325 条,解除和损害赔偿可以并存。

B. 有效的买卖合同

17　　T 和 B 之间有买卖合同(见上文边码 2)。

C. 瑕疵

18　　如上文(边码 3)所示,山地自行车在风险移转时(第 446 条)就已经存在第 434 条第 1 款第 2 句第 2 项意义上的瑕疵。

D. 自始排除补正给付

19　　此外,还需基于第 437 条第 1 项、第 439 条的 B 的补正给付请求权因自始不能依第 275 条第 1 款被排除。如上文(边码 4)所示,早在 T 和 B 缔约时,两种补正给付方式就已经不能。因此,第 439 条第 1 款意义上的两种补正给付方式依第 275 条第 1 款自始客观不能。

E. 依第 311a 条第 2 款第 2 句排除责任

20　　如果 B 不知道补正给付自始不能且无须对不知负责,则 B 的责任被排除。虽然在和 T 缔约时,B 并不知道所有涉事工厂生产的自行车有无法修复的瑕疵。但是,B 根据 H 的通知必须知道框架在遭

遇更强的承重时无法支撑且因此停产。因为 B 已经读了通知,而只是忘记了。因此,B 对不知补正给付的不能是有过失的。

F. 拒绝给付权,第 214 条第 1 款、第 438 条第 1 款第 3 项

B 不可因第 214 条第 1 款,以依第 438 条第 1 款第 3 项罹于时效为由拒绝给付,因为给予包含第 437 条第 3 项的瑕疵权利的质保卡会导致合意延长消灭时效期间至 5 年,而本案中该期间尚未届满(见上文边码 13)。

G. 法律后果:替代给付的损害赔偿

T 能够依第 311a 条第 2 款第 1 句要求 B 为替代给付的损害赔偿,且处于若 B 正常履行时应处的状态。因为返还价金应完全取代原本要求提供无瑕疵山地自行车的请求权,所以在本案中,T 要求的是替代全部给付的损害赔偿请求权。就此,依第 311a 条第 2 款第 3 句、第 281 条第 1 款第 3 句,须存在严重的义务违反。不牢固的框架意味着安全风险,且该风险在山地自行车毁损和 T 受伤时实现了,因此构成严重瑕疵。显然已经超越了严重性的门槛。

H. 结论

T 可以要求 B 赔偿已经支付的 1200 欧元价金,以作为第 437 条第 3 项、第 311a 条第 2 款规定的最小损失。

(2)要求偿还医疗费

①依据第 437 条第 3 项、第 280 条第 1 款、第 249 条第 2 款

遭受身体伤害涉及的是瑕疵结果损害,T 可根据第 437 条第 3 项、第 280 条第 1 款要求其赔偿。

A. 存在债务关系

因买卖合同存在债务关系。

B. 义务违反

B 的义务违反在于给了有瑕疵的山地自行车。但是,违反第 433 条第 1 款第 2 句给付无瑕疵物的义务能否支持瑕疵结果损害的赔偿义务是有争议的。因为结果损害出现在债权人的其他法益中,所以

也有可能需要违反第241条第2款的保护义务。此外,瑕疵结果损害究竟是依第280条第1款就能获得赔偿,还是尚需满足第280条第3款的其他要件才行,也取决于该分类。

27　　a. 一种观点认为违反基于第433条第1款第2句的出卖人的给付义务是赔偿瑕疵结果损害的责任基础。[6] 因为依自然的视角,义务违反首先在于瑕疵给付,同时存在的保护义务违反退居其后。[7] 应将给付允诺解释为债务人不仅有义务使债权人获得标的物,还有义务保护债权人的其他法益免受瑕疵造成的损害。因为瑕疵给付也会给债权人的其他法益带来危险,所以对债务人而言,存在可以识别的债权人对买卖物无瑕疵的正当利益。[8] 支持这一观点的还有,立法者在债法改革中,意图将瑕疵损害和瑕疵结果损害都置于瑕疵权利的短消灭时效(第438、634a条)之下。[9] 最后,只和瑕疵履行关联也能保障合理的证明责任分配,因为债务人未尽注意只在可归责性中是重要的,且债务人必须证明无须负责,第280条第1款第2句。相反,如果将其与注意义务违反关联,则应由债权人承担证明责任,虽然导致义务违反的情事皆源自债务人领域。

28　　b. 相反的观点是根据第241条第2款意义上的保护义务违反来安排。[10] 该观点的代表者援引的依据是瑕疵结果损害涉及债权人的完整性利益,而被违反的给付义务的保护目的不涉及这一点。因此,赔偿义务源自一般的加害禁令,这可在第241条第2款中找到其根据。[11]

---

[6] Lorenz, NJW 2002, 2497,2500; Stringari, Die Haftung des Verkäufers für mangelbedingte Schäden, 2007, S. 38.

[7] Lorenz, NJW 2002, 2497,2500; Palandt/Grüneberg, §280 Rn. 18; Staudinger/Otto, §280 Rn. C24 m. w. N.

[8] Stringari, Die Haftung des Verkäufers für mangelbedingte Schäden, 2007, S. 51.

[9] BT-Drs. 14/6040, 228.

[10] Bamberger/Roth/Faust, §437 Rn. 144:涉及瑕疵的告知义务; Richardi, NZA 2002, 1004,1011(关于劳动法)。

[11] Richardi,NZA 2002, 1004,1011.

c. 折中的观点支持"双重关联",即瑕疵给付和保护义务违反可以并存。[12]

最后,可以将学说争议搁置不论,因为所有的学说都会产生同一个结果。B 交付 T 的自行车是有瑕疵的,违反了第 433 条第 1 款第 2 句的给付义务。同时,这也违反了第 241 条第 2 款的保护义务,即防止合同当事人的其他法益遭受损害的义务。

提示:该争议还是会在消灭时效问题上产生影响,因为第 280 条第 1 款、第 241 条第 2 款的损害赔偿请求权原则上适用第 195、199 条的一般规定。即便支持和保护义务违反有关联者也赞同将瑕疵责任的短消灭时效准用于此请求权,因为立法者希望在第 437 条及以下规定中完整地规定瑕疵给付的后果。[13]

C. 第 280 条第 3 款、第 281 条及以下、第 311a 条第 2 款的其他前提条件?

有疑问的是,该损害赔偿请求权是单单依据第 280 条第 1 款,还是只有满足《民法典》第 280 条第 3 款、第 281 条及以下、第 311a 条第 2 款的额外前提方能成立。这取决于对第 280 条第 3 款及第 311a 条第 2 款中"替代给付的损害赔偿"的准确理解。根据法律改革者的设想,"替代给付"的损害赔偿和从前的因不履行而生的损害赔偿是一致的。[14] 大部分学说也遵从这一观点。[15] 替代失败的给付结果,以义务违反的给付行为为基础的损害赔偿必须让权利人在经济状况上达到若如约履行时应处的状态(积极利益)。这里必须作整体的财产比较,即所有与不履行有相当因果关系,且与第 249、252 条的损害赔偿义务的意义和目的相符的所有利益和不利益都应予考虑。

---

[12] MünchKomm/Ernst, § 280 Rn. 54; Staudinger/Otto (2009), § 280 Rn. C25.
[13] Bamberger/Roth/Faust, § 437 Rn. 144; MünchKomm/Ernst, § 280 RN. 73.
[14] BT-Drs. 14/6040, 137.
[15] Däuler-Gmelin, NJW 2001, 2281, 2284; Canaris, DB 2001, 1815, 1816.

要作比较的是受害人因义务违反处于的财产状态和若如约履行后应处的财产状态之间的差值,即所谓差额假设(Differenzhypothese)。[16]

31　　原则上,除瑕疵给付引起的损失外,附带和结果损害,包括所失利润,都属于应考虑的债权人的不利益。[17] 因此,在违反与给付有关的义务时,所有有相当因果关系和可归责的附带和结果损害要么通过第280、281、283条,要么通过第311a条第2款及第280、286条得到清算。[18]

32　　然而,这是否也适用于瑕疵结果损害,意即并不是在买卖物自身或其受到限制的可使用性,还包括买受人其他的法益,是有争议的。

33　　根据少数说,瑕疵结果损害应当属于替代给付的损害赔偿(第281条、第283条及第311a条第2款)。在买卖法和承揽法中,替代给付的损害赔偿不限于真正的瑕疵损害,而是应将瑕疵结果损害也纳入统一的损害赔偿请求权中,这是合乎逻辑和必要的。借此也可以让瑕疵损害和瑕疵结果损害之间的困难界分变得多余,而这一困难在此前的债法中就已经存在。[19]

34　　反对的观点认为,立法者通过区分简单的损害赔偿和替代给付的损害赔偿让瑕疵损害和瑕疵结果损害的区别又死灰复燃,尽管排除这一问题是2001年债法改革的重要目标之一。[20] 如果认为瑕疵结果损害属于第280条第1、3款,第281条及以下和第311a条第2款的替代给付的损害赔偿,则在可补正的瑕疵中,根据第281条第1款,需在补正给付期限徒过后方能得到赔偿,而在期限经过前即成功补正给付时则无法赔偿。这是有问题的,因为这种损害不能通过补

---

〔16〕 Palandt/Grüneberg, § 281 Rn. 17, 25; Recker, NJW 2002, 1247.
〔17〕 MünchKomm/Emmerich, Vorbem. zu § 281 Rn. 59; Soergel/Wiedemann, Vorbem. zu § 275 a. F., Rn. 37; Palandt/Grüneberg, § 281 Rn. 26.
〔18〕 Recker, NJW 2002, 1247.
〔19〕 Recker, NJW 2002, 1247, 1248.
〔20〕 通说,AnwK/Dauer-Lieb, § 280 Rn. 46; BT-Drs. 14/6040, 133。

正给付被修复,所以指定期限是没有意义的[21],即便可以根据第 281 条第 2 款第 2 种情况认为不必指定期限。因此,第 280 条第 1 款包括所有通过修理或更换无法排除的损害。[22]

D. 可归责性

B 需对义务违反按第 280 条第 1 款第 2 句负责,因为他虽然在缔约时不知道瑕疵,但因生产商的提示,应能认识到瑕疵,B 因此有过失。 35

E. 以第 214 条第 1 款为据的拒绝给付权

如果损害赔偿请求权依第 438 条罹于时效,则 B 可能依第 214 条第 1 款能主张罹于时效的抗辩权。但反对该抗辩权主张的是:本适用于瑕疵结果损害的 2 年的消灭时效期间依合同会延长为 5 年,且该延长也会扩展到第 437 条第 3 项的损害赔偿请求权(边码 13)。因此,就瑕疵结果损害赔偿请求权是否不适用第 195、199 条的一般消灭时效期间以取代第 438 条的问题,可搁置不议。[23] 36

F. 结论

根据第 437 条第 3 项、第 280 条第 1 款,B 因侵害他人人身需为损害赔偿,T 可依第 249 条第 2 款第 1 句要求必要范围内医疗费的赔偿。 37

②依据第 823 条第 1 款

B 出售山地自行车和 T 嗣后摔倒之间有相当因果关系。尽管这并非致害的直接原因,以致行为的不法性以 B 的义务违反为前提。客观的义务违反(在违反一般交往安全义务的意义上)成立,因为 B 移交的是有安全瑕疵的山地自行车。同时,B 的过错必须也存在,因 38

---

〔21〕 AnwK/Dauer-Lieb, § 280 Rn. 52; Brox/Walker, AS, § 24 Rn. 22; Musielak, Rn. 603,605.

〔22〕 Palandt/Grüneberg, § 280 Rn. 18.

〔23〕 有争议,根据适切的通说,应适用第 438 条,因为立法者希望避免不同的期间,参照 Schulze/Ebers, JuS 2004,462,464f. m. w. N。

为他虽然不知道这些瑕疵，但因制造商的提示本应知道瑕疵，所以存在瑕疵。

39 还需检验的是 B 是否能依据第 214 条第 1 款拒绝为损害赔偿。因瑕疵交货产生的侵权请求权适用 3 年的一般消灭时效期间（第 195 条）。[24] 该消灭时效根据第 199 条第 1 款第 1 项，原则上从请求权成立当年的年底起算，也就是从事故发生当年年底起算。因此，该请求权尚未罹于时效，因为第 199 条第 2 款的时间前提尚未满足。此外，在买卖法之外适用侵权法，在以前的债法中是必要的，因为买卖法上的请求权消灭时效很短。[25] 因为目前第 438 条规定的较长的期限部分是考虑到该规范可类推适用于侵权请求权，以避免其和买卖法之间的评价矛盾。[26] 但反对该观点的理由是买受人将比其他第三人的地位更为不利，比如借用物的第三人。[27] 就医疗费的问题，能否类推适用可以搁置不议，因为它不应适用于身体伤害。

40 因此，T 可以依第 823 条第 1 款、第 249 条第 2 款第 1 句要求 B 偿还必要的医疗费。

2. T 对 H 的请求权

（1）要求返还价金

①依据合同或类合同关系

41 因为 T 和 H 之间没有合同关系，也没有第 311 条第 2 款意义上的类合同关系，所以排除合同和类合同请求权。因为 H 根据《有限责任公司法》第 13 条第 1 款具有权利能力，所以有成为请求权相对人的可能。

---

[24] Schulze/Ebers, JuS 2004, 462, 465 m. w. N.；就此前的法律参见 BGHZ 101, 337, 344f.。
[25] 以前的《民法典》第 477 条的消灭时效期间在 6 个月后届满。
[26] AnwK/Mansel/Stürner, § 195 Rn. 71ff.
[27] Schulze/Ebers, JuS 2004, 462, 465 m. w. N.

②依据《产品质量法》第 1 条第 1 款第 1 句

《产品责任法》第 1 条第 1 款第 1 句也涉及对物的损害。但是根据第 2 句,只适用于缺陷产品之外的物的损害。因此,T 不可以根据《产品责任法》第 1 条第 1 款第 1 句要求 H 赔偿因事故引起的山地自行车的毁损。

③依据第 823 条第 1 款(生产者责任)

《产品责任法》不排除一般的生产者侵权责任(《产品责任法》第 15 条第 2 款)。因此要检验,T 是否能够依第 823 条第 1 款、第 251 条第 1 款要求偿还毁坏的山地自行车的价值。

本来是没有因侵害所有权而适用第 823 条第 1 款的余地的,因为 T 获得的就是有瑕疵的山地自行车的所有权。根据判例[28],当获得标的物后,因设计有缺陷或制造中有缺陷的部分损坏了该物(所谓"继续侵蚀性瑕疵"),则标的物的买受人有向制造商因侵害所有权而生的侵权损害赔偿请求权。虽然在细节上尚有争议,但这一结论通常仍适用于瑕疵只是在功能上可区分、可替换的部分中出现,进而损害或破坏剩余无瑕疵的部分。因为在本案中,只是山地自行车的框架出现了瑕疵,而其他部分并无问题,所以原则上属于这种情况。但是,如果请求的损害和物因自始有瑕疵而产生的贬值是重合的,则仍然要排除侵权责任。本案中,自行车因框架瑕疵自始就产生的贬值就体现在"整个物"(山地自行车)由事故引起的毁坏中。因此,存在要求之损害和自始就存在的瑕疵引起的贬值之间的"质料同一性"。因此,排除第 823 条第 1 款的侵害所有权,也排除以该规范为基础的请求权。毋宁说赔偿这种损害只能是合同规则的任务,因为此处只涉及买受人的用益和对价利益,而不涉及其就山地自行车的

42

43

44

---

[28] Vgl. BCHZ 86,256,258ff.；138,230,236ff.；深入探讨参见 Palandt/Sprau，§823 Rn. 177; Jauernig/Teichmann，§823 Rn. 6. 债法改革没有就此作任何改变,参见 Haas, BB 2001,1313,1319; Foerste, ZRP 2001,342。

其他部分享有的完整性利益。[29]

45　　　T不能要求H偿还价金。

(2)要求赔偿医疗费

①依据《产品质量法》第1条第1款第1句、第8条第1句

46　　　T对H要求赔偿医疗费的请求权可能依据《产品责任法》第1条第1款。就此,必须有人因产品缺陷而身体受到伤害,本案中T的情况恰如此。山地自行车作为动产属于《产品责任法》第2条所称的"产品"。该自行车还存在《产品责任法》第3条第1款意义上的"缺陷",因为廉价的框架不能为所有情事提供可合理期待的充分安全保障,尤其是考虑到该车要在山地骑行。H也是《产品责任法》第4条第1款第1句意义上的"生产者",因为它生产了终端产品山地自行车。最后,产品缺陷也是T摔倒并受伤的原因。因此,产品责任的所有事实构成皆已满足,并不需要过错(危险责任)。T可依据《产品责任法》第8条要求赔偿医疗费。[30]

47　　　因为B根据第214条第1款主张罹于时效的抗辩权,所以要检验其是否发生。T的请求权依据《产品责任法》第12条第1款自赔偿权利人知道或应当知道损害、缺陷、赔偿义务人之时起3年后罹于时效。时效期间尚未届满,T以《产品责任法》第1条第1款为据的请求权还可实现。

②依据第823条第1款(生产者责任)

48　　　根据第823条第1款,T也可能有要求H赔偿医疗费的请求权。T的身体受到侵害,原因是H将不结实的山地自行车这种有缺陷的产品投入流通,并违反了产品制造者的安全保障义务。这和T摔倒并受伤之间有相当因果关系。因为H使用了廉价的材料,而若尽到

---

〔29〕　整个的概念建构(Begrifflichkeit)(用益和对价利益以及完整性利益)被证明在结果上无甚助益,参见 Musielak, Rn. 625f.。

〔30〕　与第249条第2款第1句相反,《产品责任法》第8条第1句并未言及"必要的"医疗费。

必要的注意,就会知道所使用的框架无法承受普通的负载,所以 H 有过错,即存在第 276 条第 2 款意义上的过失。因此,一般侵权的生产者责任要件充分,T 可依第 249 条第 2 款要求偿还必要的治疗费。

就 H 是否罹于时效抗辩权(第 214 条第 1 款),应确定的是,一般侵权请求权适用第 195 条的 3 年普通消灭时效,其起算依第 199 条第 1 款确定。因为自导致请求权产生的事故发生之时起尚未经过 3 年,所以尚未罹于时效,第 823 条第 1 款的请求权依然可以实现。

(二)问题 2:B 对 H 的追偿请求权

1. 涉及向 T 返还价金的请求权,其依据为第 437 条第 3 项、第 280 条第 1 款和第 3 款、第 283 条结合第 478 条第 1 款

因为 B 是从 H 处购买的有瑕疵的山地自行车,所以 B 可能有针对 H,要求其偿还给 T 的已支付价金的请求权,其依据为第 437 条第 3 项、第 280 条第 1 款和第 3 款、第 283 条结合第 478 条第 1 款。

提示:第 478 条第 1 款并非独立的请求权基础,而只是减轻了经营者对供货商主张以第 437 条为据的瑕疵权利的困难,其途径是宣布指定期限是不必要的[31](所谓"非独立的经营者追偿")。本案中,第 478 条第 1 款并无独立意义,因为第 437 条第 3 项、第 311a 条第 2 款的损害赔偿请求权并不以事先指定期限为前提。相反,第 478 条第 2 款包含了独立的请求权基础,其给予经营者对供货商的不问过错的费用偿还请求权[32](所谓"独立的经营者追偿")。

---

[31] Brox/Walker, BS, § 7 Rn. 14.
[32] Brox/Walker, BS, § 7 Rn. 17.

(1)有效的买卖合同

51　　B 和 H 之间成立了买卖山地自行车的有效合同。

(2)瑕疵

52　　自行车因材料缺陷在风险移转给 B(第 446 条)时就有了第 434 条第 1 款第 2 句第 2 项意义上的物之瑕疵(参见上文边码 3)。

(3)义务违反和嗣后不能(第 275 条第 1 款)

53　　H 必须违反了和 B 买卖合同中的义务。因为供给的山地自行车有瑕疵,所以 H 违反了以第 433 条第 1 款为据的买卖合同中的义务。

54　　B 因自行车瑕疵要求 H 为损害赔偿,所以根据第 280 条第 3 款,还需要满足其他额外条件。如上文(边码 4)所确定的,补正给付的两种方式皆为不能。为了可适用第 283 条,在 H 和 B 的关系中,再发送一辆无瑕疵的山地自行车必须嗣后不能,根据第 311a 条第 2 款。因为 H 在出售该款问题自行车给 B 后,停止了这种型号自行车的生产,也就丧失了用其他材料制造拥有结实框架的山地自行车的可能,所以应肯定其无法再更换。因此,第 283 条的前提条件满足。

(4)可归责性,第 280 条第 1 款第 2 句、第 276 条及以下

55　　根据第 437 条第 3 项、第 280 条第 1 款第 2 句,推定债务人 H 需对义务违反负责。因为 H 若尽到必要的注意就能发现该框架因使用廉价材料并不牢固,所以其对瑕疵供给是有过失的(第 276 条第 2 款);其机关(第 31 条)故意引起了补正给付不能。因此,H 无法依第 280 条第 1 款第 2 句推翻这一推定。

> 提示:如果因为 B 对 T 作了 5 年的质保而希望从第 254 条第 1 款意义上的 B 与有过失出发,则无论如何在本案中不应检验这一点。因为与有过失并非减少加害人的过错,而是减少受害人的赔偿请求权范围,这也能从第 254 条的文义和其体系地位推出(因此,如果依循下述论述,就不会在本案中讨论与有过失)。

(5)损害和责任范围因果关系

B 蒙受了差额假设意义上的损害,其财产因向 T 返还价金而减少了 1200 欧元。 56

本案中有疑问的是,在 H 的瑕疵供给和 B 的损害之间是否有相当因果关系。因为义务违反必须以有相当因果关系和可归责的方式导致 B 的损害。尽管原则上可以肯定这点,但是 T 的事故发生在交付山地自行车两年半之后,已经超过了法定的消灭时效期间 2 年(第 438 条第 1 款第 3 项和第 2 款)。假如 B 没有就框架对 T 作出 5 年的质量保证,他本也可以对 T 主张罹于时效的抗辩权。因为看不出来 H 曾要求 B 提供这种质保,所以是 B 自主决定向 T 提供质保,这中断了 H 的义务违反和 B 的损害之间的因果关系。[33] 57

有疑问的是,上一段观点是否与第 214 条第 1 款消灭时效的规定有矛盾,即该消灭时效仅是给予了一项抗辩权,而是否行使它完全在债务人的自由裁量范围内的事实是否构成对上一段观点的反驳。即便没有质保,B 也可以放弃时效抗辩权,将价金归还给 T(合法替代行为之抗辩)。但是 B 放弃时效抗辩要么同样会中断因果关系,要么至少会构成第 254 条第 1 款的与有过失。因此,B 不能主张若无保证也会发生损害。 58

(6)结论

B 不能依第 437 条第 3 项、第 280 条、第 283 条,(在归还损坏的山地自行车的同时)要求替代全部给付的损害赔偿 1200 欧元。 59

2. 依第 437 条第 3 项、第 280 条第 1 款偿还向 T 赔付的医疗费

要求归还的治疗费构成瑕疵结果损害,依据第 437 条第 3 项、第 280 条第 1 款原则上是可以要求赔偿的。但是 H 可以主张其无须对此负责,因为正是 B 提供了 5 年质保,才让 T 有可能要求瑕疵权利中 60

---

[33] 关于受害人的自主决定中断因果关系的一般论述参见 Palandt/Grüneberg, zu §249 Rn. 41ff. m. w. N.

的医疗费赔偿(见上文边码38、边码9及以下)

3. 依第840条第1款、第426条偿还向T赔付的医疗费

61　　因为B和H一道因不法行为或危险责任对T遭受事故的损害负责,且T的赔偿请求权尚未罹于时效,B和H作为第840条第1款意义上的连带债务人承担责任。但是B可以根据第426条第1款第1句向H追偿。根据该规范,只要没有其他规定,连带债务人彼此间承担相同份额的责任。损害赔偿请求权中的其他规定尤其可能来自第254条。[34] 据此,这首先取决于因果关系的贡献度,其次取决于过错。主要原因无疑在H,因为他生产了有缺陷的产品,而B只是正常的营销。涉及过错的话,主要也是H的过错。B因未注意到H警告的过错只能退居其次,更何况该提示也很不清楚。因此,在H和B的内部关系中,H应承担全部责任是有正当性的。B可以要求T偿付的全部医疗费。

---

[34] Vgl. nur BGHZ 59, 97, 103.

案例 29　用益问题

［根据《联邦最高法院民事判决集》第 181 卷，第 317 页（同载于《新法学周刊》2009 年，第 2674 页；Faust 在《法学教育》2009 年第 863 页的评论）的案例改编而成（BGHZ 181,317 = NJW 2009, 2674 = Faust, JuS 2009, 863. ）］

一、案件事实

1 月 2 日，福克曼（Volkmann, V）通过公证合同将土地卖给了克林格（Klinger, K），该土地上建有办公楼和仓库，且明确表示 K 可根据其用途使用它们。合同还有如下内容：

"出卖人保证，目前的土地用途和一并出售的建筑的状态符合实体建筑法的规定。"

在交付土地并登入登记簿之后，K 就为办公楼寻找租户。他和缪勒（Möller, M）谈了一个租赁合同，该合同应从 4 月 1 日开始，租期 5 年。每月的租金应为 9000 欧元，且 K 保证这些建筑可用于行政和仓储。3 月 13 日，M 在相应的合同公证书上签字，并将其寄给了 K。3 月 15 日，K 发现将部分建筑用作仓库未获得建设许可。K 通知了 M，并说明这一情况，他暂时不能在租赁合同上签字，直至得到批准才可将其用作仓库。因为 V 恰好度假去了，K 无法与其取得联系，直到 3 月 22 日，K 才能要 V 提供建筑许可。V 按照其指示行事。有权机关在 6 月中旬批准了许可，因为其最终认定用作仓库符合实体建筑法，应予批准。

M 根本没有等,而是立刻寻找其他的地方,于 4 月起租。K 直到 10 月 1 日才找到另一个承租人,而且只能收到 7000 欧元的月租。

K 要求 V 赔偿 4 月到 9 月租金损失 54000 欧元以及从 10 月直到 K 和 M 本应缔结的租赁合同终止时的 108000 欧元租金损失。V 认为 K 自己有错,因为他没有和 M 缔结合同。此外,V 可能需就 K 要求 V 取得建筑许可后 K 蒙受的损失承担责任。但是这也被排除了,因为他对有权机关的拖沓也毫无办法。

K 的请求权成立吗?如果成立,数额为多少?

二、前期思考

核心的问题是 K 是否能够要求 V 赔偿丧失的租金(和此后获得的更少的租金)。此处涉及一个讨论激烈的问题:在何种条件下,出卖人在给付瑕疵物时要对所谓无法运营损害(即本案中的丧失租金损害)负责,该损害直接源自物的瑕疵,因为它使得物无法依合同预定的使用。

就问题的解决,替代给付的损害赔偿(第 280 条第 3 款)和与给付并存的损害赔偿之间的区分再次变得很重要。在后者中,迟延损害(第 2 款)和其他损害(第 1 款)应予区分。这一要求很高的标准问题在初学者练习中就要被检验,因此必须了解,抑或能利用 V 此前给的理由和第 280 条的体系提供的帮助。

即便这一争议和界分的问题构成案件的所谓"核心",人们仍然需要对问题其他部分的解决予以关注。因此,必须清晰地对强调第 434 条中的重要义务违反——正如一直以来要求的——在合适的地方领会当事人的论辩:比如,V 认为"K 没有和 M 缔结合同,所以是 K 自己有错"。

初学者,乃至部分中年级的学生可能对缺乏建筑许可和其嗣后授予的提示会有点惊异。同时案件事实又说,若无必要的建筑和使用许可,已经建成的建筑物不可以使用。这对 V 适约履行与否及存在何种类型的瑕疵是有意义的。

三、提纲

以第 437 条第 3 项、第 280 条第 1 款为据的请求权 ············ 1
  1. 存在债务关系 ··· 2
  2. 瑕疵形式的义务违反,第 434 条 ································· 4
    (1)品质约定,第 434 条第 1 款第 1 句 ······················· 5
      [问题:当事人是否约定了第 434 条第 1 款第 1 句意义上的土地使用的实体建设法上的合法性?]
    (2)适于合同预定或通常使用的能力,第 434 条
       第 1 款第 2 句第 1 项和第 2 项 ···························· 10
      [问题:缺乏可使用性必须以物的品质为基础吗?]
    (3)权利瑕疵,第 435 条 ·· 14
    (4)损害赔偿的其他要件,第 280 条第 2 款或
       第 3 款? ··· 15
      [问题:丧失租金需满足哪些条件方可赔偿?]
      ①替代给付的损害赔偿,第 280 条第 1 款和
        第 3 款、第 281 条第 1 款第 1 句 ····················· 16
      ②迟延损害的赔偿,第 280 条第 1 款和第 2 款、
        第 286 条 ··· 19
      ③没有其他要件 ·· 22
      ④观点 ·· 23
  3. 可归责性 ·· 31
  4. 可赔偿的损害,第 249 条及以下 ································· 32
    (1)K 和 M 的租赁合同成立 ······································· 33
    (2)责任范围因果关系 ·· 34

[问题:K 未与 M 签署租赁合同中断了因果关系吗?]
　　(3)损害数额 ·· 37
　5. 结论 ·· 39

四、解答

以第 437 条第 3 项、第 280 条第 1 款为据的请求权

1　　K 可能有以第 437 条第 3 项、第 280 条第 1 款为据,要求 V 赔偿丧失的租金收益的请求权。

　　1. 存在债务关系

2　　1 月 2 日双方当事人缔结买卖合同产生了债务关系。公证书的形式(第 311b 条第 1 款)得到了遵守。

3　　　　提示:本处不必更深入探讨形式效力(第 125 条第 1 句)。

　　2. 瑕疵形式的义务违反,第 434 条

4　　V 必须违反了买卖合同中的义务。就此,可以考虑违反了第 433 条第 1 款第 2 句中买受人使取得无瑕疵买卖物的义务。因为出售的土地可能是有瑕疵的(第 437 条),即土地上的建筑的一部分用作仓库未获建筑许可。第 434 条规定了物之瑕疵概念。

　　(1)品质约定,第 434 条第 1 款第 1 句

5　　当事人在买卖合同中符合形式规定[1]地约定了,实体建设法上是允许土地和建筑目前的使用的。

6　　　　提示:在公证合同之外的品质约定违反第 311b 条第 1 款第 1 句,依第 125 条第 1 句会形式无效。在有疑义时,会依第 139 条导致整个合同无效。无论如何,不能确认当事人一致愿意仍

---

〔1〕 Vgl. Staudinger/Beckmann(2014),§434 Rn. 72;Palandt/Weidenkaff,§434 Rn. 18 m. w. N.

然让合同有效。

事实上,土地上的建筑物因没有建设许可只是受限可用。是否存在第 434 条第 1 款第 1 句意义上的偏离"约定的品质",首先取决于当事人究竟约定了什么"品质"。根据约定,目前的土地使用和建筑状态符合实体建设法。二者都被第 434 条的品质概念涵括。因为品质不仅源于买卖物的自然性质,还源自其和环境之间的事实上、经济上和法律上的关联,只要其在物的事实状态中能够有根据,能持续相当时间,且依交易观念,能影响买卖物的估价和使用性。[2] 这些和环境的关联不能是只有考虑到外在于买卖标的物的关系或环境时才能发生的,而是必须在买卖标的物本身的品质中找到根据,即直接内存于标的物或由此生发的。[3] 当特定的土地使用因公法上(如因自然保护或水法)的限制而为法律所不许,而其根本原因在于土地位置时,就是如此。[4] 这同样适用于依据实体建设法的土地的可使用性。

7

在本案中,正如有权机关嗣后确认的那样,土地上的建筑符合实体建设法。它只是形式上违反了建设法,因为并未取得具体使用所必要的建设许可。因为 V 只是承担了实体建设法合法性的保证,双方当事人在公证书中也只是就此品质达成了一致。因此,缺乏(形式上)的建设许可不会导致偏离约定的品质。K 在缔约磋商时,明确表达出的希望以办公楼和仓库的方式使用,本身尚不足以构成范围广泛的品质约定;还必须有 V 的协作。因此,应否定存在第 434 条第 1 款第 1 句意义上的物之瑕疵。

8

提示:当然可以就此简化论述。本处是基于教学的原因说明:第 434 条第 1 款第 2 句第 2 项中也会出现的品质的概念一定

9

---

[2] BGH NJW 1992, 2564, 2565(关于客栈的声誉,依旧法第 459 条第 2 款); Musielak, Rn. 580; Palandt/Weidenkaff, §434 Rn. 11f.; H. Roth, NJW 2004, 330, 331.

[3] Vgl. BGHZ 132, 320, 324(关于过期的制造者保证作为物之瑕疵)。

[4] Vgl. BGHZ 117,159,162 m. w. N. =NJW 1992,1384.

会引起问题。

(2) 适于合同预定或通常使用的能力,第 434 条第 1 款第 2 句第 1 项和第 2 项

10　　有疑问的是,土地是否因欠缺建设许可而不具备第 434 条第 1 款第 2 句第 1 项中的合同预定使用的能力。除去欠缺的许可不论,正如买卖合同所言,土地和建筑能很好地作为仓库和办公地使用。缺乏可使用性是否要基于品质以成立物之瑕疵,还是与此无关,是有争议的。[5]

11　　一种观点将可使用性和品质关联起来:可使用性建立在品质基础上。[6] 根据该观点,必须否定有物之瑕疵,因为土地具有所保证的使用必需的(物理上)品质,且肯定有适于合同预定使用的能力;许可是外在于买卖标的物的。相反,通说[7]将可使用性从品质中分离出来。立法者在第 434 条第 1 款中并行使用了两个概念,且认为只要缺乏可使用性就构成瑕疵。因买卖标的物不能使用给买受人带来的不利,不取决于欠缺可使用性的原因为何[8],应赞同这一观点。在本案中,买卖合同约定了该土地作为办公楼和仓库使用,因此建筑法上的前提条件也必须被保证。只要欠缺必要的建设许可,该使用就不可能,以至于存在第 434 条第 1 款第 2 句第 1 项的物之瑕疵[9],且在风险移转时就存在了(第 446 条第 1 句)。

12　　**提示**:相反的观点当然也是有道理的,若如此,则不存在物之瑕疵——极具争议的还有,"合同预定的使用"是否以当事人的约定为必要,且需为第 311b 条第 1 款第 1 句的强制公证所包

---

[5] Vgl. Faust, JuS 2009, 863 m. w. N.
[6] Oetker/Maultzsch, §2 Rn. 61; vgl. Erman/Grunewald, §434 Rn. 16.
[7] Bamberger/Roth/Faust, §434 Rn. 29; MünchKomm/H. P. Westermann, §434 Rn. 14; Palandt/Weidenkaff, §434 Rn. 23; Wolf/Kaiser, DB 2002, 411, 412.
[8] Bamberger/Roth/Faust, §434 Rn. 29.
[9] BGH NJW 2013, 2182 Rn. 9f. m. w. N.

含。如果人们否定约定这一要求,那么一方当事人(如本案中的K)只要在缔约磋商中明确表明将来对买卖标的物的使用,另一方当事人要么明示或默示同意,要么没有反对[10],就足够了。通说也肯定了强制公证。[11] 即便是这一观点,也认为在本案中达成了预定使用的合意,因为因 K 作为所有权人已经登入登记簿,土地买卖合同的所有内容无论如何都有效了(第311b条第1款第2句形式瑕疵补正)。

就第434条第1款第2句第2项意义上的具备适于通常使用的能力的问题亦可适用上述论辩:有办公和仓储建筑的土地只有取得必要的建设许可,才具有适于"通常使用"的能力。[12]   13

(3)权利瑕疵,第435条

只要否定了物之瑕疵,在本案中就会考虑第435条第1句意义上的权利瑕疵。[13] 当第三人就标的物对买受人无法主张权利,或只能主张买卖合同接受的权利,则该物依据第435条第1句没有权利瑕疵。公法上的使用限制也归入权利瑕疵的概念。[14] 欠缺建设许可肯定会影响形式上符合建设秩序的出售土地的使用,构成权利瑕疵。此外,这会导致有权机关干预未经许可的土地使用。由此会产生与物之瑕疵意义上的使用性无关的权利瑕疵问题。[15] 应肯定存在权利瑕疵。   14

(4)损害赔偿的其他要件,第280条第2款或第3款?

需检验的是损害赔偿请求权是完全依据第280条第1款,还是   15

---

[10] Vgl. Palandt/Weidenkaff, §434 RN. 50 m. w. N.
[11] Bamberger/Roth/Faust, §434 Rn. 50 m. w. N.
[12] BGH NJW 2003, 2380, 2381; NJW 2013, 2182 Rn. 9f. m. w. N.
[13] 在新的买卖法中,权利瑕疵和物之瑕疵基本被等同处理(但参见第476条),以致区分两者已经没有什么意义,参见 Bamberger/Roth/Faust, §435 Rn. 70. 就权利瑕疵和物之瑕疵同时发生,参见 Faust a. a. O. Rn. 12。
[14] Bamberger/Roth/Faust, §435 Rn. 18 并参引第436条第2款。
[15] Palandt/Weidenkaff, §435 Rn. 12.

需要额外的要件。这些额外要件可能依据第 280 条第 1 款和第 3 款、第 281 条第 1 款第 1 句,如果 V 的损害属于给付迟延损害,则依据第 280 条第 1 款和第 2 款、第 286 条。事实上,这里处理的是给付瑕疵标的物引起的所谓无法运营损害的问题。这种损害的妥善处理充满争议。

①替代给付的损害赔偿,第 280 条第 1 款和第 3 款、第 281 条第 1 款第 1 句

16 　　如果无法运营损害算作替代给付的损害赔偿,就会导致其赔偿必须以债权人指定的期限徒过为前提,依第 280 条第 1 款和第 3 款、第 281 条第 1 款第 1 句。为确定损害的额度,需比较受害人因义务违反所处的财产状况和若正常履行时债权人应处的财产状况,即所谓差额假设。[16] 权利人,即 K,应在经济上被置于若正常履行时应处的状态(积极利益)。

17 　　起决定性作用的问题是,如何精确理解第 280 条第 3 款的"替代给付的损害赔偿"。原则上,需考虑的债权人遭受的不利不仅包括不履行或瑕疵履行带来的损失,还包括附带损害、结果损害(含丧失的营利)。[17] 因此,违反与给付相关的义务时,尤其是存在第 434 条及以下的瑕疵时,所有有相当因果关系的和可归责引起的附带损害和结果损害要么通过第 280 条、第 281 条并第 283 条,要么通过第 311a 条第 2 款清算。[18]

18 　　因为建设许可尚可能获得,所以还不构成无瑕疵给付的不能,所以只能考虑适用第 437 条第 3 项、第 280 条第 1 款和第 3 款、第 281 条第 1 款第 1 句。但是 K 并未给 V 指定期限。根据这一观点,只要 K 没有指定补正给付期限,其请求权就被排除。

---

〔16〕 Palandt/Grüneberg, § 281 Rn. 17,25; Recker, NJW 2002,1247.
〔17〕 MünchKomm/Emmerich, Vorbem. zu § 281 Rn. 12; Palandt/Grüneberg, § 281 Rn. 26.
〔18〕 Recker, NJW 2002,1247.

②迟延损害的赔偿,第 280 条第 1 款和第 2 款、第 286 条

根据一种经常出现的观点,只要正常给付尚有可能,因第 434 条第 1 款第 2 句出现的瑕疵给付可同时视作正常给付的迟延,因此无法运营损害的赔偿义务只有在满足第 286 条的额外要件时才有可能。[19] 其理由之一是第 437 条第 3 项概括指示参照第 280 条,也就间接指示参照了第 280 条第 1 款和第 2 款、第 286 条中的给付迟延损害赔偿[20];另一个理由是若 V 根本没有履行,该损害也会以同样的方式和数额在 K 处发生。因此,这并不涉及债权人的完整性利益,而是在时间上的履行利益。[21] 因为债务人给付瑕疵通常比其给付义务届期更难识别,所以此时要求催告也是有意义的。[22] 依据该观点,只要 K 没有让 V 陷入给付迟延,就不能要求其赔偿因无法使用遭受的损害。

为了避免在交付和催告之间的时间段出现保护漏洞,建议依照第 280 条第 2 款第 4 项,放弃催告要件,因为债权人在瑕疵给付中格外应得到保护,因瑕疵通常是嗣后显现,且债权人因信任给付无瑕疵而做出了实质性处置。[23]

提示:如果遵循最后提及的观点,则 V 自瑕疵给付时[24]就已陷入给付迟延。由此得出的结论和通说相同(接下来就会阐述通说)。

---

[19] Vgl. Arnold/Dötsch, BB 2003, 2250, 2253; Grigoleit/Riehm, AcP (2003), 727, 754ff.; dies., JuS 2004, 745, 747f.

[20] Grigoleit/Riehm, AcP(2003), 727, 755.

[21] Grigoleit/Riehm, AcP(2003), 727, 754.

[22] Arnold/Dötsch, BB 2003, 2250, 2253.

[23] Grigoleit/Riehm, AcP(2003), 727, 755ff.

[24] 意即采取了构成给付迟延的行为,参照 Palandt/Grüneberg, §286 Rn. 35,在本案中是发出为满足债法上作成让与合意(第 433 条第 1 款第 1 句)必要的表示时。

③没有其他要件

22　　与此相反，通说[25]认为赔偿无法运营损失的请求权基础只能是第437条第3项和第280条第1款。该损害不是建立在给付迟延的基础上，而是瑕疵给付的基础上。法律区分了这两种义务违反，此外通常只有在使用买卖标的物后才会意识到瑕疵，如果要求买受人这时还必须催告，则他将无法要求赔偿到那时为止发生的损害。[26] 如果人们依从这一观点，则单纯的瑕疵给付就足够了，而本案中存在的物之瑕疵或权利瑕疵足以肯定这一点。

④观点

23　　A．假如无法运营损害归入第280条第1款和第3款、第281条第1款意义上的替代给付的损害赔偿，则原则上债权人只有在合理的补正给付期限徒过后方能得到赔偿，而不能在这之前。[27] 这一观点是很有问题的，因为无法运营损害根本不可能通过补正给付消除，就此指定期限毫无意义[28]，即便人们能根据第281条第2款第2种情况认为不必指定期限。但是问题在于对补正给付而言，通常是不能免于指定期限的。如果仅仅认为无法运营损害不需要指定期限，则会导致替代给付损害赔偿请求权成立之前已发生的在其他法益上的结果损害（如无法运营损害）又会反过来重获替代给付的损害赔偿的资格，而这是难以理喻的。[29] 如果是这样的话，结果将是债权人在义务违反和替代给付的损害赔偿请求权成立之间这段时间得不到保护。

24　　此外，在本案中，在 V 的努力下，有权机关最终还是在6月中旬

---

〔25〕 BGHZ 181, 317 Rn. 12 = NJW 2009, 2674, 2675; Canaris, ZIP 2003, 321, 326; Dauner-Lieb/Dötsch, DB 2001, 2535, 2537; Faust, JuS 2009, 863, 864; 亦可参见 Schulze/Ebers, JuS 2004, 462, 465 就学说现状提供的进一步参引。

〔26〕 Canaris, ZIP 2003, 321, 326.

〔27〕 同样的观点是 Grigoleit/Riehm, JuS 2004, 745, 746。

〔28〕 AnwK/Dauner-Lieb, § 280 Rn. 52.

〔29〕 Grigoleit/Riehm, AcP(2003), 727, 753.

发出了建设许可。尽管有部分迟延,V 还是因此应完全履行了自己的义务(第 362 条第 1 款)。因此,看上去应该排除以"替代给付"的损害赔偿来清算完全正常履行以外尚存的损害。

  B. 因此,正如本案中所示,无法运营是与给付并存的,也许应得 25
到赔偿的损害。就此,还需释明的是 V 的义务违反是否属于第 280
条第 2 款规定的给付迟延的案型。

  这与法律在第 281 条第 1 款第 1 句中对不适约给付作了与第 26
280 条第 2 款意义上迟延给付的不同处理相矛盾。第 434 条及以下
整体规制的是瑕疵给付,第 437 条列示了其特定的法律后果。将瑕
疵给付视为延迟的适约给付,(不仅仅是因为这一缘由)看上去是矫
揉造作的。在要求适用第 286 条的同时,又通过第 286 条第 2 款第 4
项以债权人在瑕疵给付中比在未履行中更需要特别保护为由,排除
催告要件,这种印象就更是强烈。毋宁说,这种需保护性更支持自始
排除第 286 条的适用。[30]

  但正确的是,债权人的利益在债务人完全没有履行时,和他瑕疵 27
履行时至少是不同的:债权人会立刻意识到未履行,但通常要在交付
后一段时间才能确定瑕疵。因为这一原因,债务人通过瑕疵给付以
危险的方式侵入了债权人的财产领域。[31] 用益丧失大多时候不能再
被避免。[32] 这也构成反对在第 437 条第 3 项的框架内适用第 286 条
的理由。

  最后,第 437 条第 3 项也指示参照了第 280 条第 2 款,并由此参 28
引了第 286 条的论证是不成立的:因为第 437 条第 3 项不仅指示参照
了第 280 条,还参照了第 281 条和第 283 条,乃至第 311a 条。基于明

---

  [30] 类似的 Canaris, ZIP 2003, 321, 326。
  [31] BGHZ 181, 317 Rn. 17=NJW 2009,2674,2676 关联 Canaris, ZIP 2003, 321, 323。
  [32] BGHZ 181, 317 Rn. 17=NJW 2009,2674,2676;Canaris, ZIP 2003, 321, 326; Gruber, ZGS 2003,130,133。

确的立法理由,认为无法运营损害是通过第 280 条第 1 款得以赔偿的[33],在创设第 437 条时有意没有提及第 286 条,因为在有瑕疵时,不管是否有债务人迟延,无法用益的损害都应得到赔偿。[34]

29　　C.结果是通说论证更充分,所以要遵循通说。对债务人只适用第 280 条第 1 款不会激起"责任法上的苛责"(haftungsrechtliche Überforderung),因为始终还要检验其可归责性。[35] 必要的 V 的义务违反只存在于给付了有瑕疵的土地。

30　　提示:不涉及这一争议问题的案件还有债务人补正给付迟延。在这种案件中,无法运营损失在给付迟延发生后应通过第 280 条第 1、2 款和第 286 条赔偿是没有争议的。[36] 如果人们认为必须要有债务人迟延且不能免于催告,则本案的结果就会发生极大的改变。不过 K 让 V 设法取得建设许可的要求中已经包含了要求无瑕疵给付的催告(第 433 条第 1 款第 2 句)。但因为 M 此前已经"退出了",所以 K 的损害基本得不到赔偿。这也可以展示这一争议的巨大经济意义。

3. 可归责性

31　　V 必须对义务违反负责,这为第 280 条第 1 款第 2 句推定。尚需检验的是 V 能否推翻推定。根据第 276 条第 1 款第 1 句,如果从债务的其他内容,尤其是提供保证或承受置办风险中不能得出更严格或更宽松的责任,则债务人需对故意和过失负责。V 在公证的买卖合同中"保证",土地目前的状态和使用符合实体建设法。就此,V 明确表示(第 133、157 条),他愿意就土地和建筑作为办公楼和仓库符

---

[33] BT-Drs. 14/6040,225; vgl. BGHZ 181, 317 Rn. 14 = NJW 2009, 2674, 2675f.; Dauner-Lieb/Dötsch, DB 2001,2535,2537.

[34] BGHZ 181, 317 Rn. 15 = NJW 2009,2674, 2676.

[35] Vgl. BGHZ 181, 317 Rn. 19 = NJW 2009,2574, 2576.

[36] Canaris, ZIP 2003,321,326; Faust, JuS 2009,863,865.

合实体建设法负无过错责任。但是他并没有保证形式合法性和与此相关的建设许可。在此范围内,他并不是负无过错责任的。但是仍依第280条第1款第2句推定其有可归责性。从生活经验角度看,应以此为出发点,即V作为此前的土地所有权人本可以从自己的证书中了解到其欠缺部分建设许可。因此,就瑕疵而言,他是有第276条第2款意义上过失的,他也无法推翻可归责性的推定。

4. 可赔偿的损害,第249条及以下

第249条及以下的损害是所有非自愿的财产损失。K要求赔偿从4月到9月的租金损失54000欧元和从10月到合同终止日的租金损失108000欧元,因为从10月1日起,他只能以7000欧元月租出租。有疑问的是,损害赔偿请求权的数额是多高。

32

(1) K和M的租赁合同成立

K的损害可以源自他没有取得对M的租金债权(第535条第2款)。就此需检验的是在K和M之间是否通过交换内容一致的意思表示(要约和承诺,第145条及以下)成立了合同。K没有签署M已经署名的租赁合同公证书。但是,K以缔约为目的的意思表示已经可以从他寄给M的合同草案中看出来,因为租赁合同并非要式合同。从第578条第1款、第550条第1句中也推不出要式的要求,因为未遵守书面形式仅仅导致期限约定无效,而整个合同仍作为不定期限的合同缔结成功。然而,K和M在第154条第2款的意义上约定了合同要公证,因此在有疑义时,租赁合同在双方都签字后方成立。因为双方当事人尚未开始履行合同[37],所以不能认为合同已经缔结。

33

(2) 责任范围因果关系

V的义务违反必须和K的损害有因果关系。如果V正常履行了,则K本可以和M缔结租赁合同,且可以获得每月9000欧元的租金(相当因果关系);当然只有租赁关系存续期间,才会如此(合法替

34

---

[37] Vgl. 就此比如 BGH NJW 2009,433。

代行为思想），否则的话，K就必须另寻新的承租人或者和M协商延长租期。因为其和K的租赁关系时长5年，且在该期间内原则上不得终止，所以V原则上需就这段时间的租金损失负责。

35　　但是，看上去有疑问的是K没有签署租赁合同，且并不关心自己是否取得对M的债权。这可能导致V的义务违反和损害发生之间的法律上因果关系中断。

36　　如果受害人（K）的行为有正当的理由，或者成立责任的事实让其不得不这么做，且被害人的行为并非反常或完全不合理，则这一因果关系并未中断。[38] 对K而言，有疑问的是，他在租赁合同中保证了建筑物可用于行政和仓储。如果K在公证书上签字了，就会陷入必须对M承担无过错责任（参考第536a条第1款）的风险，尽管他必须担心自己无法履行保证。[39] 虽然可以考量，为了M紧接着要求K赔偿时，K可以向V追索，K是否仍不必签订合同；但K包括V有时可能会面临高于单纯租金损失的损害的威胁，所以K基于减损的不真正义务，遵守第254条第2款的规定，不缔约更好。最后，不可期待K承受V破产的风险。因此，在不履行保证时，M提出请求的风险足以认定K不签署租赁合同并非反常或不恰当的反应。[40]

（3）损害数额

37　　如果V正常履行了，K就能获得对M每月9000欧元的租金债权，且至少可以持续5年。从4月到9月，K纵尽一切努力（参考第254条第1款），也无法找到其他承租人，因此，他可以主张6×9000欧元（54000欧元）的损害赔偿（第249条第1款、第251条第1款）。从10月起，K只能以每月7000欧元出租。这一从10月起至剩下的（假设的）与M的租期内事实上每月可获得的7000欧元租

---

[38] BGHZ 181,317 Rn. 21 = NJW 2009, 2674, 2676 m. w. N.
[39] Vgl. BGHZ 181, 317 Rn. 21 = NJW 2009, 2674, 2676.
[40] Vgl. BGHZ 181, 317 Rn. 21 = NJW 2009, 2674, 2676.

金收入根据损益相抵[41]予以抵扣。它作为利益和 V 的义务违反有相当因果关系,因为 K 现已获得了建设许可,只是因为 M 在此期间租了别的场地,才和第三人缔结了租赁合同。扣减 7000 欧元也符合第 437 条第 3 项、第 280 条第 1 款的损害赔偿的目的,因为它没有不公平地让 V 免责。就剩余的 54 个月,即假设从 4 月 1 日开始的和 M 的租约,从 10 月开始仍将继续的话,K 在扣除其所得后,最终蒙受每月 2000 欧元租金减少(总共 108000 欧元)的损失,V 应对其赔偿。

提示:如果债权人了解了买卖物的瑕疵,当然不可以沉默,而是必须尽快通知债务人,第 254 条第 2 款第 1 句就已经作出这一要求。本案中,K 在发现欠缺必要的建设许可后,已经立即找了 V。因此,不必在本案中考虑第 254 条。

38

5. 结论

K 可以根据第 437 条第 3 项、第 280 条第 1 款要求 V 赔付从 4 月到 9 月的租金损失 54000 欧元,并赔偿从 10 月到 K 和 M 本会缔结的租约终止时减少的租金 108000 欧元,总计 162000 欧元。

39

---

[41] 就此的一般论述参见 Palandt/Grüneberg, Vorbem. zu § 249 Rn. 67ff.。

案例 30　错误交货

一、案件事实

退休的医学主任冯·普利特维茨(von Prittwitz,P)在一次远足中到了沃法特(Wohlfahrt,W)的酒庄。在品酒之后,P决定以每瓶9欧元的价格买60瓶施凡纳(Silvaner)2000年产的"Iphöfer Blautopf"。他立刻支付了价款,这些酒会寄送到P家。当货到时,P发现当中只有30瓶是2000年产的,其余30瓶是1999年产的,后者明显比前者好,且更贵,每瓶值12欧元。数日后,W通知P说,他在归置要发的货时弄错了年份。如果P愿意保留1999年的酒,请再支付90欧元,否则请寄回1999年的酒,W会偿还运费。遗憾的是再供30瓶2000年产的酒已经不可能了,因为期间他已经卖光了该年份酒的剩余库存。

P希望了解目前的法律状况,以尽可能更好地回复W。

案件变型：

在一次远足中,P发现了在一个旧酒庄中的W的艺术工作坊,并参观了该工作坊。然后从题为"三模特"的系列复制品中挑选了第3/20号,以200欧元的价格购买。P当场付款,该复制品会寄到P家。当P收到时发现是另一幅画,该画在W的目录中被标为"三女神"。因为P更喜欢这幅在上次访问中没有见到的画,且证实这一品类的画标价是1000欧元,所以他决定保留这幅画。不久之后,W发现了这一失误,要求 P 归还该画,同时会发送"三模特"的复制品。

二、前期思考

本案中例外地不一定需要具体的检验 P 的请求权,而是可限于释明 P 的法律状况。出卖人 W 发给 P 的货一部分是有误的(等于异物),即错误的年份。在第 434 条第 3 款中,错误供货和瑕疵是等而视之的,并会产生第 437 条的瑕疵担保请求权。在阐明了这些之后,就可以陈述各个瑕疵担保权利及其特别的前提条件,以及由同等对待异物给付和瑕疵给付引发的争议问题。

案件变型涉及的是特定买卖的错误给付。第 434 条第 3 款是否也适用于此,存在很大争议。因为现行买卖法不再区分种类买卖和特定买卖,且立法者通过创设第 434 条第 3 款希望明晰地解决先前法律中有高度争议的异物给付[1]问题,绝大部分观点支持将第 434 条第 3 款适用于特定之债的错误给付(所谓同一性异物 Identitäts-Aliud)。

相反观点的考量也显而易见:如果负担的是特定物,则提供其他物不构成正常给付。[2] 也就是说,到目前为止成立的第 433 条第 1 款第 1 句的供货请求权会存续,出卖人能依据第 812 条第 1 款第 1 句第 1 种情况要求返还异物。看上去没有用第 439 条第 1 款这条"迂回之路",且本条以可选择形式规定的修理在异物给付中根本不必考虑。但是,立法者还是有意要用这条"迂回之路",以便适用第 438 条第 1 款的消灭时效期间(在有意的异物给付中,类推适用第 438 条第 3 款[3]),并在买受人根据第 437 条第 1 项、第 439 条第 1 款要求给付

---

〔1〕 关于这一问题及其理由,参见 Lettl, JuS 2002, 866f. ; S. Lorenz, JuS 2003, 36。
〔2〕 第 434 条第 3 款也无法改变这一点,适切的评论参见 Lorenz/Riehm, Rn. 574。
〔3〕 适切的评论参见 Lorenz/Riehm, Rn. 492。

正确的物时,以第 439 条第 4 款、第 346 条第 1 款作为返还的合同基础。

此处还涉及另一个问题,该问题在像本案这样的案情中会很重要,且当然超出了初学者的水平:在异物给付中获得比原本应获得的物价值更高的物的买受人,并不会始终有动力去行使补正给付请求权。因为根据第 439 条第 4 款能得出的结论,出卖人无法要回异物。这样就会引起"绝不能如此"的想法,并要思考如何把这种法感情导入法律思维中,并证成可欲的后果。

三、提纲

(一) 因给付 30 瓶 1999 年产的酒,P 对 W 的物之瑕疵权利 …………………………………………………… 1
  1. 存在物之瑕疵 ……………………………………… 2
    [问题:给付了部分错误年份的酒构成瑕疵给付还是第 434 条第 3 款以上的异物给付?]
  2. P 对 W 因错误给付享有的权利 ………………… 9
    (1) 以第 437 条第 1 项、第 439 条为据的补正给付请求权 ………………………………………… 9
    (2) P 以第 437 条第 2 项为据的解除权或减价权 …… 13
      [问题:满足哪些条件,P 可以解除整个合同?]
    (3) P 以第 437 条第 3 项、第 280 条第 1、3 款和第 283 条第 1 句为据的损害赔偿请求权 ……… 17
(二) W 对 P 要求给付 30 瓶 1999 年产的酒的权利 ………… 18
  1. W 要求 P 多支付 90 欧元(第 433 条第 2 款)的请求权 ……………………………………………… 18
  2. W 要求 P 归还已经给付的 30 瓶 1999 年产的酒的请求权,依据为第 439 条第 4 款并第 346 条

         第 1 款 ································· 19
    3. W 要求 P 归还已经给付的 30 瓶 1999 年产的酒
       的请求权,依据为第 812 条第 1 款第 1 句第 1
       种情况 ································· 20
       (1) 给付型不当得利的事实构成 ············· 21
       (2) 第 433 条及以下、第 437 条及以下优先适用的
           抗辩 ······························· 23
       (3) 第 814 条的抗辩 ····················· 29
       (4) 未预定货物给付的抗辩(第 241a 条) ······ 30
       (5) 结论 ······························· 32
  (三) 给 P 的建议 ····························· 33
  (四) 案件变型:因给付画,P 对 W 的物之瑕疵权利 ········ 34
    1. 存在物之瑕疵 ······················· 35
       [问题:第 434 条第 3 款能否适用于特定买卖中的错
       误给付?]
    2. 因错误给付,P 对 W 的权利 ················ 39
       (1) 以第 437 条第 1 项、第 439 条为据的请求权 ··· 39
       (2) 以第 437 条第 2 项为据的解除权或减价权 ····· 40
       (3) 以第 437 条第 3 项,第 280 条第 1、3 款和第
           283 条第 1 句为据的损害赔偿请求权 ······· 41
    3. P 的选择可能 ·························· 42
  (五) 案件变型:因给付原画,W 对 P 的权利 ·········· 43
    1. 依据第 433 条第 2 款,要求再支付 800 欧元的请
       求权 ································· 43
    2. 类推适用第 439 条第 4 款并第 346 条第 1 款,
       W 要求 P 归还原画的请求权 ············· 44
       [问题:W 能否通过提供复制品,让该请求权成立?]
    3. 以第 812 条第 1 款第 1 句第 1 种情况为据,W 要

求 P 归还原画的请求权 ·································· 45
　　4. 关于返还请求权的总结论和类推适用第 439 条
　　　 第 4 款的问题 ······································ 46

四、解答

(一)因给付 30 瓶 1999 年产的酒,P 对 W 的物之瑕疵权利

1　　需检验的是,P 能否因给付了 30 瓶 1999 年产的葡萄酒,而非 2000 年产的葡萄酒,即可对 W 主张物之瑕疵责任(第 437 条),基础为双方当事人缔结了买卖合同。就此,必须检验物之瑕疵的要件是否满足。

　　1. 存在物之瑕疵

2　　问题是 30 瓶 1999 年产的葡萄酒是否属于有瑕疵的 2000 年产葡萄酒,或者是此处只涉及第 434 条第 3 款意义上的部分错误(异物)给付。

3　　是否存在第 434 条第 1 款第 1 句意义上的物之瑕疵,首先取决于约定的品质。[4] 因为给付的葡萄酒的实际品质偏离了应有品质,可以不顾 1999 年产的瓶子里装着更好的葡萄酒,仍然认为存在物之瑕疵。[5] 因为第 434 条第 1 款并未要求是不利于买受人的偏离。[6]

---

　　[4] Palandt/Weidenkaff, §434 Rn. 1. 在第 434 中有从主观瑕疵标准(第 434 条第 1 款第 1 句)到客观瑕疵标准(第 434 条第 1 款第 1 句第 2 项)的递减;类似的有 Lorenz/Riehm, Rn. 483, 485; MünchKomm/H. P. Westermann, §434 Rn. 9ff. 在旧法中对客观瑕疵概念和主观瑕疵概念的区分,可参见 Soergel/Huber, 12. Aufl., 1991, Vorbem. zu §459 Rn. 29ff.

　　[5] Soergel/Huber, 12. Aufl., 1991, Vorbem. zu §459 Rn. 29ff.; Staudinger/Honsell (1995), §459 Rn. 63.

　　[6] 其他观点 Lorenz/Riehm, Rn. 493,认为只有价值更低的异物适用第 439 条,而错误给付价值更高的异物适用第 812 条——根据从前的第 439 条,偏离必须在事实上对买受人不利。

反对物之瑕疵的理由是,已经约定了给付第 243 条第 1 款意义   4
上特定种类的葡萄酒,当事人是通过种植地和年份确定种类的。负
担的标的物是 2000 年产的葡萄酒,但取代它的是另一种 1999 年产
的葡萄酒。尽管异物给付和物之瑕疵的界分至少在种类买卖中因第
434 条第 3 款的存在,已经没有必要[7];但是,这一规定的存在可支持
错误给付并非第 434 条第 1 款意义上的瑕疵的观点,否则就没必要
把两者等而视之了。此外,因为在错误给付中同等对待,被给付的异
物是否比约定的物的价值更高也无关紧要。[8]

 因此,给付了部分错误年份的葡萄酒构成第 434 条第 3 款意义   5
上的异物给付。它同时导致正确年份葡萄酒的短少给付。即便第
434 条第 3 款将短少给付和物之瑕疵等而视之,仍然有必要说,作为
部分错误给付的必然结果,这一方面在本案中要退居其次。

 所以 P 可以主张第 437 条及以下的权利。   6

 提示 1:在数量上的短少给付之外,学说中还会探讨"质量   7
上"的短少给付,比如切割得过短的木板或未正确装满的饮料。
因为第 434 条第 3 款的短少给付始终以可分给付为前提,切割
得过短的木板整个构成真正的第 434 条第 1 款意义上的物之瑕
疵。[9] 质量上的短少并非短少给付,应避免使用引人误解的
概念。

 提示 2:在短少给付中,超出本案的案情,可能有争议的问题   8
是,当出卖人有意识地部分给付时,是否也能适用第 434 条第 3
款。[10] 根据政府草案的理由书,只有当出卖人真的希望以短少

---

[7] Vgl. Huber/Faust, Kap. 12 Rn. 60.
[8] Bamberger/Roth/Faust, §434 Rn. 110; Palandt/Weidenkaff, §434 Rn. 52.
[9] Vgl. Ehmann/Sutschet, §7 X 1a, S. 219. 关于旧法第 459 条及以下,还可参见 BGH WM 1975, 562,563; MünchKomm/Westermann, 3. Aufl., 1995, §459 Rn. 17,25; Soergel/Huber, 12. Aufl., 1991, §459 Rn. 56; Staudinger/Honsell(1995), §459 Rn. 42.
[10] Ehmann/Sutschet, §7 X 1a, S. 219. 指示参照 BT-Drs. 14&6040,216。

的数量来履行所有义务时,即从客观受领人视角看,可作为完全履行的尝试时,才能将短少给付和物有瑕疵等而视之。[11] 支持该观点的理由是,只有隐藏的短少给付才能归于第434条第3款,而公开(有意识)的短少给付应视作第281条第1款第1句和第2句意义上的部分不履行。[12] 买受人的权利取决于,其能否拒绝受领这种部分给付。此外,依第266条,买受人有权根据第323条及第280、281、286条对整个债务关系采取行动。解除和替代给付的损害赔偿的特殊规则并不适用,因为此处涉及的是完全的不履行。[13] 相反,如果买受人接受了部分给付,出卖人也是这么认为的,则会支持就尚未给付部分,买受人只有原给付请求权,因为只有在出卖人将短少给付理解为履行全部义务后,方有适用第437条瑕疵担保权利的必要。[14]

2. P对W因错误给付享有的权利

(1)以第437条第1项、第439条为据的补正给付请求权

9　根据第437条第1项、第439条第1款,P原则上可以通过排除瑕疵(修理)或给付无瑕疵之物(更换)的方式要求补正给付。因为已经给付的葡萄酒无法改变,所以本案中无法修理。但是,可以考虑给付符合约定种类的物的请求权,也就是30瓶2000年产的葡萄酒。

10　有疑问的是,这一请求权是否依第275条第1款被排除,因为W无法再提供2000年产的葡萄酒。就此要考虑到P和W仅是以一般的特征确定买卖合同的标的物的,所以存在第243条第1款意义上的种类之债。只要约定年份的葡萄酒在酒商那里还有库存,债务人就有置办义务。但是,并不是始终和毫无限制都如此的,尤其是在从

---

[11] Begr. zum RegE, BT-Drs. 14&6040,216.
[12] Ehmann/Sutschet, §7 X 1a, S. 219; Lorenz/Riehm, Rn. 496; Palandt/Weidenkaff, §434 Rn. 53b.
[13] Lorenz/Riehm, Rn. 496; Palandt/Grüneberg, §323 Rn. 24.
[14] Lorenz/Riehm, Rn. 496.

生产商或直销商(Direktvermarkter)——如本案中的W——那里购买的情况中,出卖人只有从其产品或库存中发货的义务。[15] 因为存在这种受限的种类之债(库存之债),W并无置办义务,所以在无库存时,其依第275条第1款免于给付。

  提示:第276条第1款第1句提及的是"置办义务",是在可归责性中考虑的。是否及在多大范围内,出卖人负有在市场上取得标的物的义务,是与之有别、需经合同解释回答的问题。 11

  因此,P以第437条第1项、第439条为据的请求权不成立。 12
(2) P以第437条第2项为据的解除权或减价权
  原则上,只有当P为W补正给付指定期限而无果后,P才能解除合同或减少价金(第437条第2项并第323条第1款)。但是,当出卖人根据第275条第1款,因不能而无须补正给付时,依据第437条第2项结合第326条第5款,买受人不必指定期限。本案就是这种情况。 13

  因此,P可以就错误给付部分解除(第326条第5款意义上的部分解除)。他也可以要求返还一半的价金,但必须根据第346条第1款返还收到的30瓶1999年产的葡萄酒。 14

  尚需检验的是,P是否能够解除整个合同。依第346条第1款,当P能够要求归还全部价款时,也必须归还全部供货。需检验的是,在本案中要满足哪些条件方有可能实现:显而易见的出发点是在部分给付中,只有当部分给付对P毫无利益可言时,P才能依据第326条第5款、第323条第5款第1句解除整个合同。在部分给付是否有利益可言有争议时,P必须主张并证明。但是,第434条第3款中的同等对待支持在法律后果方面认为是瑕疵给付,所以根据第323 15

---

[15] Hk/Schulze, §243 Rn. 6; Medicus/Lorenz I, Rn. 202; MünchKomm/Emmerich, §243 Rn. 11ff.; Palandt/Grüneberg, §243 Rn. 3; 比如 OLG München OLGZ 1973,454(特定酒厂生产的啤酒); OLG Karlsruhe JZ 1972,120(特定矿区产的煤炭)。

条第 5 款第 2 句,这取决于部分的错误给付是否构成根本的义务违反。[16] 与此相反,法律委员会在最终建议中明确让司法裁判去找到妥适的解决方案。[17]

第 323 条第 5 款第 2 句中(和第 281 条第 1 款第 3 句)中的根本性标准并不清晰:根据通说,需要在排除瑕疵费用及不可修复的瑕疵的影响和债权人的给付利益之间作出利益衡量,有时候还要考虑债务人的过错。[18] 但是在本案中,这些标准鲜有说服力,因为虽然有义务违反,但毕竟出卖人给了 P 需要的数量,且还有一半的品质优于约定的标准。最后,人们因此必须以类似于接受了部分给付的标准来判断。假如 P 只收到了 30 瓶葡萄酒,则当然要以严重的义务违反为出发点,且只要买受人很容易使用部分给付,则不再会取决于利益丧失。当然,因第 434 条第 3 款和第 634 条第 3 款第 2 句,这只适用于买卖和承揽合同,不适用于其他合同。这些荒谬之处会认为将瑕疵和短少给付等而视之只能限于明确这么做的规范中,而在第 281 条第 1 款第 2 句、第 323 条第 5 款第 1 句中显然不是这么认为的,否则这些规定在事实上就没有可适用的领域了。[19]

这取决于 P 能否证明给他的价格更高年份的葡萄酒严重影响了其利益,尤其是预期享用 60 瓶同一年份的葡萄酒时,就是如此。若非如此,P 就无法解除整个合同。

16 在本案中因错误给付(1999 年的葡萄酒),依第 437 条第 2 项、第 441 条第 1 款减价被排除,因为给付的物价值不是低于,而是高于负担的标的物。

---

〔16〕 通说遵循 BT‐Drs. 14/6040, 187; Brox/Walker, AS, §24 Rn. 31; Grigoleit/Riehm, ZGS 2002, 115ff.; Bamberger/Roth/Faust, §434 Rn. 115 m. w. N.; Palandt/Grüneberg, §281 Rn. 38。

〔17〕 Vgl. BT‐Drs. 14/7052, 185。

〔18〕 MünchKomm/Ernst, §323 Rn. 243; Palandt/Grüneberg, §323 Rn. 32 i. V. m. §281 Rn. 47。

〔19〕 Medicus/Lorenz I, Rn. 442; Looschelders, SAT, Rn. 629。

(3) P 以第 437 条第 3 项、第 280 条第 1、3 款和第 283 条第 1 句为据的损害赔偿请求权

原则上,P 可以因错误给付,依第 437 条第 3 项结合第 280 条第 1、3 款及第 283 条第 1 句,要求替代给付的损害赔偿。当 P 在酒商处要以更高的价格才能获得尚缺的葡萄酒时,就会产生损害。此外,当部分给付对他毫无利益可言时(事实问题),他可以依第 283 条第 2 句结合第 281 条第 1 款第 2 句要求替代整个给付的损害赔偿("大损害赔偿")。在这一案件中,他必须依第 281 条第 5 款,归还已经受领的 30 瓶 2000 年产葡萄酒。只要 P 决定保留 2000 年产的葡萄酒,就看不出有何损害。

(二) W 对 P 要求给付 30 瓶 1999 年产的酒的权利

1. W 要求 P 多支付 90 欧元(第 433 条第 2 款)的请求权

如果双方当事人相应地变更了原来的买卖合同,则 W 可以要求支付多出的价金。就此需要在第 311 条第 1 款意义上变更合同。此处存在 W 相应的合同要约,其可为 P 承诺,以便于 P 无论如何可以保有这些葡萄酒。他必须为此多支付价金。只要 P 未接受这一要约,则无须支付多出的价金。

2. W 要求 P 归还已经给付的 30 瓶 1999 年产的酒的请求权,依据为第 439 条第 4 款并第 346 条第 1 款

依第 439 条第 4 款,只有当买受人依第 439 条第 1 款主张补正给付请求权,而出卖人因此补正给付时,该请求权才会成立。尽管可以考虑该请求权可能因 W 给付了负担之葡萄酒而成立,但因为其没有再为给付的可能,所以可以排除这种可能性。该请求权不成立。

3. W 要求 P 归还已经给付的 30 瓶 1999 年产的酒的请求权,依据为第 812 条第 1 款第 1 句第 1 种情况

如果给付型不当得利(第 812 条第 1 款第 1 句第 1 种情况)的要

件充分,且没有对抗该请求权的抗辩,则 W 可以要求返还。

(1)给付型不当得利的事实构成

21　　P 获得了第 812 条第 1 款第 1 句意义上的东西(etwas),即 1999 年产葡萄酒上的占有和所有权。因为 W 以供货的方式履行了自己在买卖合同中的义务,即有意并自愿增益 P 的财产,因第 812 条第 1 款第 1 句第 1 种情况的"给付"导致了 P 得利。有疑问的是给付欠缺"法律上的原因"。支持的理由是没有关于 30 瓶 1999 年产的葡萄酒的买卖合同。尽管同等对待错误给付和瑕疵给付会暗示买卖 60 瓶 2000 年产葡萄酒的合同也可以视作错误给付的法律原因[20];但反对的理由是,缔结的毕竟是买卖另一种类物的合同,第 434 条第 3 款中的等而视之也只有避免错误给付和瑕疵给付界分困难的目的;此处涉及的不是事实构成问题,而是竞合问题。[21] 因此欠缺法律原因(其他观点亦有道理)。

22　　　　提示:在给付的是价值更低的异种物时,若买受人想保有异种物,仍需克服缺乏法律原因的问题。在(自始或嗣后)有意识的错误给付中,第 364 条第 1 款提供了解决之道。此外,买受人也有依第 441 条第 1 款第 1 句减价的可能。在错误给付中,从合同标的物角度看,减价也改变了买卖合同。在出卖人出于形象原因或其他考量,希望让瑕疵产品退出流通的案件中,出卖人要求返还的权利虽然也被考虑了,但最终还是被拒绝了。[22]

(2)第 433 条及以下、第 437 条及以下优先适用的抗辩

23　　仍需检验的是物之瑕疵责任的规定是否排除不当得利的规

---

[20] 支持者 Wilhelm, JZ 2001, 861,868;就出卖人的错误撤销和买受人物之瑕疵权利的可类比问题,可参见 BGH NJW 1988,2597 和相关评议 Köhler/Fritzsche,JuS 1990,16。

[21] 适切的有 S. Lorenz, JuS 2003, 36,39; Oechsler, §2 Rn. 110;其他观点 Huber/Faust, Kap. 13 Rn. 156。

[22] Huber/Faust, §13 Rn. 155f.

定[23]:支持这一立场的理由除了第434条第3款中将错误给付和物之瑕疵等而视之,主要还有出卖人返还错误给付的利益在第439条第4款中也作了一并规定(见上文边码19)。如果出卖人可以毫无限制地根据第812条第1款第1句第1种情况要求返还错误的给付,则买受人根据第437条及以下享有的权利(主要是部分解除、减价、损害赔偿)将受到限制。

反对第437条及以下规定的买受人权利的优先性排除给付型不当得利的理由是,在错误给付的物之实际价值比约定价格更高时,可能引起不公正的结果。因为由此会产生买受人不行使第437条及以下规定的权利的风险,因为他想保有给付价值更高的物。尽管买受人根据合同不能要求得到这些价值更高的物,却能保有它们。保障这种不当的利益超过了物之瑕疵责任的保护目的,该制度只是为了保护买受人免遭瑕疵给付或错误给付带来的弊害。 24

因此,会提出这样的问题,即当错误给付的价值比负担的更高,出卖人的给付型不当得利是否会给买受人带来不可期待的不利,尤其是会否排除其源自物之瑕疵的权利。 25

涉及——本案中不成立的——给付无瑕疵之物(第437条第1项)的补正给付请求权时,应否定允许出卖人主张给付型不当得利会给买受人带来弊害。因为依第812条返还错误给付并不会改变依据第433条第1款第1句、第437条第1项、第439条第1款第2种情况的负担之物的给付和补正给付请求权。它只会产生买受人通过第439条第4款结合第346条及以下规定的其他行为会导致的结果。同样也适用于第437条第2项中的买受人的解除,会导致买受人必须返还错误给付的物(第437条第2项并第323条、第346条第1款)。此外,损害赔偿请求权(第437条第3项)也不会因允许给付型不当得利而受影响。买受人仍可主张第281条第1款的权利。 26

---

[23] 就此参考 Lettl, JuS 2002, 866, 869; S. Lorenz, JuS 2003, 36, 39f.。

27　　　因此，买受人的利益并不会和给付型不当得利对立。尚需释明的是，出卖人 W 是否当然可以要求返还[24]，还是必须事先类推第 119 条第 1 款撤销其在为给付时默示发出的（有错误的）意思表示，其意在以 1999 年产的葡萄酒履行买卖合同。[25] 当然，在要求返还的同时有必要的是以第 143 条第 1 款和第 2 款为据的撤销表示。这一问题的意义主要在时间限制上，在其有必要（作为表示的）撤销时，时间限制可从第 121 条第 1 款的类推适用中得出。因为 W 在本案中毫不迟延地，即在发现错误后立刻要求返还，所以在本案中可不深究这一问题。

28　　　至少在本案这种给付比负担之物价值更高的物的案例中，第 434 条及以下规定和出卖人 W 的给付型不当得利请求权并不对立。[26]

　　　（3）第 814 条的抗辩

29　　　如果 W 是有意部分给付错误年份的葡萄酒的，则给付型不当得利依第 814 条被排除。但本案并非这种情况。

　　　（4）未预定货物给付的抗辩（第 241a 条）

30　　　因为 P 并没有订购 1999 年产的葡萄酒，W 要求返还这批葡萄酒的请求权可能因第 241a 条第 1 款被排除。这一规定并不区分不同的事实状况，有可能适用于疏忽大意的错误给付。当然也会有这样的问题，即第 434 条第 3 款是否优先于其适用。[27] 但在本案中可不必深究，因为当给付是因对订购的错误设想发生的，且受领人认识到这点或尽到交易上必要的注意应认识到这一点，则根据第 241a 条第

---

〔24〕 就此持开放态度的是 Lettl, JuS 2002, 866, 869f.；S. Lorenz, JuS 2003, 36, 39；Lorenz/Riehm, Rn. 493。

〔25〕 Huber/Faust, §13 Rn. 157；这一问题的回答还取决于将第 812 条和第 434 条及以下条文的关系归入法律上的竞合，还是事实构成上的竞合，参见上述文献边码 21。只有当人们将买卖合同视作异物给付的法律原因（参考 Huber/Faust, Kap. 13 Rn. 156）时，才需要撤销。

〔26〕 Lorenz/Riehm, Rn. 493；其他观点，通说 Musielak, NJW 2003, 89, 90ff. m. w. N.；Palandt/Weidenkaff, §434 Rn. 57 m. w. N。

〔27〕 Palandt/Grüneberg, §241a Rn. 4.

2款,法定请求权不被排除,如基于第 812 条的请求权。[28] 本案满足这一例外规则的事实构成,因为在执行订单时发生错误而给付了30瓶1999年产的葡萄酒,而P无论如何应认识到当中存在错误。

提示: 考虑到并非如此的情形,原则上在异物给付中不适用与其保护目的相比,在事实构成的表述上太宽泛的第241a条第1款可能是更好的。因为该规定只是为了阻止[产生负担的,《反不正当竞争法》(UWG)第 7 条第 1 款]消费者未要求就对其发货。[29] 也就是说,正如作为其基础的《消费者权利指令》第 27条通过指示参照欧盟指令 2005/29/EG 附件第 29 项指涉不正当商业行为,它本只是要阻止以缔约为目的的未订购的发货。[30] 因此,第 241a 条第 1 款不包含在此前已经缔约的情形中因疏忽大意错误发货的请求权。[31] 直到《消费者权利指令》转化之前,旧法第 241a 条第 3 款都是和这一思想对立的,该规定涉及的是成立的合同中的有意识的错误给付,且将其作为第 1 款规定的特定案例的例外。[32] 自 2014 年 6 月 13 日起重新表述第241a 条后,显而易见的是第 434 条第 3 款(及《消费品买卖指令》第 2 款和第 3 款)应理解为第 241a 条的封闭性特别规定。[33]

31

(5)结论

W 可以依第 812 条第 1 款第 1 句第 1 种情况,要求返还 30 瓶1999 年产的葡萄酒,第 439 条的优先适用性因补正给付不能而被排除。因为不当得利之债依第 269 条第 1 款是往取之债,P 仅有义务准

32

---

[28] Palandt/Grüneberg,§241a Rn. 4 和 Palandt/Weidenkaff,§434 Rn. 57.
[29] Palandt/Grüneberg,§241a Rn. 1.
[30] S. Lorenz, JuS 2003, 36, 40. 进一步的证据为该规范的制定过程。
[31] S. Lorenz, JuS 2003, 36, 40;Palandt/Grüneberg, §241a Rn. 4 m. w. N.
[32] 因为第 241a 条第 3 款是建立在《远程交易指令》第 7 条第 3 款基础上的,有关问题参见 Wrase/Müller-Helle, NJW 2002, 2537, 2538。
[33] Wrase/Müller-Helle, NJW 2002, 2537, 2538.

备好让 W 取走 1999 年产的葡萄酒,而非 W 要求的寄回,即便 W 主动提出愿意承担运费。[34] P 也可以根据第 273 条主张,只有退还一半价金,方归还 30 瓶葡萄酒。

(三) 给 P 的建议

33 因为 W 无论如何可依第 812 条要求归还葡萄酒,P 不能保留这些葡萄酒。他应当考虑要行使上述哪些权利,尤其是是否要主张替代给付的损害赔偿。如果他这么做了,则必须以此为出发点,即按照第 281 条第 5 款进行返还清算,而非根据不当得利法。

(四) 案件变型:因给付画,P 对 W 的物之瑕疵权利

34 假如给了画而非约定的复制品满足物之瑕疵的要件,则 P 又可以对 W 主张因物之瑕疵(第 437 条)产生的权利。

1. 存在物之瑕疵

35 依据第 434 条第 1 款的文义和因第 434 条第 3 款的存在,存在第 434 条第 1 款第 1 句意义上的物之瑕疵的前提是,给付了正确的(种类或特定的)物,但其实际品质偏离了应有品质。尽管人们可以考虑给的"三女神"画是否偏离了复制品"三模特,3/20 号"的应有品质,但将错误给付的画视作有瑕疵的复制品显得矫揉造作。因此,这并不是真正的物之瑕疵,而是在第 434 条第 3 款中与物之瑕疵同等对待的错误给付。根据法律的文义,这一同等对待适用于所有的错误给付,包括本案中的特定之债。

36 尽管如此,将第 434 条第 3 款适用于特定买卖中的错误给付(所谓同一性——异物)备受争议。因此有观点认为立法者在第 434 条

---

[34] 关于不当得利之债的履行地点问题,可参见 Köhler, FS Heinrichs, 1998, S. 367, 377ff.; Palandt/Grüneberg, § 269 Rn. 16。

第 3 款中只是要排除种类物买卖中瑕疵给付和错误给付的界分困难。[35] 因此,很容易想到要对该规范作目的性限缩,该规范自始就只能适用于种类物买卖,且只有在出卖人希望以给付来履行合同且这也可为买受人识别时才如此。[36]

但是,绝大部分的观点拒绝这种目的性限缩,因为立法资料的相关部分并不支持这一点,此外还涉及未成为法律内容的现今第 434 条第 3 款的草案文本。[37] 因此,根据通说,只要从买受人视角看,该给付构成清偿的尝试,第 434 条第 3 款亦可适用于特定物买卖中的错误给付。[38] 最后要通过买受人的客观受领人视角的解释(第 133、157 条)来获知。[39] 就此有影响的不仅有偏离的程度[40],还有出卖人在错误给付时的可能的清偿目的决定。[41] 然而,出卖人任何与现存买卖合同关联起来就足以让完全错误的标的物的给付从买受人视角看来是清偿的尝试。[42] 因为 P 始终是要从 W 那儿买艺术品,对 P 而言,给一幅画可视作 W 的清偿尝试。

考虑到不同的后果,就争议作出决断不会因第 437 条参引给付障碍法的一般规则而停止。这在要适用的消灭时效规范(第 438、195 条)和消灭时效起算(第 438 条第 2 款、第 199 条)上都会有区别。争

37

38

---

[35] Vgl. Canaris, Schuldrechtsmodernisierung 2002, S. XXII.
[36] 这么认为的是 Lettl, JuS 2002, 866, 871。
[37] 深入探讨参见 Musielak, NJW 2003, 89, 90, 91f. 。
[38] 适切的评论有 Huber/Faust, § 12 Rn. 61ff.; S. Lorenz, JuS 2003, 36, 37f.,然而过度强调了出卖人可能的清偿目的决定(就其在清偿中的意义,参照 Palandt/Grüneberg, § 362 Rn. 7)。
[39] Jauernig/Berger, § 434 Rn. 20f.; S. Lorenz, JuS 2003, 36, 37f.
[40] 如此认为的有 Ehmann/Sutschet, S. 221; Jauernig/Berger, § 434 Rn. 21;亦可参考 Medicus/Petersen, Rn. 288。
[41] 基本适切的观点有 S. Lorenz, JuS 2003, 36, 37f.;对这一考量持批评意见的有 Musielak, NJW 2003, 89, 91f.,当中参引了居于通说地位的事实清偿效果说。——当然在本案中并未提供负担的给付,参照第 433 条第 1 款第 2 句。
[42] Huber/Faust, § 12 Rn. 63; S. Lorenz, JuS 2003, 36, 37f.(但接受相应的清偿决定); Musielak, NJW 2003, 89, 92。

议的决断最后还是有利于第 434 条第 3 款的适用:除了上述理由,还有如下理由支持这一决断:该规范同时是服务于转化《消费品买卖指令》的,根据绝大部分的观点,指令使用的术语中,错误给付被视作不适约给付。[43] 因此,本案中适用第 434 条第 3 款。

2. 因错误给付,P 对 W 的权利

(1)以第 437 条第 1 项、第 439 条为据的请求权

39　　根据第 437 条第 1 项、第 439 条第 1 款,P 可以要求 W 以修理或更换的方式补正给付。本案中无法修理。更换,即给付约定的复制品尚有可能。

(2)以第 437 条第 2 项为据的解除权或减价权

40　　只有当 P 为 W 指定补正给付期限无果(第 437 条第 2 项并第 323 条第 1 款)后,P 才能解除或减少价款,因为本案中 W 有给付的意愿,所以看不出有免予催告的理由。此外,因为给付的画作价值比负担的复制品高,所以依第 437 条第 2 项、第 441 条第 1 款的减价由于错误给付而被排除。

(3)以第 437 条第 3 项,第 280 条第 1、3 款和第 283 条第 1 句为据的损害赔偿请求权

41　　同样,在指定期间徒过后,P 原则上可以因错误给付,依据第 437 条第 3 项并第 280 条第 1 款和第 3 款、第 283 条第 1 句,要求替代给付的损害赔偿。依据第 280 条第 1 款第 2 句,应以 W 有可归责性为出发点。但是迄未见 P 有遭受损害。

3. P 的选择可能

42　　结果是,P 目前只能依第 437 条第 1 项、第 439 条第 1 款,以要求再给付约定的复制品的方式补正给付。但是 P 并无义务去主张这一请求权。

---

[43] Dauner-Lieb/Arnold, JuS 2002, 1175, 1176 m. w. N.

(五)案件变型:因给付原画,W 对 P 的权利

1. 依据第 433 条第 2 款,要求再支付 800 欧元的请求权

双方当事人并未缔结以 1000 欧元购买该画的合同,也不会单单因给付了这幅画而成立这一合同(亦可参照第 241a 条第 1 款)。和初始案例不同,此处也看不到当事人意图缔结这个合同或者变更原复制品买卖合同(第 311 条第 1 款)的意思表示。错误给付本身当然不足以证立支付价金请求权。[44] 因此,要求支付 800 欧元的请求权不成立。

2. 类推适用第 439 条第 4 款并第 346 条第 1 款,W 要求 P 归还原画的请求权

只有在 P 主张了第 439 条第 1 款的补正给付请求权时,这一请求权才会依第 439 条第 4 款成立。有疑问的是,该请求权能否因 W 主动提供复制品而成立。支持这一观点的理由是,通说认为第 439 条第 1 款包含了"修理权"和"二次供给权"。由此导出的结果是,只有出卖人让补正给付的期限徒过时,买受人才能依第 437、281、323、441 条主张其他权利。[45] 当出卖人有补正给付的权利,而买受人在第 439 条第 1 款中只享有决定补正给付方式的权利时,则在仅考虑后续或替代给付时,出卖人的后续给付请求权当然是成立的。其结果就是,至少从买受人就替代给付陷入受领迟延开始(根据第 446 条第 3 句),买受人就有依第 439 条第 4 款、第 346 条第 1 款、第 348 条,在后续给付的同时要求返还瑕疵买卖物的请求权。[46] 但是因为法律中并未规定这一请求权,所以只有通过类推才能证成。根据上

---

[44] Palandt/Weidenkaff, §434 Rn. 57 i. V. m. 53a.

[45] Vgl. LG Ellwangen NJW 2003, 517, 518; Jauernig/Berger, §439 Rn. 4, 6; Kropholler, §439 Rn. 2; Lorenz/Riehm, Rn. 504; Musielak, NJW 2003, 89, 91 m. w. N.

[46] 如此认为的有 Jauernig/Berger, §439 RN. 38 a. E. 只是在价值更少的异物中承认这一点的是 Lorenz/Riehm, Rn. 493 a. E. 其他观点是 Palandt/Weidenkaff, §434 Rn. 25.

述理由,如果法律未以其他方式顾及出卖人的正当利益(尤其是借助第812条),则原则上应承认存在规范漏洞。

3. 以第812条第1款第1句第1种情况为据,W要求P归还原画的请求权

45　　如果给付型不当得利的要件(第812条第1款第1句第1种情况)满足,又不存在反对该请求权的抗辩,则W可以要求返还该画。这一点和初始案例并无区别,所以只需要参照彼处的论述:结论是,只要不接受第439条的优先性,P就必须依据第812条第1款第1句第1种情况返还该画,但是不必寄回(见上文边码32)。

4. 关于返还请求权的总结论和类推适用第439条第4款的问题

46　　W可以通过两种解决手段要求返还该画。本案中的履行地点也不会有区别,因为根据第346条第1款、第439条第4款,其需如约在该画所在的地点履行,也就是P的住所。尽管有更好的理由支持买卖法中的解决方案,因为这能不破坏(其他情事中的)价值判断,但是与此同时,类推第439条第4款很难证成,尤其是在像初始案例那样的补正给付请求权被排除的情形中。此外,出卖人依第812条要求返还通常会促使买受人主张其瑕疵担保权利(又是至少是以第273条第1款的抗辩权的方式)。然后,在出卖人给付了"正确的"物之后,出卖人依据第439条第4款、第346条第1款要求返还异物的请求权才会嗣后成立。

案例 31　有毛病的驾驶系统

[根据《联邦最高法院民事裁判集》第 162 卷第 219 页（同载于《新法学周刊》2005 年,第 1348 页）的案例改编]

一、案件事实

曼弗雷德·米勒(Manfred Müller, M)是位于慕尼黑的注册商人——曼弗雷德·米勒美术企业的经营者,他将自己公司的一辆大众 Kombi 旧车以 8000 欧元的价格卖给了邻居——参议教师史蒂凡·斯宾纳(Stefan Spinner, S)。在手写的买卖合同中,双方当事人采纳了如下条款:"根据现状和试驾的情况出售。出卖人对汽车可能存在的瑕疵不负责。"S 支付了价款,取车之后,白天即驾车踏上了前往 Istrien 的旅途。在途径阿尔卑斯山口时,S 发现汽车的驾驶系统不能正常运作。他想将这一情况告诉 M,但因 M 出差未能与其取得联系。为了能继续前行,S 以 600 欧元让距离最近的一个奥地利修车厂修好了该车,价格与在德国维修相当。返回德国后,S 向 M 出示了账单,并要求赔偿。M 拒绝付款,因为他自己从未发现驾驶系统有问题,且根据合同,应排除其一切责任。不能确定驾驶系统的问题是何时出现的,亦不能确定 M 声称自己从未发现过这一问题是否属实。

案件变型:

M 经营着一家附带修理厂的汽车专卖店。S 在交付后的当晚就发现了问题,但未打电话给 M。第二天一早,S 就让一家修理厂解决了问题。

在上述案例中应分别如何裁判?

二、前期思考

在瑕疵案件(第437条)中,买受人享有的权利中居于优先地位的是补正给付(第437条第1项、第439条第1款),因为其他权利原则上以设定期限为前提。但是,S并没有要求M以去除物之瑕疵的方式(修理)为补正,而是偿付自己为修理支出的金钱。就此应有请求权基础。这一所谓自主排除瑕疵中的费用偿还属于瑕疵担保法中的经典问题。它亦是初学者练习和中期考试中的对象,取决于何时举行及会要求哪些材料。

与承揽合同的法律规定(参考第637条)不同,买卖的法律规定中并没有包括对自行去除瑕疵的费用偿还请求权。可以考虑将第637条类推适用于买卖合同,但立法者有意识地作出不同规定会反对这一观点。在买卖法中,当然可以想到第439条第2款,但不能简单地从中推出请求权。S要求付款的其他请求权基础——当然可以任意的检索顺序为之——通常应在第437条中的清单中寻找。然而,买受人S并未设定期限,在初始案情中因特殊情事可克服其影响。

在案件变型中,还需要进一步考虑,买受人S的请求权至少应包括M因无须去除瑕疵而节省的费用。

三、提纲

(一) 类推第637条的请求权 ·· 1
(二) 以第441条第4款第1句为据的减少价金请求权 ········· 2
    1. 存在买卖合同 ·· 3
    2. 存在第434条第1款意义上的瑕疵 ····················· 4
        [问题:汽车在风险移转时是否有瑕疵?]

  3. 减价的前提 ································· 9
   （1）定期催告，第 323 条第 1 款 ············· 10
   （2）无须定期催告，第 440 条第 1 句、第 323 条第
    2 款 ······························· 11
  4. 合意排除减价 ····························· 17
  5. 存在减价的表示 ··························· 19
  6. 减价的效力 ······························· 20
  7. 减价的额度 ······························· 21
  8. 结论 ··································· 23
（三）以第 437 条第 3 项、第 280 条第 1 款和第 3 款、
  第 281 条、第 440 条为据的损害赔偿请求权 ·········· 24
  1. 买卖合同 ································· 26
  2. 义务违反 ································· 27
  3. 定期催告或无须定期催告 ··················· 28
  4. 对可归责性的推定 ························· 30
  5. 损害赔偿请求权的内容和范围 ··············· 32
  6. 约定排除损害赔偿责任 ····················· 33
  7. 结论 ··································· 35
（四）根据第 439 条第 2 款产生的请求权 ················ 36
  1. 买卖合同和瑕疵 ··························· 37
  2. 为补正给付支出费用 ······················· 38
  3. 法律后果？ ······························· 39
   [问题：第 439 条第 2 款规定买受人对出卖人的费用
   偿还请求权了吗？]
  4. 结论 ··································· 41
（五）以第 683 条第 1 句、第 670 条为据的无因管理请
  求权 ······································ 42
（六）以第 812 条第 1 款第 1 句第 2 种情况为据的请求权 ··· 44

(七)总结论 ·· 45
(八)案件变型：
  1. 类推第 637 条或以第 439 条第 2 款为据的请求权 ··· 46
  2. 以第 441 条第 4 款第 1 句为据的减少价金请
    求权 ··· 47
  3. 以第 280 条第 1 款和第 3 款、第 281 条、第 437 条
    第 3 项、第 440 条为据的损害赔偿请求权 ············ 53
    (1)债务关系,义务违反 ································· 54
    (2)指定期限及无须指定 ······························ 55
    (3)结论 ·· 56
  4. 以第 280 条第 1 款和第 3 款、第 283 条和第 437 条
    第 3 项为据的损害赔偿请求权 ······························ 57
    (1)债之关系,义务违反 ································ 59
    (2)可归责性 ·· 61
    (3)结论 ·· 62
  5. 以第 683 条第 1 句、第 670 条、第 684 条第 1 句
    及第 812 条第 1 款第 1 句第 2 种情况为据的请
    求权 ··· 63
  6. 类推第 326 条第 2 款第 2 句和第 4 款、第 346 条
    第 1 款 ·· 65
    (1)双务合同 ·· 66
    (2)根据第 275 条第 1—3 款免除给付义务 ······· 67
    (3)与提出不适约对待给付的相似性 ·············· 68
    (4)结论 ·· 70
  7. 结论 ··· 71

四、解答

(一) 类推第 637 条的请求权

S 对 M 类推适用第 637 条要求赔偿去除瑕疵费用的请求权成立的前提条件是：买卖法中就该费用问题存在违反规划的规范漏洞。立法者在 2001 年就承揽和买卖合同中的瑕疵规范予以重新规定，且作了大量的平行规定，该事实驳斥了前述观点。在承揽合同的规定中，要求赔偿去除瑕疵的费用的请求权仅在特定的前提下于第 637 条中有规定，而买卖的法律并无相应规定。[1]因此，并不存在违反规定的规范漏洞，应排除类推适用，并否定相应的请求权。

(二) 以第 441 条第 4 款第 1 句为据的减少价金请求权

S 可能有以第 441 条第 4 款第 1 句为据，要求 M 偿还 600 欧元的请求权。

1. 存在买卖合同

双方当事人签订了有效的买卖合同（第 433 条）。

2. 存在第 434 条第 1 款意义上的瑕疵

必须根据第 437、441 条存在瑕疵。本案中应考虑 434 条第 1 款中的物之瑕疵。双方当事人在合同缔结时并未约定第 434 条第 1 款第 1 句意义上的汽车的品质。根据第 434 条第 1 款第 2 句第 1 项，"当买卖物具备合同预设的用途时"，物之瑕疵不存在。因为本案中驾驶系统有问题，汽车不具备可满足合同预设的使用目的的性能。因此，该车存在瑕疵。

---

[1] BGHZ 162,219,225 = NJW 2005,1348；LG Gießen NJW 2004,2906,2907；AnwK/Büdenbender，§439 Rn. 32 m. N.；Jauernig/Berger，§439 Rn. 16(仅对第 637 条第 3 款类推适用)；Reinicke/Tiedtke，Rn. 630.

5 正如第434条第1款第1句所示,瑕疵需在风险移转时存在。根据第446条第1句,风险在交付买卖物时移转。具有决定意义的是驾驶系统的瑕疵是否在交付时就已存在,还是嗣后才出现的。从案件事实中无法确定这一点,所以问题是这一情况的确定会产生何种影响。因为S主张瑕疵产生的权利,根据一般的证明规则,在争议案件中,他必须证明瑕疵在交付时就已经存在。因为他无法做到这一点,所以他的起诉可能要被驳回。但是在第474条及以下规定的消费品买卖中,情况是不同的,因为根据第476条,适用证明责任倒置规则。

6 根据第474条第1款第1句,当消费者从经营者处购买动产时,消费品买卖合同成立。因为S是基于私人目的购买的汽车,他是第13条意义上的消费者。登记的商人M出售自己公司的车辆,属于经营活动(亦可参照《商法典》第1条、第343条、第344条第1款),所以他是第14条第1款意义上的经营者。

7 **提示**:这种毫无问题的部分亦可以裁判体确定下来。

8 因为存在消费品买卖,所以应适用第476条的证明责任倒置,应推定汽车在风险移转时就存在瑕疵,因为驾驶系统的瑕疵是在风险移转6个月内出现的。汽车亦不应属于适用该种推定的物品种类。

3. 减价的前提

9 根据第437条第2项、第441条第1款第1句,买受人可以"替代解除",以意思表示对出卖人减价。

(1)定期催告,第323条第1款

10 根据"替代解除"的表述,只有在满足解除的事实构成时,才允许减价。这些事实构成规定在第437条第2项、第440条、第323条和第326条第5款。这意味着:解除原则上都没有立即主张的可能,而是需要在定期催告补正给付无果后方可主张(第323条第1款)。因此,减价也应做相同处理。本案中并没有定期催告。

(2)无须定期催告,第 440 条第 1 句、第 323 条第 2 款

接下来的问题是定期催告是否必不可缺。根据第 440 条第 1 句,当第 323 条第 2 款规定的事实构成之一存在或出卖人拒绝第 439 条第 3 款中的两种补正给付方式的,或买受人享有的补正给付失败或对其而言不可期待的,定期催告是不必要的。

在第 323 条第 2 款规定的诸种无须定期催告的事实构成中,第一项是应排除的,因为出卖人 M 并未终局并严肃地拒绝补正给付。同样,缺乏第二项要求的关于给付时间的约定,即补正给付的时间点。因此,只能考虑第三项的兜底事实构成。根据该项规定,只有"当存在特别情事,衡诸双方的利益可以正当化立即解除时",才不需要定期催告。因为 S 正在国外旅行,不可能找得着 M;此外,M 自己也不会修理,且将汽车运回慕尼黑修理会产生不成比例的费用;进行利益衡量的结果就是应当允许立即减价。

提示:因此,本不再需要检验无须定期催告的其他事实构成。但是,因为鉴定要求的完整性,需要就此展开探讨。(亦可参照案例 25,边码 22 及以下的内容)

定期催告也可能因第 440 条第 1 句变得不必要。就此,根据法律的文义,M 必须已经拒绝两种补正给付。尽管本案中 S 只享有补正给付中的去除瑕疵权(修理权)[2],因为让作为非商人的出卖人更换一辆无瑕疵的差不多的二手车实际上是不可能的;但是补正给付中只有一种是可能且被拒绝时,第 440 条第 1 句也当然必须适用。[3] 当然,M 并未拒绝补正给付。无论如何,考虑到边码 12 所述的情事,不可期待 M 能够去除瑕疵(修理)。

---

〔2〕 根据 Westermann, JZ 2001, 530, 535 的观点,只有在出卖人有自己的修理厂时,以去除二手车瑕疵(修理)的方式补正给付才可能。但是,没有自己修理厂的出卖人完全有可能引入第三人来修理。

〔3〕 Palandt/Weidenkaff, §440 Rn. 5.

15　　　　　**提示**：此外，根据第 439 条第 3 款，M 原本可因与之相关的费用和付出，拒绝在国外去除瑕疵（修理）。但这一点并无影响，因为第 440 条第 1 句仅取决于第 439 条第 3 款的实际拒绝，而非仅仅是可以拒绝。即便在第 439 条第 3 款的条件下，出卖人仍可为修理。[4]

16　　因为根据第 440 条第 1 句，S 无须定期催告，所以解除及相应的减价都是允许的。此处，根据第 441 条第 1 款第 2 句、第 323 条第 5 款第 2 句不适用于减价，以至于其不取决于瑕疵的严重性（Erheblichkeit）。

　　4. 合意排除减价

17　　从第 444 条的反面推论可知，以合意排除买受人因物之瑕疵所生的权利原则上是可能的。因为 M 既没有恶意隐瞒瑕疵，也没有保证物的品质，所以他本可以主张合同中的责任排除条款。然而，根据第 475 条第 1 款第 1 句，和本案一样（参见边码 6），在消费品买卖中，经营者不可以主张在瑕疵通知前约定的责任排除。因为责任排除已经包含在买卖合同之中，所以其会对 M 产生不利。

18　　　　　**提示**：第 474 条及以下条文的基础是《消费品买卖指令》[5]，其亦对二手物有效。第 475 条比一般交易条件控制更为严格！

　　5. 存在减价的表示

19　　根据第 441 条第 1 款第 1 句，减价——与以前的法律不同（修法前第 462、465 条）——通过对出卖人的（无形式的）表示即可实现。

---

　　〔4〕　Begr. zum RegE, BT-Drs. 14/6040, 234; Jauernig/Berger, §440 Rn. 2, Palandt/Weidenkaff, §440 Rn. 5.
　　〔5〕　RL 1999/44/EG des Europäischen Parlaments und des Rates vom 25. 5. 1999 zu bestimmten Aspekten des Verbrauchsgüterkaufs und der Garantien für Verbrauchsgüter („Verbrauchsgüterkauf Richtlinie"), ABl. EG L 171, S. 12.

确切而言,S 仅仅是要求偿还修理费。然而,亦可将其视为可推知的减价表示。因为无论如何,按其意思 S 已经表明由于瑕疵,他想少付价款。

6. 减价的效力

第 438 条第 1 款第 3 项,第 218 条第 1 款第 1 句、第 438 条第 5 款规定的减价最早在交付物(第 438 条第 2 款)2 年后才会无效,所以本案中当事人的减价不会无效。类推第 325 条,S 也许会主张的损害赔偿(亦可参见边码 20 及以下)也不会排除减价。[6]

7. 减价的额度

因为 S 已经支付了价款,他可以根据第 441 条第 4 款第 1 句要求归还多支付的价额,即全部价额和减价后价额之间的差值。根据第 441 条第 3 款第 1 句,买卖价款应按照合同缔结时,物的实际价值和物在无瑕疵状态时的价值之间的比例减价。因此应问汽车若无驾驶系统瑕疵时的价值应为几许和其实际的价值(即有瑕疵状态时)为何。根据这一关系可以进行价款的扣减。从案件事实中无法了解相应的数值。

然而,只要是必要的,第 441 条第 3 款第 2 句允许对减值额进行估算,因为其准确的计算在实践中是极为困难和成本巨大的。法院倾向于以去除瑕疵(修理)所需的数额从价金中扣除来计算减价,只要买卖价款和物在无瑕疵状态的客观价值是重合的。[7]然而,这不能毫无例外地适用,因为去除瑕疵的费用不必一定与减损的价值相当。[8]像本案中的存在安全方面瑕疵的汽车,通常并无反对将减少的价值与去除瑕疵费用等视的疑虑。因为不去除瑕疵的话,汽车就

---

〔6〕 Derleder, NJW 2003, 998, 1002; Jauernig/Berger, §441 Rn. 7; Palandt/Weidenkaff, §441 Rn. 19.

〔7〕 BGH LM §472(a. F.) BGB Nr. 1; Staudinger/Honsell(1995), §472 a. F. Rn. 8 m. w. N.

〔8〕 Palandt/Weidenkaff, §441 Rn. 15.

无法安全行驶,排除依约正常使用。因此,S可以要求偿还账单的金额,以此实现第441条第4款的减价,因为它和通常的修理费用是彼此一致的。

8. 结论

23 　　S可以根据第441条第4款第1句要求M偿付600欧元。

(三)以第437条第3项、第280条第1款和第3款、第281条第1款为据的损害赔偿请求权

24 　　S可能有以第437条第3项、第280条第1款和第3款、第281条第1款为据的替代给付的损害赔偿请求权。

25 　　**提示:** 学界认为,如果买受人仅有权要求一种补正给付,且出卖人根据第439条第3款有权拒绝时[9],瑕疵中的损害赔偿请求权部分立基于第280、283条。在自始不可修复的瑕疵中,则应适用第311a条第2款。[10] 这并无错误,因为第281条第1款第1句以届期且完全有效的请求权为前提,而在这类案件中,该请求权不成立。因此,这一情况和第275条规定的情形相似。然而,不可以直接适用第283条和第311a条第2款,因为其明确要求根据第275条免于给付。鉴于第440条第1句的文义,立法者显然没有充分认识到这一问题,类推适用给付不能的条文看上去是可行的。此外,亦可以说第440条第1句明确指示参照定期催告的要求和第281条、第323条,并因此规定了其亦可适用于这种案件。在本案中,并无该问题(参见上文边码16)。

1. 买卖合同

26 　　第437条第3项、第280条第1款要求的买卖合同存在。

---

　　[9] Lorenz/Riehm, Rn. 536;亦可参见 Begr. zum RegE, BT-Drs. 14/6040,232,作为第275条第2款的特别清晰的表达(且合乎其价值判断的置于给付不能领域中)。

　　[10] MünchKomm/Ernst, §311a Rn. 83.

2. 义务违反

M 必须违反了买卖合同中的义务。交付第 434 条第 1 款意义上的瑕疵汽车(参见上文边码 4 及以下)违反了第 433 条第 1 款第 2 句的义务。其他的义务违反可能源自 M 没有履行依第 437 条第 1 项和第 439 条第 1 款为补正给付的义务。

3. 定期催告或无须定期催告

因为 S 要求替代 M 所负担的补正给付的损害赔偿,所以他必须根据第 281 条第 1 款第 1 句首先徒然地设定了补正给付的合理期限。但是根据第 440 条第 1 句和第 281 条第 2 款第 2 种情况,定期催告在本案中是不必要的(参见上文边码 11 及以下)。

提示:此处可能会有这样的疑问,即是不是存在第 280 条第 2 款意义上的无瑕疵给付的延迟,所以只有在第 286 条的迟延条件满足时方能要求损害的赔偿。但是,正确的请求权基础不仅取决于义务违反的类型,也首要取决于应赔偿的损害。去除瑕疵的费用意味着对给付本身的替代。亦可在此处考虑第 283 条。因为在 S 主张损害时,M 自行去除瑕疵陷于不能(目的实现)。因此,看上去不存在第 281 条第 1 款第 1 句要求的届期的请求权。但这是不正确的,正如一个小小的案件变型所示:如果买受人曾设定期限,但该期限徒过,则会产生第 280、281 条的请求权。紧接着的去除瑕疵(修理)不能又将该请求权排除。如果根据第 440 条和第 281 条第 2 款,定期催告是不必要的,则该请求权会立即成立且不应因后来的去除瑕疵(修理)受影响。此外,可能会在第 283 条上遇到论理上的困难。因为在我们的案例中,M 无须对没有补正给付及免于原给付(第 280 条、第 283 条)负责。因此根本就不会发生请求权。如果因此认为义务违反与瑕疵给付相关,M 可能确实要对此负责(第 280 条第 1 款第 2 句),但在适用第 283 条时,不可不考虑第 281 条第 1 款第 1 句中定期催告的要求。由于这一困难,在这类补正给付嗣后因目的实现而不能的案件中,最好是尝试以第 281 条解决,因为以这一规范为据的请求权在期限徒过之后才发生,且不会因其他事实而消灭。

4. 对可归责性的推定

30　但是,根据第 280 条第 1 款第 2 句,如果债务人对义务违反无须负责,则请求权并不成立。因为可归责性是推定的,所以由债务人承担陈述(darlegen)和证明无须就义务违反负责的不真正义务。债务人应就何负责,在第 276 条中有规定,即原则上是就故意和过失负责。

31　仅根据一方当事人自称从未发现过驾驶系统的瑕疵,M 尚不能推翻因瑕疵给付而产生的可归责性推定。因为根据案件事实,其陈述的正确性无法确定,他尚未完成免责的证明。

　　提示:应再次提醒的是,不可操之过急地在鉴定中适用第 280 条第 1 款第 2 句。本案中可以动用这一规则是因为根据案件事实也无法进一步释明且推定恰恰应在这类案件中能有帮助。但在其他的案件中,应探讨是否有可能免责,尤其不应对此提出过高要求。假如 M 主张其雇员没有发现任何瑕疵,更应肯定其免责的可能性,并否定相关的请求权。这取决于出卖人是否有义务检查容易发现的瑕疵之外的瑕疵,或让人去检查,而这对小商人和私人而言通常是应否定的。相反,在违反补正给付义务时,可归责性通常都能得到肯认。[11]因此,明确第 281 条意义下的义务违反的双重出发点是非常重要的。本案中因为无须定期催告而没有影响。

---

[11] 更为详尽的参见 Bamberger/Roth/Faust, § 437 Rn. 82ff.；MünchKomm/Westermann, § 437 Rn. 27f.。

5. 损害赔偿请求权的内容和范围

因此,替代给付的损害赔偿请求权的前提条件满足。根据第 249 条第 1 款,M 必须让 S 处于若无义务违反时应处的状态,即相当于其向 S 提供了无瑕疵的汽车。然而,替代给付的损害赔偿通常都是以金钱赔偿的形式出现的:如果债权人有特别的利益的话,则例外会以恢复原状(Naturalherstellung)的样态出现。[12] 因为根据第 440 条第 1 句,由 M 去除瑕疵对 S 而言是不可期待的,则 S 可以根据第 251 条第 1 款要求金钱赔偿,但其数额为去除瑕疵所必需的费用。[13] 因为若给付无瑕疵,S 本不必为不得不让奥地利修车厂加入而支出费用。因此,修理费亦可通过损害赔偿请求权主张。只要 S 的赔偿诉求中有减价的表示,买卖合同就被改变了。然后,减价的数额要和损害赔偿折抵[14],所以在该案中,损害不成立。

6. 约定排除损害赔偿责任

根据第 475 条第 1 款第 1 句,在消费品买卖中,出卖人不得主张责任免除(参见上文边码 17)。但是,根据第 475 条第 3 款,这一规定"在不影响第 307—309 条的前提下,对损害赔偿请求权的限制或排除不生效力"。换言之,就损害赔偿请求权约定责任免除是可能的,但当其被包含在作为第 305 条第 1 款意义上的一般交易条款中时,可能因第 307—309 条的内容控制而无效。因为 M 的责任免除不是预先拟定的,而是个别磋商的(第 305 条第 1 款第 3 句),第 307—309 条在本案中不适用,且亦不可根据第 310 条第 3 款第 2 项适用。因此,M 能够在第 444 条(恶意、担保)的框架内有效排除第 437 条第 3 项的损害赔偿请求权。

---

[12] MünchKomm/Ernst, §281 Rn. 8f.
[13] 对于旧法亦复如此(依旧法第 463 条第 2 句的小损害赔偿)BGH NJW 1991, 2900, 2901; Staudinger/Honsell (1995), §463 Rn. 58 m. w. N.; Palandt/Putzo 61. Aufl., 2002, §463 Rn. 18。
[14] Bamberger/Roth/Faust, §437 Rn. 173; Palandt/Weidenkaff, §441 Rn. 19.

34　　然而,本案中的责任免除不限于损害赔偿,根据其文义还包含所有物之瑕疵权利。因为责任免除对所有其他买受人依第 475 条第 1 款所享有的权利无效(参见边码 17),产生的问题是该责任免除是不是完全无效。在一般交易条件中普遍承认的是,当一个条款的文义既包括法律允许的情形,也包括法律禁止的情形时,该条款始终完全无效。虽然因为不存在一般交易条件,第 306 条的所谓"效力维持限缩解释的禁令"不适用于本案;但是,根据第 139 条,法律行为的部分无效在有疑义时导致全部无效。若如此,则不仅损害赔偿的排除当然无效,整个买卖合同也会无效。然而,第 475 条的文义并非责任免除条款的无效,而是否定出卖人主张该条款。这恰可避免适用第 139 条。此外,第 475 条只是为了保护消费者免受不利条款之害,而非剥夺有效的合同,所以即便是第 139 条也不会导致全部无效。[15] 因此,买卖合同仍然有效,且 M 在涉及损害赔偿请求权时,可以主张责任免除。

7. 结论

35　　S 不能要求作为替代给付的损害赔偿的 600 欧元。

(四)根据第 439 条第 2 款产生的请求权

36　　S 可能有针对 M 的以第 439 条第 2 款为据的 600 欧元的请求权,因为根据该条,出卖人需承担所有补正给付必要的费用。

1. 买卖合同和瑕疵

37　　正如上文确定的,双方当事人签订了买卖合同,而 M 的供货有瑕疵。

2. 为补正给付支出的费用

38　　费用是自愿的财产牺牲。其可能体现为本案中 S 因委托奥地利

---

〔15〕 BGH NJW 2000, 1333, 1335; Palandt/Ellenberger, §139 Rn. 18.

的修理厂而发生的费用。第439条第2款的文义涉及为补正给付支出的全部费用,既包括特意提及的劳务费和材料费,也包括为去除瑕疵支出的费用本身。

3. 法律后果?

有疑问的是,第439条第2款是否赋予了买受人针对出卖人的费用偿还请求权。文义更像是说在第439条第1款的正常补正给付中的单纯费用归属问题。[16] 此外,费用偿还尚可以第683条、第670条或第812条为据[17],或者被排除。[18] 另一些人从第439条第2款抽取出费用偿还请求权,前提是买受人支出了应由出卖人承担的费用[19],而未能清晰推导出这一请求权[20],也未能阐明其和补正给付(第281条、第323条)优先之间的关系。联邦最高法院也在该条文中看到了请求权基础,但仅是在尚处于补正给付阶段的买卖合同案件中,即补正给付尚未被排除。[21]

如果买受人因出卖人的缘由而承担了部分应由出卖人负担的费用(比如运输费),则在万不得已时,费用偿还请求权可从第439条第2款中推出。此外,与根据第439条第2款要求去除瑕疵费用偿还的请求权相对的是第437条第1项与第2项、第281条、第323条、第440条的体系。根据该体系,买受人首先可以要求出卖人为免费(第439条第2款)的补正给付(第439条第1款),而主张其他的权利原则上以定期催告为必要(第281条第1款、第323条第1款、第440

39

40

---

[16] 反对买受人的任何请求权 Bamberger/Roth/Faust,§439 Rn. 21,25。
[17] AnW/Büdenbender,§439 Rn. 13.
[18] Bamberger/Roth/Faust,§437 Rn. 37f.;其他观点 Oechsler,NJW 2004,1825,1826f.。
[19] BGH NJW-RR 1999,813,814;Palandt/Weidenkaff,§439 Rn. 13.
[20] BGH NJW-RR 1999,813,814(zu § §633 Abs. 2 S. 2,476a a. F.);Palandt/Weidenkaff,§439 Rn. 13.
[21] BGHZ 177,224 = NJW 2008,2837 Rn. 9 = BGHZ 189,196 = NJW 2001,2278 Rn. 37 m. w. N. = Faust,JuS 2011,748.

条).[22] 此外,在其他方面与之并行规定的承揽的法律中,第637条第1款包含了自行去除瑕疵的费用偿还的独立请求权基础,尽管第635条第2款规定的费用承担和第439条第2款是完全一致的。这一规范的存在表明买受人不可能有权未经定期催告就去除瑕疵,以此获得此后以第439条第2款为据的费用偿还。因此,本案中定期催告是否必要还是无关紧要,并无影响。

4. 结论

41   从第439条第2款中无法得出S可对M要求去除瑕疵的费用600欧元的请求权。

(五)以第683条第1句、第670条为据的无因管理请求权

42   S可能有以第683条第1句、第670条为据的,要求偿还支出的修理费的费用偿还请求权。因为M负有去除瑕疵的义务(第437条第1项、第439条),S自行去除瑕疵(通过引入奥地利的修理厂)可能构成对M事务的未受其委托的管理。

43   但是,第437条及以下的规定构成买受人因物之瑕疵享有权利的封闭性规定。[23] 如果买受人还可以在此之外主张无因管理的请求权,则主张具体请求权的事实构成前提和时效规定就会落空。[24] 因此,以第683条第1句、第670条为据的请求权不成立(其他观点很难成立)。

(六)以第812条第1款第1句第2种情况为据的请求权

44   同样,不当得利请求权(以第812条第1款第1句第2种情况为

---

[22] 适切的是 Bamberger/Roth/Faust,§437 Rn. 21。
[23] Begr. zum RegE, BT-Drs. 14/6040,219; Bericht des Rechtsausschusses, BT-Drs. 14/7052, 196 (zu §438)。
[24] 就旧法 BGHZ 92,123,125(就承揽合同和无因管理的关系)。

据的费用支出型不当得利)会因买卖法中规则的优先性而被排除。[25](其他观点亦可能有理;可能会对得利产生疑问,因为 M 虽然免于承担补正给付义务,但取而代之的是需为损害赔偿。)

(七) 总结论

S 只能以减少买卖价款的观点来要求 M 偿还修理费。 45

(八) 案件变型

1. 类推第 637 条或以第 439 条第 2 款为据的请求权

该类请求权不成立。(参见上文边码 1、41) 46

2. 以第 441 条第 4 款第 1 句为据的减少价金请求权

S 可能有以第 441 条第 4 款、第 346 条第 1 款为据,要求 M 返还 600 欧元的请求权。 47

该请求权的主要前提条件都已经具备(参见上文边码 3 及以下)。因为根据第 437 条第 2 项、第 441 条第 1 款第 1 句,只有替代解除,买受人才能通过表示来减少价金,所以原则上需要定期催告补正给付无果(第 323 条第 1 款),本案中欠缺这一点。 48

有疑问的是,定期催告是不是又(参见上文边码 11 及以下)因第 323 条第 2 款第 2 种情况而不必要。然而,这回 S 是在自己的住处,只是因为已是晚上,无法联系上 M。看不出有可以正当化立即解除的特别情事。可以期待 S 第二天上午再打电话给 M,或直接将车送往 M 的修理厂。定期催告也不会根据第 440 条第 1 句而不必要,因为 M 没有拒绝两种补正给付,S 可要求的补正给付类型也未失败或不可期待。 49

然而,根据第 326 条第 5 款无须定期催告可能是可以的。因为 50

---

[25] 就旧法 BGHZ 46, 246; 70, 389, 398; 92, 123, 125 (就承揽合同和不当得利的关系)。

在此期间,S 在无 M 协助的情况下就去除了瑕疵,由此导致其补正给付请求权达到了所谓目的实现。这导致了补正给付的不能[26],且由此根据第 275 条第 1 款消灭了 M 的原给付义务。因此,根据第 326 条第 5 款的解除是有可能的。

51 　　但是需检验的是:解除(以及与之相关的减价)是否根据第 326 条第 5 款第 2 半句结合第 323 条第 6 款第 1 种情况而被排除。就此,需要 S 对导致解除权产生的情事负全部或绝大部分责任。本案中,解除权源自第 326 条第 5 款,即 M 免于原给付。[27] 这是由于 S 故意的去除瑕疵的替代行为,他若没有定期催告是无权(或被促使)这么做的。如果愿意全面考察本案中物之瑕疵的情况,导致解除权产生的情事无论如何是主要可归责于 S。因此,根据第 323 条第 6 款第 1 种情况,解除和立即减价是不允许的。

52 　　S 不可以根据第 441 条第 4 款结合第 346 条第 1 款要求 M 支付 600 欧元。

　　3. 以第 280 条第 1 款和第 3 款、第 281 条、第 437 条第 3 款、第 440 条为据的损害赔偿请求权

53 　　因为 M 无法履行以第 433 条第 1 款第 2 句为据的给付无瑕疵物的义务,所以根据第 437 条第 3 项,S 可以第 440、280、281、283、311a 条为据要求损害赔偿,或者以第 284 条为据要求赔偿徒然支出的费用。

　　(1)债务关系,义务违反

54 　　因买卖合同而存在债之关系。义务违反源自给付了有瑕疵之物(根据第 433 条第 1 款第 2 句,参见上文边码 27)。

---

　　[26] 亦如此认为的是 Jauernig/Berger, §437 Rn. 6;就此持开放态度的是 BGHZ 162,219, 225 = NJW 2005, 1348。

　　[27] 就此适切的是 S. Lorenz, NJW 2003, 1417, 1418;具体的还有 Jauernig/Berger, §437 Rn. 10。

(2)指定期限及无须指定

本案中当事人没有根据第281条第1款第1句的要求为补正给付设定合理期限。并且既不可根据第440条第1句,也不可根据第281条第2款第2种情况认为设定期限是不必要的(参见上文边码49的相应部分)。

(3)结论

S以第280条第1款和第3款、第281条为据的请求权不成立。

4. 以第280条第1款和第3款、第283条和第437条第3项为据的损害赔偿请求权

需检验的是,S可否根据第437条第3项结合第280、283条要求损害赔偿。

提示:正如在初始案例中提及的那样,人们应让其保留在第281条中。如果其要件不满足,则在鉴定中亦可检验第283条的要件。但是在结果上应予否定。

(1)债之关系,义务违反

因买卖合同存在债之关系。根据通说,义务违反源自任何形式的债务不履行,可能既来自自始的瑕疵给付,也来自最终没有为补正给付(根据第283条)。尽管M因瑕疵根据第437条第1项、第439条负担的补正给付义务一开始是可能的,但因S自行去除瑕疵陷入"目的实现",所以根据第275条第1款消灭了其给付义务(参见上文边码50)。因此,该前提条件具备。

提示:通说的这一毋宁是令人惊诧的结论可以通过下述方法避免:即在根据第275条免于原给付的案件中不以(必然的)未履行为准,而是将义务违反与之区分开来。但这会导致证明负担的问题。可能考虑第281条的"优先性",但这一"优先性"在免于原给付后就很难证立了。

(2) 可归责性

61　　需检验的是, M 是否能够推翻第 280 条第 1 款第 2 句就 M 应对义务违反有第 276 条第 1 款第 1 句的可归责性的推定。应根据关键的义务违反来安排:考虑到瑕疵给付,不能从该案中得到相应的依据,但是如第 281 条所证实的那样,可以因为瑕疵给付仅原则上不能要求替代给付的损害赔偿。[28] 因此,在本案中(参见第 283 条),这应取决于最终未为补正给付。但这又以 S 未经事先的定期催告就可排除瑕疵为基础。他没有给 M 任何补正给付的机会,甚至没有让其知道该瑕疵。因此, M 对未为补正给付无须负责。

(3) 结论

62　　S 以第 280 条第 1 款、第 3 款和第 283 条为据的请求权不成立。[29]

5. 以第 683 条第 1 句、第 670 条、第 684 条第 1 句及第 812 条第 1 款第 1 句第 2 种情况为据的请求权

63　　第 437 条及以下的规定作为买受人因瑕疵享有的权利的封闭性规定,与这些请求权是对立的[30],而这些封闭性规定恰恰不可在其前提条件不满足时落空(其他观点亦有道理)。

64　　**提示**:如果拒绝优先性,则"只会"存在不法管理。根据第 684 条第 1 句, M 负有义务返还得利,其产生于补正给付义务无替代地消灭。如果出卖人能够以更便宜的价格办到,则此处会想到强迫得利;同样的规则适用于非给付不当得利——这些请求权会受到第 438 条类推适用的限制。

---

[28] 更详尽的 S. Lorenz, NJW 2002, 2497ff.; MünchKomm/Ernst, § 280 Rn. 46ff. m. w. N。

[29] 同样的有 S. Lorenz, NJW 2003, 1417, 1418; 具体的还有 Jauernig/Berger, § 437 Rn. 10。

[30] Vgl. Begr. zum RegE, BT-Drs. 14/6040,219; Bericht des Rechtsausschuss, BT-Drs. 14/7052, 196 (zu § 438)。

6. 类推第 326 条第 2 款第 2 句和第 4 款、第 346 条第 1 款

S 针对 M 可能类推第 326 条第 2 款第 2 句和第 4 款、第 346 条第 1 款享有偿还去除瑕疵费用的请求权。

(1) 双务合同

当事人之间存在的买卖合同产生对待给付义务。

(2) 根据第 275 条第 1—3 款免除给付义务

M 根据第 275 条第 1 款免负补正给付义务。

(3) 与提出不适约对待给付的相似性

尽管 S 没有根据第 326 条第 1 款第 1 句免除价金给付义务,因为该规范不适用于补正给付不能(第 2 句)。但是该情况与第 326 条第 2 款第 1 句第 1 种情况规定类似:假若 S 将 M 负担的汽车毁坏,则 M 将保有价金请求权,但是必须根据第 2 句扣减掉节约的提供给付的费用。本案中,S 的自行去除瑕疵让 M 免于承担补正给付义务。然而,违反第 281 条第 1 款、第 323 条第 1 款正当化了剥夺 S 的费用偿还请求权(参见边码 43 及以下、边码 50)。但是 M 尽管为瑕疵给付,既不必为补正给付,又不用承担补正给付的费用,在结果上看起来是不公平的。对费用负担(第 439 条第 2 款)的完全倒置看来是违反计划的,更何况完全的倒置也无法通过法定的请求权来平衡。看来是立法者忽视了这种可能性。为了填补这一违反计划的法规漏洞,合适的做法看来是:将第 326 条第 2 款第 2 句作如下意义上的类推适用,即类推第 326 条第 4 款、第 346 条第 1 款,出卖人 M 必须将节省的补正给付费用偿还给买受人 S。支持这一看法还有:第 323 条第 6 款中排除解除权的事实构成和第 326 条第 2 款第 1 句是一样的。[31]

---

[31] 这么认为的是 S. Lorenz, NJW 2003, 1417, 1418f.;就破坏买卖物和买受人引起的补正给付的不可期待性(第 275 条第 2 款、第 439 条第 3 款意义上)的案件意见一致的是 Bamberger/Roth/Faust, §439 Rn. 37f.; MünchKomm/Westermann, §437 Rn. 14。

69 　　立法者在买卖和承揽的瑕疵担保法中,就自行去除瑕疵的费用偿还的问题有意识地作了不同规定的做法,当然不支持这种公平考量(Billigkeitserwägung)。立法者认识到了这一问题,并在承揽法中将费用偿还系于第637条严格的前提条件。在承揽法中,直至今天,承揽人只有在法定前提下才能自行去除瑕疵并要求偿还费用的观点还是与通说吻合的。如果他没有遵守这些前提条件,则必须自己承担去除瑕疵的费用。这些情事和价值判断至少支持如下观点,即在买卖法(一如在承揽法)中,至少就违反定期催告要求[32]的情形并不存在规范漏洞。[33] 因此,类推适用是不允许的。此外,这还会带来实践中的问题,即买受人很少会知道出卖人究竟节省了多少费用。[34] 最后,假如买受人至少可以类推第326条第2款第2句要求出卖人偿还节省的费用,这会让第437、281、323、440条规定的补正给付优先性部分落空,无论如何会剥夺出卖人由此而生的补正给付可能。因此,上述这些理由都会反对基于其他事由就不允许的类推适用。[35]

(4)结论

70 　　S对M没有以类推第326条第2款第2句、第326条第4款、第346条第1款为据的请求权(其他观点亦有道理)。

7. 结论

71 　　S让M偿还修理费用或返还节省的补正给付费用的要求从任何法律观点看,都是站不住脚的。

---

[32] 其他的可以在第275条第2款、第439条第3款的案件中看到。
[33] BGHZ 162,219,225ff. =NJW 2005,1348; LG Gießen NJW 2004,2906,2907 m. w. N.
[34] LG Gießen NJW 2004,2906,2907 m. w. N.
[35] BGHZ 162, 219, 227f. = NJW 2005, 1348.

案例 32　有障碍的房屋买卖

一、案件事实

在汉堡生活的 21 岁的布洛克·德里克·达克斯(Broker Derek Dachser, D)从他的伯父格里高·达克斯(Gregor Dachser)那里继承了在 Bad Endorf 的一处房产。他 1 月中旬外出了一趟,目的是看看该房产,并将其出售。在这次出行中,他发现这套房产自十多年前起,就以极低的租金(月租金 300 欧元)租给了女租户萝丝薇塔·赖舍尔(Roswitha Reichel, R)。因此,他以书面的方式终止了该合同,终期为 4 月月底,且没有给任何理由。

在报纸的广告中,D 发现了一个买家,即土耳其的蔬菜商哈桑·欧茨德米尔(Hasan Özdemir, Ö)。迄今为止,Ö 一直租住在邻市 Rosenheim,且想自己搬进这个房屋。D 对 Ö 说,虽然该房屋还在出租,但到 4 月月底租户就会清退。因此,Ö 决定买下该房屋,并和他现在的出租人达成了 4 月 30 日终止合同的协议。双方在 1 月 20 日的公证买卖合同中确定房产应于 5 月 1 日交付。4 月 29 日,Ö 从公证人那儿收到一封信,告知其已于 4 月 23 日作为所有权人被登入登记簿。

5 月 1 日,Ö 想搬进该房屋时发现 R 仍然没有清退。R 非常明确地告诉他,自己并不想搬走,除非其中介费和搬家费有人付,且应给她直到年底的时间去找另一个住处。Ö 现住所的出租人约翰·米勒(Johann Müller, M)虽然愿意和 Ö 签订新的租约,但租金要提高到每月 800 欧元。Ö 别无选择,为了避免无家可归,只能接受了这一要约。

Ö 现在想知道:

1. 到 R 搬出时为止,他能否要求 D 赔偿每月 800 欧元的租金,以及

2. 他是否能够消除该合同。

D 拒绝了 Ö 的这些诉求,并声称他认为自己终止和 R 的租约是有效的。

二、前期思考

非常明显,D 并没有完全履行第 433 条第 1 款第 1 句的移转所有权的义务,因为根据第 433 条第 1 款第 2 句,出卖人必须移转无物之瑕疵和权利瑕疵的买卖物的所有权;被出卖的房产出租给了 R,而 R 暂未清退。因此实际上存在两种给付障碍。

在第一个问题中,应检视直到完全履行前的损害之赔偿。请求权基础应自动浮现在眼前。然而,还应当考虑到所谓一时性不能,并回想起如何处理它。

> 提示:如何处理一时性不能问题对对待给付亦有意义;适用不能的条文时,在满足第 326 条第 2 款第 1 句、第 446 条、第 447 条等的前提下,仍需负担对待给付。相反,如果适用第 281、323 条,则对待给付义务会被排除。

另一个问题是既存的租赁合同是否属于物之瑕疵或权利瑕疵。尽管第 437 条的介入会导致这一问题没有这么重要;但是二者在诉讼时效上会有区别,因为第 438 条第 1 款第 1 项为特定的权利瑕疵规定了 30 年的诉讼时效期间。无论如何,偿付 Ö 支付的租金又会导向第 437 条第 3 项结合第 440、280、281、283、311a 条的买受人损害赔偿

请求权的检验。此处会有 D 是否应对义务违反负责的问题。这并不是特别有疑问,但是诀窍恰恰在于找出确切的方法。此处要考虑到法律错误,并知悉对它的处理方法。

结果是 Ö 主张的损害既可能基于权利瑕疵责任,也可能在 D 未及时移转占有的视角下具有可赔性。这令人困惑,因为第 280 条(尤其是第 2、3 款)的教义看上去是要排除它们的。不过,本案中涉及了两个不同的方面,其基础为出卖人根据第 433 条第 1 款第 1 句负有的特殊义务安排(Pflichtenprogramm):D 一方面没有及时交付,另一方面移转的所有权是有权利瑕疵的。也不能说权利瑕疵消融了(quasi konsumieren)交付迟延;最多在移转有瑕疵的所有权同时意味着准时移转无瑕疵的所有权迟延时,才可考虑这一点。然而,本案中 D 还没有移转占有,而这构成独立的义务违反(其他观点亦有道理)。

Ö 在问题 2 中提出的消除合同可能性问题必须予以全面考虑。根据既有的考量,约定的可能性是已经存在的,就此应简要地考虑其和问题 1 中损害赔偿之间的关系。关于消除合同还必须考虑撤销,以及先合同义务违反可能引起消除合同的损害赔偿请求权,其基础为第 280 条第 1 款、第 311 条第 2 款。这一《民法典》提供的解消合同的"丰富多彩的产品选择"(Produktpalette)应牢记在心,并至少在相应的设问中尽可能全面地检视。

三、提纲

(一)问题 1:Ö 要求 D 偿还租金的请求权 ·················· 1

  1. 根据第 280 条第 1 款和第 2 款结合第 286 条(迟延损害) ·················· 1

  (1)债之关系 ·················· 2

  (2)义务违反,第 280 条第 1 款、第 286 条;债务人迟延 ·················· 3

①届期的请求权 ⋯⋯⋯⋯⋯⋯⋯⋯⋯⋯⋯⋯⋯⋯ 4
②根据第 275 条第 1 款请求权消灭？ ⋯⋯⋯⋯⋯ 5
　[问题：第 275 条第 1 款是否涉及一时给付障碍？]
③催告或无须催告 ⋯⋯⋯⋯⋯⋯⋯⋯⋯⋯⋯⋯⋯ 11
④未履行 ⋯⋯⋯⋯⋯⋯⋯⋯⋯⋯⋯⋯⋯⋯⋯⋯ 12
⑤可归责性 ⋯⋯⋯⋯⋯⋯⋯⋯⋯⋯⋯⋯⋯⋯⋯ 13
⑥中间结论 ⋯⋯⋯⋯⋯⋯⋯⋯⋯⋯⋯⋯⋯⋯⋯ 17
(3)可归责性，第 280 条第 1 款第 2 句 ⋯⋯⋯⋯⋯ 18
　[问题：是否因 R 的法律错误排除可归责性？]
(4)损害赔偿 ⋯⋯⋯⋯⋯⋯⋯⋯⋯⋯⋯⋯⋯⋯⋯ 19
(5)结论 ⋯⋯⋯⋯⋯⋯⋯⋯⋯⋯⋯⋯⋯⋯⋯⋯⋯ 21
2.根据第 433 条第 1 款第 2 句、第 437 条第 3 项、第
280 条第 1 款 ⋯⋯⋯⋯⋯⋯⋯⋯⋯⋯⋯⋯⋯⋯⋯⋯ 22
(1)买卖合同 ⋯⋯⋯⋯⋯⋯⋯⋯⋯⋯⋯⋯⋯⋯⋯ 22
(2)存在瑕疵形式的义务违反 ⋯⋯⋯⋯⋯⋯⋯⋯ 23
①物之瑕疵，第 434 条 ⋯⋯⋯⋯⋯⋯⋯⋯⋯ 24
　[问题：和 R 之间继续存在的租赁关系是否构成第 434 条意义上的物之瑕疵？]
②权利瑕疵，第 435 条 ⋯⋯⋯⋯⋯⋯⋯⋯⋯ 26
③第 280 条第 2 款规定的其他要件 ⋯⋯⋯⋯ 27
④第 280 条第 3 款规定的其他要件 ⋯⋯⋯⋯ 28
(3)可归责性 ⋯⋯⋯⋯⋯⋯⋯⋯⋯⋯⋯⋯⋯⋯⋯ 32
(4)损害 ⋯⋯⋯⋯⋯⋯⋯⋯⋯⋯⋯⋯⋯⋯⋯⋯⋯ 33
(5)结论 ⋯⋯⋯⋯⋯⋯⋯⋯⋯⋯⋯⋯⋯⋯⋯⋯⋯ 34
(二)问题 2：消除买卖合同的可能性 ⋯⋯⋯⋯⋯⋯⋯ 35
1.因恶意欺诈依第 123 条第 1 款撤销买卖合同 ⋯⋯ 35
2.因错误依第 119 条第 2 款撤销买卖合同 ⋯⋯⋯⋯ 37

3. 根据第437条第2项结合第323条解除买卖
   合同 ·· 39
   (1) 双务合同 ································· 40
   (2) 届期且可实现的原给付请求权 ············· 41
   (3) 未履行或瑕疵履行 ······················· 42
   (4) 定期催告 ································· 43
   (5) 解除整个合同,第323条第5款 ············· 46
   (6) 结论 ····································· 49

4. 替代全部给付的损害赔偿请求权,第280条第1、
   3款,第281条第1款第1句 ······················ 50
   (1) 债之关系 ································· 51
   (2) 特殊的义务违反,第280条、第281条
       第1款 ··································· 52
   (3) 可归责性 ································· 54
   (4) 损害赔偿 ································· 55
   (5) 替代全部给付的损害赔偿,第280条第1款第2、
       3句? ···································· 56
   (6) 结论 ····································· 57

5. 以第311条第2款第1项、第280条第1款、第249
   条第1款为据的消除合同的请求权 ················ 58
   [问题:因缔约过失废止合同的请求权和权利瑕疵
   责任规定之间的关系如何?]

6. 因行为基础丧失而解除,第313条 ················ 63

7. 总结论 ······································· 64

四、解答

（一）问题 1：Ö 要求 D 偿还租金的请求权

1. 根据第 280 条第 1 款和第 2 款结合第 286 条（迟延损害）

1　　Ö 可能有针对 D 的以第 280 条第 1、2 款，第 286 条为据的偿还租金（作为迟延损害）的请求权。

（1）债之关系

2　　因（合乎第 311b 条第 1 款第 1 句形式要求而有效的）土地买卖合同，当事人之间存在债之关系。

（2）义务违反，第 280 条第 1 款、第 286 条；债务人迟延

3　　根据买卖合同，D 依第 433 条第 1 款第 1 句，不仅有义务使 Ö 取得所有权（已经完成），还有义务在 5 月 1 日前交付房产。因为第 433 条第 1 款第 1 句要求在当事人未另有约定时，应移转直接占有，仅仅移转间接占有（第 868 条）是不够的。因此，D 未履行交付的义务，所以构成客观的义务违反。在赔偿迟延损失时，光有客观义务违反尚不够，还需满足第 286 条第 1 款规定的债务人迟延的要件。

①届期的请求权

4　　根据第 433 条第 1 款第 1 句所生的交付义务必须在 5 月 1 日履行，因此该义务在这一时点届期（第 271 条第 2 款）。原则上也无对抗该请求权的抗辩权。

②根据第 275 条第 1 款请求权消灭？

5　　然而，当 S 无法履行交付义务时，这一届期且完全有效的履行请求权会因第 275 条第 1 款消灭。因为当 R 自愿——可能因为补偿金（Abstandzahlung）——搬离时，交付原则上是有可能发生的，此处明显只存在给付迟延意义上的一时障碍。由此产生的问题是一时性的履行障碍是否亦被第 275 条第 1 款涵括。

根据《债法现代化法的政府草案》,一时不能也应在第 275 条第 1 款的规范范围内,其通过"只要在这一范围和这一时段内"(soweit und solange)的表述表达出来了。在这段时间内,对待给付根据第 326 条第 1 款第 1 句也应被排除。[1] 但在立法过程中,这一解决方案又被放弃了,因为由此将会产生一系列政府草案未曾考虑的法律后果问题,这一问题的澄清今后将交由司法裁判解决。[2] 因此,"和只要在这一时段内"(und solange)的表述又被删除了,而停留在此前的法律状态。所以第 275 条第 1 款意义上的给付不能原则上只能理解为永久性的,而非一时性的给付不能。正如对修法前的第 275 条就存在是否一直保持不变的争议。

6

少数说认为在嗣后表明为一时不能的案件中——除非有不同约定或第 281、323 条中的行为——给付义务视为存续,因为债权人别无他法且很难划定一个期限。[3] 绝对的通说认为:如果一时不能危及合同目的实现,且不可期待债权人坚守合同直到给付障碍消灭时,一时不能和永久不能可以例外地等而视之。是否如此,应在个案中考虑所有情事和双方的利益,根据诚实信用,以嗣后的分析(Ex-post-Analyse)来决定。[4]

7

在上述案件中,并不能确切地预见给付障碍会在何时消失。尽管可以首先考虑根据第 140 条,将至 4 月 30 日终止的无效终止通知转化为至 10 月 31 日的正常终止通知。因为推迟到稍后时点的终止可以被理解为减除(Minus),且 D 显然无论如何都要终止合同。因此,对 D 而言给付只是在可预见的时段内不能。然而,只有在 D 有终止租赁关系的合法利益,转化为根据第 573 条第 1 款第 1 句的终止时

8

---

[1] BT-Drs. 14/6040, 128f., 189.
[2] 联邦议会的立场见 BT-Drs. 14/6857, 11,并有系统解决这一问题的建议。
[3] Leonhard, Allgemeines Schuldrecht des BGB, 1929, §137, S. 300ff.
[4] Huber, Leistungsstörungen, Bd. 1, 1999, S. 606; Palandt/Grüneberg, §275 Rn. 12 m. w. N. 以及相关判决。

方为有效。该利益在本案中可以是将土地以合理的经济方式利用（第 573 条第 2 款第 3 项）。然而，D 必须已经在终止信中表明了这一理由，以至于在法律争议中会予以考虑（第 573 条第 3 款第 1 句）。因为这一情况并未发生，所以即便到 10 月 31 日终止也不会生效。此外，如果终止租赁关系会给 R 带来困难，而衡诸其出租人 D 的合法利益也很难正当化的话，R 可能依据第 574 条反对终止，而要求继续租赁关系。因此，租赁关系的终止在缔结买卖合同时事实上难以预见。这会支持将一时的给付障碍视为给付不能。

9 然而，R 已经原则上表明在某种让步后至迟会在 12 月 31 日搬出的意愿，由此排除给付障碍是有可能且可预见的。因为不存在给付不能，也看不出存在第 275 条第 2 款意义上的给付的不可期待性，所以排除了在 D 和 Ö 之间适用给付不能的规则。此外，Ö 也许还可以根据第 281、323 条摆脱合意的拘束。

10 因此，届期且（对 D 而言）原则上可实现的要求交付的请求权还存在。

③催告或无须催告

11 Ö 并没有催告。但是该催告因第 286 条第 2 款第 1 项是没有必要的，因为当事人就给付（交付）按日程表（5 月 1 日）确定了时间。

④未履行

12 D 也没有履行交付义务。

⑤可归责性

13 根据第 286 条第 4 款，只有在 D 需为未准时履行交付义务负责时，才陷于迟延。他原则上需根据第 276 条第 1 款第 1 句对故意和过失负责。

14 故意在民法上意指对不法结果的知悉和意愿[5]，此处就是未准时交付。因为 D 认为在 4 月 30 日终止的表示是有效的，R 到时候就

---

［5］ Palandt/Grüneberg, §276 Rn. 10 m. w. N.

会迁出,所以不存在故意。

但可以考虑第 276 条第 2 款意义上的过失。因此需检验的是 D 在和 Ö 签订合同时或/和在终止租赁关系时是否未尽到交易上必要的注意。原则上,从 D 的视角看他已经做了一切必须做的以及时履行其和 Ö 的买卖合同中的义务,尤其是终止了租赁关系。4 月 30 日终止的效力应根据第 573c 条第 1 款判断。尽管根据第 1 句,直至自然月的第三个工作日止可以终止到下下个月底的合同,但是 R 已经在这所房子居住了超过 10 年,所以其终止期限根据第 2 句要再延长 6 个月。因此,终止直至 10 月底才是允许的。因此,D 在租赁关系的终止期限方面有法律错误。此外还有已经探讨的,根据第 573 条,终止是无效的。

根据通说,只有在行为人无过错时,才能排除法律错误的可归责性。虽然 D 不清楚真实的法律状况,但是只要他尽到第 276 条第 2 款意义上的交易上必要的注意,即从法律顾问或法律读物中获得相关知识,就能了解。因此,D 还是需对其不履行负责。

⑥中间结论

D 自 5 月 1 日起陷于迟延。

(3)可归责性,第 280 条第 1 款第 2 句

如上文所确定的,D 需对迟延的发生和与之相关的义务违反负责(第 280 条第 1 款第 2 句)。

(4)损害赔偿

Ö 必须因未准时履行而蒙受损失。在本案中,该损失首先是丧失的对房屋的使用可能性,Ö 须承租一个住处,并因此遭受的财产上不利。

因此,Ö 可以依据第 280 条第 1 款、第 249 条及以下条文要求 D 赔偿损失。假如 D 准时履行,Ö 就无须每月支付 800 欧元的租金。因此,他能够要求 D 偿还该笔费用,但是应扣除其节省的费用和其他获利。此处尤其应当考虑到 Ö 因所有权变动而法定承受其和 R 的租

赁关系(第 566 条第 1 款),即他也取得了对 R 的租金请求权。这一好处和义务违反之间有相当因果关系,对其扣减也符合损害赔偿的目的,因为它并非不公平地免除了 D 的责任。因此,Ö 必须根据损益相抵[6]的原则,从中扣除 R 每月支付的租金。

(5)结论

21　　Ö 可以根据第 280、286 条,要求 D 赔偿每月支出的租金,但应扣减 R 每月给付的租金,最后的数额为 500 欧元。

2. 根据第 433 条第 1 款第 2 句、第 437 条第 3 项、第 280 条第 1 款

(1)买卖合同

22　　双方当事人缔结了买卖合同。

(2)存在瑕疵形式的义务违反

23　　D 必须违反了其在买卖合同中的义务。

①物之瑕疵,第 434 条

24　　根据第 433 条第 1 款第 2 句,D 负有义务让买卖物没有物之瑕疵和权利瑕疵。有问题的是:D 与 R 之间的租赁关系直到 5 月 1 日尚未终止是否构成物之瑕疵。物之瑕疵的概念是在第 434 条中界定的。因为当事人没有达成第 434 条第 1 款第 1 句意义上的品质约定,所以只能考虑第 434 条第 1 款第 2 句意义上的物之瑕疵。就这种物之瑕疵可以这么思考:因为房产是为了自己居住的目的出售给 Ö 的,由于出租导致该房产无法满足合同预定的使用目的。

25　　然而,无法满足合同预定的使用目的的原因必须是买卖物的品质(Beschaffenheit)。品质特征亦可能源自物和其周边环境的法律上关系。但是,根据司法判例的观点[7],这些关系必须是在买卖物品质自身中寻得其原因,而不能通过引入外在于买卖标的物的关系或情

---

[6] 一般论述参见 Palandt/Grüneberg, Vorbem. zu §249 Rn. 67ff.。
[7] Vgl. BGHZ 130,320,324(过期的生产者保证作为物之瑕疵)。

事才会发生。就此,公法上的建设限制可能构成土地的物之瑕疵[8],因为它最终是由于土地所处的位置决定的。相反,所有权人和第三人关于买卖标的物的用益达成的合意,正如本案中 D 和 R 之间的租赁合同,不属于买卖标的物的品质。因此,房产被出租且因此无法为买受人所用不构成物之瑕疵。

②权利瑕疵,第 435 条

然而,本案可能需考虑第 435 条第 1 句意义上的权利瑕疵。根据第 435 条第 1 句,当第三人就物无法对买受人主张权利或仅能主张买卖合同中接受的权利,则物不存在权利瑕疵。这一无权利瑕疵在此不成立,因为承租人 M 对新所有权人 Ö 可主张因第 566 条第 1 款对承租人的保护而享有的以租赁合同(第 535 条第 1 款第 1 句)为据的占有的权利,其原因和期间皆为租赁关系尚未终止(之时)。[9] 决定权利瑕疵存在的时点是权利取得时[10],即 Ö 在 4 月 23 日被登入土地登记簿之时,而此时其和 R 的租赁关系还存续。因此,存在权利瑕疵,且就此具有决定性的时点是取得所有权之时[11],即 Ö 在 4 月 23 日登入土地登记簿之时。

26

③第 280 条第 2 款规定的其他要件

需检验的还有,Ö 是否主张了第 280 条第 2 款意义上的迟延损害,其只有在需满足第 286 条规定的额外要件之后才能主张。但本案中不存在因未准时履行义务而生的损害。Ö 的损害毋宁是直接源自无瑕疵给付义务的违反。[12] 只有当出卖人未履行第 437 条第 1 项的补正给付义务时,才会在物之瑕疵和权利瑕疵中考虑迟延规则。

27

---

[8] Vgl. BGHZ 117, 159, 162 m. w. N.

[9] Vgl. BGH NJW 1991, 2700.

[10] 通说,BGHZ 113, 106, 113 = NJW 1991, 915, 916; Bamberger/Roth/Faust,§ 437 Rn. 5 m. w. N。

[11] Bamberger/Roth/Faust,§ 435 Rn. 5 m. w. N.

[12] Vgl. Begr. zum RegE, BT-Drs. 14/6040, 225.

这以提出补正给付的要求为前提。因"质的迟延"引起的——即一开始只是瑕疵给付——损害在存在可归责性时,直接根据第 280 条第 1 款可以得到赔偿。[13]

提示:在考试中同样非常重要的问题是所谓营业损失的赔偿。出卖人交付了有瑕疵的机器,买受人无法生产。[14] 这一损失根据第 437 条第 3 项和第 280 条第 1 款就可以赔偿吗?或还需要满足第 280 条第 2 款、第 286 条的额外要件?[15] 按照前种方法来解决才是正确的。

④第 280 条第 3 款规定的其他要件

28 最后需检验的是,主张的损害是不是"瑕疵损害",即第 280 条第 3 款的"替代给付的损害赔偿",该损害原则上只有在设定补正给付(第 281 条第 1 款)的合理期限无果后方需赔偿。在瑕疵损害项下理解的损害是正好由物之瑕疵本身导致的损害,即其贬值或辅以修理费确定[16],在本案中是指因租赁关系引起的贬值及为终止租赁关系可能要支出的费用。与之相反,瑕疵结果损害是指一切在买卖物之外,在 Ö 的其他财产上产生的损害。Ö 负有义务向 M 支付租金属于这类损害。因为本案中涉及的是瑕疵结果损害,依据通说,第 281 条第 1 款是不适用的。毋宁还是用第 280 条第 1 款的基本规范。其理由是第 281 条规定的原则上设定补正给付期限应能阻止损害的发生。在瑕疵结果损害中,设定期限原则上不再可能,所以不能将其归入第 281 条,而是只能归入第 280 条第 1 款。[17]

29 相反的观点认为瑕疵结果损害也应归入第 281 条,因为这一规

---

〔13〕 同样的有 S. Lorenz, NJW 2002, 2497, 2502f. 。
〔14〕 就此参见 Schulze/Ebers, JuS 2004, 462, 465 m. w. N. 关于目前的观点状况; Grigoleit/Riehm, JuS 2004, 745ff. 。
〔15〕 更详尽的探讨已经在案例 29 中展开过。
〔16〕 Palandt/Weidenkaff, §437 Rn. 34.
〔17〕 这样认为的比如 Brox/Walker, BS, §4 Rn. 108。

范在违反给付义务时恒应适用,且第 280 条第 1 款只是保护固有利益。[18]

在出发点上应追随通说,因为归入第 280 条第 1 款及第 3 款,抑或第 281 条还是第 283 条,首先取决于主张的损害,而不是义务违反的类型。因此,尽管其原因是瑕疵给付,已经发生的瑕疵结果损害也应归入第 280 条第 1 款,因为不能通过补正给付排除它。相反,补正给付可以阻止的将来很可能发生的瑕疵结果损害应归入第 280 条第 3 款和第 281 条。[19] 因此,认为 2001 年的债法现代化让瑕疵损害和瑕疵结果损害,以及交换利益(Äquivalenzinteresse)和固有利益的区别变得多余的观点[20]是不适当的。

30

这在本案中意味着,只要 Ö 主张已经产生的租金损失,则无须满足第 281 条及第 283 条中额外的要件。只有当去除瑕疵本身已被排除,或者他决定依第 281 条行动时,才应另做处理,而本案不符合前者,后者迄今也未发生。

31

(3)可归责性

D 不能推翻第 280 条第 1 款第 2 句对可归责性的推定,因为他基于前文所述理由(参见前文边码 16)应对权利瑕疵负责。

32

(4)损害

此外,必须要存在 Ö 的损害,该损害需因不履行第 433 条第 1 款第 2 句的义务而发生。本案正是如此。因为如若 D 能够做到 5 月 1 日终止租赁关系,则 Ö 就不必缔结新的租约,也不用承担相关费用。因为这一财产性负担源自未履行移转无权利瑕疵的买卖物的义务,D 必须根据第 437 条第 3 项、第 280 条第 1 款赔偿 Ö 的租金。然而,Ö 必须允许扣减节省的费用及 R 支付的租金(参见上文边码 20)。

33

---

[18] Recker, NJW 2002, 1247f.
[19] 适切的有 S. Lorenz NJW 2002, 2497, 2500f. 。
[20] 这样认为的比如 Schudnagies, NJW 2002, 396,398;更为审慎的是 H. P. Westermann, NJW 2002, 241, 250。

(5)结论

34　　Ö 可以将其要求偿还租金的诉求建立在两个竞合的损害赔偿请求权基础上。然而,其必须允许扣减节省的费用及 R 支付的租金。

(二)问题 2:消除买卖合同的可能性

1. 因恶意欺诈依第 123 条第 1 款撤销买卖合同

35　　以第 123 条第 1 款为据的恶意欺诈撤销在本案中不成立,因为 D 并没有恶意,即故意欺骗 Ö 说租赁关系到 4 月月底就会终止。毋宁说 D 就此事只是有过失。

36　　**提示**:依通说,瑕疵担保的请求权不会排除以第 123 条第 1 款为据的撤销权[21],因为恶意欺诈者不值得保护。当然在本案中不会有竞合的问题。

2. 因错误依第 119 条第 2 款撤销买卖合同

37　　撤销的前提可能是第 119 条、第 120 条意义上的重要错误。无论如何,本案中存在第 119 条第 2 款规定的性质错误。一切依其属性会持续影响物的可使用性和价值的事实和法律上的关系皆属于第 119 条第 2 款的物之性质。[22] 但物和环境的这些关系必须是可从物本身找到缘由或从其出发的,且不可仅仅是对物有间接影响的。[23] 这在租赁一个物时并非如此,所以存在租赁关系本身并非物的性质。因此,根据第 119 条第 2 款撤销被排除。

38　　**提示**:因错误而撤销在本案中已因瑕疵担保法的优先性而应被否定,这一点显然是容易想到的。但只要有性质错误,就会有竞合的问题。仅仅以瑕疵担保法的优先性尚不足以正确地展

---

[21] Lorenz/Riehm, Rn. 573.
[22] BGH NJW 2001, 226, 227.
[23] Vgl. BGHZ 70, 47, 49; Köhler, §7 Rn. 19.

开讨论,但如果在闭卷考试时有时间问题,则可以保留这一应急的办法。

3. 根据第 437 条第 2 项结合第 323 条解除买卖合同

因为存在权利瑕疵(参见上文边码 26),Ö 可以根据第 437 条第 2 项解除合同。然而,第 437 条第 2 项本身不足以作为解除权的基础,而是应指示参照第 440 条、第 323 条和第 326 条第 5 款中的解除。这意味着原则上需满足第 323 条第 1 款的前提,但依第 440 条更为宽松的条件或和前者不一致转依第 326 条第 5 款,亦可解除。 39

(1)双务合同

买卖合同是第 323 条第 1 款意义上的双务合同。 40

(2)届期且可实现的原给付请求权

D 负有义务创设房产上无权利瑕疵的所有权(第 433 条第 1 款第 2 句),还要创设占有。该请求权在 5 月 1 日届期。没有明显的抗辩权:尤其是 D 未根据第 275 条第 1 款承担原给付义务(参见边码 5 及以下)。权利瑕疵不能回溯到 5 月 1 日被排除,不影响其将来无论如何可以被排除。直至排除权利瑕疵时止产生的对 Ö 的损害,如上文所述(参见边码 22 及以下),可根据第 437 条第 3 项、第 280 条第 1 款要求赔偿。根据第 325 条,该请求权亦不会因解除而消灭。 41

(3)未履行或瑕疵履行

D 从未履行创设占有的义务,且因权利瑕疵也未依约履行创设占有的义务(参见边码 3 及以下、边码 26 及以下)。 42

(4)定期催告

然而,Ö 还必须根据第 323 条第 1 款为 D 设定为第 443 条第 1 款的补正给付的合理期限,本案中即为权利瑕疵的排除,且该期限必须徒过。本案中没有这种定期催告。如果根据第 323 条第 2 款,定期催告是不必要的,倒也无妨。 43

根据第 323 条第 2 款第 1 项让定期催告不必要的情况并不存 44

在,因为 D 没有严肃并终局地拒绝补正给付(即排除权利瑕疵)。此外,第 323 条第 2 款第 2 项也不适用,因为 D 虽然没有按照期限履行无权利瑕疵地创设房产所有权的义务,但是 Ö 就合同享有的利益也不系于给付的准时性。最终也不存在第 323 条第 2 款第 3 项所说的衡诸双方的利益应正当化立即解除的特别情事。

45　根据第 440 条第 1 句无须定期催告的情况也不成立,因为 D 既没有拒绝补正给付,对 Ö 而言,其享有的补正给付种类也并非不可期待。Ö 在本案中只享有排除权利瑕疵这一种补正给付,因为买卖合同的标的物是具体的土地,所以是特定物,更换无瑕疵之替代物不予考虑。

(5)解除整个合同,第 323 条第 5 款

46　有疑问的是 Ö 能否毫不费力地解除合同,或为了解除,还需满足第 323 条第 5 款的额外要件?再次会发生的问题是 D 一方面部分(移转占有)没有履行,另一方面又为瑕疵(权利瑕疵)履行。不清楚的是应适用第 323 条第 5 款第 1 句还是第 2 句。

47　未移转占有不能作为第 1 句意义上的部分履行,因为其以负担之原给付可分为前提。[24] 移转所有权和交付(移转占有)在第 433 条第 1 款第 1 句中作为两个质上不同、但同样有权要求的给付而彼此并立。[25] 因此,总的来说,存在移转占有义务的不履行。因此,这不取决于 Ö 就——考虑到购买是为了居住目的——单纯取得所有权没有利益。

48　同样,在排除 Ö 对土地的用益的权利瑕疵中有第 323 条第 5 款第 2 句意义上的根本义务违反。

(6)结论

49　如果 Ö 为 D 指定了补正给付的合理期限,其可在该期限徒过

---

[24] Palandt/Grüneberg,§281 Rn. 36.
[25] 同样的有 MünchKomm/Ernst,§326 Rn. 24。

后,根据第 437 条第 2 项、第 323 条第 1 款第 1 句解除合同。

4.替代全部给付的损害赔偿请求权,第 280 条第 1、3 款,第 281 条第 1 款第 1 句

如果 Ö 根据第 280 条、第 281 条第 1 款可要求替代全部给付的损害赔偿,则 Ö 亦可摆脱合同。

(1)债之关系

因买卖合同存在债之关系。

(2)特殊的义务违反,第 280 条、第 281 条第 1 款

D 一方面迄今没有履行移转占有的义务,另一方面没有完全履行移转无瑕所有权的义务(参见上文边码 1 及以下或边码 22 及以下),由此导致其违反了源自债之关系的给付义务。

此外,根据第 280 条第 3 款、第 281 条第 1 款,Ö 为补正给付——即一方面移转占有,另一方面排除权利瑕疵——设定的合理期限必须已经徒过。Ö 迄今为止都没有设定这一期限,且定期催告亦非根据第 281 条第 2 款、第 440 条是多余的(参见边码 44 及以下相应部分)。

(3)可归责性

根据第 280 条第 1 款第 2 句,应以义务违反的可归责性为出发点,因为 D 将无法作出相反的证明:正如上文所述(参见上文边码 5 及以下),本案中只要 D 采取了必要措施,排除两种给付障碍是可能的。假如他枉顾定期催告而不作为,则其应对持续的不履行依第 276 条第 1 款第 1 句因间接故意负责。

(4)损害赔偿

Ö 因不履行蒙受的损失在于最终未能履行根据第 433 条第 1 款负有的给付义务,即无权利瑕疵地移转土地所有权。需赔偿的将是因租赁合同的存续——至少持续到 Ö 正常地终止——而可能产生的贬值及 Ö 在将来还需支付的更高租金。

(5)替代全部给付的损害赔偿,第281条第1款第2、3句?

56　　Ö可以很容易地要求替代全部给付的损害赔偿,而无须就此根据第281条第1款第2、3句满足额外的要件(参见边码46及以下的相应部分)。

(6)结论

57　　Ö可以——在仍需设定的合理的补正给付期限徒过后——根据第280条第1款和第3款、第281条第1款第1句、第3句要求D赔偿替代全部给付的损害,且因此实际(de facto)解除合同(参考第281条第1款第2、3句,第5款)。

5. 以第311条第2款第1项、第280条第1款、第249条第1款为据的消除合同的请求权

58　　Ö可能有针对D的要求解消合同的损害赔偿请求权,其基础为第280条第1款、第311条第2款第1项、第249条第1款。

59　　D和Ö之间的缔约磋商使得二者依第311条第2款第1项产生了债之关系,其内容为第241条第2款规定的义务。违反了由此产生的照顾义务可导致第280条第1款的损害赔偿请求权成立,除非债务人对义务违反无须负责。如果义务违反是合同缔结的原因,该合同之缔结又是对相对人在经济上不利或不理智的,则依司法裁判观点[26],相对人可根据第249条第1款要求解消合同。

60　　然而,这些原则的适用可能因权利瑕疵规则(第433条第1款第2句、第435条、第437条及以下规定)的优先性而被排除。因为在这些条文中能发现对出卖人和买受人利益的深思熟虑的平衡,所以应肯认权利瑕疵规则的优先性。如果买受人因出卖人过失未告知缔约时的权利瑕疵还可以要求解消合同,从而额外地享有其他权利,则会破坏这种平衡(其他观点在有论证时亦有道理)。尤其是会因此导

---

[26] 就此参见BGH NJW 1998, 302; S. Lorenz, ZIP 1999, 1053; Grigoleit, NJW 1998, 900; Fleischer, AcP 200(2000), 91。

致就补正给付设定徒过的期限的要求(第437条第2、3项,第323条及第281条)和对瑕疵权利的时效期间上的限制(第438条)之目的落空。

提示: 然而,虽不影响本案的解决,但本案表明第438条的诉讼时效规则在权利瑕疵上可能带来问题。因为诉讼时效自交付土地时起算(第438条第2款),而交付要求移转占有[27],而这恰恰因权利瑕疵而不可能,从而导致本案中原则上诉讼时效不可能开始起算。由此产生了问题:是否可以以登入土地登记簿的时间替代这一时间[28],或在本案中认定为不履行并因此以原给付请求权的诉讼时效来计算;在后一种情况中还会有一个问题,即是否不管原则上是否履行了所有权移转的义务而均应适用第196条或第195条。

因缔约过失(第280条第1款、第311条第2款)所生的解消合同的请求权不成立。

6. 因行为基础丧失而解除,第313条

还可以考虑的是因行为基础丧失(参考第313条第3款第1句)而解除买卖合同,因为双方共同的设想,即R在4月月底会迁出,被证明是错误的。然而,经习惯法发展起来、现在为第313条法典化的"行为基础障碍"原则只有在相应的合同障碍在合同和法律中没有其他规则时方可适用。[29] 它会被特别规则,如第437条及以下条文在其适用范围内排除,不然的话,这会导致合同或法律中的风险分配规则落空。因此,Ö不可以主张行为基础丧失。

---

[27] Vgl. Jauernig/Berger, §438 Rn. 4; Palandt/Weidenkaff, §438 Rn. 14.
[28] 和权利中的问题有关的,参见Palandt/Weidenkaff, §438 Rn. 16。
[29] 就物之瑕疵责任和交易基础丧失的关系可参见BGHZ 98, 100, 103,替代其他的一切判决。

7. 总结论

64 Ö 可以根据第 323 条第 1 款第 1 句解除买卖合同或根据第 281 条第 1 款第 1 句要求替代全部给付的损害赔偿,然而,Ö 只能在此前为 D 设定了排除权利瑕疵(和交付)的合理期限徒过时方可主张。

案例 33　法学上的精巧

［根据《联邦最高法院民事判决集》第 144 卷第 118 页所载案例（同载于《新法学周刊》2000 年，第 2101 页）改编而成］

一、案件事实

姑姑贝特拉（Betra，B）和其大侄子康拉德（Konrad，K）签订了一份公证合同。根据该合同，B 有义务将其对一块土地的共有份额通过提前实现继承的办法让与给 K。在缔约时，他们都认为 B 是这块土地的按份共有人。事实上，这块土地属于老祖宗邬都（Udo，U）未经分割的遗产，B 对此有相应份额且在登记簿中被登记为所有权人。尽管被 B 委托草拟合同和做准备的制作公证书之公证人诺特弗里德（Notfried，N）关注到了注销登记（Grundbuchauszug），但仍然忽视了这一点。

K 首先试图从 B 那取得共同共有份额（Gesamthandsanteil），但没有成功，因为可能存在数额不确定的遗产债务，且根据 U 的遗嘱，直到 B 死亡前继承人共同体不得清算（Auseinandersetzung der Erbengemeinschaft）。

于是 K 向 B 请求损害赔偿。在指明其错误后，B 表示撤销合同。此外，B 还以"K 卑劣无耻"为由要求其返还上个圣诞节赠与他的手表。她还进一步指出自己是附条件赠与的，条件是 K 必须在复活节前开车带她去 U 的墓地，并帮助打理相关事务，但 K 并没有这么做。

二、前期思考

在检验第 275 条第 1—3 款的债务人自始不能和债务人依第 311a 条第 2 款承担的责任前,应首先搜寻债法分论中优先适用的特别规范。因为在案件事实中提及的撤销和 U 在遗嘱中的安排(第 2044 条)必须在解答中出现。后者只有在为了排除 B 的反对权时才会出现,作为本案设计来源的联邦最高法院的判决会提示这一反对权(相关情况会在解答中说明)。

此外,B 还提出了要求返还另一个赠与的反诉,并以两个理由为据,在解答中应以正确的请求权基础检验。学生可能要对正确的检验顺序苦思冥想,因为检验的基本原则(合同请求权优先)会和 B 的表达冲突。因此,学生例外地可以任意选择从何处开始。

三、提纲

- (一) K 要求损害赔偿的请求权 ················· 1
  - 1. 根据第 523 条第 1 款的请求权 ············· 1
    - (1) 赠与合同 ························· 3
    - (2) 因撤销而无效,第 142 条第 1 款 ········· 7
      - ① 撤销的表示 ····················· 8
      - ② 撤销事由 ······················ 9
    - (3) 源自 B 现有财产的客体的赠与 ··········· 11
    - (4) 权利瑕疵 ······················· 12
    - (5) 结论 ·························· 13
  - 2. 以第 311a 条第 2 款为据要求替代给付的损害赔偿请求权 ······························· 14
    - (1) 合同上请求权 ···················· 15

(2)因自始给付障碍而免负原给付义务 ……………… 16
(3)知情或可归责的不知 …………………………… 19
　　①可归责于 B 的不知 ………………………… 20
　　②就 N 的不知承担责任,第 278 条 …………… 22
　　　A. 公证人作为履行辅助人 ………………… 23
　　　B. N 的过错 ………………………………… 24
　　　C. 中间结论 ………………………………… 25
(4)损害 ……………………………………………… 26
(5)B 的留置权,第 273 条第 1 款 ………………… 27
　　[问题:B 能针对 K 的请求主张调整合同的请求权吗?]
(6)结论 ……………………………………………… 28

(二)B 要求返还手表的请求权

1. 以第 527 条第 1 款为据的请求权 ……………… 29
(1)赠与 ……………………………………………… 30
(2)负担,第 525 条第 1 款 ………………………… 32
　　[问题:B 赠给 K 手表,究竟是附第 158 条的真正条件,还是第 525 条第 1 款的负担?]
(3)未履行负担 ……………………………………… 33
(4)第 323 条、第 326 条第 5 款的要件 …………… 34
　　[问题:设定期限是否依第 323 条第 2 款不必要?]
(5)结论 ……………………………………………… 38

2. 以第 812 条第 1 款第 2 句第 1 种情况为据的请求权 ……………………………………………… 39
(1)受有利益 ………………………………………… 40
(2)通过 B 的给付 …………………………………… 41
(3)无法律上原因 …………………………………… 42

①因不符合形式要求而无效,第 125 条
第 1 句 43
②撤销,第 530 条第 1 款 44
③中间结论 48
(4)结论 49

四、解答

(一)K 要求损害赔偿的请求权

1. 根据第 523 条第 1 款的请求权

1 K 可能有以第 523 条第 1 款为据的请求权。

2 　　提示:立法者只是在第 523 条第 2 款第 2 句根据 2002 生效的一般给付障碍法作出了调适。相反,第 523 条第 1 款还是在赠与人恶意隐瞒权利瑕疵时给予了受赠人损害赔偿请求权,且第 2 款第 1 句仍然使用了过时的术语("不履行的损害赔偿""Schadensersatz wegen Nichterfüllng")。

(1)赠与合同

3 就此首先需要有第 516 条第 1 款意义上的赠与。双方当事人合乎形式要求地(第 518 条第 1 款第 1 句、第 311b 条第 1 款第 1 句)有效缔结了该合同。

4 　　提示:尽管根据第 518 条第 1 款第 1 句,只有 B 的赠与允诺需要公证,但根据本案中也会适用的第 311b 条第 1 款第 1 句,K 的承诺表示亦需公证。

5 根据第 311a 条第 1 款,合同的效力不因合同缔结时就可能存在的 B 因第 275 条第 1 款或第 2 款规定的给付障碍而无须给付而受影响。

提示：就究竟规定的适用第275条第1款，还是第2款，可持开放态度，因为合同始终是有效的（与此不同的是旧版《民法典》的第306条）。

(2) 因撤销而无效，第142条第1款

该请求权可能因B为缔约作出的意思表示被撤销，及第142条第1款的法律后果而消灭。

① 撤销的表示

B已经对其合同相对人K作出了撤销表示（第143条第1款和第2款）。

② 撤销事由

作为撤销的事由可以是关于物的交易上重要的性质错误（第119条第2款）：就此必须是B在土地上的共有权利种类被视为交易上重要的性质。根据通说，第119条第2款中的物之概念不能作和第90条那样狭义的理解，而是指涉一切可以想象的交易客体。[1] 性质是指客体直接拥有的特征。所有权是法律上对物支配的关系，是物对某人的归属。所有权本身不直接属于物。因为所有权不属于性质[2]，所以对于所有权发生错误不可撤销。

提示：即便就此有疑问并承认存在第119条第2款意义上的错误，也应排除撤销权。因为根据通说，当撤销的意义仅在于消灭针对撤销权利人的损害赔偿请求权的话，那么撤销与第242条冲突。[3] 亦可以考虑权利瑕疵的优先性以及——本案中不会适用的——不履行责任[4]的优先性。因此，无论如何不可以

---

[1] MünchKomm/Armbrüster, §119 Rn. 130 m. w. N.
[2] 通说 BGHZ 34, 32, 41 = NJW 1961, 772; 批评意见 MünchKomm/Armbrüster, §119 Rn. 133 m. w. N.
[3] Berg. Zum RegE, BT-Drs. 14/6040, 165.
[4] Canaris, JZ 2001, 499, 506; MünchKomm/Ernst, §311a Rn. 79. S. a. BGH NJW 1988, 2597, 2598.

撤销。

(3) 源自 B 现有财产的客体的赠与

11 如同从第 523 条第 2 款中反面推论可知,第 1 款中的责任以从赠与人财产中现有的客体中给予为前提。B 允诺给付误以为自己所有的共有份额。

(4) 权利瑕疵

12 最后需要赠与的客体有权利瑕疵。看上去可以肯定这一说法的是,本案中代之以负担的按份共有所有权,只有继承人共同体的共同共有所有权(Gesamthandseigentum)。将其视为负担的按份所有份额的瑕疵看上去毋宁是牵强的:根据第 516 条第 1 款第 1 句,B 只是有义务让 K 享有共有权。她没有做到这一点。如果受赠人根本没有获得所有权,则根据通说不是权利瑕疵,而是完全的不履行。[5] 因此,不存在权利瑕疵。

(5) 结论

13 K 没有对 B 的以第 523 条第 1 款为据的请求权。

2. 以第 311a 条第 2 款为据要求替代给付的损害赔偿请求权

14 K 可能有针对 B 的以第 311a 条第 2 款为据的要求替代给付的损害赔偿请求权。

(1) 合同上请求权

15 就此首先要有合同上的请求权,在本案中源自有效(参见边码 3 及以下)的赠与合同。

(2) 因自始给付障碍而免负原给付义务

16 此外,B 必须根据第 311a 条第 1 款、第 275 条第 1—3 款,因缔约时存在的给付障碍而免负原给付义务。此处可考虑的是因第 275 条第 1 款的自始主观不能引起的免负原给付义务:因为 B 就没有相应

---

[5] BGH NJW 2000,1256 关于买卖的论述;有争议的是其他观点,如 Löwisch, JZ 2001, 355 中关于争议现状的进一步引证。

的法律地位,所以移转其允诺的按份共有份额是不可能的。因为创设土地上按份共有权没有被排除,所以该给付不能并不是客观不能。

然而,正如第275条第2款所示[6],仅在B负有移转既存的按份所有份额,且其未承担在自己非按份所有人时取得该份额的义务时,才可承认存在第1款意义上的主观不能。这样的置办义务从案情中推不出来。因此,债务人B根据第275条第1款给付不能。 17

合同当事人实际上只是错误地描述了合同客体也不属于主观不能。[7]根据误表无害真意的解释原则,当当事人客观达成一致的意思与其主观意愿不同时,例外地以其真实意思为准。因为当事人一致以B的按份共有权为出发点,且适切地表达了其意愿,所以在本案中不存在错误表述,而是双方错误,这种错误不会引起撤销权(参见上文边码10)。 18

(3)知情或可归责的不知

根据第311a条第2款,如果B既不知道给付障碍,对其不知亦无可归责性时,B无须负责。因此应检验她能否免责。因为B错误地认为自己是土地的按份所有权人,所以不存在积极的知悉。因此原则上取决于她是否要对其不知土地上的法律关系依第276条第1款第1句负责。 19

①可归责于B的不知

然而,B作为赠与人依在第311a条第2款第2句中亦可适用的第521条,除故意外只对重大过失负责。[8]因此,不知必须是可归因于她在特别严重的程度上没有尽到交易上必要的注意(第276条第2款);换言之,没有做最简单、最起码的考虑,因此没有注意 20

---

[6] 亦可参照 Berg. Zum RegE, BT-Drs. 14/6040,129。

[7] 支持以误载无害真意的原则解决原初案例,因为B曾想赠与其实际拥有的东西: Huber ZIP 2000,1372,1375;亦可参见 Wegmann, DNotZ 2000, 846f. 本案的事实有所改变。

[8] Jauernig/Mansel, §521 Rn. 1; MünchKomm/Ernst, §311a Rn. 53; Palandt/Weidenkaff, §521 Rn. 4. 关于此前法律的其他观点,参见 BGHZ 144, 118 = NJW 2000, 2101f. m. w. N。

到在所涉案件中任何人都应认识到的情况。[9] 任何出让土地上权利的人至少可以借助土地登记簿,了解其形式上的法律地位。B 在本案中怠于这么做。此外,一般可以要求出让人弄清自己的法律地位,因此迄今为止关于证立担保责任的论辩依旧有效(其他观点亦有道理)。

21　　　　提示:相反,假如出让的是脱手的动产或单纯的簿记所有权(Bucheigentum),只要出让人未因某种情事而必须怀疑其欠缺实体权利,则排除该责任。

②就 N 的不知承担责任,第 278 条

22　　当 N 是 B 第 278 条意义上的履行辅助人时,B 必须对 N 的不知承担责任。这和 B 自己不知无关。

A. 公证人作为履行辅助人

23　　履行辅助人是指所有在案件的实际情况中和依债务人的意愿在履行其负担的债务中作为辅助人员行事者;其中债务人和辅助人的法律关系究竟为何并不重要。[10] 因此,尽管公证人拥有公职,应恪守中立,仍有可能在公证合同以及根据《公证条例》(BNotO)第 24 条第 1 款第 1 句[11]由其主导的准备行为中作为乙方当事人的辅助人。本案中,B 让 N 介入赠与合同的起草,并因此让他处理合同内容的形成,尤其是合同标的的确定;在此范围内,N 代 B 处理其事务,而非仅仅履行其高权义务(hoheitliche Pflichte)。[12]

B. N 的过错

24　　因为 B 根据第 278 条第 1 句需对其履行辅助人 N 的过错在同

---

〔9〕 一直以来的裁判 BGH NJW 1992,3235,3236; NJW-RR 2002, 1108, 1109 m.w.N.。
〔10〕 没有争议的,例如 BGH NJW 1984,1748,1749 m.w.N.。
〔11〕 该条文是:"为当事人提供其他就事先预防的司法领域的指导,尤其是完成公证书草案和为当事人提供咨询,也属于公证人的职责。"
〔12〕 BGH NJW 1993,648,652 m.w.N.

一范围内视同自己的过错承担责任,因第 521 条,这取决于 N 是不是有重大过失。在《公证条例》第 24 条第 1 款第 1 句的范围内需考虑到,正因为法律的门外汉没有能力起草公证的草案,才会将该工作交托给 N 处理。因此,N 必须注意到 B 是否能够向 K 移转预期要设立的按份所有权。从土地登记簿的注销中,N 应该很容易发现 B 根本不是按份所有人。因此,他在合同草案的起草中极为严重地没有尽到必要的注意,是有重大过失的。

C. 中间结论

根据第 278 条第 1 句、第 521 条,B 必须为 N 的重大过失负责。因此,本案中 B 未成功地完成第 311a 条第 2 款的免责证明。

(4)损害

由于 B 没有给付,K 没有获得依合同义务应无偿取得的财产增益。因此,损害就是应给予的按份共有份额。

(5)B 的留置权,第 273 条第 1 款

应检验的是 B 能否根据第 313 条第 2 款结合第 1 款要求调整合同,且可以依第 273 条第 1 款规定的权利对抗 K 的损害赔偿请求权。总之,双方当事人就 B 的法律地位发生了共同错误。根据通说,为第 313 条第 2 款成文法化的行为基础理论可适用于双方错误。[13] 调整的内容就如 K 一开始努力的目标一样,可以是移转 B 的共同继承人地位(Miterbenstellung)。但是,只有在没有其他财产客体时[14],才可考虑这一调整,否则 K 将获得比合同约定更多的东西。本案当中该调整内容不会成功,因为 B 极为富有。另一种调整的可能——即 B 必须清算继承共同体,以有可能获得土地上的按份所有权——因遗嘱中确定的限制依第 2044 条第 1 款第 1 句、第 2 款第 2 句予以清算

---

[13] Berg. Zum RegE, BT - Drs. 14/6040, 176; Hk/Schulze, §313 Rn. 22; MünchKomm/Finkenauer, §313 Rn. 273.

[14] BGH NJW 2000, 2101,2102.

而行不通。[15] 因此，调整注定是失败的，也不可能有留置权。

(6) 结论

28   K 可以依据第 311a 条第 2 款第 1 句要求 B 为替代给付的损害赔偿。

(二) B 要求返还手表的请求权

1. 以第 527 条第 1 款为据的请求权

29   B 可能有以第 527 条第 1 款为据的返还请求权。

(1) 赠与

30   首先须有第 516 条意义上的赠与。B 在圣诞夜将手表赠给 K，即她无偿地从其财产中将手表给予他。应以具备相应的合意为出发点。

如果合同未以第 518 条第 1 款第 1 句要求的形式缔结，则赠与会依第 125 条第 1 句无效。从现实角度观察——手表是圣诞夜礼物——原则上可从这一认定出发。然而，B 将手表的所有权给了 K 的同时也为了赠与。因此，此处涉及的是所谓第 516 条意义上的现物赠与，而非第 518 条的赠与允诺。形式要求不适用，赠与是有效的。

31   **提示**：根据通说，可以在本案中完全不适用第 518 条，即便是第 2 款也不必适用。[16] 在因形式瑕疵而无效时，可适用第 812 条第 1 款第 1 句第 1 种情况。但在本案中不必提前特别检验。

(2) 负担，第 525 条第 1 款

32   B 是"附条件"将手表赠与 K 的，该条件是他必须开车送她去 U 的墓地，并帮助打扫墓地。此处涉及赠与附条件（第 158 条），根据该

---

[15] 具体构成参见 MünchKomm/Ann, § 2044 Rn. 6。
[16] Brox/Walker, BS, § 9 Rn. 1ff.; Palandt/Weidenkaff, § 518 Rn. 4.

条的文义可以明显看出此亦涉及第 525 条第 1 款意义上的负担,而这在现物赠与中也是可能的。[17] 究竟希冀的是什么,需经解释(第133、157 条)方能释明。在附负担赠与中,当事人在合同中约定一项给付,受赠人在获得第 241 条第 1 款意义上的赠与后需履行该给付。显然,B 希望自己能够要求 K 提供这项帮助。这更倾向于支持认为是负担,而非条件。若为条件,则 B 不能要求 K 提供帮助,仅仅会导致赠与无效。当然,为何种条件可暂搁置不论。此外,B 对于 K 提供帮助的利益亦反对(将该行为认定为)所谓目的性赠与(Zweckschenkung),目的性赠与不会创设负担意义上的给付义务,而仅仅会诱使受赠人采取不可强制实现的行为(其他观点亦有道理)。[18]

(3)未履行负担

K 既没有在复活节前,亦未在其后履行负担。 33

(4)第 323 条、第 326 条第 5 款的要件

根据第 527 条第 1 款,只有双务合同就解除规定的额外要件被满足时,B 方可要求返还赠与物。 34

提示:第 527 条在要件上指示参照第 323 条及以下的规定,但在返还范围上指示参照第 818 条。 35

依据第 323 条第 1 款,K 未履行负担尚且不够,还需要 B 就履行设定了合理期限,而该期限徒过。因为 B 并未设定该期限,所以这取决于定期催告是否根据第 323 条第 2 款是不必要的。因为看不出有第 1 项意义上的 K 的拒绝,所以应检验 B 是否就负担的履行设定过期限,且其就赠与享有的履行利益系于给付履行的准时性。直至复活节的期限已经被设定,然而看上去有疑问的是 B 是否依第 323 条第 2 款第 2 项,将其履行利益系于期限的遵守,这涉及所谓的相对定期行为。就此,正如立法中的语词所示,单纯的设定期限是不够 36

---

[17] Erman/Hermann, § 525 Rn. 2.
[18] 详尽标准参见 MünchKomm/J. Koch, § 516 Rn. 29;§ 525 Rn. 8。

的,还必须要有债权人实质上重视履行时间的遵守。因为从案件事实中不能得出遵守期限对 B 而言非常重要的结论,所以显而易见,当事人只是想设定一个时间期限(其他观点亦有道理)。

37 因此,只剩下根据第 3 项依特别情事立即要求返还的可能。这可能源自信赖关系的破坏,从 B 的视角看,K 主张依据其他赠与合同的损害赔偿请求权即属于此。第 3 项涉及的是特别急迫的其他情形,当然也包括信赖基础的破坏[19],其不涉及与给付无关的从义务的违反,这种情况为第 324 条特别规制。后一种情况与本案不符。是否适用第 3 项取决于应将 K 的行为看得有多严重。K 不过是主张了因 B 在另一个履行关系的给付障碍引起的请求权。总体而言,双方当事人的利益状况不能支持立即返还的请求(其他观点亦有道理)。

(5)结论

38 B 没有根据第 527 条结合第 818 条要求 K 返还的请求权(其他观点亦有道理)。

2. 以第 812 条第 1 款第 2 句第 1 种情况为据的请求权

39 B 可能有以第 812 条第 1 款第 2 句第 1 种情况为据的返还请求权。

(1)受有利益

40 K 取得了手表的所有权和占有。

(2)通过 B 的给付

41 B 是在圣诞夜赠送给 K 这块手表的,且是有意识和目的给付的。

(3)无法律上原因

42 有疑问的是,该给付是否欠缺法律上的原因,因为其嗣后消灭了。B 是在圣诞夜将表赠给 K 的,即她无偿地从其财产中将手表给予了他。应以具备相应的合意为出发点。

---

[19] Palandt/Grüneberg, §323 Rn. 22; s. a. Looschelders, SAT, Rn. 618,704.

①因不符合形式要求而无效,第 125 条第 1 句

形式要求不生效,赠与有效。(参见上文边码 30)   43

②撤销,第 530 条第 1 款

但是,B 可能依第 530 条第 1 款撤销现物赠与。针对 K 的第 531   44
条第 1 款意义上的相应表示存在于返还要求中。

需检验的是 B 是否根据第 530 条第 1 款享有撤销权。就此,K   45
作为受赠人必须通过重大过错行为而对 B 严重忘恩负义。本案中的
过错仅存在于主张损害赔偿。这可评判为过错行为,因为其原则上
不以不法为必要。但另一方面,应允许受赠人主张权利。[20] 最终 K
的要求必须是道德上可非难的,正如法律中以"严重忘恩负义"(groben Undanks schuldig)表达的那样。

当撤销权因第 534 条被排除时,是否在本案中存在重大过错行   46
为可搁置不论。圣诞夜给予礼物不是道德上的义务,而是基于某种
礼俗。亲人间的生日礼物和圣诞夜礼物尤属于这种礼俗性的礼
物,所以亦包括 B 给 K 的礼物。因此,返还的请求权和撤销皆因第
534 条而被排除。

提示:根据通说,第 534 条的返还请求排除属于抗辩,在第   47
529 条、第 532 条中就此有更为激烈的争论。[21]

③中间结论

法律原因并未消灭。   48

(4)结论

B 不可依第 812 条要求返还。   49

---

[20] MünchKomm/J. Koch, §530 Rn. 12.
[21] 就不同观点之现状,参见 MünchKommBGB/J. Koch §534 Rn. 7 m. w. N。

案例 34　日渐寂寥的购物中心

一、案件事实

康斯特拉塔有限责任公司（Constructa, C）在奥格斯堡建了一座购物中心，并将其中的商铺出租给商人。这当中就有赫尔明·贺维科（Hermine Hörwick, H），他以 1500 欧元的月租租了一个商铺，经营模特用品。然而，一年之后许多商店都关闭了。因此，购物中心中的顾客越来越少，所以 H 的营业额很少。他在 3 月 20 日不附期限地终止为期 10 年的租赁合同，且在 3 月 31 日前清空了店面。

C 认为该终止通知是无效的，要求 H 继续支付 4 月的租金。可有道理？

二、前期思考

虽然此处问的是租金请求权（第 535 条第 2 款），实际上核心是其他问题，即私法上"契约严守"原则的例外：H 未附期限地——即没有遵守法律规定的或合同约定的期限——终止了和 C 的租约。考虑到合同的履行期限，非正常终止（außerordentliche Kündigung）是 H 在约定的期限前摆脱合同拘束的唯一可能（根据第 542 条第 1 款）。

因此任务首先是找到立即解除租约一切可能的法律基础。此处涉及的是形成权，在终止时应注意正确地使用术语——并不存在"终止请求权"。

纳入考量的既有租赁法中的特别终止权,如第543条,也有债法总则中的规范,如第313条第3款和第314条。此外还需检验这些找到的终止权规范之间的关系如何。

在租赁法中,回忆法律的构造通常是有帮助的,可以借此正确地适用规范:第535—548条作为租赁的一般规则原则上适用于所有租赁关系(第一目)。根据第549条第1款,只有在没有其他优先适用的规范(主要是保护承租人的,第二目第549—577a条)时,上述规范才适用于住房租赁关系。除租赁的一般规范(第535—548条)外,对其他租赁合同(不涉及住房)还适用第578—580a条(第三目),其中部分规定了准用第二目的个别规范。在注意到这些共同作用后——可能无法在解答中为它们找到合适的位置安排——本案中规范的适用情况如下:

如果存在重要理由,根据第543条第1款第1句,不附期限终止是可能的。第543条第1款第2句规定的不可苛求一方当事人严守租赁期限,就属于这种情形。就此应考量所有的个别情事,尤其是合同一方当事人的过错。终止的事由越是可以归责于终止相对人,就越可认定不可苛求性。第543条第2款列举了被承认的"重要事由",就此无须再做不可苛求性的检验。与之相反,第543条第1款第2句仅仅是兜底要件。[1]

由于本案涉及的是商业用房出租,根据第578条第2款(第三目)和其他条款,可准用第569条第2款。第569条涉及不附期限地终止住房合同;该规范改变了第543条。然而,第569条第2款并未限缩第543条,反而拓展了第543条第2款的示例清单。因此,本案中的指示参照链条并不存在什么特别之处。

其他终止事由要考虑第313条第3款第2句的规定。前提是作为合同基础的情事消失或——与合同当事人的设想相反——从不存

---

[1] Kraemer, NZM 2001, 553, 556.

在,且这些会导致不可苛求终止人会继续坚守合同,而情事之消失亦不属于其风险范围。

最后要考虑的是第 314 条第 1 款规定的终止事由,继续性债之关系在存在重大事由时原则上可不附期限地宣告终止。重大事由的定义——以及没有明确提及的过错——和第 543 条第 1 款第 2 句规定的一样。

现在开始要思考的是,第 543 条、第 313 条第 3 款第 2 句和第 314 条第 1 款相互之间的关系如何。在租赁合同终止中,第 543 条作为特别规范排除第 314 条的适用。更困难的是确定第 543 条和第 313 条第 3 款第 2 句的关系。虽然如此,第 543 条作为更特别的规定的想法也是显而易见的,因为以不可苛求性为标准的第 543 条仍是针对"行为基础的丧失"的。[2] 与之相对的有如下的考量:第 543 条第 1 款接受过错作为衡量的标准,推定——和债法改革前的法律一样——正当化第 543 条第 1 款意义上的不附期限地终止的重大事由必须要么在终止相对人本身,要么在其风险领域内。[3] 与之相反,在第 313 条第 3 款第 2 句中,当行为基础消灭无论如何不在终止人的风险范围内时,即便意外在其自身利益范围内时[4],相关条件就已经充分。在检验结构技术上,应将第 543 条作为更特别的规定,在第 313 条第 3 款第 2 句之前检验。

三、提纲

C 要求 H 给付租金的请求权,第 545 条第 2 款 ·················· 1
    1. 请求权成立 ··· 2

---

[2] Kraemer, NZM 2001, 553, 557.
[3] 就旧法第 554a 条中的即时终止,BGH ZMR 1996,309。
[4] 就旧法第 554a 条中的即时终止,BGH ZMR 1996,309,311。

2. 请求权消灭 ·· 3
   (1) 因未让其适约使用而终止合同的权利,其基础为
       第 543 条第 2 款第 1 句第 1 项 ·························· 4
       [问题:此处存在足以影响适约使用的租赁物瑕
       疵吗?]
   (2) 因行为基础丧失而根据第 313 条第 3 款第 2 句终止
       合同的权利 ··· 8
       ① 行为基础,第 313 条第 1 款 ·························· 10
       ② 情事的重大变化 ······································· 11
       ③ 预见时会缔结内容不同的合同 ······················· 12
       ④ 不可苛求严守合同 ····································· 13
       ⑤ 中间结论 ··· 15
   (3) 因重大事由根据第 314 条而生的终止权 ··············· 16
   (4) 不附期限终止合同的结论 ································ 19
   (5) 转化为正常终止,第 140 条 ····························· 20
3. 结论 ·· 21

四、解答

C 要求 H 给付租金的请求权,第 545 条第 2 款

C 可能有要求 H 支付 4 月租金的请求权,其基础为第 535 条第 2 款。 1

1. 请求权成立

由双方当事人缔结的租赁合同让 H 根据第 535 条第 2 款,在租赁期间原则上负有支付租金的义务。C 有限责任公司根据《有限责任公司法》第 13 条第 1 款可以成为当事人。 2

2. 请求权消灭

3 因为租金支付义务与租赁关系的存续息息相关,当 H 有效地终止租赁合同后,该义务就消灭了。由于租赁合同的期限,根据第 542 条第 1 款和第 578 条的正常终止权在本案中被排除。需检验的是 H 是否有权不附期限终止。

(1)因未让其适约使用而终止合同的权利,其基础为第 543 条第 2 款第 1 句第 1 项

4 根据第 543 条第 1 款第 1 句,任何一方合同当事人都可以出于重大事由例外地不附期限地终止合同。根据第 543 条第 1 款第 2 句,当终止人考虑到个案中的所有情事,尤其是合同当事人的过错,及权衡双方的利益后,继续履行租赁合同直至租赁期限届满或租赁合同规定的其他条件是不可苛求时,就存在重大事由。此外,第 543 条第 2 款给出了例示的情形。因此,根据第 543 条第 2 款第 1 句第 1 项,当承租人完全无法或部分无法适约使用,抑或嗣后又不可适约使用时,就存在重大事由。

5 租赁物出现瑕疵尤其属于不能提供适约使用或嗣后不可适约使用的情形。[5] 因此应问本案中出租的场地是否有瑕疵。瑕疵应被理解为租赁物存在的劣于合同约定的对承租人不利的实际状态,既包括事实状况,也包括法律关系。此外,外在的影响或情事也可能构成瑕疵。然而,必须是对可使用性的直接影响。只是间接影响租赁物的适约使用性是不够的。[6]

6 购物中心内的许多商店必须关闭虽然影响了客流和预期的营业额,但这只是间接影响租给 H 的商店的可使用性。因为不存在瑕疵,适约使用未受影响。不附期限的终止不能依第 543 条第 2 款第 1 句第 1 项成立。

---

[5] Palandt/Weidenkaff, § 543 Rn. 18.
[6] Vgl. BGH NJW 2000,1714,1715.

即便是第 569 条第 2 款——根据第 578 条第 2 款亦可适用于商业场地的租赁,并拓展了重大事由的范围——亦于事无补,因为此处不涉及房屋安宁的破坏。

(2)因行为基础丧失而根据第 313 条第 3 款第 2 句终止合同的权利

但是,终止权还有可能源自行为基础障碍(第 313 条)。[7] 原则上,存在行为基础障碍时,当事人只能根据第 313 条第 1 款主张合同调整。但是当调整不可能或对一方不可苛求时,根据第 313 条第 3 款第 1 句,遭受不利的一方可以解除合同。在继续性之债中,正如本案当中一样,根据第 313 条第 3 款第 2 句,取代解除权的是终止权。然而,无论如何,在解除或终止的案件中,都需要满足法律就合同调整请求权规定的要件。

因此,出发点是第 313 条第 1 款。第一个要件是作为合同基础的情事在缔约后发生了重大变化,以至于若当事人预见到该变化,就不会缔约或以其他内容缔约。

①行为基础,第 313 条第 1 款

在本案中,需从这一点出发,即其他店铺继续租赁的情事属于 H 和 C 之间租约的行为基础,因为这种商店的获利性深受该情事影响。

②情事的重大变化

因为许多商店都关门了,所以这一情事在缔约后发生了重大变化。

③预见时会缔结内容不同的合同

应以此为出发点,即如果他们预见到了这一点,H 就不会缔

---

〔7〕 第 313 条的规定取代了判例就第 242 条发展出来的,作为习惯法广为承认的交易基础的原则(就此参见 BGH NJW 2000, 1714, 1716; Köhler, Festgabe 50 Jahre Bundesgerichtshof, 2000, 295)。基本的区别可从合同调整中辨识出:在旧法中,根据通说合同调整是自动发生的,而第 313 条第 1 款规定了合同调整的请求权(就此参考 Eidenmüller, Jura 2000, 824, 831)。

约,会至少不会以这一租金缔约。

④不可苛求严守合同

13 　　然而,第313条第1款不会仅因行为基础障碍就给予合同调整请求权,而是只有在"考虑到个案中的所有情事,尤其是合同或法律中的风险分配,不可苛求一方当事人会继续严守未变更的合同时"才会赋予。

14 　　因此要问C和H达成的合同依据合同或法律作出了何种风险分配。在未另有约定时,在租约中原则上由承租人承担使用风险(Verwendungsrisiko),在商业场地出租中即为通过租赁物营利的风险。[8] 出租人亦是以租约在经济上有利可图为出发点无法改变风险的负担。

⑤中间结论

15 　　因为已不必考虑合同调整,所以终止的可能也应排除。

(3)因重大事由根据第314条而生的终止权

16 　　第314条第1款第1句规定了继续性债之关系中的任何一方合同当事人都可以基于重大事由无须遵守终止期限而终止合同。[9] 根据第314条第1款第2句,当考虑到个案中的一切情事,且在衡量双方利益后,无法苛求终止方继续履行合同直至约定的条件或终止期的结束时,就存在重大事由。

17 　　与之可资比较的规定有第543、626条和《商法典》第89a条。这些就特定的继续性之债作出的特别规定都优先于第314条这一一般规定适用。[10] 与之相反,有争议的是第313条第3款第2句(因行为基础障碍而终止合同)是否优先于第314条适用。[11] 因为在本案中

---

[8] Vgl. BGH NJW 2000,1714,1716.
[9] 这在此前的法律中也得到了承认,参见 Begr. zum RegE, BT-Drs. 14/6040,176。
[10] Begr. zum RegE, BT-Drs. 14/6040,177.
[11] 赞同的观点参见 Begr. zum RegE, BT-Drs. 14/6040, 177 ——与此不同的是 BGHZ 133,316,320f. 和 Eidenmüller, Jura 2000, 824, 832 (在事实构成层面的区分)。

两条规则都不适用,所以无须进一步讨论这一问题。

因为在本案中租赁关系中更为特别的规定第 543 条应适用,所以没有引入第 314 条的空间,但这条也不会导致不同的后果。 18

(4)不附期限终止合同的结论

H 没有权利不附期限终止合同。 19

(5)转化为正常终止,第 140 条

原则上,在无效的不附期限终止合同中,可以考虑根据第 140 条转化为符合期限(正常)的终止,其条件是可以认为终止方无论如何要在下一个可能的时点终止继续性债之关系。然而本案中是有期限的租赁合同,而在这种合同中排除正常终止(参见第 542 条第 1 款),所以转化亦不成立。 20

3. 结论

C 可以根据第 535 条第 2 款要求 H 支付 4 月的租金。 21

案例 35　不能再用车轴了

[根据《联邦最高法院,新法学周刊判例报道》1991 年第 204 页;同载于《新法学周刊》2010 年,第 2050 页之案例改编而成]

一、案件事实

克劳斯·开普有限责任公司(Krause Kipper GmbH, K)在 2 月 1 日将一辆旧翻斗载重卡车(Muldenkipper)出租给了伯纳德·鲍尔有限责任公司(Bernhard Bau GmbH, B),用于运载热煤渣(Schlacke),月租为 5500 欧元。租约中包含以下一般交易条件:

"第八条　承租人的保养义务(Unterhaltungspflicht):

1. 承租人有义务:

a) 防止租赁设备被过度使用;

b) 尽力为正确和专业(sach- und fachgerechte)的养护;

c) 使用原件或同等的替代件,以自担费用的方式,恰当和专业地立即为必要的修复工作,除非承租人和其辅助人显然尽到一切必要的注意……"

B 始终遵守这些规约。然而,翻斗载重卡车在 8 月 31 日前轴断裂,无法继续使用。根据次日的费用计算,修理费用将高达 75000 欧元,还要外加增值税。翻斗载重卡车的时价为 5 万欧元。B 在深思熟虑和问询了法律顾问后,未委托修理。因此,B 直到 9 月 30 日才通知 K 该损害并要求其修理该翻斗载重卡车。K 于 10 月 1 日拒绝了这些要求,K 援引了其一般交易条件,并指出高昂的修理费用、该车辆的车龄和从其他供货商那里租到同样汽车的可能性。B 因此未支付 10 月的租金。

    1. B 可以要求修理翻斗载重卡车吗？

    2. K 可以要求支付 10 月的租金吗？

    3. B 可以要求归还 9 月的租金吗？

二、前期思考

    本案至少在出发点上属于租赁法,且多少——根据各学院的教学计划——超出了初学者的水平。2001 年改革的租赁法(以及旅游合同法)只是不完整地作了与 2002 年生效的一般给付障碍法一致的调适。因此,租赁法还是保留了瑕疵担保请求权的原来形态,因为立法者希望保留自始瑕疵时的瑕疵担保责任,只是在术语上作了两处调整,并改变了参引规则。[1] 这一变化对本案的影响不大,因为通说还是认为承租人对出租人的让其使用和维持适状请求权可以适用一般给付障碍的规则。

    当存在瑕疵时,租金请求权因第 536 条第 1 款第 1 句消灭。当出租人根据第 275 条免于承担第 535 条的义务时——至少根据联邦最高法院的观点(有争议)——就不存在瑕疵。[2] 因此,根据第 326 条第 1 款第 1 句,租金请求权会消灭,但正如在买卖瑕疵担保责任中所

---

    〔1〕 联邦政府对联邦议会的反对意见,参见 BT-Drs. 14/6847, 66f.；法律委员会的报告, BT-Drs. 14/7052 ,203. 在第 536a 条和第 536c 条中在"损害赔偿"之后删除了"因不履行"的语词,并在第 536 条第 1 款第 1 句用"Mangel"一词替代"Fehler"[译者注:都是意指瑕疵]。

    〔2〕 参见 BGH NJW-RR 1991,204,205:"出租人修复租赁物的义务在必要费用超过'牺牲界限'时终止,这符合审判庭一直以来的裁判。"(BGH NJW 1957,826＝LM §536 BGB Nr. 4; LM §281 BGB Nr. 5 = WM 1977, 400, 401.)意即是一个不能的案例,当中出租人可根据《民法典》第 275 条第 1 款, 即如今可根据第 275 条第 2 款免除其义务（RGZ 89, 203, [207]...）。就此并不要求出租人因费用过巨而拒绝排除瑕疵,这和《民法典》第 633 条第 2 款第 2 句就承揽人的修理义务所作的规定是不同的。

示,该规范又会受到第 2 款的一般限制。

在第 275 条中又要区分"真正的"和所谓"实际的"不能(参考案例 6 和案例 18)。此外,在具体案件事实中,考虑到和租赁法之间缺乏协调性,还会产生和第 326 条第 1 款第 2 句之间关系的困难问题。

三、提纲

(一)问题 1:B 要求修理翻斗载重卡车的请求权,第 535 条第 1 款第 2 句第 2 半句 ································ 1
  1. 租赁合同成立 ································ 2
  2. 翻斗载重卡车的不适约状态 ························ 3
  3. 修理义务移转给了 B? ·························· 4
  4. 根据第 275 条第 1 款排除请求权 ···················· 9
  5. K 以第 275 条第 2 款为据的拒绝给付权 ················ 10
    [问题:何时存在第 275 条第 2 款中的严重失衡的情形?]
  6. 结论 ······································ 14

(二)问题 2:K 根据第 535 条第 2 款要求支付 10 月租金的请求权 ··································· 15
  1. 通过租赁合同的缔结而成立合同 ···················· 16
  2. 根据第 326 条第 1 款第 1 句消灭 ···················· 17
    (1)双务合同 ······························ 18
    (2)K 根据第 275 条第 2 款免于给付 ················ 19
    (3)第 536 条的优先性? ······················ 20
    (4)根据第 2 句不适用第 1 句? ·················· 21
      ①免于承担第 326 条第 1 款第 2 句意义上的补正给付义务 ·························· 22
      ②将第 326 条第 1 款第 2 句适用于租赁合同的

　　　　　后果 ·· 23
　　　　③对第 2 句作目的性限缩？ ·························· 24
　　　　④就第 536 条和第 326 条第 1 款第 2 句关系的
　　　　　推论 ·· 26
　　3. 结论 ··· 27
（三）问题 3：B 要求归还 9 月租金的请求权？ ··················· 28
　　1. 以第 346 条第 1 款、第 326 条第 4 款为据的请
　　　　求权 ··· 28
　　2. 以第 536a 条第 1 款为据的请求权 ··················· 31
　　3. 以第 280 条第 1 款和第 3 款、第 283 条和第 281 条
　　　　第 1 款为据的请求权 ··································· 32
　　4. 以第 812 条第 1 款第 1 句第 1 种情况为据的请
　　　　求权 ··· 33
　　　（1）通过给付而获益 ······································· 34
　　　（2）无法律上原因 ··· 35
　　　　①翻斗载重卡车有瑕疵，第 536 条第 1 款 ········· 36
　　　　②类推第 536b 条排除减价 ·························· 39
　　　　③依第 536c 条第 2 款第 2 句第 1 项排除
　　　　　减价 ·· 40
　　　（3）依第 814 条排除 ······································· 41
　　　（4）结论 ··· 42

四、解答

（一）问题 1：B 要求修理翻斗载重卡车的请求权，第 535 条第 1 款第 2 句第 2 半句

　　B 可能有对 K 以第 535 条第 1 款第 2 句第 2 半句为据，要求其修

理的请求权。

1. 租赁合同成立

2 存在租赁翻斗载重卡车用以运输热煤渣的合同。两个有限责任公司都可基于《有限责任公司法》第13条第1款规定的权利能力而成为合同当事人。

2. 翻斗载重卡车的不适约状态

3 翻斗载重卡车必须处于不适约的状态。根据前轴断裂导致无法使用的事实可以肯定这一点。因此，K原则上根据第535条第1款第2句第2半句有义务将翻斗载重卡车恢复到适约状态，即进行修理。

3. 修理义务移转给了B？

4 如果K将这项义务通过一般交易条件第8条转移给了B，则K就不会负有修理义务。在租赁合同中，将合同中的维持适约义务移转给承租人原则上是可能的，尽管这涉及出租人的主给付义务。[3]

5 因此需检验的是K是否通过一般交易条件第8条有效地将维持适约义务移转给了B；应以案件中相关一般交易条件被订入合同为出发点。考虑到双方都是第14条第1款意义上的经营者，根据第310条第1款，即便没有遵守第305条第2款和第3款的要求，一般交易条件订入合同也是可能的。

6 **提示**：如果案件事实涉及合同中的一般交易条件，若没有明显的反对订入的理由，应从其有效订入出发。

7 因此需解释一般交易条件的第8条。该条款a)项具体化了B的义务，即只能以适约的方式使用翻斗载重卡车。b)项则将持续性的卡车养护义务移转给了B。维修义务仅依据c)项。但这一合同条款的前提是承租人和其辅助人没有尽到任何应尽之注意。由于B以要

---

[3] 不仅仅是住房租赁中的装饰性修复，参见 Hk/Ebert, §535 Rn. 6; Palandt/Weidenkaff, §535 Rn. 42ff. m. w. N.

求的方式对待翻斗载重卡车,且做了正常的养护,本案中不适用
c)项。对翻斗载重卡车的其他损害或瑕疵的修理义务并未被第8条
所涵括。[4] 因此,关键的问题不是该条款根据第307条是否有效。
根据第535条第1款第2句第2半句,修理义务由K承担。

提示:一般交易条件的解释是重要的,如果能跳过再好不   8
过。只有一般交易条件的解释才能说明一项义务是否被移
转,或从一般交易条件中是否能推出一项请求权,也包括是否要
根据第307条第3款,因偏离或补充法律规范的方式而予以内
容控制。

4. 根据第275条第1款排除请求权

如果修复对所有人,或至少对K而言是不可能的,则可以第275   9
条第1款为据排除请求权。[5] 因为修理在技术上是可能的,只是需
要支出高昂的费用,不存在第275条第1款意义上的不能[6](根据
第275条第2款)。

5. K以第275条第2款为据的拒绝给付权

K有可能根据第275条第2款拒绝修理,修复义务亦可根据第   10
535条第1款第2句被排除。[7] 这要求在考虑到债之内容和诚实信
用原则的前提下,修理翻斗载重卡车支出的费用远高于B的给付
利益。

作为确定这种严重失衡关系的出发点,可以对比债权人给付利   11

---

[4] Vgl. BGH NJW-RR 1991, 204.
[5] Medicus/Lorenz II, Rn. 432; Staudinger/Emmerich(2011), Vorbem. zu §536 Rn. 5ff. m. w. N.; MünchKomm/Häublein, §535 Rn. 102. 源自判决 BGH NJW 2005,3284, 3285 = Emmerich JuS 2006, 81;判决住房所有权人采取(其并不属于)共同所有领域的措施。
[6] 就根据旧法第275条第1款的解决方法,参见 BGH NJW-RR 1991, 204。
[7] 就这一可能的一般论述参见 Medicus/Lorenz II, Rn. 432; Staudinger/Emmerich (2011), Vorbem. zu §536 Rn. 5ff.,8 m. w. N.; MünchKomm/Häublein, §535 Rn. 102. 亦可见在第536a条背景下的 BGH NJW 2010, 2050 Rn. 21ff. 中的装修费和修理费。

益的价值和债务人若为实际给付要付出的经济花费。此处应考虑到本案涉及继续性义务,即 B 享有在约定的整个租期内或至少在 K 下一个正常解约的可能性到来前让其使用的利益。然而,本案中,根据第 580a 条第 3 款第 2 项,终止在月末前三日是可能的。因此,当可以认为此处涉及的是市场通常的租金时,可以将 B 的给付利益和每月租金等视。该数额为 5500 欧元,但要恢复到适约的状态所需支出的费用为 75000 欧元外加增值税,后者显然大大超过了前者。[8]

12 但是不能单纯以经济关系为准,还必须考虑其他情事。修理的花费将超过翻斗载重卡车的总价,其数额为时价 5 万欧元的一半。因此,根据有关损害赔偿法的判例,这属于经济上的全损。[9] 这同本案中关涉令其占有旧的租赁物并维持它的义务的相关情事一道,支持修理的不可苛求性。[10]

13 只有当依据诚实信用,花费远高于债权人的给付利益时,才能采纳后者。因此,这取决于 B 在修复旧翻斗载重卡车上享有利益的可保护性。因为应从 B 能在市场上取得替代的租赁物和 K 对车轴断裂的不可归责(第 275 条第 2 款第 2 句)出发,所以应肯认存在严重失衡关系。[11] 因此,K 根据第 275 条第 2 款有权拒绝修理翻斗载重卡车和继续提供适约的租赁物。因为 K 在 10 月 1 日已经这样做了,他的给付义务从此刻起消灭。

6. 结论

14 B 不可要求 K 修理翻斗载重卡车(第 275 条第 2 款第 1 句)。

---

〔8〕 BGH NJW 2013, 1074 Rn. 27:补正给付费用 12900 欧元,时间价值 1400 欧元。
〔9〕 最近的参见 BGH NJW 1999, 500 m. w. N。
〔10〕 Palandt/Grüneberg, §275 Rn. 28;就旧法的内容参见 BGH NJW - RR 1991, 204, 205。
〔11〕 在结论上亦同的有 Fischer, DB 2001, 1923, 1925。

(二)问题2:K根据第535条第2款要求支付10月租金的请求权

需检验的是K要求B支付租金的请求权(第535条第2款)。

1.通过租赁合同的缔结而成立合同

请求权因缔结了以每月5500欧元租赁翻斗载重卡车的合同而成立。

2.根据第326条第1款第1句消灭

该请求权可能自10月1日起根据第326条第1款第1句第1半句完全消灭。

(1)双务合同

租赁合同是第320条及以下条文意义上的双务合同。

(2)K根据第275条第2款免于给付

如上述(参见边码13),K根据第275条第2款第1句,自10月1日起完全不再有义务维持租赁物处于适约状态(第535条第1款第1句和第2句)。这一义务处于对待给付关系中(根据第535条第1款和第2款)。

(3)第536条的优先性?

第326条第1款可能因第536条及以下规定的物之瑕疵担保的特殊规则的优先性而被排除适用,至少原则上从让其使用租赁物(之时)起可以这么认为[12],本案中的事实恰发生在已经交由使用之后。该优先性是否应无限制地适用[13],是有争议的。租赁物欠缺适用性非因瑕疵,而是因其他给付障碍,依第275条第1款或第2款,该给付障碍让出租人免于承担给付义务时[14],通说认为可以存在例外。但

---

[12] 进一步引证参见 BGHZ 136, 102, 106ff.; Hk/Ebert, §536 Rn. 2ff.; Jauernig/Teichmann, §536 Rn. 2; Palandt/Weidenkaff, §536 Rn. 7ff.。

[13] 赞同者参见 Palandt/Weidenkaff, §536 Rn. 2 m.w.N.。

[14] Hk/Ebert, §536 Rn. 3; Palandt/Weidenkaff, §536 Rn. 10. 涉及旧法的案例有BGHZ 116, 334, 336f.; BGH NJW-RR 1991, 204, 205。

在本案中，断裂的车轴让翻斗载重卡车完全无法使用，所以存在瑕疵，该瑕疵依第536条第1款排除租金支付义务。有问题的是：这一排除是否只是维持到瑕疵排除时，而考虑第275条第2款对排除瑕疵义务的影响，K拒绝履行会最终排除租金支付的请求权，根据现行法，其基础必须是第326条第1款第1句。因此接下来要检验的是这会不会被第326条第1款第2句排除。[15]

(4)根据第2句不适用第1句？

21　　需检验的是根据第326条第1款第1句消灭租金给付义务是否被第2句排除，因为存在不适约履行，且债务人（仅仅）因第275条免于承担补正给付义务。

①免于承担第326条第1款第2句意义上的补正给付义务

22　　就此需要承租人根据第535条第1款第2句主张的维持适约请求权属于第326条第1款第2句意义上的"补正给付请求权"。其用语显然和买卖与承揽合同中的瑕疵担保（第439条第1款、第635条第1款）相关。然而，即便是第535条第1款第2句的请求权也应让物之瑕疵担保的债权人获得适约的给付。但可以反驳说补正给付的概念在此处不适合，因为最初已经依约正常给付了，直到瑕疵出现。但承租人获得的是自始就有瑕疵的租赁物，这同有瑕疵的买卖物或有瑕疵的工作成果无实质差别。因此，第535条第1款第2句也包含了补正给付请求权。

②将第326条第1款第2句适用于租赁合同的后果

23　　在将第326条第1款第2句适用于租赁合同时，必须要B根据第326条第5款、第323条解除租赁合同或因其继续性特征而终止合同（参考第313条第3款第2句），以让自己免负给付租金的义务。但终止只会向将来消灭义务。因此，承租人B还要倚靠以第320条

---

〔15〕 其他观点显然有Medicus/Lorenz II, Rn. 432。

第 1 款第 1 句为据的拒绝给付权。[16] 但因为这以他具有届期并完全有效的对待请求权为前提,而他却没有这种请求权,其缘由是 K 作为出租人已经根据第 275 条第 2 款免除了相关的给付义务,所以尽管 K 已经无须承担主要的对待给付义务,B 仍负有为对待给付的义务。这显得很不合理。

③对第 2 句作目的性限缩?

这一不合理的结果引发了如下观点:只要适用于租赁合同的瑕疵担保规则没有和一般的给付障碍规则调适好,则因目的性限缩,第 326 条第 1 款第 2 句不可适用于租赁合同。否则会产生不合理的结果:如果给付障碍——车轴断裂——在提供使用之前就已在租赁物上存在,则第 326 条第 1 款第 1 句当然适用,因为提供使用的义务根据第 275 条第 2 款自始就消灭了。在根据第 535 条第 1 款第 2 句无维持义务的情况中,提供使用之后出现给付障碍会让出租人的整个提供使用的义务向将来消灭。

第 326 条第 1 款第 2 句的立法目的似能支持目的性限缩的必要性[17]:该规定是为了防止经由第 326 条第 1 款第 1 句,让减价依据法律直接发生。因为根据第 441、638 条,减价通常以买受人及定作人相应的表示(和决定)为前提。为了保持这一方式,第 326 条第 1 款第 2 句结合第 5 款表明在瑕疵给付时,解除是必要的。然而,债法改革的立法者在这一清晰的权衡中可能没有充分考虑到[18],在租赁法中减价会依据法律自动发生(第 536 条第 1 款第 1 句)。因此,依其文义,第 326 条第 1 款第 2 句包含了依其目的本不应包含的情形,所

---

[16] 但这些在实践中被严格限制甚至排除,因此,解答中权衡的意义超出了案件本身。

[17] 参见 RegE, BT-Drs. 14/6040, 437f., zu §326 Abs. 1 S. 3RE 的理由,立法过程中,这些草案变为了第 326 条第 1 款第 2 句和第 326 条第 5 款。

[18] 亦可参见联邦政府对联邦议会立场的反对意见,BT-Drs. 14/6847, 66f.; Bericht des Rechtsausschuss, BT-Drs. 14/7052, 203。

以在租赁合同中可以且有必要作目的性限缩。因此,仍应适用第326条第1款第1句的规则。[19]

④就第536条和第326条第1款第2句关系的推论

尽管前述解决方案可以产生适当的结果,但是太过复杂。如果反对通说的观点[20],仍适用第536条第1款[21],其实可以通过更简单的方法达致同样的结果。就此有法律体系上的若干理由:一般给付障碍法原则上只适用到交付租赁物之前,此后第536条及以下条款构成更特殊的、更妥当的和优位的规则。出租人的维持义务可以根据第275条消灭,与此并不矛盾,因为有时这也是妥当的。但这不改变租赁物(嗣后)可使用性丧失也构成一种瑕疵,其进一步的法律后果(减价、损害赔偿)首先借助第536条及以下的规定得以确定。此外,这同买卖和承揽法中的判断一致,在排除补正给付方面,债法总则并非当然适用,而是必须借助第437、634条的特别规定方能适用。但因为租赁法中已经为减价和损害赔偿预备了独特的规定,应适用这些规定。通过这种方式,可以避免对第326条第1款第2句作目的性限缩解释的必要性,且很自然地通过第536条第1款第1句导出B可免去其租金给付义务的结论。因此应赞同该观点,即就出租人义务应适用第275条的一般规定,其他有利于承租人的法律后果在移转使用后应从第536条及以下规定中推出。[22] 最后可以对本案的合适论证持开放态度,因为其在结果上并无区别。

---

[19] 在评注和教科书中,涉及第275条第2款的案件,即便涉及有瑕疵的情形,也完全主动适用第326条第1款第1句。虽然这符合对联邦最高法院适用旧债法的判决的继受,但与第326条第1款第2句的存在是矛盾的。

[20] Palandt/Weidenkaff, § 536 Rn. 10.

[21] Hk/Ebert, § 535 Rn. 3; Soergel/Heintzmann, Vorbem. zu § 536 Rn. 6; Sternel, Mietrecht, 3. Aufl., 1988, II Rn. 501 且适切地参引了 BGH NJW 1963, 804 = LM § 538 BGB Nr. 2。

[22] MünchKomm/Häublein, Vorbem. zu § 536 Rn. 10ff., 12; 亦参见 Looschelders, SBT, Rn. 438。

3. 结论

无论如何,要求给付租金的请求权从 10 月 1 日起就消灭了。 27

(三) 问题 3:B 要求归还 9 月租金的请求权?

1. 以第 346 条第 1 款、第 326 条第 4 款为据的请求权

B 可能有要求 K 返还 9 月租金的请求权,其基础为第 346 条第 1 款。 28

因为 B 并未根据第 349 条表示要解除租约(或作为替代予以终止),该请求权只能根据第 326 条第 4 款成立。就此,B 支付的 9 月的租金必须根据第 326 条第 4 款是没有义务支付的。如上文确认的,无论如何,租金支付义务在 K 主张第 275 条第 2 款的抗辩权后在 10 月 1 日就消灭了。[23] 29

因此,以第 346 条第 1 款为据的归还 9 月租金的请求权不成立。 30

2. 以第 536a 条第 1 款为据的请求权

根据第 536a 条第 1 款,B 可能有针对 K 的损害赔偿请求权,其数额为 9 月的租金。只要遵循上文支持的观点,则欠缺必要的瑕疵。假如要肯定瑕疵的存在,也只有在 K 根据第 276 条第 1 款第 1 句须对该瑕疵负责时,才可能成立就合同缔结后发生的瑕疵的损害赔偿义务。这从案件事实中无法得出,所以该请求权无论如何不成立。 31

3. 以第 280 条第 1 款和第 3 款、第 283 条和第 281 条第 1 款为据的请求权

请求权在第一种选择下不成立,因为必要的给付义务免除是从 10 月才开始的。因为此前没有定期催告,第二种选择也不成立。此外,和其他情形一般,此处 K 无须对车轴断裂负责的情况也有影响。 32

---

[23] 相反,根据法律,在车轴断裂时,vgl. BGH NJW-RR 1991, 204, 205。

4. 以第 812 条第 1 款第 1 句第 1 种情况为据的请求权

33 还可考虑 B 依据给付型不当得利(第 812 条第 1 款第 1 句第 1 种情况)要求返还不当支付的租金的请求权。

(1)通过给付而获益

34 K 从 B 处获得了 9 月的租金,其基础为为清偿第 535 条第 2 款的租金支付义务而为的支付。此处存在有意识和有目的地增益 K 财产的行为,即给付。

(2)无法律上原因

35 给付必须是没有法律上原因的。如果支付 9 月租金的请求权根据第 536 条第 1 款第 1 句消灭[24],则属于这种情况。

①翻斗载重卡车有瑕疵,第 536 条第 1 款

36 就此,翻斗载重卡车必须要有足以阻碍其适约使用的瑕疵。所谓瑕疵应理解为租赁物存在的任何对承租人不利的、偏离于约定应有状态的事实状态。[25] 因为翻斗载重卡车遭遇了车轴断裂,而不再能够使用,原则上完全属于第 536 条第 1 款第 1 句意义上的瑕疵。

37 就此可能提起的反对意见是:根据通说,只有 K 作为出租人根据第 535 条第 1 款第 1 句负有提供没有车轴损害的翻斗载重卡车的义务,并因此根据第 535 条第 1 款第 2 句负有去除车轴损害的义务时,方才考虑瑕疵的问题。[26] 这在其直至 10 月 1 日前并未主张第 275 条第 2 款第 1 句的履行拒绝权时确实如此。换言之,这就意味着翻斗载重卡车存在第 536 条第 1 款第 1 句意义上的瑕疵,其完全排除了依合同目的使用的适用性。

38 因此,B 根据第 536 条第 1 款第 1 句免负支付 9 月租金的义务,其支付行为并无法律上原因。

---

[24] Vgl. Hk/Ebert, §536 Rn. 23; MünchKomm/Häublein, §536 Rn. 27.
[25] BGH NJW 2000,1714,1715 m. w. N.
[26] Palandt/Weidenkaff, §536 Rn. 10;就旧法参见 BGH NJW-RR 1991,204,205。

②类推第 536b 条排除减价

尽管就第 536b 条能否准用于嗣后瑕疵存在争议[27],在本案中可将其搁置不论;因为这一准用的前提是承租人在意识到瑕疵后仍然长时间未异议地支付租金。[28] 这一时间界限在一个月后尚不足够。

③依第 536c 条第 2 款第 2 句第 1 项排除减价

有问题的是依第 536c 条第 2 款第 2 句第 1 项的减价是否与之对立,因为 B 最早在 9 月 30 日指出了瑕疵,K 因此在这之前无法去除瑕疵。当然,恰恰是指出瑕疵的迟延导致了没有去除瑕疵。因为瑕疵去除是不可能的,该规范不适用。[29] 应将此案和出租人依第 275 条第 2 款可拒绝去除瑕疵做同等处理。因此,第 536c 条第 2 款第 2 句亦不可适用(其他观点亦有道理)。

(3)依第 814 条排除

因为 B 还必须获得法律咨询,以了解他是否有义务自己维修翻斗载重卡车,所以他并非明知自己无租金支付义务。因此,不当得利请求权不因第 814 条被排除。

(4)结论

B 可以依据第 812 条第 1 款第 1 句第 1 种情况要求 K 返还 9 月的租金。

---

[27] 因第 536c 条第 2 款第 2 句拒绝的有 BGH NJW 2007,147, 148f. m. w. N. ; Hk/Ebert, § 536b Rn. 2. 其他观点参见 OLG Naumburg, NJW 2002,1132, 1133; Palandt/Weidenkaff, § 536 Rn. 8 m. w. N。

[28] 就旧法第 539 条参见 BGH NJW 1997, 2674 m. w. N。

[29] Palandt/Weidenkaff, § 536 Rn. 8.

案例36　桑格尔的酒菜账

一、案件事实

牲畜贩卖商马克斯·慕斯胡博(Max Mooshuber, M)以2万欧元从农民莱伯特·雷特彼席勒(Leopold Lettenbichler, L)那儿买了一头种畜奥托卡(Ottokar, O)。L数十年来都十分信任的老雇工内希特·桑格尔(Knecht Zangerl, Z)将O移交给M之前,Z为告别,给O喝了3升啤酒,自己也喝了1升啤酒。当Z抵达M处准备移交牲畜时,O在拖车打开的一刻冲了出来,开始发狂。O严重地撞坏了M的汽车,造成了5000欧元的损害。因为无法捉住O,且O狂躁地冲向有中小学生的运动场,猎人耶纳万(Jennerwein)将其击毙。L向M支付了5000欧元的赔偿金。

L可以要求Z支付25000欧元吗?

二、前期思考

雇用合同法中并没有瑕疵担保责任的特别规定。因此,相关给付障碍需由一般规则解决。所以在涉及L是否依第280、281、283条承担"替代给付"的损害赔偿责任或依第280条第1款承担"与给付并存"的损害赔偿责任时,必须适用第280条第1款。因此,需要界定二者之区分,但正如本案所示,其标准还不是完全清晰无疑的。

第 280 条第 1 款第 2 句规定的可归责性推定在立法者看来适用于劳动合同过宽了。因此,该规定依第 619a 条不适用于雇主对雇员的请求权。[1]

最好必须了解联邦劳动法院(BAG)规定的雇员的损害赔偿义务的特殊原则。因为这种他决且他益的活动与完全回复(Totalreparation)的原则(第 249 条第 1 款)——即数额不受限制的损害赔偿——是不协调的。这一在《民法典》生效之初就已知的规范漏洞被联邦劳动法院大审判庭在 1957 年以法官法续造的方法,通过发展易生危险的劳动的原则以准用第 254 条的方式得以填补[2],之后逾数十年仅作了细节微调而整体得以保持。责任限制首先只存在于所谓易生危险的活动,该活动蕴含很高的意外风险和损害风险。

特别是因界分的困难,联邦劳动法院在 1994 年抛弃了易生危险的劳动这一要求。就此发展出来的三阶层责任分配,现在适用于所有因营业引起的且以劳动合同为基础的活动。[3] 在这些活动中,雇员根据其过错程度根据以下原则负责:

——在故意或重大过失时,雇员单独承担所有责任;
——在通常(中等)过失中,损害由雇员和雇主按比例分担;
——在轻过失中,由雇主单独承担责任。

在闭卷考试的写作中不再需要作此详述。只有当与试者已经听过劳动法或通过其他途径了解相关问题,才会期待他们在练习中了解这些知识。

---

[1] 亦可参见 BAG NJW 1999,1049,1051f. 其前身是第 282 条。
[2] BAG NJW 1958, 235; NJW 1959,1796.
[3] BAG(GS) NJW 1995,210, 211f.;亦可参见 BAG NJW 1999, 1049, 1051。

三、提纲

L 对 Z 的请求权 ·· 1
1. 以第 280 条第 1 款为据的损害赔偿请求权 ············· 1
   （1）成立的债之关系 ·· 2
   （2）义务违反 ··· 3
   ［问题：L 的损害赔偿请求权是只依据第 280 条第 1 款，抑或还需满足第 280 条第 2 款和第 281 条中的额外要件？］
   （3）在没有可归责性时排除请求权 ······················ 5
   （4）损害赔偿 ··· 6
   （5）劳动关系中损害赔偿责任的特殊之处 ············· 7
2. 以第 823 条第 1 款为据的请求权 ······················ 10

四、解答

L 对 Z 的请求权

1. 以第 280 条第 1 款为据的损害赔偿请求权

1   L 可能有要求雇工 Z 支付 25000 欧元损害赔偿的请求权，其基础为第 280 条第 1 款。

    （1）成立的债之关系

2   作为第 280 条第 1 款前提的债之关系存在，即 L 和 Z 之间的第 611 条意义上的劳动合同。

    （2）义务违反

3   因劳动合同，Z 负有义务适当地将 L 依指示权交托的任务完成。Z 因将牲畜 O 灌醉而违反了这项义务。同时，他还违反了第 241 条第 2 款的附随义务,即尊重合同相对人的权利和其他法益。

有问题的是该损害赔偿请求权仅依据第 280 条第 1 款,或者该请求权毋宁还需满足第 280 条第 1、3 款,第 281 条第 1 款第 1 句的额外前提条件。然而这一问题可以搁置不顾,因为欲将瑕疵结果损害归入第 281 条第 1 款者认为:结果损害通过正常给付也无法排除的,则根据该规范认为必要的定期催告是可以忽略的。

(3)在没有可归责性时排除请求权

Z 必须对义务违反有可归责性。债务人根据第 276 条第 1 款第 1 句原则上需对故意和过失负责。但可归责性根据第 280 条第 1 款第 2 句原则上是推定的,证明责任由 Z 负担。可是,因第 619a 条的特别规定,这一规则不适用于劳动关系,因为雇主离具有决定性的证据事实更近,且因其指示权而承担组织风险(Organisationsrisiko)。所以依第 619a 条,证明责任由雇主 L 承担。[4] 因为 Z 必须考虑到 O 因不寻常的饮酒会变得有攻击性,且会发狂。Z 自己没有喝到无法认识到这点的程度,所以他极为严重地违反了运输牲畜中应尽的必要注意,依第 276 条第 2 款因重大过失违反了正常工作的义务。

(4)损害赔偿

因此,Z 依第 249 条及以下条款的规定需对 L 承担完全赔偿因义务违反产生的所有损失的义务。即 L 可以要求若无 Z 的义务违反自己应处的位置(第 249 条第 1 款)。因为他对 O 的所有权本来没有受侵犯,且其本应在对方支付价金的前提下将 O 以 2 万欧元让与给 M。因为本案中恢复原状原则已不可能,Z 必须根据第 251 条第 1 款赔偿 O 的价值,根据第 252 条赔偿失去的出售利润,它们共同构成了与 M 达成的售价 2 万欧元。此外,若无 Z 的义务违反,不会发生 M 的汽车受损。L 对 M 需承担 5000 欧元的损害赔偿义务也是基于 Z 的义务违反,Z 同样需要赔偿该损害。

---

[4] Palandt/Weidenkaff, §619a Rn. 1, 6.

(5) 劳动关系中损害赔偿责任的特殊之处

7 需检验的是,关于企业内部的损害分配是否会导致不同的结果。与完全修复原则相应的雇员的完全损害赔偿义务总的来说是不合理的,因为它没有顾及劳动关系的特殊性:雇主原则上承担经营风险,且有组织经营和形成劳动条件的权限。因此,联邦劳动法院自1994年以来就将三阶层的责任分配适用于所有因经营引发,且基于劳动合同的活动[5]:在有故意和重大过失时,由雇员承担全部责任,在轻过失时由雇主承担全部责任,在一般过失时,二者按比例承担责任。

8 因为运送O是因经营引起的活动(且是易于发生危险的),而Z的行为有重大过失(参见边码5),所以他原则上负完全的损害赔偿责任。然而,即便在重大过失中,责任减轻并未被排除。若雇员承受的风险与其所得不成比例,则应承认存在例外。只有在最重大的过失时,才应排除责任减轻。[6] 只有存在威胁生存的危险时,承受的风险才和其所得不成比例。这在本案中看不出来,所以Z必须承担全部责任(其他观点亦有道理)。[7]

9 因此,L有要求Z为25000欧元损害赔偿的请求权,其基础为第280条第1款第1句。

2. 以第823条第1款为据的请求权

10 Z与尚属L所有的O的死亡有相当因果关系,因为给牲畜喝酒且该行为有重大过失(参见边码5),L对Z有基于第823条第1款的请求权。该请求权的范围和第280条第1款的无异。

---

[5] BAG NZA 1994,1083.
[6] BAG NJW 1999,966;NJW 2002,2900,2902.
[7] Vgl. BAG NJW 2002,2900,2902.

案例 37 倒霉的侦探

[根据特里尔州法院 2003 年 1 月 28 日的判决 – 1S134/02 及 2003 年 1 月 30 日的媒体报道改编]

一、案件事实

班诺(Benno,B)和埃尔维拉(Elvira,E)结婚,误以为 E 和盖尔哈特(Gerhard,G)有婚外情。因此,B 委托侦探克莱蒙(Klemens,K)监视他的妻子,并找到其和可能的情人之间存在关系的证据。K 除了能得到活动费用的偿还,还能依时间获得酬金。

遗憾的是 K 在监视中非常不专业:一开始 K 拨打了 G 的保密电话号码,自称他是一个想送快递的邮包企业的司机,尽管 G 并没有订购任何东西,也没有给过电话号码。其后,K 又非常显眼地将自己的车停在 G 住处和工作地点附近,尤其是 K 从车窗里丢空饮料罐引起了 G 的注意。最后,K 曾多次在路上遇见前去购物的 G,尽管 G 为光顾不同的店而绕了很多路。G 起了疑心,并让自己的行为不那么显眼。因此,K 无法获得对 B 有价值的信息。B 由此拒绝支付 K 的账单。总之,并不清楚 E 和 G 之间是否有不正当关系。

K 提起的偿付之诉能够成功吗?

二、前期思考

第 611 条意义上的雇用合同和承揽合同彼此间有亲缘性,因为承揽合同的客体依第 631 条第 2 款和其他条款,可以是任何由劳动或劳务带来的结果。因此,在案例解析中,经常要区分二者。决定性的区分标准是承揽人必须要带来某种结果,相反,雇用合同只需要债务人提供劳务。在具体个案中债务人负担的内容究竟为何,需经解释获得。就此还需要考虑债务人能否保证某种可能结果的发生。依此而言,医生和律师只负有给付的义务,原则上可能被视为某种结果,即治愈或通过强制执行实现债权。但在这两种情形中,因后果的发生不仅仅取决于给付提供的方式和方法,所以"只能"将其视为雇用合同。在本案中必须作类似的考量,此外还要考虑当事人约定的对价种类,尽管这无法单独起决定作用。

如果有劳务合同,则与承揽合同相比,它会引起某种对"委托人"而言在其对待给付义务方面更方便的"保护漏洞"。因为在承揽合同中,提供负担的结果是承揽人对待给付请求权的前提(参考第 641 条第 1 款),而对负担劳务者而言只是适用第 614 条。但是,负担劳务者的报酬请求权会遭到瑕疵给付的对抗。负担劳务者瑕疵给付的处理已经在案例 36 中为我们所知。

三、提纲

依第 611 条第 1 款要求支付报酬的请求权 ·················· 1
  1. 请求权成立 ··· 2
    [问题:B 和 K 之间的侦探合同应解释为雇用合同还是承揽合同?]
  2. 请求权届期 ··· 6
  3. B 的反对权? ·· 7
    (1)因瑕疵给付而消灭? ······································ 8
    (2)第 320 条第 1 款第 1 句的抗辩权? ················ 9
    (3)以对待请求权抵销? ······································ 10

①以第 280、281 条为据的主动请求权? ············ 11
　　[问题:B 可以主张哪些损害?]
②以第 280、281、284 条为据的主动请求权? ········ 17
③以第 280 条第 1 款为据的主动请求权? ·········· 18
④其他的主动请求权 ··························· 20
⑤中间结论 ·································· 21
4. 结论 ·· 22

四、解答

依第 611 条第 1 款要求支付报酬的请求权

K 可能有以第 611 条第 1 款为据,要求 B 支付约定的报酬的请求权。　　1

1. 请求权成立

为了让请求权成立,双方当事人需要签订过第 611 条意义上的雇用合同。K 和 B 缔结了合同是没有问题的,但签订的究竟是雇用合同还是承揽合同是有疑问的。这取决于 K 是否只对 B 承担了提供劳务的义务,还是也承担了引起特定结果的义务(第 631 条第 2 款)。　　2

支持认定为承揽合同的依据有 B 希望获得其妻婚外情的证据。反对认定为承揽合同的依据有从 K 的角度看,无论如何都不清楚他的客户 B 的怀疑能否坐实,如果 E 事实上根本没有这种关系,则结果就是释明这一点,而非 B 要求的提供相反情况的证据。对 B 以及在其位置上的客观第三人而言(第 133、157 条)这也是显而易见的,因此 B 不能认为 K 希望承担这样一种义务,即只有在"成功时"——提供有关不当关系的证据时——才享有酬金请求权。　　3

因此该侦探合同应作此解释,即 K 应监视 G,并在存在相关情况时提供相应证据。K 并没有对特定的结果承担义务,而仅有义务提　　4

供约定的监视服务。他在成功发现后应提供相关证据只具有次要的意义。[1] 支持是雇用合同的其他理由还有：K 就其活动收取的酬金是和时间挂钩的，而和结果无关；就事成之后的佣金的约定可能会改变这一判断，但在本案中无法做到。

5　　因此存在雇用合同，且 K 原则上可以依第 611 条第 1 款要求支付约定的报酬。

　　2. 请求权届期

6　　在没有不同约定时，依第 614 条第 1 句，报酬应在其提供劳务之后支付。因为 K 已经提供了劳务，所以该请求权已届期。

　　3. B 的反对权？

7　　问题是 B 是否能够通过某种方式对抗 K 的报酬请求权。

　　(1)因瑕疵给付而消灭？

8　　需检验的是 K 的请求权是否因其给付有瑕疵而消灭或减少。但这一法律后果在雇用合同中——和租赁法和其他法律规定不同——没有规定。最初由帝国法院支持的对第 654 条的类推适用在极端案例中可以考虑，即义务人也为劳务权利人的对手工作[2]，但本案并非如此。自债法改革以来，该类推适用原则上已被废弃，因为可以第 280 条及以下条文来解决雇用合同中的瑕疵给付问题。即便根据这些规范，报酬请求权最初还是成立的。

　　(2)第 320 条第 1 款第 1 句的抗辩权？

9　　雇用合同性质上是双务的，无论怎么说，K 已经履行了其监视义务。因此，不应适用第 320 条第 1 款第 1 句。

　　(3)以对待请求权抵销？

10　　需检验的是 B 能否依第 389 条，以自己的对待请求权抵销掉 K 的请求权。

---

〔1〕 BGH NJW 1990, 2549 m. w. N. ；深入阐述的有 Schünemann, NJW 2003, 1689ff. 。
〔2〕 Vgl. BGH NJW 2004, 2817 m. w. N.

①以第 280、281 条为据的主动请求权?

B 可能有以第 280 条第 1 款第 1 句、第 281 条第 1 款第 1 句为据,要求 K 为替代给付的损害赔偿的请求权。 11

有问题的是 K 是否没有完全依约提供 B 依届期且完全有效的请求权能够要求的劳务。原则上可以考虑这一可能,因为 K 非常不专业的行为引起了 G 的注意,最终导致合同的实质目的——即提供有利于或不利于 B 的妻子 E 的不当行为的证据——不再可能实现。另外,提供劳务者的主给付义务仅有提供特定的劳务,且 K 已经监视了 G。 12

但受委托进行监视的侦探的义务可具体化为尽可能不引人注意地进行监视。对一个侦探,可以期待其了解并运用不显眼的监视技术,即便尽了一切注意仍难以杜绝被监视人会注意到。鉴于 K 严重违反了监视技术的规则,应肯认其违反了义务。 13

因为他在监视中没有尽到交易上必要的注意,K 应依第 280 条第 1 款第 2 句、第 276 条第 1 款第 1 句和第 2 款对其义务违反负责。 14

有疑问的是 B 蒙受了什么损害。损害可能是 K 的给付和因此要支付的报酬变得毫无价值。因为无法确认若正常完成监视任务就会有不同的结果,所以本案中的损害无法确定。基于这一理由,损害赔偿请求权不成立。 15

提示:此外,B 可能可要求 K 为替代给付的损害赔偿,让 B 恢复到若 K 正常履行时应处的状态。当然,B 可能仍然必须支付报酬,因为他的义务是以合同缔结为基础,而非 K 的瑕疵履行为基础。他也没有获得其他的财产价值。也不存在责任范围上的因果关系。相反,为另一个侦探的活动支付的费用是可赔的[3],只要他能够带来具体结果。 16

---

[3] 参见类似的"假牙案",Spickhoff, NJW 2002, 2530, 2533。

②以第 280、281、284 条为据的主动请求权？

17　　需检验的是，第 284 条能否帮助 B。但这一条文只是赔偿债权人因相信会获得给付时支出的费用。在对待给付中不涉及这些费用支出。[4]

③以第 280 条第 1 款为据的主动请求权？

18　　无论如何，剩下的还有以第 280 条第 1 款为据的因单纯义务违反引起的主动请求权。但也存在这样的问题，即根据第 253 条第 1 款才可赔偿的 B 之财产性损害难以确定。

19　　**提示**：这和案例 36 中的医生责任[5]和律师责任不同。

④其他的主动请求权

20　　尚无法看出有其他至少不会因缺少损害而被排除的主动请求权。

⑤中间结论

21　　抵销不成立，且看不出 B 有其他的反对权。

4. 结论

22　　K 可以依据第 611 条第 1 款要求 B 支付约定的报酬（其他观点亦有道理）。

---

〔4〕　MünchKomm/Ernst，§284 Rn. 16；亦可参见 Jauernig/Stadler，§284 Rn. 3, 8 a. E。
〔5〕　就此参见 Spickhoff, NJW 2002, 2530ff. 。

案例 38　老宝贝有时会生锈

一、案件事实

凯撒(Kaiser,K)用了 15 年的大众高尔夫又面临强制质量检测(TÜV)。尽管 K 从小(von Hause aus)就是一个节约的人,一番纠结后,K 还是下定决心让哈默(Hammer,H)的修车厂去检查这辆车的技术问题,还额外地托 H 重新喷漆,因为车不少地方已经有铁锈了。在聊到喷漆时,H 对 K 说明了预计的费用和为其修理的一般交易条件。该一般交易条件醒目地贴在入口处,其中"瑕疵担保"部分言明:"修理厂依法律规定就瑕疵承担责任。这些条文不适用于喷漆。"其后,K 就委托 H 去处理了。

H 亲自完成了 K 希望其完成的工作。H 在给汽车打底和喷漆之前没有完全打磨掉锈点。

两天后,K 取了车,H 向 K 展示了喷漆效果。K 说了一句令人印象深刻的话"不错啊! 和新的一样!"之后,要了账单,当即支付。

七周之后,漆上出现了许多凹印(Beule),其下发现了锈点,该锈点归因于不适当的打磨。

1. 如果 H 认为重新喷漆太贵,H 是否有义务为 K 重新喷漆?
2. 如果 H 拒绝重新喷漆,K 可以和应当要求什么?
3. 如果 H 重新喷漆,H 是否有反对请求权?

二、前期思考

在承揽合同法中,要求提供没有物之瑕疵和权利瑕疵的工作成果的请求权(一直以来)源自第 631 条第 1 款、第 633 条第 1 款。就像买卖中第 437 条一样,第 634 条列举了定作人在工作成果有瑕疵时的权利,即根据第 635 条(第 1 项)的补正给付,根据第 637 条(第 2 项)以承揽人的费用补偿自主排除瑕疵,根据第 323 条、第 326 条第 5 款、第 636 条[1]的解除,根据第 638 条(第 3 项)的减价,根据第 280、281、283、636、311a 条的损害赔偿,根据第 284 条(第 4 项)的费用偿还。第 633 条第 1 款的规定确定了承揽人的义务清单,且对第 640 条第 1 款规定的定作人验收义务有影响。

第一个问题涉及(在买卖中已知的)补正给付请求权。就喷漆后的问题需注意如下几点:因为在承揽合同法中始终存在排除瑕疵的请求权,要求无瑕疵的工作物的原给付请求权(第 631 条第 1 款、第 633 条第 1 款)始终和第 634 条第 1 项、第 635 条的补正给付请求权关系不明。根据通说,补正给付请求权只是变形的原给付请求权[2],且和流传广泛的错误观念相对,并非始终以验收为前提(根据旧版《民法典》第 634 条第 1 款第 2 句)。[3] 在验收之前,定作人可以拒绝有瑕疵的给付,继续要求原给付。验收会将请求权的范围限于认可后的工作成果,且消灭时效根据第 634a 条开始起算。它还可以排除要求无瑕疵给付的请求权(参考第 640 条第 2 款)。必须注意这一点。是否在本案中真的——如下文所示——首先要检验原给付请求权还是不这么做,更多是个偏好问题,而非是为了获得更清晰的

---

〔1〕 《民法典》中的顺序与此不同:首先提及的是第 636 条,尽管该规范只包含了第 323 条第 1 款指定期限要求的其他例外。

〔2〕 BGHZ 61,42,45; 96,111,116,118; 139,325,330.

〔3〕 整体可参照 Palandt/Sprau, Vorbem. zu §633 Rn.6,7, §633 Rn.3.

答案。

因为案情中还提及了 H 维修厂的一般交易条件,所以必须检视其是否可能对抗补正请求权。此处,第 309 条第 8 项 b 的规定仍有作用,尽管其意义在买卖法中因第 475 条(政府草案中原计划的第 476 条)受到影响。

工作成果定作人依第 634 条享有的权利超过了买卖法中规定的可能性,其享有自主补正并要求补偿费用的可能(第 637 条)。

H 在权利实现中的反对请求权是更为困难的问题。这一请求权可能源自何处应是比较容易确定的。当然,本案中 H 的反对请求权是自相矛盾的(widersinnig)。所以仅须思考如何通过具体的法律适用可以达致这一结果。

三、提纲

(一)问题 1:K 要求 H 重新喷漆的请求权 ·················· 1
  1. 以第 631 条第 1 款、第 633 条第 1 款为据? ·················· 1
    (1)有效的喷漆承揽合同 ·················· 2
    (2)以第 631 条第 1 款、第 633 条第 1 款为据
        的义务 ·················· 3
    (3)因清偿而消灭? ·················· 4
        [问题:H 是否依第 633 条第 1 款没有物之瑕疵
        地完成了喷漆?]
    (4)因验收而消灭? ·················· 7
    (5)结论 ·················· 8
  2. 以第 634 条第 1 项结合第 635 条第 1 款为据的请
    求权 ·················· 9
    (1)承揽合同 ·················· 10
    (2)第 633 条第 2 款意义上的瑕疵 ·················· 11

(3) 补正给付要求 …………………………………… 12
(4) 以维修厂的一般交易条件合意排除瑕疵责任 … 13
　　① 约定排除瑕疵责任 ………………………… 14
　　② 依第 307 条及以下规定无效 ……………… 15
　　　　A. 第 305 条及以下规定的可适用性 …… 16
　　　　B. 一般交易条件 ………………………… 17
　　　　C. 订入 …………………………………… 19
　　　　D. 内容控制 ……………………………… 20
　　　　E. 无效的法律后果 ……………………… 23
(5) 依第 640 条第 2 款排除瑕疵责任 …………… 24
(6) 以第 635 条第 3 款为据的拒绝给付权 ……… 25
　　[问题:对 H 而言,重新喷漆是否因不合比例的成本而不可期待?]
(7) 结论 ……………………………………………… 27
(二) 问题 2:H 拒绝给付时,K 的请求权 …………… 28
　1. 自行除去瑕疵后的费用偿还 …………………… 29
　2. 解除 ……………………………………………… 30
　3. 减价 ……………………………………………… 32
　4. 损害赔偿 ………………………………………… 33
　5. 适当的行为(Zweckmäßiges Vorgehen) ……… 34
(三) 问题 3:H 在重作后的请求权 …………………… 35

四、解答

(一) 问题 1:K 要求 H 重新喷漆的请求权

1. 以第 631 条第 1 款、第 633 条第 1 款为据?

1　对 K 而言,要求 H 重新喷漆的请求权可能依据第 631 条第 1 款和第 633 条第 1 款。

(1) 有效的喷漆承揽合同

双方当事人约定 H 要给 K 的车重新喷漆。因此,H 负担的是第 631 条第 2 款意义上的给付成果,视情况而定能否要求对价(第 632 条第 1 款和第 2 款)。因此,承揽合同成立,第 631 条。

(2) 以第 631 条第 1 款、第 633 条第 1 款为据的义务

因为 H 因承揽合同负有无瑕疵完成工作的义务(第 633 条第 1 款),即便在工作完成后,K 也仍继续享有实际履行请求权。

(3) 因清偿而消灭？

因为 H 已经喷过漆了,所以该请求权可能依第 362 条第 1 款因清偿而消灭。就此需要 H 实现了负担的给付,即依第 633 条第 1 款无瑕疵地完成了喷漆。

前提条件首先是喷漆工作不存在第 633 条第 2 款描述的瑕疵类型。首先,如果喷漆具备约定的品质(第 633 条第 2 款第 1 句),则不会有瑕疵。因为本案中当事人未达成特别的品质约定,根据第 633 条第 2 款第 2 句第 1 项,是否有瑕疵就取决于喷漆是否满足合同预定的用途。这一表述对类似本案的案件来说不一定妥适,因为"喷漆"工作本身是没有用途的,而是——如同一般的修理——服务于维持一个物。当这也一无所获时,第 633 条第 2 款第 2 句第 2 项就以"通常使用"为准。人们可以这样应对这一问题,即喷漆(或修理)通常是为了维持或修复一个物,必须满足这一目的。[4] 根据第 1 项,这还取决于从承揽合同中能否看出喷漆预设的用途。对一辆老旧、易生锈的车喷漆的目的只能是通过喷漆延长其使用寿命。因此,本案中的喷漆必须要能够维持旧车的外观。尽管喷漆本身完美无瑕,但其使用性因 H 未在喷漆前充分消除锈点而打了折扣,以至于喷漆之后短短数周 K 的车上又出现了锈点。因此,喷漆难以"使用"以维持

───────

〔4〕 参照 Palandt/Sprau, §633 Rn. 7。

老高尔夫的外观,因此存在第 633 条第 2 款第 2 句第 1 项意义上的瑕疵。如果不愿意承认这一点,则基于同样的理由,喷漆不足以满足第 2 项意义上的通常使用需要。

6　　因为喷漆是有瑕疵的,H 并未实现依第 633 条第 1 款负担的给付。因此,K 开始仍有原初的实际履行请求权,并可将其排除瑕疵的要求建立在该基础上。即便是以第 634 条第 1 项为依据,也不会当然得出不同的结论,因为第 635 条的补正给付请求权在内容上与实际履行请求权重合。正如在旧法中的情形一样,显而易见的是直至验收之前,应以实际履行请求权和补正给付请求权并存为出发点。

(4)因验收而消灭?

7　　然而,K 原初的实际履行请求权可能因第 640 条第 1 款意义上对喷漆的验收而消灭。因为在验收之后,根据第 640 条第 2 款,H 只享有第 634 条中提及的权利。验收被理解为接受工作,并认为其总体为适约给付。[5] 就此,必须要有可解释为定作人认可承揽工作的行为。本案中,在对 K 展示了喷漆效果后,K 无保留地接受了成果,并支付了账单。因此,K 已经验收了喷漆工作。

(5)结论

8　　在验收之后,K 不能依据第 631 条第 1 款、第 633 条第 1 款要求重新喷漆。

2. 以第 634 条第 1 项结合第 635 条第 1 款为据的请求权

9　　要求重新喷漆的请求权可能依据第 634 条第 1 项结合第 635 条第 1 款。

(1)承揽合同

10　　以喷漆为内容的承揽合同存在(见上文边码 2)。

(2)第 633 条第 2 款意义上的瑕疵

11　　喷漆是有瑕疵的(见上文边码 5 及以下)。

---

[5] BGHZ 47,257,262;132,96,100.

(3)补正给付要求

K 也可以提出补正给付的要求。然而根据第 635 条第 1 款,修理还是重作的决定权属于承揽人,也就是 H。K 不能要求重作,如果修理无法达致工作无瑕疵,则 H 未满足补正给付请求权,结果是可能仍有义务重新喷漆。[6] 因为排除瑕疵已经没有别的可能(第 275 条第 1 款),只能通过重作来排除喷漆的瑕疵,H 的选择权最终落空了。因此,K 可以要求其重新喷漆。

(4)以维修厂的一般交易条件合意排除瑕疵责任

需检验的是双方当事人是否有效地排除了瑕疵责任和合同中的补正给付请求权。正如第 639 条的反面推理所示,这一排除原则上是可能的。

①约定排除瑕疵责任

H 的一般交易条件规定了维修厂——厂主是 H——仅根据"法律规定"对瑕疵负责,但不及于喷漆。如果依据第 133 条、第 157 条解释该规则,K 只能将其理解为 H 不对喷漆瑕疵承担责任。第 305c 条第 2 款意义上的不清晰性不存在,就瑕疵产生的责任应全部排除。

②依第 307 条及以下规定无效

如果该合同条款依第 307 条第 3 款受内容控制,则该条款可能依第 307 条及以下规定无效。

A. 第 305 条及以下规定的可适用性

第 305 条及以下规定可适用于承揽合同,参照第 310 条第 4 款。

B. 一般交易条件

首先该条款必须涉及第 305 条第 1 款第 1 句意义上的一般交易条件。因为其包含于"维修厂的一般交易条件"中,且被 H 用于同类交易,是为大量的合同预先拟定的。此外,H 是在第 305 条第 1 款第 1 句的意义上提出该条款,且未曾发生第 305 条第 1 款第 3 句意义上就

---

[6] 参照 Begr. zum RegE, BT-Drs. 14/6040, 265。

瑕疵责任排除的磋商。因此,该条款构成一般交易条件。

18　　此外,本案可根据第310条第3款第1项推定一般交易条件(受限制地可推翻的)已经"提出":因为H是在维修厂经营过程中,即在营业活动中缔结的承揽合同,他在缔约时是以第14条第1款意义上的经营者身份行事的,而K是希望给自己的私家车喷漆,所以是作为第13条意义上的消费者出现的。因此,存在第310条第3款第1项意义上的消费者合同,且上述推定可适用。

C. 订入

19　　该条款必须根据第305条第2款成为合同内容的一部分。该条文可适用,因为K并非在营业活动或自由职业活动中缔结的合同(见上文边码18)。因为H对K提示了一般交易条件,且K以可期待的方式能够了解它,K对此并没有反对,而是同意了其效力,所以瑕疵责任排除根据第305条第2款已经成为合同的一部分。试图排除瑕疵责任的努力并非不同寻常的,且在本案中处于可找寻的位置。因此,瑕疵责任排除在本案中不属于第305c条第1款意义上的令人吃惊的条款,仍然被订入合同。

D. 内容控制

20　　根据第307条及以下的规定,只有偏离了法律规定或补充法律规定的条款才需被控制(第307条第3款第1句)。该合同条款在内容上未作细化区分,排除了定作人的一切因喷漆瑕疵所生的请求权,偏离了法律的规定(第634条及以下)。因此,能在内容控制上检验它。

21　　该条款的无效首先可能源于第309条第8项b)当中适用于承揽合同的不同事实构成之一。因为该条款完全排除了瑕疵责任,违反了aa)中的禁令,所以无效。

22　　因为该条款还排除了H对身体和健康损害的责任,还会根据第309条第7项a)无效。这种损害未发生且不太可能发生并不重要。此外,该条款还排除了一般交易条件使用人H因重大过失违反义务应承担的责任,所以依第 307 条第 7 项 b)无效。

E. 无效的法律后果

根据第 306 条第 1 款和第 2 款,虽然瑕疵责任排除无效,但合同的剩余部分仍然有效,且适用法律的任意性规定。因此,W 可以依第 635 条第 1 款要求补正给付。 23

(5)依第 640 条第 2 款排除瑕疵责任

K 在验收时并不知晓喷漆的瑕疵,所以第 640 条第 2 款不能排除其请求权。 24

(6)以第 635 条第 3 款为据的拒绝给付权

需检验的是 H 是否可依第 635 条第 3 款[7]拒绝补正给付,因为只有支出不合比例的成本方有可能。需考量所有情事后方能获知不合比例性;这不仅取决于排除瑕疵的成本(在给付义务时)及其和工作报酬的关系,还要考虑定作人通过排除瑕疵能够获得的好处,及和定作人时间和费用付出之间的关系[8];此外,还要考虑承揽人的过错程度。[9] 本案中,不会因为重新喷漆的必要性会最终剥夺 H 能获得的利润,而径直认为补正给付是不可期待的。起决定作用的毋宁是,当再次正常喷漆时,才能实现喷漆对 K 的意义。因此,补正给付对 H 而言是可期待的,他不能依第 635 条第 2 款拒绝。 25

第 635 条第 3 款不影响 H 依第 275 条第 2 款和第 3 款拒绝补正给付的权利。因为在本案中不存在人身上不可期待的情形,只剩下第 275 条第 2 款第 1 句的拒绝给付权。其前提和第 635 条第 3 款不同。第 635 条第 3 款允许承揽人在补正给付依第 275 条第 2 款尚可期待时,因其成本而拒绝给付。[10] 但是本案中,在考量 K 的给付利益 26

---

[7] 与第 439 条第 3 款不同,第 635 条第 3 款的抗辩权涉及的是补正给付请求权的整个排除。因为第 635 条第 1 款只涉及定作人对补正给付的请求权,而非当中的一种(修理或重作)。选择权属于承揽人。

[8] 一直以来的司法裁判,BGH NJW 1996,3269;NJW-RR 1997,1106。

[9] BGH NJW 1988,699。

[10] 如此认为的有 Begr. zum RegE, BT-Drs. 14/6040,265。

后,看不出在成本原因外还有其他让 H 的补正给付变得不可期待的因素。此外,依第 275 条第 2 款第 2 句还需考虑 H 作为债务人是否要对给付障碍负责。因为这是因其自己的疏忽引起的,所以根据第 276 条第 2 款应肯定这一点。因此,第 275 条第 2 款的拒绝给付权不存在。

(7)结论

27　　K 可以依据第 634 条第 1 项、第 635 条第 1 款要求 H 补正给付。本案中 H 只能重作。

(二)问题 2:H 拒绝给付时,K 的请求权

28　　如果 H 不法拒绝了 K 根据第 635 条第 1 款要求的补正给付,则后者根据第 634 条第 2—4 项还有如下的选择可能。

1. 自行除去瑕疵后的费用偿还

29　　根据第 637 条第 1 款,K 可以自行除去瑕疵并要求必要费用的偿还。本条的前提是 K 此前为补正给付给 H 指定了期限。如果 H 严肃并终局拒绝了补正给付,则根据第 637 条第 2 款第 1 句结合第 323 条第 2 款第 1 项,指定期限是没有必要的。为了避免嗣后自己承担自行除去瑕疵的成本,K 可以根据第 637 条第 3 款要求预付除去瑕疵的必要费用。

2. 解除

30　　K 也可以根据第 323 条第 1 款解除合同;根据第 323 条第 2 款第 1 项,这不需要指定期限(见上文边码 29)。接着 K 就能根据第 346 条第 1 款、第 348 条要求返还报酬,原则上它要和返还喷漆同时履行。根据第 325 条,K 的损害赔偿请求权不受影响。

31　　根据第 346 条第 1 款原则上负担的返还瑕疵喷漆的义务因第 275 条第 1 款不能。结果是 K 根据第 346 条第 2 款第 1 句第 1 项需偿还价值,根据第 346 条第 2 款第 2 句,其计算基准是约定的对待给

付。如在案例19,边码22及以下所述,在瑕疵给付中,只有这样理解法律规定才是合理的,即此处仅指减价后的对待给付。如果以喷漆毫无价值为出发点,则K不负有任何义务,问题就得到了完美的解决。

3. 减价

K也可能根据第638条第1款第1句,对H表示减少报酬,而不是解除,且根据第638条第4款第1句要求返还多支付的金额。这是整个报酬,因为喷漆完全没有价值,且根据第638条第3款第1句,需支付的报酬减为零。[11]

32

4. 损害赔偿

最后,K可能依据第280条第1款和第3款、第281条第1款要求替代给付的损害赔偿;依第281条第2款第1种情况,指定期限因H拒绝补正给付变得没有必要。K可通过这种方式,要么要求返还已经支付的报酬,这在本案中和减价相比并没带来好处;要么要求赔偿让其他承揽人重作的费用。

33

5. 适当的行为(Zweckmäßiges Vorgehen)

如果K对尽可能长时间使用汽车有兴趣且不愿意垫付,则根据第637条第3款要求预支自行除去瑕疵的费用对K最有利。此外,他可以要求费用偿还和损害赔偿。如果他只是希望要回自己的钱,则减价或损害赔偿是最好的选择。

34

(三)问题3:H在重作后的请求权

在重作的情形,H可以根据第635条第4款要求定作人K按第346—348条返还有瑕疵的工作。这一在立法者看来起释明作用的法

35

---

[11] BGHZ 42,232,234f.

条[12]在瑕疵喷漆及修理中并非没有问题。

36　　正如在解除中提及的(第 31 条),本案中,以第 635 条第 4 款、第 346 条第 1 款为据的返还瑕疵喷漆依第 275 条第 1 款被排除。其结果是 K 必须依第 635 条第 4 款、第 346 条第 2 款第 1 句第 1 项偿还价值,根据第 346 条第 2 款第 2 句其计算基准为约定的对待给付。如在案例 19,边码 22 及以下所述,在瑕疵给付中,只有这样理解法律规定才是合理的,即此处仅指减价后的对待给付。如果以喷漆毫无价值为出发点,则 K 不负有任何义务,问题就得到了完美的解决。

37　　**提示**:有问题的是瑕疵给付尚有价值且承揽人仅因成本的缘故决定重作的案件。在这类案件中难免发生的问题是,因第 635 条第 4 款参引而成立的定作人价值偿还义务是否至少会依第 346 条第 3 款第 1 句被排除。排除的要件事实(阅读并涵摄!)在本案中都未出现。结果是第 635 条第 4 款的参引只适合可以原状返还(Rückgewähr)的工作,否则就会导致荒谬的结论。因为决定让承揽人重作的定作人很少仅仅由于工作因其种类不宜返还,就要为有瑕疵的工作支付部分报酬。因为第 635 条第 4 款的文义过于宽泛,需要目的性限缩该条文以使其参引不涉及第 346 条第 2 款第 1 句第 1 项。

---

〔12〕 参照 Begr. zum RegE, BT-Drs. 14/6040, 265。

案例39 直到车检把我们分开

一、案件事实

凯撒(Kaise,K)让哈姆(Hammer,H)的汽修厂检查一下自己的大众高尔夫汽车,并更换机油。H 让数年来一直显得尽职可信的伙计普鲁鲍尔(Prummbaur,P)来处理这件事。P 处理时,H 并不在场,因为他必须试驾另一辆车。当 P 打开大众高尔夫的车盖时,他发现在驾驶座底下有一张 CD,并决定顺走它。之后,P 换完机油,但忘了拧紧排油螺丝(Ölablassschraube)。

两天后,K 来取车,H 先展示了上漆的效果和引擎仓的卡片,上面标明了机油更换的时间和里程数。然后 K 就付款了。在紧接着去机动车质量检测中心的路上,K 遭受了不可修复的发动机损害,因为没有拧紧的排油螺丝,所有新加的油都在不知不觉中漏光了。K 必须让人来拖车。

1. K 可以要求 H 偿还换油的报酬,赔偿发动机损害和拖车费吗?
2. 此外,K 要求 H 赔偿 CD——这对吗?

二、前期思考

本案中,K 要求偿还支付的报酬,赔偿发动机损害和拖车费,换言之,他要求赔偿因"更换机油"工作瑕疵遭受的财产损失。因为涉及瑕疵给付的后果,所以提出的问题是,此处应只适用第 280 条第 1

款,还是同时要适用第281条或第283条。更换机油的报酬涉及的是有瑕疵的工作本身,而发动机损害和拖车费则是发生在K的其他权利及财产上。因此,要区分不同的损害类型。就此仍然存在瑕疵损害和瑕疵结果损害的区分,而债法改革基于由此带来的某种谬误和不确定性而希望排除这种区分。[1] K希望返还报酬的同时,也希望获得替代给付的损害赔偿。尽管K也可以通过第346条要求偿还报酬,但因为本案中他只是希望赔偿,所以只需要检验损害赔偿。发动机损害和拖车费用都是基于瑕疵给付,所以问题是,究竟是通过替代给付的损害赔偿,还是通过单纯因义务违反引发的损害赔偿得到救济。相反,CD的失窃与更换机油的工作瑕疵没有关系,但在本案中还需进一步思考其可归责性。

三、提纲

(一)问题1

1. K以第634条第4项、第280条第1款和第3款、第283条为据的要求替代给付损害赔偿的请求权 ································· 1
   (1)成立的债务关系 ································ 2
   (2)义务违反 ···································· 3
   (3)依第283条免于给付 ···························· 4
   (4)可归责性 ···································· 5
     ①自己行为 ·································· 6
     ②为履行辅助人承担责任 ······················ 7
   (5)第249条及以下条文规定的损害和赔偿 ············ 9
   (6)结论 ······································· 10

---

[1] Vgl. BT-Drs. 14/6040, 133.

2. K 以第 634 条第 4 项、第 280 条第 1 款为据的要求
   赔偿发动机损害和拖车费的请求权 ………… 11
   (1) 债务关系、义务违反和其他条件，可归责性 …… 12
   (2) 第 249 条及以下条文规定的损害和赔偿 ……… 15
   (3) 结论 …………………………………………… 16
3. 以第 831 条第 1 款第 1 句为据要求赔偿发动机损
   害和拖车费的请求权 ……………………………… 17
   (1) P 作为事务辅助人 ……………………………… 18
   (2) 事实构成该当的不法侵权行为 ………………… 19
   (3) 在执行事务过程中 ……………………………… 20
   (4) 依第 831 条第 1 款第 2 句免责 ………………… 21
   (5) 结论 …………………………………………… 22

(二) 问题 2
1. K 对 H 以第 280 条第 1 款为据的请求权 ………… 23
   (1) 成立的债务关系 ………………………………… 24
   (2) 义务违反 ……………………………………… 25
     ①因自己行为的义务违反 ……………………… 27
     ②P 行为的可归咎性 …………………………… 28
     [问题：第 278 条的可归咎性是否以 P 恰好在
     履行委托的工作为必要？]
   (3) 可归责性 ……………………………………… 31
   (4) 损害 …………………………………………… 32
   (5) 结论 …………………………………………… 33
2. 以第 831 条第 1 款第 1 句为据的请求权 ………… 34

四、解答

(一) 问题 1

1. K 以第 634 条第 4 项、第 280 条第 1 款和第 3 款、第 283 条为据的要求替代给付损害赔偿的请求权

1   K 对 H 可能有以第 634 条第 4 项、第 280 条第 1 款和第 3 款、第 283 条为据,要求替代给付损害赔偿的请求权。

(1) 成立的债务关系

2   前提条件首先是成立的债务关系,本案中就是第 631 条意义上的有效的承揽合同。更换机动车的机油是第 631 条第 2 款意义上由工作产生的成果,且根据情事,当事人已就有偿完成工作(第 632 条第 1 款和第 2 款)达成一致。因此,承揽合同已经成立(第 631 条)。

(2) 义务违反

3   第 634 条第 4 项指示参照第 280 条作为损害赔偿请求权的核心请求权基础。H 必须违反了债务关系中的义务(第 280 条第 1 款第 1 句)。根据第 633 条第 1 款,H 有义务如约完成工作,即无物之瑕疵和权利瑕疵给付。如该类给付通常的情况一样,双方当事人既未明示,也未默示达成特别品质的约定(第 633 条第 2 款第 1 句和第 2 句第 1 项)。更换机油应始终维持发动机的性能,定作人可期待的通常品质是发动机能正常运转。因为排油螺丝没有拧紧,以致所有的油都漏光了,K 委派的工作出现了第 633 条第 1 款并第 633 条第 2 款第 2 句第 1 项意义上的瑕疵。[2] 存在给付义务的违反。

(3) 依 283 条免于给付

4   只有满足第 281—283 条的额外条件,K 才能依第 280 条第 3 款要求替代给付的损害赔偿。考虑到工作的瑕疵状态,其需依第 281

---

[2] 认为这属于第 633 条第 2 款第 1 句的物之瑕疵亦有道理。

条第1款第1句为补正给付指定期限。但其前提是有届期的补正给付请求权。因为H必须更换机油的发动机在此期间损毁了,补正给付因给付的基底丧失而变为第275条第1款意义上的不能,因此第281条第1款的前提不存在。但是与此同时,第283条的事实构成满足,所以K可要求替代给付的损害赔偿。

(4)可归责性

根据第280条第1款第2句,一旦H能够证明自己无须对义务违反负责,因义务违反而生的损害赔偿请求权就被排除。

①自己行为

H没有亲自更换机油,所以排除第276条的可归责性。因为他雇用的P一直以来都是可靠的,所以看不出有选任上的过错。在此范围内,H可以推翻第280条第1款第2句的推定。

②为履行辅助人承担责任

然而还要检验的是,是否能依第278条将P的行为归咎于H。为此,P必须是H和K债务关系中的履行辅助人。在更换机油时,H和K之间因承揽合同而有债务关系。H是有意将P纳入其义务的履行的,所以可视P为其履行辅助人。

此外,P须在履行H对K的义务时有过错。没有正确地更换机油涉及H在承揽合同中的主给付义务,H委托P来履行该义务。因此,P是在"履行"H的义务。因为P忘了拧紧排油螺丝,所以未尽到交易上必要的注意,其行为有第276条第2款意义上的过失。因此,H必须让其履行辅助人的过失归于自己,为其义务违反负责。

(5)第249条及以下条文规定的损害和赔偿

依第634条第4项、第280条第1款和第3款、第283条,法律后果是K可以要求替代无瑕疵的更换机油的损害赔偿。但替代给付的损害赔偿涉及的仅仅是瑕疵损害,也就是工作成果不符合约定。不可修复的发动机损害、由此产生的拖车费和CD的丧失都不属于瑕疵损害。K可以就有瑕疵的更换机油,根据第251条第1款要求金钱损害赔偿。K的验收并不影响第640条第2款的请求权。

(6)结论

10　　K可以根据第634条第4项、第280条第1款、第3款和第283条要求返还报酬。

2. K以第634条第4项、第280条第1款为据的要求赔偿发动机损害和拖车费的请求权

11　　K对H可能有以第634条第4项结合第280条第1款为据的损害赔偿请求权。

(1)债务关系、义务违反和其他条件,可归责性

12　　正如前文确认的,因承揽合同存在债务关系(见上文边码2)。H因瑕疵提出给付,违反了第633条第1款的义务(见上文边码3)。H应就其义务违反负责(见上文边码5及以下)。

13　　在义务违反层面(就)存在的问题是,K是否因义务违反能当然要求(与给付并存的)损害赔偿,即要求赔偿发动机损害和拖车费;抑或仍必须满足第280条第3款就替代给付的损害赔偿规定的条件,因为毕竟这还是涉及瑕疵给付的后果。但是发动机损害和拖车费不涉及瑕疵损害,即不涉及劣质的承揽工作成果,而是在K的其他财产上发生的瑕疵结果损害。此处不涉及K就给付和对待给付完全价值上享有的等值利益,而是涉及其他财产上的完整性利益。最后,H因瑕疵给付违反了第241条第2款的禁止加害禁令。因此,此处涉及的是与H给付并存的损害赔偿,根据第280条第1款无须更多前提条件即能获赔。

14　　尽管如此,仍有学说因这类案件中的不适约履行,考虑将这些损害归入第280条第3款和第281条及以下条文规定的损害,假如其前提条件在本案也已经满足(参见上文边码4)。与此相反,根据适切的主流观点,第280条第3款和第281条及以下条文的保护目的和瑕

疵结果损害无关。此处不存在以第281条第1款第1句原则上要求的指定期限来改变的可能,即阻止损害的发生。因此,替代给付的损害赔偿不包含瑕疵结果损害,剩下的是,只能依第280条第1款要求赔偿。

(2)第249条及以下条文规定的损害和赔偿

法律后果是,K能够要求赔偿因瑕疵更换机油引起的损害(第634条第4项结合第280条第1款)。属于该损害的不仅有发动机损害,还有由此引起的拖车费用。K可以依第251条第1款要求该两项损害的金钱赔偿。因为K在此不知道瑕疵,依第640条第2款,验收工作成果不影响其请求权。

(3)结论

K可以根据第634条第4项、第280条第1款,要求H赔偿发动机损害和拖车费。

3.以第831条第1款第1句为据要求赔偿发动机损害和拖车费的请求权

K要求赔偿两项损失的请求权可能源自第831条第1款第1句。

(1)P作为事务辅助人

就此,P须作为H的事务辅助人。事务辅助人是指基于事务处理者本人的意思和意愿为其工作,且服从其指示的人。因为H作为事务本人可以随时限制或终止P的活动,且可决定其活动的时间和范围,所以H和其伙计的关系符合这些前提条件。基于其雇员的地位,通常要求的P在社会地位上依附于H的关系也成立。

(2)事实构成该当的不法侵权行为

此外,P必须不法地实现了第823条及以下条文规定的侵权行为的客观事实构成。本案中涉及的是第823条第1款中的侵犯所有权:P忘记在更换机油后拧紧排油螺丝,由此导致了K汽车的发动机损害。在此意义上[3],存在所有权侵害,并未见正当化事由。因此,存在事务辅助人 P 的事实构成该当的不法侵权行为。

(3)在执行事务过程中

因为更换机油属于委任给 P 的事务领域,是因执行事务而引起的所有权侵害。

(4)依第 831 条第 1 款第 2 句免责

第 831 条将事务处理者本人的赔偿义务系于推定的自身过错。因为本案中存在事务辅助人引起的不法加害,根据第 831 条第 1 款第 2 句第 1 半句,会产生对受害人 K 有利的,须由事务本人 H 推翻的推定,即 H 没有充分选任或监督其辅助人。因为 P 直至执行受托事务前,一直都正常履职,H 能够成功反证。

(5)结论

K 对 H 的请求权根据第 831 条无法成立。

(二)问题 2

1. K 对 H 以第 280 条第 1 款为据的请求权

K 可能对 H 有依第 280 条第 1 款要求赔偿 CD 的请求权。

(1)成立的债务关系

当事人缔结了承揽合同(见上文边码 2)。

(2)义务违反

必须要有义务违反(第 280 条第 1 款第 1 句)。一方面,正常更换机油才是承揽合同中的给付义务,而这同偷窃 CD 毫无关系。另一方面,承揽人有保护义务,以防止汽车遭受侵害,避免交托之车里的东西被侵占,以可期待的方式阻止第三人行窃(第 241 条第 2 款)。[4] 偷盗

---

[3] 相反,拖车费仅涉及 K 的财产,但能作为与侵害所有权有相当因果关系的后果而可赔偿。

[4] Palandt/Grüneberg, §241 Rn.7, §280 Rn.28a; BGH NJW 1983, 113.

CD客观地违反了该义务。[5]

提示:如果不像本案中那样已经在设问中区分了不同的义务违反,也必须要知道这种区分。因为在责任范围因果关系中,要求相关损害恰好以确定的义务违反为基础。因此,在义务违反阶段就要精准地明确,债务人因何违反了义务清单。对违反第241条第2款的附随义务尤其如此。

①因自己行为的义务违反

H自己可能有义务违反的行为。H对K不仅有自己不从被交托的车中偷窃的义务,还必须在未亲自打理车时,将履行给付义务和遵守保护义务托付给审慎选择的辅助人。H在委托P时就将遵守保护义务默示交托给了他。P在过去就曾违反义务的依据不存在。也不能指责H离开了修车厂,又没有安排监督人员。如果认为事务处理者本人短暂不在场期间还要专门派人监督以可靠著称的辅助人,将超过可期待的保护义务范围。因此,应否定自己义务违反。

②P行为的可归咎性

P的行为可能依第278条归于H。但是,根据文义,本条仅是在可归责性上将他人的过错归于债务人。恰恰是因为义务违反本身是可归责的,所以需要履行辅助人行为的可归咎性。正如已经确认的那样,P是H对K债务关系中的履行辅助人(见上文边码7),且涉及的是第241条第2款的义务。其行为导致了义务违反(见上文边码23)。有争议的是,这是否已经足以让P的盗窃行为依第278条归属于H,抑或还需要额外条件,即履行辅助人必须正是"在履行"受托事

---

[5] 债权人承担义务违反要件的证明责任,即便因责任领域的观点(Palandt/Grüneberg, §280 RN.37),此处债权人的证明负担可减轻。若未陈述并证明义务违反的事实构成,债权人是无法援引第2句中对可归责性的推定的,参见BT-Drs.14/6040, 136。对在第280条第1款中区分义务违反和可归责性的批评,参见Canaris, JZ 2001, 499, 512,其认为要融合第280条及以下的不履行和义务违反的术语JZ 2001, 499, 523。

务时,而非仅仅"凑巧"这么做的。

29　　根据通说,辅助人的错误行为必须属于债务人为履行自己的义务交托给他的活动范围内。[6] 如果辅助人的错误行为离债务人交托的任务如此之远,以至于从第三人视角看,辅助人的行为和交托任务的一般范围之间不再有可识别的联系,则应否定事务处理者本人对辅助人擅自作主行为的责任。[7] 因为 P 偷盗是和执行受托任务无关的行为,且原则上任何侵权的第三人都可能这么做,则依通说,依第 278 条归咎的前提不成立。

30　　相反的观点在与本案类似的案件中指出,从合同中亦可推出不侵害债权人法益的义务(参考现行法第 241 条第 2 款)。如果债务人使用辅助人,就会将自己对因执行受托事务被直接交托的物的保护义务移转给辅助人。[8] 假如 H 自己更换了机油并侵占了车中的 CD,则他要依第 280 条对 K 负损害赔偿责任。相反,在合同履行中引入 P 不应让 K 处于更不利的境地。正是 H 让 P 履行承揽合同,才使 P 有机会盗窃。因此,H 必须原则上将其"影响"归于自己(其他观点亦有道理)。

(3)可归责性

31　　履行辅助人 P 故意,也就是有过错地违反了第 241 条第 2 款的保护义务。根据第 278 条,该过错可归于 H。

(4)损害

32　　因为义务违反,K 丧失了 CD 的占有。因为 H 不能让 K 重获占有(第 249 条第 1 款),对 K 负有价值赔偿义务(第 251 条第 1 款)。

(5)结论

33　　因此,H 依第 280 条第 1 款对 K 负损害赔偿责任。

---

[6] BGHZ 31,358,366;114,263,270;Palandt/Grüneberg,§278 Rn.20.

[7] BGHZ 23,319,323;Palandt/Grüneberg,§278 Rn.20.

[8] 参见 Medicus/Lorenz I, Rn. 391,其认为只要辅助人因交托的事务而更容易实施加害行为,则应始终认为第 278 条是可适用的。

2. 以第 831 条第 1 款第 1 句为据的请求权

此外,还需再次考虑 K 对 H 以第 831 条第 1 款第 1 句为据的请求权:P 作为 H 的事务辅助人(参见边码 18),以盗窃的方式不法地为侵权行为。

有疑问的仅仅是,这是否发生在"执行事务"过程中。此处,通说再一次指出,依其种类和目的,委托给 P 的事务和加害行为之间没有直接关联[9],所以第 831 条的责任成立事实构成就已经无法满足了。但是更有说服力的是,在本案中还是应以属于"执行事务"中的行为为出发点,因为正是通过使用辅助人实现了典型风险。[10] 因此,第 831 条第 1 款第 1 句的事实构成满足(其他观点亦有道理)。

因为 H 作为事务处理者本人可以根据第 831 条第 1 款第 2 句就 P 的侵权行为免责(见上文边码 19),请求权依第 831 条第 1 款第 2 句不成立。

---

[9] Vgl. BGHZ 11,151,153.
[10] Vgl. Larenz/Canaris, S. 480.

案件 40　谁付款给中介人？

一、案件事实

艾格纳（Eigner, E）是土地的单独所有权人，该土地上有一栋需翻修的独栋住宅，他想出售该住宅。为了找到合适的买家，E 在 4 月 3 日造访了中介人迈尔（Mayr, M），和其签订了独家委托合同，并授予其出卖房屋的代理权，最低售价为 15 万欧元。E 在半年内受不可撤回委托的拘束，且对 M 负有支付获得价款加增值税总额 3%的佣金的义务。

M 努力地寻找买家，其中包括在报纸上发布的广告，内容为："受顾客委托出售：雷根斯堡的独栋房屋，康纳德社区，需翻修……17 万欧元，中介事务所 M。"当 M 已经不指望能成功找到买家时，考泽（Kause, K）先生于 9 月 10 日因广告联系了 M。M 立刻将附有详尽说明的报告发给了 K。当中说明售价包含 17 万欧元和佣金。M 在报告中还加入了一般交易条件，当中说除非另有约定，应为 M 的中介活动支付买卖价金外加增值税总额的 3%作为佣金。

接下来的一切进展非常顺利。E 和 K 于 5 月 19 日一起拜访了公证人，在其面前签订了买卖合同，同时表示了不动产所有权让与合意。合同中还约定：

"此外，双方还一致同意，应给予中介事务所 M 数额为买卖价金和增值税总额 3%的佣金，该笔佣金应在不动产所有权让与合意预告登记后由买受人支付。"

9月21日,在K收到合同公证书之后,M要求K支付数额为买卖价金和增值税总额3%的佣金——M有权吗?

二、前期思考

这一案件让人想起两件事:一件是要将合同缔结作为潜在的问题予以关注,另一件是私法自治可以给予债法中当事人的形成法律关系的可能性,本案中是利益第三人合同(第328条第1款)。

M对K要求支付中介佣金的请求权可能首先源自双方签订的中介合同(第652条)。就和买受意向人之间何时达成中介合同,司法裁判已经发展出了非常精确的标准。在闭卷考试中一般不会期待学生回答此前在练习中没有介绍的特别知识。没有这种特别知识也不必紧张,可单纯通过第145条及以下条文解决合同缔结的问题。本案中有多种解决问题的合理方案,此外有关先例也不一致。根据判例,应拒绝承认本案中缔结了合同。如果认为缔结了中介合同,则该合同不需要具备第311b条第1款要求的形式,因为该条只有在客户直接或间接负有义务出让或取得不动产时才会类推适用[11],而本案中的K并非如此。

因此,佣金请求权只能源自利益第三人合同(第328条),根据案件的陈述可以相对容易地找到该合同。利益第三人合同并非独立的合同类型,而是合同中某种特殊的内容构造。这存在于几乎所有合同中,且能为第三人创造直接的给付请求权。[12] 当然,本案的特殊之处在于,第三人未像通常情况那样,取得土地买卖合同的两个主给付请求权当中的一个。但这不影响利益第三人合同成立。但是需要探究的是,是否仅存在在债务人和第三人之间有效的第329条意义上

---

〔11〕 详细讨论参见 MünchKomm/Roth, §652 Rn. 58ff. m. w. N。
〔12〕 MünchKomm/Gottwald, §328 Rn. 4.

的履行承担。但是就此处这种约定而言,第 329 条的解释规则通常不适用。此外还要探讨中介的双方媒介活动问题,以及释明中介佣金取决于不动产所有权移转合意预告登记的意义。此处涉及的是届期的约定。

  提示:法律并未界定这种请求权的届期概念。第 271 条第 1 款所说的时间点是指从债权人可以要求债务人履行时起就届期了。

三、提纲

(一) M 以第 652 条第 1 款第 1 句为据,要求 K 支付中介佣金的请求权 ································· 1
  1. M 的要约 ································· 3
  2. K 的要约 ································· 4
    [问题:K 应 M 的广告而为的问询是否已经构成缔结中介合同的要约?]
  3. M 的要约 ································· 8
    [问题:寄送说明并指示参照一般交易条件中的佣金请求权是否构成中介人的要约?]
  4. 结论 ································· 13
(二) M 对 K 以第 328 条第 1 款、第 652 条第 1 款第 1 句为据的请求权 ································· 14
  1. 合同缔结 ································· 15
  2. 利益第三人合同 ································· 16
    [问题:E 和 K 缔结的土地买卖合同是否构成第 328 条第 1 款意义上的纯粹利益第三人合同?]
  3. 佣金请求权成立的其他前提条件 ································· 20

4. 佣金请求权未失效，类推第 654 条 ·················· 22
5. 佣金届期 ··· 26
6. 结论 ··· 28

四、解答

(一) M 以第 652 条第 1 款第 1 句为据，要求 K 支付中介佣金的请求权

M 的请求权可能依第 652 条第 1 款第 1 句。就此，M 必须和 K 缔结了中介合同。 　1

提示：根据第 652 条第 1 款第 1 句，中介合同让中介人承担的义务是，要么报告缔约机会，要么充当媒介促成缔约。只要静静阅读法律条文，就能从中得出这一结果。报告中介人只需要为其客户提供信息，使其客户能够和另一方展开缔约磋商；并不承担额外的义务。相反，媒介中介人必须涉及合同缔结，即通常要介入磋商。E 和 M 的关系就属于媒介中介，因为 E 已经授予了 M 出售的代理权，而单纯报告机会是不需要这么做的。当然这只有在确定中介人是否已经如约履行时才会发挥作用。在确定合同是否缔结时，不一定非要讨论这一问题不可。　2

1. M 的要约

M 在报纸上刊登的广告可能包含缔结中介合同的要约。因为 M 只是描述了客体，仅提示存在"客户的委托"不足以表明有兴趣者是否必须和他缔约，因此广告缺乏第 145 条意义上的要约内容确定性。毋宁说从受领人视角（第 133、157 条）看，这是在寻找有兴趣者，M 并不希望受任何合同拘束（要约邀请）。在广告中不存在要约。　3

2. K 的要约

9 月 10 日，K 和 M 取得联系是否构成要约，必须通过受领人视　4

角(第 133、157 条)的解释方能释明。原则上可以认为当中包含要约。然而,中介人已经和出卖人处于合同关系中,并且(或者)对外也表明了这一点。在这种情况中,有兴趣者一开始可以认为中介人只是要为另一方提供服务。因为中介人了解这一点,所以不能将有兴趣者的联系当然视作缔结另一个中介合同的默示要约。只有当他对有兴趣者排除一切疑虑地清晰表明,不管其和出卖方有什么合同关系,他也愿意作为买受人的中介人提供服务,并希望为此获得佣金[13],才能将有兴趣者的问询视为要约(或承诺)。[14]

5　　这取决于广告是否毫无疑义地表明 M 希望从有兴趣者处获得佣金,并要缔结独立的中介合同。然而,考虑到中介事务所发布了广告的提示,且从第 653 条第 1 款出发,显而易见的是:如果根据情事,相关服务只有支付酬金才可期待获得,才能认为默示约定了中介报酬。如上文所述,要从受领人视角解释广告,其内容为 M 受客户委托出售土地。一名理智的有兴趣者会从中解读出,中介人已经和出卖人订立了合同。[15] 即便提示了中介人的性质,也不当然意味着 M 想和有兴趣者缔结中介合同。中介佣金可能加入嗣后达成的买卖合同的价金中,然后再付给中介人。因此,广告的内容并不清晰。因此,M 不能将 K 的问询理解为希望和其缔结中介合同。[16]

6　　　　提示:就在报纸广告中载明确定的佣金数额是否已足以表明中介人希望和有兴趣者缔结合同的问题,裁判并不统一。有的予以肯定,因为已经具备一切必要之点[17];有的予以否定,因为有兴趣者(本案中亦如此)可以一开始就认为中介人是基于和

---

[13]　BGH NJW 1981,2295; NJW 1986,1165.
[14]　BGH NJW-RR 1991, 371.
[15]　BGHZ 95,393,395; BGH WM 1991, 634,644.
[16]　Vgl. BGH WM 1971, 1098; NJW 1981, 2295; WM 1983, 764, 765; BGHZ 95, 393,395f.; OLG Düsseldorf NJW-RR 1997, 368.
[17]　BGH WM 1971,904; AIZ A 103 Bl. 64,引自 juris。

出卖人或出租人的合同而提供服务,因此并没有清楚表明,是否仅仅是希望最后要将佣金转嫁到买受人或承租人那儿承担。[18]

只有在中介人已经在确定客体前就要求支付佣金或将寻找客体系于佣金的约定时,才应另作判断。在这种中介活动中,合同在提及客体时就成立了(所谓报告中介合同)。[19]但本案中未出现这一情况。

3. M 的要约

最后,可能从发送说明书和重新提及佣金中看出有要约。

根据联邦最高法院的观点[20],在这种提示中通常就包含足够清楚的佣金要求,因为类似的条款在经济交往中普遍存在,且一般都作这般理解,即只要没有产生疑义的其他特别情事,买受人就必须支付佣金。如果买受人在佣金要求发出后,仍然利用中介人的服务,则合同订立。[21]

但是本案中的佣金应另作判断,因为它在说明书中是作为买卖价金的一部分出现的。[22] 因为提示在价金之外还要支付一笔佣金并不一定意味着有兴趣者要和中介人缔结合同。毋宁说,它还可以意味着出卖人在买卖合同中将依其和中介人合同应支付的佣金转嫁给了买受人。支持这一观点的还有佣金是作为买卖价金的一部分出现的[23],且嗣后在买卖合同中达成了相应的约定。

提示:嗣后出现的情况原则上可作为解释时的论据;虽然它无法再影响法律行为和意思表示的客观内容,但还是可以释明

---

[18] 比如 OLG Dresden NZM 1998,1016f.；OLG Düsseldorf NJW-RR 1997,368。
[19] MünchKomm/Roth,§652 Rn.95ff.；BGH NJW 1967,1365.
[20] BGH WM 1971, 904.
[21] BGH NJW 1984,232；VersR 1991, 774.
[22] Vgl. OLG Dresden NZM 1998, 1016f. m.w.N.
[23] OLG Hamm NJW-RR 1999,127,128.

当事人的真实意愿和他们对此前过程的理解。[24]

11 　　此外,只有中介人能清晰无误地向有兴趣者发出佣金请求。这可能会来自 M 在寄送说明书时附带的一般交易条件。该一般交易条件指明了 M 的中介活动所要求的佣金数额。当然会有寄送一般交易条件是否构成明确的指示的疑问。否定的观点认为:一方面,一般交易条件中的所有事项通常是以同样的字体表达的,所以具体的事项并未充分突出。以一般交易条件明确提示几无可能。另一方面,只有在事实上已经缔结了合同,一般交易条件才有意义。因此,一般交易条件通常不用于一开始就让合同订立。

12 　　因此,再次缺乏 M 对 K 明确无疑的佣金要求。没有要约,合同就不可能成立(其他观点亦有道理)。

　　4. 结论

13 　　M 没有对 K 以第 652 条第 1 款为据的请求权。

(二) M 对 K 以第 328 条第 1 款、第 652 条第 1 款第 1 句为据的请求权

14 　　M 对 K 可能有从利益第三人合同(第 328 条第 1 款)中获得的佣金请求权。

　　1. 合同缔结

15 　　E 和 K 已经缔结了形式上有效(第 311b 条第 1 款第 1 句)的土地买卖合同。

　　2. 利益第三人合同

16 　　需检验的是,该土地买卖合同是否包含真正利益第三人合同。就此,允诺人(债务人)和受诺人(债权人)必须达成为第三人创设债

---

[24] BGH NJW-RR 1998, 801, 803 m. w. N.

法上请求权的合意。本案中,E 和 K 是否愿意为 M 创设针对 K 的中介佣金请求权,需通过解释方能明晰(第 133、157 条)。

亦可纳入考量的有债务承担、债务加入或者单纯的履行承担(第 329 条)。这些制度的特征是,有他人的债务,而第三人愿意以单独且重新负责,共同负责或仅仅是为履行负责(不真正第三人利益合同)的方式参与其中。E 和 K 在买卖合同中约定 K 直接向 M 支付佣金。从合同条款中得不出这一债务和 E 在中介合同中应负的义务之间有关联的结论。[25]

17

该表述毋宁更支持 M 应获得独立的债权。第 328 条第 2 款的解释规则也支持朝这一方向解释,因为该条款完全是为 M 的利益而设,这和照料行为中的一样[26],且应当直接支付给 M,而非和价款一道通过公证人来支付。

18

因此,E 和 K 以中介合同的形式缔结了为 M 利益的真正利益第三人合同。K 因此负有直接向 M 支付相应佣金的义务。[27]

19

3. 佣金请求权成立的其他前提条件

因为该合同规定了为 M 利益的请求权,将其称为中介佣金,所以必须满足这种佣金请求权的额外要件(参照第 328 条第 2 款)。即主合同有效成立且就此要有作为原因的中介给付。

20

在土地买卖合同中约定买受人向中介人支付并非须始终如此。在私法自治的框架下,司法裁判也承认未实际提供中介给付的安排。中介人基于合同(或公司法的)关系,(通常)会在经济上维护出卖人利益。因此,中介人因存在利益冲突,只是为出卖人提供给付,而缺

21

---

[25] Vgl. Althammer, Die Maklerklausel im Grundstückskaufvertrag, 2004, S. 77ff.
[26] OLG Hamm NJW-RR 1996,627; Palandt/Grüneberg, § 328 Rn. 3.
[27] 接受买卖合同中的中介条款和利益第三人合同的有 BGH NJW 1996,655; OLG Hamm NJW-RR 1996,627 und NJW-RR 1996,1081。

乏真正对买受人的中介给付[28],比如作为出卖物的管理人时就是如此。但即便存在这种利益上的袒护且买受人知道,中介人仍能够以本案这种买卖合同的条款,通过第 328 条第 1 款获得对买受人的直接支付请求权。这一点是被承认的。因为该请求权——除非有不同的表达——不取决于中介给付存否。[29] 本案应作此认定,且第 652 条的其他前提条件已因主合同的缔结而得以满足。

4. 佣金请求权未失效,类推第 654 条

22　　当中介人违背合同内容,亦为他人谋划时,佣金请求权可能因中介人的双重行为而失效(第 654 条)。如果不想认为买卖合同的附加约定是真正的中介合同,则因其内容的近似性,也至少有类推适用该规范的可能。

23　　其前提当然是,M 分别是两个合同关系的当事人,可从两个合同中分别要求佣金,并因此会在当中一个合同中有背约行为;此外,第 654 条并不是希望阻止双重行为。[30] 但是,本案中 M 首先只是和 E 有合同关系,而不是和 K 有合同关系(见上文边码 4 及以下)。为其利益的合同也仅仅是创设了 M 对 K 的请求权。因此,第 654 条并不适用于本案。

24　　当然,在下述情况中至少要类推适用第 654 条[31],即同时进行的行为会导致中介人身份上的利益冲突。[32] 但在本案中,因双方当事

---

[28] BGHZ 112, 240, 241f.; BGH NJW-RR 1998, 992, 993; 批评见 MünchKomm/Roth, § 652 Rn. 120。

[29] BGHZ 112, 240, 241f.; 138, 170, 171f.; Althammer, Die Maklerklausel im Grundstückskaufvertrage, 2004, S. 77ff., 100ff. m. w. N.; MünchKomm/Gottwald, § 328 RN. 79 m. w. N.

[30] BGHZ 61,17; BGH WM 1992,279,281; OLG Hamm NJW-RR 1994,125; Palandt/Sprau, § 654 Rn. 4。

[31] 在细节上极有争议,参照 Hk/Ebert, § 654 Rn. 2ff. m. w. N。

[32] MünchKomm/Roth, § 654 Rn. 9; Palandt/Sprau, § 654 Rn. 4f。

人一致同意创设佣金请求权而找不到根据。[33] 因此,佣金请求权并未失效。

提示:第 654 条的标题是"报酬请求权的失效"。不可以将中介合同中的这一现象和一般的权利失效制度混淆。一般权利失效针对的是第 242 条中的嗣后背信行使权利的情况。真正意义上的权利失效和诉讼时效比较接近。[34] 相反,在中介合同中,涉及的是利益冲突的法律后果,即最终是涉及违反第 241 条第 2 款的后果。

5. 佣金届期

只有在移转不动产所有权的合意被预告登记后,M 依买卖合同享有的对 K 的佣金请求权才届期。双方当事人就届期达成了合意,即从何时起 M 作为债权人可以要求其债务人履行(参照第 271 条第 1 款)。因为约定的届期前提条件至今没有出现,所以该请求权尚未届期。

提示:此处涉及的并非第 158 条第 1 款意义上的生效条件,它会导致整个法律行为的效力系于将来事件的发生。本案中它只是关于届期条件的合同约定[35],并将其系于将来的事件。

6. 结论

M 对 K 有要求支付佣金的请求权,但尚未届期。

---

[33] 赞同原则上容许媒介中介人的双重行为的有 Soergel/Mormann,§654 Rn. 1;持怀疑态度的有 Palandt/Sprau,§654 Rn. 8;完全拒斥的有 MünchKomm/Roth,§654 Rn. 9。
[34] 关于权利失效,参见 Hk/Schulze,§242 Rn. 42ff. m. w. N。
[35] BGH NJW-RR 1998,801,802; Palandt/Ellenberger, Einf. v. §158 Rn. 3.

缩略语表

缩略语	德文词条	词条译文
a.A.	anderer Ansicht	不同观点
a.a.O.	am angegebenen Ort	在已述之处
a.E.	am Ende	在末尾
a.F.	alte Fassung	旧版
a.M.	anderer Meinung	其他观点
abl.	ablehnend	拒绝的
ABl.EG	Amtsblatt der Europäischen Gemeinschaften	《欧共体公报》
Abs.	Absatz	款
abw.	abweichend	与此不同
AcP	Archiv für die civilistische Praxis (Zeitschrift)	《民法实务档案》(杂志)
AEUV	Vertrag über die Arbeitsweise der Europäischen Union (früher: EG-Vertrag)	《欧盟工作机制条约》(此前的《欧共体条约》)
AG	Amtsgericht	地方法院(初等法院)
AGB	Allgemeine Geschäftsbedingungen	一般交易条件
AGB-Banken	Allgemeine Geschäftsbedingungen der Banken	银行的一般交易条件
AGBG	Gesetz über die Allgemeinen Geschäftsbedingungen (a.F.)	《一般交易条件法》(旧版)
AgrarR	Agrar-und Umweltrecht (Zeitschrift)	《农业与环境法》(杂志)
AIZ	Allgemeine Immobilienzeitung	《不动产汇报》

(续表)

缩略语	德文词条	词条译文
allg.	allgemein	一般
Alt.	Alternative	可能的情况
allg.M.	allgemeine Meinung	主流观点
Anm.	Anmerkung	评论
ausf.	ausführlich	详尽地
AP	Arbeitsgerichtliche Praxis (Zeitschrift)	《劳动法院实务》(杂志)
ArbPlSchG	Arbeitsplatzschutzgesetz	《工作岗位保护法》
arg.	argumentum e	依据
Art.	Artikel	条
AuA	Arbeit und Arbeitsrecht (Zeitschrift)	《劳动和劳动法》(杂志)
Aufl.	Auflage	版
AuR	Arbeit und Recht (Zeitschrift)	《劳动和法律》(杂志)
BAG	Bundesarbeitsgericht (http://www.bundesarbeitsgericht.de)	联邦劳动法院
BAGE	amtliche Entscheidungssammlung des BAG	《联邦劳动法院官方判决集》
BauR	Baurecht (Zeitschrift)	《建筑法》(杂志)
BB	Betriebs-Berater (Zeitschrift)	《企业顾问》(杂志)
Bd	Band	卷
Begr. zum RegE	Begründung zum Regierungsentwurf	《政府草案理由书》
bes.	besonders	尤其是
BGB	Bürgerliches Gesetzbuch	《民法典》
BGBL	Bundesgesetzblatt (http://www.bundesanzeiger.de/bgbll.htm)	《联邦法律公报》

(续表)

缩略语	德文词条	词条译文
BGH	Bundesgerichtshof (http://www.bundesgerichtshof.de)	联邦最高法院
BGHZ	Entscheidungen des Bundesgerichtshofs in Zivilsachen (zitiert nach Band und Seite)	《联邦最高法院民事判决集》
BR-Drs.	Bundesratsdrucksache	《联邦参议院公报》
BReg	Bundesregierung	联邦政府
BT-Drs.	Bundestagsdrucksache (zitiert nach Legislaturperiode/laufende Nummer)	《联邦议会公报》
BVerfG	Bundesverfassungsgericht (http://www.bverfg.de)	联邦宪法法院
BVerfGE	amtliche Entscheidungssammlung des BVerfG	《联邦宪法法院官方判决集》
bzgl.	bezüglich	涉及
bzw.	beziehungsweise	或者更确切地说
c.i.c.	culpa in contrahendo	缔约过失
ca.	cirka	大约
CR	Computer und Recht (Zeitschrift)	《计算机和法》（杂志）
d.h.	das heißt	意即
DB	Der Betrieb (Zeitschrift)	《企业经营》（杂志）
ders.	derselbe	这一
dies.	dieselbe(n)	这一
DuD	Datenschutz und Datensicherheit (Zeitschrift) (http://www.dud.de)	《数据保护与数据安全》（杂志）
EG	Europäische Gemeinschaft/Vertrag über die Gründung der Europäischen Gemeinschaft	欧共体/《成立欧共体条约》
EGBGB	Einführungsgesetz zum BGB	《民法典施行法》

(续表)

缩略语	德文词条	词条译文
entspr.	entsprechend	符合
etc.	et cetera	以及
EU	Europäische Union (http://www.europa.eu.int)	欧洲联盟(欧盟)
EU-Kommission	Europäische Kommission	欧盟委员会
EuGH	Gerichtshof der Europäischen Union (http://www.curia.eu.int)	欧洲法院
EuGHE	Sammlung der Rechtsprechung des Gerichtshofs und des Gerichts Erster Instanz der Europäischen Union	《欧洲法院和欧盟一审法院判决集》
EuZW	Europäische Zeitschrift für Wirtschaftsrecht	《欧洲经济法杂志》
EWG	Europäische Wirtschaftsgemeinschaft	欧洲经济共同体
f.	folgende	以下
ff.	folgende (Mehrzahl)	以下(复数)
Fn.	Fußnote	脚注
FS	Festschrift	祝寿文集
Gem.	gemäß	根据
GG	Grundgesetz für die Bundesrepublik Deutschland	《基本法》
GmbH	Gesellschaft mit beschränkter Haftung	有限责任公司
GoA	Geschäftsführung ohne Auftrag	无因管理
grdl.	grundlegend	基本的
grds.	grundsätzlich	原则上
h.L.	herrschende Lehre	通说
h.M.	herrschende Meinung	主流意见
HGB	Handelsgesetzbuch	《商法典》

(续表)

缩略语	德文词条	词条译文
Hrsg.	Herausgeber	主编
Hs.	Halbsatz	半句
i.d.F.	in der Fassung	在其版本中
i.d.R.	in der Regel	通常
i.E.	im Ergebnis	结果上
i.H.v.	in Höhe von	数量是
i.S.d.	im Sinne des/im Sinne der	在……意义上
i.S.v.	im Sinne von	在……意义上
i.V.m.	in Verbindung mit	结合
insb.	insbesondere	尤其
JA	Juristische Arbeitsblätter (Zeitschrift)	《法学工作报》(杂志)
JR	Juristische Rundschau (Zeitschrift)	《法学评论》(杂志)
Jura	Juristische Ausbildung (Zeitschrift)	《法学学习》(杂志)
JuS	Juristische Schulung (Zeitschrift)	《法学教育》(杂志)
JZ	Juristen-Zeitung (Zeitschrift)	《法学者报》(杂志)
K&R	Kommunikation & Recht (Zeitschrift)	《交往与法》(杂志)
krit.	kritisch	批评性的
LG	Landgericht	州法院
lit.	littera (Buchstabe)	条
m.Anm.	mit Anmerkung (von ... [Autorenname])	(某作者)的评论
m.N.	mit Nachweisen	有证明
m.w.N.	mit weiteren Nachweisen	有进一步证明
MDR	Monatsschrift für Deutsches Recht (Zeitschrift)	《德国法月刊》(杂志)
MMR	MultiMedia und Recht (Zeitschrift)	《多媒体与法》(杂志)

(续表)

缩略语	德文词条	词条译文
Mot.	Motive zum BGB	《民法典（一草）立法理由书》
n.F.	neue Fassung	新版
NJW	Neue Juristische Wochenschrift (Zeitschrift)	《新法学周刊》（杂志）
NJW-RR	Neue Juristische Wochenschrift-Rechtsprechungsreport-Zivilrecht (Zeitschrift)	《新法学周刊—司法裁判报告-民法》（杂志）
Nr.	Nummer	项
NZA	Neue Zeitschrift für Arbeitsrecht	《新劳动法杂志》
OLG	Oberlandesgericht	州高等法院
OLG Rspr.	Die Rechtsprechung der Oberlandesgerichte auf dem Gebiete des Zivilrechts	州高等法院在民法领域的判决
OLGZ	Entscheidungen der Oberlandesgerichte in Zivilsachen	州高等法院民事判决
PFV (pVV)	positive Forderungsverletzung (Vertragsverletzung)	积极侵害债权（侵害合同）
ProdHaftG	Produkthaftungsgesetz	《产品责任法》
RdA	Recht der Arbeit (Zeitschrift)	《劳动法》（杂志）
RG	Reichsgericht	帝国法院
RGZ	Entscheidungen des Reichsgerichts in Zivilsachen	《帝国法院民事判决集》
RL	Richtlinie	指令
Rn.	Randnummer	边码
RRa	ReiseRecht aktuell (Zeitschrift)	《最新旅游法》（杂志）
Rspr.	Rechtsprechung	司法裁判
S.	Satz oder Seite	句或页
s.	siehe	见

(续表)

缩略语	德文词条	词条译文
s.o.	siehe oben	见上文
s.u.	siehe unten	见下文
sog.	so genannt/ e/r/ s	所谓
st.Rspr.	ständige Rechtsprechung	一直以来的判决
StGB	Strafgesetzbuch	《刑法典》
str.	streitig	有争议的
TDG	Teledienstegesetz	《电信服务法》
u.a.	unter anderem	此外
u.U.	unter Umständen	有可能
UAbs.	Unterabsatz	次款
Urt.	Urteil	判决
v.	vom	……的
VerbrGK-RL	Richtlinie 99/44/EG... zu bestimmten Aspekten des Verbrauchsgüterkaufs und der Garantien für Verbrauchsgüter	《欧盟就消费品买卖和消费品保证的指令》
VerbrR-RL	Richtlinie 2011/83/EU ... über die Rechte der Verbraucher	《欧盟消费者权利指令》
VersR	Versicherungsrecht (Zeitschrift)	《保险法》(杂志)
vgl.	vergleiche	参见
Vorbem.	Vorbemerkung	引言
VuR	Verbraucher und Recht (Zeitschrift)	《消费者和法律》(杂志)
WM	Wertpapiermitteilungen (Zeitschrift)	《有价证券法通讯》(杂志)
WRP	Wettbewerb in Recht und Praxis (Zeitschrift)	《法律和实践中的竞争》(杂志)
z.B.	zum Beispiel	例如

(续表)

缩略语	德文词条	词条译文
ZEuP	Zeitschrift für Europäisches Privatrecht	《欧洲私法杂志》
ZfA	Zeitschrift für Arbeitsrecht	《劳动法杂志》
ZGS	Zeitschrift für das gesamte Schuldrecht	《债法综合杂志》
ZHR	Zeitschrift für das gesamte Handels-und Wirtschaftsrecht	《商法和经济法综合杂志》
ZIP	Zeitschrift für Wirtschaftsrecht	《经济法杂志》
ZPO	Zivilprozessordnung	《民事诉讼法》
ZRP	Zeitschrift für Rechtspolitik	《法政治杂志》
zust.	zustimmend	赞同的
ZVglRWiss	Zeitschrift für vergleichende Rechtswissenschaft	《比较法学杂志》

说明:未进一步标注法条来源的皆为《民法典》的条文。

文献缩写

缩写	全称
Ak/Bearbeiter	Kommentar zum BGB (Reihe Alternativkommentare), 1979ff.
AnwK/Bearbeiter	Dauner-Lieb u.a., AnwaltKommentar BGB, 2.Aufl., 2012
Bamberger/Roth/Bearbeiter	Bamberger/Roth, BGB, Kommentar, 3. Aufl., 2012(<= BeckOK BGB)
Baumbach/Hopt/Bearbeiter	Baumbach/Hopt, HGB, Kommentar, 36.Aufl., 2014
Baur/Stürner	Baur/Stürner, Sachenrecht, 18. Aufl., 2009
Becker	Becker, Vertragliche Schuldverhältnisse-Eine Fallsammlung mit Lösungen in Gegenüberstellung von neuem und altem Schuldrecht, 2002
Brox/Walker, AS	Brox/Walker, Allgemeines Schuldrecht, 38. Aufl., 2014
Brox/Walker, BS	Brox/Walker, Besonderes Schuldrecht, 38. Aufl., 2014
Ehmann/Sutschet	Ehmann/Sutschet, Modernisiertes Schuldrecht, 2002
Emmerich	Emmerich, Das Recht der Leistungsstörungen, 6. Aufl., 2005
Enneccerus/Lehmann	Enneccerus/Lehmann, Lehrbuch des Bürgerlichen Rechts, Bd. 2: Recht der Schuldverhältnisse, 1958
Erman/Bearbeiter	Erman, BGB, Kommentar, 13.Aufl., 2011
Esser/Weyers	Esser/Weyers, Schuldrecht, Bd. 2: Besonderer Teil, Teilbd.1: Verträge, 8.Aufl., 1998
Fritzsche, Fälle AT	Fritzsche, Fälle zum BGB, Allgemeiner Teil, 5. Aufl., 2014

(续表)

缩写	全称
Fritzsche, Fälle SchR II	Fritzsche, Fälle zum Schuldrecht, 8.Aufl., 2013
Hk/Bearbeiter	Dörner u.a., Handkommentar zum BGB, 8.Aufl., 2014
Hoeren/Martinek/Bearbeiter	Hoeren/Martinek, Systematischer Kommentar zum Kaufrecht, 2002
Huber/Faust	Huber/Faust, Schuldrechtsmodernisierung, Einführung in das neue Recht, 2002
Jauernig/Bearbeiter	Jauernig, BGB, Kommentar, 15. Aufl., 2014
Kaiser	Kaiser, Bürgerliches Recht, 12.Aufl., 2009
Köhler	Köhler, Allgemeiner Teil, 37.Aufl., 2013
Kropholler	Kropholler, Studienkommentar BGB, 14. Aufl., 2013
Larenz I bzw. II/1	Larenz, Lehrbuch des Schuldrechts, Bd I: Allgemeiner Teil, 14.Aufl., 1987; Bd. II, Teilbd. 1: Besonderer Teil, 13. Aufl., 1986
Larenz/Canaris	Larenz/Canaris, Lehrbuch des Schuldrechts, Bd. II Teilbd. 2: Besonderer Teil 2, 13. Aufl., 1994
Looschelders, SAT	Looschelders, Schuldrecht Allgemeiner Teil, 11. Aufl., 2013
Looschelders, SBT	Looschelders, Schuldrecht Besonderer Teil, 9.Aufl., 2014
Lorenz/Riehm	Lorenz/Riehm, Lehrbuch zu neuen Schuldrecht, 2002
Medicus/Lorenz I	Medicus/Lorenz, Schuldrecht I, Allgemeines Schuldrecht, 20.Aufl., 2012
Medicus/Lorenz II	Medicus/Lorenz, Schuldrecht II, Besonderes Schuldrecht, 24.Aufl., 2013
Medicus/Petersen	Medicus/Petersen, Bürgerliches Recht, 24.Aufl., 2013
MünchKomm/Bearbeiter	Münchener Kommentar zum BGB, 6.Aufl., 2012ff.
Musielak	Musielak, Grundkurs BGB, 13.Aufl., 2013
NK-BGB/Bearbeiter	Nomos Kommentar zum BGB, 2.Aufl., 2012

(续表)

缩写	全称
Oechsler	Oechsler, Vertragliche Schuldverhältnisse, 2.Aufl., 2007
Oertmann	Oertmann, Recht der bürgerlichen Gesetzbuches, Bd.2: Schuldrecht, Teilbd.2: Die einzelnen Schuldver-hältnisse, 1907
Oetker/Maultzsch	Oetker/Maultzsch, Vertragliche Schuldverhältnisse, 4. Aufl., 2013
Palandt/Bearbeiter	Palandt, BGB, Kommentar, 73.Aufl., 2014
Reinicke/Tiedtke	Reinicke/Tiedtke, Kaufrecht, 8.Aufl., 2009
RGRK/Bearbeiter	Kommentar zum BGB, herausgegeben von Mitgliedern des BGH, 12.Aufl., 1974ff.
Schwab/Witt	Schwab/Witt(Hrsg.), Examenswissen zum neuen Schuldrecht, 2.Aufl., 2003
Schwarz/Wandt	Schwarz/Wandt, Gesetzliche Schuldverhältnisse, 6. Aufl., 2014
Soergel/Bearbeiter	Soergel, BGB, Kommentar, 13. Aufl., 1999ff.
Staudinger/Bearbeiter	v. Staudinger, Kommentar zum BGB, fortlaufende Neuarbeitungen (mit Jahresangabe)

关键词索引

术语	译文	所在案号
A		
Ablaufhemmung	时效不完成	28
Ablieferung	交货（交付）	19, 24, 25, 28, 31, 32
Abnahme	受领	31, 38, 39
Abtretung	债权让与	3, 5, 22, 23
-vertrag	债权让与合同	22, 23
-Voraussetzungen der wirksamen~	有效债权让与的要件	22, 23
AGB	见 Allgemeine Geschäftsbedingungen	
Aliud-Lieferung	异物给付	26, 30
Allgemeine Geschäftsbedingungen (AGB)	一般交易条件	1, 13, 24, 25, 28, 31, 35, 40
-Auslegung	一般交易条件的解释	24, 28, 35
-Einbeziehung in Vertrag	一般交易条件订入合同	1, 24, 35
-Inhaltskontrolle	一般交易条件的内容审查	1, 24, 31, 35
-Überwälzung von Pflichten	一般交易条件转嫁义务	35
-Unklarheitenregel	一般交易条件不明的解释规则	24, 28
-Unwirksamkeit	一般交易条件的无效	1, 24, 25

(续表)

术语	译文	所在案号
Alternativverhalten, rechtsmäßiges	替代行为,合法的替代行为	28,29
Analogie	类推	12,15,31
-zu § 133 BGB	-对《民法典》第 133 条的类推	4
Anerkenntnis	承认	3
Angebot der Leistung	提出给付	9
-entbehrliches	无须提出给付	9
-tatsächliches	实际提出给付	9
-wörtliches	言辞(口头)提出给付	9
Anfängliche Leistunghindernisse	自始给付障碍	4,19,31,35
Anfechtung	撤销	4, 19, 20, 24, 25, 30,32,33
Angemessenheit der Frist	期间的适当性	4, 11, 14, 15, 17, 24,25,26,31,32
Annahmeverzug	受领迟延	9,10,14-16
-Angebot der Leistung	见上文	
-Leistungsbereitschaft	给付准备妥当	9,16
Annahmewille	受领意愿	3
Anpassung des Vertrags	合同调整	19,33,34,35
Anscheinsbeweis	表见证明(证据)	2
Äquivalenzinteresse	等价利益	28
Arbeitsnehmerhaftung	雇员责任	36
Arbeitsvertrag	劳动合同	7,36
Arglistanfechtung	恶意欺诈撤销	24,25,32

(续表)

术语	译文	所在案号
Arglistiges Verschweigen	恶意隐瞒	19, 24, 25, 26, 28, 31, 32
Aufrechnung	抵销	12, 17, 23
-Ausschluss	抵销的排除	23
-serklärung	抵销表示	23
-sklage	抵销之诉	23
-Wirkung	抵销效力	23
Aufwendungen	支出费用	4, 6, 8, 11, 13, 19, 31, 32, 37-39
Aufwendungensersatz	支出费用补偿	4, 11, 24, 25, 31, 37-39
Ausbaukosten	拆除费用	27, 31
Auslegung	解释	2, 3, 4, 8, 9, 14, 15, 19, 24, 25, 28, 31, 33, 35, 37, 40
-ergänzende	补充解释	33
-richtlinienkonforme	合指令解释	27
-von §102 Abs.2,3 BGB	对《民法典》第102条第2款和第3款的解释	2
-von AGB	对一般交易条件的解释	24, 28, 35
Auslegungsregel	解释规则	8, 15, 40
Ausschluss	排除	(无)
-der Anfechtung	排除撤销	19
-des Anspruchs aus §312a Abs.2 BGB	排除《民法典》第312a条第2款的请求权	4
-des Bereicherungsanspruchs	排除不当得利请求权	35

(续表)

术语	译文	所在案号
-der Gegenleisutngspflicht	排除对待给付义务	4,7,35
-der Leistungspflicht	排除给付义务	4,11,24,25,35
B		
Bankgeheimnis	银行秘密	13
Bankvertrag	银行合同	13
Bargeldlose Zahlung	非现金支付	3
Bedingungseintritt	条件成就	15
Bei Gelegenheit der Erfüllung oder Verrichtung	借履行或工作之机	38,39
Berechtige Interessen	正当利益	13
Bereicherungsherausgabe nach Rücktritt	解除后的得利返还	19
Beschaffenheitsgarantie	品质保证	24,25
Beschaffenheitsvereinbarung	品质约定	19,24,25,26,29,31,32,39
Beschaffungspflicht	置办义务	4,6,8,19,31,33
Beschaffungsrisiko	置办风险	6,8,10,17,31,33
Besitzverschaffung(spflicht)	创设占有(的义务)	32
Betriebliche Tätigkeit	经营活动	36
Betriebsausfallschaden	营业损失	29
Beweislastumkehr	证明责任倒置	2,31
Bewirken der geschuldeten Leistung	实现负担之给付	3
BGB-InfoV	《旅行举办义务人信息告知义务条例》	20,21
Bringschuld	赴偿之债	8-10,16

(续表)

术语	译文	所在案号
C		
Commodum ex negotiatione cum re	因协议从物中获得的代偿	6
Culpa in contrahendo (c.i.c)	缔约过失	2,24,25,32
-Drittschutz	第三人保护	2
-Pflichten gem. §241 Abs.2 BGB	以《民法典》第241条第2款为据的义务	2
-Sachwalter-und Vertreterhaftung	专家和代理人责任	25
-und §321a Abs.2 BGB	和《民法典》第321a条第2款	4
-Verjährung	罹于时效	2
-Vertragsaufhebung	合同废止	32
D		
Darlehensvertrag	借款合同	21
Dauerschuldverhältnis	继续性债务关系	7,11,34,35
Dienstvertrag	雇用合同	7,36,37
Differnzhypothese	差额说	12,13,16,17,28
Differenzmethode	差额法	4
Differenztheorie(eingeschränkte)	限制的差额理论	4
Doppelverkauf	双重买卖(一物二卖)	6
Drittleistung	第三人给付	3
Drittschadensliquidation	第三人损害清算	10,12
Drittschutz	第三人保护	2
E		
E-commerce	电子商务	21

(续表)

术语	译文	所在案号
Eigenhaftung des Vertreters oder Verhandlungsgehilfen	代理人或交易辅助人的自己责任	2,25,26
Eigenschaftsirrtum	性质错误	19,24,25,32
Eigenschaftszusicherung	性质保证	24,25
Eigentumsvorbehalt	所有权保留	15
Einbaukosten	安装费	27,31
Einrede des nichterfüllten Vertrags	同时履行抗辩权	1,14,15-17,20,22,26,35,37
Entbehrlichkeit der Fristsetzung	无须设定期限	11,15,19,24,25,26,28,31,32
Entbehrlichkeit der Mahnung	无须催告	16,17,32
Entlastungbeweis	免责证明	4,19,24,25,38,39
Erbringbarkeit	见 Nachholbarkeit	
Erfüllung	履行(清偿)	3,10,15,22,38
-Bewirken der Leistung	实现给付	3,7,9,22,23
-durch Überweisung	通过转账履行	3
-Unmöglichkeit der~	见 Unmöglichkeit	
Erfüllungsgehilfe	履行辅助人	2,4,10,24,25,33,38,39
Erfüllungsort	履行地点	27
Erfüllungsverweigerung	拒绝履行	15,24,25,38
Erheblichkeit der Pflichtverletzung	义务违反的重要性	24,25,31,32
Ersatz	赔偿	5,6,8
-Anrechnung auf Schadensersatz	损害赔偿的扣减	5

(续表)

术语	译文	所在案号
-Anspruch	赔偿请求权	5,6
-Herausgabe	偿还	5,6,8
Ersetzungsbefugnis	替代权	3
Ersparnisanrechnung	节省费用的抵扣	9,32
F		
Fahrlässigkeit	过失	2,9,10,13,15-17,19,24,25,28,31-36
-grobe	重大过失	9,19,24,25,28,10
-leichte	轻过失	10,36
-Organisationsfahrlässigkeit	组织过失	2
-beim Rechtsirrtum	在法律错误上的过失	32
Fälligkeit	届期	第一部分,32,35,38,40
Fälligkeitsbedingung	届期的条件	40
Falschlieferung	错误供货	30
Fernabsatzgeschäft	远程交易	20,21
Fixgeschäft/Fixschuld	定期行为/债务	（无）
-absolutes	绝对定期行为/债务	7,9,14,24,25
-relatives	相对定期行为/债务	14,15,24,25
Form	形式	29,31
Formzwang	形式强制	29
-Umfang bei §436	第436条范围内的形式强制	29
Fremdtilgungswille	为他人清偿的意思	3

关键词索引 595

(续表)

术语	译文	所在案号
Fristsetzung	设定期限	9-15,19,24-32,36,38,39
-angemessene Frist	设定合理期限	11,14,15,17,31,39
-Entbehrlichkeit beim Rücktritt	解除时无须设定期限	9,14,15,19,24,25,32
-Entbehrlichkeit beim Schadensersatz	损害赔偿时无须设定期限	11,14,15,24-28,31,32
Frustrierte Aufwendungen	徒然支出的费用	11
G		
Garantie	保证	24-32
-s. auch Beschaffenheits-Haltbarkeitsgarantie	亦可见 Beschaffenheits-Haltbarkeitsgarantie	
Gattungsschuld	种类之债	4,8,9,10,17,24-26,30,31,33
Konkretisierung der ~	种类之债的特定化	8,9,19,10
Gefahr	风险	8,9 12,16,19,20
-Gegenleistungs-	对待给付风险	8,9,10,12,35
-Leistungs-	给付风险	8,9,10,12,16,35
-Sach-	物之风险	9,19,10
-übergang	风险移转	9,19,24-28,31,10
Gefahrgeneigte Arbeit	易生危险的工作	36
Gefahrübergang	参见风险	(无)
Gegenleistung(spflicht)	对待给付(义务)	4-7,9,12,14,19,32-33,35
-Wegfall	对待给付义务消灭	4-7,9,12,14,19,32-33,35

(续表)

术语	译文	所在案号
Gegenleistungsgefahr	对待给付风险	8,9,10,12,35
Gegenseitiger Vertrag	双务合同	5, 6, 9, 12-16, 19, 22,24,25,32,10
-Befreiung von der Gegenleistungspflicht	双务合同中免除对待给付义务	4-7, 9, 12, 14, 19, 32-33,35
-Einrede des nichterfüllten Vertrags	双务合同中的未履行合同（同时履行）抗辩权	14-17, 19, 22, 26, 35,37
-Rücktritt	双务合同的解除	4, 7, 9, 10, 12-16, 19, 24, 25, 31-35, 38,39
Gegenseitigkeitsverhältnis	对待关系	9, 10, 12, 19-22, 26,35
Geldschuld	金钱之债	3,9,15-17,10
-Barzahlung	现金偿还金钱之债	3
-Erfüllung	金钱之债的清偿	3
-qualifizierte Schickschuld	金钱之债作为有限的寄送之债	10,16
-Überweisung	以转账归还金钱之债	3
Geldsummenschuld	金钱数额之债	17
Gesamtschuld	连带债务	28
-Ausgleichsanspruch	连带债务中的求偿请求权	28
-Regress	连带债务中的追偿	28
Geschäftlicher Kontakt	交易接触	2
Geschäftsbesorgung	事务管理	13
Geschäftsbeziehung	交易关系	（无）
-als gesetzliches Schuldverhältnis ohne primäre Leistungspflicht	作为无原给付义务的法定之债的交易关系	13

(续表)

术语	译文	所在案号
-laufende	进行中的交易关系	1
Geschäftsführung ohne Auftrag	无因管理	31
Geschäftsgrundlage	交易基础	7,8,18,19,32,33,34
-Verhältnis zu anderen Rechtsbehelfen	交易基础和其他法律救济的关系	33
-Verhältnis zum Leistungsausschluss	交易基础和给付排除的关系	19,33
Gewährleistung	见 Rechts- bzw. Sachmängelhaftung	
Gewährleistungsausschluss	瑕疵担保的排除	24,25
Gläubigerverzug	见 Annahmeverzug	
H		
Haftung des Arbeitnehmers	雇员责任	36
Haftungsausschluss	责任排除	24-26,31
Haltbarkeitsgarantie	保质期	24,25,28
Hauptleistung(spflichten)	主给付(义务)	2,6,9-11,14,15,35,38-40
-beim Dienstvertrag	劳务合同中的主给付(义务)	37
Haustürgeschäft	上门交易	20
Holschuld	往取之债	8,9,18,30
I		
Informationspflichten	企业内的损害填补 告知义务	36 20,21 Innerbetrieblicher Schadensausgleich
Instandhaltungspflicht des Vermieters	出租人的维持适用义务	35

(续表)

术语	译文	所在案号
Integritätsinteresse	固有利益	28,32
Interessenwahrungspflicht	利益保护义务	13
Internet	互联网(因特网)	21
Inzahlungsnahme	以物折价	3
Irrtumsanfechtung	错误撤销	24,25,32
K		
Kaufvertrag	买卖合同	3-6, 8. 9, 12, 14-22, 24-10
Kausalität	因果关系	2, 4, 6, 11, 12, 13, 37
-haftungsausfüllende	责任范围因果关系	2, 4, 11-13, 28, 29, 37
-haftungsbegründende	责任成立因果关系	2
Kenntnis des Mangels	认识到瑕疵	24,25
Kommission	行纪	13
Konkurrenzen	竞合	19, 24, 25, 30, 31, 35
-Irrtumsanfechtung und Gewährleistung	错误撤销和瑕疵责任之间的竞合	19,24,32,33
-rechtsgeschäftliche und deliktische Ansprüche	法律行为请求权与侵权请求权的竞合	2,28
-Rücktritt und Schadensersatz	解除和损害赔偿的竞合	4, 12, 24, 25, 28, 32,38
Konnexität	关联性	1
Kosten der Nacherfüllung	补正给付的费用	25,26,31
Kündigung	终止	7,11,32,34,35

(续表)

术语	译文	所在案号
-eines Arbeitsvertrags	劳动合同的终止	7
-wegen Mietmangels	因租赁瑕疵的终止	34
-eines Mietvertrags	租赁合同的终止	32,34
-wegen Störung der Geschäfts-grundlage	因交易基础丧失的终止	34
-aus wichtigem Grund	基于重大事由的终止	34
Kündigungsfristen beim Mietvertrag	租赁合同中的终止	32
Kündigungsschutz	终止保护	7,32
-im Arbeitsrecht und Leistungsverweigerungsrecht	在劳动法和给付拒绝权中的终止保护	7
-im Wohnraummietrecht	在住房出租法中的终止保护	32
L		
Laufende Geschäftsbeziehung	持续的交易关系	1
Leasingvertrag	融资租赁合同	3
Leistung an Erfüllung Statt	代物清偿	3
Leistung eines Dritten	第三人清偿	3
Leistung Zug-um-Zug	同时履行	1,4,9,16,17,20,22,25,26,30,38
Leistungsangebot	提出给付	9
Leistungsgefahr	给付风险	8-10,12,16,35
Leistungskondiktion	给付型不当得利	30,35
-Verhältnis zur Sachmängelhaftung	给付型不当得利和物之瑕疵责任的关系	30
Leistungsort	给付地点	8,9,16,30,31

(续表)

术语	译文	所在案号
Leistungspflichten	给付义务	4, 10, 19, 24, 25, 28, 32, 35, 38, 39
Lesitungsverweigerungsrecht	给付拒绝权	6, 7, 24-26, 33, 35, 38
-und Kündigungsrecht	给付拒绝权和终止权	7
-bei Unzumutbarkeit der Leistung	在给付不可期待时的给付拒绝权	6, 7, 13, 14, 24-27, 33, 35
-bei Verjährung	罹于时效时的给付拒绝权	2, 23, 25, 28, 31, 38
Leistungsverzögerung	给付拖延	14, 16, 17, 38, 39
M		
Mahnung	催告	13, 14-17, 24, 25, 29, 32
-Entbehrlichkeit	无须催告	16, 17, 29
Maklervertrag	中介合同	40
Mangel	见 Rechtsmangel, Sachmangel	
-Begriff	瑕疵的概念	24, 25, 35
Mängelbeseitigung	消除瑕疵	24, 25-32, 35, 38
-Fehlschlagen	消除瑕疵失败	24, 25, 31
-durch Käufer	买受人消除瑕疵	31
-Neuherstellung	重作	38
-Selbstbeseitigung	债权人自己消除瑕疵	31
-Unzumutbarkeit für Verkäufer	消除瑕疵对出卖人不可期待	24-32
-Unzumutbarkeit für Vermieter	消除瑕疵对出租人不可期待	35

(续表)

术语	译文	所在案号
-Unzumutbakeit für Werkunternehmer	消除瑕疵对承揽人不可期待	38
-durch Vermieter	出租人消除瑕疵	35
-Wahlrecht	消除瑕疵的选择权	24,25,38
Mangelfolgeschaden	瑕疵结果损害	28,32,36,38,39
Mangelschaden	瑕疵损害	24,25,28,32,38,39
Mankolieferung	过少给付	30
Mietvertrag	租赁合同	11,16,19,32,34,35
Minderung	减价	5,19,24,31,35,38,39
-beim Kauf	买卖中的减价	19,24,30,31
-bei der Miete	租赁中的减价	35
-auf Null	减价至零	35,38
-bei teilweisem Ausschluss der Leistungspflicht	在部分排除给付义务中的减价	4
-beim Werkvertrag	承揽合同中的减价	38,39
Mitverschulden	与有过失	2,12,28,29
N		
Nacherfüllung(sanspruch)	补正给付(请求权)	19,24-32,35,38,39
-Arten	补正给付的种类	24-32
-Entbehrlichkeit der Fristsetzung	补正给付中无须设定期限	19,24,25,31,32,38
-Erfüllungsort	补正给付的地点	27

(续表)

术语	译文	所在案号
-beim Kauf	买卖中的补正给付	24-32
-Kosten	补正给付的费用	25-27,31
-durch Mängelbeseitigung	通过排除瑕疵（修理）补正给付	24-26,31,38
-beim Werkvertrag	承揽合同中的补正给付	38,39
Nachfrist	宽限期	14,15,28,32
Nachholbarkeit der Leistung	给付的可补正性	11,14,15,16
Nebenpflichten	附随义务	2,10,12,24,25,28,36,38-40
-leistungsbezogene	与给付有关的附随义务	38,39
-nicht leistungsbezogene	与给付无关的附随义务	2,4,11,13,28,36,38-40
Neuherstellung	重作	38
Nichtleistung	不履行	14
Nichtleistungskondiktion	非给付不当得利	31
Nutzungsersatz nach Rücktritt	解除后的用益返还	19
O		
Online-Vertrag	在线合同	21
Optionsvertrag	选择权合同	17
Organisationsverschulden	组织过错	2
P		
Pauschalierter Schadensersatz	总计的损害赔偿	17
Pflichten gem. §241 Abs. 2 BGB	《民法典》第241条第2款中的义务	2,4,10-13,19,24,25,32,36,39,40

关键词索引 603

(续表)

术语	译文	所在案号
Pflichtverletzung	义务违反	2, 4-7, 10-13, 15-17, 19, 24-28, 31, 32, 36, 37, 39
-Erheblichkeit	义务违反的严重性	25, 31
Positive Forderungs-/Pflichtverletzung (pFV)	积极侵害债权	11, 13, 28, 36
Preisgefahr	参见 Gegenleistungsgefahr	
Produkthaftung	产品责任	28
Produzentenhaftung	生产者责任	28
PVV	参见 pFV	
R		
Rahmenvertrag	框架合同	13
Rechtfertigung	正当化理由	13
Rechtgemäßiges Alternativverhalten	合法替代行为	28, 29
Rechtsirrtum	法律错误	13, 32
Rechtsmangel	权利瑕疵	25, 29, 32, 33
Rechtsmängelhaftung	权利瑕疵责任	32
Regress	追偿	（无）
-bei der Gesamtschuld	连带债务中的追偿	28
-beim Verbrauchsgüterkauf	消费品买卖中的追偿	28
Rentabilitätsvermutung	营利性推定	11
Rückabwicklung	返还清算	19-21, 28
-nach Rücktritt	解除后的返还清算	19
-nach Widerruf	撤回后的返还清算	19-21

(续表)

术语	译文	所在案号
Rückgewähranspruch	返还请求权	8, 14, 15, 19, 20, 28, 30, 38, 39
Rückgewährschuldverhältnis	返还之债的关系	14, 15, 19
Rückgriff auf Vorlieferant	向前供货人追索	28
Rücktritt	解除	4, 6-16, 19-21, 24-35, 38, 39
-vom ganzen Vertrag	解除整个合同	14, 28, 30, 32
-gesetzliches Rücktrittsrecht	法定解除权	6, 9, 13-15, 19, 20
-bei Leistungsbefreiung	免于给付中的解除	4, 6-12, 14-16, 19, 30, 31, 33, 35, 39
-Privilegierung des Rücktrittsberechtigten	解除权人的优待	19
-Rücktrittserklärung	解除表示	6, 9, 12-14, 19, 25
-und Schadensersatz	解除与损害赔偿	4, 6-8, 11-16, 19, 20, 25-33, 35, 38, 39
-Teilrücktritt	部分解除	30
-Unwirksamkeit	无效的解除	14, 19, 25, 28
-und Verjährung	解除与诉讼时效	14, 19, 25, 28-32, 38, 39
-vertragliches Rücktrittsrecht	意定解除权	9, 13, 14, 15
-Wertersatz	解除后的价值偿还	19, 28
S		
Sachgefahr	物之风险	9, 20, 10
Sachmangel	物之瑕疵	19, 20, 24-32, 34, 35, 38, 39

(续表)

术语	译文	所在案号
Sachmängelhaftung	物之瑕疵责任	19, 24-30, 32, 34, 35, 38, 39
-und Anfechtung	物之瑕疵责任与撤销	24, 25
-und Bereicherungsrecht	物之瑕疵责任与不当得利法	31
-beim Kauf	买卖中的物之瑕疵责任	24-31
-bei der Miete	租赁中的物之瑕疵责任	34, 35
-beim Werkvertrag	承揽合同中的物之瑕疵责任	38, 39
Sachwalterhaftung	专家责任	2, 25
Schaden	损害	2, 4-6, 11-20, 23-33, 35-39
-entgangener Gewinn	-所失利润的损害	4, 11, 16, 25, 36
-frustrierte Aufwendungen	-徒然支出费用的损害	11
-Mangelschaden	参见 Mangelschaden	
-Mehraufwendungen	-多支出费用的损害	4, 13
Schadensersatz	损害赔偿	2, 4-6, 8, 11-17, 19, 23-33, 35-39
-Äquivalenzinteresse	-等价利益的损害赔偿	28
-„großer"	-大损害赔偿	11, 15, 20, 25-32, 39
-wegen immaterieller Schäden	-因非物质损害的损害赔偿	2, 11
-Integritätsinteresse	-固有利益的损害赔偿	28, 32
-bei Leistungsbefreiung (Unmöglichkeit)	-在免于给付（给付不能）时的损害赔偿	4-6, 11, 12, 14, 15, 16, 18, 19, 25-33, 35, 39
-neben der Leistung	-与给付并存的损害赔偿	29
-pauschalierter	-总计的损害赔偿	17

(续表)

术语	译文	所在案号
-wegen Pflichtverletzung	基于义务违反的损害赔偿	2,4,12,13,24,25,31,38,39
-nach Rücktritt beim gegenseitigen Vertrag	在双务合同解除后的损害赔偿	19
-statt der ganzen Leistung	替代整个给付的损害赔偿	11, 15, 20, 25-32,39
-statt der Leistung	替代给付的损害赔偿	4-6, 11-13, 14-16, 24-32,39
-wegen Verzögerung der Leistung	因给付迟延时的损害赔偿	15-17,29,32
Schadensminderungsobliegenheit	减损的不真正义务	29
Schenkung	赠与	33
Schickschuld	寄送之债	8-10,16
-qualifizierte	参见 Geldschuld	
Schmerzengeld	慰抚金（精神损害赔偿）	2
Schuldanerkenntnis	债务承认	（无）
-abstraktes	抽象的债务承认	3
-deklaratorisches	声明性债务承认	3
-kausales	要因的债务承认	3
-konstitutives	创设性债务承认	3
Schuldnerverzug	债务人迟延	14-17,32
Schuldverhältnis i. S. v. § 241 Abs.2 BGB	《民法典》第 241 条第 2 款意义上的债之关系	2,4,24,25,28,32
Schutzpflicht	参见 Pflichten gem. 241 Abs. 2 BGB	
Selbstbeseitigung von Mängeln	自主排除瑕疵	31

(续表)

术语	译文	所在案号
Selbstvornahme	自主行为	31,38
Stellvertretendes commodum	代偿物	5,6,8
Surrogationsmethode	替代法	4,12
Synallagma	牵连性	4,6,9,13,14,15,17,10
T		
Teilnichtigkeit	部分无效	25,31
Teleologische Reduktion	目的性限缩	9-12,19,35
U		
Übereignung durch Vertreter	通过代理人移转所有权	10
Überweisung	转账	3,22
Umfang der Ersatzpflicht	赔偿义务的范围	11
Umgehungsgeschäft	规避行为	25
Unbestellte Warenlieferung	未预订的供货	30
Unmöglichkeit	（给付）不能	4-16,18,19,25-33,35,39
-anfängliche	自始不能	4,19,28
-und Gegenleistungsanspruch	不能与对待给付请求权	4-7,9,10,12,14,32,35
-der Nacherfüllung	补正给付的不能	19,25,39
-nachträgliche	嗣后不能	4,35
-objektive	客观不能	4,7,14,19,25,26
-Pflichtverletzung und	义务违反和损害赔偿	4,5,11,12,19,31
-praktische	实际不能	6,35
-qualitative	质的不能	19

(续表)

术语	译文	所在案号
-und Schadensersatz	不能和损害赔偿	4,5,11,12,19,31
-subjektive	主观不能	4,6,14,19,25-27,33
-wirtschaftliche	经济上不能	18,33,35
Unterbrechung des Kausalverlaufs	因果关系的中断	29
Unterlassungsanspruch	不作为请求权	13
Unternehmerregress	经销商的追偿	28
Unverhältnismäßiger Aufwand	不合比例的费用（费用过巨）	6,11,18,25-27,31
Unvermögen	主观不能	33
Unwirksamkeit der Gewährleistungsbeschränkung	瑕疵责任限制的无效	24,25
Unwirksamkeit des Rücktritts	解除的无效	14,19,25,28
Unzumutbarkeit der Leistung	给付的不可期待性	4,6,13,15,25,26,33,35,38
-bei Nacherfüllung	-补正给付的不可期待性	6,25-27,38
-objektive	-客观的不可期待性	4,6,13,15,25-27,33,35,38
-persönliche	-人身性的不可期待性	7
V		
Verantwortlichkeit des Gläubigers	债权人的责任	9,12
Verbraucher	消费者	20,21,27,28
Verbraucherdarlehensvertrag	消费者借贷合同	21
Verbraucherrechte-Richtlinie	《消费者权利指令》	20,21
Verbraucherschutz	消费者保护	20,21,28

(续表)

术语	译文	所在案号
Verbrauchsgüterkauf	消费品买卖	第一部分,8,27,28,31
-Fälligkeit	-消费品买卖的届期	第一部分,16
-Umgehungsgeschäft	-消费品买卖的规避行为	25
-Unternehmerregress	-经销商的追偿	28
Verbundenes Geschäft	关联交易	21
Vereitelung des Bedingungseintritts	阻碍条件成就	15
Verjährung	诉讼时效	2,3,19,23,25,28-32,38,40
-Ablaufshemmung	-诉讼时效的不完成	28
-allgemeine Verjährungsfrist	-一般诉讼时效期间	2
-und Anerkenntnis	-诉讼时效和承认	3
-von deliktischen Ansprüchen	-侵权请求权的诉讼时效	39
-Einrede	-罹于诉讼时效的抗辩权	2,23,25,28,38,39
-von Gewährleistungsansprüchen	-瑕疵担保请求权的诉讼时效	19,25,28,39
-Hemmung der	-诉讼时效的中止	2
-Neubeginn der	-诉讼时效的重新起算(中断)	3
-und Unwirksamkeit des Rücktritts	-诉讼时效和解除的无效	14,19,25,28
Verkäufersgarantie	出卖人担保	24,25,28
Verkehrs(sicherungs)pflicht	交往(安全)义务	2,28
Vermögensschaden	财产性损害	4

(续表)

术语	译文	所在案号
Vermutung	推定	2-4, 11, 12, 15, 16, 19, 24, 25, 31, 32, 36, 38, 39
-für Rücktrittsrecht	对解除权的推定	15
-für Vertretenmüssen der Pflichtverletzung	对义务违反的可归责性推定	2, 4, 5, 9-14, 15-17, 19, 24, 25, 28, 31-32, 36-39
Verrichtungsgehilfe	事务辅助人	2, 39
Verschwiegenheitspflicht	保密义务	13
Vertrag mit Schutzwirkung	附保护第三人效力合同	2
Vertrag zugunsten Dritter	利益第三人合同	2, 9, 40
Vertragsanbahnung	准备合同	2, 3
Vertragsanpassung	调整合同	18, 33, 34
Vertragsschluss im elektronischen Geschäftsverkehr	电子交易中的合同缔结	21
Vertragsverhandlungen	合同磋商	2, 32, 40
Vertretenmüssen	可归责性	2, 4-6, 9-13, 15-17, 19, 25-33, 36, 38, 39
-allgemeiner Maßstab	可归责性的一般标准	2, 4, 9-13, 16, 19, 25, 31, 32, 36
-während des Schuldnerverzugs	债务人迟延中的可归责性	16
-der Unkenntnis	不知的可归责性	4, 19, 28
-Verhältnis zur Pflichtverletzung	-可归责性与义务违反的关系	4
-Vermutung	见 Vermutung	

关键词索引 611

(续表)

术语	译文	所在案号
-Verschulden	-过错	2,4-6,8-13,15-17,19,25,28,30,33,34,38,39
Verwendung der Kaufsache	买卖物的使用	29
-vertraglich vorausgesetzte	-合同预定的买卖物使用	24,29
-Verwendungsmöglichkeit i.S. v. §435	-第435条意义上的使用可能	29
Verwendungsersatz	费用补偿	19
Verzögerungsschaden	迟延损害	15-17,29,32
Verzug	给付迟延	4,8,14-17,32
-bei Einrede	抗辩的迟延	16
-Verzugsschaden	-见 Verzögerungsschaden	
-Voraussetzungen	给付迟延的要件	17
Vorlieferant	前供货人	28
Vorteilsausgleichung	损益相抵	16
Vorvertragliches Schuldverhältnis	先合同关系	2
W		
Wahlrecht	选择权	4,24,26,38,39
-des Gläubigers nach §241a Abs.2 BGB	-第241a条第2款中债权人的选择权	4
-des Käufers bei Nacherfüllung	-补正给付中买受人的选择权	24,26
-des Werkunternehmers bei Nacherfüllung	-补正给付中承揽人的选择权	38,39
Wahlschuld	选择之债	(无)

(续表)

术语	译文	所在案号
Wahrnehmung berechtigter Interesen	顾及正当利益	13
Weiterfresser-Schaden	继续侵蚀损害	25,28
Werkvertrag	承揽合同	11,13,31,37-39
Wertersatz nach Rücktritt	解除后的价值偿还	19,28
Widerruf des Verbrauchers	消费者的撤回	20,21
Widerrufsrecht	撤回权	30,21
Wirksamkeit des Vertrags	合同的效力	4,33
Wirtschaftlicher Totalschaden	经济上全损	35
Wissensvertreter	知情代理人	4
Z		
Zinsen	利息	17,19,21
-als Nutzung	作为用益的利息	19
-als unterlassene Nutzung	作为未能用益的利息	19
-bei Verzug	迟延利息	17
Zufallshaftung	意外的责任	16
Zug-um-Zug-Leistung	同时履行	1,4,9,16,17,20,22,25,26,30,38
Zurechnungszusammenhang	归责关联	28,29
Zurückbehaltunsrecht	留置权	1,16-18,33
Zusicherung	保证	25
Zuweniglieferung	短少供货	30
Zweckerreichung	目的实现	31

法律人进阶译丛

⊙ 法学启蒙

《法律研习的方法：作业、考试和论文写作（第9版）》，〔德〕托马斯·M. J. 默勒斯 著，2019年出版

《如何高效学习法律（第8版）》，〔德〕芭芭拉·朗格 著，2020年出版

《如何解答法律题：解题三段论、正确的表达和格式（第11版增补本）》，〔德〕罗兰德·史梅尔 著，2019年出版

《法律职业成长：训练机构、机遇与申请（第2版增补本）》，〔德〕托尔斯滕·维斯拉格 等著，2021年出版

《法学之门：学会思考与说理（第4版）》，〔日〕道垣内正人 著，2021年出版

⊙ 法学基础

《法律解释（第6版）》，〔德〕罗尔夫·旺克 著，2020年出版

《法理学：主题与概念（第3版）》，〔英〕斯科特·维奇 等著，2023年出版

《基本权利（第8版）》，〔德〕福尔克尔·埃平 等著，2023年出版

《德国刑法基础课（第7版）》，〔德〕乌韦·穆勒曼 著，2023年出版

《刑法分则Ⅰ：针对财产的犯罪（第21版）》，〔德〕伦吉尔 著

《刑法分则Ⅱ：针对人身与国家的犯罪（第20版）》，〔德〕伦吉尔 著

《民法学入门：民法总则讲义·序论（第2版增订本）》，〔日〕河上正二 著，2019年出版

《民法的基本概念（第2版）》，〔德〕汉斯·哈腾豪尔 著

《民法总论》，〔意〕弗朗切斯科·桑多罗·帕萨雷里 著

《德国民法总论（第44版）》，〔德〕赫尔穆特·科勒 著，2022年出版

《德国物权法（第32版）》，〔德〕曼弗雷德·沃尔夫 等著

《德国债法各论（第17版）》，〔德〕迪尔克·罗歇尔德斯 著，2023年出版

⊙ 法学拓展

《奥地利民法概论：与德国法相比较》，〔奥〕伽布里茜·库齐奥 等著，2019年出版

《所有权的终结：数字时代的财产保护》，〔美〕亚伦·普赞诺斯基 等著，2022年出版

《合同设计方法与实务（第3版）》，〔德〕阿德霍尔德 等著，2022年出版

《合同的完美设计（第5版）》，〔德〕苏达贝·卡玛纳布罗 著，2022年出版

《民事诉讼法（第4版）》，〔德〕彼得拉·波尔曼 著
《消费者保护法》，〔德〕克里斯蒂安·亚历山大 著
《日本典型担保法》，〔日〕道垣内弘人 著，2022年出版
《日本非典型担保法》，〔日〕道垣内弘人 著，2022年出版
《担保物权法（第4版）》，〔日〕道垣内弘人 著
《日本信托法（第2版）》，〔日〕道垣内弘人 著
《公司法的精神：欧陆公司法的核心原则》，〔德〕根特·H. 罗斯 等著

⊙ 案例研习

《德国大学刑法案例辅导（新生卷·第三版）》，〔德〕埃里克·希尔根多夫著，2019年出版
《德国大学刑法案例辅导（进阶卷·第二版）》，〔德〕埃里克·希尔根多夫著，2019年出版
《德国大学刑法案例辅导（司法考试备考卷·第二版）》，〔德〕埃里克·希尔根多夫著，2019年出版
《德国民法总则案例研习（第5版）》，〔德〕尤科·弗里茨舍 著，2022年出版
《德国债法案例研习I：合同之债（第6版）》，〔德〕尤科·弗里茨舍 著，2023年出版
《德国债法案例研习II：法定之债（第3版）》，〔德〕尤科·弗里茨舍 著
《德国物权法案例研习（第4版）》，〔德〕延斯·科赫、马丁·洛尼希 著，2020年出版
《德国家庭法案例研习（第13版）》，〔德〕施瓦布 著
《德国劳动法案例研习（第4版）》，〔德〕阿博·容克尔 著
《德国商法案例研习（第3版）》，〔德〕托比亚斯·勒特 著，2021年出版

⊙ 经典阅读

《法学方法论（第4版）》，〔德〕托马斯·M. J. 默勒斯 著，2022年出版
《法学中的体系思维和体系概念》，〔德〕克劳斯-威廉·卡纳里斯 著
《法律漏洞的确定（第2版）》，〔德〕克劳斯-威廉·卡纳里斯 著
《欧洲民法的一般原则》，〔德〕诺伯特·赖希 著
《欧洲合同法（第2版）》，〔德〕海因·克茨 著
《德国民法总论（第4版）》，〔德〕莱因哈德·博克 著
《合同法基础原理》，〔美〕麦尔文·A. 艾森伯格 著，2023年出版
《日本新债法总论（上下卷）》，〔日〕潮见佳男 著
《法政策学（第2版）》，〔日〕平井宜雄 著